主编 万俊人

副主编 刘石 王中江 彭刚

清华大学文史哲谱系

清华大学出版社
北京

版权所有，侵权必究。举报：010-62782989，beiqinquan@tup.tsinghua.edu.cn

图书在版编目（CIP）数据

清华大学文史哲谱系/万俊人主编．—北京：清华大学出版社，2012.4（2022.5月重印）

ISBN 978-7-302-27880-1

Ⅰ．①清… Ⅱ．①万… Ⅲ．①清华大学–文史哲–学科发展 Ⅳ．①C

中国版本图书馆CIP数据核字（2012）第008394号

责任编辑： 马庆洲
封面设计： 曲小华
责任校对： 王凤芝
责任印制： 杨　艳

出版发行：清华大学出版社
　　　　　网　　址：http://www.tup.com.cn, http://www.wqbook.com
　　　　　地　　址：北京清华大学学研大厦A座　　邮　编：100084
　　　　　社 总 机：010-83470000　　邮　购：010-62786544
　　　　　投稿与读者服务：010-62776969, c-service@tup.tsinghua.edu.cn
　　　　　质量反馈：010-62772015, zhiliang@tup.tsinghua.edu.cn
印 装 者：三河市少明印务有限公司
经　　销：全国新华书店
开　　本：165mm×240mm　　印　张：28.75　　字　数：512千字
版　　次：2012年4月第1版　　印　次：2022年5月第2次印刷
定　　价：89.00元

产品编号：043130-02

主　编：万俊人

副主编：刘　石　王中江　彭　刚

撰　稿：齐家莹（中文部分）　刘　超（历史部分）
　　　　　李　昕　柴可辅　朱晓佳（哲学部分）

大学的学统与人文知识谱系
（序）

万俊人

一、引子：没有说完的话

十余年前，我曾为"清华哲学研究系列"丛书撰写《总序》，题为《学统、知识谱系和思想创造》（原载《读书》杂志，2008年第8期，后收入我的书评集《正义为何如此脆弱》，保定，河北大学出版社，2005），给自个儿惹出一些始料未及的麻烦。自那以后，我便怯于书序一类，尽管这期间也因为某些难以坚辞的缘由偶尔为之。去年，欣逢清华大学百年华诞，我受命组织编写这部《清华大学文史哲谱系》，原本只图编完复命，未想添加任何个人想法，但出版社为整套校庆丛书之体例计，屡劝我为之一序。却之不恭，坚辞更无充足理由，于是只好便卷土重来。鉴于此书的内容和出版意旨，所当序者还不能不顾清华的人文学科谱系而任言其他。因之，我还不得不接着十余年前那篇《总序》的题意"接着讲"（冯友兰先生语）。这自然是典型的旧病复发，但愿结果有所不同。当然，我可以借出版社的统一体例之要求以为我如此为序的托词，但真实的原因是，我觉得十年前的那篇"总序"还留有一些意欲未尽的遗憾，希望借此机会一吐为快。

在"清华哲学研究系列"丛书《总序》中，我谈到："学统是由学术教育群体创造的制度化了的知识教育体系和思想创造样式。""一所成功的大学及其所属的学术教育机构，往往都具有其独特、连贯而又持续有效的教育传统和学术传统，即我所谓之的'学统'。"我的意思是说，任何一所好的大学——当然就更不用说那些"名牌大学"了——都应该创造并传承自身独特的学统，尤其是对于人文学科来说，此一要求甚至具有关键意义。我这样说丝毫没有夸张或"炒作"的意图，只不过是强调一个被有意或无意忽视了许久的文化教育事实：市场和商业化的社会主流力量的驱动，使得包括文化和教育在内的一切文明生态都被大大地世俗化、工具（手段）化了。我们社会的加速转型使得文化越来越趋于产业而不是事业,教育越来越趋于寻求发达的工具而不是服务于人类自身的文明优雅之内在目的,知识几乎被当作培根所谓之的"杠杆"意义上的社会现代化"力量"而非人性改善的智识条件,总之,几乎所有的文化、教育和知识都被当成了巴比伦人登天的云梯。在此情形下,人文学的知识、道德、艺术、信仰或者健全的宗教精神,便不能不承受一阵紧似一阵的挤压和被剥夺、被扭曲的命运,所谓"边缘化"只不过是它们现代境遇的一种体面说词而已,实质则是其被工具化修饰之现代命运的真实写照。如是,大学生不会书写;散文作家对自己作品的切身理解在中学语文教师的批改中甚至难以获得及格分数;大学文学教授屡"暴粗口";或者,经济学教授不谙悉"现代经济学之父"亚当·斯密的学术出身;如此等等,都成为了这一真实写照的注脚。无论如何,这都不能被看作是现代人和现代社会的荣耀!

二、大学的知识身份

社会的现代化转型带来某些人文精神和道德的迷茫甚或失落,原本算不上什么奇怪的事,从15—16世纪意大利的佛罗伦萨、17—18世纪英国的伦敦和曼彻斯特,到19—20世纪初的许多美国的西部城镇,都不难发现类似的现象,更何况我们这个社会所经历且仍在经历着的社会现代化转型还是"加速拐弯式"的!近年来我总在强调,社会转型如同火车拐弯,于理当减速才可确保行车安全平稳,加速拐弯不仅风险大增,而且车上的乘客也会感到严重不适,眩晕乃至被抛出车外都是难免的。可我们社会的现代化转型偏偏是——且不能不是——加速拐弯式的,拐弯还加速的社会转型注定了今日之中国社会和今日之中国人不得不承受额外重负和高度风险的现代命运,这其中,当然也包括生态环境和文化道德上的额外代价和风险。命运不可抗拒,但可以自己掌握。因此,文化和道德的自觉仍然是可能的和必须的。

事实上,如果我们能够秉持历史的视角来看待大学的身份,就不难明白,其实,大学作为一种现代教育的建制本身也是现代社会的产物,她所获得的知识与文化身份本身就说明了现代人面对现代社会所逐渐形成的文化自觉。出现于十二世纪的意大利的波隆纳(Bologna)大学、巴黎大学和牛津大学被看作是最早的现代型大学,它们虽然最初都是由教会作为大型集中的经院教研机构而建立起来的,但一旦它们获得独立教研的资格,其身份便从某种教会经院机构逐渐转化为了相对独立自主的宗教、文化和道德知识的诠释者、传授者、教育者、乃至创造者。按照西方解释学(诠释学或阐释学)最原始的本义看,任何有意义的经典诠释或解释——无论是世俗文化经典还是宗教神学经典——本身都或多或少地具有文化、知识和道德价值的新知意味。从这一意义上说,现代大学同古代书院或学院(学园)、包括公元九世纪前后出现在古埃及和摩洛哥的大学,都具有作为学术共同体和"知识创新平台"(姑且借用当代语词)的独特文化身份,都具有知识—文化之传承与开新的文化功能,因而也都具备其各自独特的学统。

大学的这种文化—知识身份和学统本色,决定了大学之为大学的独特本性和使命,这就是梳理和传承文化,维护和传播经典知识,并适时创新和开拓新知,规范、表达、丰富和延伸学术传统。所以,大学便不仅始终要承担知识和文化的示范之责,而且首先要承担知识和文化的立典与垂范之责。正由于此,大学才有了她独立的知识和文化品格,大学之独立身份才得以确立并获得社会的认可。理解这一点,才会明白为什么上世纪60年代美国加州大学伯克利分校校长科尔(Clark Kerr)一提出大学为社会经济增长服务,便引起全美关于大学本性的激烈争议;也才能理解为什么前哈佛大学校长萨缪尔斯不得不被迫辞职的真实原因:萨缪尔斯先生凭借其卓越的财政管理能力,能够在短短十来年间让哈佛的财政增长数十倍,但他挤挪人文理学院的钱去搞生物工程科技开发的举措竟然成了自己不得不辞去哈佛校长的主要原因。在哈佛和哈佛人看来,不!应该说在绝大多数美国人看来,萨缪尔斯先生的做法是上世纪中叶大学技能主义或工具主义(skill or instrumentalism)的复活,甚至已然隐含了"学术资本主义"(academic capitalism)的危险,这背离了大学人文主义的文化知识本质。"反对训狗术,坚持人文化!"不独关乎大学之为大学的独立身份,而且也关乎大学能否真正承担其守护、规范、传承文化,传导和创造知识的根本使命。

"坚持人文化"当然不是排斥理学和工程技术科学,更不是排斥现代社会科学。事实上,大学作为现代社会的产物,其主要的知识文化功能也发生了重大变化,其中最主要者便是现代科学技术知识的凸显。培根说得对,知识——他显然主要指现代自然科学技术类知识——是启动现代社会火车头的基本动力或"杠杆"。"科学技术是第一生产力",在现代社会文明进程中尤其如此,这一点确乎是无可争议的。问题是,即便科学技术知识的现代重要性凸显到无与伦比的地步,也不能替代大学知识身份的全部内涵,因为"知识"本身是一个极为复杂和广博的概念范畴,某类知识的凸显和重要,仅仅意味着其知识价值相对于其他类型的知识所具有的特殊时代的优先性或紧迫性,而非对其他知识类型的替代或者"遮蔽"。按照美国信息研究所的研究报告,人类已然进入"信息社会"或"信息知识社会",所有的知识信息都可以大致地分为两大类型:一类是所谓"可编码化的知识"(codified knowledge);另一类是所谓"意会型知识"

（tacit knowledge）。哈佛大学哲学系的著名教授普特南先生也有所谓"科学的知识"（scientific knowledge）与"非科学的知识"（non-scientific knowledge）之分，说法不同，异曲同工。如果从知识的基本功能来划分，人类的知识又可以划分为四种，即：关于事实的知识（know-*what*）、关于原理和规律的知识（know-*why*）、关于技能的知识（know-*how*）、以及，关于知识源头或知识主体的知识（know-*who*）。该研究报告还认为，随着知识信息化趋势的加剧，人类全部知识的98%将成为"可编码化的知识"，而"意会型知识"将被压缩到2%左右。（参见美国信息研究所编：《知识经济：21世纪的信息本质》，王亦楠译，南昌，江西教育出版社，1999）姑且不论这一百分比分割是否准确，其作为现代知识的专业分化和科技知识的凸显之明证应该是恰当的。

　　知识概念的这一内涵变化自然会直接影响到大学的知识身份和教育功能。所以我们看到，中外大学教育的现代发展几乎无一例外地沿着科学技术知识教育优先、工程技术型知识教育排头的路径不断高歌猛进，势不可挡。君可见，当下的中国大学不仅兼并成风，而且大举建设"大学科技园"、"大学科技孵化园"一类的试验基地、产业（转化）基地和人才培养基地，甚至直接开办各种公司或公司集团，如此等等，不一而足，其势方兴未艾，未可穷期。在此情形下，大学及其知识教育身份和文化教化职能变得越来越市场化、商业化、实利主义，知识教育体系似乎不再连贯、不必整全、不求完备。于是乎，庄严黉门内，正道沧桑春秋转，宏学改创日月新。且留下，一枝独秀，几枝凋零，几枝残剩半截。凡可堪应用行市者不断被锦上添花，如：专业或职业化教育学院和工程技术化学科；凡不堪应用行市却为知识教育体制所不可不存者则被闲置于野，任其挣扎；如纯数学一类的理学；凡不堪应用行市却为社会体制所吁求者则勉容其存；如人文学科一类。这当然是较为极端的情形刻画，相当多的大学实际所为不一定如此突兀偏颇，但总体发展趋势的"非均衡"当毋庸置疑。

　　大学的知识身份果真摇身一变而截然不同以往了么？知识果真会全然或几乎全然变得"可编码化"了么？大学能否转变为单纯的或者主要的现代"科技园地"？如果我们仍然坚持认可人类知识的多元、多样和多层次性事实，这样的质疑就不是没有意义的。大学的确是储存、传导和创造人类知识的所在，在现代知识社会里，大学作为新知识新文化的主要生产基地和传导基地的知识——文化身份更加凸显，这一点是不难证明的。可是，大学所要传导和生产的知识文化不应仅仅限于科技知识和科学文化，还应包括"非科学的知识"或"意会型知识"和历史积淀成典的传统文化，而且，传承、梳理和储存知识——文化也是现代大学不可卸脱的职能和职责，在某种意义上说，由于现代社会里知识专业化分工日益细密，大学所担负的这种传承、梳理和储存已有传统文化——特别是那些关乎民族文化经典和民族历史记忆的传统文化——的特殊职能，非但没有丝毫减轻，反而愈加沉重和显要了。试设想：在整个现代社会已然彻底商业化了的情况下，如果连大学都不再担负这些传统文化的维护、传导、梳理和储存，那么，还有谁能够接替这些文化职能？谁能指望仅仅依靠现代科学技术的"编码化"来保证这些"不可编码化的"文化知识的连贯传承和传播？只会敲键盘而不会书写，只懂网络而不懂诗词歌赋，只能格式化而无法体通情意，这样的教育结果谁能预料？人类将会因此丧失多少必备而珍贵的人文灵智？当代人文学大师范曾先生曾经多次表达了他对诸如电脑一类的当代科技之于人类人文灵智的消解和遮蔽之危险的忧思。曾师慨曰："电脑下载的'知识'，缺乏经过人类大脑熔铸的智慧，哪怕是古人的经典，也宛似从冰箱里拿出的硬梆梆的食物，清新的芳香是谈不上了，而因温度改变了食物的原子结构，说不定成了毒饵。经典的书帙在书屋中带有古墨的芳香，即使零落为泥化为尘却芳香如故，令人产生敬意和爱怜。"（范曾：《灵智之果》，99页，北京，中央编译出版社，2012）

也许，发生在当今大学校园里的实际情形比范曾师所感受的更为严峻：相当多的学生不会书写，首先是因为他们的老师已经不会书写或者至少不愿意学习书写；教授诗的学者自己不会歌吟，当然不会引领自己的学生去吟诗作赋；教授美学艺术者自己不谙艺术鉴赏，自然只能是纸上谈兵；……凡此种种，不忍足征。人文学历来被视之为大学之宏门正学，所以"文理学院"（College of Liberal Arts and Sciences）至今还是各名牌大学和几乎所有综合性大学的教学主体，可不仅是许多老师和学生不再在乎于此，而且连萨缪尔斯这样的前哈佛校座也在不知不觉间忘记了这一大学根本，招致弹劾。不知这是否可以看作是现代大学发展中的一个具有典型意义的教训？！

三、大学的精神品格

大学的发展当然不可脱离社会。既然现代社会已经进入了信息社会或知识社会，意味着作为传承文化、传播并创新知之所在的大学，所负有的知识身份和文化教育职能更加显赫、更为重要。但这并不意味着大学的知识文化身份和品格的根本改变，相反，在"可编码化的知识"急剧膨胀、"意会型知识"不断受到挤压并因此快速萎缩的情况下，大学所应承担的传承文化的职能不减反增，变得益发沉重和庄严了。更重要的是，人类的知识不只是关乎外部世界和技术行为的，还有关乎人自身及其生活于其中的人类社会的。"意会"涵摄日常伦理道德、艺术审美、心性信仰和情感想象等诸多方面，因而，所谓"意会型知识"其实比任何一种知识都来得广泛、切近、寻常而又真切。所以，我们把所谓人文学定义为人类认知和把握自身目的、体察社会和历史文化意义的最切近人生的学问。比如，人之生死，命之祸福，心之躁宁，情之忧乐，感之美丑，文之雅俗，史之曲直……。更不用说人之想象、人生之诗意、人类精神之超越了。可见，人类可知、应知和求知的东西有多么丰富！

　　人类知识的丰富多样使得知识之分类成为必要。早两千多年前，古希腊哲贤、被马克思誉为"百科全书式学者"的亚里士多德首创学科分类，将人类知识系统划分为物理学（自然科学）、植物学、动物学、诗学、逻辑学、修辞学和形（而）上学等等，从此奠立了人类知识之学科分类的基本范式。耐人寻味的是，睿智的亚里士多德竟然发现，在人类众多知识对象中，有一种难以归类的知识对象，一种既不可否证却又不可简单感知的特殊的知识对象：当人们说出"人"、"马"、"山"……时，我们发现，"人"、"马"、"山"一类既是真实的存在物（beings）、又不能对应于某一具体真实的存在对象，比如说，"这个年方18岁零一天、皮肤发红且健康的……一米八身高而且体格健硕的……英俊的……男青年"；或者，"那匹高大的、雄壮的、枣红色的……血汗马"；或者，"那座险峻陡峭、匹立无伦、黛色的……高山"。很显然，若要实现特指某个人、某匹马、某座山的表达意图，凡留省略号的地方都还需要且可以增加更多的描述词，以逐渐清晰地限定某人所说出的这个"人"、那匹"马"、那座"山"之概念的确切内涵，非如此无法表达概念或语词之确定特殊的限定性词义。这也就是说，在我们所看到、听到或感知到的具体存在对象（作为认知对象或客体）之外，还有一个真实却因为语言的中介化而抽象为概念或观念的存在，亦即所谓"一般的人"（包括男人、女人、白人、黑人、黄种人、蒙古人、雅利安人、大人、老人、小孩，等等）、"一般的马"（包括黑色的马、棕色的马、野马、军马、骏马、驽马，等等）和"一般的山"（包括泰山、华山、喜马拉雅山、梅里雪山，等等）。亚里士多德将这类概念化了的抽象存在者名之为"作为存在的存在"（Being qua beings），而以这类存在作为研究对象的知识学科则被名之为"形而上学"（直译"物理学之后"，meta-physics）。应当承认，近世日本学者对中国学问、尤其是宋明理学的了解是相当了得的，他们借用宋儒"形而上者谓之道，形而下者谓之器"的命题，将亚里士多德所归类为"物理学之后"的这门学科名称翻译为"形而上学"，以达其超越器物具体的知识含义，实有不二之妙。

　　概念、观念或者语言本身的抽象本性意味许多，其中最重要的意味之一便是揭橥人类知识的复杂性和多层次性。易言之，人类的知识既有具象的、可技术化（可操作）的，也有抽象的、不可技术化（不可操作）的。以现在流行的大学学科分类范畴观之，大而化之的文科、理科之分其实并不确切，文科尚可分为人文学科和社会科学两大类，理科尚可分为理学与工科两大类。在文科和理科中都有抽象的、不可技术化（不可操作）的，如文科中的文史哲学科群，理科中的数理化学科群；也都有具象的、可技术化（可操作）的，如，文科中的社会科学、特别是应用型、职业化的社会科学，理科中的工程技术学科。当然，现在的数理化经典理科也在悄悄地发生着所谓"现代性"的知识转型，诸如"应用数学"、"应用物理"和"应用化学"一类，还有一些颇受现代社会青睐的"交叉学科"（如，"生物化学"、"计算机数学"等等），也为传统经典的理学学科打开了走向应用和市场的通道，多数甚至还具有"别有洞天"的发展前景。由是观之，我们大致可以结论说，今日之大学的学科分化趋势总体上的确是具象化、技术工程化（可操作）的学科群日益强盛繁荣，而与之相对的是，那些抽象的、不可技术工程化（不可操作）的学科，尤其像文、史、哲、艺和考古一类不易（或者不宜?!）开辟跨学科旁门左道的人文学科群，则不可避免地日益萎缩或者被边缘化。

　　正是在此背景下，所谓人文精神与科学精神的讨论便逐渐成为热点，在当代中国的大学教育语境中，这一讨论的实质和本义其实就是如何看待人文学科在现代大学教育、进而更一般地说是如何看待人文学科在整个现代社会文化和教育体系中的地位跟作用的问题。我了解到两种有趣的说法：一种是，在现代大学教育中，人文学科应当当好绿叶和配角，科学技术工程学科理应成为红花和主角。另一种说法是，技术工程终究只能改变局部和当下，惟文化价值观念方能改变全局和未来。对于第一种说法，我想说的是，主角与配角或者红花与绿叶的比拟多半是不恰当的，似乎不需要太多的反驳就可以束之高阁。当然，如果用市场经济的效率尺度来衡量，甚或用流行文艺界的歌星或影星与跑龙套者之间的价位高低，来比照大学不同学科之间的主次排位，那又是另外一回事了。就第二种说法而言，我想指出，在现代知识（信息）社会里，知识信息的普及程度越高，其交换流布速度越快，无论是思想价值观念还是科学技术似乎都不足以真正单独地迅速改变全局和未来；反过来说，若具备某些必要条件甚或充分必要条件，无论是科学技术还是思想价值观念都有可能单独地快速改变全局和未来。这样说似乎等于白说，可仔细斟酌一下多少还是有其的道理的。在几百年的现代化历程中，民主政治理念、市场经济体制和计算机网络技术大概可以算得上是最具社会变革力量的价值观念因素和科技动因了，可民主政治和市场经济历经了几百年仍然还在选择与决断的过程之中,我们有过多少种民主政治的政治理解和社会实验?又有多少市场经济的价值理解和体制实验?我们总不能把苹果手机或微软电脑制式的更新换代等同于世界的改变吧?也许,现代人和现代社会已然养成了或者习惯了"改变"的心态,总喜欢谈论或者尝试不断地改变、甚至是彻底的改变,就像几年前美国总统奥巴马在竞选总统时打出的口号那样,可事实上,奥巴马真的给美国社会带来了很大的改变么?也许有一些,也许什么也没有,除了金融危机倏然加剧和失业率急剧上升之外,可是,美国(随后是确乎整个世界)的金融就业形势的改变却更像是华尔街大老板们带来的,而非是奥巴马主导的。

现代大学的雄心似乎也受到现代性的感染,总想成为现代社会的火车头,总想培养出一鸣惊人或者有能力改天换地的天才、雄才和伟才。可早在一百余年前,伟大的威廉·詹姆斯——一位曾经创造了"美国哲学"并被誉为"美国哲学爱国者"的哈佛哲人,却在两次关于大学的演讲中把自由思想和精神创造说成是大学的真正品格和生命之源。在1903年6月24日哈佛大学的毕业典礼上,詹姆斯发表了题为《真正的哈佛》的演讲,其中他谈到:"真正的教会永远是看不见的教会。真正的哈佛也是看不见的哈佛,她在她更富于真理追求的灵魂中,在她无数独立而又常常是非常孤独的儿女们身上,思想是我们大学应该成为的植物园中的珍贵种子。注意!当上帝让一位思想家在这个世界上自由思想时——卡莱尔或爱默生说过,那时候一切都得重新安排。"(哈佛大学燕京学社主编:《人文学与大学理念》,22~23页,南京,江苏教育出版社,2007)他甚至借用诗人的语言高呼:"唯有孤傲的太阳方能凌空高照,唯有浩荡的激流方能永流不息。"稍后,詹姆斯又在《斯坦福的理想命运》之演讲中诘问:"构成一所大学最本质的品格是什么?"他旋即回答道:"多年前在新英格兰据说是路边的一条圆木上,一端坐着一个学生,另一端坐着马克·霍普金斯,那便是一所大学。"(《人文学与大学理念》,156~157页)有意思的是,詹姆斯先生甚至先于梅贻琦先生表达了反对以大楼来界定大学的看法。他告诫新生不久的斯坦福大学人说,如果斯坦福仅仅满足于大楼的建设、地域的扩张、学生人数的增加和学校财力的增长,那不过是给为数众多的美国大学再添一所平庸的校园而已,斯坦福与哈佛的竞争应当是自由思想的氛围和知识的创造力之争,而不是别的什么。

詹姆斯的话或许有些剑走偏锋,可这锋芒看起来很像是针对当下中国大学生态的。有关大学精神的讨论实在已经太多了,似乎不该再添赘言才是。可我还是禁不住想说,大学不是工厂、工场或者公司,即使"人才基地"的说法庶几可取，也不能把大学的人才培养整成军事培训或者员工培训。由此推之，办大学也不能像开公司或办工厂那样越多越好，越快越好，越大越好，借用时下的官方语来说，办大学至少还是以"又好又快"为妥。其所以如此，盖缘于大学的确应该是有其独特的自由思想品格和文化创造精神的所在。这很容易让人回溯到两千多年前人类文明的"轴心时代"：那时候之所以产生了许多创立文明和文化典范的大师巨匠，是因为那时候出现了许多卓然而立的"学院"和"学园"，或者反过来说，因为那时候出现了许多大师和巨匠，所以才形成了许许多多的精神不朽的"学院"和"学园"。孔子打破"学在官府"的办学创举，柏拉图和亚里士多德开办的不同名称的学院，好像更能体现詹姆斯所说的"大学的品格"。这仿佛是一种历史的文化暗示：天不变道亦不变！天道不变则大学之道亦当不变？

四、清华大学的人文学统

历史总是严肃的，其回光返照更是意味深长。每当我们有些忘乎所以的时候，历史总像一位慈祥的长者飘然而至，敲醒我们昏昏欲睡的大脑，提示我们尘封的记忆，甚至给我们一声当头棒喝，引领我们找到回家的路。我非诗人，但却有真切自发的感叹，我所置身其中的清华校园近年来悄然发生的真实故事让我不能不发出如此叹喟。三十余年前，随着拨乱反正、改革开放之大潮的涌起，清华大学便在深刻的历史反思中逐渐形成了清晰自觉的大学理念：半个多世纪前的那场院校改组合并，让清华痛失其卓越的人文社会科学和理学学科两大基础学科群——要知道，它们恰恰构成综合性大学所必备的"文理学院"的全部学科建制，以至于作为中国最早的综合型大学之资质荡然无存。为其"大学"之生命计，她必须"找回失去的世界"。因此，自上世纪80年代初始，清华便着手恢复其理学学科群建设，凡十年余，其理学学科群已重回国内大学前茅。又越十年，清华着手复建其人文社会科学，先建"思想文化研究所"，再建人文社会科学学院，以其为初始母体，再衍生扩建其人文社会科学群（我们戏称为"母鸡下蛋"、"学科孵化"），如：经济学（经济管理学院）、法学（法学院）、文学（中文系）、史学（历史系）、艺术中心（尔后通过合并原中央工艺学院而建成美术学院）。至世纪之交，文科复建之势勃然，先后又有哲学、社会学、政治学（政治学系和国际关系学系）、管理科学（公共管理学院）、新闻传播学（新闻传播学院）和心理学（心理学系）等依次成立，一时间，文科学系有似雨后春笋，至百年校庆前夕，清华大学的人文社会科学群不仅基本完成较为完备的教研体制的复建，而且许多学科已然跃居国内前十位、甚至前三甲，曾经的清华大学终又回归。

"雄关漫道真如铁，而今迈步从头越。"然，"沧桑如海，残阳如血"。毋需说文理复建的艰难曲折，作为在现代社会已被"边缘化"的人文学科群的复建更让人唏嘘。作为其中的亲历者，我的感慨由然而生。但个人的艰辛总不足挂齿，更何况诸如此类的人生经历其实也是一种人生的幸运。值得深思和回味的与其说是这一大学学科的解构与重建事件，倒不如说是一种关于大学人文学统之"现代性境遇"的见证。我想说，从当代中国文化教育语境乃至中国社会发展语境看，清华人文学统的续接不仅堪称清华大学学统的现代幸运，而且庶几堪谓当代中国大学教育的幸运。我不是说清华大学恢复其人文学科本身有多么宏大的历史叙事意义，而是说，这种人文学科复建举动本身，至少表现了今天的清华人对大学教育理念的一种理解和信念。它表达了一种大学的身份认同和对于大学品格与精神的执著，甚或，它还间接表达了清华对今日之中国社会的一种责任承诺，以及更甚者，今日之中国社会对文化、传统、历史和未来的一种意义理解和价值期待：当一个民族和国家开始自觉到文化之于国脉延续之"软实力"的意义时，进而，当社会和国民开始自觉到人文知识作为最切近自身生活意义和精神命脉的学问及其对民族文艺复兴的基本价值意义时，人文学知识及其学习、延续和创造便成为另一种社会资本的积累方式。面对经济全球化浪潮汹涌而至，我们终于明白，人文学知识，或者具体地说，文学、艺术、历史、诗学、哲学——尤其是关于道德和精神信仰系统的智慧——和一切具有文化意义的精神资源，正在成为——或者说原本一直就是——我们赖以安身立命、发出心声、赢得倾听、把定帆桨，从而使我们在百舸争游、千帆竞发的全球化大潮中不至迷失和滞后的最后关键。

话似乎说远啦，还是回归清华大学的人文学学统或知识谱系上来。曾经的清华并不是以工科而著名的大学，事实上，近世之初，也就是在中国现代型大学诞生的童年时代，中国的大学和整个中国又何曾有过科学技术的"先进"之名？充其量不过是"师夷长技"的后学而已。刚刚卸任的清华老校长顾秉林先生曾经告诉我，清华工科的鼎盛其实不过二十年。清华之为清华其实还是因为她诞生伊始便建立了让世人瞩目、国际知名的人文社会科学，如，她的国学院及其拥有的"四大导师"（梁启超、王国维、陈寅恪、赵元任）；她堪比当时国际一流的经济学（陈岱孙）、社会学（费孝通、S. M. Shirokogoroff，中文名"史禄国"）、政治学（E. S. Corwin，中文名"克尔文"）、文学（闻一多、朱自清）、史学（雷海宗）、哲学（金岳霖、冯友兰）、心理学（潘光旦）等等；当然还有这些大师们培养出来的同样堪称大师的弟子门生，譬如，乔冠华、吴晗、钱钟书、季羡林、王瑶、沈有鼎……更有趣复有意味的是,原始的清华竟然再现过詹姆斯所说的长木两端、师生两人的情景。据史记:清华哲学系成立之初,仅教授一人(金岳霖),学生一人(沈有鼎),前者曾为中国现代逻辑学的开山始祖,有帝师之尊,后者曾当面质疑过20世纪初英国哲学大家罗素和美国哈佛哲学系掌门怀特海的逻辑与数学推演并获赞赏。我在北大工作时曾听说过一则真实的趣闻:季羡林先生曾面对某位理学教授的人文不敬,举手向在场的北大校长提问:"校长先生,我想提个问题。"其时校长答曰:"先生何问请示!"季老问:"何曰北大?"先生一问既出,校长弗能应也,在场者亦顿时愕然,继而鼓呼。此谓趣闻,后来我斗胆地问过季老,其未置可否,只是颔首微笑。想到这则趣闻,我便仿佛有些明白詹姆斯先生为何发表"真正的哈佛"之演讲。假如有人仿季老而问之"何曰清华?",我大致只能重复如上所述之原始清华的人文社科的学统图像和知识谱系,甚或冒昧向他或者她推荐这本《清华大学文史哲谱系》和先于此书出版、由钱颖一、李强两位教授共同主编的《老清华的社会科学》,这样的解答不一定完备,但一定是有历史证据的。

  面对如此的人文学传统,今天的清华要想续接前贤、光大学统,该是何其艰难!历史不可重复,无论光荣还是羞愧。但传统或者学统终究是有可能续接的,只要我们恪守大学的本真理念,保持大学的知识身份和品格,最最重要的当然还是坚守和承诺大学的真精神:创新之学术,自由之思想,以及大学之于人类文化——首先是民族优良文化——和先进知识的传导与弘扬之特殊职责。

  若如是,当已然。呜呼!姑妄序之。

农历壬辰年初春急就于京郊悠斋

附记：

我无比真诚地感谢刘石、王中江和彭刚三位副主编和他们组织的编写团队！作为主编，我除了做一些学术组织和统稿校读的技术性工作之外，几乎没有任何实质性的贡献。因此，我必须在此申明，凡本书可存可取者，都是他们的功劳；凡存遗憾甚至失误者，当由我个人承担失职之责。我还要特别感谢学校有关领导和清华大学出版社的有关编辑！他们不仅帮助我们反复校读本书初稿，帮助我们发现和校正了诸多差错，还主动帮助我们核查有关史料文献，改善诸多语句表达和标题设置。我应该说，他们和我们的编写者们一样，都是这本书的创作者和奉献者，我谨代表三位副主编对他们的指导、帮助和支持深表敬意！好在我们都有一个共同的清华人身份，为了重拾老清华的人文记忆，我们一起尽心尽力，有过这样一起共同工作的美好经历。本书初版一定还存在这样或那样的错误，希望读者，尤其是那些依然保存着清华人文学科记忆的清华前辈和校友们帮我们及时发现错误，充实遗漏，以便在今后有机会再版时，更正和改善本书。朝花夕拾，尚望来春。

目　录

大学的学统与人文知识谱系（序）　　　　　　　　　　万俊人

清华大学中文系的建立、发展及院系调整　　　　　　　　1

第一章　概述　　　　　　　　　　　　　　　　　　　　3
第一节　改制历程　　　　　　　　　　　　　　　　　　3
第二节　办系方针　　　　　　　　　　　　　　　　　　5
第三节　制定规章　　　　　　　　　　　　　　　　　　6
第四节　战时教学　　　　　　　　　　　　　　　　　　7
第五节　复校岁月　　　　　　　　　　　　　　　　　　15
第六节　时代特征　　　　　　　　　　　　　　　　　　19
第七节　院系调整　　　　　　　　　　　　　　　　　　21

第二章　教学　　　　　　　　　　　　　　　　　　　　23
第一节　课程设置及其变迁　　　　　　　　　　　　　　23
第二节　课程设置与学程说明举例　　　　　　　　　　　29
第三节　关于文科研究所中国文学部　　　　　　　　　　43

第三章　教师　　　　　　　　　　　　　　　　　　　　47
第一节　教师聘任情况　　　　　　　　　　　　　　　　47
第二节　教授简历著述（按拼音排序）　　　　　　　　　51
第三节　系主任的变更　　　　　　　　　　　　　　　　100
第四节　教授所任职务　　　　　　　　　　　　　　　　101

第四章　生活　　　　　　　　　　　　　　　　　　　　103
第一节　战前宁静　战时艰辛　　　　　　　　　　　　　103
第二节　身处险境　坚持教学　　　　　　　　　　　　　104

第五章　课余　　　　　　　　　　　　　　　　　　　　106
第一节　集会演讲　　　　　　　　　　　　　　　　　　106
第二节　文艺社团　　　　　　　　　　　　　　　　　　109
第三节　相关刊物　　　　　　　　　　　　　　　　　　114

清华大学的史学传统
——新史学在清华的成长与顿挫　　　　　　　　121

第一章　清华史学的草创与自发成长——留美旧制部与清华史学（1909—1929）　　　123
第一节　清华留美生与清华史学　　　123
第二节　清华旧制部与清华史学　　　126

第二章　"文史之学"与近代学术的交融——中西学术之间的无梁殿（1925—1929）　　　130
第一节　国学院及其研究工作　　　131
第二节　"文史之学"与学术薪传　　　140

第三章　清华史学的近代化转型：历史学系的成长（1930—1937）　　　146
第一节　历史学系的演进历程与早期发展　　　146
第二节　罗家伦之大改组与清华史学近代化的提速　　　148
第三节　近代化史学系的基本建成——蒋廷黻与清华史学的跨越式发展　　　156
第四节　办学理念、方针与实践　　　168
第五节　清华史学的内涵式拓展——雷海宗与清华史学　　　176
第六节　和而不同　百家争鸣　　　178
第七节　清华史学与民国史学界——有关清华史学的一个横向比较　　　185
第八节　育才模式的探索与人才布局的成型　　　200
第九节　"理工科抬头"：从"文理并重"到"提倡理工"　　　209
第十节　清华园非桃花源——学术与社会的互动　　　212

第四章　三校合璧：清华史学的鼎盛（1937—1946）　　　219
第一节　三校西迁　　　219
第二节　师资团队与教研状况　　　221
第三节　课程设置　　　232
第四节　人才选拔与培养　　　235
第五节　放洋与从军——青年报国的他种选择　　　243

第六节	成绩与隐患	245
第七节	转捩点：战时教育的短板	249
第八节	从象牙塔中到十字街头	252
第九节	复员：重返故园	254

第五章　从复员到撤并：老清华史学的历史归宿（1946—1952） 256

- 第一节　"学术集团"之重建 256
- 第二节　质与量及结构的失衡 261
- 第三节　优化学术布局的努力及挫折 264
- 第四节　1948年：两个时代的分水岭 266
- 第五节　老清华与新时代——清华史学之嬗变 270

第六章　余绪：老清华史学之归宿 278

- 第一节　清华历史学人在大陆 278
- 第二节　清华历史学人在海外 284
- 结语 289

清华大学的哲学传统 291

引论 292

第一章　哲学系的创建期（1926—1929） 293

- 第一节　清华学校时期的哲学系 296
- 第二节　国立清华大学之始的哲学系 300

第二章　哲学系的发展期（1929—1932） 305

- 第一节　国学院解散后的哲学系 305
- 第二节　校政动荡时期的哲学系 310

第三章　哲学系的黄金岁月（1932—1937） 317

- 第一节　哲学系发展概况 317
- 第二节　哲学系具体面貌 321

第四章　南迁途中的哲学系（1937—1939） 347

- 第一节　长沙初建 349
- 第二节　转进西南 357

第三节 站稳脚跟	362
第五章 西南联大前期的哲学系（1939—1942）	**369**
第一节 成果初现	369
第二节 百花齐放	376
第六章 西南联大后期的哲学系（1944—1946）	**387**
第一节 迈向成熟	387
第二节 最后时光	399
第七章 重返北平的清华大学哲学系（1946—1948）	**410**
第一节 恢复后的哲学系概况	410
第二节 战乱时期的学术成果	422
第三节 学生运动	433
结语	437

清华大学中文系的建立、发展及院系调整

第一章 概 述[*]

第一节 改制历程

　　清华大学的前身是清华留美预备学校,创建于1911年。在《北京清华学校近章》中规定:"以培植全材、增进国力为宗旨。以造成能考入美国大学与彼都人士受同等之教育为范围","本校参酌中美学科制度,分设高等、中等两科,各以四年毕业。"当时学校的教学学制、课程、教材以及教学法等多参照美国,1920年,著名哲学家罗素来校参观,给了一个总评价:清华学校恰像一个由美国移植到中国来了的大学校。1916年周诒春校长着眼于民族教育的独立,上书北京政府,提出将清华由游美预备学校改办成独立大学的计划。但限于种种条件,迟迟不能实现。张煜全继任校长后,在清华全体中西教职员会议上设立"大学筹备委员会"一案,并于1921年1月将筹委会决定逐年停办中等科、继而改办大学的工作计划呈外交部。曹云祥校长到任后筹划改办大学的具体步骤与措施,通过了自1924年起为大学筹备期的方案,并于10月成立"大学筹委会"。此间正值国内发出收回教育主权、争取教育自主和学术独立的呼声,从而涌起"改大潮"的背景。

　　1925年,清华由留美预备学校正式迈向改办大学之路。2月10日,曹云祥校长召集筹备大学委员会联席会议,作出2月23日召开大学课程组与教职员待遇组联席会议,讨论大学之组织、招考委员会应作一简单报告,罗列考试时一切学科等项决议。3月中旬,清华学校大学部刊登招生广告:"本校因变更教育方针,自去年始,即将原有之高等科及中等科停止招生,并自今夏始开办大学,

---

[*] 因篇幅关系,本文收入的材料主要是与中文系相关的部分,对属于校史范畴的部分从简;内容上主要选取关于教学、学术研究与系务工作的开展相关部分。

以在国内造就需要人材，而不以预备留学为宗旨。现定于七月六日起在北京、上海、武昌、广州四处同时考试，录取新生约一百五十名。"4月23日，外交部批准试行《清华学校大学部章程》（载《清华学刊》第358期），并批准了大学筹备委员会提出的《清华大学工作及组织纲要（草案）》。学校按《纲要》建立"临时校务委员会"，由曹云祥、张彭春等10人为委员，将清华学校改组为留美预备部、大学部和研究院三部分，并决定1929年旧制学生全部毕业后，留美预备部停办。5月大学部正式成立，开始招收新生，共招收新制大学普通科一年级学生132人（报到93人），他们后被称为清华大学第一级学生。1925年9月1日大学部与清华国学研究院同时开学。本年颁布的《大学部组织及课程》规定："清华学校自上半年决计改变教育方针，其改革要目厥有三端，即：（一）将旧有之高等科、中等科一律逐渐停办；（二）在本校开办大学，分普通训练、专门训练及研究院，纯以在国内造就今日需用之人才为目的，不为出洋游学之预备；（三）俟旧制学生毕业后，留美学额之给予以公开考试定之。全国各大学之毕业生均得投考。凡此改革计划今日逐渐实行，中等科及高等科自去岁即停止收录新生，以后不再续招。大学普通训练及研究院均于今年秋间开办，专门训练则民国十六年可以开始。留美公开考试则民国十八年当可举行。"又指出："方今国内大学，当务之急厥惟令学子了解中国之现状与其在世界上之位置，然后令其就各人之所长，求得切于实用之学术。清华今后之期望即在本此目标从事试验。"

1926年4月15日，为适应设立大学部制定了《清华学校组织大纲》，其中第五条规定：大学部本科修业期至少四年，学生毕业后给学士学位。本年大学部设立了17个系，其中已开出课程的有国文学系、西洋文学系等11系。

1928年1月，曹云祥校长辞职，由严鹤龄代理校长。5月温应星接任清华学校校长，7月辞职。8月17日，国民政府议决：清华学校改为国立清华大学，直属国府管辖，任命罗家伦任校长。罗家伦在清华大学校长就职典礼上发表"学术独立与新清华"之演讲，他说："国民革命的目的是要为中国在国际间求独立自由平等。要国家在国际间有独立自由平等的地位，必须中国的学术在国际间也有独立自由平等的地位。把美国庚款兴办的清华学校正式改为国立清华大学，正有这个深意。我今天在就职宣誓的誓词中，特别提出学术独立四个字，也正是认清这个深意"。另谈到为青年择师的标准为："必须破除一切情面、一切顾虑，以至公至正之心，凭着学术的标准去执行。"① 9月，《国立清华大学条

---

① 《清华大学史料选编》，第二卷（上），199~201页，北京，清华大学出版社，1991。

例》通过，共有总纲、本科、研究院、董事会、校内组织、留美学生监督处、学生及附则 7 章 31 条。其中总纲第一条说明：国立清华大学根据中华民国教育部宗旨，以求中华民族在学术上之独立发展，而完成建设新中国之使命为宗旨。第二条说明：国立清华大学由中华民国大学院会同国民政府外交部管理之。至此，清华学校完成向清华大学的过渡。清华学校正式成为国立清华大学后，国文学系改称中国文学系，新聘了一批教授、讲师，杨振声被聘为中国文学系教授兼系主任。

第二节 办系方针

1929 年 1 月 14 日《国立清华大学校刊》刊出滢生的题为《清华的中国文学系》一文，对初聘教授做了介绍，并指出本系草创时期的不足，提出两点建议：宜专为本系同学开设国文班次；大一的国文教员宜速聘请。6 月 7 日，清华大学举行欢送毕业生大会，《清华周刊》报道："清华大学部，成立四年来，今年系第一班毕业。旧制之最后一班与国学研究院之最终一班亦均于今年毕业，故本届毕业之情景，有空前绝后意味存乎其中。"6 月 12 日通过了《国立清华大学规程》，其总纲第一条为：国立清华大学根据中华民国教育宗旨，以求中华民族在学术上之独立发展，而完成建设新中国之使命为宗旨。在第二章本科及研究院中规定：国立清华大学本科设文理法三学院，文学院包括中国文学系、外国语文学系、哲学系、历史学系和社会人类学系。

这一时期，中文系的办系方针基本是建系初期的延续，在教学上，除早期强调新文学，后来强调打好"国学基础"外，一贯特点是对待外国语言文学特别重视，强调"学"（广泛的基础知识）与"术"（一般写作与文艺创作的训练）并重。朱自清在《中国文学系概况》中谈到："本系从民国十七年由杨振声先生主持，他提出一个新的目的：这就是'创造我们这个时代的新文学'。中国各大学的国学系，国文学系，或中国文学系的课程，范围往往很广；除纯文学外，更涉及哲学、史学、考古学等。他们所要学生做的是旧文学研究考证的工夫，但在这个时代，这个青黄不接的时代，觉得还有更大的使命：这就是创造我们的新文学。"又说："本系的同学也可以有不能或不愿从事新文学，却喜爱研究旧文学的人，我们当让他们自由地发展，但希望大部分都向着我们目的走近便的。"指出："我们还要注意一件事，便是参考外国文学。现在必修科中有西洋文学概要及西洋文学专集研究两科，便是为此。"朱自清还提到："语言是最重要的工具，我们只定英文为必修，似乎不够用。下年度想增设第二外国语，让同学将来更有一番新境界。"①

1931年10月14日，教育部委派梅贻琦任清华大学校长。梅贻琦于12月3日正式到任，他在就职演说时说："一个大学之所以为大学，全在于有没有好教授。"又说："所谓大学者，非谓有大楼之谓也，有大师之谓也。"② 这段著名的论述，不但成为清华多年来的办学理念，在我国教育界亦产生了深远的影响。

第三节　制定规章

1933年3月30日，中国文学系召开教授会，议决学生入系及转系标准与新课程修正案：1. 1934年起，二年级学生欲入本系者，其一年级国文成绩须在中等以上。2. 下年度转系学生，亦照上项标准。新课程修正案：1. "中国文学史"改为第二年学程，定为6学分。2. "国学概论"取消。3. 加 "中国哲学史" 为二年级必修学程。4. "国学要籍"中加 "楚辞"，选修学程中不再列此目。5. "杜诗"已列入 "国学要籍"，"文学专家研究"中 "杜甫" 一目应取消。6. "唐诗"、"宋诗"两目改列于 "汉书" 之后。

同年7月，陈寅恪就自己对国文试题的见解发表了《与刘文典教授论国文试题书》，文章说："连岁校阅清华大学国文试题，感触至多。据积年经验所得，以为今后国文试题应与前比异其旨趣。即求一方法，其形式简单而涵义丰富，又与华夏民族语言文学之特性有密切关系者。以之测验程度，始能于阅卷定分之时有所依据，庶几可使应试者无甚侥幸或甚冤屈之事。阅卷者良心上不致受特别痛苦，而时间精力俱可节省。若就此义言之，在今日学术界藏缅语系比较研究之学未发展，真正中国语文文法未成立之前，似无过于对对子之一方法，此方法去吾辈理想中之完善方法固甚辽远，但尚是诚意不欺，实事求是之一种方法，不妨于今夏入学考试时试一用之，以测试应试者之国文程度。"文章进一步说明："（甲）对子可以测验应试者能否知分别虚实字及其应用"；"（乙）对子可以测验应试者能否分别平仄声"；"（丙）对对子可以测试读书之多少及语藏之贫富"；（丁）"对子可以测验思想条理"。因此 "凡能对上等对子者，其人之思想必通贯而有条理，决非仅知配拟字句者所能企及，故可藉之以选拔高才之士也。"（载《学衡》第79期）吴宓曾在《空轩诗话》中有所感："陈寅恪的《与刘文典教授论国文试题书》及近作《四声三问》一文，似为治中国文学者所不

---

① 载1931年6月1日《清华周刊》第11、12期合刊《向导专号》。
② 载《国立清华大学校刊》1931年12月4日。

可不读者。"①

中文系教师们重视授课效果，认真准备学生用参考资料，对于新开课程更是用力甚勤。系主任朱自清在1936年的日记中有这样的记载："'中国文学批评'一个科目，必须以大部分时间处理研究之。"

中文系自1930年至1937年有毕业学生8届，共58人。

第四节　战时教学

因抗战爆发，清华大学于1937年9月初奉教育部令南迁，与北京大学和南开大学在长沙组成临时大学，朱自清被推为中国文学系教授会主席。1937年9月27日，本学期清华大学第一次校务会议作出"本校研究院暂停办一年"、"本学年出国研究教授暂缓"等决议。10月1日，经闻一多与朱自清举荐，陈梦家到清华任教。朱自清在致梅贻琦的信中这样介绍："其所发表关于古文字学及古史之论文，分见于本校及燕大学报，甚为前辈所重。聘请陈君，不独可应临时大学文字学教员之需要，并可为本校培植一研究人才。"梁实秋在《谈闻一多》中说到闻一多"曾屡次对我说一个有天分的人而肯用功者，陈梦家要算一个成功的例子"。10月2日，临时大学常委会通过课程委员会拟定临大学系，决定文学院设中国文学、外国语文、历史社会、哲学心理教育4学系，暂不设研究所。10月15日，临大常委会第11次会议决定：文学院设于南岳圣经学校。10月25日，长沙临时大学举行开学典礼。10月28日，文学院各系教授会主席合组文学院院务委员会，推举朱自清为召集人。在长沙的非常时期，生活虽然极其艰苦，但师生们努力做学问的热情却格外高涨。冯友兰在《回念朱佩弦先生与闻一多先生》中回忆："我们在南岳的时间，虽不过三个多月，但是我觉得在这个短时期，中国的大学教育，有了最高底表现。那个文学院的学术空气，我敢说比三校的任何时期都浓厚。教授学生，真是打成一片。有个北大同学说，在南岳一个月所学底比在北平一个学期还多。"② 此时闻一多考订《周易》；王力研究《儿女英雄传》，将《红楼梦》分析归纳，决定从这两部小说入手，去探索、总结现代汉语语法，开始撰写《中国现代语法》。师生们为在兵荒马乱之际，为有这样一个相对清净、能做学问的地方而分外珍惜。闻一多在给妻子的信中谈到："这次所开两门功课，听讲的人数甚多，似乎是此间最大的班，我讲

---

① 载《吴宓诗集》，北京，中华书局，1935。
② 张守常：《最完整的人格》，北京，北京出版社，1988。

得也很起劲。"① 闻一多的课广受欢迎，常有同学向他请教。何善周在《千古英烈万世师表》中忆："我选习了闻一多先生讲授的'诗经'和'楚辞'，我因受到他的博而精的讲课所吸引、所感动，曾几次攀登到教学楼后面的山坡上，到教授们居住的小楼去向他质疑问难，他的善于引导和启发的谈话，平易近人的民主作风，更使我敬仰和尊重。我庆幸遇到一个好老师。"②

1938年1月20日，临大常委会第42次会议决定：因战火逼近长沙，临大迁往昆明。临大文学院结束在南岳的课程，2月初迁回长沙。2月16日开始，朱自清、闻一多等教授分别乘车、步行赴滇，于3月底、4月初相继到达。4月2日，教育部电称：奉国防最高会议通过，改国立长沙临时大学为国立西南联合大学。4月19日联大常委会首次会议即第58次会议决定：成立联大蒙自分校。1938年4月底，文、法两学院师生陆续赴蒙自。5月4日文、法两学院开学。冯友兰代理文学院院长。8日举行清华27周年校庆纪念会，梅贻琦到会发言，要求同学们保持清华精神，继续学业。在7月22日召开的文学院院长和系主任联系会上，冯友兰提出有人批评联大大一国文课无新教学方法。次日，冯友兰与朱自清谈此问题，指出三点：（一）讲解《庄子·天下篇》一类课文，因生字多，必须设法引起学生兴趣。（二）教授桐城派或章太炎等选派文章，须使学生从总体上加以体会。今废此二法，学生不觉新意，乃最大失败。（三）必须充分认识朗诵之必要。朱自清表示："诸说皆有见地。"8月4日，第83次常委会决议：遵部令，联大自下学期起增设师范学院。8月23日，蒙自分校课程结束，文法学院师生迁回昆明。这一时期，"三校除以足够人力物力参建联大外，还各自保留自己的独立行政和人事系统，如清华就有研究院、特种研究所以及留美考试独立事业。"③ 9、10月间，教育部颁布了《大学共同必修科目表》。在教育目标上教育部曾按《抗战建国纲领》提出："大学教育应为研究高深学术，培养能治学治事治人创业之通才与专才之教育。"而且为了适应现实需要，政府在战前就曾推行"提倡理工、限制文法"的方针，战时更进一步提倡"实用科学"，而贬低文法乃至理科。这一办学方针在国内引起了文、法、理科教师的普遍不满。当时联大教授对此亦颇多指责，认为大学教育应顾及百年大计，不应为一时偏倚的需要而变质。朱自清在《论大学共同科目》中指出："大学教育应该注重通才而不应该一味注重专家。"梅贻琦在《大学一解》中指出，教育部所

---

① 闻一多：《闻一多书信选集》，261页，北京，人民文学出版社，1986。
② 载《闻一多纪念文集》，253页，北京，生活·读书·新知三联书店，1980。
③ 黄延复：《吴宓先生与清华》，载《第一届吴宓学术讨论会论文选集》，53页，西安，陕西人民教育出版社，1992。

提出的"通专并重"不易实行，主张大学"重心所寄应在通而不在专"。联大曾以校委会的名义上书蒋介石和陈立夫，对教育部只重专才不重通才、重实科不重文、理科的方针表示异议。这一时期，联大还遵部令，加强了边疆问题的研究，在中文、历史、社会学等系曾开了"汉藏系语言调查"、"南边疆社会"等课程。10月6日，联大第89次会议决定聘冯友兰、朱自清、罗常培、罗庸、闻一多为校歌校训编制委员会委员。11月26日，联大第94次会议议决：修正校歌校训委员会建议，联大以"刚毅坚卓"为校训。

1939年3月5日，闻一多作《西南采风录》序。《西南采风录》是联大学生刘兆吉在长沙至昆明长途跋涉中，在大量采集民间歌谣基础上编成的一部诗歌集，计有情歌、童谣、抗战歌谣、采茶歌、民怨及杂类民歌共771首。闻一多是湘黔滇步行旅行团的导师之一，曾给予刘兆吉关于采集歌谣工作的指导，他在《序》中说："学校由长沙迁昆明，我们一部分人组织了一个湘黔旅行团，徒步西来，沿途分门别类收集了不少材料。其中歌谣一部分，共计二千多首，是刘兆吉一人独力采集的，他的这种毅力实在令人惊佩。"4月13日，朱自清为该集作序，说采风"目的是在'观风俗，知厚薄'"。还介绍："刘先生是长沙临时大学步行团的一员。他从湖南过贵州到云南，三千里路费了三个月。在开始的时候，他就决定从事采集歌谣的工作，一路上他也请教老人和孩子"，"辛辛苦苦地搜索、记录、分辨，又几番的校正，几番的整理，成了这本书"，"可以说是前无古人。""刘先生居然能采到二千多首，他的成绩是值得赞美的。"他评价"这是一本有意义的记录：刘先生的力量不会白费的"。《西南采风录》于1946年12月由商务印书馆出版，2000年再出影印本，台湾商务印书馆于1991年3月出版。

1939年春，陈寅恪被授予英国皇家学会研究员职称，应英国牛津大学汉学教授之聘，准备于夏天赴英讲课，已向清华请假并获准。在此之前他曾两次辞谢牛津大学邀请，这次主要为解决生活和经济上的困难所考虑。6月下旬课程结束后，他赴港准备到牛津授课，却因欧战爆发未能成行，至9月重返昆明授课。面临国难家愁，分外苦恼，无奈与彷徨之下，写示吴宓《己卯秋发香港重返昆明有作》一诗，以抒发心中无限感慨的复杂心境。本年，王力获准休假研究，赴越南远东学院进修，主要研究越语，他对越南语中的汉语借词的历史和现状做了系统深入的分析，写出《汉越语研究》一文，后发表在1948年《岭南学报》第9卷第1期，1979年又被译成法文。该文至今仍被认为是国际上研究汉越语的一篇权威性的文章。是年底，他讲授"中国现代语法"和"中国语法理论"两门课的讲义在联大印发。

1939年7月18日，联大第113次会议通过了校歌校训委员会审定的由罗庸作词、张清常作曲的校歌。歌词为：

万里长征，辞却了五朝宫阙，暂驻足衡山湘水，又成离别。绝徼移栽桢干质，九州遍洒黎元血。尽笳吹弦诵在山城，情弥切。

千秋耻，终当雪。中兴业，须人杰。便"一城三户"，壮怀难折。多难殷忧新国运，动心忍性希前哲。待驱除仇寇复神京，还燕碣。

1937年毕业于清华研究院中国文学部的张清常，将歌词谱成了男女声四部合唱曲，很快唱了起来。据当时联大同学回忆，每位新同学注册后，都会得到一页铅印校歌，在校歌中入学，在校歌中成长，同学中没有人不会唱校歌的。

这一时期，教学和研究工作基本能正常进行，中文系教授相继利用休假制定出研究计划并着手工作，以不断提高教学水平、丰富教学内容。特列举几例，以展现教授们研究进程与内容。

1940年5月8日，朱自清呈校长函，申请休假并报研究计划，其研究计划陈述道："窃中国文学范围内，'散文（包括骈散二体）之发展'一题目，现在尚无专门研究之人。坊间虽有'散文史'、'骈文史'等书，类皆仓促成编，以抄撮故言为能事，不足语于著述。清年来对此题目甚有兴趣，拟从历史及体式两方面着手。关于历史方面，已作短论三篇，附陈台察。下年度若能休假，拟专研究上古（至汉初）时代散文之发展。并拟有分题两种：一、说'辞'（包括'知言'等项）。二、说'传'、'注'、'解'、'故'。此两分题，拟各成论文一篇。此外，拟分类搜集材料，录为长篇，随时研究。至体式方面，拟先择数种古载籍，统计其句读长度（即字数）作为研究之基础。但此项工作，能否进行，须视时间而定。清之计划，因暂以历史方面为主也。"① 其申请于6月17日召开的清华第8次评议会通过。又于8月28日呈梅校长休假研究报告函曰："清原定研究计划系在先秦散文方面。到此后因书籍不便，只得先行抄集资料，分书排比，暂成长编。论文写完，尚需有待。惟一年中曾写完关于诗之论著三篇，系到此后另行计划者。计《古诗十九首集释》七节，约三万字，分载《国文月刊》中。此文系研究古诗十九首各首之意义，根据历代注解，加以抽绎阐明。又为四川教育科学馆著《国文精读指导举隅》（已印行）及《略读指导举隅》（即付印）各三篇，名为'指导大概'。此二书供中学教师参考之用。其中有二篇皆关于诗之意义之研究。其一为胡适之先生《谈新诗》篇第五段之指导大概，

---

① 清华大学校史研究室编：《清华大学史料选编》，第三卷（上）290页，北京，清华大学出版社，1994。

约一万字，实系借题研究诗之具体性，研究诗之具体性之意义。又一为《〈唐诗三百首〉指导大概》，约二万字，亦系借题研究诗中典故之意义及诗之组织与体制与意义之关系。唯此项研究因取材太狭，只可作为草创耳。"①

同年 8 月 30 日，王力向校方呈报其出国休假研究报告，报告说："力于廿八年八月赴河内远东博古学院研究东方语言至廿九年六月六日返滇，历时共 10 个月"，"兹将一年中所作之研究工作分别报告如下：（一）越南语（着重与汉语之关系）；（二）吉蔑语（即柬埔寨语）之文法部分；（三）暹罗语之文法部分；（四）苗语及秦语之大略；（五）梵语之文法部分；（六）西人关于汉语之著作在国内未得见及者；（七）普通语言学之著作在国内未得见者。其中费时最久颇有所知者为越南语，尤以汉语字音在越南之演变及近越南文字（字喃）之构造为特别留心之点。本年度（廿九年至三十年）拟在国立西南联合大学开'汉越语研究'一科，冀收教学相长之效。一年来所手录东方语言参考资料（法文及英文）共四百页，装订成册，如承索阅，即当呈上。"②

同年 10 月 8 日，浦江清呈梅校长申请休假并附研究计划，其计划分为五部分：一、"计划一年中读毕宋史，参以关于宋代之别史及宋人笔记；倘有余力，进读两唐书"。二、"鉴于元代戏曲文学价值之高，包含元时俗语、方言之多，曾有意作整理研究之工作"，"以完成一部《元剧训诂辞典》为鹄的，仿西洋 Lexicon 之体例也"。至于工作细目，分为五层，拟第二年或第三年完成。三、"前述之脉望馆明抄本戏曲书之发现，为近年来中国文学方面珍贵材料之一大发现，本人极愿先睹，休假中如有到上海之便，则即可进行校阅之工作"。四、"本人对于俗言之兴味不限元代，自汉晋以来，下迄明清，随时读书所见，即为摘录将来蓄积既多，拟成〈俗言疏证〉一书"。五、"中国现在缺乏良好辞书，如《现代中国字典》无之，《历史训诂字典》亦无之"，"吾人欲编辑历史训诂字典，当以《牛津英文字典》为规范，但此种大工作须以许多词汇为阶梯，如《诗经词汇》、《楚辞字典》、《汉赋词汇》、《唐诗词汇》、《宋词词汇》、《元曲字典》、《〈水浒〉词汇》，再小为《杜诗词汇》等等专书，必须完成，否则挂一漏万，仍不完备也。本校文科同人中亦有颇持此见，愿担任局部工作者"。他还提出建议："本人深盼本校能成立文史研究所（与现有研究院之性质不侔）作编辑工作。哈佛燕京研究所编成多种古书索引，造福学林不少。清华可以从词汇方面著手，较索引工作更高一筹。牛津字典编辑迄今费七十余年，清华如于此时

---

① 清华大学校史研究室编：《清华大学史料选编》，第三卷（上）291 页。
② 清华大学校史研究室编：《清华大学史料选编》，第三卷（上）306 页。

著手，则至百年大庆之日有一（清华大辞典）可以产生，此不朽之盛事也。"①

闻一多虽说未休假，也作出研究计划，并将研究报告《中国上古文学史研究报告》呈梅校长。关于研究旨趣他认为："一要了解文学作品"，这是因为"文艺作品为文学史之最基本、最直接的材料。"二要"考察时代背景"，因为"文学史为整个文化史中之一环，故研究某时期之文学史，同时必须顾及此期中其他诸文化部门之种种现象"。基于以上两点，他将研究工作分为两部分，分别为专书研究和专题研究。他上报的研究结果如下：

（一）专书研究要目

　　尚书补释（已成虞书部分）

　　周易间诂（行在本校学报发表）

　　庄子章句（已成内七篇）

　　楚辞校补（已交北平图书馆《图书季刊》发表）

　　离骚叙论

　　天问疏证

　　乐府诗笺（已交联大师院国文系主编之《国文月刊》发表）

　　易林琼枝

　　上古文选校释

（二）专题研究要目

　　古代教育

　　商周铜器艺术

　　史职与史书

　　史诗的残骸

　　采诗制度蠡测

　　古代著述体裁之长成

　　神仙与先秦思想

　　舞蹈与戏剧

　　宴饮与诗

附相关问题论文目录

　　夏商世系考

　　姜嫄履大人迹考（载《中央日报》史学周刊）

　　象舞考原

---

① 清华大学校史研究室：《清华大学史料选编》，第三卷（上）294~296页。

雷纹解

说繇（已交《金陵学报》发表）

释桼

释叵

释臣①

1940年暑假，陈寅恪再次去港等候赴英，到港后方知因时局关系须再等候一年。由于交通中断，机票昂贵等因素无法返回昆明，逐向学校请假一年，应聘为香港大学中文系客座教授，在港讲学题目为"秦妇吟"。期间著述有：《唐代政治史论述》（于1943年在重庆出版）、《读莺莺传》、《读东城老父传》②、《魏书司马睿传江东民族条释证及推论》③。

为了庆祝校庆，清华大学原在北平的《清华学报》、《社会科学》等4种刊物于1941年4月复刊。

此间，闻一多扶植后学，举贤荐能，关注青年教师的成长，多次向学校介绍他们的学术成就。先是于1941年5月28日，致清华大学聘委会公函两封，其中一封荐许维遹申请晋升副教授函说："本系讲师许维遹先生，历年研究校勘学并训释先秦、两汉古简，成绩昭著；所著《吕氏春秋集释》一书，已风行于时；其他关于《国语》、《管子》、《韩诗外传》诸古籍亦有成稿待梓，其间疏通疑滞、创获之多，视前所校《吕览》，殆又过之。"另一封荐陈梦家晋升副教授的函介绍道："本系讲师陈梦家先生，研究甲骨、铜器文字及相关问题成绩卓著，历年所撰论文十余篇，释疑、解惑、发明甚多。"④ 后又致梅校长函，为李嘉言由助教改聘教员提出建议："中国文学系助教李嘉言先生，来校服务六载于今，黾勉在公，辛劳弥著，允宜优礼，用酬贤劳。拟请自民国三十年起改聘李君任中国文学系教员。"⑤ 新学期开学后，在联大做研究工作的英国人罗伯特·白英准备选编一部《中国新诗选译》，特邀闻一多合作。本年起，闻一多开始研究《庄子》，所费功夫甚多，曾手抄此书，并汇集各家注释，又批注上自己的见解。

1942年暑假后，朱自清讲授"文辞研究"这门新课程，虽只有1、2人选修，但他仍按时上堂授课，从不缺席，并认真给学生改笔记，不同意那种只顾教师个人学术研究，不肯在教学上为学生多花工夫的态度。他认为：文化是继续

---

① 闻黎明、侯菊坤：《闻一多年谱长编》，593~594页，武汉，湖北人民出版社，1994。
② 载1942年《中央研究院历史语言研究所集刊》第10本合订本。
③ 载1943年《中央研究院历史语言研究所集刊》第11本第一分册，1957年经增改出油印本。
④ 闻黎明、侯菊坤：《闻一多年谱长编》，611页。
⑤ 闻黎明、侯菊坤：《闻一多年谱长编》，612页。

的，总应该为下一代人着想，如果都不愿替青年人服务，下一代怎么办？

从本年开始，王力开始小品文的写作。他在《生活导报和我》中说到写作动机："象我们这些研究语言学的人，雕起龙来，姑勿论其类蛇不类蛇，总是差不多与世绝缘。有时一念红尘，不免想要和一般读者来亲近，因此，除了写两本天书外，不免写几句人话，这另一个目的就是换一换口味。"他从事小品文的创作，一来为当时生活所迫，小品文费时少，刊登快，稿费及时，不比学术专著，写上一部须花上三五年时间，所得稿费也解决不了燃眉之急。同时，经历了战争带来的巨变和颠沛流离的生活，较多地接触了实际，激发了他的社会责任感和创作的冲动，从而有感而发。他白天忙于备课、教学、研究，晚上从事小品文的写作，先是为《星期评论》撰稿，后又应《中央周刊》之约写稿，再为《生活导报》开辟《龙虫并雕斋琐语》之专栏，"龙"指学术著作，"虫"指文学作品及其他文章。"龙虫并雕"就是既坚持他的正业，写学术专著，又从事副业，撰写小品文。他的小品文题材广泛，接触到抗战期间社会生活的各个方面，给读者展示了一幅光怪陆离、实录性很强的画卷。这些小品文词章优美、语言生动，部分文章还就社会黑暗面做了真实深刻的描述，具有较强的思想性和艺术性。

本年陈寅恪的《唐代政治史述论稿》、闻一多《楚辞校补》、张清常《中国上古音乐史论丛》分别获教育部科研成果一、二、三等奖。

1944年联大中国文学系出编选教材《国立西南联合大学语体文示范》，此教材也被其他学校所采用。

1945年3月12日，由吴晗起草、闻一多修改、罗隆基补充，342人联名发表了《科目文化界关于挽救当前危局的主张》。文章呼吁"中国到了今天，更迫切的需要实行团结、实现民主了"，并提出了关于挽救当前危局的4点主张。10月1日，朱自清、闻一多、张奚若等联大10位教授联名致电蒋介石、毛泽东，要求停止内战，实现国内和平民主，提出三点建议其中第一条：鉴于"十余年来，我国政权操于蒋介石先生一人之手"，致使"人民利益之被漠视，以及贤者能者之莫能为助"，故而建议"今后我国无论采用何种政制，此一人独揽之风，务须迅予纠正！"（该电文收入《朱自清全集》第4集）10月17日。

联大中文系举行迎新大会，朱自清、闻一多等教授参加，杨振声刚从美国归来，介绍了西方汉学的研究情况。

1945年8月19日，清华大学第57次校务会议讨论了复校计划，做出了"校长偕同一二人先往北平视察校址以便计划修复"等6项决议。

陈寅恪因双目失明，于1945年秋应英国皇家学会之邀赴伦敦治目疾。1946年春，陈寅恪由英国返回国内，此时双目完全失去复明的希望。于秋后回到清华大学，在助手的帮助下，继续做教学和研究工作。

1946年5月4日上午在联大新校舍图书馆前举行结业典礼，从即日起，师生们将分批离开昆明北上。毕业典礼后在校园东北角举行联大纪念碑揭幕式，碑额为闻一多篆书题写"国立西南联合大学纪念碑"，碑文由冯友兰撰写，罗庸书丹，背面刻有800余从军的联大同学目录。晚上各学生文艺团体联合举行游艺会，剧艺社演出了夏衍编剧的话剧《天涯芳草》。

美国加利福尼亚大学邀请闻一多于1946年暑假后赴美讲学，他以"北方的青年也许还需要我"为由，谢绝了邀请。此间，他主张将中国文学系和西洋文学系合并为文学系，而将其中语言的课程分出来另设语言系，朱自清亦同意这个提议。不过因受教育部限制未能实行此方案。闻一多此时担任学生朱德熙的论文导师，在审阅其关于甲骨文的论文时，认为他对此很有见地，遂决定留朱德熙在清华任教。

1946年6月15日，教育部发布训令，决定将联大师院自本年8月起在昆明独立设置，改称国立昆明师范学院。7月10日，第382次常委会议决，西南联合大学于7月31日结束。7月15日，闻一多在下午出席了民盟昆明支部为李公朴遇害举行的记者招待会后，由长子闻立鹤伴陪回西仓坡宿舍，在离家十余步的地方，遭特务枪击遇难。

第五节 复校岁月

1946年夏，清华师生分批返京，10月10日复员后的清华大学在大礼堂举行开学典礼。11月6日，复员后第二次教授评议会讨论了闻一多遗著整理印行案，议决先由校组织委员会将闻一多遗著整理编辑并筹拟印行。本月梅贻琦聘朱自清为召集人，由7人组成"整理闻一多先生遗著委员会"，朱自清于30日召集该委员会开第一次会议，随后着手整理闻一多遗稿。

1947年4月10日，教务处发布教复字第55号通告，即"46年度各学系毕业总考科目表"，其中中国文学系为：1. 中国文学史，2. 文字学、声韵学择一，3. 个体文习作。关于复员后中文系的情况，梅贻琦在《复员后之清华》一文中多有介绍："复员之后——本系计到校教授四人，尚有王力教授，经广州中山大学借聘为教授兼任文学院长，请假一年。陈梦家教授留美研究中国古代铜器，工作未完，请假一年。新聘兼任讲师张政烺先生、张清常先生分任文字学及古音研究训诂学等课；又蒋荫恩先生新闻学概论课。原有教员一人，新聘二人。新聘助教10人，半时助教一人，又与历史学系合聘助教一人。各位教员助教及半时助教,除王瑶先生兼任中国文学史分期研究学程外,均专任大学一年级先修班国文及作文课,其与历史系合聘之一位,系帮助陈寅恪教授工作。本系课程照上年度教育部规定办理,但增中国文学史分期研究、中国文学史专题研究、现代文学讨论及习作、及新闻学概论等课。系务会议并议决下年度增设文学概论,为二年级必修学程,个体习作及图书馆学翻译,为选修学程。文学概论、翻译与部定课程中之世界文学史配合,俾学生可比较中西文学,不致有偏隅之见。个体文习作中并拟列应用文习作一项,俾毕业生就秘书文书之职者得有基础之练习。本系研究所分文学史、语言文学、文学批评三组。现有研究生萧成资、王忠二人,均属文学史组。萧生论文题为《李白的生活思想与艺术》,导师朱自清先生;王君论文题为《唐代藩镇与文学》,导师陈寅恪先生。"[①] 1947年5月,李广田因到医院慰问反对内战示威而受伤的学生、并在《大公报》上发表谈话斥责当局暴行而遭通缉,经朱自清邀请,由南开大学转到清华中文系任教。6月6日,清华第八次评议会通过了许维遹于本年度休假的申请。12月18日,清华第13次评议会原则通过设"艺术史研究室",以促进中国艺术史研究,增进学生对于艺术之欣赏,由有关学系商设选修学程。当月,陈梦家、邓以蛰、梁思成拟《设立艺术史研究室计划书》呈梅贻琦,就其必要性说道:"近二十年来,中国艺术之地位日益增高,欧美各大博物院多有远东部设立,以搜集展览中国古物为主;各大学则有专任教授,讲授中国艺术。乃反观国内大学,尚无一专系担任此项重要工作者。清华同人之参预斯会者,深感我校对此实有创立风气之责。爰于当时集议,提请学校设立艺术史系及研究室,就校内原有人才,汇聚一处,合作研究。在校内使一般学生同受中国艺术之熏陶,知所以保存与敬重固有之文物,对外则负宣扬与提倡中国文化之一部分之责任焉。"此外,还就设立艺术史系、成立研究室、建立博物馆、进行国内外交换等问题分别谈了具体意见。年底,在陈梦家等教授的努力与学校的支持下,清华文物陈列室得以着手筹建。

1948年3月19日,第15次评议会议决通过了朱自清等休假。由本校中国美术史研究委员会主办之文物陈列室经积极筹办,于4月29日清华的校庆日,在图书馆书库北间公开展览。文物内容分为五项:(一)人类史迹展览,为本校人类学系主办,计有人类进化史标本、史前石器标本、边民服饰及文物、清代服饰、历代殉葬品和历代日常用品等。(二)古物展览,为本校中国文学系与历史学系等主办,也是本校中国美术史研究委员会之基本展览,计有铜器、玉器、陶器、骨器、石器、漆木器以及汉以后之瓷、木和瓦器等,其中尤以商周铜器

---

① 载1947年4月25日《清华校友通讯》复员后第二期。

为多，骨器中包括大批私藏甲骨。（三）书画展览，为中国美术史研究委员会主办，内容系本校教授邓以蛰、金岳霖等所藏古书画中精选。（四）地质地理展览，为本校地学系主办，展有恐龙化石与古生物系统标本，以及地形模型与地球仪精制地图等。（五）建筑展览，由建筑系主办，展有建筑图案成绩展览及师生画展等。陈梦家所作《清华大学文物陈列室成立经过》一文（载1948年5月1日天津《大公报》），谈到关于建陈列室的缘起，他有感于上年美国普林斯顿大学为纪念成立成立二百周年，曾举行一国际的东方学术会议，该会议分社会经济与艺术考古两组，后者特别提出中国的铜器、绘画与建筑为讨论的中心。当时冯友兰、梁思成等皆旅该邦。关于建陈列室的必要性陈梦家说："我们深感中国艺术在国际上有超过的地位，而沟通中西文化，介绍中国的精粹于西方，中国艺术应为最好的媒介。近数十年来，我国古物流传海外，为数至巨。欧美大学常设立中国美术课程，而美国若干博物馆颇多以中国古物为其主要的陈列，然而顾国内大学，曾无一校有中国美术的专系"，因而深感于有必要"在大学设立专系，并创办大学博物馆"，这样，"可以使同学们学习对于本国至高艺术的欣赏和了解。此等影响在当时不易察觉，然一旦受到熏陶，后来一定发生极大的力量"。文章还说希望借此"唤起社会人士对于古物的保存与研究"，"尤其希望收藏家慨然的赠与"，"使国家遗留的瑰宝永远为后代人所珍惜"。当年由陈梦家主持搜集和购买的包括青铜器、甲骨、字画、古钱币等数千件文物，至今仍保存在本校图书馆，近年来多次经有关国内外专家学者鉴赏与鉴定，认为这批文物中的一部分具有相当价值，为不可多得的宝物。图书馆还将这些文物分期分批的举行过数次文物展。这些闪耀着我国古代文明灿烂光芒的瑰宝，引起了广大师生的极大兴趣，学子们亦从中受到了浓厚的文化熏陶。

1948年出版的《清华年刊》载有学生所写的《院系漫谈》一文，对当时各系课程、教授及学习和生活做了生动、有趣的描述，其中题为"这里没有一个老夫子——中国文学系"一文中写道："这里没有一个老夫子，你只要看她的一条规定便可知道：'大一国文作文，用古文作的，不予批改'。在中文系，课程的内容，虽然是新旧文学并重，但旧文学的研究，是从崭新的观点出发的，至于新文学是更不用提了！中文系同学的口号是：'扬弃旧的，创造新的。'朱自清先生是我们的系主任，'五四'以来一直坚守在岗位上的文艺工作者，也是一个在态度上极和蔼，而功课上极认真的教授。他所担任的课程是'中国文学史'和'中国文学批评'。他的著作以及在新文学运动中的成果，已经给我们很多启示了。旧的诗词，是由最有研究的浦江清先生与余冠英先生担任，上过他们课的人，都会听得津津有味，最难得的是他们对于学生是那样的恳切。至于李广田先生更是大家所熟悉的,他的'文学概论'、'戏剧选'、'个体文习作'等,班上常常是挤满了旁听的同学。他爱青年,自己也有一颗青年的心,常常极诚恳而又有力地拉着山东调子说:'这时代只有青年才有办法。'创造方面,他指出了一条大家都该走的'路',在新的观点上,他又给予大家一个文学的新观念,所以他一直是被大家爱戴的。陈寅恪先生是有名的国学大师,他的学术成就,不但在国内,即在国际间也有崇高的地位。上他的课像听故事,记笔记觉得茫无头绪,下班细细温一遍,才发现讲得有条有理,首尾一贯。他提到魏晋六朝隋唐五代的名人时,熟得像在叙述一个老东家的家常似的。其他像致力于先秦文学的许维遹先生,文字学专家陈梦家先生等,都是教授阵容中极强的。"复员后,中文系的课程内容是"新旧并重",又开始重新注意新文学,还恢复了战前"中西并重"的原则,并就培养目标(学术工作者还是作家)这一问题,在《国文月刊》上展开过讨论。

  1948年7月14日,"闻一多全集整理委员会"最后一次开会,朱自清报告了《闻一多全集》整理和出版的经过,他的《整理闻一多先生的遗著委员会报告》一文载7月23日《国立清华大学校刊》。8月12日,朱自清因胃病不治,病逝于北大医院。许多团体与学者纷纷撰写纪念文章,刊载在《中建》、《观察》、《国文月刊》、《文讯》、《文学杂志》、《小说》等刊物上。李广田在《最完整的人格——哀念朱自清先生》一文中赞:"在别人的谈话中,以及在别人的文字中,大都提到佩弦先生是一个最完整的人",又归纳:"第一,佩弦先生是一个有至情的人。佩弦先生对人处事,无时无地不见出他那坦白而诚挚的天性,对一般人如是,对朋友如是,对晚辈,对青年人,尤其如此";"第二,佩弦先生是一个最爱真理的人","凡是认识朱先生的,同朱先生同过事的,都承认朱先生是最'认真'的人","这一切表现在日常生活中的认真精神,也正是他的热爱真理的一方面。"文章又由分析朱自清近年所做文章得出他"在思想上的变化是非常显著的",这是他"自然地接近真理,拥抱真理"。"第三,佩弦先生是一个很有风趣的人"。"有至情。爱真理,有风趣,这就是朱先生之所以为朱先生,这就是朱先生的人格之所以被称为最完整的人格之所在,这也是为什么,当朱先生活着的时候,无处不赢得人的敬爱,而当他的死耗传出之后,无人不感到伤痛与惋惜。"① 李广田又在《朱自清先生的道路》一文中总结:"文学工作的道路,文化工作的道路,现实生活的道路,时代思想的道路,这一切造成朱先生自己的道路。他的道路走得非常稳当,非常踏实","这使他成为一般知

---

① 载1948年9月4日《观察》第五卷第二期。

识分子所最容易追随的前驱，成为一般知识分子最好的典型"。王瑶在《朱自清先生的研究工作》一文中评价朱自清："不仅是一位优秀的作家和教师，而且是一位精湛研究和贡献的学者"，又提到朱先生有两点精神是特别值得我们效法的，"第一，他的观点是历史的，他的立场是现实的"，"其次，他虽然是有成就的专门学者，但并不鄙视学术的普及工作"。还总结朱自清的治学是"严谨而不繁琐，专门而不孤僻"。

12月15日，因战事迫近平郊，陈寅恪离清华飞抵南京，次日往上海转广州，从1949年起在岭南大学任中文与历史两系教授。陈寅恪在清华服务20多年，以其高深的学问和令人敬仰的人格，精心授业、勤恳耕耘，在清华学术史乃至中国学术史上产生的影响是巨大的。王守常在《读陈寅恪先生关于冯友兰〈中国哲学史〉审查报告》一文中评价："陈寅恪先生是中国现代学术史上最具影响的学者之一。世论其学术影响是建立在：他精通希腊、拉丁、梵文、巴利文等古典文字以及其他中亚和中国边疆少数民族文字；他博学多才，对天文、历法、音韵、医学都具有高水平的专业知识；他对中国古典文献资料，西方古典文献资料不仅了解掌握达到惊人的广度和高度，且能察识入微，直探述作之旨；他对中国古史及佛教史、中外文化交流史的一些问题的研究，超越前人，启迪来者，有催陷廓清之功绩。此是公论，然从中国学术发展史这个层面，陈寅恪先生的不世之功及其影响，是他的学术研究方法及成果对于中国学术史的过程有着划时代的意义。"[①] 季羡林在1989年出版的《纪念陈寅恪先生诞辰百年学术论文集·序》中写道："陈寅恪先生逝世20余年内，随着时间的推移，他的道德、文章越来越闪耀出灿烂的光芒；他的真面目越来越为人们所窥见。有人著文，把他同王静安（国维）、章太炎（炳麟）并列为中国近代国学三大师，得到了学者们广泛的赞同。"

第六节 时代特征

同日，中国人民解放军进驻海淀，清华园解放。

在清华大学1949年度招收二、三年级转学生简章中，规定了中国文学系的考试科目为国文、英文、中国通史、语文测验4门。在研究生招考简章中，规定中国文学研究所的考试科目为国文、外国语、中国文学史、文字学（另有先秦典籍、诗经楚辞、西洋文学4种择一）4门。1949年4月7日，校委会通过本

---

① 北京大学中国古史研究中心：《纪念陈寅恪先生诞辰百年学术论文集》，426页，北京，北京大学出版社，1989。

校文物陈列室设主任一人,请陈梦家兼任。8月2日,校委会通过各系教授下半年休假名单,其中有余冠英。9月7日,校委会通过成立文物馆筹备委员会,由梁思成、陈梦家等6人组成。9月13日,校委会决议组织兼任教师聘任委员会,由周培源、李广田等人组成。10月,清华大学主办台湾、西藏、西南少数民族文物展览,陈梦家发表《清华大学搜集文物的经过及此次展览的意义》一文①,对文物的搜集过程做了详尽的介绍,最后说:"我们现在正面临一个历史上从未有过的新局面,在建立富强独立自由的新中国的时候,确信对于文物的研究一定会更积极的进行起来","我们清华从事文物研究的同人,虽各有所务,但在此共同目标之下,无不愿竭力尽其一部分应尽的力量",他还希望通过这次展览,"引起大众的注意与认识,同时亦用来迎接光明的新时代"。1950年5月,清华大学文物馆委员会成立,文物馆分为考古组、民俗艺术组、档案整理组及综合研究室,文物馆于1951年开放。

1950年7月,李广田参加"中华全国文学艺术工作者第一次代表大会",当选为主席团成员、全国文联委员与文协理事。此间,他还负责《朱自清选集》与《闻一多选集》的编务工作,并分别为之作序。本年底,中文系在系务会议上进一步确定了年度工作重心,这就是"先生们怎样把功课教好,同学们怎样把功课学好,而二者之间的中心环节是怎样帮助同学们学好的问题"。并提出:"为了完成本年度的教学任务,先生们必须用种种方法了解同学的学习情况,同学们也必须经常地向先生反映意见、师生密切联系,两方面互相结合。"② 在这一特殊时期,教师们的著述颇具时代特征,随着"抗美援朝、保家卫国"运动的开展,中国文学系经与《光明日报》社接洽,出版了《抗美援朝特辑》,为不定期期刊,由余冠英、李广田、吴组缃、季镇淮负责编辑。第一期载王瑶《反美运动在中国近代文学上的反映》、吴组缃《吃风景》、李广田《争取和平》(诗三篇)。第二期载吕叔湘《马克·吐温的著作的失踪》、朱德熙《美国的侦探小说》、余冠英《麦克阿瑟的总攻令下了》、吴组缃《人是生而平等的》。

1951年前后,中文系的教授们走出学校,积极担负起各类文化部门的学术研究及著述工作。如浦江清、余冠英等5位教师担任文化部中国古典文艺丛书编辑委员,负责编选注释《唐诗新注》,预计3个月即可完成;浦江清等4人还担任了文教委员会所主持的《中国历代诗选》编辑委员,分别负责诗经、乐府、唐五代诗及现代诗的选辑工作;吕叔湘为出版总署审查语文教本多种;陈梦家于

---

① 载1949年10月30日《光明日报》专栏。
② 《中文系本年度的工作重心》,载1950年11月1日《人民清华》一文。

上年暑假参加文物局主办的雁北文物勘查团工作，并经常参加该团其他工作。

1951年4月2日，许维遹因病不治逝世。4月22日下午，由民盟清华支部与中文系共同发起，在工字厅召开追悼会。7月15日值闻一多逝世五周年之日，民盟在北京文化俱乐部举行纪念会，并在八宝山革命公墓安放烈士骨灰。

1952年2月，中文系公布了1951年度上学期概况，在《学科沿革及发展计划》中说明："解放以后，按照教育部拟定之课程方案实施，以培养语文干部和文艺干部为本系方针任务，不分组别，注重基本训练。"关于"教学研究组织"列出：大一国文教研组负责人王瑶，人数8人（内研究生3人），工作内容包括：a. 集体准备课文讲解内容 b. 制定教案 c. 编订作文教材 d. 研究作文批改方法 e. 复习与预习 f. 课外阅读读书指导 g. 课外个别辅导 h. 试讲与互相听讲。古典文学教学讨论组讨论了"历代韵文选"和"古典文学今译"两门课的教学内容，准备再进一步讨论下学年度"中国文学史"的内容纲要。语言教学讨论组讨论了"中国语言文学概论"课程的内容。写作实习教学讨论组了"写作实习"中诸问题。以上3组各有5位教师参加，做正式成立教研组的准备。本年本科生1—4年级人数分别为19、23、11、3；研究生3年级有3人，研究科目为戏曲史、唐诗与现代小说（开课后全体参加土改，毕业论文未完成）。在本系与有关部门联系情况中介绍，部分教师由教育部聘任，参加课程改革拟定课程草案工作；部分教师由文化部联系，委托编辑古典文艺丛书及现代作家选集工作；还参加苏联委托的中国诗选及苏联百科全书中关于中国文艺、中国文学家传记工作。学生则与北京市政府文艺处联系，在假期中间参加文艺处下乡下厂文艺调查研究工作。（概况中关于教师及课程部分见"课程设置"一章。）

第七节　院系调整

1952年6月25日，教育部发出成立"京津高等学校院系调整办公室"、"京津高等学校院系调整北京大学筹备委员会"、"京津高等学校院系调整清华大学筹备委员会"的通知。8月19日，院系调整清华大学筹委会传达教育部对本校各专业与专修科的初步决定，即共设8个系、23个专业和15个专修科。到了9月12日，筹备委会又确定将23个专业减为22个专业。

下半年，根据苏联经验，教育部制定"以培养工业建设人才和师资为重点，发展专门学院，整顿和加强综合性大学"的方针，政务院发布《关于改革学制的决定》，以华北、东北、华东为重点进行全国高等院校院系调整。年底前，全国已有四分之三的高等学校进行了院系调整和专业设置工作。据此，清华大学文学院和理学院并入北京大学，法学院并入政法学院及财经学院，农学院并入农业大学，原北大、燕京与清华工学院合并成立多科性工业大学，即新的清华大学。全国各大学除北京大学外，均取消哲学系，各大学哲学教师只集中在北京大学的哲学系。清华、北大、燕京三校中文系40余名教师，约一半外调，其余组成新的北京大学中文系。对于这次院系调整，冯友兰曾说道："方案提出后，许多清华的人持反对意见，有抵触的情绪。清华的人认为，北大和清华，从院系和课程方面看是重复的，但这两个大学代表不同的学派，有不同的学风，应该像英国的剑桥和牛津两个大学那样，让它们并存，互相比较，互相竞争，以推动学术的进步。"接着他又讲了自己当时的观点："我原来也是强调清华、北大的不同，主张让它们并存的。"① 对在这次院系调整中取消清华大学中国文学系，王瑶亦有不同意见。在1988年清华大学举行的"纪念朱自清先生逝世四十周年座谈会"上他说道："为什么清华中文系就该取消呢？应该看到，清华中文系不仅是大学的一个系，而且有一个有鲜明特色的学派。"②

自1946年复校到1952年中文系毕业学生6届34人。

---

① 冯友兰1967年1月4日写《解放以后我的反动思想、言论和行动的检讨》。
② 王瑶：《我的欣慰与期待》，载《文艺报》，1988年12月6日。

第二章　教　学

第一节　课程设置及其变迁

　　1925年清华迈上改办大学的第一步，5月正式成立了大学部，当年颁布的《大学组织及课程》规定："清华大学拟分为两级：一、普通训练；二、专门训练。普通训练为期两年或三年。专门训练之期限视其门类之性质而定，亦约两年或两年以上。前者重综合的观察，后者重专精的预备。"

　　1926年大学部设立了17个系，国文学系为已开出课程的11个系之一。

　　到了1927年，国文学系已有详细教学计划，分年列出必修与选修课程，并分别注明学分、学时与任课教授，做出了详细的学科说明。

　　1928年清华学校完成了向清华大学的过渡，国文学系改为中国文学系，教学逐步步入正轨，关于课程设置也有了新思路，相继开设了"西洋文学概要"、"西洋文学专集研究"、"现代西洋文学"、"中国新文学研究"、"歌谣"和"当代比较小说"等课程，此举是清华中文系独有之特色。在系主任杨振声的倡导下，教学上的特点是即要创造新文学，又强调打好国文基础，还重视外国语言和文学。他在1948年所写的《为悼念朱自清先生讲到中国文学系》一文中曾谈到当时自己的看法："自新文学运动以来，在大学中新旧文学应该如何接流，中外文学应该然后接流，这都是必然会发生的问题，也必然要解决的问题。可是中国文学系一直在板着面孔，抵拒新潮。如是许多先生在徘徊中，大部分学生在困惑中。这不止是文言与语体的问题，而实是新旧文化的冲突，中外思潮的激荡。大学恰巧是人文荟萃，来协调这些冲突，综合这些思潮所在的，所以在文法两院的科系中，如哲学、历史、经济、政治、法律各系都是冶古今中外于一炉而求其融合贯通的，独有中国文学与外国语文二系深沟高垒，旗帜鲜明。这原因只为主持其他各系的教授多归自国外；而中国文学系的教授深于国学，对新文学及外国文学少有接触，外国文学系的教授又多类似外国人的中国人，对中国文化与文学常苦下手无从，因此便划成二系的鸿沟了！"他提到："朱自清先生是最早注意到这问题的一个。"还说："系中一切计划，朱先生和我商量规定者多。那时清华国文系与其他大学最不同的一点，是我们注重新旧文学的贯通与中外文学的融合"，并说："这在当时的各大学中，清华实在是第一个把新旧文学、中外文学联合在一起的。"①

1929年《中国文学系的目的与课程的组织》中的一段话充分体现这一宗旨并说明理由："中国文学系的目的，很简单的，就是要创造我们这个时代的新文学。为达到此目的，一方面注重研究我们自己的旧文学。一方面再参考外国的新文学。既是要创造新文学为什么反而注重研究旧文学呢？因为我们文学上所用的语言文字是中国的，我们文学里所表现的生活，社会，家庭，人物是中国的。我们文学所发扬的精神，气味，格调，思想也是中国的。换一句话说，我们是中国人，我们必须研究中国文学，我们要创造的，也是我们中国的新文学，不过是我们这个时代的中国新文学罢了。

"为什么又要外国的新文学呢？正是因为我们我们要创造中国的新文学。不是要因袭中国的旧文学。中国的文学有它光荣的历史，但是某一时代的光荣历史，不是现在的，更不是我们的，只是历史的而已。

"文学与其他一切的艺术都是一样的，有它的内面的思想与外面的艺术。不用说思想受了外来的影响要起外铄与渗合的作用，就是本身，也一样的要起这样作用。除非它是死了，才不动不变。生的东西，没有不变不动的，有了变动才有生命，有生命就自然而然的时时求新。

"生命既在求新，就不能不时时找营养。我们要参考外国文学，也就是要找新的营养。

"不但此也，外国新文学经时间上的磨练，科学哲学培养，图书，音乐，雕刻等艺术的切磋琢磨，在内容及表现上都已是时代的产儿了。我们最少也是时代的追随者——这是极没出息的话，应当是时代的创造者。对于人家表现艺术、文学，大部分是表现艺术的进步，结构技能的精巧，批评艺术的理论，最少也应当研究研究，与我们自己的东西比较一下。研究比较后，我们可以舍短取长，增进我们创造自己的文学的工具。这也是我们借助他们的火车，轮船，飞机是一样的。借助于他们的机械来创造我们的新国家，同时也借助于他们的艺术来创造我们的新文学。"

---

① 《文学杂志》第3第5期，1948年10月。

据此，对课程依年级分配，"第一年是普通科学，及历史的根底，特别是中国文学史，先给大家开一个路径。第二年第三年滥汛于个体的研究，如上古文，汉魏六朝文，唐宋至近代文，诗，赋，词，曲，小说以至新文学等都于此二年中养成普通的知识。文字学，音韵学列在二年之后，是为必须有了这类的工具，才能研究诗赋词曲及韵文。到了第四年大家对于文学的各体都经亲炙了，再贯之以中国文学批评史。对于中外文学都造成相当的概念了，再证之以中外比较文学。对于某家或某体文学养成相当的倾向了，再继之以文学专家研究。这就是排列次第的根据。"①

这些认识与措施，对于在留美预备学校时期比较重视旧的国文教学的做法来说，可谓改革与创新。

1931 年秋，朱自清出国期间由刘文典代理系主任，他在全校"纪念周"会上做的关于中文系工作报告中，肯定了杨振声在任时关于课程设置的方针："清华的国文系，经杨今甫先生的一番规划，力求适应世界潮流，其目的和方法，都是完全对的。本人萧规曹随，继续杨先生的计划做去。"又指出："我们国文系的使命，实在非常重大，一面要努力研究旧文学，以求了解我们民族的真精神，和他固有的优点，一面又要往新的方向创造，求这个精神发扬光大，此外还要介绍西洋学者的新方法，来整理国故。"②

到了 1933 年，课程和教学目标有所变化，课程表做了较大修改，在闻一多等教授的倡导下，转向偏重于古典文学的教学，早在 1932 年底，中国文学系教授会就通过了《中国文学系改定必修选修科目案》，于下年起实施。此方案除继续保留新文学方面的课程和外文课程，还开始偏重于古典文学的研究，新开设"国学要籍"类课程，并将全部课程大致分为中国文学与中国语言文字两类，以培养古典文学研究人才和语言文字学研究人才。

1934 年 5 月，颁布了中文系课程总则，对转系、必修、选修学程作出具体规定：

一、凡在本校修业一年，国文成绩在超上中等，或经特许免习国文者，得入本系主修。

二、他系学生具备上条资格者，得转入本系主修。

三、本系学程略分中国文学及中国语言文字二类，学生得就性之所近，分别选之。

---

① 《1929—1930 年国立清华大学一览》，39~41 页。
② 《国立清华大学校刊》，第 401 期，1932 年 5 月 6 日。

四、本系选修学程以基本科目及足资背景研究之科目为限。

五、本系选修学程系罗列若干科目，任学生选习，但至少须选习22至26学分。

六、必修学程以每年开班为原则。

七、选修学程得斟酌实际情形增设或取消之。

八、选修学程之学分，得斟酌实际情形变更之。

九、必修学程，学生须照表中所定安年分习，除特别情形外，不得请求变更程序。

1935年3月7日，教授会常委会议决：一年级课程及一年级不分院系制度。

1938年9、10月间，教育部颁布的《大学共同必修科目表》，依据国民党《抗日建国纲领》，提出"大学教育应为高深学术、培养能治学治事治人创业之通才与专才之教育"。为了适应现实需要，政府在战前就曾推行所谓"提倡理工、限制文法"的方针，战时更进一步提倡所谓"实用科学"，而贬低文法乃至理科，这一办学方针引起文、法、理科教师的普遍不满。当时联大教授对此亦颇多指责，认为大学教育应顾及百年大计，不应为一时偏倚的需要而变质。朱自清在《论大学共同科目》一文中指出："大学教育应该注重通才而不应该一味注重专家。"梅贻琦在《大学一解》中谈到教育部所提出的"通专并重"不易实行，主张大学"重心所寄应在通而不在专"。联大曾以校委会的名义上书蒋介石和陈立夫，对教育部只重专才不重通才、重实科不重文理科的方针表示异议。

1942年期间，联大遵"部令"加强了边疆问题的研究，在文学院各系分别添置了有关课程，如中国文学系的《汉藏系语言调查》。

1947年，清华自昆明迁回，中国文学系的具体开课情况梅贻琦校长在《复员后之清华》（续）中予以说明："复员之后——本系计划到校教授四人，尚有王力教授，经广州国立中山大学借聘为教授兼任文学院院长，请假一年。陈梦家教授留美研究中国古代铜器，工作未完，请假一年。新聘兼任讲师张政烺先生、张清常先生分任文字学及古音研究训诂学等课程；又蒋荫恩先生新闻学概论课。原有教员一人，新聘二人。新聘助教十人，半时助教一人，又与历史学系合聘助教一人。各位教员助教及半时助教，除王瑶先生兼任中国文学史分期研究学程外，均专任大学一年级先修班国文及作文课，其与历史系合聘一位，系帮助陈寅恪教授工作。本系课程照上年度教育部规定办理，但增中国文学史分期研究、中国文学史专题研究、现代文学讨论及习作、及新闻学概论等课。系务会议并议决下年度增设文学概论，为二年级必修学程；个体文习作及图书馆学翻译，为选修学程。文学概论、翻译，与部定课程中之世界文学史配合，俾学生可比较中西文学,不致有偏隅只见。个体文习作中并拟列应用文习作一项,裨毕业生就秘书文书之职者得有基础之练习。本系研究所分文学史、语言文字、文学批评三组,现有研究生萧成资、王忠二人,均属文学史组。萧生论文题为《李白的生活思想与艺术》,导师朱自清先生;王君论文题为《唐代藩镇与文学》,导师陈寅恪先生。"①

1947年6月公布了清华大学本年度招考一年级学生简章与考试科目,其中文法学院各系的考试科目为:(1)国文,(2)英文,(3)数学(解析几何、高等代数、三角),(4)公民史地,(5)中外史地,(6)理化。

从改办大学以来,无论杨振声、朱自清、刘文典、李广田,还是闻一多,都对中文系的课程设置中新旧文化与中西语言的融合互通问题多有考虑。朱自清的《关于大学中文系的两个意见》一文中提到,赞成李广田在《文学与文化》(第43、44期合刊)里提出的观点,即"大学里应该而且可以传授新文学,并教给人怎样创作"朱自清就此主张的实施详细列举若干办法,提出以"见得在现行大学中文系课程里加进新文学是不难的,并不必等教育部改定科目表,只要文学院和中文系的主持人有兴趣提倡新文学就行了",这是第一个意见。第二个意见是赞同李先生的"尽可能使(中文、外文)两系沟通"及"设置中外文互选课",还说:"至于长久之计,王、李两位先生都提到闻一多先生的中外合系的主张,诚如王先生所说,'这个意见是值得重视的'。"当然,朱自清同时也知道两系合并并非易事,还只是理想,困难会很多,因而提议"最好先由一两个大学试办"。闻一多的《调整大学文学院中国文学外国语文二系机构刍议》一文,是由朱自清据闻一多遗留手稿整理而成,其前一部分为闻手稿,后一部分为将其手稿连缀而成。从文中可以看出,长期以来,闻一多深感旧的教学体制存在着"中西对立、语文不分"两大弱点,大学里文法学院各系多数课程均包括中国和西洋两种课程,如哲学系并未分为中国哲学和西洋哲学两个系,"唯一的例外就是文学语言,仍以国别,分做中国文学与外国语文学两系",且二系"各处极端、不易接近,甚至互相水火",这"对于真正沟通融合中西文化的工作,大概不会起什么作用"。闻一多认为:"建设本国文学的研究和批评,及创造新中国的文学,是我们的目标;采用旧的,介绍新的,是我们的手段。要批判的接受,有计划的介绍,要中西兼通",因此,有必要"将现行制度下的中国文学系(文字组、语言文学组)与外国语文学系改为文学系(中国文学组、外国

---

① 朱自清:《朱自清全集》,第2卷,113~118页,南京,江苏教育出版社,1986。

文学组）与语言学系（东方语言组、印欧语言组）"①。闻一多这一建议，受到中、外文系师生的重视，朱自清、王力、浦江清等都表示理解和支持，学生中支持者更多。直至1949年1月2日，清华代理外语系主任吴达元还"约中文系同人联合外语系同人共同商讨课程，因有人提及中外文系合并问题也，中外文系合并而重分之提案，乃三十五年夏闻一多先生在昆明时所提出，清华复员时曾经考虑，拘于实施上之困难，废而不议者"。②

1949年1月2日，浦江清、许维遹、陈梦家、李广田在一起讨论中文系计划及课程改定，集议中文系拟分4组：（1）古代经典组、（2）语言文字组、（3）古文字组、（4）近代文学组。分组的原因是由于中文系包罗范围太广，学生读得太难。分组以后，可以分别训练，各走其路。对于研究院，拟设古代经典研究室、语言文字研究室、文学史研究室和近代文学研究室。

1949年7月6日，教授会上主席报告：高教会决定大学生共同必修课是辩证唯物法、社会发展史、政治经济学、中国革命史、新民主主义论5门。同年10月11日，华北高等教育委员会颁布"各大学、专科学校、文法学院各系课程暂行规定"，其中规定废除反动课程（国民党党义、六法全书等），添设马列主义课程，规定辩证唯物主义与历史唯物主义、新民主主义论和政治经济学为文法学院的共同必修课。

中文系于1950年7月公布"清华大学'大一国文'教学总结"，其课程有两项变动：一是根据上学期改革的总结，自本学期理工学院改为选修，文法学院仍为必修。二是课时增加1小时，为4小时。中文系另设一班，课时增为5小时，学分数不增加。关于教材分别选：（一）课本采用新华版的大学国文（现代文之部）。（二）作文教材由教学小组推定专人编写，（已完成初稿）。（三）课外阅读书选柳青的《种谷记》、茅盾的《见闻杂记》、夏衍的《法西斯细菌》。在教学方法上，本学期把小组讨论列入正课内使之正规化，加强同学自学和课前预习，方式有二：一是要求学生预习课文时做读书报告，详细分析课文主题内容与表现技巧，提出意见和问题，教师在讲演时归纳同学意见并做总结。二是先预习课文，举行讨论后再进行演讲。总结中提到第一种方法在中文系班上收到很好的效果，第二种实施起来有一定困难，准备下学年两种办法兼用。由于"大一国文"中作文的比重增加，采取了增加作文次数、自编作文教材和批改作文把个别修改与集体修改结合起来三项措施，取得了"同学对于写作的兴趣提

---

① 闻一多：《闻一多全集》，第3卷，戌集，39~42页。
② 浦江清：《清华园日记　西行日记》，250页，北京，生活·读书·新知三联书店，1987。

高"和"政治思想有显著进步的同学,在写作上也有同样的表现"的效果。总结中关于今后的工作提出:"大一国文教学的目标是通过文艺与思想的教学,提高同学语文阅读与写作的能力。"(原文载 1950 年 7 月 12 日《光明日报》)。

第二节　课程设置与学程说明举例

以下主要根据历年《清华大学一览》,列出几个阶段中国文学系的课程设置及学程说明,从中可见从改办大学之初到蓬勃发展时期随着形势需要、办学方针的变化与新聘教授的加入,其课程的发展变化脉络。

1925 年《大学部组织及课程》规定的课程设置(暂定):

第一年级(附单位数):

(1)修学目的及方法 1　(2)国文 2　(3)英文 2　(4)近代科学思想发达史与机械技艺实习各半年 2　(5)实验科学(生物或化学或物理)3　(6)历史(中国及外国)4　(7)选习(第二外语或数学或读书)(8)体育 1　共 18 单位

第二年级(附单位数):

(1)国文 1　(2)英文 2　(3)现代中国问题 2　(4)文学或哲学或社会科学一门 3　(5)选习 9　(6)体育 1 共 18 单位

1925 年秋教员授课表中大学普通部文科部分如下:

朱自清	国文
孟宪承	国文
盛梦琴	日文
刘师舜	英文
刘崇鋐	历史
钱基博	国文
萧一山	历史

(载《清华周刊》第 350 期)

1927 年国文学系规定课程、学分、授课教授及学科说明如下:

第一年

一、古今文选 6 (记叙文 论说文 书翰文) 全学年　每周 3 小时　戴元龄、吴在、杨树达、朱洪、朱自清

本学科系大学一年级必修之学程,义取博通、法期适用,略分记叙、论说、书翰三项,记叙又分描写、叙述,论说则论辩、说解书翰文,并取达理、叙事、

言情和写景，盖不徒为艺术上之应用，且以发欣赏之兴趣也。大学部一年级必修。教科书由各教授分选刊授。

二、英文 6

三、自然科学一门 6（物理、化学、生物学择一）

四、社会科学一门 6（政治、经济、社会、历史、现代文化择一）

五、文论辑要 6　全学年　每周 3 小时　朱洪

本学科目的在于使学生明了中国文章之源流体制及其得失利病。为大学部一、二年级共同选修国文学系必修科。

六、古今诗选 6　全学年　每周 3 小时　朱自清

本学科讲义选录诗歌名著，自古逸至现代，汉以前诗与歌谣并录，汉以后诗与乐府歌谣并录，均加笺注，略仿厉鹗绝妙好词笺之，例凡本事真伪，评衡诸说，择其要者著于篇。大学部一、二年级共同选修，教科书采用自编诗名著笺讲义。

国文补习　国文常识　汪鸾翔

本学科以对于文笔欠条畅之学生设法条畅其文笔为主，同时如查有对于国学常识欠充足者亦设法补足之。每周 2 课时，两学期无学分，大学部一年级国文欠缺生必修。教科书使用由宋文蔚编、商务印书馆出版的《文法津梁》，《国学常识》自编。

第二年

必读

一、文字学（一）形声义通论 4　全学年　每周 3 小时　林义光

本学科讲义分上、下编，上编为形、声、义通论，第一章总论，第二章六书，第三章音韵，第四章训诂通义。下编为各文学之研究，旁考三代文字，以通许书之杆格。大学部第二、三年级必修科及他系选修科，教科书为自编讲义。

二、文学史 6　全学年　每周 3 小时　陈鲁成

本学科讲授时间系一年，故仅就吾国上古、中古、近古、近世各时代文学之价值及其变迁之迹讲授其大纲。教科书为《中国文学史大纲》自编讲义。

三、古书词例及校读法 6　全学年　每周 3 小时　杨树达

词例之部用系统的及分析的方法，说明古书中文字之组织及构造，并说明古文中词类之省略，使学生对于本国文字有彻底的了解。校读法之部分三大纲，（一）辨流别取刘略班志以至清四库之变迁沿革略为陈述。（二）核真伪详述古人辨伪之方法。（三）校讹脱取清儒校勘家所用之方法，详为分列俾学者，有途径可循，最后以读古书所应知事项附焉。大学部二年级必修科，一、二年级共

同选修。教科书为自编讲义。

选修（为本系选修及他系补助科，得选一项为 6 学分）

一、中国文学书选读 6　全学年　每周 3 小时　左霈、朱自清（下列各种任选一种）

诗经、楚辞、文选、文心雕龙、词选、十八家诗抄

中国文学以诗词文艺为主，按学程所定用书凡六。曰《诗经》温柔敦厚、感人最深；曰《楚辞》精诚内结、词采外敷；曰《文选》专尚文雅、辞藻极富；曰《文心雕龙》分类引义、评论精审；曰《词选》意取婉约、采择甚精；曰《十八家诗抄》体兼古近、文质炳如。由学生先后选读之于吾国古代文学可得其概矣。大学部二年级共同选修。教科书即采用以上六书。

二、中国史学书选读 6　全学年　每周 3 小时　李奎耀（下列各书任选一种）

尚书、春秋左氏传、春秋公羊传、春秋穀梁传、战国策、史记、汉书、史通、文史通义

本学科在使学者知古史之体裁，并得文章之兴趣，记言记事，

并有其本，取长舍短，可涉其流。大学部二年级选修。教科书为以上九书。

三、中国哲学书选读 6　全学年　每周 3 小时　吴在（下列各书任选一种）

论语、孟子、周易、老子、庄子、列子、墨子、荀子、小戴礼记、吕氏春秋、春秋繁露、淮南子、王充论衡

本学科教授宗旨在使学生略明吾国上古哲学之大概，所列各书，则要授读，俾学哲学时，不至舍本而鹜，未数典而忘祖也。

教科书为以上各书。

四、中国政治书选读 6　全学年　每周 3 小时　陆懋德（下列各书任选一种）

管子、商君书、周礼、韩非子、贾谊新书

本学科课程在使学生研究古代政治家著作，以明古代政治的思想及其文学的价值。大学部二年级选修。教科书为以上五书。

五、中国学术论著辑要（暂缺）

选修他系学科：

一、西洋文学课程 6

二、历史学习课程 6

三、政治经济或教育心理学系课程 6

第三年（以读专书为原则）

甲　必修

一、诗（总集　别集）4

二、词（总集　别集）4

三、曲（杂选专著）4

四、小说（小说通论　名家小说）2

五、散文（诸子文　史传文　历朝文总集　别集）4

六、韵文（总集　别集）4

七、文字学（二）4

乙　选修（为本系选修之学科，他系亦可选修，他系得选 2 学分或 3 学分，本系须选 5 或 6 学分）

一、集部概论（散文　韵文）6

二、诗史（诗话）4

三、词史（词话　词律）4

四、曲史（曲话　曲律）4

五、小说史 2

六、金石文（此系文章体例之学）2

七、考据文 4

丙　选修他系学科：

一、西洋文学（英国文学或德、法文学）

二、历史（本国或外国历史研究法　中国通史或外国通史）

三、哲学（哲学概要　中国或外国哲学）

四、教育心理

五、政治

六、经济

第四年

继续第三年课程，但文字学改金石甲骨文字。本年必修 4 学分。

注意一：无论必修选修每项均须练习撰作或考证。

注意二：凡修金石甲骨文字须先修文字学。（见 1927 年 5 月出版的《清华大学一览》）

1929—1930 年度学程（附学分、授课教授及学科说明）：

第一年

一、国文 6　全学年　每周 3 小时　杨树达　张煦　刘文典　朱自清

欲使学者窥见各时代模范作品之大要，并时时督之练习作文，以启发其思

想，磨练其技术。

二、英文 6

三、中国通史 6（历史系课程）

四、中国文学史 6　全学年　每周 3 小时　朱希组

本课以纯文学的历史为主，叙述中国历代文学的思潮和艺术，而以各时代社会上种种背景说明之。

五、公共必修科甲组 8 或 10（物理学、化学、生物学、逻辑择一，得于第一、二学年分习之。）

六、公共必修科乙组 6（政治学、经济学、社会学、西洋通史、现代文化择一，得于第一、二学年分习之。）

任选

第二年

一、文字学（形义）4　全学年　每周 2 小时　容庚

叙述字体之变迁及字义之分析，使修习者了解于语言符号之构造及其演变。

二、音韵学 6　全学年　每周 3 小时　赵元任

注重音韵学原理及实地练习，以（一）今国音、（二）班中各人各地音、（三）古音为练习材料。参考书以各种韵书、字书为主。

三、赋 4　全学年　每周 2 小时　刘文典

赋为六义之一，选授屈原荀卿以来若干篇，令指定参阅书籍，以见源流变迁之迹，感心概事之指，俾知研究门径。

四、诗 4　全学年　每周 2 小时　朱自清

用王士禛古今诗选、姚鼐今体诗抄为教本，另印古今解题、古今诗选附录两种讲义，附录中皆论述历代诗学趋势之作。

五、文　上古至秦 3　下学期　每周 3 小时　杨树达

意在使学者窥见周秦诸哲思想之大要及其文学技术。

六、英文 3

七、古书词例 3　上学期　每周 3 小时　杨树达

说明中国古代文章文法之组织，以助益诵读古书之能力。

任选

第三年

一、中国音韵沿革 4（钱玄同？）

二、词 3　上学期　每周 3 小时　俞平伯

讲授词之历史及批评，并授专集两种（南唐二主词及清真词）。

三、戏曲 3　下学期　每周 3 小时　俞平伯

讲授曲之概论及散套选本以外指定剧曲数种（如西厢、琵琶、还魂、桃花扇、长生殿之类），使学生阅读讨论。

四、小说 4　全学年　每周 2 小时　俞平伯

讲授小说史，外附讲义两种，一为自著小说，一为参考材料。

五、文（汉至隋）4　全学年　每周 2 小时　刘文典

选自秦至隋文若干篇，分论说、告语、记志、译述四类。讲授注重思想环境之不同，以见文体蜕变之因。另指书籍参阅，以收纵观博览之。

六、文（唐至现代）3　刘文典

此科与上古至秦文及汉至隋文两科衔接，选授自唐以来文，以见唐以来各代之作风，各派之演变，各家之艺术。

七、西洋文学概要（外国文学系课程）8

任选

第四年

一、文学专家研究 6～8　黄节　张煦　杨树达

取专家中之足以代表时代文艺或能独创一格者，加以研究与批评。

（1）曹子建诗 4　全学年　每周 2 小时　黄节

子健诗向无注本，见之文选李善注及古诗诗笺闻人倓注者未窥其全。此科课本授者自注引据史传，证明子健作诗之岁，序以求其立言之旨，六代以前专家诗莫大乎是矣，分诗与乐府两卷。

（2）阮嗣宗诗 4　全学年　每周 2 小时　黄节

嗣宗咏怀诗古今称最为难读，以其指事立言多谲辞幽旨，而其爱国之诚，立身之正，史传未能表扬，至目以为放诞一流，故其诗遂沉霾千余年，无人研究此科诗注。授者自著，意在表明嗣宗作诗之志，并详求其造辞之变化。

二、中国文学批评史 4　全学年　每周 2 小时　郭绍虞

本课以自上古至宋元为文学批评萌芽期，自明至近代为文学批评发达期，注重在历史的叙述，说明其因果变迁之关系。

三、西洋文学专集研究 4（外国语文系课程　任选一种）

任选

本系选修科目（各年级皆得选修）：

一、修辞学 2　下学期

二、中国新文学研究 2　下学期　每周 2 小时　朱自清

分总论、各论两部讲授。总论即新文学之历史与趋势，各论分诗、小说、

戏剧、散文、批评五项。每次先讲大势，次分家研究。

三、当代比较小说 4　全学年　每周 2 小时　杨振声

以中国作品为主，取各国作品为比较之研究，目的在参考及吸收外国文学，以辅助中国新文学之发展。

四、乐府 6　全学年　每周 3 小时　黄节

汉魏乐府晋宋时犹被之管弦，六朝后以五言诗为乐府者不同顾，汉魏乐府有本事，有声音，晋宋时合乐，往往改易字，句以就管弦，故本事有因，而失解声音，有因而舛乱者，此科《汉魏乐府风笺》十五卷，授者自著，钩求史事证据，古音以资研究。

五、歌谣 2　上学期　每周 2 小时　朱自清

自编中国歌谣讲义，分释名、起源与发展、历史、分类、结构、修辞、韵律、音乐、评价、书目等章。

六、高级作文 6　全学年　每周 3 小时　朱自清

专为增进表现上之艺术而设，包括诗文、戏剧、小说等各体，注重练习、讨论、批评及参考成熟之作品。

七、古书校读法 3　上学期　每周 3 小时　杨树达

欲使专考古代文学者能勘正古书之错误，辨明古书之真伪，以先哲校书方法分析示之。

八、目录学 2　下学期　每周 2 小时　杨树达

欲使学者明瞭中国书籍分类之方法及其历史。

九、文选学 3　下学期

十、国故论著 3

十一、佛经翻译文学 4　陈寅恪

取佛教文学名著，如大庄严经、论涕利伽陀佛所行赞等译本，依据原文及印度人注疏，解释并讨论其在中国文学上之影响及关于佛教翻译史诸问题。

希望本系学生选修之他系学科：

一、现代西洋文学（外国语文系学程）4

二、美学 6

三、中国哲学史 6

四、西洋通史 6

五、西洋哲学史（哲学系学程）6

六、哲学问题（哲学系学程）6

七、言语学入门（外国语文系学程）4

八、第一、二年德文、法文、日文（择一）共2年，每年8。

1932—1933年度，4年必修课程与1928—1929年度相同，只是在选修课程中减去了原有的《文选学》与《国故论衡》，新增加的课程如下（附学分、教授及学程说明）：

一、先秦汉魏六朝诗6　全学年　每周3小时　闻一多

本学程上学期讲授诗经及楚辞中之九歌，下学期讲授汉至隋之主要诗篇，以期说明我国唐以前诗风递变之大势。

二、鲍照诗4　全学年　每周2小时　黄节

南齐书文学传称，鲍照诗发唱惊挺、操调险急、雕藻淫艳、倾炫心魂，其诗之价值可知矣。惟其隶事过隐，而善自造辞，章法奇变，有类楚骚，诚不易解。其诗向无注本，今得归安钱楞仙氏未刻写稿，加以补注，而附加以宋本之校勘，用备讲授。

三、王维及其同派诗人2　上学期　每周2小时　闻一多

本学程于讲授王维诗外，并取孟浩然、綦母潜、王昌龄、崔国辅、储光羲、裴迪、祖咏、常建等十数家代表作品比较研究之，以期说明盛唐时期一般的作风。

四、杜甫2　下学期　每周2小时　闻一多

本学程讲授杜甫作品并随时说明其生活及时代之背景。

五、唐诗校释4　全学年　每周2小时　陈寅恪

本学程系择唐诗中词句之有伪误及意义之不甚明瞭者加以校正及解释，要在就唐代政治、社会各种问题讨论，以说明文学之时代背景为主旨。

六、唐代诗人与政治关系之研究4　全学年　每周2小时　陈寅恪

本学程专研究作者与当时政治之关系，以解释其作品不仅以唐史释唐诗，并以唐诗证唐史也。

七、中国文学中佛教故事之研究4　全学年　每周2小时　陈寅恪

本学程专就佛教故事在印度及中国文学上之演变加以比较研究。

1934—1935年度

必修学程：

第一年　36~38学分

与1932—1933年度比变化较小，只减少了《中国文学史》，另自然科学改为物理、生物、化学择一，8学分；数学、伦理学择一，6~8学分。

第二年　30学分

一、中国文字学概要4　杨树达

二、中国音韵学概要4　王力

三、中国哲学史 6

四、国学要籍 4　闻一多、俞平伯、刘文典

五、中国文学史 6　浦江清

六、第二年英文 6

第三年　20 学分

一、国学要籍 8

二、西洋文学史 8

三、英文文字学入门 4

第四年　3 学分

论文 3

选修科目（必须选习 22～26 学分）

其中上学年的当代比较小说、高级作文、古书教读法、目录学、文选学国故论著共五门课程取消，新开课程如下：

第二、三年：

语音学 3　王力　言语学 6　王力　金石学 3　赵万里　版本目录学 4　古书词例 3　三礼 4　左传 4　墨子 4　吕氏春秋 4　淮南子 4　汉书 4　杨树达　唐诗 4　闻一多　宋诗 4　南宋文 3　近代散文 3　小说史 4　词 4　俞平伯　散曲 4　杂剧与传奇 4　习作 3　朱自清

第三、四年及研究部：

说文研究 4　甲骨文研究 3　金文研究 3　唐兰　古音研究 3　方言研究 3　等韵研究 3　韵书研究 3　中国语音史研究 4　校勘学 6　刘文典　语音实验 3　王力　西人中国音韵学 4　王力　国文研究法 4　诗律 4　中国文学批评史 4　宋人诗论 3　朱自清　文学专家研究（学分临时定之）朱自清　陈寅恪　俞平伯　佛教翻译文学 4　陈寅恪　中国文学中佛教故事之研究 4　陈寅恪　文艺心理学 4

希望本系学生选修他系之科目

第二外国语 6　中国美学史 4　哲学概论 4　西洋文学史 6　中西诗之比较 4　心理学概论 6

1936—1937 年度《中国文学系学程一览》中其课程总则与 1934—1935 年度基本相同，课程设置变化有两点：一是本年开始语言文字与文学正式分为两组，要求学生选定一组修习；二是规定三、四年级学生得选修研究部学程。分年课程表如下（附学分和任课教师）：

必修学程

（一）语言文字组

第一年　36～38 学分

一、国文 6　俞平伯　朱自清　浦江清　许维遹　余冠英　李嘉言

二、第一年英文 8

三、中国通史、西洋通史择一 8

四、逻辑、高级算学、微积分择一 6~8

五、普通物理、化学、地质学、生物学择一 8

第二年　26 学分

一、中国文字学概要 4　杨树达

二、中国音韵学概要 4　王力

三、国学要籍（左传）4

四、第二年英文 6

五、第一年日文 8

本学程列出国学要籍十四种，分别为尚书、诗经、周礼、礼仪戴记、左传、论语、孟子、史记、庄子、荀子、韩非子、楚辞、文选、杜诗，由闻一多、俞平伯、杨树达和刘文典四位教授授课。

第三年　28 学分

一、古文字学研究（金文或甲骨文）4　唐兰

二、国学要籍（尚书）4

三、国学要籍（诗经）4

四、言语学 4

五、语音学 4　王力

六、第二年日文 8

第四年　11 学分

一、古音研究 4

二、国学要籍（三礼）4

三、论文 3

（二）文学组

第一年　学分及课程设置与语言文字组同。

第二年　30 学分　课程与语言文字组基本同，只是国学要籍一科之左传换为文选，另增中国文学史（汉魏六朝）4，由浦江清讲授。

第三年　学分与语言文字组同，课程无古文字学研究、语言学和语音学，增中国文学史（唐、宋、元、明、清）4、唐诗（闻一多）、宋词（朱自清）择一 4 与西洋文学专集研究 4，国学要籍一科之尚书和诗经换为庄子与楚辞。

第四年　17~19 学分　分别为散文研究 4　文学专家研究（二种）6~8 陈

寅恪　国学要籍（任选）4　论文3

选修课有所变化，一些1934—1935年度的课程在本学年列入必修课，另新开或恢复修辞学2（杨树达）、校勘学附实习6（刘文典）、中国文学批评4（朱自清）、唐宋文3、歌谣3、新文学研究3、中心国文教学法3、词汇研究4（王力）、乐府研究4（闻一多）、中国古代神话研究4（闻一多）、世说新语及魏晋哲理文学4（陈寅恪）、禅宗文化4、西人汉学论文选读4、日人汉学论文选读4等课程。

1940年8月，联大公布各院系必修及选修学程和任课教师，其中中国文学系如下：

学程	必修或选修	学期	学分	教师
补大一国文（读本国文）	I		4	沈从文 吴晓铃
文字学概要	文	语	4	陈梦家
声韵学概要	文	语	4	罗常培
中国文学史	文	语	6	余冠英
个体文习作（一）	文	语	2	沈从文
历代文选（唐、宋）	文	语	4	张清常
古文字学研究		语	4	唐 兰
中国语言文学专书选读（说文）		语	4	唐 兰
古音研究	文	语	2	罗常培
个体文习作（二）	文	语	2	余冠英
中国文学专书选读（诗经）①	文	语	2	闻一多
中国文学专书选读（左传）	文		4	许维遹
中国文学专书选读（庄子）	文		4	刘文典
历代诗选（唐）	文		4	陈寅恪
国语与国音		语	上 2	张清常
国语运动史		语	下 2	张清常
校勘实习	文	语	4	许维遹
中国文学史分期研究（二）	文		4	罗 庸
中国小说	文		4	沈从文
杂剧与传奇	文		4	罗常培 吴晓铃
应用文	文		4	郑 婴
中国文法研究	文	语	4	王 力
中国语言文学专书选读（古籀甫）		语	下 3	陈梦家
中国音韵史专题研究		语	下 2	罗常培
汉越语研究		语	4	王 力
铜器铭文研究②（二）		语	4	陈梦家

学程	必修或选修	学期	学分	教师
六国文字研究	语	下	3	唐 兰
词选	文		4	罗 庸
中国文学史分期研究	文		4	闻一多
中国文学批评	文		4	刘文典
古代神话	文	下	2	闻一多
音乐歌词	文 语		4	张清常
陶谢诗	文		4	杨振声

① 专书三种可选6学分。② 与史学合开。

1947年3月20日，中国文学系召开第二次系务会议，朱自清、浦江清、许维遹、余冠英、何善周、王瑶等出席会议。会议对有关课程作出决议：1.加设"文学概论"一学程，（全年4学分）为二、三年级必修科目，翻译一学程（学分不定）为本系三四年级选修科目，此学程商请外文系设置。2.加设新闻学与图书馆学两学程为三、四年级选修科目。图书馆学一学程商请历史系设置。3.本系下年度招收二年级转学生20名，三年级15名。本系研究生下年度仍分（一）文学史、（二）语言文学、（三）文学批评三组招收。各项考试科目，亦经商定。本年中国文学系学程如下：

文学组必修学程：

第一年级

国文6 英文壹6 中国通史6 逻辑（或理则学）6 普通物理学、普通生物学、普通地质学、普通化学择一8 政治学概论、经济学概论、社会学概论择一6 三民主义 体育

第二年级

读书指导4 文字学4 声韵学4 文学概论4 世界文学史4 英文贰6 择一 西洋通史6 哲学概论4 选修0～8或0～10 伦理学 体育

第三年级

训诂学4 中国文学史8 文选（及习作）6 诗选（及习作）6 专书选读8 选修0～8 体育

第四年级

诗选（及习作）3 曲选（及习作）3 小说戏剧选4 专书选读4 中国文学专史研究、中国文学分期研究择一3 毕业论文 选修8～20

文学组选修学程：

第二年级

目录学3 校勘实习3 个体文习作2 翻译4 国学概论3 中国哲学史6

中国沿革地理 3

第三、四年级

图书馆学 3　语言学 4　新闻学概要 3　中国文学史专题讨论 2（需先修中国文学史）　中国文学批评研究 4　中国文法研究 3　中国修辞学研究 3　语文教学研究 3　第二外国语 12　文学批评 4　西洋哲学史 6

语言文学组必修学程：

第二年级

读书指导 4　文字学 4　文选（及习作）6　英文贰 6　西洋通史 6　哲学概论 4　选修 0～6　伦理学　体育

第三年级

训诂学 4　中国文学史 8　语文学 4　比较语音学 4　中国语言文字专书选读 8（需先修文字学、声韵学）　选修 0～12　体育

第四年级

中国语言文学专书选读 4（需先修文字学、声韵学）　中国文法研究 3　古文字学 3（需先修文字学）　古音研究 3（需先修声韵学）　毕业论文 3　选修 12～24　体育

语言文字组选修学程：

第二年级

文学概论 4　诗选（及习作）6　目录学 3　校勘实习 3　国学概论 3　国语及国音 2　中国哲学史 6

第三、四年级

翻译 4　专书选读 4　中国修辞学研究 3　铜器铭文研究 3（需先修文字学）　卜辞研究 3（需先修文字学）　现代方言（需先修比较语音学）　蒙文或藏文 12　第二外国语 12　西洋哲学史 6

研究所选修学程：

文学史组及文学批评组

中国文学专史研究 3　中国文学史分期研究 3　中国文学史专题讨论 2　中国文学批评研究 4　佛典翻译文学 3　传记研究 3

语言文字组

铜器铭文研究 3　卜辞研究 3　文字学史 3　声韵学史 3　文字形体变迁史 3　韵书研究 3　外国学者中国音韵研究 3

（载《清华大学一览　1947 年度》）

本年度学程安排与西南联大时期不同之处在于恢复了战前分为语言文字组

与文学组,所开必修选修课程略多于联大时期,与战前相比,内容变动较大,取消了战前的国学要籍、近代散文、新文学研究、歌谣等课程,新设读书指导、文学概论、个体文习作、翻译、国学概论、中国哲学史、中国沿革地理、图书馆学、新闻学概论、中国文学史专题讨论、铜器铭文研究、卜辞研究、蒙文或藏文、西洋哲学史、传记研究、文字形体变迁史等课程。

1950年4月公布的中国文学系课程设置如下:

李广田(任校务委员兼中国文学系主任):文艺学 现代戏剧 现代散文写作实习等

浦江清:中国文学史 文学史讨论 中国诗史研究 戏剧选等

许维遹:诗经 历代文选 古文选读

陈梦家(兼文物陈列室主任):语文概要 古文字学 古代社会

余冠英:本年休假

吴组缃:大一国文 现代小说 历代诗选

杨晦:现代文艺批评

蒋荫恩:新闻学

王瑶(兼任大一国文委员会副主席):大一国文 现代文学史 中国文学批评

何善周(政治课班教员):大一国文

季镇淮(兼成志学校校长):古籍导论

范宁:大一国文

叶金根:大一国文

朱德熙:大一国文

王宾阳(政治课学习报编辑):大一国文 作文

郭良夫(政治课班教员):大一国文

另外,吕叔湘为东欧交换生语文专修班主任;冯钟芸负责整理闻一多遗稿;高熙曾整理闻一多遗稿及善本书籍;马汉麟担任语言文字课程助教,并负责文学陈列室整理与保管工作;陆永俊整理闻一多遗稿,还助理系务;冯世五做系中事务工作。

1952年2月中文系公布的1951年度上学期概况中教师及担任课程情况如下:

教授:吴组缃:(兼系主任) 现代文学名著选、习作实习(二)

李广田:文艺学、现代诗

吕叔湘:中国语法、世界文学史

　　　　浦江清：历代散文选、古典文学今译
　　　　陈梦家：中国语言文学概论、工具书使用法
　　　　余冠英：历代韵文选、古典文学今译
　　副教授：王瑶：中国新文学史、现代文选
　　　　季镇淮：写作实习（三）、文教政策法令
　　　　冯钟芸：写作实习（一）、中国语文教学法
　　讲师：叶蕻耕：大一国文
　　　　马汉麟：大一国文
　　　　朱德熙：大一国文、文言阅读
　　　　郭良夫：现代文学名著选、习作实习（二）
　　助教：陆永俊：大一国文
　　附注：本学期因思想改造学习占主要时间，所以除去撰写讲稿外，大都未从事研究著作。尚有四位教师（吴组缃、余冠英、季镇淮、马汉麟）参加中南区土地改革，暂停工作。

第三节　关于文科研究所中国文学部

　　1929 学年《清华大学一览》载有《研究院规程》，其中规定"于民国十八年起开办研究院"，"研究院按照大学所设学系分别设立研究所，其主任由系主任兼任之"。

　　1930 年 3 月 13 日清华大学第七次评议会审议并通过了《清华大学研究院规程》，其中规定下学期政治、经济、化学、中国文学和历史五系设研究所（载 1930 年 3 月 26 日《国立清华大学校刊》。4 月 7 日，《国立清华大学校刊》上刊出《研究院学生入学考试科目》，其中中国文学系为 8 项科目。9 月 11 日，《国立清华大学校刊》载中国文学系消息，本年投考本系研究所仅一人，以分数不及格未取，本届毕业生萧涤非以免试资格入所。研究所各部分别就原有课程，增设研究课程若干门，由各系教授任导师，指导专门研究。

　　国立清华大学研究院文科研究所中国文学部成立于 1931 年，当时就中国文学系原有的课程，增设了若干门研究课程，由本系教授指导研究生。1934 年 5 月，清华大学第七十七次评议会修正通过了《国立清华大学研究院章程》，其中第二条规定："研究院按照本大学所有各学院暂设文理法三科研究所。文科研究所设中国文学、外国文学、哲学、历史暨社会学五部。"还通过了《研究院考试细则》。1935 年 6 月，教育部第 7863 号部令公布了《硕士学位考试细则》。

到了1937年，文科研究所中国文学部有在读研究生6人，已毕业3届4人，1937年9月后因南迁停办。

1939年6月24日，朱自清询问冯友兰为建北大研究所问题与蒋梦麟、傅斯年争执一事。朱自清在《日记》中写道："他之所以反对北大文学研究所，是因为该所堵塞了联大文学研究所的道路，他打算重开清华研究院。"6月27日，联大常委会第111次会议议决：由三校就现有教师设备并依分工合作原则酌行恢复研究所、部。7月12日召开的清华第二次评议会，通过了校务会议拟定之本校研究院各所计划，其中规定中国文学部准旧生复学。7月24日，朱自清出席的清华研究院第一次会议，修正并通过了研究院暂行办法，并对研究院考试日期、科目、分数折算和招考广告等细节作出规定。1939年8月15日的联大第116次常委会议决：鉴于教育部令，自1939—1940年度起可招收研究生（同时准许北大、清华、南开三校各招研究生），并核给补助经费。8月23日，清华研究院恢复文科研究所设中国文学、外国文学、历史、哲学4部，中国文学部考试科目为：a. 国文　b. 英文（作文及翻译）　c. 文字学声韵学　d. 中国文学史　e. 诗经、楚辞（择一）。9月18日召开的清华研究院第3次会议，议决了研究院新生录取标准、津贴标准等事项。1939年度文科研究所的恢复，受时事、经济、设备条件诸因素的影响，实际上工作并未得到有效开展，教师的学术研究受到影响。11月2日，清华的26次校务会议议决，本年度恢复研究院文、理科研究所。

1940年6月8日，清华第30次校务会议议决，自1940年度起恢复文科研究所中国文学部。

文科研究所于1941年在昆明郊外龙泉镇司家营成立。8月，朱自清被梅贻琦校长函聘为清华大学文科研究所中国文学部主任。依据清华大学研究院制度，文科研究所原包括中文、历史、外国语言与哲学四部，而历史、外文与哲学三部的研究工作均由大学各相关学系分别进行，故文科研究所的工作实际上只偏重于中国文学部，并最先开展工作。文科研究所中国文学部有导师6人，均由中文系教授兼任。文学组导师为闻一多、朱自清、浦江清；语言文字组导师是闻一多、王力、陈梦家；古书校订导师为闻一多、许维遹。规定研究生入学后，得就其研究范围，请一至二位导师指导研究。各导师还需就各人研究计划，分别指导文科研究所之教员、助教从事搜集材料、校订训释、考证编纂、整理抄录等工作。自1941年以来，研究生共有7人，其中文学组6人，语言文字组1人。其分组标准为凡属于中国文学范围者隶于文学组，语言、声韵、文字、训诂隶于语言文字组。至于古籍校订隶于何组,则无明确规定,视各生在大学修业时所隶属之组别而定。研究生考试分为入学考试与毕业试验两项,毕业试验又分毕业初试、毕业论文考试与第二外国语考试三种。规定研究生修业期限至少两年。当时研究生多住宿所里,在个人无力购买书籍的艰苦条件下,所里由导师商酌计划、增购图书。另还采取加聘助教、导师与学生共处一堂等措施,如闻一多、朱自清、浦江清、许维遹等,先后搬到文科研究所所在地司家营村,王力、陈梦家等也住在附近。闻一多在这里指导的研究生有季镇淮、施子瑜、范宁、傅懋勉,朱自清指导王瑶。季镇淮在《闻一多先生事略》中回忆:"四一年暑假后,清华大学研究所在昆明东北郊二十里龙泉镇司家营成立,闻一多主持中国文学部工作,并移家到所内,朱自清先生等都在这里居住并进行研究工作,清华研究院的研究生也常来这里读书研究,一时学术空气甚浓。闻一多在研究所楼上放着一张长方形案板,各种大小手稿分门别类地排满一案板。他精力充沛、研究兴趣最大,范围最广,努力著作,常至深夜不睡。《楚辞校补》、《乐府诗笺》、《庄子内篇校释》、《从人首蛇身到龙与图腾》、《唐诗杂论》等专著和论文,都是在这里写定并发表的。"① 此间,闻一多还与何善周、季镇淮三人合作《七十二》(载《国文月刊》第 22 期),此文由季镇淮写论文,闻一多做附识,并与何善周整理充实,为一次师生合作的集体创作。1941 年 11 月,为加强清华大学各研究所的学术研究,校长梅贻琦指示各研究所拟定工作计划。为此,闻一多拟定《文科研究所中国文学部研究计划》(未发表),计划本部研究工作从整理古籍入手,本年度拟整理子部二种:《韩诗外传》、《管子》;集部两种:《岑参集》、《贾岛集》。除此之外,上年度已着手之文学史选读校释工作,本年仍继续进行。计划中所说'管子'即《管子校释》,由闻一多参校、许维遹整理、何善周、刘功高参加工作,后经郭沫若补充材料,又请冯友兰、余冠英、孙毓棠、范宁、马汉麟、杨树达分别校阅一小部分,改名为《管子集校》,全书达 130 万字,比许维遹原稿增加了三倍,此书于 1956 年 3 月由科学出版社分上下册出版,撰者署名为郭沫若、闻一多、许维遹,而实际参加工作者众。这一带远离市区,没有敌机的骚扰,条件虽然甚艰苦,环境却相对宁静,大家埋头做研究,遇到问题相互讨论,学术空气空前浓厚。教师在各自的学术侧重点上开始建立或形成自己的体系,着手编著并完成了一批专著,在兵荒马乱之际而研究不辍,正得益于此项设置,这里一时成为昆明学术研究的中心之一,也是清华中文系教师学术研究取得丰硕成果的一段辉煌时期。

---

① 《闻一多纪念文集》,465 页,北京,生活·读书·新知三联书店,1980。

1944年7月6日，清华文科研究所中国文学部举行研究生傅懋勉毕业初试，考试范围为"魏晋以前的人品观念"，考试委员有汤用彤、罗常培、冯友兰、闻一多、朱自清、雷海宗、浦江清、王力、许维通、陈梦家等。7月9日，举行季镇淮毕业初试，考试范围为"魏晋以前的人品观念"，汤用彤、罗常培、冯友兰、闻一多、朱自清、雷海宗、浦江清、王力、许维通、陈梦家等为考试委员。11月6日，举行研究生范宁毕业初试，其研究题目是"魏晋小说研究"，闻一多、汤用彤、游国恩、冯友兰、朱自清、王力、许维通、浦江清等为考试委员。

1946年初，中国文学部主任为闻一多，导师均由中国文学系教授兼任。文学组导师为闻一多、朱自清、浦江清；语言文字组导师为闻一多、王力、陈梦家；古书校订导师为闻一多、许维通。研究生入学后，得就其研究范围，请求1或2人为导师指导研究。各导师并就各人研究计划，分别指导文科研究所之教员、助教从事搜辑材料、校订训释、考证编纂、整理抄录工作。2月15日，清华文科研究所中国文学部在校办事处举行研究生王瑶毕业初试，考试范围为"中国文学史、中国哲学史、中国通史"。闻一多、许维通、朱自清、浦江清、王力、冯友兰、汤用彤、彭仲铎、吴晗为考试委员。3月22日，中国文学部在本校办事处举行研究生施子瑜毕业初试，初试范围为"中国通史、哲学史、文学史"。闻一多、罗庸、游国恩、冯友兰、雷海宗、朱自清、王力、浦江清、许维通为考试委员。4月，分别进行研究生王瑶、施子瑜毕业论文考试，王瑶论文题为《魏晋文学思潮与文人生活》，施子瑜论文题为《唐代科举制度及其对于文学之影响》，闻一多、汤用彤、彭仲铎、冯友兰、吴晗、朱自清、王力、浦江清、许维通为考试委员。据《国立清华大学1946年度第一学期研究所概况》公布，中国文学部主任为朱自清（闻一多于4月辞主任职），教员专任6人，兼任1人，研究生2人。①

1947年2月20日，清华大学第五次评议会修正通过了《国立清华大学研究所章程》，其中规定"本大学所设之研究所主任，由各相关学系主任兼任"，同时还附《硕士学位考试细则》。从本年至1952年，中国文学研究所毕业研究生2届4人。

---

① 清华大学校史研究室：《清华大学校史资料选编》，第四卷，263页。

第三章 教 师[*]

第一节 教师聘任情况

清华早期的国文教员以传统功名出身者居多,随着改办大学的进程,中国文学系的教师构成发生了变化,逐渐由具有新式教育背景的学者取而代之。所聘请的兼职教师,亦多为在其相应学术领域具有一流水准和重要影响之学者。纵览清华中文系二十几年的人员构成,可谓名师荟萃、大师云集,实力雄厚、阵势不凡。

1925—1926年度聘请的国文教师有:左霈　朱洪　李奎耀　汪鸾翔　陆懋德　曹冕　陈鲁成　赵玉森　蒋复璁　卫士生　戴元龄(载1925—1926年《清华大学一览》)

1925年聘国文教授:钱基博　孟宪承　朱自清(据清华大学历年教职工名册。)

1926年6月,杨树达辞去北京师范大学国文系代主任,应聘清华国文系教授。(据1926年教职工名册讲师还有吴宓,教授同1927年。)

1927年度国文学系教师聘任如下:

教授:王国维　左霈　朱自清　朱洪　汪鸾翔　李奎耀　陈鲁成　杨树达　戴元龄　吴在

讲师:林义光

助教:浦江清　赵万里

(载1927年《清华大学一览》)

1928年暑假后,因清华改办大学,新聘一批教授、讲师,在"各系主任教

---

[*] 涉及来自不同资料而内容有出入者,尽量将不同部分和出处一并列出,以供参考。

授讲师一览"中提到：留下的教授都是学问与教学经验很丰富且很有成绩的，新聘的各位教授，也都是积学之士。其中中国文学系所聘教授、讲师（包括兼职讲师）如下：

教授：杨振声（兼系主任）　杨树达　朱自清　刘文典　钱玄同　俞平伯　沈兼士　张煦

（《清华大学史料选编》（二上），201页）

1929—1930年度中国文学系教师聘任如下：

教授：杨振声（系主任）　杨树达　朱自清　黄节　陈寅恪（与历史系合聘）　刘文典

讲师：赵元任、钱玄同　俞平伯　容希白　张煦

教员：邹树椿

助教：浦江清

（载《1929—1930年度清华大学一览》）

（说明：此时赵元任受聘于中央研究院，在清华大学中文系为兼职，当时学校规定，兼职者只能任讲师）

1930年11月20日召开的聘任委员会会议追认校务会议暑期所聘教授、讲师及导师名单，其中有中国文学系讲师罗常培、徐祖正、商承祚。

1931年1月15日召开的第53次校务会议决定，聘请黄节为研究院中国文学部导师。

1931年3月18日召开的聘任委员会第三次会议决定，中文系改聘浦江清为专任讲师。

1932—1933年度中国文学系教师名录如下：

教授：朱自清（系主任）　俞平伯　陈寅恪　闻一多　杨树达　刘淑雅（文典）

讲师：黄节　（另据清华大学档案教职工名册讲师还有罗根泽、郭绍虞、赵万里）

专任讲师：王力　浦江清　刘盼遂

教员：许骏斋（维遹）

助教：安文倬　余冠英

（载《清华大学一览1932—1933年度》）

本年度赵元任、罗常培不再兼任中文系讲师。

1934—1935年度中国文学系教师名录如下：

教授：朱自清（系主任）　俞平伯　陈寅恪（与历史系合聘）　闻一多

杨树达　刘文典

　　讲师：唐兰　赵万里

　　专任讲师：王力　浦江清

　　教员：许骏斋

　　助教：安文倬　余冠英

（载《国立清华大学1934—1935年度教职员一览表》）

1936年度中国文学系教师聘任如下：

　　教授：朱自清（系主任）　陈寅恪（与历史系合聘）　杨树达　俞平伯　刘文典　闻一多　王力

　　专任讲师：浦江清

　　讲师：赵万里　唐兰

　　教员：许维遹　余冠英

　　助教：李嘉言

　　助理：张健夫

（载《国立清华大学1936年度教职员一览表》）

1937年9月，学校南迁，俞平伯因侍奉双亲，未能随校南行，在清华任教9年后，应聘任中国大学国文系教授。杨树达亦结束在清华的11年的教书生涯，回长沙任湖南大学教授。

1938年8月4日第83次联大常委会议决，遵部令，联大自下学期增设师范学院。联大国文学系和师院的教师名录如下：

　　教授：朱自清（系主席）　罗常培　胡适　罗庸　魏建功　杨振声　陈寅恪　刘文典　闻一多　王力　浦江清

　　副教授：唐兰　游国恩

　　讲师（名誉）：闻在宥　郑天挺

　　教员：许维遹　余冠英　陈梦家

　　助教：李嘉言　吴晓铃　王守惠

　　助理：杨佩铭

师范学院国文学系：

　　教授：朱自清（系主任）　杨振声　浦江清

　　副教授：沈从文

　　助教：陶光　杨佩铭

（据清华大学档案教职工名册）

1939年6月17日，清华大学召开迁昆明后第二次聘任委员会会议，通过了各系续聘教师名单，其中中国文学系教授有：

  教授：朱自清 陈寅恪（与历史系合聘） 刘文典 闻一多 王力 浦江清

  1941年5月29日，经清华大学第12次聘任委员会议决：续聘中国文学系教授同上年，改聘许维遹、陈梦家为副教授。

  1944年6月8日，清华大学第21次聘委会通过"各系、所续聘教授、副教授、专任讲师名单"，其中中国文学系教授有闻一多、朱自清、王力、浦江清。

  1945年8月23日，联大第343次常委会决议升聘余冠英、张清常、萧涤非为师院国文系教授。

  1947年1月28日公布的"清华大学教职员名录"之中国文学系部分如下：

  教授：朱自清（系主任） 陈寅恪 王力（本学年请假） 浦江清 许维遹 陈梦家（本学年请假） 余冠英

  讲师：张政烺 张清常

  教员：何善周 王瑶 赵仲邑 毕奂午

  助教：冯钟芸 季镇淮 范宁 高熙曾 马汉麟 叶金根 朱德熙 王宾阳 陆永俊 王玉清

  教育部批准本校助教范宁等35人自1949年8月起升任教员（次年5月3日校委会上宣布）。

  1949年9月23日，校委会通过各系聘请的本校兼任教授、副教授，其中中国文学系有杨晦、艾青。

  1950年1月13日，第38次校务委员会会议议决：中国文学系拟聘请燕京大学新闻学系主任蒋荫恩为兼任教授，于下学期每周讲授"新闻学"三小时，通过呈教育部核准。

  本年1月27日，第40次校委会议决通过教师升格审查委员会提出助教照章于上年夏升教员34人，其中有中国文学系范宁、叶金根、高熙曾。

  本年2月，吕叔湘应聘任清华大学中国文学系教授。

  本年4月公布《国立清华大学教职录》，其中中国文学系如下（附到校任职日期）：

  教授：李广田（1947.8） 浦江清（1926.8） 许维遹（1932.8） 陈梦家（1937.10） 余冠英（1931.8 本年休假） 吴组缃（1949.9） 吕叔湘（1950.2）

  兼任教授：杨晦（1949.9）

  兼职副教授：蒋荫恩（1950.2）

讲师：王瑶（1944.8）

教员：何善周（1940.8）　冯钟芸（1943.8）　季镇淮（1946.8）　范宁（1946.8）　高熙曾（1946.8）　叶金根（1946.8）　马汉麟（1946.11）　朱德熙（1946.8）　王宾阳（1946.8）　陆永俊（1946.8）　郭良夫（1947.8）　冯世五（1947.2）

本年 9 月校委会第 54 次会议通过改聘王瑶为副教授。

1952 年 2 月清华大学教职工名册上中文系的教师如下：

教授：吴组缃（兼系主任）　李广田（任校务委员兼副教务长）

浦江清　余冠英　陈梦家　吕叔湘

副教授：王瑶　冯钟芸　季镇淮

讲师：叶兢耕　朱德熙　马汉麟　郭良夫

助教：陆永俊

助理：冯世五

普通工：曹广顺　龚福喜　关伍泉

第二节　教授简历著述*（按拼音排序）

陈梦家（1911—1966）

古文字学家、考古学家，诗人。浙江上虞人。1927 年入南京国立第四中山大学（后改名中山大学）法律系。1932 年入燕京大学宗教学院，1934 年至 1936 年在该大学研究院攻读古文字学，毕业后留校任教。1937 年 10 月，经闻一多和朱自清推荐，清华大学聘陈梦家为中国文学系教员，后任副教授、教授，先后授"古文字学"、"文字学概要"、"语文概要"、"古代社会"、"铜器铭文研究"等课程。1944 年到美国芝加哥大学讲授中国古文字学，1947 年夏游历英、法等欧洲国家。在国外这段时间，他以拳拳赤子的爱国之心，付出了极大的艰辛与不懈努力，广泛收集我国流散于欧美的铜器资料，他曾对记者说，来美主要要编出一部全美所藏中国铜器图录。经过 3 年搜访他完成了自己的计划，编写出庞

---

* 教师、教授们的著作和学术活动集中体现了中文系的研究方向、教学范围和学术水平，本文以较大篇幅做了介绍，对历史上影响较大的教授（包括兼职）的重要著述，不但说明内容，还引用了相关学者的评述，以便读者了解其研究在这一领域的影响及价值所在。由于从中文系的建立到院系调整时间跨度大，任教的教师教授人数众多，加上搜集材料遇到的困难，以及篇幅的限制，所以未能收入所有教师及其著述。

大的流失美国的中国铜器图录，另用英文发表了《中国铜器的艺术风格》、《周代的伟大》等文，还和芝加哥艺术馆的凯莱合编了《白金汉所藏中国铜器图录》。当时，国外学术界对其研究成果均表示赞赏，希望他能永久留美工作，但他义无反顾地抛弃在美能享有的物质条件和学术地位，于1947年回到祖国，将研究成果奉献祖国，继续任教清华。在他和其他教授的呼吁下，成立了文物陈列室，并兼文物陈列室主任，为学校购买了为数不少的文物。1952年院系调整后，任中国科学院考古研究所研究员，并任《考古学报》编委、《考古通讯》副主任等职。1957年陈梦家因在《文汇报》上发表《慎重一点"改革"汉字》一文，被冠以反对文字改革，而成为史学界五大右派之一，即便这样，他仍顶着政治上的巨大压力埋头工作，用10年时间将故宫900张铜器拓片与夏、商、周的著录一一核对，令人痛心与惋惜的是，这样一位为新诗发展和学术研究作出巨大贡献的诗人、学者，却于"文革"之初不堪凌辱自缢。

陈梦家既是诗人又是学者，主要著有：

《梦家诗集》，为他的第一部诗集，1931年新月书店出版后，引起很大反响，不少杂志发表书评，很快销售一空，同年增选后再版发行。后又由新月书店1933年、上海书店1987年、浙江文艺出版社1997年分别出版。

《不开花的春天》，为中篇小说，上海良友图书印刷公司1931年出版。

《新月诗选》，新月书店1933年、上海书店1983年、解放军文艺出版社2000年分别出版。

《铁马集》，为诗集，由开明书店1934年、上海书店1992分别出版。

《梦家存诗》，时代图书公司1936年出版。

《老子今释》，商务印书馆1945年出版。

《西周年代考》，本书分别以历代有关上古史籍和古器物上的金石文字两部分考证，商务印书馆1945年、1945年、1955年出版，中华书局2005年与《六国纪年》合为一册出版。

《海外中国铜器录考释》第一集，北京图书馆、商务印书馆1946年出版。作者自20世纪40年代初就着手研究、编辑。本书收录了流散在国外的铜器照片150余幅，另有《中国铜器概述》一文，文章叙述了他对于中国铜器的时期、地域、国族、分类、形制、纹饰、铭辞、文字、铸造与鉴定等问题的见解，为搜集我国流散在海外的青铜器资料，他以莫大的爱国热情和投入，于1944年到欧美实地考察，遍访所有收藏青铜器的博物馆、古董商、豪富之家及知名人士，每见到藏品，都仔细观察、记录并拍照，还与所有藏家保持通信联系。在美期间，又到加拿大多伦多博物馆考察。1947年到欧洲五国时，整日奔忙于博物馆与名门贵族之家，在瑞典著名汉学家高本汉陪同下，拜访酷爱中国文物的瑞典国王。他于 1962 年出版的《美帝国主义劫掠的我国殷商铜器集录》及与美国人凯莱合编的《白金汉所藏中国铜器图录》，即是此间苦心经营的成果，为研究我国古代文化及语言文字的收集作出了自己的贡献。

《六国纪年》，分别由学习生活出版社 1955 年、上海人民出版社 1956 年出版。

《殷墟卜辞综述》，他在国学方面的最高学术成就，体现在甲骨文和殷周宗教方面，1954 年完成的此书是其代表作，全书 70 多万字，将近代以来甲骨文研究的方方面面进行了系统的阐述，为甲骨学史上较早的大型综合性研究的权威著作，对研究古代历史地理、语言文字和考古学均有重要参考价值，科学出版社 1956 年、中华书局 1988 年、1992 年出版。

《中国历史纪年表》，由万国鼎编，万斯年、陈梦家补订，商务印书馆 1956 年出版。

《尚书通论》，分别由商务印书馆 1957 年、中华书局 1985 年、2005 年出版。

《美帝国主义劫掠的我国殷周铜器集录》，科学出版社 1962 年出版。

《武威汉简》，文物出版社 1964 年出版。

《汉简缀述》，中华书局 1980 年出版。

《梦家诗集》，上海书店 1987 年、浙江文艺出版社 1997 年、中华书局 2006 年出版。

《中国新诗库　陈梦家卷》，由周良沛编选，长江文艺出版社 1988 年出版。

《新月派文学作品专辑　铁马集》，上海书店 1992 年出版。

《尚书通论　外二种》，河北教育出版社 2000 年出版。

《西周铜器断代》，中华书局 2004 年出版。

《梦甲室存文》，中华书局 2006 年出版。

陈寅恪（1890—1969）

史学家与文学大家，江西修水人。13 岁和 15 岁两度留学日本，1909 年毕业于上海复旦公学，1910 年入德国柏林大学，后就读于瑞士苏黎世大学、法国巴黎大学、美国哈佛大学。1921 年再度赴德国，进柏林大学研究院，1925 年回国。他在这些年里研习了世界各国语言 30 余种。1925 年经吴宓推荐，曹云祥校长电聘陈寅恪为清华国学研究院教授，吴宓在《空轩诗话》中说："始宓于民国八年，在美国哈佛大学得识陈寅恪。当时即惊其博学，而服其卓识。驰书国内诸友，谓合中西新旧各种学问而统论之，吾必以寅恪为全中国最博学之人。今时阅十五六载,行历三洲,广交当世之士,吾仍坚持此言,且喜众人之同于吾言。寅恪虽系吾友而实吾师。"① 1927年陈寅恪到校任导师。1929年国学研究院结束后,他任清华大学中国文学系与历史系合聘教授,1932年后亦为哲学系所聘。其中在中国文学系所开课程有"佛经文学"、"佛经翻译文学"、"唐诗校译"、"唐代诗人与政治之关系"、"中国文学中佛教故事之研究"、"《世说新语》及魏晋哲理文学"、"历代诗选"、"文学专家研究"等。对于陈寅恪的上课,曾有过这样的描述:"总是携一布包的书,随手翻捡;但他引用材料时却从不真正查阅书籍,都是脱口而出,历历如数家珍。"② 后于1940年8月离清华,执教于香港大学、燕京大学和岭南大学等校。1946年回清华继续任教,1950年执教于中山大学。先后兼任中央研究院理事、历史语言研究所第一组组长、故宫博物院理事等职。任中国科学院社会科学部委员、中国文史馆副馆长、第三届全国政协常委委员等职。"文革"中陈寅恪惨遭迫害,1969年10月7日于凄风苦雨中含恨离世。

他在1929年为王国维纪念碑作碑铭中提出的"独立之精神,自由之思想",为其追求的学术精神和价值取向。他学术研究的重点主要在梵文和南北朝、唐代制度方面,治学方法为"考据之学",风格为"融会中西,一以贯之",主张"中学为体,西学为用之说"。其学问之高深、学识之渊博无人能及。郑天挺称他是"教授中的教授"。傅斯年对其评价是:"陈先生的学问,近三百年来一人而已。"胡适日记中称:"寅恪治史学,当然是今日最渊博、最有识见、最能用材料的人。"其主要著述如下:

《隋唐制度渊源论略稿》,北京出版社1943年、商务印书馆1944年、1945年、1946年、三联书店1954年、2009年、中华书局1963年、上海古籍出版社1982年、上海书店1989年、河北教育出版社2002年分别出版。刘梦溪在《一代文化所托命之人——陈寅恪先生的学术创获和研究方法》一文中介绍:"《隋唐制度渊源略论稿》和《唐代政治史述论稿》两专书特提出'关陇文化本体'和'关中本位政策'的概念并反复申论之,揭明其对宇文氏政权而言无疑是一种具有开辟意义的'新途径',这是寅恪先生对中古史研究的一大贡献,也是他用种族与文化的观点通解隋唐政治制度的重要成果。特别是由探讨种族与文化的关系而标举'有教无类'之义,更可以看出寅恪先生文化思想的现代

---

① 《吴宓诗集》,146页,上海,中华书局,1935年。
② 何兆武:《历史理性批判散论·自序》,长沙,湖南教育出版社,1994。

特征。"①

《唐代政治史述论稿》，商务印书馆1943年（被列为"国立中央研究院历史语言研究所专刊"）、1947年、三联书店1956年、1957年、上海古籍出版社1982年、里仁书局1985年出版。

《陶渊明之思想典清谈之系》，蒋京大党哈佛燕京社刊1945年出版。

《白香山新乐府笺证　元白诗笺证稿之一》，国立清华大学1948年出版。

《元白诗笺证稿》，文学古籍刊行社1955年、上海古典文学出版社1958年、中华书局1959年、上海古籍出版社1978年出版。

《论再生缘》，台湾地平线出版社1970年出版。

《陈寅恪先生全集》上、下册，里仁书局1979年出版。

《柳如是别传》上、中、下。上海古籍出版社1980年、三联书店2001年、2009年出版。此书由作者口述，黄萱女士笔录，经长达10年辛劳而完稿，是其著述中篇幅最大、体例最完备、影响最广的一部80万言巨著，被称作20世纪学术史上的经典之作。

《金明馆丛稿初编》，上海古籍出版社1980年出版。

《金明馆丛稿二编》，上海古籍出版社1980年出版。

《寒柳堂集》，古籍出版社1980年、三联书店2009年出版。

《陈寅恪文集》，上海古籍出版社1980出版。

《陈寅恪魏晋南北朝史讲演录》，黄山书社1987年、贵州人民出版社2007年出版。

《唐代政治史略稿》，上海古籍出版社1988年出版。

《陈寅恪读书札记》，上海古籍出版社1989年出版。

《陈寅恪史学论文选集》，上海古籍出版社1992年出版。

《陈寅恪集》1~14册，三联书店2001年出版。

《隋唐制度渊源略论稿　唐代政治史论稿》、三联书店2004年出版。

《陈寅恪"元白诗证史"讲席侧记》，刘隆凯整理，湖北教育出版社2005年出版。

冯钟芸（1919—2005）

文学史家，语文教育家。河南唐河人。其父是地质学家冯景兰，伯父是哲学家冯友兰，姑姑为文学家冯沅君，自幼受到良好的文化熏陶。1941年毕业于

---

① 王永兴：《纪念陈寅恪先生百年诞辰学术论文集》，377页，南昌，江西教育出版社，1994。

西南联大中文系，1943 年成为联大中文系第一位女教师，1946 年受聘清华，任清华大学中文系助教、讲师、副教授。院系调整后任北京大学中文系副教授、教授。曾任全国中小学教材审定委员会委员、民盟中央委员、全国妇联执行会委员。主要著作有：

《初级中学课本文学第一册教学参考书》，合编，人民教育出版社 1955 年出版。

《文学》，合编，人民教育出版社 1957 年出版。

《历代诗歌选》1～4 册，季镇淮、冯钟芸等选，中国青年出版社 1980 年出版。

《庄子散文选注》，百花文艺出版社 1995 年出版。

《芸叶集》，为自选集，新世界出版社 2002 年出版。

郭良夫（1916—2010）

语言学家，山东巨野人。1947 年毕业于清华大学中国文学系后，留校任教，授"大一国文"课程，兼任政治课班教员。1952 年后调到北京大学中文系任教，曾任外国留学生中国语文专修班副主任、汉语教研室主任。1961 年任新创办的华侨大学中文系副主任。1972 年到福建师范大学中文系任教。1977 年借调到中国社会科学院文学研究所参加中国文学史的编写工作。翌年调到商务印书馆任汉语工具书编辑室主任。

在联大读书期间任清华剧艺社第一任社长，创作了话剧《潘琰传》和《审判前夕》，主要著作有：

《词汇》，商务印书馆作为"汉语知识丛书"于 1985 年出版。

《词汇与词典》，商务印书馆 1990 年、1999 年出版。

《应用汉语词典》，商务印书馆 2000 年出版。

《应用汉语词典大字本》，商务印书馆 2002 年出版。

《完美的人格：朱自清的治学和为人》，郭良夫编，收入纪念文章 19 篇，三联书店 1987 年、清华大学出版社 2003 年出版。

《应用汉语词典》，商务印书馆 2000 年出版。

《应用汉语词典：纵横码版》，商务印书馆 2006 年出版。

何善周（1910—2008）

古典文献学与文史学家，河南滑县人。1940 年毕业于西南联大中文系，1940 年至 1950 年在清华大学中国文学系任教。1950 年到东北大学任教历任副教授、教授、古籍整理研究所首任所长。

他在古典文献学、训诂学及中国现代文学、古代文学、古代传统文化等领域多有研究，其《庄子校注辨正》系列论文，广受学术界好评。主要著作有：

《中国现代文学史》，与孙中田合著，吉林人民出版社 1957 年出版。

《曾国藩精选经史百家文》，何善周点校，时代文艺出版社 1995 年出版。

黄节（1873—1935）

近代作家、学者、诗人。原名晦闻，字玉昆，号纯熙，广东顺德人。早年受业于经学家简竹居，后独居海幢寺读书 10 年。他主张"辨别夷夏"，实行"排满革命"，与章炳麟等人在上海创立国学保存会，并参加南社，先后创办、编辑《政艺通报》、《国粹学报》、《美禁华工拒约保》和《天民日报》等。1928 年任广东政府委员兼教育厅厅长和广东通志馆馆长。1929 年任清华大学中文系教授，授《文学专家研究》、《曹子建诗》、《阮嗣宗诗》、《乐府》等课程。后虽调至北京大学任教，还仍在清华兼课。1935 年病逝于北京。

黄节一生以诗名世，作品多宕折幽艳、苍凉悱恻，既有唐人之韵又有宋人之骨，有道"唐面宋骨"，成就极高。学术上于先秦、汉魏六朝诗文的研究见长，学界视为一代宗师。主要著作有：

《诗律》，北京大学出版部二十年代出版。

《诗学》，北京大学出版部 1925 年出版。学界评论"这是近 80 年来为传统学界所推崇的一本中国古典诗学批评史"，朱自清在《论诗学门径》一文中曾将清代诗话代表作家叶燮《原诗》与黄节并提。

《鲍照参军诗注》，人民文学出版社 1957 年出版。

《阮步兵咏怀诗注》，人民文学出版社 1957 年、1984 年出版。

《曹子建诗注》，人民文学出版社 1957 年出版。

《魏武帝魏文帝诗注》，人民文学出版社 1958 年出版。

《谢康乐诗注》，人民文学出版社 1958 年出版。

《汉魏乐府风笺》，人民文学出版社 1958 年、中华书局 2008 年分别出版，本书是为汉魏乐府诗所作的笺注，作者广集众说，并断以己意，为汉魏乐府诗研究中的杰作。

《黄节诗集》，中国人民大学出版社 1989 年出版。

《黄节诗选》，广东人民出版社 1984 年、1993 年出版。

《黄节诗学诗律讲义》，天津古籍出版社 2006 年、2007 年出版。

《诗旨纂辞》，中华书局 2008 年出版。

《黄节汉魏六朝诗六种》，人民文学出版社 2008 年出版。

《曹子建诗注》中华书局 2008 年出版。

季镇淮（1913—1997）

古典文学与文学评论家。字子韦，一名正怀，字来之，江苏淮安人。1941 年毕业于西南联大后，又入清华大学文学研究所，在治学态度与方法上受闻一多、朱自清影响较多。1946 年起历任清华大学中国文学系助教、讲师、副教授，讲授"古籍导论"、"写作实习"、"文教政策法令"等课程。1952 年院系调整后任北京大学中文系副教授、教授、系主任。担任民盟中央参议委员会常委，全国闻一多研究会会长。

主要著作：

《司马迁》，上海人民出版社 1955 年、1979 年、北京出版社 2002 年出版。

《高等学校文科教材 中国文学史》，合编，人民文学出版社 1964 年、1965 年出版。

《历代诗歌》，季镇淮等选注，中国青年出版社 1980 年出版。

《闻朱年谱》，清华大学出版社 1986 年出版。

《闻一多研究四十年》，清华大学出版社 1988 年出版。

《青年文库新编本》，合编，中国青年出版社 1990 年出版。

《中国散文名句词典》，主编，中原农民出版社 1991 年出版。

《来之文录》，北京大学出版社 1992 年出版。

《来之文录续编》，北京大学出版社 1998 年出版。

《季镇淮文选》，北京大学出版社 2010 年出版。

李广田（1906—1968）

散文家，诗人，号洗岑，笔名黎地，曦晨等。山东邹平人。1929 年考入北京大学预科，1931 年入北京大学外语系，1935 年毕业后在济南省立第一中学教书与写作。1941 年任西南联大中国文学系助教，授"文学概论"，并担任"冬青社"导师。1947 年应朱自清邀请，任清华大学中文系教授，授"文艺学"、"现代戏剧"、"现代散文"、"写作实习"等课程，1949 年 5 月任清华大学中文系主任。1949 年全国第一次文代会上，当选文联委员、文协理事。1951 年任清华大学教务长。1952 年后任云南大学副校长、校长、中国科学院云南分院文学研究所所长等职，兼任作协云南分会副主席、中国作协理事等。1957 年被划"右派"，"文革"中被迫害致死。

他是中国现代优秀散文作家之一，在北大读书期间，他常在《华北日报》副刊和《现代》杂志上发表诗歌、散文，并与同系的卞之琳、哲学系的何其芳以诗为友，文学史上常称他们为"汉园三诗人"。他的散文融会了"诗的圆满"和"小说的严密"，独特的艺术风格具发人深思的效果，在中国现代文学史上，产生过深远影响。其散文集、小说和学术论著如下：

散文集：《画廊集》，分别由商务印书馆1936年、上海书店1990年、中国文联出版社1993年、人民文学出版社2001年出版。

《汉园集》，商务印书馆1936年出版。

《银狐集》，文生1936出版。

《雀蓑记》，文生1939出版。

《圈外》，国民图书出版社1942年出版，1949年文化工作社再版时改名《西行记》，云南人民出版社2002年、华夏出版社2008年出版。

《回声》，桂林春潮社1943年出版。

《灌木集》，分别由开明书店1944年、1945年、1946年、河北教育出版社1994年出版。

《日边随笔》，文化生活出版社1948出版，为巴金主编之"文学丛刊"第九集，收入文章16篇。从这本集子开始，作者的写作风格发生了根本性的改变，一改以前欣赏秦少游"日边清梦断"和王维"日色冷青松"那样一种清新而冷寂的境界，而是深感"我们的生命无时不在烈火里燃烧，就像生活在太阳近边那样"。作者解释"这也许就算是'日边'的另一意义"，"其所以名之曰'日边随笔'者，不过是偶然想起：藉此聊以见出自己的变化，以及我们这时代的变化而已"。正如梅子在《李广田选集》前言分析的那样，"由于生活面的益发扩大，这时的作品线条更粗，不但思想内容更明朗健旺了一些，就连风格也多少摆脱了沉郁的调子，逐渐趋向明快畅达的一流。许多作品虽然较含蓄，但明眼人仍可明白它的指向，在现实的教育下，他跟上时代的决心比过去任何时候都更坚定了"。又归纳："《日边随笔》为李广田散文创作的第三阶段（第一阶段为《画廊集》，第二阶段为《银狐集》）。"[①]

《文艺书简》，开明书店1949年作为"开明青年丛书"出版。

《散文十三篇》，作家出版社1956出版。

《李广田散文选》，云南人民出版社1980年出版，中国文学出版社 外语教学与研究出版社1999年出版。

[①] 李岫：《李广田研究资料》，银川，宁夏人民出版社，1985。

《李广田作品选》，外文出版社1981年出版。

《李广田散文选集》，百花文艺出版社1982年、2004年出版。

《李广田散文》，中国广播电视出版社1994年出版。

诗集：《春城集》，收有20多首诗，作家出版社1958年出版。

《李广田诗选》，云南人民出版社1982年出版。

短篇小说：《欢喜团》，桂林工作社1943年出版。

《金坛子》，文化生活出版社1946年出版。

长篇小说：《引力》晨光出版社1947年出版。

学术论著：《诗的艺术》，开明书店于1943年、1946年、1947年出版。

《文学枝叶》，益智出版社1948年出版。

《创作论》，开明书店1948年出版。作者在序中说："《创作论》十篇，是《文学论》里的一枝。一九四四年九月二十一日起，十二月二十三日止，协议昆明"，"整理完了这些文字，与其说是愉快，毋宁说是感到了一种痛苦，因为我的意见实在太平凡，我没有什么新鲜意见告诉人；大概正因为这样，所以我偏重举例，每一篇都充满了实例，例如这样能比较'徒托空言'稍好一些，也可以算是一点安慰。"又说："这几年来，我随时都在修改这十片东西。"梅子在《李广田选集》前言里评价："在李广田抗战末期的创作中，和散文一样精彩的是他的文艺评论。他的文艺思想成熟于大量艰苦的创作之后，因为亲尝中的甘苦，而且在主观上，他立志要'建立一种严正的文学批评'，所以这类作品立论精审、分析剖切，颇多透彻的创见，在文字上也依然那么明白晓畅、质实无华。它的代表作原是一部巨著：《文学论》，可惜作者对自己要求太高，以致到今天，我们还看不到它。也许，它已永远无法问世。可幸的是，它的大致轮廓我们尚可以从他的《创作论》和《文学枝叶》两书中窥见，就凭这些识见卓特、功力深厚的零篇断章，我们也完全有理由把它的作者列为这一领域的大家。"[①]

《文艺书简》，开明书店1949年出版。

《论文学教育》，文化工作社作为"未名丛书"之一于1950年出版，为新中国成立前两三年所作关于讨论文艺问题的文章，共19篇。1953年出版。

《文学论》，香港昭明出版社1982年出版。

《李广田文学评论选》，云南人民出版社1983年出版。

《李广田文集》1~5卷，山东文艺出版社1983—1986年出版。

《论文学教育》，完成于1946年，出版于1984年。

[①] 李岫：《李广田研究资料》，84~85页。

《李广田代表作》，黄河出版社 1987 年出版。

此外，他还负责《闻一多选集》和《朱自清选集》的编选工作，到云南大学后致力于少数民族文学的研究，整理出版傣族传说《一滴蜜》、撒尼长篇叙事诗《阿诗玛》（人民文学出版社 1960 年出版）和傣族长篇叙事诗《线秀》等。

李嘉言（1911—1967）

古典文学家，字慎予、泽民，河南武涉人。1930 年考入清华大学中国文学系。读书期间，李嘉言主攻考古、楚辞和唐诗，是文学会的主要成员之一。1935 年任清华大学中文系助教，讲授《大一国文》，同时做闻一多研究生。1937 年随校南迁继续任教于西南联大。1941 年他作《全唐诗校读法》一文，发表在《国文月刊》1941 年第七期，分析了《全唐诗》错误和原因，归于七类，并一一举例说明，为校读、整理《全唐诗》提供了参考依据。1942 年到兰州西北师范学院任副教授。1949 年到河南师范大学任中文系主任和院科委主任等职，兼《光明日报·文学遗产》栏目编委，还主持《全唐诗》的整理工作。曾任中国作家协会会员、河南省文联委员。"文革"中遭迫害，于 1967 年去世。主要著有：

《贾岛年谱》，1947 年由商务印书馆出版，曾获全国著作二等奖。

《中国文学史讲授提纲》，合编，河南大学 1951 年内部印刷。

《古诗初探》，古典文学出版社 1957 年出版。

《长江集新校》，上海古籍出版社 1983 年、河北教育出版社 1992 年、河南大学出版社分别 2008 年出版。

《李嘉言古典文学论文集》，书中收入了其散见于报刊上的专论及未发表过的手稿，上海古籍出版社 1984 年、1987 年出版。

《语言理论》，与彭泽润合编，为高等学校语言学教材，中南大学出版社 2000 年出版。

林庚（1910—2006）

现代诗人，文学史家，字静希，原籍福建福州，生于北京，其父林宰平曾在清华国学院和哲学系任教。1928 年林庚毕业于北京师范大学附属中学，是年考入清华大学物理系，1930 年转入清华大学中文系，参与创办文学月刊。1933 年毕业后留校担任朱自清的助教，同时兼任《文学季刊》编委，授"文学史"和"古典诗歌"等课程。1937 年后相继任教于北平民国学院、北平大学女子文理学院、北平师范大学、厦门大学和燕京大学，1952 年起任北京大学中文系教授、同时兼任《光明日报·文学遗产》编委。1986年退休后仍任博士生导师，2000年任北大诗歌中心主任。

林庚一生都生活工作在学校，深受校园文化影响，尤其是清华和北大两所大学。20世纪二三十年代的清华校园文化，在现代中国文学史上曾处于繁荣兴盛、领先潮流的地位，其诗、文及戏剧等多姿多彩的肥沃文化之土，影响、滋润和养育了他。1930年他从物理系转到中文系，就是基于这样的文化熏陶所发生的转变，他说道："慢慢地我发现，有限的科学方法在无限的宇宙面前显得那样苍白。而艺术却是超越性的，艺术的感受刹那而永恒，能于一瞬见千古，于微小显大千，能使我们超越有限直面无限的宇宙。于是我转入中文系，希望通过诗歌实现人生的解放。"那时的清华中文系正值名师荟萃、活跃繁荣，提倡"要创造我们这个时代的新文学"时期，在这样的氛围里，他全身心投入其中，成为"中国文学会"的骨干和《文学月刊》的多产作者，发表新诗48首，旧体诗词20首，散文9篇，小说2篇，诗剧一部，可谓清华文坛一颗明亮的新星，其优美的诗文、淡泊的生活和深邃的精神世界，在丰富多彩的校园文化中表现出来，成为了校园文化的重要组成部分。他简单总结自己的一生："教书为业，心在创作。"他的研究主要涉及唐诗、楚辞、文学史方面，沈从文称其在文学、法政、哲学、佛学、诗文、书画诸方面都极具造诣。主要著作：

《夜》，1933年开明书店出版，为他的第一本自由体诗集，由闻一多封面设计，俞平伯作序。

《北平情歌》，风雨诗社1936年印行。

《冬眠曲及其他》，为格律诗集，1936年文楷斋雕印行，2005年收入清华大学出版社出版的《林庚诗文集》。

《春野与窗》，诗集，文学评论社1934年、中国文联出版社1997年、1998年、清华大学出版社2005年分别出版。

《中国文学史》，国立厦门大学1941年、1947年、鹭江出版社2005年、清华大学出版社2009年分别出版。

《诗人屈原及其作品研究》，棠棣出版社1952年、古典文学出版社1957年、中华书局1962年、上海古籍出版社1981年分别出版。

《诗人李白》，上海文艺联合出版社1954年、上海古典文学出版社1956年、上海古籍出版社2000年分别出版。

《中国文学简史》，文艺联合出版社1954年、古典文学出版社1957年、北京大学出版社1989年、1995年、2007年、清华大学出版社2007年分别出版。

《中国历代诗歌选》，与冯沅君合编，供高等学校文科有关专业使用，人民文学出版社1964年、1979年、清华大学出版社2006年分别出版。

《天问论笺》，人民文学出版社1983年出版。

《问路集》，北京大学出版社1984年出版。

《林庚诗选》，人民文学出版社1985年出版。

《唐诗综论》，人民文学出版社1987年出版。

《深深的爱》，【美】斯蒂尔著，林庚译，华夏出版社1989年出版。

《西游记漫话》，人民文学出版社1990年、清华大学出版社2006年分别出版。

《林庚推荐唐诗》，本书选诗百余首，每首有题解、注释和作者简介，辽宁少年儿童出版社1992年出版。

《新诗格律与语言的诗话》，经济日报出版社2000年出版。

本书对于新诗格律的基本特征、格律和诗歌语言化的历程做了详尽生动的论述。

《林庚诗文集》，清华大学出版社2005年出版，共九卷。

《唐诗综论》，清华大学出版社2006年出版。

《西游记漫话》，清华大学出版社2006年出版。

《林庚楚辞研究两种》，清华大学出版社2006年出版。

《空间的驰想》，北京大学出版社2000年清华大学出版社2008年、分别出版。

《林庚文选》，北京大学出版社2010年出版。

林义光（？—1932）

福建闽县人，文字学大家，曾任教于国立北平大学，1927年被清华大学中国文学系聘为讲师，讲授"文字学（形声义通论）"课程。他在古代文学、古汉语、古文字学方面都有较深造诣，著有：

《文源》（附《六书通义》、《古音说略》），共12卷，写定于1920年，出版地及年份不详。是一部以金文定本形、本义的字书，也是第一部较为系统地利用古文字资料订正《说文》的著作。

《诗经通解》，衣好轩1929年出排印本。编例、诗篇正文之下，每章有简要注释，每篇之后分列"篇义"、"别义"、"异文"三部分。

刘盼遂（1896—1966）

古典文学与古典文献学家，河南淮滨人。早年就读于山西大学。1925年在清华国学研究院第一届招生考试中，以一甲名次考入。1926年6月毕业后又两次申请留校继续研究。1928年6月，他结束在清华研究院3年的研究，任教于河南中州大学，1929年任北京女子师范大学历史语言研究所研究员。20世纪20年代末与王重民、孙楷第、张西堂、谢国桢、王静如、罗根泽等组织了"学文"学社。1931年任清华大学专任讲师，授"文字学（形义）"、"大一国文"、"文（唐至现代）"等课程。1933年起，先后在河南大学、燕京大学、辅仁大学、中国大学、北京师范大学等校任教。他治学严谨精深，做人朴实无华，这位受人尊敬的古典文献学家，却在"文革"初期就被惨遭迫害致死。

他一生从事古典文献的整理和研究工作，在经学、小学、文学、钟鼎、甲骨、校勘和目录学诸领域颇具造诣，尤精于小学（音韵）、文字及训诂，著有：

《文学音韵学论丛》，人文书店1935年出版。

《论衡集解》，古籍出版社1957年出版。被叶圣陶称之为"建国后古籍整理研究方面最重要的成果"。

《长葛县志》，成文出版社有限公司1976年、中州古籍出版社1987年分别出版。

《中国历代散文选》，北京出版社1980年、2002年出版。

《刘盼遂文集》，北京师范大学出版社2002年出版。

刘文典（1889—1958）

文史与校勘学家。字叔雅，安徽合肥人。1906年进安徽公学学习。1907年加入同盟会。1909年赴日本早稻田大学学习。1912年回上海，任《民立报》编辑。1913年再度赴日，曾任孙中山秘书。1916年回国到北京大学任教，从事以诸子为重点的古籍校勘研究。十月革命后，刘文典在陈独秀主办的《新青年》担任英文编辑，翻译介绍了不少国外学术著作。1927年出任安徽大学校长。1928年任清华大学中国文学系教授，1931年8月曾代理清华大学国文系主任，先后授"大一国文"、"赋"、"文（汉与隋）"、"校勘实习"、"国学要籍"、"校勘学"、"选血"、"诸子"、"中国文学专书选读（庄子）"、"中国文学批评"等课程。1938年他随校南迁昆明，继续在西南联大任教。1943年后到云南大学任教。解放后，被选为全国政协第一、第二届委员。1958年病逝。

刘文典学识渊博、学贯中西，通晓多国文字，专长校勘学、版本目录学，主要著作：

《淮南鸿烈集解》，这是作者的第一部学术著作，是在遍览前人注释的基础上所作。1923年由商务印书馆出版后，受到了学术界的重视，被认为是近代史上《淮南子》研究的代表作。胡适为之作序,称赞他治学"最精严有法",对他"用力之久而勤与其方法之严而慎"的做法十分赞赏。后 1931 年商务印书馆与上海书店、1989 年中华书局分别再版。

《三余札记》,商务印书馆 1928 年、黄山书社 1990 年分别出版。

《刘文典全集》,安徽大学出版社、云南大学出版社 1999 年分别出版。包括早期出版的《淮南鸿烈集解》、《庄子补正》、《说苑校补》、《大唐西域记简端记》、《群书校补》等及诗文、书信、译文。

《刘文典诗文存稿》,黄山书社 2008 年出版。

《刘文典全集补编》,黄山书社 2008 年出版。

翻译著作:

《进化论讲话》,东亚图书馆 1927 年出版。

《生命之不可思议》,商务印书馆 1928 年出版。云南人民出版社 1980 年出版。

陆懋德（1888—1961）

史学家。字咏沂,山东济南人。1911 年考取留美生,获威士康森大学政治学学士、俄亥俄大学教育学硕士。回国后历任总统府礼官、北京政法学校教授和中央学术审定会会员。1922 年受聘清华学校任国文教员,1925 年任国文教师,1927 年在国文系授"中国政治书选读"课程,后任历史学系和哲学系教授、历史系主任,1928 年离校。后任西安临时大学、西北联合大学等校教授。

他在清华改办大学之初,发表了《中国人对于大学之旧有的想象》（载《清华周刊》第 339 期）、《中国今日之思想家》（载《清华周刊》第 351 期）、《清华教育与德谟克拉西》（载《清华周刊》第 362 期）、《清华之改革问题》（载《清华周刊》第 371 期）和《清华学生与新主义》（载清华周刊）第 375 期）等文章,在当时产生了很大影响。他的《中国经书之分析》一文载《清华学报》第二卷第二期。其治学范围颇广,除专长史学外,还涉及教育学、哲学、政治、法学诸领域。著有:

《美法民政之比较》,1912 年印行（出版社不详）。

《史学方法大纲》,由大光书局作为民国丛书第三编出版,正中书局 1945 年、北京师范大学史学研究所资料室作为"史学史资料丛刊"1980 年出版。齐思和评价:"国人自著史学概论史学方法一类的书也不少,其中以陆懋德先生的《史学方法大纲》一书为最精。"

此外还著有《中国上古史》、《中国史学史》、《周秦哲学史》、《孙子兵法集释》、《美法民政之比较》、《中国文化史》（未竟稿）等。

吕叔湘（1904—1998）

　　语言学家、语文教育家，江苏丹阳人。1926年毕业于东南大学外国语文系，1936年赴英留学，在牛津大学、伦敦大学攻读人类学及图书馆学，1938年回国，先后任职于云南大学、华西协和大学、金陵大学和中央大学及开明书店。1950年2月到清华大学中国文学系任教，担任东欧交换生语文专修班主任。1952年任中国科学院社会科学院语言研究所研究员、副所长、所长，兼任《中国语文》杂志主编。1955年被选聘为中国科学院哲学社会科学部委员。曾任国务院学位委员会委员、中国语言学会会长。1980年起为美国语言学会荣誉会员。1987年获香港中文大学荣誉文学博士学位。1994年被聘为俄罗斯科学院外籍院士。是第三至第七届全国人大代表，第五届全国人大常委、法制委员会委员。

　　他70多年来从事语言教学和研究工作，内容涉及一般语言学、汉语研究、文字改革、语文教学、词典编撰和古籍整理等领域，主持和参与了许多重大语文活动和工作计划的制定。专著与编译近20种，文章600余，这些著作被认为"引例弘富，分析精当，在汉语语法体系建设以及理论和方法上都具有开创意义"。主要著作有：

　　《笔记文选读》，文光书店1946年、1950年、古典文学出版社1955年、古籍出版社1979年、语文出版社1992年出版。

　　《文言虚字》，开明书店1946年、中国青年出版社、新知识出版社1957年、上海教育出版社1959年分别出版。

　　《中国字》，开明书店1950年出版。

　　《语法修辞讲话》，与朱德熙合著，分别由开明书店1951年、1952年、中国青年出版社1952年、1953年、1957年、1979年、辽宁教育出版社2002年、2005年出版。此讲话由中央人民广播电台播出，《人民日报》1951年6月6日起连载，同时还发表了题为《正确地使用祖国的语言，为语言的纯洁和健康而斗争》的社论，从而有力地推动了语法知识的普及，不仅在学校里加强了语法教学，在机关干部、工人、解放军战士中也开始以《语法修辞讲话》等语法著作为教材，纷纷学习语法。这对于纠正当时社会上语言使用不规范，以及在全国范围内普及语法知识，起到了积极作用。由此足以看出这部著作在当时影响之大。

　　《语法修辞正误练习》，与朱德熙合撰，中国青年出版社1953年出版。

　　《语法学习》，中国青年出版社1953年、1954年出版。

《汉语语法论文集》，科学出版社1955年、商务印书馆1984年、1999年分别出版。

《文言虚词例解》，与徐仲华合编，北京人民出版社1965年出版。

《现代汉语词典》，与丁声树主编，1978年商务印书馆出版。这是我国最具社会影响的词典，30年来发行了4000多万册，为语文辞书编辑出版的开端，对普通话的推广、语言文字的规范化做出了贡献。

《汉语语法分析问题》，商务印书馆1979年出版。

《中国文法要略》，商务印书馆1982年出版。

《语法研究和探索》，北京大学出版社1983年出版。

《吕叔湘译文集》，上海译文出版社1983年出版。

《吕叔湘语文论集》，商务印书馆1983年出版。

《中级英语语法》，北京出版社1983年出版。

《语文杂记》，上海教育出版社1984年出版。

《马氏文通札记》，孙玄常著，吕叔湘校批，安徽教育出版社1984年出版。

《汉语语法论文集》，商务印书馆1984年、1992年出版。

《近代汉语指代词》，学林出版社1985年出版。

《中学教学语法讲话》，与张志公合著，山东教育出版社1985年出版。

《马氏文通读本》，与王海棻合编，上海教育出版社1986年、2000年出版。

《语文近著》，上海教育出版社1987年出版。

《标点古书评议》，商务印书馆1988年出版。

《文言读本续编》，与张中行合编，上海教育出版社1988年出版。

《吕叔湘自选集》，上海教育出版社1989年出版。

《语文文字学术论文集》，知识出版社1989年出版。

《吕叔湘文集》1—6卷，商务印书馆1990年出版。

《吕叔湘译文三种》，外语教学与研究出版社1992年出版。

《未晚斋语文漫谈》，语文出版社1992年出版。

《笔记文选读》，语文出版社1992年出版。

《文字编辑纵横谈》，中国书籍出版社1992年出版。

《未晚斋杂览》，三联书店1994年出版。

《吕叔湘论译文教育》，河南教育出版社1995年出版。

《〈现代汉语词典〉学术研讨会论文集》，商务印书馆1996年出版。

《语文常谈》，三联书店1980年、1998年出版。

《现代汉语八百词》，商务印书馆1999年、中国社会科学出版社2007年出版。

《语法研究入门》，商务印书馆 1999 年出版。

《〈马氏文通〉读本》，与王海合编，世纪出版集团 上海教育出版社 2000 年、2005 年出版。

《吕叔湘选集》，东北师范大学出版社 2002 年出版。

《吕叔湘全集》，辽宁教育出版社 2002 年出版。

《吕叔湘指导文法》，辽宁教育出版社 2005 年出版。

《语文漫谈 吕叔湘讲解字词句》，辽宁教育出版社 2005 年出版。

《中国人学英语》，中国社会科学出版社 2005 年出版。

《语法学习》，复旦大学出版社 2006 年出版。

《书太多了》，东方出版中心 2009 年出版。

《吕叔湘集》，花城出版社 2009 年出版。

浦江清（1904—1957）

文学史家，字君练，江苏松江人。1922 年入南京东南大学外语系。1926 年毕业后，由吴宓推荐到清华国学研究院做陈寅恪的助教。在陈寅恪的熏陶影响下，他在两三年间研读了大量国学典籍和东方学书刊，学习了梵文、满文和法、德、拉丁与日文，协助陈寅恪编《梵文文法》一书，研究方向从文学转到了历史、考古与民俗等方面。1929 年国学研究院解散后转至中国文学系任助教。1932 年升任专任讲师，1937 年任教授。先后授"大一国文"、"中国文学史"、"西方汉学论文选读"、"史学史讨论"、"中国诗史研究"、"戏曲选"、"历代散文选"、"古典文学今译"等课程。1938 年与朱自清创办《国文月刊》。复员后继续在清华中文系任教，1948 年 8 月至 1949 年 5 月代理中文系主任。1952 年全国院系调整时到北京大学任教授。

主要著作：

《祖国十二诗人》，浦江清、余冠英、王瑶等著，中华书局 1954 年、1955 年出版。

《清华园日记 西行日记》，三联书店 1987 年及 1999 年分别出版。

《浦江清文录》，人民文学出版社 1958 年出版。吕叔湘为之作序，称其文"考据论新，都有精到之处，可供治文学史者参考"。

《浦江清文史杂文集》，清华大学出版社 1993 年出版。季镇淮在跋文写道："以 1936 年为界，随着先生在清华教职的转移，先生由中外古今文化历史的评论家，转而为中国文学史的考据与研究的学者。"

《天涯集：文化随笔》，百花文艺出版社2005年出版。

《浦江清中国文学史讲义 宋元部分》，天津古籍出版社2006年、2007年出版。此书明清部分由该社2009年出版。

《生命无涯：浦江清随笔》，北京大学出版社2009年出版。

《浦江清文选》，北京大学出版社2010年出版。

《浦江清讲古代文学》，凤凰出版社2010年出版。

钱玄同（1887—1939）

语文改革活动家、文字音韵学家、"五四"新文化运动的倡导者之一、思想家，原名夏，字中季，浙江省吴兴县人。1906年赴日本早稻田大学习师范，回国后曾任浙江教育总署教育司视学、北京高等师范附中教员、高等师范国文系教授、北京大学教授、《新青年》编辑、北平师范大学中文系教授和系主任等，1929年被清华大学中文系聘为兼职讲师。

他在语言文字学方面主要贡献集中体现在语文改革活动。文字、音韵和《说文解字》得研究等方面。

他是大学院（即教育部）公布的《国音常用字汇》的增修与起草委员，并负责最后审核。他主张汉字改革，自己起草"第一批简体字表"共2300多字，1935年大学院公布了其中的324个字，是历史上由官方公布的第一批简化汉字。他还倡导使用新式标点符号、阿拉伯数字、汉字横行书写等，还为国语统一和汉字改革先后提出近20个议案，发表几十篇文章。

《文字学音片》是他音韵学研究的代表作，是中国第一部音韵学通论性的著作，其中既继承了章太炎的传统音韵学成果，又体现了高本汉的现代语音学的观点和影响，当时在学术界产生了很大的反响，屡屡被用作大学教材。

在文字学方面有《说文部首今读》、《说文音符今读》和《中国文字说略》等论著。

《说文部首今读 声次》，新知识出版社1958年出版。

《钱玄同音学论著选辑》，山西人民出版社1988年出版。

《钱玄同五四时期言论集》，东方出版中心1998年出版。

《钱玄同：国学文稿》，中国画报出版社2010年出版。

《钱玄同文集》，中国人民大学出版社1999年出版。

《钱玄同文选》，四川文艺出版社2010年出版。

容庚（1894—1983）

古文字学、考古学家。字希白，广东省东莞县人，自幼在书宦之家的熏陶下，熟读《说文解字》与《说文古籀补》等书。1922年入北京大学研究所国学门读研究生，毕业后历任燕京大学教授、《燕京学报》主编兼北平古物陈列所鉴定委员。1929年被清华大学中文系聘为兼职讲师，授"文字学"课程。1946年后任岭南大学中文系教授兼系主任、《岭南学报》主编、中山大学中文系教授等职。他一生还致力于收藏，逝世前将自己收藏的商周青铜器、名贵书画及藏书全部捐赠国家博物馆和中山大学图书馆。

他对金石文字多有研究，又是收藏和书法学家，主要著作有：

《金文编》，1925年殆安堂（于1935年又集秦汉金文而撰《金文续编》）、香港商务印书馆1939年、科学出版社1959年分别出版。为作者成名之作，是一部继吴大澄《说文古籀补》之后相当完备的金文大字典，据历代出土3000千多件的青铜器铭文，收字18000多，商周秦汉铜器铭文中已识与未识者，尽可从中一览无遗。

《宝蕴楼彝器图案》二册，1929年出版（出版地和出版者不详）。

《鸟书考》，北平燕京大学燕京学报社1934年出版。

《中国文学史》，与詹安泰等合编，高等教育出版社1956年出版。

《商周彝器通考》，台湾大厅书局1973年、上海人民出版社2008年出版。

《丛帖目》，中华书局1980年出版，成为他开拓的又一研究领域。

《殷周青铜器通论》，与张维特合著，文物出版社1984年出版。

《秦汉金文录》，中央研究院历史语言研究所1992年出版。

《金石书录目》，中央研究院历史语言研究所1992年出版。

《金文续编》，台湾商务印书馆1992年出版。

《容庚文集》，中山大学出版社2004年出版。

沈兼士（1887—1947）

语言文字学家、文献档案学家、教育学家。名坚士，吴兴（今浙江湖州）人。1905年19岁时与兄沈尹默自费东渡日本求学，师从章太炎学习文字、音韵，并加入同盟会，毕业于东京物理专科学校。1921年被蔡元培聘为北京大学研究所国学门主任，还得到蔡先生"有功史学，夫岂浅鲜"的高度赞赏。后任北京大学文学院院长。1927年参与创办辅仁大学，曾任文学院院长、代理校长、文科研究所主任。还曾任教于北平大学、辅仁大学、厦门大学等多所高校，1928年任清华大学中国文学系兼职讲师。担任过故宫博物院理事、文献馆馆长、国语推行委员会常委等职。

主要著有《文字形义学》、《广韵声系》、《段砚斋杂文》等，1986年，由中华书局出版了《沈兼士学术论文集》，收入包括文字训诂、书籍序跋及历史档案整理三方面内容的42篇文章。

《右文说在训诂学上之沿革及其推阐》国立中央研究院历史语言研究所1933年印行。

《广韵声系》辅仁大学1945年、中华书局1985年出版。

《中国考试制度史》，台北考试院考试技术改进委员会1971年、台湾商务印书馆1995年出版。

《沈兼士学术论文集》，中华书局1986年、2004年出版。

唐兰（1901—1979）

古文字学家、青铜器及金石学家。号立厂，又作立庵，曾用名唐佩兰、唐景兰，曾用笔名曾鸣。浙江嘉兴人。1929年在天津主办过《商报》的《文学周报》以及《将来月刊》。1930年在辽宁教育厅任编辑，后在北京大学任教。1934年起在清华大学中国文学系任讲师，1936年兼任故宫博物院专门委员。1938年10月被聘为西南联合大学中文系教授，1952年调故宫博物院任研究员等职，后任副院长。1954年任中国科学院历史研究所学术委员，1959年起当选为第二、三届北京市政协委员，1978年任中国古文学研究会理事，并当选为第五届全国政协委员。

唐兰从事教育和研究工作50余载，主要涉及古文字学、文字学、古代史及青铜器等领域，于音韵学、诗词、绘画和书法亦颇有造诣，著有论文180余篇，主要著作有：

《中国文字学》，开明书店1949年、上海古籍出版社1979年、2001年、2005年、上海书店1991年出版。

《殷墟文字记》，中华书局1981年出版。

《古文字学导论》，齐鲁书社1981年出版。

《唐兰先生金文论集》，紫禁城出版社1995年出版。

《西周青铜器铭文分代史证》，中华书局1986年出版。

《唐兰先生金文论集》，紫禁城出版社1995年出版。

《甲骨文自然分类简编》，山西教育出版社1999年出版。

王国维（1877—1927）

集文、史、美、考古、词学、金石学和翻译于一家。字静安，号观堂，浙江海宁人，1892年入州学，读前四史及骈散文。1898年到上海学习日、英、德等国文,先攻科学,后习哲学,兼学心理学、社会学,30多岁研究文学,后又治中国古代史,在甲骨、钟鼎方面成就尤优,奠定了其国学大师之地位。1925年清华国学研究院成立后,经胡适介绍来任教,先后指导学生研究"经学"、"小学"、"上古学"、"中国史学"、"金石学"、"中国文学",另有普通讲演"仪礼"、"说文练习"等,1927年同时任中国文学系教授。6月2日至颐和园投昆明湖自尽。其遗书云:"五十之年,只欠一死。经此事变,义无再辱。"

梁启超在为1928年4月出版的《国学论丛》之《王国维先生纪念号》作序中高度称赞其研究成果卓著,"其以今文创读殷墟书契、治宋元戏曲史为空前绝后"。在谈及其治学成功的方法和原因时说:"从弘大处立脚,而从精微处著力,每治一业,恒以极忠实敬慎之态度行之,有丝毫不自信,则不以著诸竹帛,有一语为前人所尝道,辄弃去,惧蹈剿说之嫌,以自点污。盖其治学之道术所蕴蓄者如是,故以治任何颛门之业,无施不可,每年有所致力,未尝不深造而致其极也。"他被誉为"中国近三百年来学术的结束人,最近八十年来学术的开拓者"。梁启超赞其"不独为中国所有而为全世界之所有之学人",郭沫若感慨之:"留给我们的是他知识的产物,那好像一座崔嵬的楼阁,在几千年的旧学城垒上,灿然放出了一段异样的光辉。"他一生著述多达60余种,主要著有:

《宋元戏曲史》,商务印书馆1915年、1927年、1934年、岳麓书社1998年、2010年、百花文艺出版社2002年、中国书籍出版社2006年分别出版。

《人间词话》,1926年2月由北京朴社出版,1939年开明书店重印,人民文学出版社1960年、四川人民出版社1981年、群言出版社1995年、内蒙古人民出版社2003年、上海古籍出版社1998年、2009年、吉林文史出版社1999年、中国人民大学出版社2004年、哈尔滨出版社2006年、文汇出版社2007年、江苏文艺出版社、中州古籍出版社2008年、万卷出版公司2008年、中华书局、上海书店出版社、译林出版社2009年分别出版。俞平伯在《序》中说这本寥寥数千言的书中"明珠翠羽,俯拾即是",是中国古典文论的"瑰宝"。

《海宁王忠悫公遗书》(凡四集,四十三种),由罗振玉编校,1927—1928年分集印讫,出版石刻本。

《静安词》,世界书局1933年出版。

《蒙鞑备录、黑鞑事略笺证》,文殿阁书庄1936年印行。

《辽金时蒙古考》,清华大学出版事务所1937年出版。

《海宁王静安先生遗书》(四十三种),商务印书馆1940年出石印本,台湾商务印书馆1976年、1979年分别出版。

《王国维戏曲论文集》,中国戏曲出版社1957年、1984年分别出版。

《观堂集林》,中华书局 1959 年出版。
《释币》,台湾商务印书馆 1976 年出版。
《王国维先生全集》,大通书局有限公司 1976 年出版。
《王国维全集》,中华书局 1984 年出版。
《流沙坠简》,与罗振玉合编,中华书局 1993 年出版。
《古史新证——王国维最后的讲义》,清华大学出版社 1994 年出版。
《经典学术 宋元戏曲史》,东方出版社 1996 年出版。
《静庵文集》,辽宁教育出版社 1997 年出版。
《王国维文集 观堂集林》,北京燕山出版社 1997 年出版。
《红楼梦评论》,岳麓书社 1999 年出版。
《王国维学术随笔》,社会科学文献出版社 2000 年出版。
《观堂林集 外二种》,河北教育出版社 2001 年出版。
《王国维文学论著三种》,商务印书馆 2001 年出版。
《闽蜀浙粤刻书丛考》,合撰,北京图书馆出版社 2003 年出版。
《宋版书考录》,与黄丕烈合撰,北京图书馆出版社 2003 年出版。
《简牍检署考校注》,上海古籍出版社 2004 年出版。
《古史新证》,湖南人民出版社 2010 年出版。

汪鸾翔（1871—1962）

　　文学家,画家。字巩庵,广西桂林人,广东广稚书院高等毕业为名儒朱一新弟子,光绪举人。曾任法政学堂、北京高等师范学校主任教员,后任清华学校国文教员、国文学系教授,授"国文补习"、"国学常识"等课。后任河北大学、民国大学中国文学系教授,北京国立美术学院等校中国画及中国美术史教授。1934 年任伪满宫廷内府教授。著有《中国文学史》。

　　值得一提的是由汪先生作词的校歌。20 年代初期,清华学校征求校歌,汪鸾翔作为国文和哲学教员,以其教育者的卓识和深厚的国学根底,在深入地研究了世界学术思想之变迁及学校教育方针之择定的基础上,颇费了一番斟酌,拟定了气势宏伟、含义深刻的校歌歌词,几经北京的名人雅士审定,学校最后毅然采定此歌词,又请学校负责英文文案的何林一先生的夫人——张慧珍女士配曲,"始琅然可歌"。当时还是学生的贺麟在《清华周刊》第 358 期有感而发:"校歌的性质属于训诗,此类的诗歌,不但是要形式美,而且含义须深。故校歌至少要能表现出一校之精神,之校训,与夫教育宗旨,能进一步与校歌中表出一国之国民性与文化精神更好。"又评价道:"清华现在的中文校歌,（形式和音乐方面的美的价值如何姑且不论）实儒家学说之结晶，可以表示中国文化之精神。而同时又能符合校训，达出清华教育的宗旨。且校歌措词，亦颇得体，"大家均觉欣赏此歌。"多年来，尽管不乏有人萌发创作新校歌的念头，但同时亦觉是难事，因为深知如创作新校歌，要想跨越老校歌的高度绝非易事。

歌词共三段，透出精神灿然，文采斐然，且气势宏伟，含义深刻。作者说："本校歌意在词旨隽永，故用文言发表。"加之优美活泼而又庄严质朴、声情并茂的曲调，成为了传唱不衰的佳作，历经80余载，至今仍具有摄人心魄的魅力。

王力（1900—1986）

语言学家。字了一，广西博白人。1927年毕业于清华国学研究院，在赵元任"你最好到巴黎留学，到那里你将学得许多语言学方面的东西"的建议下，到巴黎大学攻读语言学，1931年获文学博士学位。1932年回国任教于清华大学中国文学系，先后授"中国音韵学概要"、"语音学"、"言语学"、"语音实验"、"西人中国音韵学"、"方音研究"、"韵书研究"、"辞汇研究"、"中国文法研究"、"汉越语研究"等课程，于1935年5月被聘为教授。1946年后到任教中山大学，解放后任北京大学教授。他长期从事于语音科学的教学和研究工作，曾任中国文字改革委员会副主任、中国语言协会名誉会长、中国音韵学研究会名誉会长等职。1955年被选聘为中国科学院哲学社会学部委员。

主要著作和学术活动：

《幸福之路》，上海启智书局1934年出版。

翻译的剧本：《我的妻儿》、《伯辽赉侯爵》、《生意经》、《恋爱的妇人》、《买糖小女》、《讨厌的社会》、《爱》、《佃户的女儿》。小说有《屠槌》、《小芳黛》以及《社会分工论》，由商务印书馆1934年出版。

《中国音韵学》，由商务印书馆列为"大学丛书"于1936年出版，下册1937年出版，中华书局1956年重印时改书名为《汉语音韵学》。这部书是作者的第一部学术著作，是他根据自编的讲义《音韵学概要》修改而成的。在这部讲义中，"他不仅运用西方现代语言学理论去整理和总结了前人的传统音韵学研究的成果，还对传统音韵学的一系列名词、术语进行了解释。同时，他上考古音，下推今音、对古音学和等韵学的内容作了详细的阐述还对前人的著作做了简明而中肯的评价"。"在古音分部的问题上，王力受到章太炎古音分部的启发，创立了脂、微分部学说。这一学说被多数音韵学家认为是研究中国音韵学的一项重要的新成果。"《中国音韵学》"揭开了传统音韵学神秘莫测的帷幕，从而把传统音韵学改造成为合于现代语言学原理的现代科学。这部著作的问世,对改造传统音韵学,建立现代音韵学体系,普及音韵学知识,培养音韵学人才,作出了重大的贡献。"①

《江浙人学习国语法》,由南京正中书局1936年出版,北京文化教育出版社1955年再版时,书名改为《江浙人怎样学习普通话》。

《小物件》(小说),为译著,由商务印书馆1936年出版。

《中国语文概论》,商务印书馆1939年出版,1950年上海开明书店重印时改名为《中国语文讲话》。

《汉字改革》,商务印书馆1940年出版。

《中国文法初探》,商务印书馆1940年出版。作者称,从写这本书开始,就确定了自己从事学术研究的方向和方法,他将此作为研究语言学的"宣言"。

《中国现代语法》上册,商务印书馆1943年出版,下册于1944年出版,1947年再版,1954年中华书局重印,商务印书馆于1985年将其作为"汉语语法丛书"之一出版,2000年重印,1985年山东教育出版社出版,1992年上海书店作为"民国此书"出版,作者在自序中将中国语法的研究分为四个时期,分别归纳于"妄"、"蔽"、"疑"、"悟"。朱自清在该书上册序中认为:"本书目的在表彰中国语的特征,它的主要兴趣是语言学的"。在联大作者讲授"中国现代语法",这门课的讲义朱自清和闻一多看后都十分欣赏,闻一多向王力建议将讲义分为两部分,分别写成《中国语法理论》和《中国现代语法》,王力接受了这一建议,将讲义中的理论部分抽出来编成《中国语法理论》,作为《中国现代语法》的姊妹篇。

《中国语法理论》上册,商务印书馆1944年、1946—1947年、中华书局1954年分别出版。曾于1942年获教育部教师科研三等奖。

《中国语法纲要》,开明书店1946年出版。此书为《中国现代语法》之摘要。

《广东人怎样学习普通话》,文化教育出版社1955年出版。

《汉语讲话》,文化教育出版社1955年、1956年出版。

《汉语音韵学》,中华书局1956年出版。

《汉语的共同语和标准音》,中华书局1956年出版。

《汉语史稿》,科学出版社1957年、1958年、中华书局1980年、2004年分别出版。

《广州话浅说》,文字改革出版社1957年出版。

---

① 张谷、王辑国:《王力传》,55页,南宁,广西教育出版社,1992。

《语言学论丛》，新知识出版社 1957 年、上海教育出版社 1959 年、1960 年、商务印书馆 1963 年分别出版。

《汉语史论文集》，科学出版社 1958 年出版。

《汉语诗律学》，新知识出版社 1958 年、上海教育出版社 1962 年、1979 年、2002 年分别出版。

《汉语音韵》，中华书局 1963 年、1980 年、1991 年、2003 年出版。

《汉语浅谈》，北京出版社 1964 年出版。

《汉语史稿》上、中、下册，中华书局 1980 年出版。

《后天语音史》，中国社会科学出版社 1985 年、2008 年出版。

《汉语语法史》，商务印书馆 1989 年出版。

《清代古音学》，中华书局 1992 年出版。

《汉语词汇学》，商务印书馆 1993 年出版。

王瑶（1914—1989）

文学家，字昭琛，山西平遥人。1934 年考入清华大学中国文学系，1936 年任《清华周刊》总编，此间在《清华周刊》和《国文月刊》上发表了大量文章。1946 年毕业于清华文科研究所后留校，先后任讲师、副教授，授"大一国文"、"现代文学史"、"中国文学批评"、"中国文学史分期研究（汉魏六朝）"、"中国新文学史"、"现代文选"等课程。1952 年后任北京大学中文系教授、国务院学位委员会第一届学科评议组成员、中国现代文学研究会第一至第三届会长、民盟第五届中央委员、第二、第六届全国政协委员等。1989 年冬，他抱病前往苏州，坚持参加即将卸去中国现代文学研究会会长职务的最后一次理事会，接着又赴上海，参加巴金学术讨论会，不幸在会场倒下，半个月后与世长辞。

王瑶专于汉魏六朝文学和中国现代文学，在古典文学和指导文学方面都有深厚的学术积累。朱德熙提到他做学问有两点优势：其一是记忆力强，过目不忘。其二是聪明绝顶，有敏锐的洞察力和细密的分析力。陈平原在此再加一点：明确的学术史意识。形容"先生喜欢衔着烟斗，纵论天下政治乃至学术之大势，颇有'运筹帷幄，决胜千里之外'的'大将风度'。这种战略家的眼光，使得先生四十年代选择六朝文人及文章，作为自己的主攻方向；也使得先生五十年代迅速地转向现代文学的学科建设"，并认为："这是一次相当成功的'战略转移'。即便继续研究六朝文学，先生也不大可能在此领域做出整体性的突破。这既取决于国家意识形态的'导向'，也受制于此学术领域的'潜力'。"

主要著作有：

《中古文学史论》，此书作于1942年，1948年完稿后由棠棣出版社出版，北京大学出版社1986年、1998年再版。这是他在清华文学系讲授"中国文学史分期研究（汉魏六朝）"一课程的蓝本，也是步入中国文学史领域的开始。北大中文系孙玉石说："这部专著，以研究视野的全面、开阔与丰富，论述问题见解的新颖和精深，几乎是'竭泽而渔'的史料搜集的功力和气魄，成为本世纪中国古代文学史研究中的一部奇书。"[①] 程千帆说："通过此书，魏晋南北朝时代的文学思想、文人生活及文学风貌的确大体上浮现在我的眼前了"，"这部书不仅本身具有很高的学术价值，而且在文学史的写作上，也提供了一种全新的模式，为以后许多同类书籍所取法。"[②] 此书于1951年分为《中古文学思想》、《中古文人生活》和《中国文学风貌》三书，由棠棣出版社出版。经作者整理，又于1956年将三书合一为《中古文学史论集》，由古典文学出版社1956年、上海古籍出版社1982年分别出版。

《中国新文学史稿》上、下册，上册1951年由开明书店出版，下册1953年出版。作者1949年在清华开设《中国新文学史》课程，在很短时间内完成的约60万字的讲义。因这门课开设的较早，高教会议后，不少大学曾向著者来函索取讲义及讲授大纲，在当时影响较大。作者编著这部教材，依据的是全国高等教育会议通过的《高等学校文法两学院各系课程草案》中规定的"运用新观点，新方法，讲述自'五四'时期到现在的中国新文学的发展史，着重在各阶段的文艺思想斗争和其发展状况，以及散文，诗歌，戏剧，小说等著名作家和作品的评述"这一原则。孙玉石评价该书"可以说是我国第一部体系完备、史料翔实、论述大抵精当的现代文学史著作"。[③] 严家炎认为"虽然学术功力不一定和《中古文学史论》完全相当，但论学术影响则更有过之，它确实为中国现代文学学科奠定了最早的基"。[④] 这是他由治中古文学史转而从事中国现代文学史的教学和研究的开始，同时也奠定了他在中国现代文学史研究领域开拓者的地位。

《中国文学论丛》，平明出版社1953年出版。

《李白》，华东人民出版社1954年、上海人民出版社1954年、1979年分别出版。

《关于中国古典文学问题》，上海古典文学出版社1956年出版。

[①] 孙玉石：《作为文学史家的王瑶》，载《学术界》第84期，2000年5月。
[②] 程千帆：《念昭琛》，载《王瑶先生纪念文集》，41页，1990年8月。
[③] 孙玉石：《作为文学史家的王瑶》，载《学术界》第84期，2000年5月。
[④] 《王瑶学术思想讨论会开幕词》，载《先驱者的足迹——王瑶学术思想研究论文集》，1页，开封，河南大学出版社，1986。

《陶渊明集》，人民文学出版社、作家出版社1956年出版。

《中国诗歌发展讲话》，中国青年出版社1956年、江苏文艺出版社2008年出版。

《鲁迅与中国文学》，平明出版社1953年、陕西人民出版社1982年出版。

《鲁迅作品选集》，人民文学出版社1984年。

《小说鉴赏文库 中国现代卷》，主编，陕西人民出版社1986年出版。

《中古文学史论》，北京大学出版社1986年、1998年出版。

《中国现代文学及〈野草〉、〈故事新编〉的争鸣》，与李何林合著，1990年出版。

《润华集》，中国社会科学出版社1992年出版。

《王瑶文集》1~7卷，北岳文艺出版社1995年出版。

《中国文学研究现代化进程》，主编，北京大学出版社1996年、1999年出版。

《王瑶全集》1~8卷，河北教育出版社2000年出版。

《中国文学 古代与现代》，北京大学出版社2008年出版。

《王瑶文论选》，陈平原编选，人民文学出版社2009年出版。

闻一多（1899—1946）

诗人，学者，民主斗士。原名多，号一多，字友三，辈名家骅，湖北浠水人。1922年毕业于清华学校后赴美留学，先入芝加哥美术学院，次年转入科罗拉多大学美术系。1925年回国后任北京艺术专科学校教务长。1926年秋任上海吴淞国立政治大学训导长。1927年任南京第四中山大学外文系主任。1930年至1932年任青岛大学文学院院长兼国文系主任。1932年8月任清华大学中国文学系教授，先后授"诗经"、"楚辞"、"唐诗"、"国学要籍"、"乐府研究"、"中国古代神话研究"等课程。1933年被聘为清华出版委员会委员。先后代理清华中文系、联大中文系及师院国文系主任职。1944年他加入了中国民主同盟，随后出任民盟中央执行委员、云南总支部宣传委员兼《民主周刊》杂志社社长，这一时期，他活跃在政治舞台上，为维护民主而战，1946年7月15日在云南大学举行的李公朴追悼大会上讲演，抨击时政，当晚被国民党特务暗杀。

在清华学校读书时，闻一多曾任《清华周刊》编辑、《清华学报》学生部编辑，发表多篇旧体诗文。1920年7月，发表了第一首新诗《西岸》，从此开始新诗的创作。1921年11月，加入了新成立的"清华文学社"，在该社做了《诗的格律研究》之演讲,次年3月写成文,开始系统研究新诗格律化理论。在美留学期间,继续创作新诗,表达了对祖国的思念之情。与梁实秋合著的《冬夜草儿评论》表达了对新诗的看法。回国后成为徐志摩主编的《晨报副刊·诗镌》的主要撰稿人,自此开创了格律诗的新诗流派。自30年代从事中国文学的教学时起,就开始由诗人到学者的转变,主要致力于中国古代文学和文化的研究,从甲骨文、钟鼎文、古代神话到先秦汉魏六朝至唐诗,兼民俗学、社会学和人类学,形成了一整套中国文学史和文化史的研究体系。他通过研究杜甫,得出这样的方法和结论:"中国的文学浩如烟海,要在研究上有点成绩,必须学西洋人治学的方法,先挑选一两个来研究,或选定一个时代来研究。"① 他在研究中不断探索,以求走出自己的路,在1933年9月29日给饶孟侃的信中说:"我近来最痛苦的是发现了自己的缺陷,一种最根本的缺陷——不能适应环境。因为这样,向外发展的路既走不通,我就不能不转向内走。在这向内的路上,我却得着大安慰。因为我证实了自己在这向内的路上,很有发展希望,因为不能向外走而逼得我把向内的路走通了,这也可说是塞翁失马,是祸而非祸。"他这里所说的"向内发展",即是指以下研究工作:一、毛诗字典;二、楚辞校论;三、全唐诗校勘记;四、全唐诗补编;五、全唐诗人小传订补;六、全唐诗人生卒年考附考证;七、杜诗新注;八、杜甫(传记)②。1934年下学期,他增设的"唐诗"与"乐府研究"二门课,提起了同学们的学习兴趣,有位同学在《教授印象记》里生动的记述了其讲课特点:"用新眼光去看旧东西'倍儿棒'哪。"主要著作有:

《红烛》,为新诗集,将反帝爱国主题与唯美主义的形式巧妙结合。上海泰东图书局1923年、人民文学出版社1981年、上海书店1985年、浙江文艺出版社1996年、华夏出版社2002年分别出版。

《死水》,为新诗集,表现的是沉沦中的爱国主义激情。1928年上海新月书店、人民文学出版社1980年、上海书店1988年、解放军文艺出版社2000年、百花文艺出版社2004年分别出版,复旦大学出版社将两本诗集合为《红烛·死水》于2006年出版。

《楚辞补校》,国民图书出版社1942年、重庆出版社1984年、巴蜀书社2002年分别出版。作者在引言中分析了古文学作品之所以难读的原因,并针对此提出在研究《楚辞》时要"一、说明背景,二、诠释词义,三、校正文字"。这是作者研究《楚辞》三项课题之一。郭沫若很看重他在《楚辞校对》中的研

---

① 《文艺复兴》第二卷第一期,1946年8月1日。
② 《闻一多书信选集》,234页,北京,人民文学出版社,1986。

究方法，在《闻一多全集》序中曾说："闻先生治理古代文献的态度，他是继承了清代朴学大师们的考据方法，而益之以近代人的科学的致密"，"他把考据这种功夫仅是认为手段，而不是认为究极的目的"，"是为了要批评历史而研究历史，为了要扬弃古代而钻进古代里去刳它的肠肚的。"

《闻一多全集》，开明书店1948年、1949年、三联书店1982年、上海书店1991年、湖北人民出版社1993年、1994年出版，郭沫若和朱自清为本书作序。郭沫若在《序》中说："一多对于文化遗产的整理工作，内容很广泛，但他所致力的对象是秦以前和唐代的诗与诗人。关于秦以前的东西除掉一部分的神话传说的再建之外，他对于《周易》、《诗经》、《庄子》、《楚辞》这四种古籍，实实在在下了惊人的很大的功夫，就他所已成就的而言，我自己是专业感觉着，他那眼光的犀利，考索的骇博，立说的新颖而翔实，不仅是前无古人，恐怕还要后无来者。这些不是我一个人信口开河，凡是细心阅读他这《全集》的人，我相信都会发生同感。"

《闻一多选集》，1951年上海开明书店出版。

《闻一多诗文选集》，人民文学出版社1955年出版。

《管子集校》，郭沫若、闻一多、许维遹撰，科学出版社1956年出版。

《神话与诗》，古籍出版社1956年、华东师范大学出版1997年、上海人民出版社2006年、天津古籍出版社2008年、武汉大学出版社2009年、湖南人民出版社2010年分别出版。

《古典新义》，中华书局1956年出版。

《诗选与校笺》，中华书局1956年出版。

《唐诗杂论》，古籍出版社1956年、中华书局1956年、2009年分别出版。

《天问疏证》，三联书店1980年出版。

《闻一多青少年时代诗文集》，云南人民出版社1983年出版。

《闻一多论新诗》，武汉大学出版社1985年出版。

《九歌解诂　九章解诂》，上海古籍出版社1985年出版。（其中《九章解诂》为作者1941年所作《九章》的未完成手稿，后经何善周、季镇淮和范宁等人组成的遗著整理小组整理，定名为《九章解诂》。）

《离骚解诂》，上海古籍出版社1985年出版。

《闻一多书信选集》，人民文学出版社1986年出版。

《诗经通义》，时代文艺出版社1996年出版。

《寄居青岛》，青岛出版社1999年出版。

《唐诗杂论》，山西古籍出版社2001年、上海古籍出版社2006年、江苏文艺出版社 2007 年、武汉大学出版社 2008 年、岳麓书社 2010 年、广西师范大学 2010 年分别出版。

《诗经研究》，巴蜀书社 2002 年出版。

《神话研究》，李定凯编校，巴蜀书社 2002 年出版。

《笳吹弦诵传薪录：闻一多、罗庸论中国古典文学》，上海古籍出版社 2002 年出版。

《周易与庄子研究》，巴蜀书社 2003 年出版。

《唐诗人研究》，巴蜀书社 2003 年出版。

《闻一多作品精选》，胡瑜芩选编，长江文艺出版社 2003 年、北京燕山出版社 2005 年分别出版。

《闻一多诗经讲义》，刘晶雯整理，天津古籍出版社 2005 年出版。

《伏羲考》，上海古籍出版社 2006 年、2009 年出版。

《历史动向：闻一多随笔》，北京大学出版社 2008 年出版。

《大家国学》，天津人民出版社 2008 年出版。

《闻一多讲文学》，凤凰出版社 2008 年出版。

《古诗神韵》，本书是作者一生中国古代诗歌研究成果之精华选本，中国青年出版社 2008 年出版。

《唐诗二十讲》，闻一多、王蒙等著，华夏出版社 2009 年出版。

《闻一多诗经讲义稿笺注》，当代世界出版社 2009 年出版。

《闻一多讲国学》，华文出版社 2009 年出版。

《闻一多作品新编》，姜涛编，人民文学出版社 2009 年出版。

吴组缃（1908—1994）

作家，文学家。原名吴祖襄，字仲华，安徽泾县人。1929 年秋入清华大学经济系，一年后转入中文系，毕业后入清华研究院，专攻中国文学，但未得以毕业，至于原因，其弟子张健这样道来：据吴先生说，读研究生期间，他曾选了国学大师刘文典的六朝文学课，在学期作业中，他骂六朝文学是娼妓文学，刘教授非常生气，就给了他一个不及格。但刘教授同时也托人带口信给他，只要他改变观点，就可以过关。当时，吴组缃已经结婚生子，全家要靠他的奖学金生活。一门课不及格，就意味着拿不到奖学金，而拿不到奖学金，全家人的生活就没有着落，也就意味着他不能再继续学业。但吴组缃硬是没有收回自己的观点，结果不得不中断学业。1935—1947 年任冯玉祥国文教师及秘书。1936 年与欧阳山、张天翼等左翼作家创办杂志《小说家》。1947 年任南京金陵女子大学文理学院中文系教授。1949年9月任清华大学中国文学系教授,授"大一国文"、"现代小说"、"历代诗选"、"现代文学选读"、"习作实习"等课程。1952年院系调整后任北京大学中文系教授。曾当选中国作协理事和书记处书记,任北京市文联副主席、中国文联理事,"红楼梦研究会"会长。"文革"时期,吴组缃被打成牛鬼蛇神,夫人精神失常,在一次军宣队召开的征求意见座谈会上,坦率而又耿直的他仍直言:"想起这场革命,我就有一种毛骨悚然的感觉。"当时许多人很为他担心害怕,劝他息事宁人,承认所言不妥,但吴组缃执意说这就是他的原始感觉,坚持不改口。在北京西山蓊郁的丛莽中,他的墓碑上镌刻着两句铭语:"竟解中华百年之恨,得蒙人民一世之恩。"宁折不弯,坚守信念是他的为人之道。

在清华读书期间,是他文学创作的高峰期,写出了一批颇具特色的文学作品。曾有人将他与林庚、李长之、季羡林并称"清华四剑客",茅盾赞:"这位作者真是一只生力军",并预言他"是一位前途无限的大作家"。此外,他还潜心于古典文学尤其是明清小说的研究。主要著作:

《官官的补品》,1932年创作,后多次收进小说集。小说讲述的是当时无田无地的农民的悲苦,揭露了破败农村的黑暗现实,精心的采用不同人物的语言表达和所表现出的讽刺意味,具一定的现实主义深度,从而获得成功。

《西柳集》,小说集,上海生活书店1934年、1987年出版。其中写于1934年的《樊家铺》为其代表作,描写了社会的动荡和处于生活绝望中的农民的痛苦和变态之社会根源。

《饭余集》,小说散文集,上海文化生活出版社1935年出版。

《一千八百担》,作于1934年,作品藉宋氏家族的一次宗族集会,具体细微地表现了30年代中国农村社会经济的破产和宗族制度的分崩离析。吴组缃的创作朴素细致,结构严谨,尤其擅长描摹人物的语言和心态,具有浓郁的地方特色,堪称写皖南农村风俗民情第一人。珠海出版社1997年出版,华夏出版社2009年版则以此为书名,收入了作者的《离家的前夜》、《两只小麻雀》等多篇作品作为小说集出版。

《鸭嘴涝》,重庆文艺奖助金管理委员会出版部1943年出版,1946年改为《山洪》后,由上海星群出版公司再版。这一抗战时期创作的长篇小说,表现了农民在抗战中的觉醒,被称作抗战文艺园地中的一朵奇葩。

《吴组缃小说散文集》,人民文学出版社1954年出版。

《聊斋志异欣赏》,为合著,北京大学出版社1986年出版。

《说稗集》,为古典小说评论集,北京大学出版社1987年出版。

《宿草集》，为小说集，北京大学出版社 1988 年出版。

《拾荒集》，为散文集，北京大学出版社 1988 年出版。

《苑外集》，为文艺评论集，北京大学出版社 1988 年出版。

《宋元文学史稿》，与沈天佑合著，北京大学出版社 1989 年出版。

《中国小说研究论集》，北京大学出版社 1998 年出版。

许维遹（1902—1950）

语言文字学家，古籍研究专家。字骏斋，山东荣成人。毕业于北京大学后，于 1932 年 8 月任教清华大学中国文学系，先后任教员、讲师、教授，授"大一国文"、"诗经"、"历代文选"、"中国文学专书选读"、"校勘实习"、"古今文选"等课程。

他善埋头做学问，研究范围广泛，尤长于语言文字与训诂。主要著有：

《吕氏春秋集释》，1933 年作为清华大学古籍整理丛刊之一由商务印书馆印行，文学古籍刊行社 1955 年影印，中国书店 1985 年影印，上海书店 1996 年重印，中华书局 2009 年出版标点整理本。《吕氏春秋》是公元前 231 年以秦丞相吕不韦为首的一些作家的集体创作，公元 3 世纪 20 年代，高诱给此书作了注解。17 世纪以来，很多中外学者研究此书，1933 年，许维遹采集各家旧说并参校若干旧体，写成此书。冯友兰为此书作序，认为""《吕氏春秋》虽非子部要籍，而实乃史家之宝库"，而《吕氏春秋集释》"遍搜众说，参以己见"，"使后之读此书者，得不劳而食以前学者整理此书之果，其利物之功宏矣"。孙犁先生亦对该书评价很高："注释详明，断句准确，读起来，明白畅晓，真能使人目快神飞。晚年眼力差，他书不愿读，每日拿出此书，展读一二篇，不只涵养性灵，增加知识，亦生活中美的消遣与享受也。"[①] 至今，此书仍不失为研究《吕氏春秋》的首选参考书。

《管子集校》，郭沫若、闻一多、许维遹著，科学出版社 1956 年出版。这部书是许维遹在清华任教时期编纂，闻一多校阅一部分，他俩先后离世后，于 1953 年秋，闻一多夫人将此稿送至郭沫若处，由郭沫若整理出版。此书参用版本较多，且博采众家之说，广泛吸收千余年来校释《管子》的主要成果，是至今为止对《管子》一书的最佳校释著作，为后人研究《管子》思想和进一步校勘《管子》提供了重要参考。

[①] 孙犁：耕堂读书记之《读吕氏春秋》，123 页，天津，百花文艺出版社，1989。

杨树达（1885—1956）

语言文字学家。字遇夫，号积微，湖南长沙人。1897年入长沙时务学堂。1900年考进求实书院。1905年赴日留学，就读于东京第一高等学校预科、京都第三高等学校。1911年回国任湖南教育科长，后相继任教于湖南省立第一女子师范学校、中国大学、北京高等师范学校、北京师范大学。1925年任清华国文学系教授，先后授"古今文选"、"大一国文"、"文"、"史学专家研究"、"目录学"、"古书词例"、"中国文字学概要"、"国学要籍"、"修辞学"、"说文研究"和"古书校读法"等课程。1937年到长沙任湖南大学教授、中文系主任和文学院1948年当选中央研究院第一届院士。1953年任湖南师范学院教授。1955年选聘为中国科学院哲学社会学部委员。

他在语言文字学领域的主要贡献在两方面：一是早期研究的古汉语语法，兼及修辞及其他；二是后期研究的文字学，兼及训诂、音韵和方言。晚年从事甲骨文和金文的研究，亦取得很大成就。主要著作和学术活动：

《古书疑义举例续补》，1924年、上海古籍出版社2007年将之与《马氏文通刊误》、《古书句读释例》合订出版。

《汉书补注补正》，商务印书馆1925年出版。

《中国语法纲要》，商务印书馆1928年出版，这是他参考日语和英语语法所著的研究现代汉语的著作。

《词诠》，商务印书馆1928年出版。这部书以词为纲，以注音符号为次序，集《马氏文通》以来虚词研究之大成，解释了472个虚词，并结合进文法，克服了清人讲虚词知其然不知其所以然的弊端，从而使研究文言虚词从清代的训诂学转变到科学的文法研究上来，其见解精辟，颇具学术价值，至今仍是查阅古汉语虚词的工具书。

《战国策集解》，这是作者为清华大学编写的讲义《国文选》的一种，作者在《自序》中说："（本书）除全采高、姚、鲍、吴四家旧注外，于清儒及近儒专注《战国策》如张尚瑗、王念孙、程恩泽、张琦、黄丕烈、金正炜、吴曾祺诸家，自皆已采择入书。其余搜罗各种笔记……无虑三四十家。前后用力四五年，精择博采，时下已意。"

《词诠》，商务印书馆1928年出版。汤可敬在《〈词诠〉述评》中称该书"是我国第一部文法训诂相结合的文言虚词工具书"，"对文言虚词的词类体系作如此全面、系统、详尽的分析，能填补某些语法条例的空白，能大量订正古人在文法认识上的讹误，这在中国文言虚词研究史上是没有先例的。"又说"《词诠》的训诂特色也是空前的","《词诠》吸收了《助字辨略》、《经传释词》、《马氏文通》的长处,并将它们融合起来,达到了刘淇、王引之、马建忠他们没有达到的、也不可能达到的高度,给后人研究虚词以十分深远的影响。"①

《高等国文法》,商务印书馆1930年出版,1934年、1935年出修订一、二版,1935年重印。这是他积多年教学和研究基础上写出的古汉语语法著作,目的在"多修正马书之处","酌采欧西文法之规律,而要以保存国文本来面目为期"(载《高等国文法》序例)。本书为马氏以后讲文言文法的重要著作。

《积微居文录》,商务印书馆1931年出版。这是作者北游"时时自写其所见,而与同好商量旧学,研讨文史"后的第一个论文集。

《马氏文通刊误》,商务印书馆1932年出版。本书为系统纠正马书违误之处的专著,在纠误的同时,亦阐述了自己的许多语法见解。自序中说:"余自民国初元始读《文通》,颇持异议。八年秋冬之际,家居少事,创述是编,继是北游,续有所述。"

《中国修辞学》,世界书局1933年出版,1954年由科学出版社增订后更名《汉文言修辞学》出版。作者撰《古书疑义举例续补》后,进一步从修辞、校勘两方面研究扩充"令各成专科一学"(《中国修辞学·自序》)。《修辞学》由于教学需要,于1933年完成。作者说明:"会余任教于清华大学,校课有修辞一科,当事者以属余,余乃略事搜讨,迄今数载,乃有此编,盖四易稿矣。"(《中国修辞学》自序)。此书为我国文言修辞学名著,秦旭卿在《再论杨树达先生的〈中国修辞学〉》一文中评价"由《古书疑义举例续补》到《中国修辞学》是中国传统语文学的一大飞跃","《中国修辞学》第一次把修辞和语言三要素紧密联系起来","《中国修辞学》的研究方法体现了唯物辩证法。"又说:"郭绍虞说杨先生的《中国修辞学》是'辟一新途径,树一新楷模'。"②

《现代婚丧礼俗考》,商务印书馆1933年、上海文艺出版社1988年、上海古籍出版社2007年分别出版。作者在《自序》中说明:"往岁余治《汉书》,颇留意于当世之风俗,私以小册移录其文,未遑纂辑也。会余以班书授清华大学诸生,诸生中有以汉俗为问者,乃依据旧录,广事采获,成以婚丧二篇"。由此可见这是他读书所积累,又是应教学需要而作的。音韵学家曾运乾从史学角度称此举"为史学辟一新途径"。③

---

① 湖南师范大学学报编:《杨树达诞辰百周年纪念集》,191~204页,长沙,湖南教育出版社,1985。
② 湖南师范大学学报编:《杨树达诞辰百周年纪念集》,188页。
③ 湖南师范大学学报编:《杨树达诞辰百周年纪念集》,305页。

《论语古义》，商务印书馆 1933 年印行。作者辑《周易古义》、《老子古义》后，又辑《论语》、《春秋》。此书 1930 年即已付印，不幸毁于日军战火，本年暑间，复辑而成。此书所采"十九出自汉儒"（《论论语古义自序》）。读此可知汉代学者对《论语》的理解如何。此书后来扩展为《论语疏证》。

《古声韵讨论集》，好望书局 1934 年出版。

《古书句读释例》，商务印书馆 1934 年出版。

《群书检目》，好望书店 1934 年出版，作者在《序》中说："此书为处治国学者检阅国学要籍编次，故择唐以前国学最重要之古籍七十六种。将原书详细目录重行编次，以便易于翻检。"此书是指导初学者读书的手册，为便利学生而编，曾作为清华大学讲义出版。

《积微居小学金石论丛》，商务印书馆 1937 年 1 月、3 月分别出版，1955 年商务印书馆再版。此书是作者于教学的同时写成。著名目录学、古文献学家余嘉锡为此书惊叹："吁，多矣哉！非兼人之力不致此！"

《积微居金文说》，科学出版社 1952 年出版。

《积微居小学述林》，科学出版社 1954 年出版。

《积微居甲文说·卜辞锁记》，科学出版社 1954 年出版。

《耐林廎甲骨文说·卜辞求义》，群联书店 1954 年出版。

《汉文文言修辞学》，科学出版社 1954 年、中华书局 1980 年分别出版，并且以后多次印刷。

杨振声（1890—1956）

现代教育家、文学家。字金甫，亦作金甫，笔名希声，山东蓬莱人。1915 年考入北京大学国文系，毕业后赴美，入哥伦比亚大学，习教育学和教育心理学，获博士学位，之后又入哈佛大学攻读教育心理学。1924 年回国后，任教于北京大学、武昌大学、中山大学和燕京大学等校。1928 年夏到清华大学中国文学系任教授，兼系主任，讲授"当代比较小说"，曾任文学院院长、教务长等职。1930 年任山东大学校长。1937 年抗战爆发后，他任教育部代表，与北大、清华和南开三校校长组成长沙临时大学筹备委员会，还兼秘书主任。后任西南联大中文系教授。1945 年任北京大学教授兼中文系主任。曾担任北京市文联创作部部长，兼编辑《经世日报·文艺周刊》。1952 年任东北人民大学教授、文学教研室主任。

二三十年代，他与胡适、闻一多、徐志摩、朱自清、朱光潜与梁实秋等共同致力于新文学的发展，还扶持后学，沈从文、萧乾、李健吾和李广田等都曾受其扶掖。他从事高等教育，亦重视中小学教育，亲自编写中小学教科书。在致力于教育事业的同时，还创作了大量联系现实生活、反映社会问题的文学作品，鲁迅就曾称之为"极要描写民间疾苦的作家"，将其作品视为现代文学史上第一个文学流派——新潮派。胡适说："只有杨今甫说的故事是全体小主人都听得懂，又都喜欢听。"萧乾认为"在中国新文化运动中，杨振声老师是值得一写的人物"，他"不愧为我国现代文学史上一位杰出的先驱者"。学者孙昌熙则进一步形容："先生娓娓而谈中，多幽默风采，使人如坐春风。他也月旦人物，但不露锋芒，让你自己去思索……先生的艺术修养极深，书法韵味高妙。"由此可见他在中国现代文学史上的地位。然而终其一生，他的时间、精力大多投在教育和管理上，著述不是很多，且战乱中又有遗失，已出版的有：

《玉君》，这篇中篇小说为他的代表作，作品体现了"五四"精神，表达了强烈的爱国主义思，在当时颇有影响。1957年人民文学出版社以《玉君》为名，收入小说12篇，作为小说集出版。上海书店1985年再版。

《杨振声选集》，人民文学出版社1987年出版。收入他不同时期的各类文学作品56篇。

《杨振声代表作》，华夏出版社1999年、2009年出版。

《第一次爱》，北京大学出版社2009年出版，为随笔集，分为人事沧桑、古今文脉和虚构之什三个栏目，这些美文既能密切联系现实、直面人生，又不失清婉脱俗、幽默生动，可谓是广博的知识与深刻的人生体验相结合的结晶。

余冠英（1906—1995）

古典文学专家。江苏扬州人。1931年毕业于清华大学中国文学系后留校任教，先后任助教、副教授、教授，授"大一国文"、"中国文学史"、"各体习作"、"历代韵文选"、"古典文学今译"等课程，主编《国文月刊》、《新生报·语言与文学》。1952年院系调整后，历任中国社会科学院武学研究所研究员、副所长、顾问和学术委员会主任等职，兼《文学遗产》杂志主编，是第三届全国人大代表，第五、第六届全国政协委员，中国作家协会理事，国际笔会会员，国家古籍整理出版规划小组顾问。

早在清华读书时，余冠英就常在《清华周刊》和《清华文学会月刊》上发表散文和新诗，吴组缃称之"清华园的代表作家，因为他的文章，最能代表清华园的文风"。从教后致力于古典文学的教学与研究，成就在其著述中充分体现，著名学者、中国社科院文学研究所研究员邓绍基在《读余冠英的学术论著——谨以此文悼念先生的逝世》一文中评价："余先生治学决不拘守一家之言，而是博洽精深"，"解释古代诗歌，其独到处往往发人所不能发，而又十分妥帖确切，令人信服"，"从余先生的研究论著中，可以看出他凡所论及，无不有着许多卓识。"主要著作有：

《汉魏六朝诗论丛》，上海棠棣出版社 1952 年出版。古典文学出版社 1956 年、人民文学出版社 1958 年、1978 年等多次出版。

《乐府诗选》，由人民文学出版社 1953 年、1954 年出版。

《诗经选注》，人民文学出版社 1956 年出版。

《怎样阅读古典文学作品》，工人出版社 1956 年出版。

《汉魏六朝诗选》，古典文学出版社 1956 年出版。

《三曹诗选》，人民文学出版社 1957 年出版。

《七发》，汉代枚乘著，由余冠英译，中华书局 1959 年出版。

《古典文学研究中的错误倾向》，人民文学出版社 1958 年出版。

《汉魏六朝诗选》，人民文学出版社 1958 年、1978 年、1997 年出版。

《诗经选译》，作家出版社 1956 年、人民文学出版社 1958 年、1960 年、1985 年分别出版。

《三曹诗选》，作家出版社 1956 年、人民文学出版社 1979 年出版。

《诗经选》，人民文学出版社 1956 年、1958 年、1959 年、1979 年、2002 年出版。

《中国文学史》（三卷本），为合编，人民文学出版社 1962 年出版，以后曾多次印刷。此书资料翔实、叙述严谨，学界认为是"本世纪五六十年代古典文学研究领域的代表性成果"，是"新中国成立以来文学史研究工作的一大收获"，30 多年以来在文学界一直有着较大影响。

《唐诗选》上、下册，与陈友琴、钱钟书、王水照等同选注，人民文学出版社 1978 年、2003 年、2004 年、2009 年出版。此书被公认的唐诗最佳、最具权威性的选本，被列入"教育部全国高等学校中文学科教学指导委员会指定书目"。当年一出版，即受到读者欢迎，曾出现新华书店排起长龙，争先购买的景象，被一印再印，突破百万。

《古代文学研究集》，余冠英等著，中国文联出版公司 1985 年出版。

《古代文学杂论》，中华书局 1987 年出版。

《中国古代山水诗鉴赏辞典》，江苏古籍出版社 1989 年出版。

《古诗精选》，余冠英、韦凤娟编选，江苏古籍出版社 1992 年出版。

《唐宋八大家全集》，主编之一，国际文化出版公司 1997 年出版。

俞平伯（1900—1990）

现代诗人、文学家。名铭衡，浙江德清人。1916 年考入北京大学。1920 年毕业后赴英国留学。1923年在上海大学中文系任教。1925年到燕京大学任教。1928年任清华大学中文系讲师，1932年升任教授，先后授"词"、"戏曲"、"小说"、"国学要籍"、"文学专家研究"等课程，抗战爆发后到中国大学任教。1945年任北京大学教授。1952年任北京大学文学研究所研究员。1953年该所并入中国科学院，他任文学研究所古典文学研究室研究员。曾当选全国文联委员。主要著有：

《红楼梦辨》，东亚图书馆1923年、人民文学出版社1973年、岳麓书社2010年分别出版。

《西还》，诗集，东亚图书馆1924年出版。

《剑鞘》，与叶绍钧同著，霜枫社1924年出版。

《忆》，诗集，北京燕山出版社1996年影印出版。

《冬夜》，诗集，东亚图书馆1933年、湖南文艺出版社1986年、浙江文艺出版社1996年分别出版。

《杂拌儿》，散文集，开明书店1928年出版。叶圣陶为本书校对，周作人作跋，收入文章32篇，多为序跋和游记，也有少数考据文章。文学家姜德明认为此时俞平伯"在文字上的考究不下于朱自清"。

《燕知草》，散文集，开明书店1930年、1994年、中国文联出版社1993年、河北教育出版社1994年、科目出版社分别出版。朱自清在《序》中说："这本书有诗、有谣、有曲、有散文，可称五光十色。一个人在一个题目上，这样用了各体的文字抒写，怕还是第一遭吧？"周作人的《跋》说道："我平常称平伯为近来的第三派新散文的代表，是最有文学意味的一种，这类文章在《燕知草》中特别地多，平伯这部小集是现今散文一派的代表。"作者在自序中解释为何取名《燕知草》曰："此书作者亦逢人说梦之辈，自愧童心将泯，遂曰'燕知'云尔，一草草书也，亦曰'燕知草'云耳。"

《杂拌儿之二》，散文集，开明书店1932年出版，周作人为该集所作序中说："平伯这本集子里所收的文章大旨仍旧是'杂'的，有些是考据的，其文词气味的雅致与前编无异，有些是抒情说理的，如'中年'，这里边兼有思想之美，是一般文士之文所不能及的。此外有几篇讲两性或亲子问题的文章，这个倾向尤为显著。这是以科学常识为本，加上明净的感情与清澈的理智，调和成功的一种人生观，以此为志，言志固佳，以此为道，载道亦复何碍。'此刻现在'中古圣徒遍于目前，欲找寻此种思想盖已甚难，其殆犹求陶渊明、颜之推之徒于现代欤。"次集收文章29篇，书后附录新诗《呓语》17首，作者说明："反正也未必再想出什么诗集了。"从此，他与新诗告别，集中力量从事诗词和戏曲的研究。

《读书札记》，北平人文书店 1934 年出版。

《古槐梦遇》，上海世界书局 1936 年、东方出版社 1994 年分别出版。这部散文集收入短文 100 则，魏建功为此书题封面，周作人作序。"古槐"是作者书屋的名号，"梦遇"是指书中的小品文全部从梦中拾来。再版的出版说明，对作者散文的写作风格做了透着极为欣赏的描述："俞平伯自称是'逢人说梦之辈'，他的梦记散文，于恍惚、飘忽、虚幻的景致中，透露出玄妙的哲理和怅惘感伤的思绪；他的写景叙事小品，细腻委婉，温馨动人；他的哲理小品，恣意从容，纵情而谈。这些散文追求一种涩如青果的艺术风格，品位超俗，洒脱雅致。"①

《浮生六记》，霜枫社 1933 年、开明书店 1948 年分别出版。

《读词偶得》，开明书店 1934、1935 年、1947 年、上海书店 1984 年、人民文学出版社 2000 年、江苏文艺出版社 2010 年分别出版。

《燕郊集》，由上海良友图书印刷公司作为"京派文学作品专辑"于 1936 年出版，1990 年上海书店再版。此散文集收入《论研究保存昆曲之不易》、《教育论》等 28 篇文章，其中《教育论》一文由鲁迅收入《中国新文学大系》。至此，俞平伯的创作生涯基本结束，开始转入古典文学研究为主的阶段。

《红楼梦研究》，棠棣出版社 1953 年、人民文学出版社 1973 年、复旦大学出版社 2004 年、上海古籍出版社 2005 年、江苏文艺出版社 2010 年分别出版。

《红楼梦八十回校本》，人民文学出版社 1958 年、1993 年出版。

《论诗词曲杂著》，上海古籍出版社 1983 年出版。

《俞平伯全集》，花山文艺出版社 1997 年出版。

《孤山听雨》，华夏出版社 2003 年出版。

《唐诗鉴赏辞典》，俞平伯等编著。上海辞书出版社 2004 年出 2 版为第 39 次印刷。这部书的编写体例对后来的中国文学鉴赏词典具有借鉴意义，影响较大。

《俞平伯点校红楼梦》，团结出版社 2004 年出版。

《红楼心解　读〈红楼梦〉随笔》，陕西师范大学出版社 2005 年出版。

《唐宋词选释》，陕西师范大学出版社 2005 年出版。

《俞平伯集》，中国社会科学出版社 2008 年出版。

《俞平伯自选集》，首都师范大学出版社 2008 年出版。

《中国古诗词精讲》，北京大学出版社 2009 年出版。

---

① 俞平伯：《槐梦遇》，北京，东方出版社，1994。

张清常 (1915—1998)

语言学家。原籍贵州,生于北京。1934 年毕业于北京师范大学中文系后入清华大学研究院中国文学部,1937 年毕业。1938 年任浙江大学讲师。1940 年至 1946 年任教于西南联大师范学院国文系和联大中文系。1947 年任教清华中文系,曾授"历代文选"、"国语与国音"、"国语运动史"、"音乐歌词"等课程。这里特别要提到他的音乐生涯,那是很有趣的一段往事,且在联大历史上留下了深远的影响。1938 年 10 月,西南联大校歌校训委员会征集到罗庸《满江红》的校歌歌词,但没有适合的曲谱。是朱自清推荐了最佳人选,请正在广西浙江大学任教的张清常谱曲。张清常不到 1 个月就完成谱曲。1939 年 6 月 30 日,以罗庸作词、张清常作曲的《西南联大校歌》正式诞生了,这首激昂悲壮而又优美抒情的战歌唱响了校园,激发了联大师生与中华民族同存亡、共命运的决心。次年张清常到联大任教后,相继为附中谱曲校歌,为附小校歌作词和曲。1944 年,成立了联大附中合唱团,张清常担任指挥,合唱团办得有声有色,演唱水平很高,引得教师也加盟了进来,给很多同学留下了美好的回忆,姚曼华专门撰文纪念张先生和有趣的合唱:"合唱团办得这么出色,主要应归功于担任指挥的联大教授张清常先生。他深厚的音乐素养、细腻而高超的指挥艺术,把大家的感情都热烈而和谐地激发出来了。"冯友兰之女冯宗璞回忆起那时高唱抗战歌曲的情景,就激动不已,认为"合唱团的活动充满了爱国主义精神,激发着同学们强烈的抗日热忱"。1946 年"五四"联大结束大会上,张清常亲自指挥合唱团高唱《西南联合大学进行曲》,这是由冯友兰作词、张清常以校歌为主干扩展成的歌曲,唱出了联大从抗战到取得胜利的历程,赢得了全场热烈掌声,以致梅贻琦校长都说,还没有见过哪个学校的校歌,是以这样庄严优美的形式来演唱的。曾任联大训导长的台湾新竹清华校友会会长查良钊先生说校歌"极为动听,全体师生无不永铭心底"。张清常曾充满感情地说:"我这一生,沧海一粟,平淡无奇。每逢想起我曾经作过西南联大、附中、附小的校歌,指挥演唱,唱出了三校的精神、理想和战斗过程,想起了与此有关的亲人,想起了那时的师友同学和附中、附小的小朋友,有眼泪也有欢乐,歌声曾把我们联系到一起,悠扬回荡,传向四方。"1948 年至 1957 年,张清常任教于南开大学(一说法同时兼任清华大学和北京师范大学教授)。1957 年支边到内蒙古大学任中文系教授兼系主任。1973 年回南开任教,1981 年同时入南开与北京语言学院,任北京语言学院来华留学生二系主任、校学位评定委员会副主席、校学术委员会副主任。同时还担任中国语言学会理事、中国音韵学研究会顾问等。

他于语言文字领域的成就主要在音韵学与社会语言学研究方面,早期着重音韵、音乐和文学三者之间关系的研究,后一时期则致力于语音史、词汇史和社会语言学的研究。在联大和清华任教期间发表了论文《中国声韵学里的宫商角徵羽》,载1942年出版的《吴稚晖先生八十寿诞纪念论文集》;《中国声韵学所借用的音乐术语》,载《人文科学学报》1945年第1卷第3期;《古今音变与旧文学的欣赏》,载《新生报·语言与文学》1948年第79期;《中国上古声尾的遗迹》载《清华学报》1948年第15卷第1期单行本。专著有:

《中国上古音乐史论丛》,书中论述了中国音韵学的兴起及所用术语与音乐之关系,由重庆独立出版社1944年出版。该书获教育部学术著作三等奖。

《语言学论文集》,商务印书馆1993年、语文出版社2001年分别出版。

《语言学论文集续集》,语文出版社2001年出版。

《战国策笺注》,与王延栋合著,这本笺注论述了《战国策》的成书、命名、流传、价值和历史研究成果,释文简洁明了,很大程度上解决了该书难读的问题。由南开大学出版社1994年出版,获国际教委第二届高校出版社优秀学术著作优秀奖。

《胡同及其他——社会语言学的探索》,北京语言学院出版社1990年出版,2004年出增订本。作者长期住在北京,街巷名称早就引起了他浓厚的兴趣,所以分外关注,在广泛深入的实地调查和研究的基础上而作。作者介绍此书:"以语言为中心,综合社会、历史、地理、文化等等方面,以北京街巷名称为剖析的光焦点。"吕叔湘先生对此书给予了高度评价,语言学、地名学和文物学等各界专家亦认为该书学问精深、功夫巨大、材料翔实,是近年社会科学领域难得的一部好书。这部著作获中国第二届图书奖二等奖,被当做"国礼"赠送外国学者。

《北京街巷名称史话——社会语言学的再探索》,北京语言文化大学出版社1997年出版,2004年和2006年出版修订本。

《张清常文集》1-5卷,北京语言大学出版社2006年出版。

张政烺(1912—2005)

古文学专家。山东荣成人。1936年毕业于北京大学历史系,随后到中央研究院历史语言研究所,历任图书管理员、助理研究员、副研究员等职。1946年任北京大学历史系教授,同时在清华大学兼授中国文字学,1954年参加筹建中国科学院历史研究所,并兼研究员。1960—1966年任中华书局副总编辑。1966年后任中国科学院历史研究所研究员、物质文化研究室、古文字古文献研究室主任。曾任中国古文字研究会理事、中国考古学会理事、中国史学会理事和文化部国家文物委员会委员。

他在中国古代史、古文字学和古文献学等领域有很高造诣，是中国古典文献研究的权威。史学界一代宗师杨向奎先生就曾对他的研究生说："在中国，听过张政烺先生的古文献课，别人的文献课就不必听了。"

他在中国古代史、考古学、古文字学、古器物学、版本目录学乃至通俗小说诸多领域都做了开拓性的研究，发表的论文多达 60 余篇，如《邵王之諻鼎及簋铭考证》、《六书古义》、《讲史与咏史诗》等，多收入《尽心集——张政烺先生八十庆寿论文集》，中国社会科学出版社 1996 年出版。

《马王堆帛书〈周易〉经传校读》，中华书局 2008 年出版。

另还出版有《中国古代历史文物图集》（主编）、《张政烺文史论集》等。

赵万里（1905—1980）

古文献学家、版本目录学家。字斐云，浙江海宁人。1921 年考入东南大学中文系。1925 年任清华国学研究院助教，在王国维的指导下，于史学、文学、金石、戏曲和目录版本诸方面打下坚实基础。1928 年到北海图书馆工作。1933 年 9 月起编辑《大公报·文学副刊》。1933 年至 1937 年在清华大学中国文学系任教，讲授"金石学"，同时在辅仁大学兼课，后到中国大学任教。新中国成立后在北京图书馆任研究员兼善本特藏部主任，从事对《永乐大典》的研究工作。精于版本、目录、校勘、辑佚之学，主要著作有：

《校辑宋金元人词》，国立中央研究院 1931 年出排印本。

《汉魏南北朝墓志集释》，科学技术出版社 1956 年、广西师范大学出版社 2008 年分别影印出版。全书十卷，补遗一卷，收录墓志上起东汉，下至隋朝，作者历时二十年始完成。

《薛仁贵征辽事略》，古籍文学出版社 1957 年、中华书局 1958 年分别出版。

《元统一志》，中华书局 1966 年出版。

编辑有《海宁王静安先生遗书》。

赵元任（1892—1982）

国际知名语言学家，中国现代语言学奠基者之一。字宣仲，江苏武进人，生于天津。1910 年为游美学务处第二批留学生，入美国康奈尔大学，主修数学，1914 年获理学学士学位。1918 年获哈佛大学哲学博士学位。1919 年任康奈尔大学物理讲师。1920年回国任清华学校心理学及物理教授。1921年再入哈佛大学研习语音学,继而任哈佛大学哲学系讲师、中文系教授。1925年6月应聘任清华国学院导师,指导范围为"现代方言学"、"中国音韵学"、"普通语言学"等。1929年6月国学研究院结束后,他被中央研究院聘为历史语言研究所研究员兼语言组主任,同时兼任清华大学中国文学系讲师,讲授"音韵学"。1938年起在美国任教。

从在清华任教起,他正式从事语言研究,对以后清华中文系的语言研究打下基础,王力在清华大学校庆70周年座谈会上还回忆:"赵元任可以称为中国第一代语言学家,我学语言学是跟他学的,我后来到法国去,也是受他的影响。"他是我国方言调查研究工作的开拓者和推动者,国语运动的元勋,对于汉语共同语音标准的确定,汉语拉丁化字母的制定做出了重要贡献,是我国全面利用现代语言学理论方法研究中国语言并取得世界性声誉的第一人,一生通晓23种语言。"融会古今、贯通中外、横跨文理、精通音乐",这是曾在清华中文系任教的袁毓林对赵元任的学术成就和才华所作出的评价。主要著作:

《现代吴语的研究》,这部书由清华学校研究院于1928年作为"清华研究院丛书第四种"印行,清华大学出版事务所1935年再版。本书是作者在1928年10月到江苏、浙江各处调查基础上所作。此书分为"吴音"与"吴语"两部分,其《序》中谈到一个全国的方言调查不是一个人年把功夫可以做得完的,"所以还是先比较小规模的在一个比较安静的区域里做一点比较简略的研究,至少也可以做一个后来研究的模式"。"这是中国第一部用现代语言学的方法调查汉语方言的研究报告,对以后的汉语方言调查和研究有重要的影响。""赵元任先生能取得这么大的成就,固然与他天资聪慧、工作勤奋有关,但更主要的一点是赵先生具有极为广阔的学术背景,可以概括为:融会古今、贯通中外、横跨文理、精通音乐。"①

《国语留声片课本》,商务印书馆1922年出版。

《国音新诗韵》,商务印书馆1927年出版。

《现代吴语的研究》,清华学校研究院1928年、1935年、科学出版社1956年出版。

《最后五分钟 国语罗马字对话戏戏谱》,中华书局1930年出版。

《广西谣歌记音》,国立中央研究院历史语言研究所1930年出版。

《国语罗马字常用字表》,北平文化学社1940年出版。

---

① 袁毓林:《中国现代语言学家的开拓和发展》,北京,清华大学出版社,1992。

《国语罗马字威妥玛式拼音对照表》，北平文化学社 1940 年出版。

《钟祥方言记》，商务印书馆 1939 年、科学出版社 1956 年出版。

《国立中央研究院历史语言研究所专刊 湖北方言调查报告》第一、二册，商务印书馆 1948 年出版。

《北京口语语法》，开明书店 1952 年出版。

《中山方言》，科学出版社 1956 年出版。

Language And Symbolic Systems，Cambridge U. P.，1968.

《汉语口语语法》，商务印书馆 1979 年出版。

《语言问题》，商务印书馆 1980 年出版。

《中国话的文法》，香港中文大学出版社 1980 年出版。

《国语语法》，学海出版社 1981 年出版。

《通字方案》，商务印书馆 1983 年出版。

《赵元任语言学论文选》，中国生活科学出版社 1985 年出版。

《赵元任生活自传》，中国华侨出版公司 1989 年出版。

《赵元任全集》，商务印书馆 2002 年出版。

Linguistic Essays By Yuenren Chao，The Commercial Press，2006.

《赵元任语言学论文集》，商务印书馆 2002 年出版。

赵元任不但学识渊博，而且艺术造诣很深，是天才的作曲家。他从小受到民族音乐的熏陶，少年时学习钢琴，在美国留学时曾选修作曲和声乐，并广泛涉猎西欧古典音乐和现代音乐，陆续谱写了 100 多首作品，其中不少作品流传至今，成为音乐院校教学和音乐会上经常演唱的曲目，如歌曲《劳动歌》、《卖布谣》，以及合唱《海韵》等。一曲《教我如何不想他》唱遍神州大地，80 多年来经久不衰，这首艺术歌曲可谓我国现代音乐宝库中的经典。出版的歌集有：

《新诗歌集》，商务印书馆 1928 年出版，在长达万字的序言中，作者表达了自己许多关于音乐的思想。

《赵元任歌曲集》，人民音乐出版社 1981 年出版。

《赵元任音乐作品全集》，上海音乐出版社 1987 年出版。

《赵元任音乐论文集》，中国文联出版公司 1994 年出版。

朱德熙（1920—1999）

古文字学、语言学家，江苏苏州人。1945 年毕业于西南联合大学中国文学系。同年任教于中法大学中文系。1946 年起在清华大学中文系任教，授"大一国文"、"文言阅读"等课程。1952年调入北京大学中文系，同年受国家委派到保加利亚索菲亚大学任教。1955年后一直任教于北京大学中文系，先后任中文系副主任及现代汉语教研室主任、副校长、研究生院院长、博士生导师、北大计算语言学研究所所长，兼中国语言学会及世界汉语学会会长、中国古文字研究会理事、国务院学位委员会委员、国家语言文字工作委员会委员、国务院古籍整理出版规划小组顾问、中国社会科学院语言研究所学术委员会委员、第六、七届人大代表及第七届全国人大常委会委员、《中国大百科全书》总编辑委员会委员等职。关于他一生的为人处世，其好友汪曾祺在墓志铭上这样提——"爱其所学，关怀后生，贤夫慈父，蔼然仁者"。

朱德熙在语言文字领域的贡献主要在汉语语法研究、古文字研究和语文教育方面，是汉语语法学界权威，在中国语法学史上占有重要地位，在国际上赢得了很高声誉，保加利亚、美国、法国、泰国、中国香港、新加坡和澳大利亚等国家和地区先后邀请他讲学、做研究和出席会议，1986年法国巴黎第七大学授予他荣誉博士学位。主要著作：

《语法修辞讲话》，与吕叔湘合著，开明书店1951年出版（关于此书详情在吕叔湘著述中已做介绍）。

《作文指导》，中国青年出版社1951年、开明书店1952年分别出版。

《语法修辞正误练习》，与吕叔湘合著，中国青年出版社1953年出版。

《定语和状语》，新知识出版社1957年、上海教育出版社1958年、1984年分别出版。

《现代汉语语法研究》，商务印书馆1980年出版。

《高中学生作文评改》，北京出版社1980年出版，1985年重印。

《语法讲义》，商务印书馆1982年出版，2002年重印。

《初中学生作文评改》，北京出版社1982年出版。

《语法·修辞·作文》，上海教育出版社1984年出版。

《语法答问》，商务印书馆1985年出版。

《语法丛稿》，上海教育出版社1990年出版。

《纪念王力先生九十诞辰文集》，朱德熙等主编，山东教育出版社1991年出版。

《马王堆一号汉墓遣策补释》，此书是在他20世纪70年代身临发掘现场、实地研究整理基础上而作的学术论文集，裘锡圭、李家浩整理，中华书局1995年出版。

《朱德熙古文字论集》，中华书局1995年出版。

《朱德熙文集》1—5卷，商务印书馆1999年出版。
《朱德熙选集》，东北师范大学出版社2001年出版。

朱自清（1998—1948）

字佩弦，原名自华，号秋实，笔名余捷、柏香、知白、白晖和白水等。江苏扬州人。1917年考入北京大学哲学系。1920年毕业后，曾在杭州第一师范、扬州第八中学、吴淞中国公学、台州第六师范、温州第十中学、宁波第四中学、白马湖春晖中学等任教，同时从事写作。1920年加入文学研究会。1922年与俞平伯等创办《诗》月刊，后加入湖畔诗社。1925年8月到清华任教，开始了他在清华长达23年的教学生涯，同时也是研习中国古典文学的开始。1930年起任中国文学系代理主任、主任。担任《文学季刊》和《太白》等杂志编辑。1939年任西南联合大学中国文学系主任。先后授"古今文选"、"古今诗选"、"中国文学书选读"、"大一国文"、"诗"、"中国新文学研究"、"歌谣"、"唐诗"、"中国文学批评"、"习作"、"宋人诗论"、"文学专家研究"、"宋诗"等课程。1948年病逝。

1928年2月7日，朱自清完成《哪里走》一文，这是其决定自己研究道路的一篇宣言，其中说"胡适之先生在《我的歧路》里说'哲学史我的职业，文学是我的娱乐'，我想套着他的调子说，'国学是我的职业，文学是我的娱乐'。这便是现在我走着的路"。主要著作及学术活动：

《背影》，开明书店1928年、1948年、人民文学出版社1983年、开明出版社1992年、中国文联出版公司1993年、河北教育出版社1994年、上海社会科学院出版社2003年、百花文艺出版社2004年、复旦大学出版社2004年、中国对外翻译出版公司2005年、长江文艺出版社2005年、中国三峡出版社2010年分别出版，这是作者的第一本散文集，其中《背影》一篇作于1927年10月。作者这样说写作的缘由："我写《背影》，就因为文中所引起的父亲的来信里那句话。当时读了父亲的信，真的泪如泉涌。我父亲待我的许多好处，特别是《背影》里所叙的那一回，想起来跟在眼前一般无二。我这篇文只是写实，似乎说不到意境上去。"李广田评价：这篇散文"论行数不满五十行，论字数不过千五百言，它之所以能历久传诵而有感人至深的力量者，当然并不是凭藉了甚么宏伟的结构和华瞻的文字，而是凭了他的老实，凭了其中所表达的真情，这种表面上看起来简单朴素，而实际上却能发生极大的感动力的文章，最可以作为朱先生的代表作品，因为这样的作品，也正好代表了作者的为人。由于这篇短文被选为中学国文教材，在中学生心目中，'朱自清'三个字已经和《背影》

成为不可分割的一体"。① 除《背影》一篇外，《荷塘月色》、《给亡妇》等亦在当时被称为新文学中早期散文的代表作。1931年3月，朱自清作《论无话可说》一文，总结了十年来的文学生活："十年前我写过诗；后来不写了，写散文；入中年以后，散文也不大写得出了——现在是，比散文还要'散'的无话可说！"他认为："这是时代为之！"

《欧游杂记》，开明书店1934年、山东画报出版社2002年分别出版。作者在本书自序中说写此书"用意是在写些游记给中学生看。在中学教过五年书，这便算是小小的礼物吧"。书中各篇以记述景物为主。

《你我》，商务印书馆1936年出版。该集收入文章29篇，作者在自序中说："这里所收的实在不能称为创作，只是些杂文罢了。"

《诗文评钞》，清华大学出版事务所1937年出版。

《略读指导举隅》，与叶圣陶合著，商务印书馆1943年出版，与《精读指导举隅》同为供中学国文教师参考用书。

《伦敦杂记》，开明书店1943年印行。

《国文教学》，与叶圣陶合著，开明书店1945年出版。其中下部8篇文章为朱自清所作，是作者近年来写的关于国文教学的论文和随笔。

《经典常谈》，文光书店1946年、1947年、太平书局1963年、三联书店1980年、1998年山西古籍出版社2001年、广西师范大学出版社2010年分别出版。作者在本书《序》中说："在中等以上的教育里，经典训练应该是一个必要的项目。经典训练的价值不在实用，而在文化。"还说："我国经典，未经整理，读起来特别难，一般人往往望而生畏，结果是敬而远之"，"希望读者能把它当作一只船，航到经典的海里去。"

《精读指导举隅》，与叶圣陶合著，由商务印书馆1947年、河南教育出版社1989年分别出版，此书为专为中学国文教师教学参考用。

《诗言志辨》，开明书店1947年出版。本书收入论文诗言志、比兴、诗教、诗正变等。开明书店在"朱自清先生著作七种"中介绍此书"是中国讨论的传统，也是诗的批评的传统的标准。读了本书，可以知道中国文学史，文学批评史，诗史的最大主潮还是为政教而文学，换句话说，也就是为人生而文学"（《国文月刊》第71期封底）。李广田在《朱自清先生的道路》一文中评价："《诗言志辨》，是先生历时最久、功夫最深的一部书，然而读过全书，你几乎看不见作者自己的意见，因为这是一种科学工作，只要无成见，勤搜讨，多辨析，

---

① 俞平伯等：《最完整的人格》，64页，北京，北京出版社，1988。

自然就可以得出正确的结果。"①

《新诗杂话》，作家书屋 1947 年印行。作者在收到初版本后在扉页上写道："盼望了三年多，担心了三年多，今天总算见到了这本书！辛辛苦苦写出的这些随笔，总算没有丢向东洋大海！真是高兴！一天里翻了足有十来遍，改了一些错字。我不讳言我'爱不释手'。'邂逅相遇，适我愿兮'！说是'敝帚自珍'也罢，'舐犊情深'也罢，我认了。"从这段充满了欣喜与陶醉的话中，可以看出作者对此书的偏爱及其对新诗的重视和研究的兴趣。

《国文教学》，与叶圣陶合著，开明书店 1947 年出版。

《标准与尺度》，文光书店 1948 年、三联书店 1984 年、广西师范大学 2004 年分别出版。本书收入的是复员以来写的一些文章。季镇淮曾评论："这本杂文集具体说明了先生散文作风的改变，而且更为精炼、明达、老到了。"（《闻朱年谱》，173 页）。

《语文拾零》，名山书屋 1948 年印行。

《论雅俗共赏》，观察社 1948 年、1949 年、港青出版社 1979 年、三联书店 1983 年、1998 年、广西师范大学出版社 2004 年分别出版。

《朱自清选集》，开明书店 1951 年出版。

《朱自清全集》，开明书店 1953 年、江苏教育出版社 1988 年分别出版。

《朱自清文集》，开明书店 1953 年、开今文化事业有限公司 1994 年、华夏出版社 2000 年、大众文艺出版社 2009 年、中央编译出版社、当代世界出版社 2010 年分别出版。

《古诗歌笺释三种》，上海古籍出版社 1981 年出版。

《语文影及其他》，中国文联出版公司 1985 年出版。

《荷塘月色》，人民文学出版社 1988 年、文化艺术出版社 1989 年、新疆人民出版社 2001 年、华夏出版社 2002 年、内蒙古人民出版社 2004 年、江苏文艺出版社 2005 年、天津教育出版社 2006 年、中国工人出版社、天津人民出版社、北京大学 2010 年分别出版。

《禅家的语言》，天津人民出版社 1998 年出版。

《冬日的梦》，大众文艺出版社 2001、2006 年出版。

《读书指导》，上海文艺出版社 2001 年出版。

《桨声灯影里的秦淮河》，山东画报出版社 2002 年出版。

---

① 朱乔森：《朱自清》，279 页，北京，人民文学出版社，1985。

《水木清华》，安徽文艺出版社 2003 年出版。

《桨声灯影》，华夏出版社 2003 年出版。

《中国歌谣》，复旦大学出版社 2004 年、金城出版社 2005 年分别出版。

《朱自清中国文学批评研究讲义》，天津古籍出版社 2004 年出版。

《择偶记》，京华出版社 2005 年出版。

《欧洲印象》，华中师范大学出版社 2005 年出版。

左霈（1875—1936）

字雨荃，正黄旗汉军广州驻防。光绪二十年（1894 年）乡试举人，光绪二十九年（1903 年）连捷进士。同年，参加光绪二十九年癸卯恩正并科殿试，中第一甲第二名（榜眼），授翰林院编修，外派云南任丽江知府，后晋升撰文（秘书郎）。1909 年补授楚雄府知府。1912 年由国民党政府蒙藏局派往筹办蒙藏报，任总编纂。1918—1928 年，先后任清华学堂历史教师、国文教师。善书法。1929—1935 年，任香港圣士提反中学教师。1936 年病逝。

第三节　系主任的变更

1926 年 4 月 29 日，教授会选举产生了各系主任，国文学系主任为吴在。①（另一说法为：1926 年 3 月起至 1928 年，由吴宓兼任国文系主任职。）②

1928 年夏，杨振声就任清华中国文学系主任。

因杨振声就任青岛大学校长，1930 年 7 月 7 日，清华大学第 19 次校务会议作出请朱自清代理中国文学系主任的决议。11 月 18 日召开的第 46 次校务会议议决，准朱自清因准备出国辞中国文学系代理主任职。

1931 年朱自清出国期间中文系主任一职由刘文典代理。

1932 年 9 月 3 日朱自清从欧洲回校后此后，任中国文学系主任，这是他正式主持清华中文系的开始，以后数年均由朱自清主持系务。

1938 年 4 月，朱自清担任联大蒙自分校校务委员会委员、中国文学系主任。

1939 年 11 月 14 日，联大第 126 次常委会议决，同意朱自清因病请辞文学院中国文学系及师范学院国文系主任职务，在请假休养期间，由罗常培暂代以上二职务。

---

①　据《清华大学九十年》，36 页，北京，清华大学出版社，2001。
②　黄延复：《清华的大师们》，281 页，北京，中国经济出版，2005。

因朱自清休假离校，1940年6月26日联大第147次常委会聘罗常培接替朱自清，任联大文学院中国文学系兼师范学院国文系主任。7月1日，梅贻琦请闻一多代理清华文学院中文系主任职务。

1941年5月12日，罗常培赴四川叙永分校。离校期间，由闻一多暂代联大中文系及师院国文系主任职务。1941年9月，罗常培因病请辞文学院中国文学系及师范学院国文系主任职务，10日召开的第189次联大常委会议决慰留，同时请闻一多暂行代理上述职务。18日，经联大常委会第190次会议议决，准罗常培再次请辞文学院中国文学系及师范学院国文系主任职，准闻一多请辞二系代主任职，聘杨振声任二系主任。1941年12月18日，杨振声请辞文学院中国文学系及师范学院国文系主任职，仍请罗常培担任二系主任。

1944年7月19日，联大第305次常委会议决，因罗常培请假一个月，离校期间，联大中文系及师院国文系主任由闻一多暂行代理。1944年9月13日，联大第310次常委会议决因罗常培赴渝，文学院中文系及师院国文系主任职务，请罗庸代理。11月8日，联大第315次常委会议决，因罗常培赴美，请辞文学院中文系及师院国文系主任职务，请罗庸继任。

1946年1月26日，闻一多致函梅校长，请辞清华大学中国文学系主任职。在这期间，冯友兰为中国文学系主任一事曾分别与闻一多、朱自清长谈。闻一多因政治上的关系，怕给学校增添麻烦，因此请辞中文系主任职。冯友兰在与朱自清长谈后，谈妥由朱自清担任该职。1月31日召开清华第33次评议会，因闻一多请辞系主任职，冯友兰提议，请朱自清担任这一职务。4月4日，闻一多辞清华大学中国文学系主任职，朱自清任主任。

朱自清1948年8月逝世后，由浦江清任中国文学系代主任。

1949年5月18日，校务委员会通过浦江清辞去中国文学系代主任职务，李广田继任中国文学系主任。

第四节 教授所任职务

在1929年编辑委员会举行的第一次会议上，罗家伦校长聘请了各系教授担任委员会委员，其中有杨振声、陈寅恪和赵元任。

1934年10月，朱自清、闻一多等被聘为新生指导委员会委员。

1937年10月4日临大常委会第五次会议推定各学系教授会主席，其中中国文学系为朱自清。

1938年11月30日召开的清华本学年第一次教授会上，朱自清被推举为教授会书记。12月27日召开的联大教授会推选本年度校务会议教授、副教授代表，其中中文系朱自清被选代表，罗常培为候补代表。

1942年6月30日，联大奉教育部令，呈报服务年限满10年教授名单，作为部聘教授候选人，清华大学报11人，其中有中文系闻一多、王力。

1943年8月12日，教育部指令国立西南联大陈寅恪等8人本年度已核聘为部聘教授。9月，朱自清被推举为1943年度教授评议员。11月17日，联大教授会选举第6届校务会议代表，其中朱自清当选候补代表。

1944年9月，朱自清被推举为1944年度教授评议员。9月3日，联大教授会选举第7届校务会议教授代表，其中闻一多、朱自清当选，闻一多当选教授会书记。

1945年6月20日，联大第336次常委会议决潘光旦、朱自清等被聘为1944年度毕业成绩审查委员会委员。10月27日，联大第350次常委会决议聘罗庸、闻一多等为联大纪念册编辑委员会委员。7月11日，联大第338次常委会议决同意朱自清请辞1944—1945年度毕业生成绩审查委员会委员职。11月29日，联大第2次教授会临时会议作出推举冯友兰为召集人，闻一多、朱自清为抗议书起草委员，起草《国立西南联合大学全体教授为11月25日地方军政当局侵害集会自由事件抗议书》，并立即向报界发表。

1948年度部分常设委员会名录中中文系教授的任职情况：浦江清任图书委员会与文化比较研究委员会委员；余冠英任出版委员会、招生计划委员会与一年级学生课业指导委员会委员；陈寅恪、浦江清任《清华学报》出版委员；陈梦家任艺术史研究委员会委员。

1949年5月5日，军管会决定成立清华大学校务委员会，任命21位校务委员，其中有中文系李广田。5月7日校委会正式成立，军管会撤销。7月21日，校委会通过成志学校委员会关于改聘季镇淮为成志学校校长的申请。

1950年7月24日，第52次校委会议决，由十几位教授组成组织文法两院教师升格及新聘教师审查委员会，其中有李广田。此外他于本月参加了北京文艺工作者代表会，当选北京市文联常务理事兼组织联络部长。9月18日召开的第54次校委会议决，外籍学生指导委员会由吕叔湘（主席）、李广田等7人组成。

1951年3月19日的校委会议同意吕叔湘请辞，免去其东欧交换生中国语文训练班委员会主席，聘请李广田任该委员会主席。本月，吴组缃参加中国人民赴朝慰问团抵朝鲜前线，并任北京分团团长。4月22日，校委会通过聘请李广田任清华大学副教务长（教育部于7月13日批准）。

在1952年的院系调整中，毛泽东亲自签发任命书，调李广田任云南大学副校长，后升任校长。

第四章 生 活

第一节 战前宁静 战时艰辛

抗日战争前，教授们住在远离市区、清静、优美的清华园里，生活较为优越、安稳，有着很好的埋头做学问的物质条件。战后，一向平静的生活被打乱，基本的衣食住行、生命安全都成了问题，读书、教书的艰难就可想而知了。闻一多这样描述过当时教授们在南岳时的生活状况："一天喝不到一次真正的开水茶。至于饭菜，真是出生以来没有尝过的。饭里满是沙，肉是臭的。蔬菜大半是奇奇怪怪的树根草叶一类的东西。一桌八个人共吃四个荷包蛋，而且不是每天都有的"，"至于住的地方，是在衡山上的一所洋房子，但这房子是外国人夏天来避暑住的，冬天则无人住过。前晚起风，我通夜未睡着。有的房间，窗子吹掉了，阳台上的栏杆吹歪了"，"山上的雨尤多，我们到这快一个星期了，今天才看见太阳。总之，我们这里并不享福。"① 即使在如此艰苦的环境里，闻一多也还是坚定地留下教学，婉拒了刚调到教育部任次长的顾毓琇请他到战时教育问题研究委员会工作的邀请，表示：今生不愿做官，也不愿离开清华。

1938年4月底开始，随着来蒙自教授渐多，由每室住2人改为住4人，且各室均有门互通，"故其喧扰纷乱之状况，与昆明全蜀会馆亦相差不远，读书写信均难。"② 教授们竭尽全力、坚持教学，而生活却是日渐艰苦、难于维持。此时由于战乱，后方货币不断贬值，物价飞涨、通货膨胀，教授们的工资却仍按战前发放，每月收入不过相于战前的十二三元，无法养活家小。本年初，联大54位教授曾发表联合声明，要求政府增加工资，改善教师生活，声明说："教授

---

① 《闻一多书信集》，261页，北京，人民文学出版社，1986。
② 吴学昭：《吴宓与陈寅恪》，91页，北京，清华大学出版社，1992。

们始以积蓄补贴，继以典质救济。今典质已尽，而物质仍有加无已"，"若不积极设法，则前途何堪设想"。声明发表过后，教授们的困苦依然无人过问。"他们为了养家活命，有的被迫远走川、贵，做点药材生意；有的给人写墓碑；有的在街头摆摊。当时清华大学的名教授闻一多，就曾摆摊给人治印。连清华大学校长梅贻琦的夫人，也不得不做糕点出卖以维持生活。当时在昆明流行着这样一句话：'教授教授，越教越瘦'。"① 朱自清迫于生计，将家搬到物价稍便宜的成都，住在一所尼庵的三间草房内，几个孩子相继生病，连食米都要靠亲友接济。冬天来了，他却"连一件大衣也买不起，只能买一件云南赶马人穿用的白毡披风抵御风寒。这在一般稍稍'过得去'的人是不肯穿的。"② 李长之在回忆当时的情景时说："我去看他，他的头发像多了一层霜，简直是个老人了。没想几年的折磨，叫人变了样。"③

第二节　身处险境　坚持教学

教授们不但在生活上穷困潦倒，且生命安全没有保障，日本飞机不时的轰炸骚扰，闻一多住宅后院的防空洞口，就落下一枚炸弹，幸好未爆炸。吴宓曾作诗形容轰炸时的情形："远看投弹雾烟飞"，"同遭横祸几人归。"④ 1940年5月9日《雨僧日记》描述："下午1—5警报至，敌机分四批来袭，仰见一批二十七架，整列飞过，如银梳，旋至航校及近村投弹，死伤二百余人。"同年还记："晨，上课不久，7：15警报至，偕恪随众出，至第二山后避之。12：30敌机九架至，炸圆通山未中，在东门扫射。"⑤ 为躲避日本飞机空袭，联大师生只得到昆明郊外租用农民的房子居住。当地习惯人畜同居，环境之恶劣自不必形容。每次教授们进城上课，都要步行几十里路。1942年底前后，物价进一步暴涨，教授们的生活更加困苦。如闻一多除学术研究外，还须兼课、写文章、做报告，可以说是昼夜不停地工作，以求多少弥补一点生活之不足，极其辛劳，白天繁忙的工作后，晚上还要在油灯下认真备课至深夜，即使在这样的条件下，依然保持着严谨的教学作风，讲《楚辞》时，拿着他四易其稿的《天问疏证》，给学生逐句讲解。朱自清休完假后远离家人，回到昆明授课。由于饥寒交迫、营

---

① 张谷、王辑国：《王力传》，72页，南宁，广西教育出版社，1992。
② 俞平伯等著：《最完整的人格》，140页，北京，北京出版社，1988。
③ 季镇淮：《闻朱年谱》，151页，北京，清华大学出版社，1986。
④ 吴学昭：《吴宓与陈寅恪》，103页。
⑤ 吴学昭：《吴宓与陈寅恪》，103~104页。

养不良，得了严重的胃病，日渐消瘦衰老。但也是仍坚持严格认真的教学态度，披着便宜的赶马人用的披风，风风雨雨地从乡下赶到城里上课。到了 1944 年，昆明物价还在飞涨，教授们已无法维持生活，冯友兰、杨振声、浦江清、罗常培等 12 位教授曾发起《诗文书镌联合润例》，以另谋开源之道。闻一多一家的生活已陷入绝境，他开始挂牌治印，补贴家用。吴晗曾在《哭闻一多》一文中描述当时那令人心酸的情景："刻第一个象牙章的时候，费了一整天，右手食指被磨烂，几次灰心、绝望，还是咬着牙干下去，居然刻成了。他说这话时，隔了两年了，还含着泪。"[①] 即便生活境遇如此艰辛，他仍认真教学，指导学生彭兰写论文，亲自为其选定题目《高适系年考证》，并提出写作的步骤和要求。

---

① 重庆《新华日报》，1946 年 7 月 28 日。

第五章 课 余

第一节 集会演讲

1939年1月4日,联大中国文学系举办座谈会,朱自清在会上致词,茅盾做了"文艺问题的两面看法"之讲演。

1941年4月27日,在清华大学举行的30周年校庆纪念会上,王力做了题为"理想的字典"之讲演。

1941年8月初,朱自清应成都文协分会主办的暑假文学研究会之邀请,做题为"文学与新闻"的讲演。

1941年11月,闻一多在北京大学文科研究所举办的学术演讲会上,做了"什么是'九歌'"的演讲,讲稿经人整理,发表在《文艺春秋》第5卷第二期上。

1942年3月,朱自清在联大师范学院讲演,题为:"了解与欣赏",由叶金根整理,载《国文月刊》第20期,本文主要讲的是了解与欣赏能力的训练。这是近一时期作者十分强调的问题,他的《古诗十九首释》发表于《国文月刊》第18期,并连载,其叙文说:"只有能分析的人","才能切实欣赏;欣赏是在透彻的了解里。一般的意见,将欣赏和了解分成两橛,实在是不妥的。"这里他要表明的是研究的方法。

1942年5月6日,闻一多在云南地方行政干部训练团讲演,题为"神话及中国文化"。

1942年11月6日,联大文史学会主办文学史讲座第一讲,闻一多讲"伏羲的传说"。他的《伏羲考》一文载《人文科学学报》第一卷第二期,这是作者研究神话的重要内容之一。朱自清在《中国学术的大损失——悼闻一多学生》一文中说:"闻先生研究伏羲的故事或神话,是将神话跟人们的生活打成一片,神话不是空想，不是娱乐，而是人民的生命欲和生活力的表现"。"他的研究神话，实在给我们学术界开辟了一条新的大路。"① 同年12月17日，他在中法大学讲演，题目是"神话与诗"。

1943年5月25日，联大中国文学系为欢送本系同学毕业，演出了吴祖光剧作《风雪夜归人》，由罗常培担任主持，杨振声负责舞台监督，闻一多任舞台设计，全系学生参加了演出。"成绩甚佳，观众无不赞誉云。"②

暑假文史讲座继续进行，其中中文系唐兰讲"甲骨文"，游国恩讲"楚辞中的女性"，浦江清讲"中国小说之演化"。

闻一多于1942年12月在中法大学讲演"诗与批评"。

1944年2月15日，闻一多在联大讲《舞与诗》，罗常培做"跋"，说他讲得最健康、最会辩证法。

1944年5月3日，联大历史学会举行"五四"二十五周年纪念座谈会，闻一多在会上做了发言，后经学生张友仁整理以《五四历史座谈》为题目交与吴晗，后收入《闻一多全集》。暑假，闻一多在西南文化研究会上作"什么是儒家——中国士大夫研究之一"的发言，载次年1月的《民主周刊》。

1944年10月10日，昆明各界在昆华女中召开纪念辛亥革命33周年大会，闻一多出席并讲演，讲题是"组织群众与保卫大西南"。

同年12月8日、10日、12日，闻一多分别在云南男女青年会同工读书会、座谈会、联大文史讲演会讲演"士大夫与中国社会"，他从考证及社会史上分析儒家的起源和作用，归结到今天知识分子的道路问题。

本年朱自清在昆明中法中学做题为"怎样学习国文"之演讲。

1945年3月28日，联大学生自治会举办"国是与团结问题"座谈会，到会五千余人，闻一多在会上讲演，并将各教授的讲演做了总结。

1945年4月6日，联大中文系、外语系联合举办诗歌晚会，讲题计有：一、抗战以来中国新诗的前途；二、如何接受中国文化的遗产；三、从历史的观点看旧诗；四、如何采用西洋诗的形式；五、法诗最近的趋势；六、境界与感觉的移植；七、从社会、思想、哲学说到新诗的素养；八、民歌；九、前途的预测和我们应用的努力；十、英国诗最近的趋势。分别由闻一多、罗膺中、朱自清、浦江清、闻家驷、冯至、卞之琳、李广田、杨周翰、王佐良主讲。

1945年5月4日，在联大、云大、中法大学和英专4校学生自治会在云大

---

① 《朱自清全集》，南京，江苏教育出版社，1988。
② 闻黎明、侯菊坤：《闻一多年谱长编》，664页，武汉，湖北人民出版社，1994。

操场举行"五四纪念大会"上，闻一多发表了演讲。

同月，闻一多应文协昆明分会及银行业同人福利会主办的文艺讲习班之邀，担任第11讲主讲，题为"怎样接受文学遗产"；还在联大演讲"妇女解放问题"。

6月4日，闻一多又应邀到联大附中讲演，题为"道家的人生观"。6月14日，由文协昆明分会与联大等16家团体，在云大联合举办诗人节纪念晚会，闻一多到会并演讲。

9月4日，联大、云大、中法大学3校学生自治会与昆明文化各界在联大举办"从胜利到和平"盛大晚会，闻一多主持晚会，并宣读了与吴晗合写的《昆明教育文化界庆祝胜利大会宣言》。

10月15日，联大学生自治会举办"战后之中国"系统讲座，闻一多讲了"战后的文艺道路"。

11月16日，闻一多在青年会演讲，题目为"文学之欣赏"。

1946年5月3日，昆明学联与昆明文协在云大礼堂举行文艺晚会，总题为"人民文艺的道路"，报告人有李广田、朱自清等，闻一多做总结发言。

7月15日，闻一多在云南大学举行的李公朴殉难经过报告会上做了最后的讲演。

8月1日，朱自清在灵岩书院讲演，题为"现代散文的发展"。

1947年4月11日，朱自清在清华通识学社讲演"论气节"，充分肯定了"五四"以来青年知识分子用正义的斗争行动代替消极的"气节"这种"新的做人的尺度"。后载5月1日《知识与生活》。

5月5日，朱自清在清华"五四"文艺晚会上演讲"论严肃"，载10月1日《中国作家》创刊号；又以《文学的严肃性》为题，刊在5月19日《文汇报》。

1948年4月14日，清华鲁迅研究会举办文艺讨论会，朱自清出席并讲话。

5月19日，李广田应邀在北大医学院演讲，题为"医学与文学"。

7月23日，北平《中建》半月刊在清华工字厅举行"知识分子今天的任务"座谈会，学术文化界多人出席并发言，其中俞平伯、朱自清做了发言，朱自清的发言后载《中建》半月刊第3卷第5期。

自1951年1月至2月，《人民日报》相继发表号召学习毛泽东《实践论》社论后，一些清华教授陆续写出自己学习体会的文章。3月29日，李广田在中央文学讲习所做"《实践论》与文艺工作"的演讲，后载4月25日出版的《文艺报》第4卷第1期。

（注：1939年前的演讲，多收入文学社和终南社等社团活动中。）

第二节　文艺社团

清华园里的文艺社团自建校初期就十分发达、活跃。改办大学之后,在原有基础上不断发扬光大,又不断有新社团涌现,累计达几十个之多。社团主要由广大学生组织并加入,通过举办各种形式的活动,既给校园增添了活力,又锻炼了同学们自己。以下主要是与中国文学系的活动相关联的社团。

清华文学社

1921年11月20日成立的清华文学社,前身是1920年梁实秋、顾毓琇、吴文藻、齐学启等7人所组织的"小说研究社",后闻一多加入,建议改为"文学研究社"。文学社分为诗歌、小说和戏剧小组,宗旨为研究文学,活动方式主要为做读书报告和请名人讲演。他们在《清华周刊》开辟"文艺增刊"、"书报介绍副镌"和"海外文坛消息"栏目,经常发表文学作品,介绍国内外文坛新作品。此外还开展召开研究会和讨论会等活动。随着1922年、1923年闻一多、梁实秋、顾毓琇等相继赴美,文学社处于群龙无首之状。直至到了朱湘第二次返校,及陈铨、李健吾与曹宝华等人的加入,文学社才又重新振兴。1926年6月11期出版的《清华周刊》第383期载有关于文学社近月来召开常会的报道,"凡诗歌小说故事均自由谈述,且杂以笑话,更生风趣。上次开会社员中携带有小说及新诗数篇到会,互相传观,互有批评,尤以朱自清先生之评论最为精到"。1929年5月,在召开的学期末次常会上,进行了职员改选、讨论《新风雨》第二期稿件等项议程(第一期已于之前拟定篇目,后因种种原因,未能刊行)。10月18日,该社召开本学期第一次常会,杨振声、朱自清等到会,会议提出了增加新社员、社员应注重在艺术创作练习、不在多发表文章等建议,另还讨论了最近文坛上的一些问题。1931年初的《国立清华大学校刊》上曾载《文学社简况》,介绍了当时的情况。后来随着"清华中国文学会"的成立,无形中取代了"清华文学社"的活动和地位。

尽管如此,文学社在清华园里仍是一个成立时间较长、较活跃的文学团体,前后培养了一大批文学人才,闻、梁、朱等人的文学成就已众所周知,像顾毓琇后虽读工程,成为著名科学家,但因从那时迷恋上文学,以后文学著述、诗词创作从未间断,出版了《顾一樵全集》、《梁溪话语录》、《耄耋集》、《水木清华》、《顾毓琇喜剧选》等被称为"文理融通一奇人"。

终南社

成立于1927年，社长梁静钊，顾问朱自清。宗旨为"研究文艺"，活动方式是经常聘请名人演讲（经常与中国文学会共同举办），先后讲演的有：王文显"西洋近代戏剧"、张彭春"中国戏剧漫谈"、许地山"中国佛教文学"、吴宓"西洋文学与中国文学"、黄子通"杜诗与沃茨渥斯"、冰心"文学与社会"、杨振声"新文学的将来"等。

中国文学会

由中国文学系教授和同学共同组织，主席为霍世休。宗旨为：研究文学、联络感情和谋求中文系的发展。是中文系组织活动次数最繁、形式多样、内容丰富的社团，也是清华园里影最响大、最活跃的社团之一。

中国文学会于1928年12月7日召开成立大会，杨振声、朱自清等出席会议，朱自清作了题为"杂体诗"的演讲。该会经常组织演讲会，邀请徐志摩（题为"漫谈"）、芦隐、张彭春（题为"中国戏剧漫谈"）等名人来校演讲（通常与终南社共同邀请）。1929年4月19日，文学会召开第二次常会，朱自清、杨振声等到会，会议通过了简章，并决定出版月刊，选举郝御风、罗懋德等5人为编辑委员。6月5日，该会召开委员会会议，议决：（一）下学期第一年国文，应特设一班，专供本系生修习。（二）本系各选修科目，其时间之排定，应以本系生为单位。关于该会组织，则拟于下学期加以扩大，以该系教师、同学均作为正式会员。11月1日，该会召开本学期第一次常会，到会的教职员学生共20余人，杨振声做了会务报告，谈本系所定课程标准分为三个途径：1、注重中国课程之博观，2、注重西洋文学，3、创造新时代的文学。

1931年4月15日，《清华中国文学会月刊》第一卷第一期出版（详见下节刊物部分介绍）。1932年10月14日，中国文学会召开迎新大会，朱自清应邀讲话，介绍了英国读诗会及英国凡俗。1933年3月9日出版的《国立清华大学校刊》载：中国文学会本届当选职员公布，朱自清负责学术语出版。3月30日，该会公布本学期讲演会及讨论会计划：

  3月30日 林庚 题目为"新诗与音乐"。

  4月13日 杨振声 题目未定。

  4月27日 李嘉言、许世瑛、郭清寰 为"读书报告"。

  日期未定 钱穆 题目未定。

  5月25日 吴组缃 题目为"大众文学问题"。

日期未定　顾随　题目未定。

9月21日，中国文学会就"国学要籍"和"大一国文"的教学召开办公会议，朱自清、闻一多、刘文典、杨树达和许维遹等出席，议决：一、"国学要籍"的教学由教师讲解，或由教师指定范围，令学生阅读，每月考试一次。二、"大一国文"教学规定选文讲授办法，每学期作文6次，每学期举行小考1～2次，规定了本学期新的成绩计算法及保留《词诠》、《字辨》二书供学生参考。

1934年3月7日，中国文学会召开了本年度第三次教授会，议决修改课程如下：

第三年必修科目加：1. 西洋文学概要（8学分）；2. 英文文字学入门（4学分）（学生须就二门中选一门）。

二、选修科目改为必须选习22～26学分。

三、第二、第三年选修科目中版本目录学下加古书词例（3学分）；第一年英文成绩得超上等而愿选习第二外国语者得免习之。

1936年5月3日在工字厅召开文学会全体大会，到会会员60多人，主席赵德尊致开会词，朱自清做《中国文学的用语》、陈铨做《小说与经验》之讲演。9月24日中国文学会召开会议，追悼鲁迅先生，闻一多做了发言。会上还改选了文学会干部，仍由闻一多负责出版，朱自清负责学术。

1937年5月7日，中国文学会召开会议，闻一多报告了最近安阳之行的观感。

后因战事该社停止活动。

南湖诗社

联大中文系向长清、刘兆吉等与1937年在湘黔旅行途中成立的诗社。因蒙自有风景优美的南湖，于是取名为"南湖诗社"，主要成员有穆旦、林蒲等20多人，闻一多和朱自清应邀担任诗社导师。到达昆明后改名为高原文艺社。南湖诗社虽仅存3个月，但所收集整理的湘黔滇民歌，对民间文学研究极具意义。创作的百余首诗歌中，有些堪称中国现代诗歌中的优秀作品，而且还孕育出一些诗人和文学家，为联大文学社团的发展打下了基础。

联大国文学会

1942年3月16日，联大国文学会主办的中国文学汇讲开始，由朱自清首讲"诗的语言"，后有刘文典讲"红楼梦"、沈从文讲"短篇小说"、冯友兰讲"哲学与诗"、罗常培讲"元曲中之故事类型"等。1944年5月8日，该会组织召开文艺晚会（此次会本应于5月4日举办，讲演总题为"五四运动与新文化运动"，开会当天因发生纠纷，改期于8日举办），主持人为学生齐亮，闻一多、罗常培担任大会主席，到会者三千余人，有联大教授与联大、云大、中法大学学生。罗常培首先致开会词，然后讲"五四前后文体的辩争"，又有冯至讲"新文艺中诗歌的收获"，朱自清讲"新文艺中散文的收获"，孙毓棠讲"谈现代中国戏剧"，沈从文讲"从五四以来小说的发展及其与社会的关系"，李广田讲"新文艺中杂文的收获"，闻一多讲"新文学与文学遗产"，杨振声讲"新文艺的前途"，演讲的还有卞之琳、闻家驷，共10位教授。这次纪念"五四"的会议开了5个小时，"从始至终，一直在肃静、宁谧、热烈、渴望的氛围里进行着"，规模之大、意义之深，在大后方为首次。1945年5月29日，国文学会召开欢送同学会，朱自清参加并发言，他就历史与现实之矛盾展开论述，主张文艺工作者不能脱离历史。

十一学会

1943年上半年在联大成立。"十一"两字即是"士"的拆字。最初参加的多为教授、副教授，有闻一多、潘光旦、雷海宗、朱自清、吴晗、闻家驷、冯至、卞之琳、李广田、孙毓棠、沈从文、陈铨等人，后来一些学生如王瑶、季镇淮、何炳棣等多人亦加入进来。该会主要为大家提供各抒己见的场合，常以聚餐会或茶会的形式，每隔一两周举行一次活动，由教授或学生做报告然后展开讨论。因冯至的家位置适中，常在他家举行活动。

联大文艺社

1943年10月1日，联大一些爱好文艺的同学创刊了《文艺》壁报李广田任导师。1945年春，壁报设出于自身发展和外界需求的考虑，决定成立联大文艺社。将10月1日《文艺》壁报创刊日作为文艺社的社庆日，1945年5月18日，文艺社举行了纪念高尔基逝世9周年晚会，李广田讲了"纪念高尔基，论文艺工作者应该站在那一边"。11月1日编印《文艺新报》，为半月刊，共出版了8期。第一期载李广田《人民自己的文学》一文代发刊词，他说："文学本来就不是自己玩耍的东西，而是用它来和别人结合、通融、或唤醒别人，鼓舞别人，使大家联合起来，向着恶的进攻，向着更好的道路前进的一种工具。"在11月16日出版的第二期刊登启事，决定从本期设"文艺信箱"，为读者解答文艺理论、文艺思潮、作品形式和内容等问题。特邀闻一多、李广田等担任"信箱"导师。该社是一个富有朝气、团结奋进的团体，在联大历史上曾有过很大影响，结束于 1946 年 5 月 4 日。

联大新诗社

联大中国文学系爱好文学的何孝达、肖荻等 12 位同学组织成立。他们于 1944 年 4 月 9 日来到科目郊外司家营文科研究所闻一多家，请他担任诗社的导师。闻一多听了同学们朗诵自己作的诗，并发表意见：诗人应该走到人民群众中去，要理解人民的痛苦，做时代的"鼓手"，喊出真正的人民的呼声。还说："咱们的新诗社，应该负起这个责任。新诗社是写诗的团体，但它应该不同于过去和现在那些自命不凡的人组织的团体。它应该是完全新的诗社。不仅要写形式上新的诗，更要写内容也新的诗。不仅要做新诗，更要做新的诗人。"该社按照闻一多设定的新诗的道路行走，还设订了四条标准：

一、我们把诗当做生命，不是玩物；当做工作，不是享受；当做献礼，不是商品。

二、我们反对一切颓废晦涩的自私的诗；追求健康的爽朗的集体的诗。

三、我们认为生活的道路，就是创作的道路；民主的前途，就是诗歌的前途。

四、我们之间是坦白的、直率的、团结的、友爱的。

在新诗社聚会的时候，同学们带来自己作的诗朗读、传阅，互相提意见与建议。7 月 9 日该社召开了新诗朗诵会，到会 20 余人，轮流诵诗，并开展批评。闻一多到会并发表了关于爱国的责任和文艺的形式问题的若干意见。10 月 1 日，举行了赏月诗歌朗诵，到会者约 50 余人，闻一多就"新诗创作"问题做了发言。10 月 9 日，新诗社举行成立半周年纪念晚会。1945 年 4 月 9 日，召开新诗社成立一周年纪念会，会上围绕"诗歌与人民性"这一主题展开了讨论，到会的有闻一多、楚图南、李广田、闻家驷等教授和新诗爱好者 60 余人。同年 5 月 2 日，召开了由联大、云南大学、中法大学和英专 4 校学生自治会联合发起、由联大新诗社主办的"诗歌朗诵晚会"，到会 2000 多人，闻一多在会上发言，朱自清朗诵了诗歌。此外还分别于 1945 年 5 月、9 月、11 月组织了 3 次大规模诗歌朗诵会，每次到会约千人。闻一多经常出席新诗社的诗歌创作、朗诵和讨论活动。新诗社还出版《诗与画》壁报，以后一些爱好绘画的社友另组阳光美术社，出版《阳光画刊》，于是新诗社的壁报改称《新诗》。新诗社的活动，在当时云南的社会、文化界产生了一定影响。

冬青社

为联大在学生中影响最大、活动时间最长的文艺团体，脱胎于群社的文艺小组。1940年3月成立，成员多为爱好文学的学生、教师和校外的一些作家，他们聘请闻一多、冯至和卞之琳担任导师，其名字的由来，是同学们受到窗外翠绿的冬青树的启发，立志要像冬青树那样，永葆常青、坚韧不拔、斗霜傲雪与勇往直前。其活动方式从一开始就以尖锐的杂文与明朗的街头诗和读者见面，在校外出《冬青》街头报，在校内办《冬青杂文》壁报，在国难当头之际将文艺工作者启迪与教育的责任放在首位。同时，也不断提高艺术水准和写作水平，他们在报刊上发表新诗，举行使用多种外语的诗歌朗诵会、聘请文学名人前来演讲。1941年该社处于低潮，到了1944年冬，又以壁报的形式重新活跃，其战斗的内容吸引了众多读者。1945年4月22日，文艺社与冬青社联合举办罗曼·罗兰和托尔斯泰纪念会。同年5月5日，文协昆明分会与联大文学会、外国语文学会、文艺社、冬青社、云大史学会、中法大学文史学会联合举办第一届文艺节晚会，闻一多、朱自清、李广田、闻家驷、冯至、卞之琳、楚图南等出席大会，其中部分教授做了讲演，李广田讲"文学的普及与提高"，闻一多讲"艾青与田间"。随着战后联大北迁，社友分散，冬青社也就成为历史。但这支文坛生力军代表着联大精神，并且造就了一批文学新人，是联大乃至清华文学史上辉煌的一页。

秋白文艺学习小组

这是1951年前后由中国文学系二、三年级部分学生新成立的小组。他们专门选取有现实意义的小说、诗歌、报告文学等文艺作品，在周末讨论，目的在从文艺作品中汲取更多、更具体的思想教育，并不断提高对文艺作品的欣赏和分析能力。组员们在讨论鲁芝的《铁锁链的故事》时，表现出很大的兴趣。①

第三节 相关刊物

在清华园里，刊物的出版始终呈现繁荣景象，其中不乏在校内外都产生过较大影响，并与文学相关的出版物。在浓厚的文学气氛的熏陶中，走出了一批批文学新秀，他们中很多人成为文坛大家。以下是清华中国文学系创办的和中文系师生经常在上发表文章的刊物。

《文学月刊》

清华中国文学会于1931年4月15日创刊，林庚负责出版，朱自清负责学

---

① 见1954年3月《人民清华》第9期。

术，编辑有浦江清、安文倬等，中文系的教师们担任顾问。内容包括诗歌、小说、散文、戏剧、学术论文和文艺评论等。第一期载有陈寅恪《庾信〈哀江南〉赋与杜甫咏怀古迹诗》、杨树达《读〈颜氏家训〉书后》、俞平伯《〈东京梦华录〉所载说话人的姓名问题》等文，还有黄节、霍世休、余冠英和李健吾等人的诗，以及李健吾的小说《在第二个女子的面前》。该刊成为中文系师生发表自己的作品与文章的园地。到1932年5月，共出版了3卷9期。

《语言与文学》

1936年6月，清华中文系师生共同编辑、闻一多任主编的《语言与文学》副刊创刊，由中华书局印行。本期载朱自清《诗言志说》、杨树达《司徒司马司空释》、王力《古韵分部异同考》、浦江清《〈逍遥游〉之话》、陈寅恪《狐臭与胡臭》、闻一多《释省》（契文疏证之一）、许维遹《登州方言考》、高松兆《秦誓考》、毕铿《诗"执讯获丑"解》、孙作云《九歌非民歌说》、彭丽天《乐府始于汉武帝辨》、余冠英《乐府诗集作家姓氏考异》、李嘉言《昌谷诗校释》、陈国良《中亚所出汉縑残片及汉代尺度》（译文）等文。后因抗战爆发该刊中止出版。1946年10月，《语言与文学》作为《新生报》副刊再次刊行，10月21日，朱自清在该刊《发刊的话》中谈到他主编这一副刊的缘由和初衷："这在我们觉得是很可惜的。清华中国文学会是师生共同的组织，这刊物是师生共同切磋的地方。我们当时推定闻一多先生担任编辑，他欣然同意，认真的干。那创刊的一期若有可取之处，功绩该是他的。现在我们复员了，他却遭了卑鄙的毒手！他是以身殉了民主，也是以身殉了学术。我们为了纪念他，为了达成他和我们共同的志愿，先在这里办一种《语言与文学》的周刊，延续这一段短短的历史。《新生报》馆给我们这块耕种的园地，我们很感谢。从前的《语言与文学》以大学生为对象。这里的《语言与文学》，我们打算以大中学生和对中国语言和文学有兴趣的常人为对象。这固然因为日报上的周刊得顾到一般的读者，也因为我们愿意多做一点普及的工作"。从1946年10月21日至1948年12月14日，《语言与文学》作为北平《新生报》的副刊出版，从第1期～第96期，由朱自清担任主编，从第97期～114期（实际只有113期，其88期应为87期），因朱自清病逝，由余冠英接任主编。2001年，原清华中文系教师冯钟芸委托弟子张国风编辑《语言与文学》副刊选粹，交清华大学出版社出版。编者在前言中介绍："《语言与文学》所刊登的文章，具有很高的学术品位。50多年过去了，斗转星移，世事沧桑，可是，我们今天读起来，仍然感动于文章的深刻，依然有一种新鲜的感觉。文章的质量，主要是由作者队伍的质量来保证的。我们仔细地浏览一下主编朱自清先生所约请的作者名单，便不能不惊叹其阵容的强大。这里有侧重于研究古典文学的著名学者：浦江清、林庚、余冠英、萧涤非、冯钟芸、季镇淮、徐嘉瑞、吴晓铃、范宁、萧望卿、李嘉言、张清常、陶光、叶矫耕、高熙曾、王忠、王宾阳等先生；有侧重于研究古代汉语乃至一般语言的著名学者，如朱德熙、赵仲邑、郭良夫、马汉麟等先生；有当时研究古典文学、后来成为现代文学研究权威的王瑶先生。此外，还有不能归入上述三类作者的李何林、李广田等先生。这些作者并不都是出于清华的中国文学系，即便是从清华的中文系毕业，当时也不一定在清华任教。可是，这些作者中有相当一些是从清华中国文学系毕业的，例如像余冠英、林庚、王瑶、季镇淮、范宁、冯钟芸、萧涤非等先生。当然，清华大学在抗战时期曾一迁长沙，再迁昆明，与北京大学、南开大学联合，组成西南联合大学。有些先生是从西南联大时期与清华大学开始有了缘分的。例如季镇淮、冯钟芸、叶矫耕等先生。有些作者从清华大学中文系毕业，但解放前夕，并不在清华供职。例如林庚先生当时便在燕京大学中文系任教。有些作者并非清华中文系毕业，此时却正在清华中文系执教。例如毕业于东南大学的浦江清先生便是这种情况。"①

我们由此《语言与文学》而可以联想到，当年清华中文系培养出了多少优秀的人才，当年清华中文系的力量是多么雄厚。

《国文月刊》

1940年1月10日，在浦江清邀请朱自清及其他中文系教师所设茶会上，筹划了由联大师范学院教职员编辑《国文月刊》一事，6月16日创刊号出版，其卷首语介绍："这一刊物是由西南联合大学师范学院国文系中同人所主编，同时邀请西南联合大学文学院国文系中同人及校外热心于国学教学的同志合力举办的。"还指出："本刊的宗旨是促进国文教学以及补充青年学子自修的材料。"浦江清为该刊第一位主编，同时负责诗文选读栏。编辑委员会有朱自清、罗庸、魏建功、余冠英、郑骞。从第3期至第40期由余冠英任主编。朱自清的《文病类例》一文载第1期《国文月刊》，连载4期。朱自清、王力、浦江清、闻一多、陈梦家、吕叔湘、沈从文、杨振声、余冠英、李嘉言、罗庸、游国恩、林庚、何善周、颜虚心等在此刊发表多篇学术论文，为这一时期联大中文系教师发表研究成果的重要园地，至1947年12月，共出版了62期。

---

① 张国风,《清华学者论文学：〈新生报〉副刊〈语言与文学〉选粹·前言》，北京，清华大学出版社，2001。

《清华学报》

创刊于 1924 年 6 月,由《清华学报》社编辑发行,各省商务印书馆与中华书局代售,时陈达任总编辑。其宗旨"以为求学的态度,应以诚实两字为标准:第一,要存一个谦仰的心,然后实事求是,平心静气,来研究学问;第二,要有科学的精神,然后求学的方法,可以渐趋精确稳实,脱离虚浮的习惯"。《清华学报》为季刊,每年出版 4 期。至 1937 年 6 月出版到 12 卷 3 期后,因抗战爆发南迁而暂停刊。又于 1941 年 4 月清华 30 周年校庆之际,《清华学报》复刊。至 1948 年 10 月,出到 15 卷 1 期(每卷两期),是清华教师发表学术研究成果的重要园地,自创刊至 1952 年院系调整的 28 年间,几乎每期都刊出中文系(改办大学前称国文系)教师发表的文章,这些文章很大程度上反映出中文系教师的学术水平和研究的实力。

《清华周刊》

该刊是清华历史最悠久、影响力最大的综合性出版物。创刊于 1914 年 3 月 24 日,由 3 位先生和 18 名同学负责。第一任编辑是薛桂轮、蔡正、陈达、汤用彤和李达,罗隆基、浦薛凤、闻一多、潘光旦、吴景超、梅汝璈、贺麟、何鸿烈、李树青、蒋南翔和王瑶等都曾担任总编辑。发刊词云:"求同学之自励,促三育之进步,以光大吾校固有之荣誉,培养完全之国民性格,为本刊唯一之天职","荟集全校之新闻,编列新鲜之历史,使师生之感情日益亲切,上下之关系日益密切"。最初设有校闻、警钟、文苑等栏目,后发展成综合学术刊物。1922—1925 年曾不定期的辟出《文艺增刊》,设有评论、诗、小说、戏剧和杂文等栏目,共出版了 349 期,活跃了校园文化,蕴育出人数众多的我国早期现代文学家,如梁实秋、闻一多、朱湘、顾毓琇、孙大雨、余上沅等。1932—1934 年间又辟《文艺专号》,共 6 期,其栏目同《文艺增刊》。同样的是从当时踊跃在此发表作品的学生当中,走出一大批如林庚、吴组缃、曹葆华、季羡林、郝御风、张宗植等文学爱好者和名家。此外,《清华周刊》上的"周年纪念号"、"暑假周刊"等也是经常刊载文学作品的栏目。至 1937 年 5 月共出版 676 期。抗战爆发,清华南迁,《清华周刊》被迫停刊。1947 年 2 月复刊后,只出了 17 期便因政治倾向问题,于 9 月 25 日被当局列为禁刊而再次停刊。《清华周刊》上至总编,下至发行,大都由学生担任。一份学生刊物具有如此规模、丰富的内容,并能延续如此久长的历史,在中国教育史上是鲜见的,无疑在清华几十年的发展历程中产生过重要作用。

《学衡》

该杂志创刊于1922年1月,由上海中华书局《学衡》杂志社印行,筹办人为吴宓(主编)、梅光迪等人,主要撰稿人有吴宓、梅光迪、胡先骕、汤用彤、柳诒征、缪凤林、林宰平、陈寅恪、王国维、浦江清等。设有通论、述学、文苑、杂缀和书评等栏目,内容包括文史哲论文、译文,介绍美国新人文主义的文章、译文及评价新文化运动的文章,也有少量批评文章。《学衡》宗旨为"论究学术、阐求真理、昌明国粹、融化新知。以中正之眼光,行批评之职事。无偏无党、不激不随"。通常所说的"学衡派",即是指其主要撰稿人。"学衡派反对文学革命对传统的攻击,积极为诗歌的格律形式和文学的模仿辩护,对文学进化的观念、浪漫主义与现实主义的理论提出了批评,因此,在文学的基本观念和理论主张上,学衡派和文学革命及新文学形成了对立",但学衡派对文学革命和新文化运动所提出的批评却留在了历史思考之中。"当我们今天站在学衡派的立场从另一角度对历史进行新的考察时,无疑将能发现学衡派思想的积极意义。"① 该刊自创刊至1933年7月,共出版了79期,自第80期改由南京中山书局印行,缪凤林任总编辑。周辅成在《〈学衡〉杂志的贡献——纪念吴宓先生96周年诞辰》一文中评价此刊"在中国近代期刊史上,是极重要的学术刊物之一","很多深入的研究著作,不仅延续了往圣的绝学,而且这些论著至今仍有很高的学术价值"。"一个长时期的刊物,能长时期一直维持相当高的水平,这也是少见的。"②

《大公报·文学副刊》

1928年1月2日出版第一期,吴宓任总编。该刊宗旨为:"大公无私。立论不偏不倚,取公正态度,愿以本报为国中有心人公共讨论研究之地","其立论,以文学中之全部真理为标准,以绝对之真善美为归宿"。中国文学系浦江清、赵万里、陈寅恪、朱自清、刘文典、俞平伯等,经常在此发表文史、文化及时事方面的评论文章以及诗文和译文,在当时的文化界产生过热烈的反响。1934年1月1日,发表终刊号。六年间共出版313期。

《今日评论》

1939年1月1日创刊,每周一期,为联大教授所创办,是抗战时期一份颇

---

① 旷新年:《学衡派之新人文主义及中国现代批评》,载葛兆光:《清华汉学研究》,第一辑,235~239页,北京,清华大学出版社,1994。
② 李赋宁等编:《第一届吴宓学术讨论会论文选集》,西安,陕西人民教育出版社,1992。

有影响力的时评政论兼学术研究的刊物,是讨论时事的论坛,其自由表达意见、容忍异议的做法体现了联大精神,成为当时舆论重镇,使一批年轻学者崭露头角。该刊同时也是文学院教授发表自己学术研究成果的重要园地,中国文学系朱自清、李嘉言、王力、陈梦家、余冠英等经常在此发表文章。

《学文》

创刊于1934年5月1日,刊名引用了"行有余力,则致以学文"的出典,主编叶公超。由于他也是一年前停刊的《新月》的主编,所以某种意义上可将其视为《新月》的后续。后因叶公超行将出国,第四期由闻一多、余上沅、吴世昌代为负责。撰稿人主要是清华爱好文学的师生和他们的旧日好友,多为知名教授学者及新文学战线上的活跃人物,除闻一多、叶公超,还有梁实秋、胡适、饶孟侃、李健吾、季羡林、卞之琳、孙毓棠、曹葆华、臧克家、方令孺、废名、杨振声、林徽因、陈梦家、沈从文、陈铨、唐兰、朱光潜、赵萝蕤、钱钟书等。其内容丰富多彩,包括学术研究论文、书评、散文、小说、诗歌和译文种种,作品中不乏京派文人的特色。1977年10月,叶公超在台湾发表了《我与〈学文〉》一文,其中不讳言办《学文》的人,对于上海左联的文艺路线有不同的主张,因此想提倡一种自由的文艺。刊物采取了绅士的风度,并未公开宣布这一本意。由于时代的变迁,作者的情况又各有不同,昔日"新月派"的作家们虽聚再散,这份纯文学刊物仅出了4期后停刊。

《人文科学学报》

1942年6月创刊,由中国人文科学社出版,该社为纯学术团体,由西南联大、云南大学教授及一些研究所研究员组成。《学报》每年出两期,清华文科教师常于此发表文章,其中有中文系张清常、闻一多等。

《民主周刊》

1944年12月10日在昆明创刊,是中国民主同盟云南省支部的机关刊物,以潘光旦的名字登记,社长吴晗,闻一多为编辑并在此刊撰写文章。

《民主增刊》

1945年3月中旬创刊,是民盟左翼所办之半月刊,由闻一多、李公朴担任主编工作。

《时代评论》

闻一多、吴晗、闻家驷、楚图南、费孝通等于 1945 年 10 月 2 日组成《时代评论》周刊编委会，费孝通任主编。此刊目的是为了给"中间色彩的教授提供一个园地"。到 1946 年 1 月 23 日被当局禁印，共出版了 18 期。

《原野》

李广田等人创办的文艺刊物，于 1946 年 6 月 30 日创刊，创刊号上载有李广田的文章《日边漫笔》。

此外，《文学》、《太白》、《国风》、《益世报·文学副刊》、《人生与文学》、《北平晨报·学园》、《大公报·文艺副刊》、《中央研究院历史语言研究所集刊》、《东方杂志》、《独立评论》、《图书季刊》、《文学杂志》、《文学年报》、《考古》、《当代评论》、《读书通讯》、《益世报·读书副刊》、《中央日报·文学副刊》、《中央日报·人文科学副刊》、《世界学生》、《文学季刊》、《学术季刊》等报刊与杂志，也是清华中文系教师经常发表文章的园地。

清华大学的史学传统
——新史学在清华的成长与顿挫

在老清华时期，史学是成就最突出的学科之一。史学的基本功能乃是再现历史和解释历史；而任何国家的运行，都离不开对自身历史的传承、体认和延续。因此它是民族国家构建的基本依托，对民族情怀、文化认同的培养有着无可取代的意义。史学不仅保存了国家的历史记忆，而且隐含了未来的基本走向。因此，有人说"历史可以复活古人，历史可以预示来者"；亦有人说"灭人之国必先去其史"。作为国家旗舰大学，清华自始便重视史学教研。老清华史学的发展，与中国学术独立的进程息息相关。老清华史学始于清末，历经民国，而于共和国初告一段落。这是一段异常丰富的历史，而绝非孤立的、线性的过程。在这四十余年历程中，经历了几个发展进度。每一步发展，都与校内外、国内外的种种因素相关。它是老清华不断发展的缩影，也是中国学术近代化的缩影。它与整个中国知识共同体特别是清华大学的演进相关，也与中国学术特别是史学的发展密切相关。

第一章 清华史学的草创与自发成长
——留美旧制部与清华史学
（1909—1929）

第一节 清华留美生与清华史学

清朝末年，气脉衰微的清廷为了图存，实行了一系列新举措，其中就有对中国的近代化影响重大而深远的庚款留学运动。1906年，在美国伊利诺伊大学校长詹姆士（Edmund J. James）建议之下，美国总统罗斯福（Theodore Roosevelt）同意将当年勒索的巨额赔款的部分"退还"给中国，藉此选拔中国最优秀的青年赴美深造，以图从思想上"控制中国"。而清政府则希望藉此机会派送留学生，为国家造就优秀人才。在此背景下，1909年，国内开始掀起了庚款留学运动。在最初的选拔考试中，除国文论说、英文、地理、算学等之外，历史也是必考科目之一。1911年，清华学堂成立后，开始将合格毕业生选派出洋。这一运动直到1929年最后一届旧制部学生毕业为止。对中国而言，"此次派出留学生的目的在于获得充实的学习效果"。这一预想可以说已充分实现了。清华提倡相互竞争，"宗旨是帮助中国学生在美国大学里获得成功，同时又要保持他们与祖国密切相连的关系，这所学校就这样令人不解地（如果不是自相矛盾的话）把中国和美国联系在了一起。"① 当时，清华公费留美是中国青年留学美国的最重要的渠道。以故在同期的留美学生中，清华学子所占比重不小，而在美国一流大学中，清华学子比重更大。在最好的若干所美国名校中，有近半数学子都与清华有不同形式的联系。

---

① ［美］史黛茜·比勒著，张艳译《中国留美学生史》，76页，北京，生活·读书·新知三联书店，2010。有意思的是，作为当时留美运动的受益者之一的胡适，1946年在"二战"胜利后，在联合国教育文化科学会开幕的演说中，也说："中、美的友谊是不可破裂的，因为中国留学生在美国大学中毕业和做过研究的，前后有五万人。这是世界文化史上一件最大的智识合作！"罗家伦《重游美国感想——民国三十五年初在美京广播》，《罗家伦先生文存》编纂委员会编：《罗家伦先生文存》，第六册，271页，台北，国史馆印行，1977。而这又坐实了1907年美国伊利诺伊大学校长在建议设立清华学校庚款时的初衷。

当时有人认为，中国不仅在技术上不如人，在制度上也不如人。因此，向西方学习，则应将以上两方面都涵盖在内。故此次所派学生中，预定有80%专修实科，即"工业技术，农学，机械工程，采矿，物理及化学，铁路工程"等等；"另外百分之二十专修法律及政治学"。① 在具体实施中，理工农医等实科学生确实占据相当大的比例，其次为社会科学、特别是法政学科，之后才是人文学科②。一般地说，后者在当时社会上也确实是比较冷门的选择。其中，本科主修历史学的，仅有24人，占全数的2%弱。当然，有部分学子本科时并非主修历史系，但在研究生阶段却专攻史学。更常见的情况是，虽在学生时代并非以史学为专业，但日后在工作上与史学多所关联，或在史学及相关学科（如考古、历史地理等）方面各有建树。他们在事实上也参与"清华史学"的构建。因此，这一时期"清华史学"学人的谱系也因之有所变更。其中比较突出者，依其赴美年份，可举隅如下③：

1910　胡适

1911　陆懋德　余楠秋

1912　许世箴

1914　陈衡哲（专科女生）

1918　李济　刘崇鋐

1920　萧公权

1922　陈石孚　雷海宗　陈钦仁

1923　王世富　王绳祖　梁思成

1924　何永吉　梁思永

1925　曾友豪（专科）　唐绿萋（专科女生）

1926　李忍涛 董凤鸣

1927　李惟果

1928　皮名举

1929　卢明德

---

① 《派遣美国留学生的章程草案》，见清华大学校史研究室编：《清华大学史料选编》第一卷，107页，1991。

② 1909—1929年间，派送的留学生共1289人，其中，哲学18人（1.4%）、文学61人（4.8%）、社会科学325人（25.2%）、法学29人（2.2%）、自然科学127人（9.8%），《历年留美同学分科统计表（一）》、《历年留美同学分科统计表（二）》，清华大学校史研究室编：《清华大学史料选编》第一卷，清华大学出版社1991年版，56~63页，64~71页。其中，实科合计758人（58.7%）。

③ 按抗战前，曾考入清华，未毕业但日后颇有成就的有刘永济、胡风、何其芳、徐铸成、姚锦新等。

庚款留学运动本意乃"造就适用人才",因此,实科(理、工、农、医、军)是其培养重点,文科(文、法、商、教)人才的培养乃属其次,此方面的人才相对较少。在大约1600余名庚款生中,曾主修过人文学者并不多、主修史学的则更少。但日后在史学领域作出成就者,并不算少。此外,还有一批肄业生也在这方面取得了一定成就(刘永济、黎东方等)。在这批庚款公费生中,比较突出者是张荫麟、雷海宗等;庚款津贴生中最突出者当推蒋廷黻、陈翰笙等。其中不少人日后均在清华历史学系任教有年。

相对而言,张荫麟更是早慧的才俊。乃岭南人氏,年16考入清华学堂。入清华后,学业大进,对中西文学、史学、哲学均有兴趣,尤深于史,才名震一时。幼时母亲过世,在父亲的严格教育下,打下了坚实的国学基础。其治史之路由此开始。入学后不久,张荫麟便在《学衡》上发表处女作《老子生后孔子百余年之说质疑》一文,对乃师梁启超考证《老子》认定其在孟子之后的六条证据,逐一进行批驳。文章颇有锋芒而不失其老道,当时《学衡》杂志的编者还以为作者是清华的国学教员。梁启超后来在中国文化史演讲班上,对张荫麟的批驳当众答覆。等张站起来后,他才发现对方居然只是个毛头小子。此事一时轰动清华。梁启超读张氏之作后不以为忤,反而给以揄扬,叹为天才。自此,张荫麟一举成名。张荫麟以才识为崇尚,虽深于考据,但瞧不起考据;以为考据虽为史学,却非史学之难,而史才实难。史才成为他治史所悬最高鹄的。在清华期间,张荫麟发表了40余篇文章,其中多数是在《大公报》、《学衡》、《燕京学报》、《清华学报》等著名报刊上。其文笔犀利畅美,内容博及文、史、哲三界,故张氏之才名,亦不限于史坛。

清华求学期间,张荫麟积极广泛地参加当时学术界的许多讨论;其中尤以对"古史辨"派的批评最有名,影响最大。他运用欧洲史家色诺波(Ch. Seignobos)等人的历史认识理论,认为顾颉刚"根本方法之谬误"是误用"默证",并指出"默证"之法须在严格限定的条件下才能使用。"古史辨"派对此难有系统回应。张岱年表示:"我认为这一论点具有极高的价值。三十年代,疑古之说风行一时,对于古史研究做出了一定的贡献,但往往陷于主观武断。"张荫麟在清华求学7年,以史、学、才三才出众知名;晚年张岱年则将张荫麟与钱钟书并比为"老清华的两大才子"。清华时代的张荫麟已颇有名气,受到学坛老辈的青目。赴美前夕,贺麟拉着张一同去拜访梁启超,梁当面称赞他"有做学者的资格"。1929年,张以优异成绩毕业;是年获公费到斯坦福大学攻读西洋哲学史和社会学。在上海黄浦码头与贺麟握别时,他说:"没有学问的人,无论你做多大的官,发多大的财,随处都是要被人轻视的。一个没有学问的民族,也是要被别的民族轻视的。"此话被视为张的励志之语,也被视为一代有志青年的文化宣言。

第二节　清华旧制部与清华史学

　　就清华本身而言，史学的教学与生俱来。自创校开始，该校就已有史学相关的课程设置。在 1914 年，清华学校中等科第一、第二年级，均必修"中国历史"课程，每周二学时。① 紧接下来的高等科，一年级的文科、实科学生都必修"通史"，每周三学时②。因此，史学的教学在当时高度西化的环境中，也仍始终存在。但事实上，由于校方和学生对中国文化并不重视，学生也未予以足够的关注，因此，在整个教学体系中，"通史"的地位并不显著；特别是这一时期课程始终很繁重，特别是外文的任务较重，在中等科四年级期，英文每周课时达 13 学时，在高等科还必修德法文。外语学习对学生确实对不少学生构成某种压力，有的人还因此而留级复读甚至被淘汰出校。因此，史学在整个教学体系中仍处于边缘地位。梁实秋发现："学生在上午把必修的英文、算学课修完后，下午的国文、历史课就只好当杂耍了。"而当时校内师生还往往对此习以为常。

　　更重要的是全校研究空气的缺乏。从严格意义上说，1925 年前的清华，主要地还只是一个教学机构，其主要职能是、也只能是教学，在研究方面条件并不好，事实上也明显缺乏研究空气，学术研究难以谈起，原创性的学术工作更是难以施行。直迄 1924 年，校长曹云祥仍直言不讳："清华教育，大致为美国中学程度"，亟宜"提高程度"；在此国内各校纷纷提高程度，改为大学的环境下，清华亦应"改办大学，停招中科生"；若"不改大学，则落后于人，不得并驾齐驱"③。因此，此时的清华，在全国"颇有名气但无学术地位"④，与若干老牌大学不可同日而语；与那些一度走红的教会名校也难以比肩。

　　当然，局面正在逐步改观，特别是在周诒春执掌时期，清华获得长足进步，该校已明确其向正规的近代化大学的发展目标。此后的历任校长，大都继承了这一办学方针。在 1924—1925 年度的课程表中，传统文化的地位已进一步凸显。在高等科一年级的"共同科目"中，已有"中国文化史"（三学时），高等科二年级共同科目中，于"立体几何及三角（或中国文化史）"之外，增设了"欧洲通史"，而在选修科目的"国文"部分中，涵盖了《论语》、《孟子》、《荀

---

① 《中等科课目表》，见《清华大学史料选编》，第一卷，164 页。
② 《文科必修科课目表》、《实科必修科课目表》，见《清华大学史料选编》，第一卷，160、162 页。
③ 曹云祥：《改良清华学校之办法》，载《清华周刊》本校十周年纪念增刊，1924 年 3 月。
④ 陈岱孙：《序》，收入黄延复主编：《梅贻琦先生纪念集》，长春，吉林文史出版社，1995。

子》、《礼记》、《左氏春秋》、《诗经》、《楚辞》等文史经典。相对于此前几年的课程设置而言，这一课程将"通史"的内容更为具体化，而且将通史的意涵从中国通史扩展到了西洋通史，"中西融汇"的治学祈向，已有明显彰显。在大学一年级（即旧制毕业班）①中，"国文选修科目"中，有《史记》、《周易》等传统文史原典，在社会科学选修科目中，相关内容更为丰富，有"中国外交史""美国史""一八一五年后之世界史"；哲学选修目中，已有"中国哲学史（第一学期上古周秦 第二学期宋元明）"②。从课程设置上来说，这已显得较为系统。这样训练出来的学生，也大都具备较好的基本功，其外语根底与通才修养与美国名校本科生相比亦毫不逊色。也正是因此，清华毕业生赴美绝大部分都能直接升入其名校的大二或大三年级，其中多数人还能在升入研究院后很快地获得硕博士学位。在旧制部1926—1927年的学程细目中，"高二"有"欧洲通史"（4成绩时），"高三"有"现代文化"（3成绩时）；"大一"已有"史记"、"汉书"（3成绩时）等专题课，社会科学部分中，已有"中国文化史"、"美国史"、"1815年以后之世界史"、"政治学及远东政治等课程。"③

1925年，为"把清华办成一个自己能够造就专门的人才研究高深学术的独立的机关"④，清华学校增设大学部和国学院。在是年拟就的大学部课程中，也不乏"经济思想史""近代中国经济发达史"（经济学门）及"中国近世史（政治的）""中国外交史""日本史""俄国史"等（政治学组）相关课程。⑤可见其随着年级递增，课程设置中对中国之外的世界的关注程度益高。这些课程，也就需要有相关的教师来讲授。1925年秋的教员中，旧制部有44人，其中钱端升授"世界史"与"比较政治"，萧一山授"通史"，陆懋德授"中国文化史"、"中国哲学史"、"中国史"，汪鸾翔授"东坡集"、"昌黎集"、"中国哲学史"，马伦授"欧洲史"。在大学普通部，历史课程则由教授刘崇鋐及教员萧一山讲授。⑥

---

① 按，这些学生在清华属于"大一"，但赴美后，则大都可以直接入美国大学的三年级（而非二年级），这表明清华本身的教育质量并不低。这与美国同期的初级大学（Junior College）相仿，只是二者的定位有不同，清华定位为培养最高端人才，而初级大学只意在训练一般的实用人才。
② 《1924—1925年的课程表》，载《清华一览（1925—1926年）》，清华学校印行，1926。
③ 《民国十五至十六年学程细目（适用于旧制学生）》，载《清华周刊》，第363期，1925年12月11日。
④ 《开学典礼志盛》，载《国立清华大学校刊》422号，1933年6月24。值得注意的是，创办研究院的目的，也恰是"研究高深学术"。
⑤ 《1925年大学专门科筹备处拟就之课程》，载《清华周刊》第363、第364、第365期，1925年12月11日、18日、25日。
⑥ 《1925年秋教员授课表》，载《清华周刊》，第350期，1925年9月11日。

这一时期，在清华文史之学方面发挥重要作用的是梁启超。梁少年得志，于政学两界均有历练，在仕途失意后，他转向学问。梁自国学院创立后才担任清华专任教师，但在1922年已开始在清华授课。1914年，梁来清华演讲时，提出"君子"当"自强不息"、"厚德载物"；而"清华学子，荟中西之鸿儒，集四方之俊秀"，"为师为友，改良我社会，改良我政治，所谓君子者，非清华学子，行将焉属？"① 此后，"自强不息，厚德载物"被定为清华校训。"一战"的爆发进一步引发了不少有识之士对西方文化的反思，比如美国的白璧德，以及中国的梁启超。1920年，欧游归国的梁启超思想大变。其1923年在清华接受学生记者采访时，批评美国教育是"实利主义"的，其结果之一"就是将人做成一部分的人"，而中国人的教育传统，则是教人"做一个整个的人"。在"专才"教育与"全人教育"之间，梁启超明确地倡言后者。他对清华学子更是寄予厚望："我以为清华学生应当谋这些极端的贯通融洽，应当融合东西文化，不要只代一面做宣传者。"② 这种"全人"教育即通才教育是逐步成为清华的核心的办学理念之一，也成为各系发展隐含的指导思想。正是这样，清华的通才教育较早地开始扎根、发展，受教育者中人才辈出，往往博学多能。因此，日后历史学系学者往往能在史学之外的领域中卓有成就，而他系学子也往往在史学方面颇有造诣，二者的"越位"（"学出其位"）的现象交相辉映。他们各自的专业训练并没有限定视野和修养的范围，反为其全面发展提供了更具体更坚实的平台。因此，他们术业有专攻，但修养甚全面。

梁是通才教育的倡导者，也是其践行者。当然，他本人更多地是从史学研究或文化研究的层次上来传道授业。梁启超是最早提倡"新史学"的学者之一。在1902年上他就发表了著名的《新史学》，猛烈批评"中国之旧史"。认为其有"四蔽"，"知有朝廷而不知有国家"，"知有个人而不知有群体"，"知有陈迹而不知有今务"，"知有事实而不知有理想"；"缘此四蔽，复生二病"，"能铺叙而不能别裁"，"能因袭而不能创作"；"合此六弊"，又有三"恶果"，即"难读"、"难别择"、"无感触"。在他看来，《二十四史》不过是二十四姓的"家谱"，是"地球上空前绝后之一大斫书"，所有的本纪、列传只是"无数之墓志铭"的"乱堆错落"，"汗牛充栋之史书，皆如蜡人院之偶像"。此文诚然不无火药味，但在当时却为"史界革命"和开创"新史学"开辟了道路，对中国史学的近代化过程，客观上不无补益（当然，也不无矫枉过正之嫌，章太炎1904年出版的

---

① 梁启超《梁任公先生演说词》，载《清华周刊》，第20期，1914年11月20日。
② 冠：《与梁任公先生谈话记》，载《清华周刊》，第271期，1923年3月1日。

《訄书》重订本即与之相异)①。——统上可知，梁启超是清华学校时期人文学科方面的一位重量级人物，对整个学校的学术品位的奠定，有特殊的意义。

尽管校方有意识地防止近亲繁殖、实现师资结构多元化，特别强调学缘结构的丰富性，但因庚款学人群在当时确实相对优异，全校教师中清华留美归国者还是占到1/3甚至略多。旧制时期的清华教师中，除了相当数量的外籍教师外，清华出身者始终较多。这一局面直到后来、特别是在罗家伦时期，才开始有较明显的变化。

这一时期，清华史方面虽然不乏名师，但就制度建设来说，还处于初级阶段，并没有上轨道。其中，除了宿儒梁启超外，后辈的萧一山也颇显才具。萧一山于1920年考入北大后即彰显过人的才华。他博览史籍，发奋著述，于1923年出版了《清代通史》上卷。这位年仅21岁的大学生惊动了学坛，好评如潮，李大钊、蒋梦麟等都对其多所推许。有人则将其视为可与老辈宿儒孟森并比为清史学科两大奠基人。1925年，萧毕业后即留校任教。梁深赏其才华，推荐他到清华共授中国通史，自己授文化部分，萧授政治部分。1927年，《清代通史》的上卷与中卷均由商务印书馆再版，梁欣然为序，慨叹道："余穷一日夜力读卒业，作而叹曰：萧子之于史，非直识力精越，乃其技术，亦罕见也。"次年，萧创北平文史政治学院，并任院长。嗣后，他在教学科研和学术行政方面均颇有建树，事功卓著。自抗战时起，萧一山携笔从政，后任国民政府北平行辕秘书长等职。②

---

① 关于"新史学"等问题，可参黄敏兰：《政治批判学术建设：梁启超和鲁滨逊〈新史学〉的比较研究》，载《世界历史》，1993年第3期；宋学勤：《梁启超、鲁滨逊"新史学"思想比较研究》，载《中州学刊》，2003年第1期；孙晴：《梁启超与鲁滨逊〈新史学〉"新"之相异原因》，载《湖北大学学报》（哲社版），2003年第2期。马雪萍：《20世纪上半叶中西方"新史学"思潮比较》，《近代史研究》1992年。值得一提的是，当时对"新史学"的追求，是国际主流史学界的趋势之一，美国学者鲁滨逊1912年出版的《新史学》，被称为"美国新史学的宣言书"，该书译者何炳松，与清华历史学人亦不无渊源。在1936年上，身为暨南大学校长的何炳松来平考察时，特来清华，并见到了堂弟何炳棣。见何炳棣《读史阅世六十年》，14页，桂林，广西师范大学出版社，2005（下引该书均同此版本）。

② 杜家骥：《〈清史大纲〉导读》，见萧一山：《清史大纲》，2～3页，上海，上海古籍出版社，2005。

第二章 "文史之学"与近代学术的交融
——中西学术之间的无梁殿
（1925—1929）

1925—1929 年间，清华校内既有旧制部，也有大学普通部，还有国学研究院。其中，三部分均有史学方面的才俊。

1925 年，清华正式成立大学普通部，增设研究所国学门，开始向完全的综合大学过渡。至 1926 年，大学部共设立了 17 个学系，其中 11 个系先行设立专修课程，4 个系暂不设立专修课程，2 个系仅设普通课程。4 月 29 日教授会选举产生了各系主任。正式设立专修课程的有历史学系（主任陆懋德）；暂不设立专修课程的有东方语言学系（主任陈寅恪）①。这是清华历史上最早的一批学系。这是清华史学近代化转型的历史起点。

1925 年，清华有教职员 149 人，其中教师 59 人（教授 42 人、教员 10 人、助教 7 人）② 若以数年前罗素对清华的观感——"大学校"——而论，如此师资尚敷应付，但若欲建一所正规的、特别是完备的大学，如此师资难免捉襟见肘。和一般学校的多数系科一样，肇建伊始的清华大学，各院系也不可避免地面临优良师资的极度紧缺，出现一批"一人系"（即只有一位骨干教授）。这在当时确然是无可避免的阶段。即便是在日后蜚声世界的清华物理系，在建系之初，也只有梅贻琦和新聘的叶企孙教授 2 人，只称"物理科"，梅贻琦任教务长后，实际上系内还有叶企孙一位骨干教师及一位教员、二位助教。因此，这位教授对内对外、对上对下、教学系务行政等方方面面都要独力应付，工作之繁难当然不言而喻。教学已令人殚精竭虑，研究又从何谈起？

---

① 方惠坚、张思敬主编：《清华大学志》（下），北京，清华大学出版社，2001，657 页（下引该书均同此版本）。
② 方惠坚、张思敬主编：《清华大学志》（下），656 页。

1929年，根据教育部新出台的《大学组织法》，清华成立了文、理、法三学院，其中史学系隶属于文学院。① 国学院倡导"中西融合，古今贯通"的学术特色，是近代中国高等学术机构之一，也是近代中国最成功的同类机构之一。1929年国学院撤销后，多数教师也分别转入历史学系和中国文学系②。这就是国学院学术基干乃"文史之学"的明证。之后的研究院，正是从文史之学向现代学术的转向，从传统意义上的"四部之学"向近代意义上的"七科之学"的转型。

第一节 国学院及其研究工作

在1920年代民族主义思潮高涨的环境下，对学术独立和收回教育自主权的渴望日渐强烈。而建立相对完整的人才培养体系，则是许多有识之士共同的夙愿。从1920年代开始，不少有实力的院校都开始打造各自的研究生教育。清华学校国学研究院也应运而生。它的创建，是清华研究生教育的历史起点。从时间上说，清华国学院在国内同类机构中并非最早，但其影响最大，成就也最突出。

1925年夏，为"研究高深学术"、"培养通才硕学"③，清华开始创建国学研究院。校长曹云祥商请清华校友、时任北大教授胡适担纲，胡适表示"不敢当"，但他推荐了梁启超、王国维、章太炎等导师人选。曹乃请吴宓主其事。吴宓开始为此奔走，最终聘得王国维、梁启超、赵元任、陈寅恪、李济等人，吴宓本人自认才力不够，乃任主任（属职员）。但因故在次年3月被迫辞职，由曹云祥"兼理"；5月上旬，院务改由教务长梅贻琦"兼管"（时张彭春已辞职，其南开校友梅贻琦已兼教务长）④。1929年6月，随着清华学校大学部首届毕业生的毕业，国学院最后一届毕业生也宣告毕业。清华国学院宣告结束。⑤ 国学院历时仅四年，但成绩卓著。其教职员概述如下：

---

① 方惠坚、张思敬主编：《清华大学志》（上），2页。
② 方惠坚、张思敬主编：《清华大学志》（下），220页。
③ 吴宓：《清华开办研究院之旨趣及经过》，《清华周刊》，第351期，1925年9月18日。
④ 孙敦恒编著：《清华国学研究院史话》，61页，北京，清华大学出版社，2002。
⑤ 孙敦恒编著：《清华国学研究院史话》，79页。

姓名	到职时间	时年	职位	学历或履历	语言修养（以能阅读文献计）	指导范围
王国维	1925	48	教授	日本访学	英、日、德	经学、小学、上古史、中国文学
梁启超	1925	52	教授	日本访学、欧洲访问	英、日	诸子、中国佛学史、宋元明学术史、清代学术史、中国文学
赵元任	1925	33	教授	哈佛大学博士、哈佛大学中文系教师	英、德、法、日、古希腊、拉丁、俄	现代方言学、中国音韵学、普通语言学、
陈寅恪	1926	36	教授	日、欧、美游学15年，无任何学位	英、法、德、日、希伯来、希腊、拉丁、梵、巴利、马扎尔文等10余种文字	年历学、古代碑志与外族有关系者之研究、摩尼教经典回纥译文之研究、佛教经典各种文字一本之比较研究、蒙古满洲书籍及碑志与历史有关系者之研究
李济	1925	29	讲师	哈佛大学博士	英、德	中国人种考
陆维钊	1925	26	助教	南京高师毕业（王国维亲戚）		
梁廷灿	1925		助教	（梁启超侄子）		
章明煌	1925		助教			
吴宓	1925	31	主任	哈佛大学硕士、东南大学教授	英、法、德	西洋文学、比较文学
卫士生	1925		事务员			
周光午	1925		事务员			
赵万里	1925		助教	东南大学毕业		

续表

姓名	到职时间	时年	职位	学历或履历	语言修养（以能阅读文献计）	指导范围
浦江清	1926		助教	东南大学毕业	英、法、日、俄、希腊、拉丁、梵、满	
杨逢时	1926		助教	（赵元任亲戚）		
蒋善国	1926		助教			
马衡	1928		讲师	北大研究所国学门导师，故宫博物院维持会常委		
林志钧	1928		讲师	日本东京帝大留学，北大哲学系、经济系讲师	日	

资料来源：《1925 年秋研究院教职员表》，载《清华周刊》350 期，1925 年 9 月 11 日，30～31 页；《研究院各教授指导之学科范围》，《清华周刊》351 期，1925 年 9 月 18 日。《国立清华大学校刊》，1928 年 11 月 30 日，1 页；《国学院纪事》，《国学论丛》卷 1，1927 年 6 月，293 页；孙敦恒《清华国学研究院纪事》，载《清华汉学研究》第 1 辑，307 页；卞慧新《陈寅恪先生年谱长编（初稿）》，北京，中华书局，2010；丁文江、赵丰田编：《梁启超年谱长编》，上海，上海人民出版社，1983；赵新娜、黄培云编：《赵元任年谱》，北京，商务印书馆，1998；吴宓著，吴学昭整理注释：《吴宓日记》，北京，生活·读书·新知三联书店，1998—1999；吴宓著，吴学昭整理注释：《吴宓日记续编》，北京，生活·读书·新知三联书店，2006。

以上表明，国学院虽曾先后有 17 位教职员；但马衡、林志钧皆系北大专任教师，在清华属兼职；而吴宓在国学院则属职员而非教员。故院中核心人物主要是王、梁、陈、赵、李 5 人。这五位核心教师，虽然均在不同程度上接受了近代学术训练，但治学旨趣大都偏重于文史之学，尤其是王、梁、陈、李四人均是以史学（或考古学）为基本研究畛域的（国学院解体后，陈转为国文系与历史学系的合聘教授，其助手浦江清则是国文系讲师；此外研究生大部分亦是以史学为主要研究领域的）；惟赵以语言学见长。因此，"国学研究"院，从基本面上说是偏重史学研究的，是以史学研究为主要指向之一的。将国学院纳入"清华史学"的论述范围，也是可行的。

在以上人物中，教师甚多（14 人），职员甚少（3 人），这其中教员处于绝对主导地位；而职员处于辅助地位。这与当时清华惯例职员为尊、教员为卑的"职教员"序列迥然有别。这正暗合王国维早年的论说："一校之中实行教授之人多，而名为管理之人少，则一校之成绩必可观矣！"① 国学院的水准，乃由其骨干教师的水准而奠定的。这批学者的云集，确保了其中国学研究不仅在国内首屈一指，而且在国际上也是领先的。当时它颇吸引一部分有志学问的青年，而其招生的标准亦水涨船高；如蔡尚思欲入该校而未果，日后成为南方名校的名教授②。

由于赵元任与李济所授均为新式的人文科学，故一般学生并不适应。而陈寅恪所授课程，也大都是专门之学，门槛较高。所以学生们的研究题目，大都在王、梁二人的指导范围之内。因此，二人的嫡传弟子也最多。

在第一届的 32 位学生中，除旧制大一留美生未提交来论文外，其余 29 人均于翌年顺利毕业。在 32 人中，梁启超指导的有 14 人（王庸、吴其昌、杜钢百、周传儒、姚名达等）；其余为王国维指导 16 人，李济、陈寅恪各指导 1 人。③

国学院学风极佳。"在清华这个环境当中，你要讲不正当的话，找一个人讲肮脏话是不可能的。先生同先生、学生同先生、学生同学生，碰见了都是讲某个杂志上有某篇文章，看过了没有。如都看过两人就讨论起来，如一方没有看过，看过的就说这篇文章有什么好处，建议对方去看。"——在当时的北京，当绝大多数为了生计而四处兼职赶场的时候，当多数院校为军阀干政、学潮迭起所困扰的时候，清华尚能有相对稳固的经济基础、有相当安定的研究环境，确属难能可贵。也正因此，难免有人将该校误认为是"贵族学校"、"世外桃源"。在此环境之下，师生相互砥砺，在学术上大都处于佳境。如梁启超：在国学院"讲儒家哲学、历史研究法、荀子、王阳明，又为大学部诸生讲中国文化史，同时为燕京大学讲古书真伪及其年代，实为一生用力最专、治学最勤、写作最富有之时期……实欲包举二千年来中国之学术文化合于一炉而冶之。"④ 梁启超器局宏大、性情豪爽，其子梁思永亦在校就读，故与学生接触较多，在国学院诸

---

① 见《王国维遗书》，第 5 册，《静安文集续编》，第 52 页，上海，上海古籍出版社，1983。
② 蔡尚思：《蔡尚思自传》，第 57 页，成都，巴蜀书社，1993。
③ 详参《清华周刊》第 355 期，1925 年 10 月 16 日，23～24 页；《国学院纪事》，《国学论丛》1927 年 6 月，297～299 页。苏云峰《从清华学堂到清华大学》，台北，台湾"中央研究院"近代史研究所，1996，338～340 页。
④ 周传儒：《史学大师梁启超与王国维》，载《社会科学战线》，1981 年第 1 期。

教师中，也最受欢迎。他被清华学子推为"新中国柱石十人"之首①。

王国维被认为是近代中国最重要的美学和文学思想家。他第一个试图把西方美学、文学理论融于中国传统美学和文学理论中，构成新的美学和文学理论体系。从某种意义上说，他既集中国古典美学和文学理论之大成，又开中国现代美学和文学理论之先河。在中国美学和文学思想史上，他是从古代向现代过渡的桥梁，实有承上启下，继往开来之功，堪称"中国近三百年来学术的结束人，最近八十年来学术的开创者"。王少年时便彰显出惊人的天分，青年时便名满儒林。梁启超称他为"不独为中国所有而为全世界之所有之学人"。法国汉学大家伯希和说："中国近代之世界学者，惟王国维及陈（陈垣）先生两人。"胡适在1922年向日本学者谈论中国学界时，乃说："南方史学勤苦而太信古，北方史学能疑古而学问太简陋……能够融南北之长而去其短者，首推王国维与陈垣。"王国维在中外学术界享有盛誉，被称为甲骨"四堂"（王观堂、罗雪堂、董彦堂、郭鼎堂）之一。同属"四堂"之一的郭沫若在纪念鲁迅逝世十周年之际，撰《鲁迅与王国维》将学界的王与文坛的鲁迅（皆系浙人）相提并论，将其《人间词话》与鲁迅的《中国小说史略》并誉为"中国学术史上的双璧"；他说：他"留给我们的是他知识的产物，那好像一座崔嵬的楼阁，在几千年的旧学城垒上，灿然放出了一段异样的光辉"。②王国维在中年时已被公认为是当时最杰出的学者，是新旧各方都公推的学术重镇。王国维一生短暂，但涉足了众多领域，且在诸多领域都取得了开创性成果。其早年注重哲学，中年主攻文学（以《人间词话》为代表），晚年主研史学（包括在国学院时期），皆有大成。张岱年晚年在回顾二十世纪中国学术时，认为其中最杰出者，史学方面首推陈寅恪，文学方面则是王国维。

在国学院后期贡献最大的陈寅恪是最晚到院的导师。吴宓着手筹办国学院时，曾力荐陈寅恪、楼光来、汤用彤等哈佛旧友（均少壮派学人）以及柳诒徵、张尔田等前辈学人，惟陈获聘。而这时陈尚在德国。当是陈寅恪尚为一介文弱学子，且尚未发表任何正式的学术论文③，却已声名渐起。陈寅恪性格内敛，孤行独往，但天分极高，自幼便被目为奇才。他游学欧美十余年而不求学位，逐

---

① 按，第二位是蔡元培。见《清华周刊》，第368期，1926年2月27日。
② 郭沫若：《鲁迅与王国维》，载《文艺复兴》，第2卷第3期，1946年10月。
③ 陈1923年8月在《学衡》第二十期上发表了《与妹书》，内中谈到了自己的学术思想，但严格说来只是一封具有学术性质的书函，与严格意义上的学术论文尚有差异。又，陈寅恪1920年前后在哈佛求学时，曾著有论文 Han Yu and Tang Novel（《韩愈与唐代小说》），但1936年4月才发表在 Harvard Journal of Asiatic Sydies 卷首第1期上。

步驾驭了一二十门外语。1924 年，在哈佛任教的赵元任致函在德游学的陈寅恪，商请其待任。陈寅恪答曰："我不想再到哈佛。我对美国留恋的只是波士顿中国饭馆醉香楼的龙虾。"① （是时美国的经济实力已在德国之上，但学术水平尚远不及德国。）傅斯年就常向人推荐，陈寅恪与其表弟俞大维乃中国最有希望的"读书种子"。是年，朱希祖爱徒姚从吾也在德国致函乃师（时在北大），说陈寅恪"能畅读……十余种文字"，"志趣纯洁，博识多闻，他日之成绩当不可限量"。同在北大的顾颉刚，在言及"现今国学的趋势"时，将陈寅恪与伯希和、斯坦因、张星烺等列入"东方言语学及史学"一派②。——正是由于他本身的资质与潜力，使其在候选人中脱颖而出，终于获聘。1925 年清华汇 2000 元公款给陈，请其代研究院购买"西人研究汉学及东方学之专门书籍"和 Journal of Asiatique 等杂志。陈寅恪未能立刻就回国，而是 1926 年春才回杭州，履足清华时已是 7 月 8 日。③

在国学院几位骨干教师中，讲师李济是常被忽略的人物；但从中国近代学术体系的建立来说，他却是极为关键的人物。李济清华毕业后，即赴美深造，在哈佛大学他转益多师，先后随虎藤、托弟和狄克森三位老师学习了体质人类学、考古学和人种学。④ 1923 年，年仅 27 岁的李济获哈佛大学博士学位，这是中国第一个哈佛大学人类学博士。李济回国后，在创建不久的南开大学任文科主任⑤。但天津的学术环境难免不使其略感局促。1925 年初，清华创建国学院后，李移席清华，授人类学。当时安特生的史前发现已成为北京学术界热议的话题。恰在此时，弗利尔艺术馆与李济建立了学术联系。1925 年冬，该艺术馆

---

① 1946 年陈寅恪在成都燕京大学对王钟翰也说："你是搞清史的，搞中国史的到美国去能学到些什么呢？当然，哈佛是世界著名大学，语言确实不错，去了多学点语言，或许还有不少用处。"1945 年陈寅恪与邵循正、孙毓棠等在加尔各答赴英时，对着何炳棣尽情发泄："欧洲人看不起中国人还只是放在心里，美国人最可恶，看不起中国人往往表露于颜色。"（何炳棣：《读史阅世六十年》，203 页。）陈并不盲目崇拜欧美名校，虽游学十余年，民族情结的底色始终如故。将陈寅恪数十年才学与遭逢向比堪，当可知其"一生负气成今日，四海无人对夕阳"有所体察。又，陈寅恪、罗家伦、孔繁霱等均系柏林同寅，日后又是清华同事。
② 参顾颉刚 1924 年 7 月 5 日《与屡安书》，顾潮《顾颉刚年谱》，97 页，北京，中国社会科学出版社，1993。
③ 孙敦恒：《清华国学研究院纪事》，载葛兆光主编《清华汉学研究》，第 1 辑，303 页，北京，清华大学出版社，1994。
④ 按，社会学系的俄籍教授史禄国也在相关领域做了一定的工作。1933 年，燕京大学毕业生费孝通想学习体质人类学，但国内只有史禄国懂行，而史禄国在清华，故只好考进清华研究院人类学研究所。
⑤ 顺及，值得注意的是，蒋廷黻也于此年加盟南开，后继李济之后为该校文科头面人物，但不久之后和李一样，辞别南开来到清华，开创了一片新的学术天地。

与清华国学院共同派李济进行田野发掘。国学院资深教授梁启超热心地推荐其到"模范省长"阎锡山治下的山西省进行发掘。李济与清华大学袁复礼教授同行,开始了其考古学工作的新阶段①。因着一系列卓有成效的工作,李济声名渐起。1928年中研院历史语言研究所成立后,所长傅斯年亟欲开展高水平的考古工作,因此也就亟需一位"受过西方田野工作传统训练的有资历的考古学家"。当时,有人推荐了两位候选人,其中之一是马衡(后来任北京大学考古研究室主任、故宫博物院院长,曾一度兼清华国学院讲师),但马是一位传统的收藏家式的学者。作为学界前辈,马的才学、资历,固足令人尊敬;但显然与现代考古学的国际前沿多有隔阂。傅斯年选择了另一人:李济。这实际上就是挑选了"一位全国性的考古事业的领导者"。后世的学者不由庆幸:"如果马衡成了当年傅最后选中的人,中国的考古学现在是一个什么样子。"

1926年的一次考古发掘令李济驰誉世界。经过一个半月的辛苦发掘,他终于认定这个西阴村遗址是属于新石器时代彩陶文化的遗址,遗存中虽未见金属器具,却在众多陶片与石器遗物中找到半个蚕茧,并看到平整的人工切割痕。后来经专家的鉴定,那半个蚕茧确是一种家蚕的茧,因此证明了中国人在史前新石器时代已懂得养蚕抽丝。1927年初,李济和袁复礼组织人将发掘出土的器物装了70余箱,经过了艰难的长途运输,终于平安运回北京。1月10日夜,清华国学研究院召开欢迎会,教务长梅贻琦,导师梁启超、王国维、陈寅恪、赵元任及全体助教、研究生全体与会。②

李济在安阳的发掘工作,是其"一生的转折点,也是中国考古学和历史学的转折点"。这项发掘,确立了商文明在中国古代史上的地位,而它又是"整个东亚地区有文字记载的第一个文明";这就把"有着浩瀚史籍记载的中国历史和有关史前中国日益增多的资料信息连结起来"。这对揭示整个东方文明的传统以及中国在这一文明系统中的领导地位有着不可估量的意义。短短几年的工作之后,中国的考古学迅速达到世界水平,作为这一事业的领导者,李济本人也很快赢得了世界声誉③。也正是安阳的发掘(1928—1937)和李济对这一发掘的领导,"对

---

① 李济:《安阳发掘的准备和初始》,载李光谟、李宁编:《李济学术随笔》,98页,上海,上海人民出版社,2008。
② 《半个蚕茧 两岸风波——考古学大师李济与夏鼐的故事》,公共考古吧,http://tieba.baidu.com/f?kz=731310267。
③ 李济先后参加和主持了河南新郑、山西夏县西阴村、安阳小屯、山东龙山等地的考古工作。1938年,被选为"英国皇家人类学研究所"荣誉研究员,1948年,被选为中央研究院首届院士。

下半个世纪的中国考古学的发展起了决定性的影响"。（按，这与之后夏鼐的工作密切相关，详后）在同为考古学名家的张光直看来，他"把中国考古学塑造成现在的形态"，"体现了中国的历史学和考古学研究所能达到的最高的科学标准。"① 1938年，李济应邀访问牛津大学，在这蜚声世界的学术中心，受到了充分的肯定；他还当选为英国皇家人类学会荣誉会员。——对中国而言，李济的考古工作为中国的古史研究送来火种；而对世界而言，李济的工作意味着中国的近代考古学研究，已形成相对独立的学科体系，并可以和国际第一线的同行对话、合作。

以上五位骨干教师的存在，使国学院在中国学乃至东方学研究方面，跻身国内领先地位，并达到世界水平。几大骨干教师的个性与理念各有特点。论个性，老辈的王国维、梁启超略显其"旧"；而赵元任、李济则显得比较洋派；新旧杂糅的是陈寅恪与吴宓。从个人性情与治学风格来说，与王国维最相得的是陈寅恪；二者在人生态度与学术理念、治学门径方面有较高程度的认同。他曾说：王静安之学"博矣，精矣，几若无涯岸之可望，辙迹之可寻。然详绎遗书，其学术内容及治学方法，殆可举三目以概括之者。一曰取地下之实物与纸上之遗文互相释证"；"二曰取异族之故书与吾国之旧籍互相补正"；"三曰取外来之观念与固有之材料互相参证"。此三类之著作，"要皆足以转移一时之风气，而示来者以轨则。吾国他日文史考据之学范围纵广，途径纵多，恐亦无以远出三类之外。此先生之书所以为吾国近代学术界最重要之产物也。"② 这被认为是一种经典的论断。此外，陈氏所撰《清华大学王观堂先生纪念碑铭》也对王国维其学其志多有阐发；而这种言说，也完全反映了他始终一贯的主张。日后，对王国维之投湖，陈也情形于以"了解之同情"以求解。

北伐正在进行中的1927年夏，王国维自沉于颐和园。同人大恸。王投湖前，留下遗嘱，将遗作交由陈寅恪与吴宓整理。对王国维之死，众说纷纭，言人人殊，有"殉清说""逼债说""惊惧说""谏阻说""文化殉节说"等多种版本。其中，与王国维精神相通、过从甚密的陈寅恪先是以"殉清"论之，后又认为："凡一种文化值衰落之时，为此文化所化之人必感苦痛，其表现此文化之程量愈宏，则其所受之苦痛亦愈甚；迨既达极深之度，殆非出于自杀无以求一己之心安而义尽也。"这一诠释在同类者中立即得到共鸣。但陈之观点，与其说是对王国维之死的解释，不如说是他以自己的一种心态来观照王国维的精神，

---

① 张光直：《怀念李济（代序）》，见李光谟、李宁编：《李济学术随笔》，1～3页，上海，上海人民出版社，2008。原载 Asian Perspecives，XXXIII（2），1980，李光谟译。
② 陈寅恪：《〈王静安先生遗书〉序》，见陈寅恪：《金明馆丛书二编》，247～248页，上海，上海古籍出版社，1980。另参蔡仲德《陈寅恪论》，《南阳师范学院学报》，2003年第2卷第1期。

似不无夫子自道之意。此时亦非毫无争议。但陈寅恪为王国维所撰碑铭,则被传诵至今:"先生之著述,或有时而不彰。先生之学说,或有时而可商。惟此独立之精神,自由之思想,历千万祀,与天壤而同久,共三光而永光。"于此,"独立之精神、自由之思想"则成为一种士之品格的象征。他认为王是"近世学术界主要的人物,故专文老昭示天下后世研究学问的人"。晚年陈寅恪还表示:"我要为学术争自由。我自从作王国维纪念碑文时,及持学术自由之宗旨,历二十余年而不变。""我认为研究学术,最主要的是要具有自由的意志和独立的精神……没有自由思想,没有独立精神,即不能发扬真理,即不能研究学术……独立精神和自由意志是必须争的,且须以生死力争。"① 1964 年,陈还说:"默念平生固未尝侮食自矜,曲学阿世,似可告慰友朋。"这是他对自己坚持独立人格的一生的总结。

1927 年 2 月,清华还邀请梁漱溟来做《人心与人生》的专主题演讲,为时一学期(是时梁已离开北大)。这是国学院的课程之一。梁本人也被聘为讲师。1928 年,在李济深的帮助下,梁漱溟还在广东省办了一个"村治讲习所",宣传他的"村治"理论,培训"村治人才"。

——统此可见,这批骨干教师都处于 30 来岁到 50 出头之间,这正是一个学者的黄金时期。其工作效率最高,状态也最好,最容易做出上等工作。国学院时期,王国维、梁启超都完成了一系列作品。因经费充裕,国学院本身即能出版作品。李济的《西阴村史前的遗迹》(1927)、赵元任的《现代吴语的研究》(1928)等即由此出版。赵还在商务印书馆出版了《国音新诗韵》(1927)、《新诗歌集》(1928)等。

此外,尚需注意的是,清华这一时期的发展,是与整个中国知识界的集体努力、互动分不开的。其中,北京大学、南开大学等与在清华发展中提供了较多的人才资源。特别是原先可以与清华"立在兄弟行"②的南方之雄东南大学。该校在 1920 年代前期一度是欧美留学归国生的首选,1925 年后更是有不少人北上参与了清华这一时期的发展,在国学院,吴宓曾是该校教师,陆维钊、浦江清、王庸、赵万里等都曾是该校毕业生。导师陈寅恪早年也是该校"太老师"柳贻徵的弟子,至于日后文法理学院的罗家伦(助手:郭廷以)、楼光来、张歆

---

① 这是陈寅恪 1953 年 12 月《答科学院》的讲话,见陆键东《陈寅恪的最后 20 年》,111~113 页,北京,三联书店,1995。
② 梁实秋:《南游杂感》,《清华周刊》,第 280 期,1923 年 5 月 4 日。又,孔祥瑛在 1947 年也称"中大的清华学人很多",见《散处各地的清华人》,载《清华周刊》复刊第七期,1947 年 4 月 6 日。

海、温特、熊庆来（助教：唐培经、周鸿经）、孙光远、叶企孙（助手：胡坤陞、施汝为、赵忠尧、陆学善）、吴有训、余瑞璜、陈桢（助手：陈封怀、戈定邦）、张奚若、胡元义、钱端升等都曾在该校任教或从该校毕业。在1925年前，该校学风蔚胜一时。梁启超本人也曾不止一次地在该校讲学，回清华也称："现在北京、东南大学两大学里的教授有渊博学问的确很有几位"；"东南大学的教师们非常热心，所以东大的学生都受他们的感化。"① 柳诒徵则一度在清华国学院讲学，颇受款待。清华学子王世富1923年毕业后，还特地慕名自费赴东大进修。将南北这两所名校紧密联系起来的纽带乃是庚款留学生及其参与创办的《学衡》。除吴宓外，陈寅恪与张荫麟、陆懋德、王国维等，均与学衡派有不同程度的联系。

第二节 "文史之学"与学术薪传

从办学理念和运行模式而言，国学院是中国传统书院和美国学院制度、英国导师制度的特征；从教学的实践状况看，也是新旧交融、中西融汇的思路。因此，一般地说，它是融合新旧的办学思路，是现代学术民族化的探索，也是中国近代研究生教育的起点。

当然，就国学院本身来说，与当时的清华尚未完全融合，自然遇到重重困难。因为考试难度很大，录取人数并不多。由于种种原因，招生规模日渐缩小。办学规模也始终有限。办学四年，先后招生80人（1925年34人，29人报到；1926年新生29人，另有上届毕业留校继续研究的7人；1927年18人，1928年4人），毕业74人。日后成就较突出的有30余人，此等成材率是异常罕见的，② 以毕业年计，其中较突出者可举隅如下：

1926（毕业29人）王庸　方壮猷　余永梁　杜钢百　汪咏龙　吴其昌　高亨　周传儒　徐中舒　姚名达　黄淬伯　赵邦彦　刘盼遂

1927（毕业26人）王力　姜亮夫　黄绶　陆侃如　杨鸿烈　戴家祥　卫聚贤　谢国桢

1928（毕业13人）陈守实　储皖峰　刘节　蒋天枢

1929（毕业6人）王静如　蓝文徵　罗根泽

相关人物的基本信息为：

---

① 冠：《与梁任公先生谈话记》，载《清华周刊》，第271期，1923年3月1日。
② 《1925年研究院成立后首届录取之研究生》，载《清华周刊》，第350期，1925年9月11日；蒋天枢：《陈寅恪先生编年事辑（增订本）》，63、65、71页，上海，上海古籍出版社，1997。

届别	姓名	导师	专修学科	毕业论文/专题研究题目	日后任职及其他
1926	吴其昌	王国维		宋代学术史 谢显道年谱 等	南开大学讲师、武汉大学历史系主任
	徐中舒	王国维		殷周民族考徐奄淮夷群舒考	中研院研究院、四川大学历史系主任
	高亨			韩非子集解补正	
	姚名达	梁启超		邵念鲁年谱 章实斋之史学	
	杜钢百			周秦经学考	武汉大学讲师、西南师院教授
	杨筠如	王国维			后留学日本，任四川大学教授
	方壮猷			儒家的人性论 章实斋先生传 中国文学史论	留学东京大学、巴黎大学，历任交通大学、北京大学、中央大学讲师，武汉大学文学院代院长
	王庸	梁启超		陆象山学述 四海通考	浙大图书馆主任、西南联大、南京大学教授
1927	谢国桢	梁启超	中国文学史	清代学术史征	中央大学教授、中国社科院研究院，南明史权威
	刘节		中国哲学史	中国古代哲学之起源	河南大学、燕京大学、金陵大学教授，中山大学历史系主任
	陆侃如	王国维	中国文学史	古代诗文、古代诗选	后赴法留学，任燕京大学国文系主任、山东大学教授、副校长
	戴家祥	王国维	经学、金石学	卜辞金文之研究	南开大学研究员、华东师大教授
	吴金鼎	李济	中国人种考		后赴英留学，任齐鲁大学文学院院长
	王力	赵元任	中国文学史	先秦文法	巴黎大学博士，中山大学文学院院长，北京大学一级教授，学部委员，全国人大常委
	杨鸿烈		中国文化史	中国法律发达史	29岁起任云南大学师范学院院长，后获东京大学博士学位，任香港大学教授

续表

届别	姓名	导师	专修学科	毕业论文/专题研究题目	日后任职及其他
1928	罗根泽			子史杂考/管子年代考 阴阳家源流考	毕业同年任河南大学教授，后任北师大、中央大学、南京大学教授
	蒋天枢	梁启超			东北大学、复旦大学教授
	储皖峰			六朝文学年表 唐诗概论	中国公学教授、辅仁大学教授
	蓝文徵			逸周书谥法篇疏证/中国史学史	西北大学历史系主任，台湾东海大学教授

资料来源：孙敦恒编著《清华国学院史话》，62~63页、66~67页、78~79页；《清华一览》国立清华大学1937年印行；苏云峰编撰《清华大学教职员名录（1927~1949）》，台湾"中央研究院"近代史研究所2004年版。

由上可见，研究院学生的主要治学畛域，确实是"文史之学"，且特别集中于古典文学和中古史。显然，这其更多的是传承了王、梁二人的学术流脉。以上学生，将在此后二三十年内在各自领域产生重要影响。清华研究院之所以取得显著成效，与当时相对宽松的学术环境有关，但也与其本身的实情有关；该院教师并不多，但水平都相当高，处于本领域的前沿。办学制度上，亦融合了中国传统书院制度、英国的导师制和美国的学院制。此外，其经费充裕，环境纯良，实是治学的理想环境。

国学院不拘一格选人才。学生资质好，又有名师指导，自然能出成绩。梁启超很得意，宣称研究院的学生三分之一可以成才，其中三五个人的研究成果，"实可以附于著作之林而不朽"①。日后的实情，印证了梁启超的预言。毕业生中，有半数以上均成为名学者。这不仅在近代中国是罕见的，在西方的文化强国也是不多见的。当然，由于这直到1929年之前，清华尚未能培养出自己的本科毕业生，而国学院学生相当于研究生水平。其招生对象按理应是本科毕业以上水准，而且有较好的国学根底。因此，这一机构的学生与清华本校毕业生的水平是有差异的。清华毕业生难以考入该院；而其他大学的毕业生能达到标准者也并不多。因此，该院在实际的人才培养上，是处于比较孤立的位置；与学校的旧制度未能衔接；而大学部又暂无毕业生（大学部第一届毕业的1929年，国学院本身也宣告解体）。在实际办学中，也有一系列现实的困难，如陈寅恪的

---

① 《清华周刊》，第371期，1926年3月19日。详参陈平原：《大师的意义与弟子的位置——解读作为神话的"清华国学院"》，http://www.douban.com/group/topic/12661910/。

课堂上，学生们往往"显得程度很不够"；陈寅恪会"早已死了的文字，如梵文、巴利文、满文、蒙文"，英文、法文、德文、日文更不用说，"甚至连匈牙利的马扎尔文也懂。上课时我们常常听不懂，他，哦！才知道那是德文，那是梵文，但要问其音，扣其义方始完全了解。"① 这样的办学效果难免相对有限。事实上，陈寅恪在国学院中严格意义上的嫡传弟子也非常之少。而赵元任指导的研究生亦有限。该院逐步面临了生源不济等一系列问题。加之内部的理念上的差异，促成了该院的解体。在罗家伦时代，该院向近代式研究生教育机构转型。

无论是本身的内在机理，还是当时的大小环境，都决定了国学院只能是一个过渡性的机构。及至后期，该院在规模上已走下坡路；兼之导师折损，且剩下导师的理念的差异，也引生了种种问题。由于国学院费用太大，校内颇多微词②；1926年1月，清华召开校务会议，吴宓希望扩大研究院的规模，教务长张彭春明确反对，要求研究院改变性质，尽量缩小，最终完成向大学的过渡。在他看来，欲向真正的大学转变则必须对这种"不伦不类"的国学院进行根本性改造。这代表校内相当一部分教授的意见。研究院内部意见分歧，梁启超、王国维、陈寅恪倾向于吴宓的建议；赵元任和李济则同意逐渐停办国学院。此事导致了吴宓和张彭春决裂并双双辞职，后由梅贻琦来接管研究院。

当然，这也与诸多其他因素有关。1927年夏，在春节学期结束之际，王国维投湖自尽后，清华国学院元气大损。之后梁启超身体也多有不适；诸多院务压于陈寅恪一身，致其颇有力单难支之叹。北伐后，陈寅恪的旧友罗家伦于1928年9月长清华，而梁启超原系北洋重臣，自然与南京政府在政治上势不两立，更不宜再履足清华。因此，梁启超事实上也淡出清华了。国学院也陷于风雨飘摇中。1929年，国学院在罗家伦任内停办。

国学院（1925—1929）与清华学校的旧制部（1911—1929）有交叠，也与清华学校的大学部（1925—1928）有交叠，也与清华大学（1928—1952）有交叠。这就形成交错复杂的关系。

1929年6月，国学院走向尾声。6月7日，清华大学举行欢送毕业同学大会。大会主席致辞，"大谈本届毕业生空前绝后的意义"。《清华周刊》则报道说："清华大学部，成立四年来，今年系第一部毕业。旧制之最后一班及国学院

---

① 陈哲三：《陈寅恪先生轶事及其著作》，93页，转引自蒋天枢：《陈寅恪先生编年事辑《（增订本）》，62页，上海，上海古籍出版社，1997。

② 早在罗家伦来清华之前的1928年8月，清华方面已有组织议决"取消国学研究院，成立毕业院"。"这是同学一致的要求；只因国学研究院人数较少，而所耗甚钜，影响于整个清华的发展甚大。"徐雄飞：《"校务改进"中之大学记》，载《国立清华大学校刊》，第1期，1928年。

之最终一班均于今年毕业，故本届毕业生之情景，有空前绝后之意味存乎其中。"27日，清华大学毕业典礼。各界嘉宾云集，热闹非凡。校长罗家伦致辞，"今天的毕业典礼，是具有极大的意义的。"大学部、旧制部和研究院同学同时毕业，"这里面含有很大的意义。""研究院的同学，这也算是最后的一班，清华的研究院，在中国是开风气之先，虽然组织方面晚，未尽合适，但是这一点研究空气，是极可贵的。诸位毕业后，要本在校研究的精神，去继续努力，以求贯彻来校进研究院的精神。下年本校将正式创办各科研究院。"① 这一天事实上宣告了清华由留美预备学校向独立的完全大学转型基本完成。自此，清华开始拥有自己的本科毕业生，并可从中选留优秀分子留校任青年教师（当然，绝大多数教授，仍从海外留学生或其他院校名教授中直接选聘②）。

国学院的规模并不大，为时也很短。但它在学术史上有特殊的意涵。像清华之名一样"清新"，展现了一种新的发展态势。梁启超被认为是中国新史学的发端者；王国维、陈寅恪是新旧交融、中西贯通的一线学者；而李济则是中国考古学近代化的关键人物，是其奠基人和掌门人，被尊为"中国考古学之父"。正是这些开风气之先的第一流学者，奠定了国学院显赫的地位，使其在中国学术界领袖群伦。这也确保了国学院较高的办学质量。

事实上，研究院毕业同学日后的成绩，也确实不负厚望。以首届毕业生为例，刘盼遂毕业后不久即赴河南中州大学任教；杜钢百，即获聘为武汉大学；王庸任教于暨南大学；周传儒任教于北京师范大学。1929年，年仅廿九的罗根泽，刚刚从清华国学院和燕京研究院同时毕业，因求学时已有著述并略有名气，经国学院学长刘盼遂略加介绍，即往河南大学迳任教授。刘节1930年即任河南大学教授。储皖峰甫一从清华毕业，即被胡适聘为中国公学教授。徐中舒33岁即被中研院提升为研究员，成为该所当时最年轻的未曾留学的研究员之一。此外，戴家祥等毕业短短几年，即被地方院校聘为正教授，年仅三十出头。这在非海归派学人中，是异常罕见的。长期以来，中国高校基本上只能培养中学教师层次的师资；而大学教师、特别是副教授以上者往往只能依赖于外国大学

---

① 《国立清华大学校刊》，第82期，1929年7月6日，1页。
② 许多留学生年纪轻轻一回国就迳任教授、甚至大学校长、院长，这也未必合理。这其中也缺乏考核甄别，未必都量才录用。时人也不会意识不到此问题。1931年，代理清华校长的翁文灏就直言："现在社会上和大学自己对于自己也明显的不信仰。最好的证据就是外国毕业的人一回来就做教授，本国毕业的人老是做助教，极不容易得到教授的资格。教授与助教之间，好像就是留学与未留学的分别截然相离，地位上相差许多。"这自然使渴望学术独立的大学越发没有尊严。见翁文灏：《中国大学教育之一问题》，载《清华大学二十周年纪念刊》，1931年4月。这种"挟洋自重"、不重才力重学历（文聘）的现象，在近代是比较普遍的。

（引进海归派）；本国大学毕业生在高校谋得职位后，也多半的长期做助教、讲师，难以晋升。在极度崇洋的当时，没有洋文凭的学人，要在高校中跻身教授，并非易事。相比之下，国学院毕业生的表现实在不差——中国自己的学术机构能够持续地、成批量地培养自己的高层次研究型人才（如大学教师），可能是从清华国学院开始。这种趋向，为中国学人长期以来孜孜以求的学术独立预示了某种希望。

第三章 清华史学的近代化转型：历史学系的成长（1930—1937）

严格地说，清华史学的近代化起步于 1925 年，至 1937 年因抗战而告一段落。这一时期大致可分三阶段：从清华大学部与国学院肇建到国立清华大学的建立，即 1925—1928 年；之后是在罗家伦执掌清华到清华工学院创建，即 1928—1932 年；之后进入第三阶段。其中尤为关键的是承上启下的第二阶段。由于罗家伦执掌清华（1928），次年请蒋廷黻来清华治历史学系推进其近代化转型，历史学系很快步入正轨。在蒋廷黻治下，该系处于高速近代化进程中。1932 年，清华创建工学院后，学校的发展开始逐步"偏重理工"，文法科、特别是文史学科的编制规模已基本定型，其发展主要转向内涵（质）的方面。是年，原清华庚款生雷海宗加盟历史学系，真正有效地强化了清华在世界史方面的教研水准，并造就了一批学术人才。在这一阶段，该系已确立在全国史学系的领先地位；它已无可争议地成为新史学、特别是中国近代史研究领域的殿军。

这一段时期是清华"突飞猛进"的黄金时期，也是历史学系急遽转型的关键时期。在蒋廷黻时代后期，该系已建成为具有国际水平的学术团队。和其他许多知名的史学系相比，其规模相对较小，但学术水准较高。

第一节 历史学系的演进历程与早期发展

1925 年增设大学部后，清华增聘了一批大学部教授，计有 10 人，其中教历史的为刘崇鋐。① 从 1925 年开班大学部到 1926 年度为止，学校又增聘了一批教授，其中西洋文学系最多，历史系则有陆懋德和麻伦②。1926 年 4 月 26 日，在教务长梅贻琦的推动下，学校首次评议会废止了张彭春时代将大学部分为"普

---

① 方惠坚、张思敬主编：《清华大学志》（下），656 页。
② 方惠坚、张思敬主编：《清华大学志》（下），657～658 页。

通科"和"专门科"的政策,转而与正规大学接轨,实行4年制,议决成立17个系。4月29日,教授会选举产生了各系主任,史学系主任为新聘教授陆懋德①。创建伊始的历史学系只有3名学生(哲学系仅1名),教师亦少。1927年学年度又新聘一批教授,其中历史学系有孔繁霱、朱希祖(兼系主任)。

在清华史学的早期发展中,继梁启超之后,另有一位重要人物。这一时期,从清华人文界来说,影响最大者,显然当推梁启超。但就从史学系本身的系务运行来说,贡献最大的是陆懋德。陆懋德从1922年开始在清华学校承担"中国文化史""中国哲学史""中国史"等课程,大学部成立后,又任历史学系与哲学系的合聘教授。其当时的学术研究虽并不突出,但对历史学系的发展贡献良多。直到1928年,罗家伦来清华,改组历史学系,陆懋德才被迫离校。陆懋德是最早在清华讲授"史学史"类课程的学者,在全国也是比较早的。在老清华史学的早期发展中,有其一定的贡献。

陆懋德早年留学美国,回国后曾任总统府礼官等职。后辞官从教,潜心治学。陆懋德一生,著述颇丰,大致分为四类:一为中国哲学史方面的著述,如1923年京华印书局出版的《周秦哲学史》;二为史学理论及史学史方面的著述,如《史学方法大纲》和国立师范大学"中国史学史"课程的讲义;三为中国上古史方面的论述,这方面的成果相对较多,除1945年西北师范学院史地学会印制的《中国上古史》外,还有大量登载在《清华学报》和《学衡》等刊物上的学术文章,如《中国第一篇古史之时代考》等;四为中国文化史方面的研究,如连载在《学衡》杂志上的《中国文化史》的部分章节便属此类。这些著述中的很多独到见解,体现了当时相关领域取得的最高水平,故获得时人的赞赏。齐思和在评价《史学方法大纲》时认为"国人自著史学概论史学方法一类的书也不少,其中以陆懋德先生的《史学方法大纲》一书为最精"。

在1928年罗家伦接掌清华后的"大改组"中,陆懋德离开清华②,故未能参与清华此后的高速近代化的进程,但陆懋德本人的学术生涯并未终结,他以壮年岁月在北平其他院校中继续耕耘,在教学和研究方面均卓有建树。就20世纪前半期在史学理论及史学史的发展来看,陆懋德仍属颇有建树的一线学者。

---

① 方惠坚、张思敬主编:《清华大学志》(下),657页。
② 按,罗家伦在重聘教师时,秉持"坚持学术标准"之宗旨,淘汰了多数教授。但其淘汰出去的不少教授,如陆懋德(至辅仁大学)、司密斯(至燕京大学)、余振镛(至北平大学)等,均颇受各高校推许。足见,至少有一部分被淘汰的教授程度并不差,尽管他们可能不合罗家伦的"学术标准"。至于不受罗家伦倚重的朱希祖,在北大先后也曾任史学系主任十余年;学术界对其学术评价并不低。

继陆懋德之后来历史学系的有朱希祖，但他在系内的时间较短。紧接其后的便是罗家伦长系，朱希祖被边缘化。总的说来，朱对历史学系近代化的参与度并不高，远不及其在北大那样树大根深。

1929年，清华新聘教授（等教授）24人，其中史学系聘蒋廷黻、原田淑2人；社会学则新聘了李济；而外文系则达4人，自然科学方面也不少。可见清华此时的发展重点，除了"素有根基"（罗家伦语）的西语系外，对理科方面也确实重视。在1929年6月，国民政府教育部给国立清华大学训令，核准通过《清华大学规程》。在院系结构方面，规程明确历史学系为文学院的五系之一。自此，清华的"校—院—系"三级体制正式确立。但事实上院一级组织为虚体，办学自主权仍在各系。在历史学系，系主任对本系事务有较大的决策权。7月，清华开始筹建研究院，但正式工作要迟至次年才开展；历史研究所则在1931年才开始招生。1930年9月，原国学院讲师顾颉刚受聘为研究院名誉导师；新聘教授蒋廷黻到校，并兼历史学系主任。

罗家伦上任后推行"四化"，其中学术化成效显著，而纪律化半途而废。尚武的罗家伦，在修文的清华显得另类，其身后若隐若现的政治背景，更是使其有较强的党人色彩，这与清华的氛围颇不相宜。1930年5月，面对北方实力派的施压和清华学生的反对，罗家伦得不到教授们的支援，只好请辞。1931年12月3日，梅贻琦到校宣誓就职，在演讲中，表示："办学校，特别是办大学，应有两种目的，一是研究学术，二是造就人才。"梅贻琦深知：量的扩张，不能取代质的提升；大学应凝聚一批高水平教授，形成有创造力的学者集团。"所谓大学者，非谓有大楼之谓也，有大师之也。"梅贻琦力行通才教育，但在具体的学科布局上，适应了当时形势发展的需要，一定程度上比较强调理工科的发展，尤其是创办了工学院，使之突飞猛进，在全国后来居上。历史学系的师资规模，在1932年雷海宗加盟之后，初步定型，骨干教师未有大变。1933年，文学院院长冯友兰出国休假，历史学系主任蒋廷黻暂为代理。次年蒋廷黻出国休假。回国后不久，蒋廷黻请假离校，开始从政之路。蒋离校后，系务重心逐步转移到刘崇𬭎、尤其是雷海宗肩上。在蒋廷黻任内，历史系迅猛发展，基本奠定了一个近代化历史学系的格局。雷海宗治下，该系内涵有进一步提升。

第二节　罗家伦之大改组与清华史学近代化的提速

1928年，罗家伦执掌清华，大行改组。学系方面各有增减，而教授方面也有去留①，共新聘 27 位教授。历史系仅增一名教授，即罗家伦本人，同时来的还有其柳诒徵弟子郭廷以任教员。

1930 年 5 月，在多种因素的综合作用下，罗家伦被迫去职。"九·一八"事变后，在翁文灏、李书华等的推荐下，时任清华留美学生监督梅贻琦出任清华校长。从此，清华长达一年多的易长风潮告一段落，学校的近代化进程进一步提速，学校进入突飞猛进的黄金时期。此时，清华的学术环境"几乎接近理想"。历史学系在蒋廷黻治下也取得长足进展，基本建成了一流的历史学系。接任者将其进一步推进，在内涵上纵深拓展，形成了更具活力和竞争力的格局。1935 年蒋廷黻移步政界后，刘崇鋐曾任系主任，后由雷海宗接任，直迄 1949 年。在这十余年间，雷海宗不仅是该系的行政中坚，而且是业务砥柱之一。

在罗家伦之前，清华已汇聚了不少良师，仅文科方面的哈佛高材生就有陈寅恪、吴宓、赵元任、李济、刘崇鋐、张歆海、楼光来、叶企孙、朱君毅、陈岱孙等。但总的来说，在制度方面，学校仍远未形成一所正规大学的格局；在研究环境上，除国学院一枝独秀外，旧制部和大学部都不甚理想。

罗家伦就职时，正式宣布国立清华大学成立，并发表了由"校务改进委员会"议决的改制方案，包括停止旧制学生全部派遣留美，调整院系，加强教授阵容，设立研究所，充实图书等设备，节制行政开支，整顿基金，意"在这优美的'水木清华'环境里面，树立一个学术独立的基础。"② 罗家伦还大开女禁，通过二次招生，让清华园里首次出现了女生。其一系列改革奠定了一所正规国立大学的基本格局。

罗家伦在最初的就职演讲中，强调要使清华"成为中国学校，中国民族学术之策源地"③，以"学术独立"求得民族独立。在言及治校理念时，他强调：

---

① 按，1928 年，清华原有 55 位教授，接到续聘的仅 18 位。对续聘和淘汰的教授，迄今未有相对具体的统计，据管见所及，淘汰的有国文系吴在、戴元龄、左霈、朱洪、朱传霖，农学系余振铺，工程学系周永德、潘文焕、钱昌祚、刘善包，化学系杨光弼、赵学海，外文系黄中定、司密斯（E. K. Shmit）、谭唐、黄学勤，经济学系蔡正、外文系凌达扬，政治系余日宣、刘师舜，心理学系朱君毅、张丞民。详参苏云峰编撰：《清华大学师生名录（1927—1949）》，台北，"中央研究院"，近代史研究所 2004 年。据此可见，1928 年 9 月之前的非系主任教授，大部分已未再续聘。在罗家伦时代，曾在清华工作过的不少人物，后来在罗家伦出长中央大学之后，又被罗致过去并于重用，如戴超（原清华图书馆主任，后任中央大学副校长）、朱希祖、张广舆（总务长）、郭廷以（训导长）、孙光远、卢恩绪、楼光来、胡元义、方光坼等。

② 罗久芳：《父亲在清华大学》，载罗久芳：《罗家伦与张维桢——我的父亲母亲》，120 页，天津，百花文艺出版社，2006。

③ 《月余校闻录》，载《国立清华大学校刊》，第 1 期，1928 年 10 月。

"我们的发展,应以文理为中心,再把文理的成就,滋长到其他的部门。文理两学院,本应当是大学的中心。……纯粹科学是一切应用科学的基础,也是源泉。"① 要有学术本位、学理根底,也要有现实关怀(这是罗家伦一以贯之的理念)。

其实早在1928年9月由宁北上时,罗家伦已与乃师蔡元培商议清华院系的调整问题,于是决定"先成立文、理、法三个学院。文学院分中国文学、外国文学、哲学、历史、社会五系。"② 在是年11月的施政纲领《整理校务之经过及计划》中,罗家伦谈到了办系政策:"北平实为研究历史最好的地方,不但文字的史料多,而且史迹也多。历史系应注重史料的批评研究与整理,为中国产生几部科学的新历史。"③ 而他所谓科学的新历史,就是新史学。这也与其密友傅斯年所谓"科学的中国学"相通。当然,罗家伦虽然未公开鼓吹"史学就是史料学"之说,但也非常重视史料的搜集整理。罗还极为重视图书设备,他特地规定购置图书设备的费用必须占全校每年经费的20%。若能如此,则学校的图书设备势必能够持续的大幅充实。这在当时是一个比较高的标准。因为当时绝大多数高校的经费都用于发给教师薪水,而且还不足成数;也正因此,当时中国的大学内容空虚,系科繁多而程度甚低。罗还四处采购了各种有价值的图书资料,为清华的研究工作(包括史学)奠定了很好的基础。在其任内,一个新型的近代化图书馆开始动工,并于几年后在梅贻琦手上建成为国内最佳的大学图书馆。这个图书馆花费达七十万元以上,"可说是当时我国国立大学中最伟大使用而有发展前途的一个图书馆。"④

在校长任上,罗家伦还在历史学系担任功课,郭廷以为其助教。罗还兼任历史系主任,以待蒋廷黻之到来。身为校长,罗家伦极为精勤,他在处理校务的同时,还一直与校内外学人商谈业务,切磋学问。他每周六上午进城到北大教一堂近代史科目,下午则去看外交档案,进行自己的研究;周末也常去故宫博物院看文物,去琉璃厂看画买书⑤。曾有一度,罗还常去看清宫档案,也正是这

---

① 详参罗家伦:《学术独立与新清华》,罗家伦:《文化教育与青年》,重庆,商务印书馆,1945。
② 按,蔡元培的意见,新办的国立清华大学应与老牌的北京大学有一定的互补性,北大在文理科方面已有较高质量的本科教育,惟研究生教育尚未有理想的进展;故对清华而言,对研究生教育应予较多投入。事实上,清华确实在国内首创了国内大学研究院(1929),其规模、学科之多,都是国内领先的。
③ 《整理校务之经过及计划》,载《国立清华大学校刊》,第12期,1928年11月23日。
④ 罗家伦:《我和清华大学》,载罗久芳:《罗家伦与张维桢——我的父亲母亲》,135页,天津,百花文艺出版社,2006。
⑤ 罗久芳:《父亲在清华大学》,载罗久芳:《罗家伦与张维桢——我的父亲母亲》,123页。

批新解密的清宫档案，极大地推进了清华的晚清史研究，并使之始终处于领先地位。罗在任上时，故宫博物院成立不久，他受聘为文献审查委员，"看到不少宫中惊世的收藏，眼界大开，也开始了他和故宫四十年的关系。他结识了一些故都的艺术家，如陈衡恪和齐白石等人士。琉璃厂的旧书铺、古玩店，常使他流连忘返。"① 正是因此，他始能打通各学科，"对中外学术都知道途径"②，这在清华校长中是空前绝后的；在国内各大学校长中，也是不可多得的。就天资、勤奋、学历、人望等而论，罗家伦也可圈可点。但其个性则颇有意趣。

罗家伦为人强势，上任后即以雄霸之气内外并举，大刀阔斧地推行"大改组"。对内是整顿学系，重聘师资，充实图书设备；对外则改隶废董。"改隶"即脱离外交部系统转而隶属于教育部系统。是时北伐虽已功成，但"军事北伐，政治南伐"，大量原北洋政府官员进入南京政府，新的外交部更是侵染了北洋政府外交部门的贪污腐化的旧习，严重钳制着清华的发展；而新教育部则由蔡元培、蒋梦麟等领衔，有着更多的朝气和新气象。罗家伦与南京要人联手，一举废除了旧有的董事会。这为清华的长远发展奠定了稳固的基石。

罗家伦在欧美一流名校游学多年，深知近代化研究型大学的内涵。他将研究的意义提高到空前的地位："研究是大学的灵魂。专教书而不研究，那所教的必定毫无进步。不但没有进步，而且有退步。"③ 与继任者梅贻琦一样，罗家伦也重视研究，重视名师。"建筑不过是死的躯壳，应当有学术的灵魂在内，才是一个有生命的东西。""学校对各位教授，要有诚恳的推重……要使大学尽其应有的推重，教授也尽其能尽的力量，然后才能给予中国学术一种进步。"④ 罗家伦深知良教授的意义，他说："要大学好，必先要师资好。为青年择师，必须破除一切情面"，严格坚持学术标准。因此，他在大量淘汰不合格教师的同时，也大批增聘少壮派名教授（其中很多是别校的学术台柱），同时抵制很多有背景但少才学的人捞取教授头衔。这样，势必得罪不少人⑤。正是在这样的背景下，蒋廷黻正式进入了罗家伦的视野。

仅有良教师还不够，还须有优良的制度与环境。在理念上，罗家伦高倡研

---

① 罗久芳：《百年父母与千年文物》，载罗久芳：《罗家伦与张维桢——我的父亲母亲》，194页。
② 这是1930年夏，罗家伦败走清华后，故友陈寅恪对他的评价，见毛子水《博通中西网罗人才的大学校长》，载罗久芳：《罗家伦与张维桢——我的父亲母亲》，281页。
③ 罗家伦：《学术独立与新清华》，载罗家伦：《文化教育与青年》，重庆，商务印书馆，1945。
④ 罗家伦：《清华大学之过去与现在》，载《国立清华大学校刊》第87号，1929年9月20日。
⑤ 按，从1920年代中叶开设，南开名教授李济、刘崇鋐、蒋廷黻、李继侗、萧公权等都纷纷移师清华，沈有鼎、曹禺、孙毓棠、陆以循等也先后转学来平。南开校长张伯苓对罗"挖墙脚"的作法也大表不满。

究的重要性,努力养成研究风气,在制度上强化学术休假制度,压缩课时,鼓励研究。为了保证高水平的教学,首先需要高水平的研究。为此罗家伦适当增聘教师,压缩每个教师的课时,以使其有充裕的时间开展研究。后来,在梅贻琦时代,则专门规定:专任教授,授课钟点为每周 8～12 小时;院长或系主任,因公务繁重,可酌减为 5～9 小时。① 这样的授课钟点,在全国极为罕见(是时北大规定教授每周授课钟点为 12 小时,这在全国已是比较少的了②)。同期绝大多数学校,教师授课钟点都在 10 小时以上;如果有兼职者,则往往达到 15、甚至 20 小时以上。在这样的条件下,要开展高水平的研究,几乎是不可能的。清华则否。其经济在北方一枝独秀,完全足以确保教授在较少的课时条件下享有较稳定的收入。同时,他还进一步整顿了比较严重的兼职现象,严令教授专任。为进一步提高教师水准,罗家伦还进一步优化了教员的学术休假制度。这成为吸引人才滚滚而来的一个重要的魅力之源。此外,罗家伦还鼓励师生努力积极做实验做调研,发表作品,改变"述而不作"的旧习;这就开创了近代中国的研究风气。对有事业心的少壮派学人来说,这当然构成不小的诱惑;为了取得学术成就,"他就会到清华来"。③

为了推动清华尽速步入正轨,向研究型大学转轨,罗家伦在发展高质量的本科教育的同时,还"极力扶植国学研究所的继续发展",继续预备创办数学、物理和生物三个研究所④。原有的国学院只有"国学"一科,而研究院则新增了"科学"的内涵。所谓国学,在当时主要是中国传统人文学的内容,这与罗对近代化大学研究院的学科布局和学术规格的愿景,自然有所不同。因此,他在新的研究院则增加了自然科学、社会科学乃至西方人文学的内容。这对原有的研究生教育是一个大幅拓展。从"国学院"到"研究院"的发展,是从传统意义上的"四部之学"向现代意义上的"七科之学"的大步跃进,是中国新型学术体制成长的重要节点,也是中国研究生教育的一个新起点。为养成研究风气,罗家伦还大力提倡创建学术团体。

在当时的环境下,罗家伦的这一系列努力是有着特别意义的。——是时中国高校普遍地缺乏研究环境,对多数教师来说,既缺乏进行开创性研究的必要,也缺乏进行高水平研究的可能。1920 年代任教于天津的何廉就注意到:"在 20

---

① 《国立清华大学教师服务及待遇规程》(1934),《清华大学一览》,1937。
② 萧超然等编著:《北京大学校史》(增订本),283 页,北京大学出版社,1988。相应地,学生的学分要求,也比较合理,为此在 132 学分,同期的北京大学、中央大学等也都在 130 学分左右。
③ 蒋廷黻:《蒋廷黻回忆录》,长沙,128 页,岳麓书社,2003。
④ 罗家伦:《我和清华大学》,载罗久芳《罗家伦与张维桢——我的父亲母亲》,130 页。

世纪 20 年代,在中国大学中的经济学教育十分惨淡。实际上总体来讲,所有的社会科学的教学,都是可怜巴巴的。……由于 20 年代的政治动乱,中国的大多数大学不能按时如数地给教师们发工资……从一开始,教师们就必须担任过多学时的课程,每周 12 节课,最多 30 节课不等……他们年复一年重复的讲义,还是他们从国外听到的以及他们在大学中当学生时从读过的书本上得来的呢。结果,教师在一所大学中任教时间越长,他的教学就越死气沉沉。"① 就在何廉任职的南开大学,这时也爆发了一场不大不小的关于"轮回教育"的风波②。1924 年秋,时逢南开学校创建二十周年,却酝酿着一场罢课风暴。11 月 28 日,校内刊登了一篇名为《轮回教育》的文章。在作者看来,当时的教育,就是一种转圈子的教育,你教育我,我教育他,他再去教育别人,这些人都在一个圈子里面转来转去。中学毕业的学生,可以充当高小学校的教员。大学毕业的学生,则充当中学教员。而留学海外,获得学位头衔或博士凭照的人,回国则充任大学教员。如此循环,一代一代地当教员,学习还有什么服务社会的意义呢? 不少留学生"不管他是真正博士也好,骗来的博士也好,'草包'博士也好,上班捧着他自外国带来的 notes 一念。不管它是是非非,就 A、B、C、D 的念下去。一班听讲的学生,也傻呆呆的不管生、熟、软、硬地记下来,好预备将来再念给别人。英文好一点的教员,就大唬特唬,一若真是学贯中西一般。……至于英文糟的留学生,也勉强说英文……一个人曾和我说,他的教员有一个大本。这大本就是他的武器。假如若有人将他这大本偷去,他必放声大哭,收拾行李不干了"。这"有什么意思呢? 学问吗? 什么叫做学问! 救国吗? 就是这样便算救国吗!"③。是时,南开学校的欧美化倾向确实异常明显。类似批评接踵而至,教师们大为不满,全体罢课。张伯苓不得不痛定思痛,上下考索,终以"土货化"将南开引入正轨,培养研究中国问题之科学人才,使其"知中国"、"服务中国"。④

——可见在当时环境下,大学教育还普遍地处于稗贩阶段,缺乏自身的创新⑤。连高质量的本科教学都难以实现;又谈何研究? 当时所谓一人系颇为常

---

① 何廉:《何廉回忆录》,朱佑慈等译,51~52 页,北京,中国文史出版社,1988。亦参刘超《中国大学的去向——基于民国大学史的观察》,《开放时代》,2009 年第 1 期。
② 详参秦方:《张伯苓 张彭春 张锡禄》第五章"南开的家庭","'轮回教育'风波"部分,河北教育出版社,2004。
③ 宁恩承:《轮回教育》,载《南大周刊》,第 8 期,1924。
④ 可参王文俊等编著:《南开大学校史资料选》,38~39 页,天津,南开大学出版社,1989。
⑤ 早在 1922 年北大廿五周年校庆时,胡适、李大钊等就大声疾呼,呼吁营造研究空气,但事实上效果并不理想。以北大的人才和地位,尚且如此,别的学校更可想而知。

见。姜立夫所主持的南开大学算学系,就是著名的一人系。这种偏重教育而缺乏研究的环境在当时在异常普遍。清华亦如此。如前所述,即便日后蜚声全球的清华大学物理系,在初期也是不折不扣的"一人系",教师自己的研究更几乎无从谈起。一般都说,1920年代中前期的回国的学者,因为没有研究风气。由于高校和研究院所待遇并不好,而且岗位很有限,因此,大量海归派中,只有少部分在教育学术界;而即便是在这其中,多数人还是忙于教课讨生活,研究自然无法兼顾。不做研究,当然难有进步,不进则退。许多学科,都随着留学生的归国引入了国内,实现了奠基,因此,国内确乎涌现了不少的各领域的"奠基人"。但"奠基"之后的开创性研究,则迟迟未能起步。不仅如此,即便是后续性研究,也难以开展。1925年回国后的吴有训,中断了研究长达3年。若长此以往,纵或科学天才难免要报废。近乎绝望的吴有训,收到了叶企孙从清华发来的邀请。他这才走出困境,很快做出第一流的研究,成为中国本土首位在顶级期刊上发表论文的物理学家。在数学家中,1928年回国的孙光远,是同代中国数学家中回国后还能惟一继续做研究、在国外发表论文的幸运者。比他略早几年回国的冯祖荀、熊庆来、郑桐荪甚至同期的杨武之、陈建功等都已经无此幸运了。赵忠尧在1931年回国时,导师卢瑟福还不无忧虑地嘱咐道:"以前你们中国人在这里念书,成绩都不错,一回去就没有声音了。"——这并非多虑。在当时的中国,此乃常态。许多留学时很有前途的学者,回国后大都变成教书匠,基本废弃了研究,国内的学界也颇为萧条。这与当时的种种具体条件有关。这与当时多数学校本身的学术传统尚未建立有关,也与大量屡禁不绝的过量兼课现象有关。1931年,北大校长蒋梦麟在向蒋介石汇报工作时,蒋介石也表示赞成"限制教授在外兼课",鼓励其为避免得罪人而"减少钟点,提高待遇"。①

相比之下,罗家伦对研究的提倡,就显得难能可贵。经此大刀阔斧的"大改组",清华从一所名不副实的"初级学院"一跃而成正规的国立大学,并走上了通往研究导向的近代化大学的快车道。这为其继任者正式建成高水平的研究型大学奠定了必需的基础。清华以其特得天独厚的条件,首创了大学研究院,也首创了研究型大学;特别是安排较少的课时和定期的学术休假;国际交流也很活跃。这样优秀的环境,才有可能留住优秀人才,吸引杰出人才。

从1928年开始,清华在罗家伦之下才开始逐步营造出了研究风气。清华历史学系也是在这时才开始向研究型团队转型的,其研究导向日渐显著。因此,

---

① 《北大三院平均发展 蒋梦麟昨日之重要谈话》,载《北平晨报》,1931年4月28日。

在稍后的蒋廷黻时代,历史学系就很明确地定位要在新史学的方向上进行学术"拓荒",造成"专门人才"。易言之,其宗旨乃是要养成较高水平的研究型人才(即高水平的历史学家),而不是像当时多数大学史学系那样,培养一般意义上的中学历史教师或大学中进行"轮回教育"的教书匠。正在此基本理念的指引下,清华在其得天独厚的条件下全力营造优秀的研究环境,打造研究型的历史学系。

在晚年毛子水看来,1930年代的中国只有"三四间合乎近代标准的大学",清华则是其中"比较像样"的大学之一。1930年代在中央大学任教的郭廷以也坦承:"中大教员都是规规矩矩地教书,但论研究精神则略有欠缺,这是因为课多而且接近政府的缘故,许多教员混资格'做官'去了,所以赶不上清华,清华安定,条件好。周炳琳就说过:'中大是不错,但好像是缺少点什么,研究风气不盛。'"① 中大教授学生北上的也所在不少。朱家骅时期,曾昭抡和汤用彤都北上到北大任研究教授(1932)。即便是在罗家伦重振中大后,也有时有中大师生来清华北大。"述而不作、不立文字"自有老派文人的名士风度;但这与近代化的学术体系显然有所不合。罗家伦则增设发表平台,鼓励师生将研究所得形成文字成果,这既能为学者个人及学术机构赢得声誉,也能为学术界的发展作贡献。

罗家伦任内,国学院于1929年夏正式停办,其中教员都转入相关学系(均在文学院)。陈寅恪受聘为文史两系合聘教授,吴宓则为外文系专任教授;赵元任和李济则直接转入业已迁入北平的中央研究院史语所任职(陈寅恪也与身其中,但非专职;李济则在清华兼职)。

1928年4月,中央研究院在广州筹备历史语言研究所。1929年6月该所迁至北平北海静心斋内,所长由傅斯年担任。其下设三个研究组:第一组为历史组,主任陈寅恪;第二组为语言组,主任赵元任;第三组为考古组,主任李济。所内研究员有傅斯年、陈寅恪、赵元任、李济、陈垣、刘半农、徐中舒、罗常培、史禄国等。"校所合作"或"校所相争"是民国时期学术界常见的现象。此次"校所之争",对清华也不无影响。

傅斯年不愧是慧眼识珠,他深知国学院几位巨头的水平及在国内国际学术界的地位,所以特予邀约。史语所迁平后,国学院的陈寅恪、李济都先后离职参加了这个机构。1929年10月6日,傅斯年致函冯友兰、杨振声、罗家伦,提

---

① 张朋园等访问 陈三井、陈存恭纪录:《郭廷以先生访问纪录》,198~199页,台北,"中央研究院"近代史研究所,1987。

出了开展合作的构想。函称：①

> 现在寅恪、元任两兄，及李济之，我们的研究所均不免与之发生关系。这不是我们要与清华斗富，也不是要与清华决赛，虽不量力，亦不至于！亦不是要扯清华的台，有诸公在，义士如我何至于此！乃是思狼狈为善（狼狈分工合作本善），各得其所！

> ……研究的结果是公物，我们决不与任何机关争名。

后来，史语所再次南迁到南京，陈寅恪仍执教于清华，遥领历史组，实际工作则由所长傅斯年代管。

李济是国际公认的人类学、考古学权威，在当时中国近代考古学界，是最重要的人物。他在国学院解体后曾受聘于社会学系，但其真正任职的时间较短，嗣后很快又淡出了清华，将工作重心转至实史语所。这对清华的学术发展造成了一定影响。自此，清华在考古学方面长期缺乏一流的考古学者和人类学家（后起者夏鼐亦未回清华任教）。在校内，地学系的袁复礼、翁文灏等教授也在古物发掘等方面做了一定的工作，但与偏重人文的考古工作毕竟有所差异。

第三节　近代化史学系的基本建成
——蒋廷黻与清华史学的跨越式发展

严格地说，清华史学的近代化，始于罗家伦，成于蒋廷黻。罗家伦在1926年回国前夕就已购置不少在英、法、德所搜集之史料及购书千余册装箱运回，准备做教学及研究之用。其中有不少就是有关中国近代史的相关资料。8月，他受聘南京东南大学，秋季开始授"西洋近百年史"和"中国近百年史"②。9月8日，他专门致函当年北大旧友顾颉刚（时在厦门大学文科任教），谈论研究中国近代史的计划，希望厦门大学能从事中国近代史材料的搜集，进而成为研究中国近代史的宝藏和策源地。③ 这一理想并未实现，但罗家伦并未就此放下。这成为他日后与蒋廷黻经营清华史学系的一个伏笔④。

---

① 罗久芳：《父亲在清华大学》，载罗久芳：《罗家伦与张维桢——我的父亲母亲》，122~123页。
② 张朋园等访问 陈三井、陈存恭纪录：《郭廷以先生访问纪录》，（台北）"中央研究院"近代史研究所，1987年版，149页。
③ 刘维开编著：《罗家伦先生年谱》，（台北）党史会1996年版，58页。
④ 值得一提的是，蒋廷黻主政清华历史学系时期，曾利用北平地利之便购置了不少大清档案，这对将来人的外交史研究和该系学生的中国近代史研究都有不可低估的意义。该系之所以能成为国内近代史研究之翘楚，与此"硬件"有莫大关系。

北伐期间，蒋介石向陈立夫表示希望在工作之暇，请若干一流学者来讲释学问，陈立夫转商于罗家伦，罗家伦于1928年1月10日致电表示：表示人数不应超过五六人，他推荐了周鲠生、王世杰、周佛海、陈布雷之后，也自荐道："关于近代世界政治、历史或哲学，有可以备咨询之处，亦不敢推诿"①。可见罗家伦认为自己虽然主要治学范围近在"近代"之时段内，但学科博及"政治、历史或哲学"等多方面。历史、哲学属于人文学，政治等则属于社会科学，可见罗家伦自认在人文学与社会科学两方面均"知道途径"。更重要的是，罗家伦所关怀的首先是"致用"而不仅仅着眼于"求是"；他非常重视学术的在当下的意义和社会功能。他最重视"近代"，因为近代与当下的关联最为密切②。

1930年夏，原国学院导师陈寅恪对刚刚败走清华的罗家伦颇为惋惜，对毛子水说：罗家伦在清华校长中恐怕是"前无古人，后无来者"，因为他不仅有办事能力，而且"对中外学术都知道途径"。③

20世纪20年代，已开始中国近代史研究的学者不乏其人，相关论著亦所在多有，但真正从科学的、学术的、现代的世界眼光的角度来开拓这一领域的，非常有限。清华在此方面，逐步实现了领先地位。这受益于罗家伦与蒋廷黻。

罗家伦与蒋廷黻是哥伦比亚大学校友，二人相识于1920年。初次见面，相谈甚欢。当时哥大不仅哲学、教育学蜚声遐迩，而且史学也颇为强盛，它既是"新教育"的中心，也是"新史学"的中心④。史学系所聘Carlton Hayes, Dunning, Shortwell诸位，也都是一时人望。"蒋廷黻就是在这个环境中写他的博士论文"。二人谈过若干次有关中国史学及其研究方法问题，罗家伦深觉"他虽然以前看线装书不太多，可是他是非常聪明的人，自然易于心领神会。"⑤罗非常委婉地暗示了蒋在旧学方面的弱点，这是蒋本人也承认的（类似的还有林语堂、方显廷等）。相对于傅斯年、罗家伦等从线装书中打拼出来、在国内受过本科教育的人来说，蒋的弱项是显而易见的，因此他急切地恶补起来。

后来蒋廷黻先期回国，1923年开始创建南开大学历史学系，并任主任。

---

① 罗家伦：《上蒋公中正先生书》，党史会编《罗家伦先生文存》补编卷，191页，台北，近代中国出版社，1999。
② 吴晗在1951年1月历史学系的报告中也强调："研究历史，应自最近下手"。《清华大学历史学系工作总结》，见清华大学校史研究室编：《清华大学史料选编》，第五卷（上），318页，北京，清华大学出版，2005。
③ 毛子水：《博通中西网罗人才的大学校长》，载罗久芳：《罗家伦与张维桢——我的父亲母亲》，281页。
④ 何炳棣：《读史阅世六十年》，200页。
⑤ 罗家伦：《凭吊蒋廷黻先生》，载罗久芳《罗家伦与张维桢——我的父亲母亲》，196页。

1926年罗家伦回国到东南大学任教，经过北伐战争后，经复杂博弈，于1928年出长清华。他"以建设清华为中国现代化的第一流大学，俾与世界先进大学抗衡"，所以聘请教授非常认真，尤其是院长和系主任的职位，绝不能为私人的交情而稍误青年的学业，因此而不能见谅于人者颇多。为请蒋廷黻任系主任，罗家伦得罪了乃师、前系主任朱希祖。"这原因很简单，因为当时历史学系朱先生资格最老，若是要请系里原有教授担任系主任，这不但诸先生感觉不安，而且其他的教授也不肯；若是我让诸先生担任系主任的话，那朱先生因为是中国史学的专家，对于世界史学的潮流没有接触，自然无法使这个系走到现代化的路上。这是我要请蒋廷黻的理由。不巧蒋廷黻那时在南开大学任教，要歇一年才来，所以这一年之内，我只有以校长的地位来兼史学系的主任。纵然得罪了我的老师，但是我为了历史系的前途，也不能不为公而牺牲私情了。"①

1928年底，罗家伦看到蒋廷黻在南开大学的讲义后，立即意识到其在中国近代史方面的功力，而这正是接近于他对中国近代史的理解。因此，他想方设法挖来了蒋廷黻。蒋廷黻正式执教于清华始自1929年9月。但在前一年12月，获罗家伦青目的蒋已应邀来清华讲座。② 蒋廷黻日后对罗家伦的知遇之恩颇为感念："最早劝我做中国近代史研究工作的人是罗志希。"

罗家伦到任后，在"大改组"中，异常重要的举措之一就是重聘教授，原有的55位教授只续聘了18位。他在新聘教授时，"有一个坚定的原则，那就是我决不请有虚名，而停止了上进的时下所称的名教授；我所着眼的，是比较年轻的一辈学者，而在学术上打得有很好的基础，有真正从事学术的兴趣，而愿意继续做研究的人。我认为只有在这个类型里求人才，才可以得到将来最有希望最有成就的学者。"罗"做校长时不过三十岁，自己年纪很轻，所以请的教授们，也都不过和我上下的年龄。在这批人里面，以后产生了很多对学术有贡献的学者，也产生了许多颇有事功的人物。""其中几位是获得世界名誉的学者。"罗的任期很短，但确实直接或间接地培养了很多人，其中破格录取的新生钱钟书，在校时已卓有表现，日后更成绩卓著。这一时期的青年中，日后在"学术"与"事功"方面成就显赫者都所在多有③。史学系亦人才辈出。罗本人和蒋廷黻都是学者兼外交家，郭廷以、张德昌等亦颇有事功。

蒋廷黻是应罗家伦之邀来到清华的，但他并未因罗家伦的败走而离去。及至1931年，经过易长风潮，教授会实力大增；而教授会的成员，绝大部分是系主任

---

① 罗家伦《我和清华大学》，载罗久芳《罗家伦与张维桢——我的父亲母亲》，132~133页。
② 蒋廷黻讲演 张毓鹏笔记：《二十一条的背景》，载《国立清华大学校刊》，第19期，1928年10月。
③ 内中，有知名学者如陈省身、华罗庚、钱钟书等；还有日后的中央大学校长周鸿经；台大校长钱思亮；四川大学校长柯召等。

或前系主任。在运行机制上，真正的实权往往散布于各系。系主任对本系的发展具有较大的影响力；系主任们对本校的发展，也有一定的发言权。相对低调怀柔的校长梅贻琦，接受了这个既成的权力结构，他在驾驭较大的行政性决策权的前提下，将较多的学术性决策权让渡给了教师们。此外，在评议会及聘任委员会等具有实质性意义的机构中，也往往是以各系主任为骨干的。因此，所谓教授治校，在很大程度上是一种被具体化为"系主任治校"；办学体制也因之表现为"学系本位"。这种相对自主的环境，最容易激发教授们的积极性和创造力。以故蒋廷黻顺利地进行了一系列的改造活动。① 蒋廷黻原在南开时已小有名气，到清华后更是声名鹊起；特别是其对中国近代外交史的教研，在北平学术界极负盛名，北大师生亦曾一度邀其加盟②。

蒋廷黻原是应罗家伦之邀来清华打造一流的近代化的史学系的，因此，其行政工作是重要的一面，但他本人之所以能得此重用，也与他的治学眼光和成就相关。论行政地位，蒋原是南开大学文科主任，但他却能舍此位置而来清华，可见其在学术上不无抱负③。

蒋廷黻是学过现代历史研究方法的，具有扎实细密的功夫，也有从"大"处着眼的胆识与才情。他从民族文化的高度来认识史学，也从引导中国史学潮流的高度来定位清华历史学系。他直言："清华的史学系努力的方向在使我国的史学有进一步的演化。"④。本系正在进行探索，"就全国各大学史系论，清华之史学系的新史学的成分为最重，将来之成败全恃新史学之代表者能否一方面继承中国旧日的考据贡献，同时大规模的输进西洋的史的观念，二者缺一不可"。⑤因此，在师资选聘、人才培养、课程设置等方面，他都秉持了较高的学术标准。他参照了美国大学最好的几个历史学系、特别是美国"新史学"的中心——哥伦比亚大学历史学系的经验，来打造新的清华史学，建成一流的近代化史学系。

蒋廷黻初到清华时，清华历史系基本上还是传统教法，他尝试着用现代的方法来改变清华旧的历史教学方法。为推进历史学系的近代化转型，蒋廷黻采取了

---

① 谢泳：《清华历史系的转型》，载《中华读书报》1998年7月8日。
② 1931年6月，北大史学系学生一致要求增聘陈翰笙、陶希圣、高希圣、蒋廷黻四人，解聘李飞生、毛子水、邓之诚三人。嗣后，蒋梦麟曾与蒋廷黻接洽，聘其到北大，见《北大史学系要求聘教授 该系一年级之议案》，《北平晨报》1931年6月21日；《蒋廷黻分别聘请新接洽教授》，《京报》1931年7月31日。
③ 当然，到清华后，蒋也承担了一系列行政职务，他长期担任评议会成员。这是清华的核心机构，一般地说，除了校长、教务长、秘书长"三长"之外，只有院长和部分系主任才可能担任这一要职。
④ 蒋廷黻：《历史学系概况》，《清华周刊》第41卷"向导"专号，1934年6月1日。
⑤ 《国立清华大学文学院代理院长蒋廷黻转报中文、历史、社会人类等系工作报告》（1934年7月22日），清华大学档案，1—2—1—19。

一系列措施。一、从武汉聘请雷海宗回母校主持中国通史这门奠基课程。之前，通史教学是该系的短板，增聘雷海宗可谓得人。雷被认为是当时中国对欧洲中古史和宗教史了解最深刻的学者，兼有深厚的外文与哲学基础①。1927年回国后，他又连续几年转攻中国通史并试图以文化形态史观建树中国通史的宏观理论架构。这种对中西通史均有精深造诣的学者是清华当时所欠缺的，也是全国各大学史学系普遍欠缺的②。二、利用清华研究院为国家培植历史教研人才，内中一部分可以配合清华历史系的需要。清华研究院的最大吸引力是：学生的课程和论文如皆能达到相当水准，可由清华资送出国深造。第三，给予有研究能力的助教以三年左右的时间去准备开新课。第四，蒋廷黻和刘崇𬭎还利用清华留美公费考试的机会，为国家、为清华造就史学人才。如选派杨绍震主攻美国史；选派夏鼐攻读考古学门。为培植俄国史专家，清华第四届（1936）留美公费考试中设有一门"东欧史"（俄国史），奖金获得者是清华第五级（1933夏毕业）的朱庆永。此外，一些有关中国的专史，例请外校学者兼任讲师分别开课③。第五，蒋还有意识地将该系毕业生安排到各机关的学术机构，为该系的"权势网络"进行长远的布局、擘画。——统上，不难见出，作为系主任的蒋廷黻，不仅有着过人的业务水平，对学科发展有着全局性的前瞻眼光，而且有着罕见的学术组织能力和领导才华。他不愧是史坛之"帅才"。就此而言，在同时的九年史学界，能与蒋比肩的史学领导者，惟傅斯年而已。

如人所言，原创性贡献必须先有闳博的知识和工具基础，创新有赖优良的传统；否则，"无限倍数的无限小的总值仍是无限小"。因此，蒋廷黻注重帮助学生奠定广博的基础，然后追求精专，形成博大而精深的学术体系。所谓广博，由学校层面的通才教育做依托，并有一系列的人文学科、社会科学的支撑，易于为学生打下宽广的基础。而至于"精专"方面，他则根据学生个人的才性实行个性化培养。这其中，他本人对中国近代史（特别是中外关系史、近代外交史）是尤为关切的。

在1922年前后，国内各校中已有中国近代史类的课程，并有个别相关论著行世；蒋廷黻1923年回国，稍后也在南开开设了中国近代史课程；罗家伦回东南大学后也讲授了中国近百年史。但在相关史学系中，这些课程基本上是孤立的、零散的、缺乏系统的。清华则不然；罗、蒋聚首清华后，联手治系，开设了中国近代史、中国近代外交史、中日关系史等一系列系统的课程，而且将其

---

① 参何炳棣：《读史阅世六十年》，68页。何兆武亦称叹惋："以雷先生这样一位如此精娴于基督教史实的学者，竟然不曾为我们留下一部中国学者所写的基督教史，这应该说是我国史坛上一项无可弥补的损失。"何兆武：《缅怀雷先生》，载南开大学历史学院编：《雷海宗与二十世纪中国史学》，62页，北京，中华书局，2006（下引该书为同一版本）。
② 此前及北大清华的世界史教师如陆懋德、刘崇𬭎、孔繁霱、陈受颐、皮名举、黎东方，主研领域都是西方近世史。在全国范围内，精通西方古代史的学者，也屈指可数。
③ 何炳棣：《读史阅世六十年》，67~70页。

拓展到研究生教育层次，从而持续地成批量地培养出了近代史研究人才，形成了该系的优势学科。在该系 1929—1937 年的近 80 名毕业生中，卓有成就者接近 1/2，其中在近代史方面的人才尤为密集，这在全国各大学历史学系中是不多见的。这正是令蒋廷黻颇感"欣慰"的课程改革的精义所在。

这一系列理念与措施与当时的历史背景有关。如果说大量新的考古发现直接推进了王国维、陈垣、陈寅恪等人的古史研究的话，那么清宫档案的新解密，则为罗家伦、蒋廷黻等人的晚清史研究创造了绝佳条件。蒋廷黻等还趁机大量淘书，购买珍贵档案（如清朝军机处和海军方面的史料）存诸清华图书馆，供研究者不时之需。果然不出其所料，这批珍贵文献短短几年就着实为清华造就了一批头等史家和史著。正因洞悉其广阔的学术前景和现实价值，蒋廷黻才倾力于晚清史研究，并因时制宜、因材施教地奖拔优等生，持续地成批量地培养近代史研究人才。当然，在客观上，由于这些档案的解密，一系列高水平的近代史论文（包括新人的作品）才水到渠成。

进而言之，在课程改革和师资选聘中，其实隐藏着蒋特定的基本理念和价值关怀。这与其学术理念和政治哲学有关。他所期待的并非从书本到书本的偏重技术性考据工作，而是有多学科素养、有世界眼光和现实关怀的"科学性"研究。在治学方式上，他强调的是科学性、综合性和原创性；在学术精神上，他偏好的是与现实的关联，及当下关怀的指向性（也正是在这个意义上，他特别注重对日本史和苏俄史的研究）。易言之，他真心期许的不是只通一门的专家，而是融会贯通的通人；不是皓首穷经的考据家，而是高端的研究型人才、甚至是能"创造历史"的领袖人才。他们不仅可以"达己"，还可以"达人"；不仅可以读史明智、成名成家（立言），还可以资政育人、经世致用（立功①）。在这样的人才团队中，有人专心学问，追求学术独立；也有人能担当现实，直接服务于民族独立。而这个目标，也是周诒春、曹云祥、梁启超等前辈一再强调的。②

在清华，蒋廷黻一再强调的是："我们学历史的，绝不是以他作为一种工具

---

① 即罗家伦所强调的在"事功"方面有所作为。
② 蒋廷黻晚年时他清华时的同事、李济问他："廷黻，照你看是创造历史给你精神上的快乐多，还是写历史给你精神上的快乐多？"蒋反问李济："济之，现在到底是知道司马迁的人多，还是知道张骞的人多？"显然，以"写历史"成名的蒋廷黻，对"创造历史"亦非毫无念想。学问与事功，在蒋身上很难分开。见李济《回忆中的蒋廷黻先生》，载台湾《传记文学》八卷一期，1966 年 1 月，亦参朱梦渊，（朱梦渊《蒋廷黻：怀太史公之才抱张骞之志》，《人物》2007 年 7 期。）需要注意的是，这在清华历史学人中并非孤例。梁启超横跨政学两界已是周知。罗家伦早在东大任教时，就对政治表现出了"异乎寻常的兴趣"（东方美语），日后才与身北伐，官拜少将。陈寅恪从未参与政治活动，但私下时常论及政治；甚至以纯读书人形象见知的王国维，移居清华后，私下也未停住对政治的关注。足见，是时清华历史学系中，对政治有"兴趣"或"超然的兴趣/不感兴趣的兴趣"，是比较普遍的。

去升官发财,乃是纯粹为学术努力;现在中国的史学界,如同一片莽原,我们都是开垦者。"① 其所宣扬的是一种为学术而学术的求道精神,这与社会现实不无差距。故他"并不鼓励学生读历史。因为我深虑历史系的学生没有出路";"读历史一定会受穷很久",而且难以成名。但他又自认:"学好历史以备从政之用,此一见解倒是深得我心。在过去,不分中外,许多历史学家均能身居政府要津即其适例。"② 此话道出了蒋在追求学问的同时胸中亦另有丘壑。其密友便直言蒋不喜欢胡适之的"考据癖","而喜欢从大处着眼,旷论中外古今的兴亡得失"。③ 对青年而言,一般意义上的"学习"历史是没有前途的,而"研究"历史取得成绩(比如成名)后,在条件成熟时投身政治,这却是不差的"出路"。蒋廷黻入世而圆通,在留学时期即学业优异,但并不妨碍其对现实的关怀。到清华任教后,其议政活动也未停息。日后从政实践对其来说,是一个很自然的选择。

如果说该系办学的核心人物是蒋廷黻的话,那么在这一时期学术上成就最突出的则是陈寅恪。系主任蒋廷黻也称:"国史高级课程中,以陈寅恪教授所担任者最重要。"④ 作为国学院硕果仅存的导师,陈寅恪全心学术。蜚声海内外,在国内外皆有极高声望。陈寅恪自认"平生为不古不今之学,思想在咸同之间",贯通古今、新旧、中西、文理各方,融汇百家而自成大家,被不少人认为是继王国维之后又一位融汇中西古今的学术巨子。1927—1937年在10年内发表50多篇作品,而且大都是在《中央研究院历史语言研究所集刊》、《清华学报》、《哈佛亚细亚学报》等一流刊物上。无论其是数量还是质量,皆可称述。这些作品奠定了陈寅恪一代大师的地位。其日后的代表作《隋唐制度渊源略论稿》等也主要酝酿于此时。这是其学术生涯的黄金时期。

又,在北平时期,陈寅恪自1929年起兼任中央研究院理事、故宫博物院理事、清华档案委员会委员。在很长一段时期内,不论寒暑,陈寅恪都要到大高殿军机处看档案。这些都是极为珍贵的一手文献,其中不少还是相当机密的案卷⑤。陈寅恪从中受益良多。对清史的理解和体悟当在不浅。此段时期,由于清

---

① 《历史学会首次大会纪事》,《国立清华大学校刊》,第216期,1930年10月22日。
② 蒋廷黻:《蒋廷黻回忆录》,136~137页,长沙,岳麓书社,2003。
③ 见陈之迈《蒋廷黻先生其事》,台湾《传记文学》第七卷第六期,1966年。同样的,据俞大维的观察,陈寅恪论史所关注的也是"古今中外的得失",求国家治乱的深层原因,这显然也是"从大处着眼",只不过,陈氏更能"从小处入手",精于"考据"而无"考据癖",故在论史境界上能更上一层,度越群雄。
④ 蒋廷黻:《历史学系近三年概况》,清华大学档案,1—2—1—19。蒋在报告中还表示:"在中国,新史学的输入为时尚短……"言下之意,乃是很多学者的治学思路尚未上"近代"史学的轨道,或曰并不真懂新史学之精义。
⑤ 陈哲三:《陈寅恪先生轶事及其著作》,台湾《传记文学》第16卷第3期,1970年3月,50页。

宫档案的开放，引发了学界的热潮，这对清史研究、包括晚清史的研究，意义非凡。不少人都曾阅览相关文献。其中，仅清华历史学系，罗家伦、蒋廷黻、郭廷以，以及曾在该校任教的萧一山（还有清华校友、北平图书馆馆长袁复礼）等，都在此列。陈寅恪本就极为用功，再以他特有的满文、蒙文修养，所接触的文献与一般学人相比，只会更多，但他并没有就清史、特别是晚清史有过专门的论述（即便晚年的《柳如是别传》亦止于清初）；倒是蒋廷黻、罗家伦等对中国近代史多有论述。这一细节，个中意涵亦值吟味①。

是时，在北平史坛有"三大老板"，亦有"二陈"。"二陈"中的另一位陈垣对陈寅恪颇多推许。陈垣积多年之功完成的得意之作《元西域人华化考》刊行后，名动一时。陈垣乃请陈寅恪为序。② 1934 年，陈寅恪所讲多为专门之学，但经常有不少人旁听，其中当然有不少热心向学的青年，也不乏声名显赫的学界名家，如冯友兰（文学院院长）、朱自清（国文系主任）、吴宓等，听者都极为谦恭。1930 年代，清华陆续出版了一套足以体现该校水平的"大学丛书"，都是请他审定。冯友兰的《中国哲学史》（上册）在成书之后，即请陈寅恪写《审查报告》，得到认可后，列入"大学丛书"出版，钱穆在完稿得意之作《先秦诸子系年》后，亦非常在乎陈寅恪的意见，陈寅恪表示"自王静安之后未见此等著作矣"③，钱穆遂放心地将该书收入清华丛书。陈寅恪在抗战时期被牛津大学聘为首席汉学教授（这是华人首次荣膺此职）。北大史学元老姚从吾向来不无傲气，但也毫不吝言地赞其"我国史学造诣至深、方法至通的大学者"④。

国学院于 1929 年解体后，陈寅恪转入历史学系。而陈寅恪是该院硕果仅存的导师（即"教授之教授"），明显充实了史学研究的力量。这样的布局，在全国各大学历史系中，在近代史方面的力量是处于前列的。但 1930 年 5 月，处境困难的罗家伦离开清华，到应王世杰之邀到武汉大学教中国近代史课程⑤。清华历史系力量有所削弱，亟需注意的是，新鲜血液的加入。在罗家伦淡出清华后，学校陷入了

---

① 需注意的是，陈寅恪本人的确不曾在中国近代史方面正式发表过任何作品，但他早年的弟子姚薇元曾就晚清史方面完成了学术论文；抗战胜利后他又在燕京研究院指导石泉写过此方面的硕士论文。是时，陈与青年弟子们谈话时，经常"谈中国近代史的有关问题"，并"经常探寻当时报纸上不大登载的民主学运的消息"。见石泉、李涵：《追忆先师寅恪先生》，转引自卞僧慧纂：《陈寅恪先生年谱长编（初稿）》，北京，中华书局，2010，241 页。
② 蒋天枢撰：《陈寅恪先生编年事辑（增订本）》，上海，上海古籍出版社，1997，92 页。
③ 钱穆：《八十忆双亲 师友杂忆》，152~153 页，北京，生活·读书·新知三联书店，2005 年第二版。陈、钱二人均以通才识闻名，且皆胃病患者，此一趣也。
④ 何炳棣：《读史阅世六十年》，135 页。
⑤ 罗家伦在清华期间，未有系统的中国近代史作品。详参《罗家伦先生文存》编辑委员会编《罗家伦先生文存》（1~11 册、补编、补遗），及刘维开编著《罗家伦先生年谱》，台北，党史会，1996。

长达一年多的易长风潮,虽然在此风潮中,教授治校的格局日渐巩固,但这混乱的局面本身对政策的教学科研秩序确实有明显的制约,延缓了学校的近代化进程。

在清华时期,蒋廷黻先后一系列有分量的论文,以及《近代中国外交史资料辑要》等力作。但他更大的贡献在于办学。蒋廷黻在治系方面确实极有魄力和胆识、手腕、眼界。他能够做到人尽其才,才尽其用。如刘崇鋐、孔繁霱等更善于教课,所以他充分发挥他们的优势。因此,对教学和研究的老师侧重和分工,各尽其才,各得其宜。① 蒋廷黻和罗家伦一样,善于平衡新旧,协调各方面,老教授虽然治方法偏旧,难以对接世界主潮,但功力深厚,且有经验,有人脉和声望。因此,罗家伦、蒋廷黻的办法都是"敬重老人,倚重新人"。尽管他决定"放弃这批旧学者",但却"把他们当作我个人的老师。我希望他们能在我身边,以便请教"②。尽管他在学术门径上始终很难认同杨树达、张奚若等人,但仍与他们和谐相处③。朱希祖早年是太炎门生,且曾留日,他从1913年就开

---

① 大致地说,1920年代中期以前回国的学者,由于回国后普遍缺乏研究环境,而且大学师资相对较欠缺,因此主要是从事教学,研究方面基本被荒废;只有到之后回国、特别是1930年之后回国的年轻新锐,才大部分有机会进行持续的研究,以研究工作成名。这在清华各系都如此,文学系的杨振声,数学系的熊庆来、郑桐荪、杨武之等,物理系的叶企孙,主要是人才培养而非科学研究。只有哲学系大概一开始学生少,所以系主任金岳霖能兼顾研究,并很快成名成家。

② 蒋廷黻:《蒋廷黻回忆录》,130页。

③ 当然,作为弱势一方的杨树达做何感想,尚难定论。杨树达先于罗家伦、蒋廷黻入清华,而且以其突出的成就获得了学界的推许,眼界极高的章太炎,也在1932年北上时赞曰:湖南学界前辈大都有其不足,"遇夫(即杨树达)独审,智殆过其师矣"。(杨树达:《积微翁回忆录》,43页,北京,北京大学出版社,2007。)日本学者对杨树达也推崇多有。而在二三十年代的学人中,能够或此等赞誉的,仅有王国维、陈垣、胡适、冯友兰等为数不多的人物。杨树达与此前在清华的朱希祖一样,未受罗家伦、蒋廷黻等新派人物重用,很难说是无不平之气。由于蒋廷黻在清华文学院时间更长,故杨本人造成的影响自然更大。但据管见所及,杨极少公开月旦人物,更无对蒋廷黻的评议。1932年4月,清华有人对杨树达有所不敬,杨树达告刘文典说有去意;文学院长冯友兰闻讯来找杨树达,请其打消去意。杨树达对曰:"闻学校有人与余为难,故有彼信,免使学校为难。余学问佳否,姑可不论,即凭余之努力,学校不应因诸先生无知之言而对余不满。"(杨树达:《积微翁回忆录》,43~44页。)至于"诸先生"中,有无蒋廷黻,待考。恰恰也是在1932年,蒋廷黻不满于系内世界史方面的状况,而将校友雷海宗从南开回清华。又及,在1929年前后的清华,杨树达、朱希祖和刘文典等同为旧派人物,但杨、刘关系颇好,而杨对朱希祖(与刘文典同为太炎门生)则颇不感冒。此亦值玩味。罗家伦在清华是如此,回南京长中央大学也是如此,面对当时"北大势力统治中大"的说法,表示"绝无门户之见,只抱人才主义",用人惟才。罗家伦用人之道重两点:尊重老教授、提携青年人。(罗家伦:《中央大学的回顾与前瞻》,国立中央大学,1941,75~76页。)但很有意思的是,趋新的罗家伦在清华逐渐变得不受欢迎,以致北平败走南下,之后转任中央大学校长。1934年,已在中大校长任上的罗家伦,又向乃师、当年在趋新的清华受到边缘化的朱希祖发出了邀约。朱希祖从中山大学北上,复任中央大学历史系主任。而朱希祖在该校处境相对愉快。——该校文科方面海归派比例相对较低,学风也相对较为守成;而且毗邻权力中枢,有益于仕途。这与朱希祖的精神气质显然更为吻合。(参《朱希祖学术年表》,朱希祖《朱希祖六朝历史考古论集》,314页,南京,南京大学出版社,2007。)

始在北大执教有年，颇有不俗之表现。其早年在北大时的讲义《中国史学通论》，被认为是"中国史学史方面第一部著作"。① 当然，如此的朱希祖在1928年的清华大改组中尚不受重用，可足见罗家伦对师资方面悬格甚高。此外，同样被淘汰的陆懋德、余振镛等，日后也成就斐然，可见罗家伦重聘教授时所执行的学术标准确乎不低（尽管其中也不无派系因素）。外国文学系的美籍教授司密斯（Smith），因为口碑极差、教风甚劣而被罗家伦不续聘；但该教授到燕京大学后，却颇受激赏；可见以打造"最高学府"为鹄的罗家伦确实是眼界不低。

这时期，清华历史学系的教研团队有所变动。朱希祖出身好，又是史学老辈。朱诚乃有成就的名学者，但绝非不问世事的书生。由于在清华未受重用，乃于1929年2月回北大任教。②

和罗家伦一样，蒋廷黻也极为注重师资团队建设。他关注的也是那批年青的、有事业心、有潜力的少壮派教授，因为只有这样的教授才能了解并赶上世界潮流，而不至于沉迷于"已经落伍"的"为研究古籍而研究古籍"的缺乏时代精神的考据（暗指杨树达等），也不至于只知西方而不合国情的、缺乏民族本位的食洋不化的稗贩（暗指张奚若等）。在治史理念和门径上，蒋极不认同杨树达等人以治经之法来论史，而倡导的是以"科学"方法来治史，求得史学与科学之融通。这一理念也成为其育才、选才的标准之一。为此，他先后引进了雷

---

① 《关于本书及其作者》，见朱希祖《中国史学通论》，2页，长春，时代文艺出版社，2006。值得注意的是，朱希祖最早在北大时，教的是中国文学史，而非史学。参陈平原：《序》，林传甲、朱希祖、吴梅著，陈平原辑：《早期北大文学史讲义三种》，3页，北京，北京大学出版社，2005。

② 按，1928年8月，蒋介石北伐成功后视察北大，朱希祖代表北大学人致词。在政治空气颇为浓厚的老北大环境中，能够如此戛戛独造，实非易事。朱希祖回北大后，仍任旧职（史学系主任）。1929年，刚刚复校的北大在庆祝卅一周年校庆时，罗家伦、朱希祖同时撰文庆贺。罗慨叹近十年的种种风潮把北大"弄得内容非常空虚"，希望北大继续努力，增加"人类知识的总量"，"能够适应民族的需要，求民族的生存"。（《敬贺母校三十一周［年］纪念》，国立北京大学卅一周年纪念会宣传股编印《北京大学卅一周年纪念刊》，1929年印行，49页。）朱希祖则在文中大谈史学系史、并谈治学心得，深望"本系同学初入系时，必先确定将来为历史著作家？抑为历史哲学家"，以"蔚为史学正宗"。朱希祖：《北京大学史学系过去之略史与将来之希望》，同上书71页。是时，朱与马裕藻等联手，大大强化了太炎门生和浙派的势力。从1929—1931年间，学生中多次"倒朱"的浪潮；北平教育界也时有朱、马把持北大的传闻。如老于世故的陈垣即"深以浙派盘踞把持不重视学术为恨。"（见杨树达1932年4月6日的记录，杨树达：《积微翁回忆录》，48页，北京，北京大学出版，2007。）稍后在傅斯年（背后为蒋梦麟、胡适）等人的作用下，朱、马等势力逐步消退，浙派、太炎门生及桐城派旧部等（如蒙文通、林损、许之衡等）各派旧人，大都相对边缘化，或淡出北大。随着新派人物的日渐强势，朱在这样的环境中，显然难以愉快。1932年，他南下任中山大学文史研究所主任，1934年赴宁任中央大学史学系主任。同期，其子朱偰留欧归国后也在该校任少年教授。

海宗、噶邦福（1932）、张荫麟（1934）等人。此外，他还聘请了黎东方、陶希圣、张星烺、吴其昌、李济等来兼课。其中每一个人都可独当一面，故每一位的加盟，就意味着一个学科领域的崛起。而多个高水平的学科领域，又合力造成了一个高水平的历史学系。雷海宗的到来，意味着清华在中国通史及西洋史方面得到了大大加强，而噶邦福则使得该系的苏俄史研究有了台柱。

同年10月14日，梅贻琦受命任国立清华大学校长。梅贻琦沿途在欧考察教育，在12月3日回校的就职演说中，强调：" 办学校，特别是办大学，应该有两种目的：一是研究学术，二是造就人才。" " 所谓大学者，非谓有大楼之谓也，有大师之谓也。" 梅贻琦相对之前的历任校长来说，都显得低调、甚至近乎弱势。但自由办学的理念，使其治校效果斐然。

1932年，新聘教授（等教授）15人，其中国文系有闻一多、俞平伯，外语系有郭斌龢，史学系则有雷海宗。此后新聘的史学系教师也相对减少。可见，该系师资团队到1932年基本成型，没有大的增补；以后主要不是量的增长，而是质的提升。相对同期国内其他著名史学系来说，清华的规模是明显偏小的。1935年，蒋廷黻受到蒋介石的赏识，弃学从政。所以到校不久的雷海宗事实上继承了原蒋廷黻的地位，成为校内新的行政骨干。1934年，曾在清华踔厉风发的张荫麟学成归国，任史、哲两系双聘教师。张荫麟已成为国内知名的宋史学者，指导了李鼎芳、王栻等的本科论文，后还担任王栻的硕士导师①。日后在西南联大指导了丁则良、李埏，在浙大指导了徐规等。是时国内尚无僵化的"单位制度"，故人才流动极为频繁，不少名教授几乎连年在各校间流转迁徙，极少有高校能长时间地维持稳定的团队。但清华学术环境优良，故在较长时期内维持了一支相当稳定的高水平的学术团体。此间史学系师资的基本建构大致如下：

1934年的教师阵容为②

主任　蒋廷黻

教授　刘崇鋐　陈寅恪　孔繁霱　噶邦福　雷海宗　张荫麟

讲师　张星烺　钱穆　陶希圣

助教　杨凤歧　谷霁光　杨绍震

助教　吴锡钧

1936年，历史学系教员，教研人员有265人，历史学系16人，详下③：

教授兼主任　蒋廷黻（本学年请假）

----

① 徐规：《张荫麟师培养学生情况述略——纪念张师诞辰九十周年》，《杭州大学学报》（哲学社会科学版），1995年第3期。
② 蒋廷黻：《历史学系概况》，载《清华周刊》第41卷向导专号，1934年6月1日。
③ 《国立清华大学1936年度教职员一览表》，载《清华大学一览》，1937年。

教授兼代理主任　刘崇鋐

教授　陈寅恪（与中国文学系合聘）孔繁霱　噶邦福（J. J. Gapanovich）雷海宗　张荫麟（与哲学系合聘，本学年请假）

专任讲师　王信忠　邵循正

讲师　齐思和　谭其骧　教员　吴晗　助教　何基　卢光桓　助理　谷光曙

书记　吴达

统上，可见这一时期清华史学系的师资团队的基本格局。其基本特点有：一、结构比较严整，呈倒金字塔结构，教授副教授最多，讲师教员助教少，其中教授比例始终占全系专任教师的半数左右；其专职教师的比例远较为一般名校为高；讲师教员等则是若干年后系内骨干力量的预备人选。但这种倒金字塔的职称结构，也就意味着讲师教员为尽速跻身教授行列，需付出艰苦的努力，以便在激烈的竞争中脱颖而出。二、教授都是清一色的海归派学者，且相当年轻。直到抗战爆发后，部分青年教师未曾留学，但也跻身教授，教授团队中才出现无留学经历的教授；但这始终只是极少数，绝大部分仍是海归派学人；而且发挥骨干作用的，也始终是海归派学人。他们在欧美一流名校接受了多年的现代训练，具有良好的世界眼光和现代意识，并有较多的海外资源。三、年轻人居多，由于中国学术发展处于早期，大学历史并不长，因此，多数学校的教授团队都以年轻教师居多。作为后起的大学，清华的历史学系教师更显年轻，绝大部分在 25~45 岁之间，这是学术生涯的黄金期，使其学术团队极富活力。在学缘结构上，这一团队也比较全面。而治学门径，也有显著的差异性。一般地说，系内骨干教师中。陈寅恪以考据见称，而蒋廷黻与雷海宗（以及之前的罗家伦）则偏重综合①。这两种研究思路，对日后的弟子们都产生了一系列影响。如邵循正较多地接受了蒋廷黻的治学理念，而何炳棣则与雷海宗的治学思想更有默契。曾旁听陈寅恪所授课程的季羡林，学风则与此相近。这也是日后季在德国发表的考证文章受到陈寅恪关注的原因之一。而吴晗则对两种治学思路都有会心（之前已接受过胡适的指导和训练）②。但就总体而言，在治学风格上，这一群体多文化背景、多门外语能力、多学科修养的特征比较明显——这正是讲蒋廷黻一直强调的"三多"。这一系列鲜明的特征，始终是该系最显著的

---

① 在联大时，陈寅恪高声说："现在居然还有人讲通史"，暗指雷海宗。见《读史阅世六十年》。
② 《前言》，王宏志、闻立树主编：《怀念吴晗》，北京，中国社会科学出版社，2009。吴晗后来回忆，在20世纪30年代，他的治学之道"受了胡适之极深的影响，治学钻到考据的牛角尖里去"。（吴晗：《我克服了"超阶级"观点》，《中国青年》，1950年第32期）。

特征，也是清华学人群的显著特征之一。

第四节　办学理念、方针与实践

冯友兰在文学院概况中说：本院"于课程中，除各系专门课程外，尚有各学院一年级公共必修课。在此公共必修课中，有自然科学及中国通史、西洋通史等课程。教授会规定此课程时，其用意原提高大学学生之普通知识及其思想之训练。"①

作为历史学系主任的蒋廷黻对历史学系的论述更精准、值得注意：

清华的历史学系想来是合中外老师为一系的，并且是中外历史兼重。近两年论：史学系每两年平均约有二十二中课程，其中中外老师各占一半。在中国的大学里面要提倡中国历史的研究，这是无庸讨论的。为什么要兼重外国历史呢？第一是外国本身有研究的毕业。中国现在已经深入国际生活中了，闭关自守的时代早已过了。研究日本和西洋各国历史不过等于认识我们的邻居而已。……处今日之世界，这一点交邻的本分是我们不能不尽的。何况这些邻舍的物质和精神市场在输入之列呢？这些外货的取舍，最好的凭断就是历史的。

第二是外国史学，尤其是西洋史学，有许多地方可资借镜的。吸引史学的进步就是西洋各种学术进步的一方面；而中国史学不及西洋史学正像中国的政治学、经济学不及西洋的政治学、经济学。一种学术要想出类拔萃是万难的，普通总是与其他同环境的学术相伯仲。西洋的史家现在都到了 Post-Baconian 和 Post-Darwinian 的时期，中国史家除少数为人具了培根治学的精神以外，不但是 Pre-Darwinian 而且还是 Pre-Baconian。换句话说，在史学方法的分析方面——如考据校勘等等——我们的史家确有能与西洋史家比拟的人；但在史学方法的综合方面，我们的史家简直是幼稚极了。

因为有这两种原故，清华的历史学系一定要学生兼习西史，学到能领会西洋史家大著作的程度。同时我们也希望每门西史课程就是史学方法的一个表演和一个练习。

清华历史系除了兼重中外史以外，还有一种特别：要学术多学外国语及其他人文学术，如政治、经济、哲学、文学、人类学。"多识一种文字就多识一个世界。"……日本人和法国人尤其对于中国史学有贡献。他们研究的方法和结果，我们不能不知道。其他人文学术，大能帮助我们了解历史的复杂性、整个性，

---

① 冯友兰：《文学院概况》，载《清华周刊》"向导"专号，1936 年 6 月 27 日。

和帮助我们作综合的工夫。

西洋各大学所立的外国史课程多注重其文化系统以内的国家……在中国的大学里，这个次第不能适用。所以清华史学系，在编制外国史课程的时候，努力于日本史及俄国史研究的提倡；因为日俄两国是我们的近邻，而以往国人对于日俄的了解是最浅薄的。

至于中国史的研究，清华的史学系努力的方向在使我国的史学有进一步的演化。以往我国的史家以治某书为始，也以治某书为终……实在治书只是工具学。……史家最后的目的是求了界文化的演变。所以清华的史学系，为要达到这个目的，除兼重西史及社会科学以外，设立的课程概以一时代或一方面为其研究对象。

以上所说的是历史学系的本科。至于研究生则只有中国中古史及清代史二研究科。外国史的研究科现皆不设……研究所要学生专门而又专门。①

以上内容，可说是此时历史学系办学的纲领性文献。蒋廷黻的此番论述，是自己多年以来治学、治系的心得。这是夫子自道，但也未尝不是无所指的。因为无论是校内外，能够达到他所心仪的治史标准的人未必很多；能够达到他所期待的办学标准的史学系，恐怕更是寥寥。蒋廷黻希望"创造"历史，亲手打造一个"合乎近代标准的历史系"。在蒋廷黻任内，他基本上是依循这一理念来治系的；日后的几位继任者，也都继承或拓展了他的上述理念。正是在这一办学理念和治史思路的指导下，涌现了一系列高水平的新人②。其中较突出的有邵循正、夏鼐、何炳棣、丁则良，以及吴晗、罗香林、王永兴、黄明信等。他们大都在本科时期发了较高水平的作品，日后也成为少壮派名教授。这本身就是对蒋廷黻办学理念的充分肯定。

当然，办学理念从根本上说，不仅仅是教育理念，而且也是学术理念的问题。对历史学系发展思路的规划，来源于对历史学的本质及其发展趋向的体察和把握。在蒋廷黻在史学理念中，根本的价值诉求之一，乃是"近代化"，而且是他所信奉的"整体近代化"③。

正如罗家伦对朱希祖的看法一样，蒋廷黻对杨树达在某些方面也难以苟同。在那些受过西方一流名校近代训练的学者看来，他们与世界主潮相去甚远。对杨树达一类老派学者，自是不无微词。他最初"想找一位能教汉代历史的学

---

① 蒋廷黻：《历史学系概况》，载《清华周刊》第41卷向导专号，1934年6月1日。
② 蒋廷黻：《历史学系概况》，载《清华周刊》第41卷"向导"专号，1934年6月1日。
③ 此点承蔡乐苏先生提醒，特此申谢。对蒋廷黻的现代化思想，可参蔡乐苏、尹媛萍：《蒋廷黻现代化思想述论》，载《清华大学学报》（哲学社会科学版），2006年第6期。

者"，大家都认为杨树达是最佳人选，"因为他是最伟大的汉史权威。他晓得各种版本的《汉书》和《后汉书》"。然而，他对汉代重要的政治、社会和经济的变迁却不甚了了。在蒋廷黻看来，杨树达将汉史研究变成了对汉代典籍进行疏证的考据之学，这只是"论史书而不是论历史"①。这也就忽略了典籍背后深藏着的更本质、更鲜活、也更丰富的原生态的历史本身，也不可能体悟出历史背后所蕴藏的"意味"（或称"精神"或"哲学味"）②，终至于"为研究版本而研究版本、为研究古籍而研究古籍"。这种用治经之法来治史，在蒋廷黻看来，未必能代表当时世界史学的发展趋势，也缺乏世界视野、时代精神。蒋廷黻很不客气地断言："此种研究历史的方法已落伍，不能再继续下去。我们不能再把时间继续浪费在这方面。"因此，他决定"放弃这批旧学者"。③ 因此，他在留住旧派学者的同时，也在逐步奖拔新人，"希望能有一批新人来教历史"。于是"不声不响地引进一批年轻教授代替原来的老教授。……我予新人充分的时间。我说：'现在，努力吧，准备开一门课，那么，就是清史吧……我会供给你参考书、助理人员和时间。同时，为了生活，你也必须教一点其他课程。你愿意教甚么都可以，但你必须在两三年内准备开一门新课'"。他"引导这批年轻教授开始使用一套新方法"，果然成效逼人，"如果不是因为战争爆发，我们能循此途径继续努力下去的话，我坚信：在十年或二十年之内清华的历史系一定是一个名副其实的、全国惟一无二的历史系"。④ 蒋廷黻恐怕未能完全看到那惟一无二的历史学系，但是效果确实业已彰显。

在这种"整体近代化"的理念滋养之下养成的史学眼光和观念，正是蒋廷黻心中的"新史学"。在这一点上，蒋廷黻与他的前辈梁启超"相遇"了——尽管在他来到清华的那一年上，梁业已病故，尽管二者所理解的"新史学"或有出入。在二者的史学理念中，民族本位、世界眼光和现代精神，是基本相通的；易言之，在推进传统史学向"中国化"和"近代化"转型的愿景上，他们是有共识的（这里的"中国"，是作为现代民族国家的中国，而非传统帝治国家的王朝）。这一点，事实上也是国学院与历史学系之间在教研宗旨上发生关联的纽带之一。

---

① 陈之迈:《蒋廷黻先生的志事与平生》（一），台湾《传记文学》第八卷第三期。
② 按，对于历史与哲学的隐秘关系，蒋廷黻在1930年代初介绍"历史系概况"的演讲中进行了阐述，这次发言，或视为其历史哲学的一个文本。对此文本可见仁见智，但可以确定的一点是，作为史家的蒋廷黻与作为考据名家的杨树达确有不同，区别之一，也许就在于有无哲学的基本感觉（或意识）。
③ 蒋廷黻:《蒋廷黻回忆录》，129～130页，长沙，岳麓书社，2003。
④ 蒋廷黻:《蒋廷黻回忆录》，130页。

自梁启超提出新史学的口号以后，学界对此口号一直不无争议，章太炎、夏曾佑、朱希祖、何炳松等则起而呼应。清华国学院创建后，事实上即成为新史学运动的基地。在国学院解体的同时，历史学系也迎来了蒋廷黻。这两个学术团队尽管各有不同，内部成员的学术理念也各有差异，有的成员甚至未必愿意表示对"新史学"的认可。但就整体言，其中的主要成员，在具体的治学实践中，都基本契合了梁启超所首倡的、蒋廷黻所力行的"新史学"。这个"新史学"团队，涵盖了李济、陆懋德、张荫麟、蒋廷黻、刘崇鋐、雷海宗、孔繁霱、噶邦福、吴晗、邵循正、王信忠、孙毓棠、周一良等著名史家。其影响所及，也并非止于清华园。

当然，对年方少壮的蒋廷黻来说，他把"新史学"具体到自己的主攻领域，即建立"科学的中国近代史"①。"科学化"有其丰富的内涵，具体理解自可见仁见智，但在某种角度说，至少当囊括以下两层意义：一是治学立场的理性化（价值中立）；二是在治学方法和理论上的规范化。它允许有个人的特性和风格，但前提是须符合基本的科学逻辑和科学知识、方法（包括自然科学）。这一理念自然有西方学术的源流，但在中国也其来有自。早在1926年，北大史学系学人即称："现代之史学，已成科学之史学；故不习基本科学，则史学无从入门。"在该系的课程设置中，这一理念得到了异常清晰具体的呈现和强化。② 作为受过近代西方学术严格训练的新派史家，无论是傅斯年、罗家伦还是蒋廷黻，都认同这种"科学的史学"的基本理念，并付诸于努力。因此，1930年代初期，陈垣与胡适等还焦苦于"汉学的中心到底是在巴黎呢还是在西京（京都）呢？"这一诘问；而经过短短几年努力，以史语所团队为代表的学人们，已让中国学界可以骄傲地宣称："科学的东方学的正统在中国。"

因此，蒋廷黻的理念中，新史学既要近代化（针对于守成泥古）、也要中国化（针对于食洋不化），还要科学化（针对于玄想妄谈）。惟其如此，才能在民族性（中国立场）与近代性（国际视野）的张力之间取得平衡，才能继承中国传统并注入时代精神，使中国学术激发活力，臻至独立促成民族之复兴。借用时人之语，即是"若要让史学到中国，先让史学说中国话"。

而在蒋廷黻看来，他初入清华时，无论是泥古不化还是食洋不化都仍然存

---

① 按，蒋氏密友发傅斯年掌舵的中研院史语所，目标则定位为建立"科学的东方学"。由此也略可窥见清华历史学系与史语所之间的某种异同。蒋廷黻之"建立科学的中国近代史"的理念，在其所授"近代外交史"课程中也有所表现，其中暗含了对充满机械的民族情绪的"革命外交"思路的某种质疑。
② 《国立北京大学史学系课程指导书》，北京大学档案，全宗号七，目录号1，案卷号77。

在。"欲想在中国创办一所大学,某些方面科学学外国,但有些地方必须要自己想办法。在自然科学方面……中国都可以抄袭使用。可是在人文学和社会科学方面,我们所遭遇的问题就和其他国家不一样了……(原先)清华所教育的学生是要他们成为美国的领导人物,而不是要他们成为中国的栋梁之才。"在文法学科中,有的教授过于拘泥于西方教本和西方国情,对自身所处的中国却不甚了然。"有些清华教授认为这种情形是滑稽的。……我们提议设法解决这个问题。我们提议任何担任社会科学的教授,如果他想要放弃原有西方国家的课程改授中国方面的课程,都可以减少他授课的时数,增加研究及实地考察等等方面的补助。如此一来,经过两三年时间,他就可以教授中国政治思想、中国政府或中国经济史等课程的了。"① 蒋廷黻对当时国际学术潮流的研判是基本可靠的,对历史学系的体认也是比较中性的,故其改革也收效显著。

清华在 1925 年开始以国学院赢得盛誉;但在改大后,学术布局有所变化,曾一度偏重理学,到工学院创立后,更以理工闻名;文科的规模的确较小,但水平并不低。胡适始终认为:"清华文学院一向是比较'谨慎'、比较'小',而北大则大不相同。只要我一天当北大校长,就有把握把文学院办成世界第一流;可是……"② 在 1931 年 9 月,胡适还说:"北大从前只有虚名,以后全看我们能否做到一点实际。以前'大',只是矮人国里出头。""别说理科,即文科中的中国学,我们此时还落人后。""今日必须承认我不'大',方可有救。"③ 在胡适治下,北大果然东山再起,惜很快为战火所打断。清华文学院则相对小而精且推行严格训练。1934 年 6 月,胡适到清华出席毕业考试委员会,"看清华的国文试卷,颇嫌教员出题细碎",但他又不得不承认,"学生训练较北大为整齐。"④

这一时期,该系的毕业生情况为:

年份	全校毕业生	历史学系毕业生	占全校比例	举 隅
1929	82	3	3.7%	张贵永　周培智　朱延丰
1930	69	7	10.1%	钟道铭　罗香林
1931	98	6	6.1%	杨凤歧　姚薇元　王信忠
1932	115	6	5.2%	
1933	172	12	7.0%	谷霁光　朱庆永　孙毓棠

① 蒋廷黻:《蒋廷黻回忆录》,128~129 页。
② 何炳棣:《读史阅世六十年》,317~318 页。
③ 曹伯言整理:《胡适日记全编》,第 6 卷,152 页,合肥,安徽教育出版社,2001。
④ 曹伯言整理:《胡适日记全编》第 6 卷,399 页,合肥,安徽教育出版社,2001。

续表

年份	全校毕业生	历史学系毕业生	占全校比例	举 隅
1934	134	6	4.5%	夏鼐　吴晗
1935	143	12		王栻　袁永懿
1936	243	10		沈鉴　王明伦
1937	257	16		
总计	1313	78	5.9%	

资料来源：《国立清华大学历届毕业生名单》，1939 年；《毕业生名录》，《国立清华大学校刊》第 426 期，1932 年 8 月 20 日；《校长办公处通告 第一二九号》（1934 年 8 月），《国立清华大学校刊》第 592 号，1934 年 8 月 23 日；《校长办公处通告 第一八六号》（1935 年 8 月 21 日），《国立清华大学校刊》第 676 号。《校长办公处通告 第二五一号》（1936 年 8 月 16 日），《国立清华大学校刊》765 号，1936 年 8 月 17 日。又，1934 年录取的学生中，有汪籛、何炳棣、王永兴、吴承明、黄明信等日后均成为史坛名手。

这一时期，清华人才辈出，其中史学系在读本科生始终少于 40 人，但先后涌现了不少人才。其中，比较突出的有夏鼐、何炳棣、丁则良以及吴晗、吴承明、王永兴、王栻等。丁则良与王乃梁、查良铮并称"三良"。此外，尽管并非在历史学系学习、但日后同样在史学方面取得较大成绩者，尚有外语系的季羡林、赵俪生等；经济系的汤象龙、梁方仲、杨联陞、吴承明、巫宝三等，日后大都成为知名的经济史家；至于国文系的张恒寿、政治学系的姜书阁、物理系的于光远，日后也都在史学或相关领域取得了成绩。季羡林 1935 年作为清华与德国的交换留学生，日后取得一系列成绩，成为东方学方面的著名学者，并在中外文化交流史、中印关系史等方面做出了一系列有影响力的工作。其中，比较突出的有夏鼐和邵循正，他们是蒋廷黻时期史学系最杰出的毕业生。

夏鼐年少才高，在清华时已掌握英、法、日等外语；其在本科期间就发表了多篇颇有见地的论文①。其本科毕业论文《太平天国前后长江各省之田赋问题》，于毕业翌年发表于《清华学报》10 卷 2 期。他和杨联陞一样，是少数本科时期在《清华学报》上发表作品的青年才俊之一；在更早在 1933 年，他就曾

---

① 主要有：《吕思勉先生〈饮食进化之序〉的商榷》，载《光华大学附中周刊》1930 年 1 期；《秦代官职考》，载《清华周刊》，38 卷 12 期，1933 年；《魏文侯一期之政治与学术》，载《清华周刊》，39 卷 8 期，1933 年；《二程的人生哲学——谈〈宋学案〉札记之一》，载《清华周刊》41 卷 1 期，1934 年；《鸦片战争中的天津谈判》，载《外交月报 4 卷 4～5 期，1934 年；《太平天国前后长江各省之田赋问题》，载《清华学报》，10 卷 2 期，1935 年；等。参《作者论著目录》，《夏鼐集》，498 页，北京，中国社会科学出版社，2008 年；及《夏鼐著述要目》，夏鼐《考古学论文集》，757 页，石家庄，河北教育出版社，2000 年版。

接替吴晗任《清华周刊》文史栏的主编（任职半年）①。"夏在毕业当年8月参加研究院入学考试及留美庚款考试，且连番独占鳌头。其研究院入学考试'总平均为83分余，为此届研究生入学成绩之冠'。"在庚款考试的考古学一门的考生中，南京方面有1人（朱延丰），北平方面有4人（夏鼐、杨鸿烈、谷霁光等）。夏的总平均为72.82分，遥遥领先；谷霁光为51.30分，朱延丰为57.20分，朱延丰65分。其中，清华学长杨鸿烈时为河南大学历史系主任，在当时已颇负盛名，'确实是一个劲敌'。但在此番博弈中，夏仍以其扎实的专业功底和外文修养而力拔头筹。②但因夏当时尚无研究经历，只好推迟放洋，并在李济、梁思永麾下参与安阳殷墟考古实习。在李济的建议下，夏鼐决意转而赴英留学，因1930年代英国考古学界群星璀璨，备极辉煌③。回国后即被中研院史语所所长傅斯年相中，聘为助手，后协助傅斯年筹划中央研究院首届院士遴选的工作④，几年后自己也以出色的工作当选为中国科学院学部委员。如果说中

---

① 在清华求学时代的是夏鼐无疑是史学系学生中的佼佼者，即便是评分甚严的陈寅恪、蒋廷黻也对其多所褒奖。如1934年9月11日，某次考试的成绩公布，夏鼐"外交史和史学方法都是E⁻"，外交史得E⁻者仅此一人；"得S⁻者亦仅吴春晗君一人，其余不外N、I、F"。1934年2月，又一次期末成绩公布后，夏鼐的成绩又颇为出色，"宋辽金元史得E，晋南北朝史是S⁺。……后者得S⁺者仅我一人，更没有一个得S⁺以上"。陈寅恪在其考卷上的批语是："所论极是，俱见读书细心，敬佩！敬佩！"见夏鼐：《夏鼐日记》卷一，上海，华东师范大学出版社，2011，214页、191页、218页。当然，因夏氏性情内敛，故其当时风头并不突出。其友抱怨道："鼐！你的处世方法非改换不可！我遇见几个同学都不知道你的姓名，大家谈起历史系的高材生，都仅知吴春晗不差，而不提起你的姓名。我知道你不差，但是你的手段太拙劣，不会到教授处谈谈，与同学多接触，弄成了姓名不闻于清华。这也许与你将来的前途有碍，即欲作埋首研究的学者，也多少应该讲些交际的手段。名过其实原属非是，但至少名实相符。然而你的名声却远不及你的真实学问，我劝你不要改换生活，不要关起门来读书。"见前揭《夏鼐日记》卷一，223页。的确，论史学功底和外文水平，在抗战前该系的学生中，夏鼐与邵循正、丁则良、何炳棣等均为不可多得之良才。但当时的吴晗，个性更为活跃一些，其入清华时已得胡适的特别关照；毕业之际，又在蒋廷黻的安排下直接留校任教。夏鼐则未有此幸。广西桂林专修师范欲聘一文史指导（月薪160元），吴晗推荐了夏鼐，夏婉拒之。但失之东隅收之桑榆，夏因前途"渺茫"而苦求出路，始获庚款留英之良机。夏"自己本来预备弄的是中国近世史，这次突然考上了考古学，这样便要改变我整个一生的计划，对于这样一个重大的改变，我并没有预料到，我有些彷徨无主"，"这的确是其一生事业转变的枢纽，这一个转变实在太大……相差到数千年或数万年了。"但在刘崇鋐的点拨之下，夏鼐很快转入新的正轨；在李济的帮助下，夏则由留美转为留英，日后终成继李济之后又一位世界级考古学家。参前揭《夏鼐日记》卷一，245、250、264页。

② 参夏鼐：《夏鼐日记》（卷一），258~265页，上海，华东师范大学出版社，2010。

③ 夏鼐《代序：我是怎样开始从事考古学研究的》，见《夏鼐集》，1页，北京，中国社会科学出版社，2008。

④ 此外，在考古学方面颇有成就的还有李济在清华国学院时期的吴金鼎等。当时夏、吴等几位少壮派学人同在史语所考古组任职，被戏称为"三只鼎"，与老辈的"四堂"颇相映成趣。

国考古之父李济在20世纪后半叶是台湾考古学的泰斗的话，夏鼐则是20世纪后半叶中国大陆考古学界的领袖人物。李曾领导台湾"中央研究院"的考古学研究工作年达30年之久（1948—1979），连不无门户之见的李敖也不得不承认李是"最后一位迷人的学阀"；夏鼐则于1962—1982年间担任中国科学院考古所所长20年之久。作为30年代清华史学系的毕业生，他较好地继承了李济、袁复礼等前辈学人开创的考古学事业。此外，夏在科技史研究方面也多有卓见。日后，夏鼐也和李济一样，当选为国内外的院士，跻身有国际感知度的学者①。

邵循正则是践行蒋廷黻治学理念的最出色的学子之一。邵早年得志，在清华园时期即出版了其作品《中法越南关系始末》，并以极优成绩考取留英资格；学成归国后，年方少壮的他便以蒙元史研究蜚声学坛，而中晚年则在中国近代史研究方面有重要成就②；而后者正是乃师蒋廷黻主要的研究领域；前者所需要的多中语言修养，也是蒋廷黻所一直力倡的。——蒋的苦心孤诣，短短几年后就结出了累累硕果，一个严整的、富有朝气的学术团队冉冉升起。

值得注意的是，夏鼐在清华时期，和其学长邵循正一样，是在蒋廷黻指导下主攻清史（中国近代史）的（邵为近代外交史，夏为近代经济史）③。但日后他也和邵一样，经历了主攻领域的转向。同样的例子并非个别，因当时清华方面的教授对人才体系的布局自有考虑，因此，对庚款选拔考试也多所协调。如叶企孙为弥补中国在光学研究方面的薄弱，不得不建议已随赵忠尧做核物理研究并颇有成绩的龚祖同改攻应用光学；抗战时期，他又特地在有限的名额中争取了一名英国文学的名额，于是才有李赋宁的中榜和日后的成就④。同样是在抗战中，1941年春，蒋廷黻在行政院的例会中特地说服了陈立夫，才没有把清华原拟的第六届留美公费考试里西洋史这个科目砍掉。这之后才有蒋廷黻的爱徒

---

① 李济抗战时期获选为英国皇家科学院荣誉研究员；而夏鼐也曾先后获得英国学术院通讯院士、德意志考古研究所通讯院士、瑞典皇家文学历史考古科学院外籍院士、美国国家外籍院士、意大利远东研究所通讯院士、第三世界科学院院士（1985年当选）等荣誉称号。
② 其与翦伯赞、胡华编著的《中国历史概要》1956年由人民出版社出版；同时还有一系列关于中法战争的研究论著，这正得益于其早年在清华园时期的研究工作的基础。
③ 1934年5月，值夏鼐毕业之际，蒋对这位得意弟子进行点拨，表示"如继续研究中国近代经济史，将来可赴伦敦经济学院去研究。……至于找职业亦可设法，社会调查所现正扩充组织"，在陶孟和的领导下，"如努力工作，前途亦颇远大。"参夏鼐1954年5月31日日记，夏鼐《夏鼐日记》卷，241页，上海，华东师范大学出版社，2011。
④ 李赋宁：《怀念叶企孙先生》，见钱伟长主编：《一代师表叶企孙》，上海，上海科学技术出版社，1995。

何炳棣的考取并取得世界级成就①。此时蒋廷黻已淡出学界多年，但对此事还是很关切，且能有保持上乘的学术眼光。足见世事虽多变迁，清华历史学人群中所蕴含的内在精神始终不如缕绝，尽管其在外部形态上多有差异。

第五节 清华史学的内涵式拓展——雷海宗与清华史学

罗家伦的办学理念中，文理学科是大学的中心，而人文学尤其有其重要意义。在其治下，历史学系处于异常显要的位置。他还结合北平的历史文化乃至地理特征发展史学系，与郭廷以合开中国近代史的课程。

罗家伦请来了蒋廷黻，蒋廷黻又请来了雷海宗。此举，不仅为清华史学请来了一位难得的学术通人、从而解决了通史教研问题，更为历史学系储备了能够带领该系近代化的学术领导者。在蒋廷黻时代，雷海宗已显出过人的才华。一旦蒋廷黻离校从政之后，雷海宗则成为该系系务的骨干。1934—1935年蒋出国期间，系主任一职曾由刘崇鋐代理；后由雷海宗任系主任。他在系务和业务等方面，都成为史学系的一员大将。在整个1935—1952年间，雷海宗是该系的系务中坚和业务骨干，也是教研方面的核心人物之一。

雷海宗生于基督教圣公会牧师家庭，自幼在旧学和新学方面都打下了相当扎实的基础；之后赴美芝加哥大学主修历史学，辅修哲学；入该校研究院后，深受导师、著名史家詹姆斯·汤普森的器重，并于25岁获博士学位。与外国学生相比，中国留学生自然以中国学问见长，雷海宗却主攻欧洲史，以纯外国历史为研究对象而获得优秀成绩，这在当时是不多见的。——自清末留学运动以来，中国出去的文法科（特别是人文学方面）留学生中相当一部都讨巧的办法，就是专门研究中国问题，这样容易取得学位。能够以西方学术出类拔萃与西方同行比肩者，屈指可数，有志气迎难而上者极少（萧公权、张忠绂、季羡林等乃属特例）。雷海宗能反其道而行之，并卓有成就，这是"难能可贵的"。毕业后，雷海宗回南京历任中央大学副教授、教授及系主任，并兼任金陵女子大学历史系教授和中国文化研究所研究员。他不但讲授外国史，而且研究和讲授中国史。日后蜚声遐迩的世界史名家蒋孟引深有感慨："那时雷先生还很年轻，却是全校宣扬的名教授，我慕名选课，果然十分满足，收获很多，从此爱好外国史，确定了一生学业的方向。"② 1931年，雷海宗转任武汉大学史学系与

---

① 何炳棣：《读史阅世六十年》，309页。
② 蒋孟引：《雷海宗先生给我的教益》（待发表），转引自王敦书《〈西洋文化史〉导读》，雷海宗著，王敦书整理导读：《西洋文化史纲要》，2页，上海，上海古籍出版社，2001。

哲学系合聘教授。① 1932 年，在蒋廷黻的邀请下，雷海宗回到母校，开始他一生中最重要的时期。经过持续的努力，才华横溢的雷海宗成为中国有数的可以在中外历史和新学旧学两方面都有精深造诣的一线史家，尤以综合性研究卓然成家。

雷海宗的到来，有效地强化了世界史研究的团队，真正实现了该系"中外历史并重"的夙愿。雷海宗外文水平极高，他平时用英文写作时乃是用英文运思。在清华求学时，其英文、法文都已达到一定水准。因留美时，他主修史学（西洋史）、副修哲学，因此在武大任史学系与哲学系的合聘教授（此与张荫麟相类）。此次应邀回清华，他极为用功，"夜以继日地编写中国历史教材"，每天工到深夜三四点，终于完成了一部中国通史讲义（六册）。②

雷海宗的课，往往能让学生打开一个新世界，令学生受益极大。他后来开设了文化史讨论班，"很能调动学生的积极性，培养学生的独立思考能力"。雷"不仅在西洋文化史这门课上，要求学生读史学名著，在他所开的其他各门课程上，也都这样要求。……雷先生博闻强记，上课从不带讲稿，连卡片也没有，只有粉笔一两枝。但如前面所说，他讲课极有条理。最使我惊讶的是，每节课结束时，恰好讲完一个题目，下次课开始时，正好接着上次的内容来讲。"雷与他的同事陈寅恪、张荫麟一样颇有哲学修养，故课堂上妙语连珠，时有妙言警句。他的课不仅受到学生们欢迎，系内一些老教师也给予很高的评价。年岁更大、资历更老的刘崇鋐本就学问渊博，且一生主攻西洋史，他深知自己这位同行的水准，乃郑重地对学生说："你要好好听雷先生的课，他讲课有哲学意味，我做不到这点。"③ 同人相敬，良有以也。

1934 年同时考入北大、清华，而选择清华的王永兴说："1934 年我考入清华大学读书，必修课中有中国通史，教师是雷海宗先生。我还记得第一次上课时的情景。我们将近一百人的一年级学生坐在生物馆的阶梯教室里，气氛极其安静，又稍有一些紧张，等着讲课的雷先生。……他讲话声音不高，极有条理，我们都全神贯注地听着写笔记。最使我们敬佩的是，一次讲课有许多人名、地名、年代，他记得那样准确，那样熟练。全年课程都是如此。入学时间长了，接触三、四年级同学，才知道雷先生学识渊博，对欧洲中世纪史的研究造诣很

---

① 王敦书：《〈西洋文化史〉导读》，见雷海宗著、王敦书整理导读《西洋文化史纲要》，2 页，上海古籍出版社，2001。按，清华学人中常见合聘教授，如陈寅恪是文史两系合聘教授，并一度在哲学系和社会学系授课；雷海宗的学弟张荫麟任史学系和哲学系合聘教授；赵元任曾教数学、物理等课程任之恭任物理系和电机系合聘教授；等等。
② 张景苹：《我的回忆》，见南开大学历史学院编《雷海宗而二十世纪中国史学史学》，32~33 页，北京，中华书局，2006。
③ 齐世荣：《一代名师——雷海宗先生》，《历史教学》，2001 年第 1 期。

深，对中国古代史，特别是对秦汉史的研究，也造诣很深，是贯通中西史学的学者。我们都为能听到他的教诲而感到高兴。"①

雷海宗和蒋廷黻相比，有着不同的学术背景，但二人的学术理念却基本相通。尽管蒋廷黻任内已将历史学系引入了近代化正轨，但尚待开展的工作仍属不少。雷海宗在基本继承前有思路的同时，继续参照美国名校史学系的经验，大胆革新了过于刻板的中国史分期方法，加大中国通史的教学强度，淡化断代史教学的弊端，夯实学生在本科阶段的基础，以为其日后"独自做高深的研究"奠定基础。②

第六节 和而不同 百家争鸣

在梅贻琦时期，清华进入黄金时期，突飞猛进的清华已牢固地奠定了其在中国大学界的领先地位，界内有人将清华誉为"中国的剑桥"。这一点最集中地体现在清华哲学系——中国新实在论哲学的大本营。1934年，张申府在介绍哲学系时，说："清华注重逻辑，恐怕已是全国都知的事实了……不妨说：本系的趋向与希望就在期成一个东方的剑桥派。"③ 1935年，校外学者率先提出了"清华学派"之说。④ 此学派之有无，自是见仁见智，争议纷纭⑤。但该校人文学者在总体上，确有其鲜

---

① 王永兴：《怀念雷海宗先生》，见南开大学历史学院编《雷海宗与二十世纪中国史学》，421页，中华书局，2006。

② 雷海宗《对于大学历史系课程的一点意见》，《独立评论》224号，1936年10月25日。蒋廷黻的表述是："研究所要求学生专门而又专门。"蒋廷黻《历史系概况》，《清华周刊》41卷向导专号，1934年6月1日。这与多年前蔡元培提高北大程度的理念是一致的，也与国学院的办学宗旨是一致的，即："研究高深学术"。事实上，这也是当时中国学人的普遍诉求。

③ 《哲学系概况》，《清华周刊》第41卷向导专号，1934年6月1日。

④ 孙道陞：《现代中国哲学界之剖析》，载《国闻周报》第12卷45期，1932年11月。

⑤ 孙道陞之说，主要是针对哲学系的风格而论。是时，学界有人将清华目为"中国的剑桥"，而以新实在论蜚声的清华哲学系则是"中国的剑桥学派"。一般地说，老辈清华学人自身往往倾向于认可此说，如哲学的冯友兰、张岱年、任华，国文系的王瑶等。历史学系的何炳棣也提出"清华历史学派"之说。参其《读史阅世六十年》，67页。李伯重亦提出类似论断，见李伯重：《20世纪初期史学的"清华学派"与"国际前沿"》，载《清华大学学报》（哲学社会科学版）2005年第5期。此外，李伟民：《莎士比亚与清华大学：兼论中国莎学研究中的"清华学派"》（《中国戏剧》2000年5期）也提出类似论断。无论如何，当清华学人的治学风格与其他学校是有较大差异的。如北大文史、特别是史学方面的学人的研究中，考据是其特色之一。顾颉刚以考据见称，胡适亦然，其《水经注》的考据上倾注了数十年心血。吴晗即自认在20世纪30年代，他的治学之道"受了胡适之极深的影响，治学钻到考据的牛角尖里去"。见吴晗：《我克服了"超阶级"观点》，《中国青年》1950年第32期。非北大土著出身的钱穆，其代表作《刘向歆父子年谱》也以考据谨严著称。胡适对此极相称许。而在钱穆对胡适的一系列批评中，也常说："这一点胡先生又考证错了。"可见，在至少在抗战前，钱对考据是比较看重和擅长的。其转入文化研究那是在抗战期间的事了。

明的治学风格或祈向，即所谓"通"："中西融汇、古今贯通、文理兼修"。作为人文学者的陈寅恪、赵元任、张荫麟、潘光旦、雷海宗、浦江清等，有非凡的科学修养；而作为理工科学人的顾毓琇、刘仙洲、叶企孙、张子高、梁思成、陈国符、王竹溪、杨振宁等，亦有出色的人文造诣。这在清华学人中，在在皆是①。许多教授能同时讲授多学科的课程即是例证之一。在其他群体中，个别具有以上特征的学者不乏其人，但最为一个有相当规模的学术集团来说，则极为罕见。这也是有目共睹的事实。其实，居此"三千年未有之大变局"，西学极为强势，中外"交通之学"乃显学；当时中国任何学术团队中的一线人物，很少不知道、不向往这种融会贯通的境界。但"知道"是一回事，能否"做到"又是一回事。就实践成效说，要企及这一胜境的并不容易。而在当时由几代人构成的清华学人群中，臻此境界者是存在的，且较普遍。因此，这种学术"通"人的境界，在清华学人群中具有现实性（而非理想目标），也具有普遍性（在不同学科、不同年龄段的学人中均较常见）。

　　清华历史学系也具有清华的上述共性，但他又有其个性。1930年代的清华历史学系规模甚小，但学人们往往各有精专、风格多样。就治学风格言，一般地说，其中比较典型的大致有三种类型，一种是比较偏重传统考据的杨树达（在某种意义上还有朱希祖），其特征之一是着重于对具体的传统经典文本的考证和解读，以治经之法来治史；第二类是较新派的罗家伦、蒋廷黻，特征之一是较多地关注世界学术前沿，关注史学与社会科学的交融，以及史学的现实价值；而第三类则是"不新不旧、不今不古"的陈寅恪。在具体治学方法上，陈寅恪多以精于考据见称，而蒋廷黻更倾向于综合。吴晗显然继承了乃师胡适的"考据癖"。而张荫麟的兼通古今中外，打通文史哲、社会学、心理学的学术气象，深得陈寅恪激赏，成为他最倚重的史学新星。在该系，最显著的是陈寅恪与雷海宗之间在差异。当然，尽管如此，该系仍能和而不同，同不害异，其中既有相通，亦有差异。形成统一与差异共存的多元共生的严肃而活泼的有生命力的学术团队。此问学子，何炳棣对此的体会是："在三十年代的中国，只有清华的历史系，才是历史与社会科学并重；历史之中西方史与中国史并重；中国史内考据与综合并重。"② ——此说不无绝对化之嫌；但结合后文对清华历史学系与国内其他若干

---

① 参王瑶：《我的欣慰与期待》，载《文艺报》1988年12月6日；张岱年：《回忆清华哲学系——"清华学派"简述》，载《学术月刊》1994年第8期；何兆武：《也谈"清华学派"》，载《读书》1997年第8期；刘超《清华学派及其终结》，《二十一世纪》（网络版）2005年7月号。亦见徐葆耕《释古与清华学派》，北京，清华大学出版社，1997。

② 何炳棣：《读史阅世六十年》，68页。

著名史学系的初步比较,可以说,此论在某种程度上是不无依据的。

这种"三并重"与蒋廷黻一贯以来的办学理念"三多"(多种文化背景,多门外语能力,多种学科修养),是高度吻合的:在1934年谈及该系办学理念时对此已有所阐释,他指出,本系课程体系要"中外历史各占一半","兼重西史及社会科学",并注重"本文化系统以外的国家",对中国来说,尤须关注日本史与苏俄史①。为此,该系聘有日籍名家原田淑人,以及钱稻孙、王信忠两位日本学权威(之前有国学院的方壮猷,之后新聘有周一良等)②;还有俄籍教授噶邦福;他还鼓励了弟子朱庆永等出国深造苏联史(联大时期则有刘祚昌、丁则良等;复员后又后新聘有曹靖华等)。当然,在传统的欧美史这个西史重头戏方面,则有刘崇鋐、孔繁霱等,雷海宗也是西洋史研究的行家。

当然,蒋廷黻又使之具象化为一系列核心课程,并由骨干教师造成强大的阵容,并辅以一系列具体的规章制度,来实现了这一理念。蒋廷黻本人的治学领域虽似较"窄",在时段上主要局限于晚清史,故无通史之才;但他在横向上却贯通了各学科,且各有心得:"如果把历史比作一条龙,那么,经济史好像是龙的骨架,政治史好像是龙身,文化史好像是龙身上的各种斑纹",但"只有思想史才是历史学的'点睛之笔'。"③ 蒋廷黻识见过人,对上述各专门史方面均未偏废,皆培养了不少人才,形成了一个较强势、较完备的阵容。他自己也参与这一学术团队的构造。其中最典型的是开设了"近代外交史"的课程。这一课程在清华绝非新课,早在1925年改大初的"专门科"中就已有"中国外交史"一门,但当时未能开设就已废止专门科和普通科。在罗家伦时代,这一课程隶属于政治学系,由吴之椿等讲授。但很快转移到历史学系由蒋廷黻开设。这成为蒋廷黻的名牌课程,享誉北平。因此,时常有各方面邀请蒋前往讲座。如在1929年12月的纪念周上,蒋廷黻演讲,"到场听众极多,打破本学期纪录"。不少人公认:"中国现在研究中国近代史,特别是外交史,能用中外材料作比较研究者,只有蒋先生。"④

因此,蒋廷黻既是"三个并重"的倡导者,亦是其践行者。这确实是既有

---

① 蒋廷黻:《历史系概况》,载《清华周刊》第41卷向导专号,1934年6月1日。
② 此外,钱稻孙在外文系的弟子尤炳圻也是著名的日本通。可以说,清华人对日本的关注和研究是比较普遍,因此,内中聘任和培养的日本学研究者,也是比较多的。这在全国各大学中首屈一指。
③ 刘桂生:《史学偶语》,见刘桂生:《刘桂生学术文化随笔》,316页,北京,中国青年出版社,2000。
④ 这是罗家伦公开的表述。此时蒋尚未入主清华。见《第十三次纪念周》,《国立清华大学校刊》1929年12月28日,125期。

洞见和眼界的定位和治系思路。清华历史学系之能成为一流的近代化史学系，夏鼐、何炳棣等学子之能成为世界级学者，与此治系方针似不无关系。——而这，在当时代表了一种适应世界潮流的发展趋向。1922年胡适曾断言："南方史学勤苦而太信古，北方史学能疑古而学问太简陋，将来中国的新史学须有北方的疑古精神和南方的勤学工夫。""能够融南北之长而去其短者，首推王国维与陈垣。"此说未必周全，却也非妄谈。在当时之中国，能够代表中国史学发展前景、能够引领中国史学近代化、体现时代精神的，的确只有可能是那批受过良好训练的具有现代精神和世界眼光的少壮派学人，而不是旧派的考据之人。当然，胡适本人的治学眼光和治学门径也是不一样的，他对那种理想境界，能够"知道"却也无法"做到"。晚年胡适才对晚辈、清华学人何炳棣剖白心曲："我多年来有对你不起的地方。你记得你曾对我说过好几次，傅孟真办史语所，不但承继了清代朴学的传统，并且把欧洲的语言、哲学、心理，甚至比较宗教等工具都向所里输入了；但是他却未曾注意到西洋史学观点、选题、综合、方法和社会科学工具的重要。你每次说，我每次把你搪塞住，总是说这事谈何容易等等……今天我非要向你讲实话不可：你必须了解，我在康奈尔头两年是念农科的，后两年才改文科，在哥大研究院念哲学不过只有两年；我根本就不懂多少西洋史和社会科学，我自己都做不到的事，怎能要求史语所做到？"① 关于治学门径，有识者并不在少。在胡适离开北大的1926年上，北大史学系课程指导书就倡言："学史学者，须先习基本科学，盖现代之史学，已为科学的史学；故不习基本科学，则史学无从入门。所谓基本科学，即史地学人文地理，生物学……而各种科学中，尤以政治学、经济学、社会学及社会心理学尤为重要，学习时尤宜注意！"② 胡适当然也深知其味，但"知易行难"，他不仅对社会科学"不懂多少"，而连对人文学科的西洋史。也是如此。在其他许多名校，也大致如此。因此，所谓"兼通西史及社会科学"（这是1934年蒋廷黻提出的历史学系培养理念），胡适"自己都做不到"。以胡适之才都"做不到"，又谈何一般学者。这也可见，史学与社会科学的兼容，比中西史学的贯通更迫切，也更难以实现。而雷海宗则是近代以来有数的能够在中西史学方面都有高深造诣的史家之一。清华历史学人则在"史学与社会科学"两方面兼擅，渐臻学术胜境。

---

① 何炳棣：《读史阅世六十年》，321页。
② 《国立北京大学史学系课程指导书》，北京大学档案，全宗号七，目录号1，案卷号77。

因此，从整个学术布局和学术梯队来说，治系者都显示出了独特的眼光和世界视野。该系在短短几年中，一跃而为全国顶尖的史学系。在某种意义上，这种跨越式发展与整个清华的发展机理是相同的，即倚重有潜力、处于上升时期的少壮派学人；顺应世界潮流和社会需要，侧重于新兴学科（紧扣既有学术含量又有社会价值的学术增长点），充分领悟并全力赶超世界潮流。在这方面，清华在诸多领域是全国领先的，这在中国近代史研究中是异常突出的。此外，治系者还以"预流"的前瞻性的眼光，洞悉日、俄对中国的特殊意义。因此在发展外国史研究的同时，并没有和多数知名史学系一样，一边倒地将关注点倾向于比较显眼的欧美史（主要是美国西欧）研究，而是别具深意地发掘了日本史及苏俄史的研究，并以较大投入持续地推进这方面的学术研究和人才培养。这不仅于教学科研上多有建树，在社会服务方面也多有担当。这是学术与社会互动的经典个案，即化现实社会之需求为学术发展之动力，推动新兴学科的强劲成长。蒋廷黻在实践中，践行了"找准方向"（看准学术增长点）、"选好苗子"（厉行精英教育，适度超前地选拔特出人才，鼓励尽早进入科研、并公费派送留洋，以冲击国际水平）的办学策略和选才育人理念，在短短几年后即效果日显，一个有特色、结构优良的有朝气的学术团队日渐成型。①

陈、雷皆有通史之才，但在具体治学路径上则迥异。陈寅恪"最精于考据"，雷则"注重大的综合"，系主任蒋廷黻的着手点相对较窄，"专攻中国近代外交史，考据与综合并重，更注重综合"②。

雷海宗是极为罕见的既能讲中国通史、又能讲世界通史的一线学者。他"学识渊博，对历史学，可以说是学贯古今中外，他是一位精通中国史的史学家，也是一位精通世界史的史学家。"在何兹全看来，"能对古今中外的历史，

---

① 是时学生较少而教师相对多，故常有教授对优秀学生的进行个别谈心、个性化指导，其中物理学系的叶企孙和历史学系的陈寅恪等较典型，其培养效果也较好。1930年代清华历史学系的毕业生王永兴等，日后显然也继承了这一培养风格和理念。1980年代，久经磨难的王永兴回到北大历史学系，实行"早选拔、早培养"的方针，在中古史方面培养了一大批人才。（见张帆：《往事杂忆——缅怀王永兴先生》，载《王永兴先生纪念文集》编委会编《通向义宁之学》，北京，中华书局，2010，213~214页）。另须注意的是，这一培养模式在当时清华校内具有一定普遍性，如在物理学系、数学系和外文系等大都如此。在1930—1940年代中国学界各学科分别出现的几位具有国际水平的学人中，有相当一部分均出自清华。这一点不足为奇。而此前十几年间的一线学人中，清华庚款生的比例亦不小。

② 何炳棣：《读史阅世六十年》，68页。许倬云也说：何炳棣自认为"自己的文章是天下第一，他老师雷海宗是天下第一"。（参许倬云口述、李怀宇撰写：《许倬云谈话录》，266页，桂林，广西师范大学出版社，2010）。

都有自己高明的认识,有创始性和突破性的认识,就了不起"。而雷海宗即属此类史家。① 因此,他在清华"打破王朝体系讲中国通史",令人耳目一新。这一时期,雷海宗糅合斯宾格勒的巨著《西方的没落》理论构架应用于国史,引起了一些不可避免的评讥,但他修正后的文化形态史观,确颇有益于中国通史的宏观析论。② 是时,清华园中对此确有不同意见。1937年春师生茶会后的晚间,有学生即听到陈寅恪相当高声地和另一位学生说:何以目前居然有人会开中国上古史这门课。而雷海宗仅在几步之外,是绝不可能听不到这种讽刺的。③ 而陈、雷乃是邻居,邻里关系并不差④。作为后辈新人的吴晗,也对雷同时颇有讽议(事实上,当时与陈、吴关系都颇为相得的张荫麟,也开始着手撰写《中国通史》第一辑)。在联大时期的谈话会中,吴晗还对此表示"讥弹之意"⑤。然在1960年代,时在巴黎的翁同文,仍不得不承认雷海宗是将当时风靡世界的文化形态史观介绍到中国来的"第一人",有"开风气之功"。对于陈寅恪的讥讽,雷海宗并未介怀。1946年,他一次见到陈的助手王永兴时,开口打问陈先生的健康状况。⑥ 而在学术上,当时西方在世界通史方面先后有几部巨著,其中最富影响的有威尔斯《世界史》、斯宾格勒的《西方的没落》与汤因比的《历史研究》等。雷海宗对这些大家之作,也保持清醒而独立的判断,取批判地接受的态度。他在1930年代即已纠正了对两汉以后中国文化长期停滞丧失生命力的错误看法。⑦ 1946年,联大复员,雷海宗北方途中驻足沪上,弟子季平子拜访他时,谈及汤因比把辽宋金元那段历史说成是另一个战国时代,很难说得通。雷海宗用了一句分量极重的话答道:"那是瞎说。"⑧

当然,陈寅恪显然也有其学术器量。1945年陈寅恪赴牛津大学的研究计划中,就包括由雷海宗、邵循正、孙毓棠撰写一套三卷本《中国历史》。这表明,

---

① 何兹全:《学贯古今中西——在纪念雷海宗先生百年诞辰"雷海宗与二十世纪中国史学"学术研讨会上的发言》,见南开大学历史学院编《雷海宗与二十世纪中国史学》,35页,北京,中华书局,2006。
② 何炳棣:《雷海宗先师专忆》,见《雷海宗与二十世纪中国史学》,44页。
③ 何炳棣:《雷海宗先师专忆》,见《雷海宗与二十世纪中国史学》,43页。
④ 陈琉求等著《也同欢喜也同愁》,91页,北京,生活·读书·新知三联书店,2010。
⑤ 参翁同文:《西方学者的文明异同比较研究评述》,13页,转引自何炳棣《雷海宗先师专忆》,43页。
⑥ 王永兴:《怀念雷海宗先生》,《雷海宗而世纪中国史学》,51页。
⑦ 何炳棣:《专忆先师雷海宗》,《雷海宗与二十世纪中国史学》,44页。
⑧ 季平子:《忆雷海宗师》,《雷海宗与二十世纪中国史学》,54~55页。

此时陈对雷的通史教学、撰研不无某种认可，否则不会提出由雷牵头撰写《中国历史》并纳入自己的计划①。事实上，雷海宗在当时也未必没有认同者。在同侪中，刘崇鋐比雷资格更老、年岁更长，他强调："讲历史要把其中包含着的哲理讲出来，要具有哲学味。"② 他眼光极高，功力亦深，但对雷推重有加，称其为学问大家，并向学生建议道："要好好听雷先生教的课，他讲的历史课，有哲学象征，我做不到这点。"③ 在学生辈中，从丁则良的研究工作及其与雷海宗的关系看，确乎在某种意义上吸收了雷氏的理念。而何炳棣也继承了雷学术风格中的某些质素。何氏在治学方法上，继承了蒋廷黻"考据与综合兼顾"之风，但在治学领域上，显然与雷海宗的古今贯通的通史气象一脉相承；晚年何炳棣对此仍难忘怀，说旧日师友中，"雷海宗先生对我治史胸襟影响深远"④。

此间，张荫麟是陈寅恪最欣赏的史坛新秀之一（另一位是周一良）。1933年11月，在张荫麟即将学成归国之际，陈寅恪致函傅斯年："顷阅张君荫麟函，言归国后不欲教授哲学，而欲研究史学，弟以为如此则北大史学系能聘之最佳。张君为清华近年学生品学俱佳者中之第一人，弟尝谓庚子赔款之成绩，或即在此一人之身也……北大史学系事，请兄转达鄙意于胡（适）、陈（受颐）二先生，或即以此函转呈，亦无不可也。"其对这位后生的赞誉之情溢于言表。得到陈大师此等奖掖的张荫麟，时年28岁，正准备留学归国。后来张荫麟未入北大，而是回到母校，二人在清华共事。后来周一良也同样在陈寅恪的引荐下到

---

① 见程美宝：《陈寅恪与牛津大学》，载《历史研究》2000年第3期；何炳棣《专忆先师雷海宗》，《雷海宗与二十世纪中国史学》，43页。事实上，陈本人也未必对通史的撰研有成见，因其本人平生夙愿即"写成一部《中国通史》及《中国历史的教训》"，他在1931年谈及学术独立的文章中，也表示通史撰研颇为必要，然也颇挑战作者的才力。但他未必赞成在缺乏长期的专门史或断代史研究的基础上来写中国通史。雷海宗1927年回国后才开始转向主攻中国史，并且很快开授中国通史；到他1932年开始在清华讲授通史为止，也仅有5年积累。陈或许对此不无保留。说到底，陈并非对通史教研的不信任，而是对当时的雷海宗能否"胜任愉快"通史教研的能力有所保留。参卜僧慧：《陈寅恪先生史学蠡测》，收入卜僧慧《陈寅恪先生年谱长编》，373~374页，北京，中华书局，2010；陈寅恪：《吾国学术之现状及清华之职责》，载《国立清华大学二十周年纪念刊》1931年5月。
② 刘桂生：《史学偶语》，《刘桂生学术文化随笔》，316页，北京，中国青年出版社，2000。
③ 齐世荣：《一代名师——雷海宗先生》，《历史教学》，2001年第1期。
④ 《何炳棣问答：教育、学术及旧日师友》，《新京报》，2005年8月26日。何炳棣《清华史学对我影响深远》，载《清华大学学报》（哲学社会科学版），2005年第5期。

清华任教①。

第七节　清华史学与民国史学界
——有关清华史学的一个横向比较

在1930年代中前期，国内高校中已建成一批水平较高的史学系（或文史研究机构，下同）。一般地说，在这批历史学系中，北方的北京大学、清华大学、燕京大学和南方的中央大学是比较突出的，此外中山、金陵、辅仁、武大、北平师大、厦大、川大青岛大学（山东大学）、无锡国专、齐鲁等也是比较突出的。限于篇幅，此处主要针对前四者略作比较。

北大是中国最早赢得国际声誉的老牌大学，也是最早实现较高水平的本科教育的机构。作为老牌国立大学，其学风自由、气象恢弘，更是久负盛名。中央大学肇源于南高师、东南大学，几经嬗递，成为南方首屈一指的巨型国立大学。直迄1952年院系大调整前夕，该校仍是南方综合实力最强的名校。燕京大学是当时惟一可与顶尖国立大学比肩的非公立院校，其人文学研究、特别是中国学研究不仅在非公立院校中遥遥领先，而且享有世界声誉。一般地说，它们常被认为处在全国最具实力、最富特殊的史学系之列。其中，北大主办的《国学论丛》、清华的《清华学报》、研究的《燕京学报》，与中研院史语所的《中央研究院历史语言研究所集刊》并称为全国专业学术刊物的"四大名旦"。而东南大学、中央大学先后所办的《学衡》《国风》等，也多有佳构。上述出版物的水准，也一定程度上印证了相关各校人文研究的学风和水准。

中西、新旧的交融，是当时优秀的史学系普遍的发展趋势。清华在这方面处于领先地位，在中西、新旧之外，还在文理方面也有特色。因此，在"三多"（多文化背景、多外文修养、多学科交融）和史学的社会科学化方面，清华尤其突出。

即便是研治本国史的学者，居此"现代世界体系"中，要理解中国，也需

---

① 可参《史学家张荫麟：呕心沥血着文章 英年早逝真可叹》，http：//blog.163.com/afei8012@126/blog/static/121553075200881416376807。又，1920年前后陈寅恪、汤用彤、吴宓、楼光来等在哈佛留学，并称"哈佛四杰"；1940年代周一良、杨联陞、任华、吴于廑也并称"哈佛四杰"。以上八人中，除陈外，均为清华毕业或清华庚款生；而陈也归国在清华任教。这样两代人之间的学术流脉也比较密切，当然，从这一个侧面也可看出，作为中国顶级名校清华与美国顶尖大学哈佛之间的密切联系，尽管后人往往将清华与美国的理工科名校麻省理工相联系。

关注域外，了解域外世界，汲取、消化吸收域外的文献。但这需要几个最关键的基本"硬件"，除最低程度的国际交流外，还需要英文修养和外文资料。一般地说，在现代社会，大凡有眼界、有国际视野的现代学人，都不会意识不到外文的重要性。早在1926年，北大在"史学系课程指导书"中就直言不讳地说：史学"以全部人类之历史为归宿"，故"外国语至为重要。若不通外国语，无以研究外国史"，因此，史学系列外国语为必修科目，凡外国史"均酌定各国原本为必需之参考书。"① 这是该系一以贯之的理念。从1929—1947年始终主导北大史学系发展的灵魂人物傅斯年也是如此认同的。但知易行难，事实上做起来并不简单。抗战时（1944年），有北大校友回忆抗战前北大学风时，就说：北大管理方面非常之"松"，这是一种"鼓励天才的教育"。在这种奖励下，学生大都"各就所好，专心发展"，除自己所"好"之外，"其他全可从简"，因此"我们常听说某某英文考试年年不及格，以至于毕业都成问题"，但却是国内研究金文的权威学者之一了"。② 此说或有失谨严，但与实情相去不远。相对于一般比较洋派的名校，北大对外语方面的强调确实不突出，外语方面、特别是外语口语对一般老北大学子来说，也确非长项。也正因此，恰在一年后，代长北大的傅斯年向胡适大发牢骚："我们学校最大的毛病是：学生一入学，便走大街（按，指闹学潮，上街游行），英文永远学不好。"③ 这绝非傅的个人之见。燕京毕业、后在美国留学的邓嗣禹，到北大任教后，到北大后的感受几乎与傅斯年如出一辙：北大的优点是"气象大，自由"，缺点则是"学生不用功，爱捣乱"。④ 罗常培则以为，太过宽松的、放任式的管理方式，对学生也未必全是益处，北大外文系的师资力量很强，"但我觉得北大近二十年考不上官费留学，实由我们和清华的教法不同"。因此，"在一二年级非采取严格的美国式训练不可"。美国大学便是如此，清华采行的是美制，颇见成效，"清华的陈福田根本谈不上学问，可是他是好的外国语教员"。⑤ 清华方面，循序渐进，严格训练，所以学生水准相对匀称，尤其是外文功底根底较扎实，相当一部分学生能够运用第二、甚至第

---

① 《国立北京大学史学系课程指导书》，北京大学档案，全宗号七，目录号1，案卷号77。
② 详参朱海涛：《北大与北大人》，载《东方杂志》1943年8月—1944年12月，尤其是《"凶""松""空"三部曲》一节，《东方杂志》40卷8期，1944年2月。
③ 《傅斯年致胡适》（1945年10月17日），中国社会科学院近代史研究所民中华民国史研究室编《胡适往来书信选》（下册），51页，香港，中华书局香港分局，1985（下因该书版本同此）。
④ 《杨联陞致胡适》，见《胡适来往书信选》（下册），178页。
⑤ 《罗常培致胡适》，见中国社科院近代史研究所民中华民国史研究室编，《胡适来往书信选》，105页。

三第四外国语。外文方面的优势,是清华在当时处于对外学术交流中处于"枢机"地位的重要因素之一,亦是清华学人群形成显著的治学特殊的硬件之一。众所周知"文科靠图书,理科靠设备"。在蒋梦麟治下终于复兴的北大,史学系经傅斯年、朱希祖、姚从吾等人的苦心经营,直到陈受颐时代,"善本中文书籍,向居各校之冠",而"西文书籍则寥若晨星"①。缺乏基本的外文文献,史学研究、特别是世界史的研究难以维系、进展,高水平的研究更是不易。而清华在1936年,不仅在总藏书量后来居上,冠居全国(北大列第三)②,而且外文藏书更是遥遥领先。老清华对外文的重视,绝非止于一纸理念,而是有非常实在的、具体的可操作的制度和政策。教师日常用英语授课,学生则必修第二外国语。因此,该校一般学子的英文水平,在公立大学中非常突出,直追东吴、圣约翰等几个素以英文著称的教会名校。有人指出:"北大可能允许学生偏科",而清华则强调学生的全面发展;"与包括北大在内的其他国立大学相比,清华明显带有美国的印迹。每个清华学生都能说几句英语,许多人说得相当流利,而北大几乎没有学生能娴熟地用英语交流,甚至包括外语专业的学生。"③ 圣约翰大学曾有一度是"公认英文最好的地方"④;但在1920年代后叶,圣约翰日渐衰退而同样洋气的清华日渐崛起。1928年暑假前,上海世界书局征集全国大学生英文作品,"以备挑选优美作品编订成秩,专供中等学校学生自修英文之用"。在入选的四十篇佳作中,"清华同学颇有相当位置",竟占七篇之多。论其量,估其质,"清华系第一。其以英文著名之上海东吴大学法学院,亦不过占着六篇,论其量,居第三,估其质,则不及我清华同学多矣"。时人慨叹:"信乎清华同学之善读书,其成绩远胜乎国内大学,亦于此可窥一般。"⑤ 1932年,狷介高傲的刘文典也谈到了清华的比较优势:"我们清华大学的特点,就在学生的外文程度,比其他的任何学校,都要高些。我们……正是要利用这个特点,来实现我们的理想。"⑥

---

① 《史学系大购新书》,《北平晨报》1933年2月26日。
② 清华为31万余册,其次是中山大学,再次为北京大学。而论办学规模,清华学生远远少于中山大学,故其人均是遥遥领先的。
③ 易社强:《战争与革命在的西南联大》,饶佳荣译,132~133页,台北,传记文学出版社,2009。
④ 林语堂:《圣约翰大学》,见钟叔河、朱纯编《过去的大学》,182页,武汉,长江文艺出版社,2005。
⑤ 醉樵:《清华荣誉》,载《国立清华大学校刊》第二十七期,1928年12月28日。
⑥ 《清华大学国文系的特点》,载《国立清华大学校刊》1932年5月6日。

北大在元气复振之后的 1931—1932 年度的课程中，史学系的专业课主要有①：

甲类：国语、英文、中国上古史（钱穆）、秦汉史（钱穆）、宋史（柯昌泗）、满洲开国史（孟森）、明清史料择题研究（孟森）、欧洲中古史（陈受颐）、欧洲近代史（黎东方）、中国社会政治生史（陶希圣）、金石学及实习（马衡）、考古学陆懋德；乙类：地理系引论（毛准）中国历史地理（白眉初）、中国政治思想史（陶希圣）、中国近代国际关系史（蒋廷黻）、中国古代文籍文辞研究史（傅斯年）、清代史学目录（伦明）、西藏史（吴燕绍）、近代中欧文化接触研究（陈受颐）、战后国际现势（李宗武）、日本史（李宗武）、东洋史（王桐龄）、南洋史地（张星烺）、史学研究法（黎东方）、科学发达史（毛准）、中国雕版史（赵万里）、法国革命史（黎东方）、东洋建筑史（梁思成）、西洋建筑史（梁思成）、尚书研究（顾颉刚）。

其师资团队由上也可见出。至 1937 年上半年，其团队为：教授陈受颐（兼主任）、姚从吾（代主任）、毛子水、孟森、钱穆，副教授皮名举，讲师王辑五、孔繁霱、李洒禄，陈垣（名誉教授兼讲师）、冯家昇、赵万里、刘崇铉、聂西生、罗念生、顾颉刚②。

该系阵容确实强大，难怪其对"最高学府"的地位非常自信。当然，有个别教授与北大的盛名则未必相符。如毛子水当时不擅讲课，著作亦少，不少学生对此颇为不满，1931 年上，史学系学生向系校长蒋梦麟表示希望改聘教授："李飞生、邓之诚、毛准三人不堪任，请学校改聘他人。"并"请加聘陈翰笙、陶希圣、高希圣、蒋廷黻等四人为教授"。③

北大方面自来门槛颇高，绝不轻易将职位送人。有联大校友称："文人相轻自古皆然，学校与学校之间更是如此"，有一位清华校友归国后在北平某私立大学做系主任（正教授），希望"在母校清华兼两点钟课，清华连副教授都不考虑，硬是压低身份，叙级为讲师，足见其漠视其他学校身份之一斑。但是北大、清华两校却彼此引为同调，认为水准一致。两校如课程缺人，都尽量聘对方学

---

① 萧超然等编著：《北京大学校史》（增订本），289 页，北京，北京大学出版社，1988。关于此间北大史学系的情况，参看尚小明：《中研院史语所与北大史学系的学术关系》，载《史学月刊》2006 年 7 期。
② 《教职员录》，国立北京大学编《国立北京大学一九三七级毕业同学录》，1937 年，页码不详。
③ 《北大史学要求聘教授 该系一年级之议案》，《北平晨报》1931 年 6 月 21 日。

校的教授来兼授。尤其北大还尽量延聘清华卓越的教授来北大兼课"。① 因此，尽管外间一般认为北大是偏文科的院校，而清华则偏重理工，但事实上二者的史学系都各有千秋。因此，相互竞赛，"互相学习，'北大清华化，清华北大化'"（冯友兰语）。在教学和科研方面，两校也时常互通有无。自1928年罗家伦北上之后，就在北大兼课；之后的陈寅恪、蒋廷黻、刘崇鋐也都应邀到北大兼课。而罗家伦及朱希祖本就是北大校友；此外顾颉刚也曾任清华的讲师。

　　同期的中央大学史学系，有柳诒徵（中国文化史）、缪凤林（中国通史、中国文化史）、沈刚伯（西洋史）、顾毂宜（德国近代史、西洋通史、经济理论）、陈训慈（中国近代史、吸引近代史、欧洲民族殖民史）、徐子明（德国文、西洋古代史、法国革命史）、刘继宣（朝鲜史）、郑鹤声（史学通论）等。② 1933年度下学期，其全校有教师348人，其中专任教授117人、专任讲师29人、专任助教112人，教官5人、兼任教授74人、兼任讲师11人。其中文学院有国文、外文、史学、哲学、社会学5系，计有专任教授22人、专任讲师10人、助教9人，兼任教授12人、兼任讲师5人。其中史学系专任教授4人、专任讲师2人，助教1人、兼任教授0人、兼任讲师1人，合计8人（按，助教均为本科毕业生，无兼职）③。其在这一学期，全校科目总数为535，其中文学院127，史学系19。④ 其教师多为原东南大学的师生，海归派比例较低；在学缘结构方面，其丰富性略有欠缺。该校在此期间培养了朱偰、曾昭燏、蒋孟引、常任侠、马长寿、章巽等史学方面的人才。

---

① 张起钧：《西南联大纪要》，见董鼎总编辑《学府纪闻：国立西南联合大学》，23页，台北，台湾南京出版有限公司，1981。傅斯年脾气暴躁，性格狷介，雄才独断。史语所的人私下里称他"傅老虎"，但都服他敬他。"槛外人"对他却多歧见。有人乃指责他做学问搞"党同伐异"，强调学脉传承"唯我独尊"。1943年冬，王世襄从北京到重庆，一心想去李庄中央历史语言研究所工作。主要目的是当时很多著名学者都集中在这川南小镇，到那里可以有请教、学习的机会。梁思成亲自带王去拜见傅斯年。这次进谒，傅只说了两句话。第一句问："你是哪个学校毕业的？"王回答："燕京大学国文系本科及研究院。"傅先生说："燕京大学毕业的不配到史语所来。"王只得赧然而退。此后蒙梁思成先生收容，到营造学社任助理研究员"。（见王世襄：《傅斯年先生的四句话》《文汇报》2006-7-5）及至1950年代，台湾大学教授方豪去拜访历史系通史姚从吾，方告别后，姚看着方的背影，对李敖说："有的人还号称是教授，要是在咱们北大，连做讲师都不配。"而之前在大陆时，方豪曾在其他学校任教授、院长等职，可谓少年得志。
② 王德滋主编：《南京大学百年史》，176页，南京，南京大学出版社，2002。
③ "国立中央大学教员人数统计表"（22年度下学期），见《南大百年实录》编写组编：《南大百年实录》，310~312页，南京，南京大学出版社，2002。
④ "国立中央大学各院系科目数统计表"，《南大百年实录》，312~314页。

燕京大学是教会大学，其在校生规模始终基本控制在800人以内，是"小而精"的名校。但其基础研究颇为优胜，国文、史学、社会学等系科都达到较高水准（特别是哈佛燕京学社，是国际知名的学术机构）。在所有教会大学中，燕京大学的中国化是最成功的，国际化也是最成功的。此外，该校研究生占全校学生比例曾多年达到10%以上，这在当时各大学中是遥遥领先的①。由于有洪煨莲、顾颉刚和邓之诚等几大导师的联袂指导，该系办学颇有成就，在短短十余年间，产生了二三十位日后成就特出的名学者。史学方面的研究生训练，较多地参照了美国名牌大学的经验②，因此，训练出来的学生是相对整齐的。其优等毕业生大都美国留学，其中在史学方面有20余人在顶尖大学深造，其中多数获得博士学位，如此密集、高密度高水平的文史学人群在全国各名校中是绝无仅有的。1926—1946年间，该研究院培养硕士达31人，全国遥遥领先；论及研究生比例，则全国首屈一指。1930年秋季，研究生达94人（史学系7人）③；而同期的清华，刚刚考试招生，日后规模也未超过60人。抗战前的十年间，该系就培养了21位硕士，举隅如下：

届别	姓名	后续学历	任职	成就/荣誉及其他
1926	杜联喆		哥伦比亚大学研究员	
1931	张立志			
	朱士嘉	哥伦比亚大学博士	华盛顿大学副教授、武汉大学教授	湖北省文史馆副馆长、省政协委员
1932	谭其骧		复旦大学教授	学部委员
	叶国庆		厦门大学教授	
1933	陈懋恒		圣约翰、东吴大学教师	曾任邓之诚助手
	陈源远			
	邱继绳			
	薛澄清		厦门大学副教授	
	严星辅			

---

① 如在1930—1932年上，入校新生分别为344、288、336，其中研究生占74、68、74。见《最近三年新生报名录取入学人数比较表（1930—1932）》，《燕京大学校刊》1932年，5卷7期。在1934年9月注册的797名学生中，研究所占87人。见《燕京大学校刊》6卷5期。
② 燕京大学校友校史编写会编《燕京大学史稿》，人民中国出版社，1999，105页。
③ 《注册部报告：〈研究院各学系主修人数〉》，《燕京大学校刊》3卷7期。

续表

届别	姓名	后续学历	任职	成就/荣誉及其他
1934	张维华		齐鲁大学文学院院长、山东大学教授	
	陈观胜	哈佛大学博士	哈佛大学、普林斯顿大学教授	加州大学东方语文系主任
	冯家昇		哥伦比亚大学研究员、中国科学院研究员	通晓古汉语、英日法俄、回鹘、突厥等语文
1935	邝平璋	哥伦比亚大学硕士	北京大学专任讲师、中央民族大学教授	
	梁愈			
	李子魁			
	邓嗣禹	哈佛大学博士	印第安纳大学教授	哈佛大学客座教授
	李延增			后任中学教师
	王育伊			
	翁独健	哈佛大学博士	燕京大学教授	后任燕京大学代校长
	姚家积		中国社科院研究员	

资料来源：燕京大学校友校史编写委员会编：《燕京大学史稿》，106~107页，北京，人民中国出版社，1999。《究天人之际 通古今之变》，《中华读书报》2008年4月23日。

此外，该系其他卓然成家的有周一良、侯仁之、齐思和、瞿同祖、吴世昌、王钟翰、聂崇岐、史念海、房兆盈、杨生茂等。该校规模较小，但史学方面人才培养力度相当大，成才率极高，达到世界级水平。就学术渊源上说，燕京大学也为清华大学输送了诸多人才，史学系的夏鼐、齐世荣、齐文颖、吴小如、胡如雷等均是以转学方式进入清华（外系还有许宝騄、赵梦蕤、费孝通、黄昆、吴小如等则是以考学或准学方式进入清华或联大的）。

以上可见，诸校史学系学生毕业率都较高，这与个别院校理工科院系的极高的淘汰率有异。在规模上，北大史学系毕业生一般占全校毕业生的1/10左右；而且有逐步扩张的态势；而清华史学系的学生规模始终较小，而且在全校毕业生的比例，一般都在1/15左右浮动，而随着理学院的扩张、特别是工学院的增设，其比重日渐缩小；最高为1930年的10.1%（毕业生69人，史学系7人）；至1936年则滑落到4.1%（全校243人，历史学系10人）。相对偏重文理科的北大、燕京来说，在多科性综合性大学的清华，史学团队确实显得"小而精"。

相对而言，上述四校均各有特色。北大与中央大学一样，在政治上有特殊地位，培养的学生以中国史学者居多；清华与燕京的外文水准较为出色，毕业生中有留学背景者较多，相对而言，清华的"多门外语"的优势更为突出，学科布局更略显全面，除中国史之外，在世界史（如刘昌祚、齐世荣、丁铭楠）、考古学（如吴金鼎、夏鼐）等方面，均有拔尖人才。而当时北平三校在世界史方面不无关联。三校师资大致相当，培养成效则有差异。这与不同学校之间的制度设计、学术传统可能不无关联，也与清华自身严格的通才教育不无干系。由于人才机制较有弹性，人才流动较频繁，各校关系非常密切（如东南大学的罗家伦、郭廷以等曾在清华教书，而清华的张贵永、朱延丰等也在中央大学任职）。

由于清华大学学术环境较好，其转学生制度始终效果显著，而且教师能够出国学术休假、学生也容易出国深造，因此能够以"拔尖主义"的态势将更多优等师资和生源吸纳过来。

清华在1934年后来有4各学院、16个学系和多个特种研究所，其中文学院有文史哲外文4系，法学院有政治经济社会3系，文法科合计只占9系。北大有文理法3学院14系；其中文法科占10系。教师方面更是有一定差距。由于北大偏文科，所以发展有自身的特点。而且所需的设备费用相对较少，因此经费相对比较充裕。而清华由于规模的逐步扩张，理科、工科特别是农科等的发展，需要大量的经费投入，因此，经济状况并不比北大更宽裕①。清华有政府拨款和庚款基金，北大除了政府拨款也有中基会的补助。二者相去不远。1934年的预算中，中山大学为1776000元，次为中央大学1720000元，再次为北平大学1437180元，第四为清华1136264元，北大紧接其后，为900000元。在以上四校中，北大与清华的人均费用大致相当，但文科院系的经费显然要充裕许多。清华秘书长沈屐也说："北京大学虽比较最少，但是他还有别的机关的补助津贴，所以北大比清华少一学院而经费和清华经费差不多，清华经常费，若是与别的大学一比，只好算经费不大充裕的学校了。"② 本就偏重文科，而兼经费充裕的学校，办学中自多有便利，因此，北大在中国人文界和思想界之地位非同一般。不无门户之见的"南高派"人物张其昀也称："三十年来北大是中国新思想的策源地，为中外所公认。"③ 傅斯年本人也当仁不让："北大的汉文旧籍在国内可以为各大学之冠"；特别是"治学之风气，尤其是史学，在适之先生领导之

---

① 工科所需的经费，足以令一般学校望而却步，这是1916年内蔡元培长校后裁撤工科的原因之一，更是1931年后蒋梦麟一直想发展工科但未能如愿的原因之一。1946年北大复员后，利用伪北大的基础，建立了工、农、医等科。这是原日本的优势学科，也是经费耗资较大的学科。
② 《沈秘书长本学年开学典礼报告》，载《国立清华大学校刊》第599号，1934年9月24日。
③ 《张其昀致胡适》，见中国社会科学院近代史研究所民中华民国史研究室编：《胡适来往书信选》（下册），38页，中华书局香港分局，1985。

下,是任何一处比不上的。"① ——这也是 1931 年胡适重返北大后,甚至不惜割舍文哲两系而倾力打造史学系的所修得的成果。该系抗战前强劲发展。难怪抗战中的罗常培怀念那一段"黄金般的日子",希望恢复"二十年至战前的学术空气"。②

1931 年后,钱穆从燕京移席至北大。胡适两大弟子傅斯年、顾颉刚均在史学系教课,这与胡适本人合为北平史学界的"三大老板"。他们大都是史学上极有抱负之人。"孟真在中国史学上,实似葆有一种新意向。惟兹事体大,而孟真又事忙未能尽其力,以求自副其所相望,而遂有未尽其所能言者。"作为系主任,傅斯年的办学理念势必落实为具体的课程设置等方面,"故北大史学系所定课程似先注意于断代史"(这与陈寅恪相似,而与雷海宗相异)。文学院的掌门人胡适在一次会议上,乃公开说:"办文学院其实则只是办历史系。"其时胡适已"主张哲学关门,则哲学系宜非所重。又文学系仍多治旧文学者掌教,一时未能排除。而历史系上古史一门除于(钱穆)专任其必修课外,又开选修课,凡八门,颉刚孟真各任一门。此见当时学术界凡开新风气者,于文学则偏重元明以下,史学则偏重先秦以上,文史两途已相悬绝。其在文学史,对白话文新文学以外,可以扫荡不理。"③ 北大史学系主任陈受颐,主讲西洋史,其"于西洋中国史颇有深入",但系务由傅斯年幕后主持。几经扩张,该系规模持续扩大。"北大选课,学生可先自由听讲,一月后始定选。"而北大法学院的学生"来校只知西洋政治,不知中国政治",于是院长周炳琳令学生听钱穆的上古史秦汉史课。"北大校规松,选定之课程可任意缺席,未选之课可随时旁听。故学校自开学后,讲堂必随时改换。旁听多,换大课堂;缺席多,换小课堂,……学生以此为教授作评价,教师亦无如之何。"而当时"清华燕大殊无此现象"。"时国民政府令中国通史为大学必修课,北大虽亦遵令办理,但谓通史非急速可讲,须各家治断代史专门史稍有成绩,乃可会合成通史。故北大中国通史一课,乃分聘当时北平史学界,不专限北大一校,治史有专精者,分门别类,于各时代中各别讲授。"有人建议:通史一课不宜由多人分任,但一人独授也非易事,或可有钱穆任前半部;陈寅恪任后半部。而钱穆表示:自己一人能独力讲授全

---

① 《致王毓铨、胡先晋》,见耿云志主编:《胡适遗稿及秘藏书信》第 37 册,578 页,转引自欧阳哲生编《傅斯年全集》,第七卷,297 页,长沙,湖南教育出版社,2003。
② 《罗常培致胡适》,见《胡适来往书信选》(下册),43 页。
③ 钱穆:《北京大学杂忆》,见钟叔河、朱纯主编《过去的大学》,58~59 页,武汉,长江文艺出版社,2005。

部，不欲分任。从 1933 年秋开始，由钱穆一人独力讲授此课。① 于是该课成为文学院新生必修课，而其他年级、其他学校的学生前来旁听者众，"每一堂常近三百人，坐立皆满"，有人连续听讲多年，其中不乏外国年青年。亦有当年在清华就读、日后成为哈佛教授的杨联陞。1930 年代中前期，"时局虽艰，而安和黾勉，各自埋首，著述有成，趣味无倦"。"诚使时局和平，北平人物荟萃，或可酿成一番新风气来，为此下开一新局面"。②

尽管在傅斯年之后，尚有朱希祖、姚从吾、陈受颐等人曾任该系主任，但事实上始终是由傅斯年的所主导的，在办学理念、课程设置、人事安排、系务运作、甚至优等生的选拔培养等方面，都是由傅斯年所决定的③。因此，上述两校，以及中大、燕京之间，各有自己的学术传统和风格。其史学系亦然。——除了大的时代环境和学术机构本身的制度设计外，骨干教师及其所承担的核心课程是决定办学水平的关键因素。依上所述，可大略见出 1930—1937 年间，上述三校史学系师资团队的基本骨架④：

职级	北　大	清　华	中　央	燕　京
教授	傅斯年 1896，英、德留学 陈受颐 1899 芝加哥大学博士 姚从吾 1894，德国留学 毛子水 1893 德国留学 钱穆 1895 自学成才	陈寅恪 1890 留学欧美日十余年 罗家伦 1897，欧美游学 蒋廷黻 1895 哥大博士 孔繁霱 1893 芝加哥大学硕士，赴德研究	柳诒徵 1879 秀才，三江师范毕业 沈刚伯 1896，伦敦大学肄业 陈汉章 1864 举人 缪凤林 1899 南高师毕业 朱希祖 雷海宗 顾毂宜 1904	洪业 1893 哥伦比亚大学硕士 顾颉刚 1893，北京大学本科 邓之诚 1887 师范学堂毕业 王桐龄 1878，东京大学学士 容庚 1894，北京大学研究生毕业

---

① 钱穆：《北京大学杂忆》，见钟叔河、朱纯主编《过去的大学》，60~61 页。
② 钱穆：《北京大学杂忆》，见钟叔河、朱纯主编《过去的大学》，66 页。
③ 北大、清华二校关系密切，内中，两校史学系台柱傅斯年与蒋廷黻关系亦颇好，而两校文学院院长胡适、冯友兰的关系也耐人寻味。当然，曾代理清华文学院院长的蒋廷黻则与北大文学院长胡适是哥伦比亚大学校长，二人还是《独立评论》的同人。
④ 按，之所以选择 1930 年为起点，是由于就整个知识界而言，1930 年之后，大都在埋头苦干，进行艰苦的原创性工作，内部环境较好；中原大战之后，国内局面也好转，教费增加，经费稳定，整个知识界已步入正轨。其中 1931 年后，在北大是蒋梦麟、胡适联手治校，态势极好；在清华，是进入梅贻琦治下的极盛时期，在中央大学，很快将迎来 1932—1941 年罗家伦治下的黄金时期，而在燕京大学从 1925 年开始中国化之后，至 1930 年前后也进入极好的时期。因此，整个知识界在 1930 后比较上轨道，而上述各校师资团队相对也比较稳定。1937 年则是抗战爆发，局面遽变，元气大损。

续表

职级	北 大	清 华	中 央	燕 京
教授	余嘉锡 1884，举人 郑天挺 1899 北大研究生毕业 孟森 1869 日本留学 马衡 1881 南洋公学毕业 原田淑人 1885，东京大学学士，英法美留学 朱希祖 1879 早稻田大学肄业 陶希圣 1899 北大学士	刘崇鋐 1897 哈佛硕士 杨树达 1885 日本留学 雷海宗 1902 芝加哥大学博士 钱稻孙 1887 日、意留学 噶邦福 1891，毕业于俄国，曾任教于美国 张荫麟 1905 斯坦福大学硕士 原田淑人	金毓黻 1887 北大毕业 徐子明 1888，威斯康辛大学学士，海德堡大学博士，通6国文字 郭廷以 1904 东南大学学士 郑鹤声 1901，东南大学毕业 刘继宣 1898？ 张贵永 1908 英德留学，柏林大学博士	张尔田 1874 举人 齐思和 1907 哈佛博士 郑德坤 1907 燕京学士，哈佛燕京学社研究员 陈垣 1880 自学，哈佛燕京学社执行干事 李棪华 1905，燕京硕士，哈佛燕京学社研究员 王世富 1901，威斯康辛大学博士，国学研究所及历史学系教授
副教授/专任讲师	皮名举 1907，哈佛大学博士 蒙文通 1894 旧式学堂毕业	王信忠 1908，东京大学肄业 邵循正 1909 法、德留学	陈训慈 1901 东南大学毕业	
讲师	陈寅恪、罗家伦、刘崇鋐、赵万里、张星烺、向达、王庸、方壮猷、黎东方、冯家昇、顾颉刚、陈同燮、王谟、聂鑫、李宗武、伦明、董作宾、李济、梁思永、陈垣、劳榦、柯昌泗、王桐龄	顾颉刚、钱穆、陶希圣 张星烺、齐思和、谭其骧、黎东方 李济、瞿宣颖 刘朝阳、吴其昌		［美］李瑞德（RichardRitter），普林斯顿大学学士 ［英］贝卢思，Bedford College学士 聂崇岐 1903，燕京硕士 钱穆 韩儒林 许地山 方壮猷 谭其骧 侯仁之 1911
教员		郭廷以、吴晗		
助教	余逊	朱延丰、朱庆永、杨凤歧、谷霁光、杨绍震 费正清：1907，哈佛大学学士，牛津大学博士在读		

按，由于有关学校的资料不够充裕，个别信息可能不全；即便是原始档案，也每每不无缺漏，因此，本表个别遗缺在所难免；特别是对中大史学系的年轻教师的资料比较欠缺。但较长时间任教于各该校的骨干教师，信息是比较完整的。又，极个别教师虽其主要的工作关系未必在该校史学系，但因实际教研工作与史学系牵涉较多，也列入，如钱穆、张尔田等乃属燕京国文系教师。

资料来源：《蒋廷黻分别聘请新接洽教授》，《京报》1931 年 7 月 31 日；《北大昨发表各系主任及教授讲师》，《北平晨报》1932 年 9 月 27 日；《北大昨已开学 各系主任教授均已聘定》，《北平晨报》1933 年 8 月 26 日；《北大下年度各系教授名单》，《北平晨报》1934 年 7 月 10 日；《北大讲师名单 文理法三院共六十五人》，《北平晨报》1934 年 9 月 12 日；《北大本年度全校讲师名单》，《北平晨报》1934 年 10 月 10 日；《北大本年度讲师助教名单公布》，《北平晨报》1935 年 9 月 19 日；燕京大学校友校史编写委员会编《燕京大学史稿》，人民中国出版社 1999 年版，99～113 页、1176～1293 页。

这一比较可鲜明地凸显各校的风格。北大史学系规模较大，这主要不是表现在教授规模，而是讲师这一层次，因为兼职人员较多，北大清华互兼教职的教师也多。清华教师相对较少①，但教授比例高，专职率非常高；所有骨干教师均为"海归派"，这在四校中是绝无仅有的；而且青年教师方面梯队比较严整，确保了整个教研团队的年轻化，这有助于维持其活力和潜力。曾在中大史学系任职的教授较多，但因流动性强，该系基本的教授数与其余三校相去不远（常态是 5～8 人）。其师资来源有主要有二，一是来自北方最好的两所名校，一是南方地区（特别是两江地区）自产的人才。后者大都无留学背景，而由北大南下中大者，也往往是旧派人物（如朱希祖、陈汉章等），无留学经历；因此，相对来说，该校旧派人物较集中，学风相对守成②，以致有"述而不作，信而好古"之说，该校学人自身对此亦少否认。与当时规章不符的是，中央大学有兼职的教授，且为数不少。这与一般规定不符。燕京与清华一样，比较洋派，骨干教授教师中有留学背景者占相当多数。从权势网络来看，北京大学由于是老牌国立大学，清华在 1909 年开始派赴大量留美生，这些学子陆续学成归国，遍布于各重要岗位；因此，二者的辐射力较大，校友广布各校，中央大学和燕京大学也难例外。

由于各校讲师绝大部分都是兼职教师，少部分是专职年轻教师；授课钟点

---

① 由于工业化和国防建设的需要，清华重点已逐步倾斜于理工科、特别航空方面，在此情况下，文法科的规模不可能有大的拓展，主要表现为质量的提升、内涵式发展。
② 特别是在 1925 年"拥郭倒胡"等一系列易长风潮后，学校陷于衰退中，《学衡》迁走，科学社骨干等也已离校；1936 年原东大教授竺可桢长浙大后，更是把中央大学的一批名师（文科方面主要是昔学衡派名手）聘往浙大，这对该校的师资和学风的影响都不可忽视。

都较少，对各系难有太多实质性意义；真正的骨干教师是那些专任的教授副教授。此处，仅就各系的骨干教师谱系略作分析。

	人数	学缘结构（1937年以前）				年龄结构（以1934年计）					主要授课类型	
		非海归派	海归派（含外教）			39以下	40～50	51～55	56以上	平均	外国史	中国史
			博士	硕士	学士及以下							
北大	14	6	2	0	6	6	5	2	1	43.0	3	11
清华	13	0	2	3	8	7	6	0	0	39.1	6	7
中大	14	8	3	0	3	9	3	1	1	40.5	5	9
燕京	11	7	2	1	1	4	2	1	2	41.4	4	7

按，由于各教师任教的起讫时间各不相同，有的在1934年前已离校，有的在1934年后才到校。这才一定程度上会影响统计的准确性，本表不拟对具体样本进行精确的量化分析，只是便于统计的方便，初略地估算各群体的总体特征。

资料来源：主要根据以下资料综合而得，燕京大学北京校友会编《燕京大学史稿》，人民中国出版社1999年版；北平清华同学会编印《北平清华同学录》，1948年印行；苏云峰编撰《清华大学师生名录（1927—1949）》，台湾"中央研究院"近代史研究所2004年版；清华校友总会校友联络处编《清华校友通讯录》，清华大学1994年印行；五十周年筹备委员会编《国立北京大学历届同学录》，北京大学出版部1948年版；萧超然等编著《北京大学校史（增订本）》，北京大学出版社1988年版；等。

因资料所限，以上数据未必全部准确。但仍能大致反映有关各校史学系的概况。从学缘结构看，清华方面骨干教师13人均有留学经历，这样的学缘结构，决定了它确实是比较洋气的，国际化程度也较高（1932年牛津大学博士生费正清来华时，所选择的就是该系）[①]；其次燕京史学系骨干教师留学比例也达

[①] 一般来说"北大官气，清华洋气，南开土气"。北大富有政治空气，清华富有研究风气，南开富有实干风气；或曰："北大大，清华清"。是时，北平盛传一个段子："清华自开办以来，不知进出过多少位名教授了。而且大多是世界上闻名的学者，但是名气虽大，学问虽高，派头、架子却丝毫也没有。过去有人说过：在北京，公共场所偶然遇到一位戴着金丝眼镜，穿蓝布大褂，礼服呢千层底鞋的先生，问一声：请问您在什么地方恭喜？'对方付便很随便地答道：'兄弟去年刚从美国回来，在清华园里有几个钟头的课……'同样情况如果遇到的是一位穿着笔挺洋装，夹着大皮包，口含雪茄的绅士，问过之后，对方马上会打开皮包，取出名片，递给你，同时会在口头上报给你听：'康诺尔大学工程博士，沪江大学教授，兼光华大学讲师……'这就是'海派'和'京朝派'的差别，清华的先生是属京朝派的，永远是那么谦虚，潇洒，有涵养。"（邓云乡：《教授生活》，见《文化古城记事》，228页，北京，中华书局，2004）

63.6%，确实是较为国际化的教会名校。其中，清华教师中，受过系统的研究生训练并毕业者达5人，明显超过其他各校。在年龄结构上，各校教师团队总体上均较年轻，清华的仅有39.5岁，最年轻，其中不少人在二十多岁即在美国获得学位（即便之前年龄最大、颇不受罗家伦待见的朱希祖，在校任教时也只有50岁）。其他该校都有年龄较大的在岗教授，其中有的达六七十岁。当时中国人均寿命只有30余岁。相对于人均寿命和国民的一般健康状况，50多岁的人已常被认为是老人了；事实上，这个年龄段的学者已很难说处于上升时期；至于60岁以上的学者，绝大部分已结束学术生涯的黄金时期。对这些学者而言，也许授课技艺已日渐娴熟，但要继续做研究、特别是开创性的研究，已经异常困难。而那些中青年教师、特别是二三十岁的青壮教师，大都处于强劲的上升期，后劲较大，富有活力和创造力（昔《新青年》之骨干，平均年龄也不过廿余岁）。因此，一个团队中最佳工作期的教师的比重，是确保其活力的最重要的因素之一。在学科结构上来说，清华确实是实现了"中外历史并重"协调发展的布局。这在师资配备、课程设置、课时安排、学生出路的协调等方面，均多所体现。在1936学年度上，开设的35门本科生学程中，世界史（或曰"中西交通之学"）方面占17门，均为本系专任教师授课；178个学时中，世界史约为90个学时①。同期的北大史学系设有32门课程，世界史方面12门，只有3门是由本系专任教师讲授。可见，从师资安排、课时配置、训练强度等方面来说，清华历史学系都已达到较高水平。该系不仅在中国近代史方面遥遥领先，而且在世界史方面也实力非凡，特别是在日本史、苏俄史方面，更是戛戛独造（而以上几个研究领域，无论是学术含量还是社会意义而言，都是不可低估的）。在蒋廷黻时代，清华历史系逐步配备了较强的阵营：由雷海宗主中国通史和古代史、陈寅恪主隋唐史、姚从吾及邵循正主元史、吴晗主明史、萧一山主清史（北大教授、兼任）、刘崇鋐及张贵永主西洋史、王信忠主日本史、葛邦福主俄国史，蒋廷黻自己则主讲近代史和近代外交史②。由于传统的关系，北大史学系方面始终以中国中古史见长，特别是断代史方面实力不凡（钱穆加盟后，其中

---

① 《文学院 历史学系学程一览》，《清华大学一览》，1937年。
② 何炳棣先生对当时学术布局的判断是：蒋廷黻、刘崇鋐联手决策，此间培养出的"新史材计有邵循正（本治中国近代外交史，赴巴黎转攻蒙古史）、王信忠（日本史）、张德昌（经济史）、杨凤岐（意大利史）、杨绍震（美国史）、谷霁光（魏晋南北朝史）、吴晗（明史）、朱庆永（俄国史）和未来誉满寰宇的新中国考古事业领导人夏鼐（他原是从蒋廷黻先生治清史的）。研究生中只朱延丰和姚薇元从陈师研究中古史，而且师生关系有欠和睦。"见其《清华史学对我影响深远》，《清华大学学报》（哲学社会科学版）2005年第5期。

国通史方面也负有盛名）；世界史方面则主要倚重于皮名举等人，还较多地依赖于"外援"，曾多年聘请刘崇鋐、王桐龄等来兼课；而清华在世界史只短期聘过王龄桐。——总的来说，在该系的办学思路上，乃是三个"偏重"（或曰侧重）：教研领域偏重中古史，治学思路偏重考据（即偏重史料考订①），学科视野偏重文史之学（即"文史不分家"的人文学思路）。此"三个偏重"与清华的"三个并重"确乎是不同的思路和传统。受此培养的学子，也往往具有不同的风格。整体而言，相当一部分北大史学系学子是从"人文"的进路来研究史学；而在清华史学系，从"科学"的进路来研究史学的新秀比比皆是。在这一点上，他们比罗家伦、蒋廷黻和陈寅恪一脉相承。②

由是观之，尽管当时"新史学"已影响日盛，但在实际的史学教研中，真正能彰显其真精义的历史学系，尚属罕见。即便是一些老牌的历史学系也难例外。职是之故，尽管"建立科学的历史学"在当时是相当多学人的诉求，但真正能够实现这一点的学术团队，委实不多。此外，在具体管理环节上，清华注重制度又能大胆破格，敢于接受偏科学生（其中典型有钱钟书、吴晗、钱伟长、王岷源

---

① 而清华学人从刘崇鋐到雷海宗到张荫麟乃至以考据见称的陈寅恪等，所强调的，都是"从史料（史事）中求史识"，即把史事背后的某些东西揭示出来，刘崇鋐的表述是"把其中包含着的哲理讲出来，要具有哲学味。"（刘桂生：《史学偶语》，见《刘桂生学术文化随笔》，316页，北京，中国青年出版社，2000）。以上诸人中，大都是史学系与哲学系的合聘教授。雷、张本来就辅修过哲学。

② 按，罗家伦1928年整顿清华时就直言，希望学校"为中国产生几部科学的新历史"，见罗家伦《整理校务之经过及计划》，《国立清华大学校刊》第12期，1928年11月23日。而史学系的掌门人蒋廷黻则反复表示要努力建立"科学的中国近代史"。深受兰克史学之濡染的陈寅恪虽长期主修人文，但对"科学"有着特殊的偏好，他不仅在挑选学术助手时特别在乎对方的数学和外文修养，而且在治史过程中亦颇为强调"科学性"。在与沈兼士讨论中国传统的语言文字学之研究时，陈寅恪特别欣赏的是沈的"宗旨及方法皆极精确，实获我心"，并认为此等"宗旨，方法，实足树立将来治中国语言文字学之新基础"。参陈寅恪：《致沈兼士》，《陈寅恪集·书信集》，北京，三联书店，2001，171、172页。陈在言及自家治学标准时，常说："人家研究科学是分、秒不差，我研究历史也是年、月、日不差。"他显然已潜意识地将自己的"历史研究"向西方近代化"科学研究"的某些标准看齐了。这种对精确性、彻底性的执著追求，确乎有着明显的"科学化"倾向。——当然，陈寅恪治史有着强烈的人文关怀（即所谓"从史中求史识"），但他在研究方法上选择的是科学路径；易言之，他的学术抱负是以"科学"之路径来实现"人文"之关怀。准此，"人文关怀、科学路径"已出神入化般地交融在其治史实践之中（此即"以真求善、以真致用"）。这是一种很高的治学境界，绝非常人所能企及。当然，在清华史学系中，罗家伦、蒋廷黻、雷海宗等及张荫麟名手都多少与陈有某种相通之处。统此，若说此时北大史学系学人偏好的是"考据的史学"，那么，清华历史学人普遍追求的则是"科学的史学"。前者更近于传统的"人文"意义上的文史之学，而后者更具"科学"的质素，有着较强的与社会科学相融合的态势。在某种意义上亦可说，前者更类似于"人文的"史学，而后者更近乎"科学的"史学。而这与北大、清华两校的个性气质有着隐秘的呼应关系。

等），敢于实行转系转学制度，并敢于力排众议选材用才，实行拔尖主义，为拔尖人才的成长铺设黄金通道；对教师则减少课时，促进其研究。这样的管理，就外在形式看，似显其"严"，但就选材、成才的一般规律来看，这实则富有弹性。

综上，该系风格可约略概括为"国际化"、"年轻化"、"前沿化"、"科学化"与"柔性化"。正是以上一系列特征，外加清华本身的学术环境、制度设计和生源质量、国际资源，奠定了清华史学系的一流地位，奠定了其"国际水平"①。而这一成就，是历经罗家伦、蒋廷黻、雷海宗等诸位系主任协同全系师生苦心经营、埋头苦干多年之后取得的②。当然，需要说明的是，在当时这一日趋活跃、覆盖全国的知识共同体中，各学术团队之间常常有着千丝万缕的联系。在当时几个最主要的史学重镇中，最趋新的清华史学系与最守成的中大史学系之间，也有着复杂而微妙的联系，这不仅是由于二者在人事方面有着一定的交叠（如梁启超、柳诒徵、罗家伦、雷海宗等在两校都有过任教经历），更是因为这两个史学重镇在学术理念等精神层面也有着一系列互动——无疑地，"学衡派"是衔接这二者的重要桥梁。③

另需说明的是，除前述各系之外，当时的中央研究院历史语言研究所，以及北平研究院历史学研究所，也都各具特色。正是由于这样一批高水平的史学团队的崛起，才实现了陈垣的梦想——"把汉学的中心夺回中国"，才印证了时人的自信——"科学的东方学的正统在中国"。

第八节 育才模式的探索与人才布局的成型

相对来说，清华历史学系和其他文法科院系一样，没有像某些理工科院系一样设立较高的门槛，保持高淘汰率。而当时，最优秀的中学生，绝大部分是选读理工科的。因此，无可讳言，该系的生源质量和培养水平，可能未必在某

---

① 蒋廷黻：《追念梅校长》，新竹《清华校友通讯》，新第 2 期，1962 年 8 月。
② 关于是时北大清华史学系的风格差异、基本语境及内在理路，可对读尚小明《抗战前北大史学系的课程变革》（载《近代史研究》2006 年第 1 期）与蔡乐苏《蒋廷黻与清华大学历史学系课程新模式的建立》，（《北京社会科学》2004 年第 4 期），以及刘慧莉《中国新史学拓荒者——历史学系》（载《新清华》，第 1664 期，2006 年 11 月 17 日）等文。
③ 关于此问题，可详参吴忠良：《传统与现代之间：南高史地学派研究》，北京，华龄出版社，2006；柳曾符、柳佳编：《劬堂学记》，上海，上海书店出版社，2002；更详细的背景及内情，则可参吴宓著、吴学昭整理注释：《吴宓日记》，北京，生活·读书·新知三联书店，1998—1999。显然，对吴宓的研究，是研析东大与清华之渊源、探寻学衡派权势网络、学术谱系及其内核的关键入径之一。

些理工科系之上。但由于训练得法,该系始终保持了一定水准。和物理学系的"重质不重量""理论与实验并重"一样,清华历史学系也有类似风格。蒋廷黻认为:"虽然清华历史系一直没有很多学生,但,我很高兴,少数优秀青年我都鼓励他们进了研究院,研究中国学者一向忽略的问题。就我所知,一九三○年我们中国尚没有日本、苏俄、内蒙古、西藏、泰国及越南历史专家。一旦我发现一个青年,认为他可以研究上述某一国历史的话,我就说服他们在研究院学习相关的语文。如果他在研究院成绩好,我就设法推荐他到国外去深造。"① 如他推荐王信忠研究日本史学、推荐朱庆永研究苏俄史、推荐邵循正研究蒙元史;而在蒋廷黻时代入学的黄明信,日后则主攻藏学研究。后来,他们大都成为各自领域的重量级人物,足见其眼光的前瞻性。应该说,这一培养理念是比较成功的,这在学生在校时的表现、毕业时的作品、尤其是日后的后劲与成就方面已有最好的佐证。

教师与学生之间的相互砥砺,使清华形成了较好的学术环境。"应该说,三十年代清华的学术空气还是比较浓厚的。"② 正是在此浓厚的学术空气中,惨淡经营的清华学术终于积淀渐丰,渐成传统,形成了独特的学术风格。这种风格是否可称"清华学派"尚可商榷,但至少外间比较早地对其独成一家学术风格表示了激赏。这时,"清华文科似乎有一种大家默契的学风,就是要求对古代文化现象作出合理的科学的解释"。冯友兰针对清代学者的"信古"和五四学人的"疑古"而提出了"释古"。所谓释古,在某种意义上乃是用现代眼光和科学方法(其中很多来自于西方)对中国文化进行新的理解和阐发。这显然是一种"融汇古今、贯通中西"的"会通"的学术思路。这"似乎为大家所接受,并从不同方面作出了努力"。③ 显然,历史学系也是其中"作出努力"的一个重要团队。在这个团队中,蒋廷黻、雷海宗等在学术布局和人才梯队建设方面卓有

---

① 蒋廷黻:《蒋廷黻回忆录》,137 页,长沙,岳麓书社,2003。
② 王瑶:《念闻一多先生》,见王瑶:《中国现代文学史论集》,430 页,北京,北京大学出版社,1998。
③ 王瑶:《念闻一多先生》,430 页。管见以为,"释古"与"信古"、"疑古"有所区别,它是从另一种准度上来看待史料。易言之,它不是从纯科学(甚至唯科学)的角度来"甄别"史料,而是从科学与艺术(文化)相交融的视角来体认史料。也就是说,"释古"作为一种研究方式,它既涵盖又超越了"史料甄别"就此意义而言,将"释古"与"信古""疑古"相并论,也并非毫无意义的。*顺及,对于"信古"、"疑古"和"释古"的理解目前尚有争议。如葛兆光认为"信古"、"疑古"属于史料甄别,而"释古"属于史料的运用。其实,这种对史料的运用,本就是建立在对前人的文明成果(即"史料")的了解之同情上,它跳脱出了"信"、"疑"这种二元对立的"认知框架"。参廖名春:《试论冯友兰的释古》,载《原道》,第六辑,贵阳,贵州人民出版社,2000。

贡献，而陈寅恪、张荫麟等在具体的研究工作中有上乘表现。

清华史学系不仅因材施教，而且知人善任，对不同的人才提供不同的机遇、职位。吴晗乃是一例。在考入清华前后，他曾向胡适征询治学的指导意见。胡适历来建议青年根据个人才性，专攻一个具体领域，以早日有所成就。吴此时已完成《胡应麟年谱》，蒋廷黻建议其"专攻明史"，胡也表赞同。在蒋的具体指导下，吴继续原有研究，发表了数十篇作品。吴毕业后，蒋安排其留校任助教，授"明史"。当然，对于更具潜力的青年，蒋廷黻往往力荐其出国深造，争取养成"多文化背景"、"多种外国语"和"多学科"的才能，以实现他本人心仪的理想的治学境界。

蒋廷黻设计的优良政策之一就是资送优等生出国留学。清华改大之后，尽管旧制部的毕业生全员留学的政策业已废弃，但有本科生全国统考遴选留学人才；而清华自身还可从研究院选拔优秀毕业生送相关国家留学。且在学科布局和语言修养等方面，主事者也有比较系统的构想。如果说叶企孙是当时中国科技（主要是理学工学）体系的主要战略家和领导者之一的，那么蒋廷黻则是清华历史学科方面的领导者。蒋廷黻在他并不长的任期内，打造了一个颇为可观的学术团队，在这个团队中，那些有才华的年轻人，分别就"性之所近，力之所能"选定了一个主攻的领域（这个深造的领域，与在清华的学生时代的领域未必完全一致），如：

届别	姓名	主攻方向/导师	论文	去向	履历、任职及其他
1931	杨凤岐	意大利史		学士，留校助教、教员，1935 第三届意大利史 罗马大学	罗马大学教授
1932	梁嘉彬			1934 年赴日，翌年入东京大学	台湾东海大学教授、美国大学教授
1933	邵循正	清史/蒋廷黻	中法越南关系始末	硕士，1934 研究生优秀毕业生公费留学法兰西学院 蒙古史	清华教授、北大教授
1933	朱延丰	中古史/陈寅恪	突厥考	1933 年硕士毕业，1936 年考取中英庚款	牛津大学硕士、巴黎大学研究，波恩大学讲师，中央大学教授
1933	谷霁光	中古史（魏晋南九朝史）		留校任助教，暂未开课	江西大学校长，江西省政协副主席

续表

届别	姓名	主攻方向/导师	论文	去向	履历、任职及其他
1933	朱庆永	苏俄史		1936年考取第四届庚款生助教、教员东欧史/俄国史	北师大教授
1933	杨绍震	美国史		本科毕业,留校任助教,考取第二届庚款留学	哈佛大学硕士,资源委员会委员;东海大学教授
1933	孙毓棠	经济史		东京大学肄业	清华教授,牛津大学、哈佛大学客座研究员
1934	王信忠	清史/蒋廷黻	中日甲午战争之外交背景	硕士,东京帝国大学肄业,早稻田大学硕士	转攻日本史;清华教授,外交官
1934	夏鼐	清史/蒋廷黻	太平天国前后长江各省之田赋问题	硕士,1934年考取第二届庚款生,考古学(刘崇鋐代定)1935年赴英深造	中国社科院副院长,学部委员
1934	吴晗	明史/蒋廷黻		本科毕业,留校任助教、教员,开新课	北京市副市长,学部委员
1935	张德昌	清史/蒋廷黻	清代鸦片战争前中西海舶贸易之研究	硕士毕业,伦敦留学	清华教授,香港大学,香港中文大学教授
1936	姚薇元	中古史/陈寅恪	北朝胡姓考	硕士毕业	兼治中古史与近代史;与庚款生吴于廑同为武大史学柱石之一
	王栻	清史/张荫麟	清代三品以上大成之身家背景	1935年入学,1940年毕业	南京大学教授
	陈黎	清史/张荫麟	清代言官无外交		
	吴乾龙	中古史/陈寅恪	三藩叛乱始末	1942年毕业,毕业论文《清代云南回民叛乱》	
	沈鉴	清史/张荫麟	辛亥革命研究	1936年入学	

资料来源:何炳棣《清华史学对我影响深远》,《清华大学学报(哲学社会科学版)》,2005年第5期;《读史阅世六十年》69~70页;"文科研究所 历史学部",《清华大学史料选编》,第二卷(下),592~595。"文科研究所 历史学部",清华大学编《清华大学一览》,1937年印行。苏云峰编撰:《清华大学师生名录资料汇编》,62页、145~155页,台湾"中央研究院"2004年版。

以上表明，尽管清华的留美旧制部业已停办；但留学运动仍在持续，毕业生的留学比例在全国也是比较高的。值得注意的是，这一时期的留学去向已不再仅仅是美国，而且囊括了德国、英国等当时学术最发达的国家；特别是始终有较多的学生持续赴日留学，了解东邻；这是学术发展的需要，亦是现实环境所需。也正因如此，该系始能持续培养日本史研究人才，在本领域保持领先地位。

在 1937 年上，清华大学文科研究所的历史学部中，设有课程"中国古代史专题研究"、"清史专题研究"和"清史资料研究"，但没有开设西史方面的专门课程（这就意味着刘崇鋐、孔繁霱等较少参与研究生的培养）。因此，该系本科课程方面涵盖了国史和世界史两大部门；而研究生方面则只培养了国史方面的人才，研究领域主要是中古史和晚清史（中国近代史）两段。因此，前期的导师只有陈寅恪和蒋廷黻，而蒋离开清华后，则由更年轻的张荫麟接任，雷海宗也参与部分工作①。从全国范围来说，民国时期如此系统地培养中国近代史方面的专门人才的学术机关，在中国是绝无仅有的；其在世界史（主要是日本史）的人才培养方面，也是比较突出的。

作为一个接受过现代训练、深具世界眼光的一线学人，蒋深知一位优秀学者不仅必须具备运用多种语言的能力、具备多学科的知识背景和开阔的视野，因为"中国已经深入国际生活中，闭关自守的时期早已过去"。特别是在国难日重的特殊历史背景下，中国近代的外交史尤应加强。不仅要用新的方法来研究本国的历史，而且要了解环伺的强邻，知己知彼，方能百战不殆。在蒋廷黻时期，该系除了鼓励学子参与公开的留学生选拔考试（主要是庚款生考试）外，还自主派送留洋，以故逐步形成了"本科→硕士→择优公派留学→回国任教"的培养体系。当然，这一培养体系的健全也经历了一个过程。在此过程中影响较大的是"朱延丰案"。清华研究院章程原规定："凡在大学研究院毕业生，其学分成绩至 1.05，毕业考试及论文成绩均在上等以上者，得由各系主任推荐于评议会，择优派遣留学。"1933 年 11 月，清华历史系在讨论该年资送优秀毕业研究生出国时，朱延丰和邵循正两位毕业生的课程成绩和论文均为优秀，皆符合资送出国的条件，但是历史系最终推定邵一人出国留洋。这个决定让朱延丰非常不满，随即他先后向蒋廷黻、清华评议会及校长梅贻琦申诉，甚至上书教育部乃至求助律师，从而酿成了轰动一时的朱延丰出国案。学校为此召开了多

---

① 黄延复：《水木清华：二三十年代的清华校园文化》，350 页，桂林，广西师范大学出版社，2001。

次会议，最后其导师陈寅恪致函梅贻琦陈述详情并将函件公开发表，事情渐告平息。①

朱原是清华毕业，留系任助教一年后，经陈寅恪的严格考查而被录取为研究生。1933年3月，朱延丰毕业初试时，其学术能力也得到了朱自清与陈寅恪的一致认可。但年底在教授会议在研究该派谁出国时，恰恰是陈寅恪首先表态，认为只宜派邵循正一人，与会教授无一异议。原来朱延丰一直在历史系读书、工作，学科背景相对单一。而邵本科是清华政治系，主攻国际法和国际关系，转入历史系研究部后，成绩亦非常突出，英文、法文都极为出色。朱随陈寅恪主攻突厥研究，而邵循正的硕士论文则研究中法越南问题，这类中外关系方向的研究，是非常理想的中西"交通之学"，更符合蒋廷黻对历史系的总体规划。同时，资送法国留学，邵比朱更具备语言优势。因此，在二择一的选择中，结果很显然。可见，蒋廷黻识见过人，但并非孤掌难鸣。在很多方面，他与同寅是有共识和协作的。特别是对深具前景的"中外交通之学"，是同人普遍倚重的，因为这更好地代表了学术发展的方向，契合国际学术的潮流。经朱延丰一案，清华研究院方面在规章制度方面进行了适度调试，也日趋健全。这为日后西南联大时期的研究生培养奠定了较好的制度基础②。

在蒋廷黻治下，该系突飞猛进。在罗家伦接长之初的清华，不过是一个新办大学，资浅闻遐，历史学系在全国更是藉藉无名。但经蒋廷黻的励精图治，短短几年，它就成为全国领先的团队。1930年夏，蒋廷黻赴日搜集资料月余，他发现，"日本历史学比较中国的进步得多……他们著作的特点就是切实或言实在"。"日本大学校内史学的设备也高出中国一等"，他们对中日历史并重，但"对于西洋历史可不如中国重视。""日本政治上轨道，大学成立的年代久，一般史学家可以安心研究"；但日本史界亦有两大毛病"不十分注重原料，没有找历史原料的习惯"。日本思想不自由，"根本的思想没有解放……他们仍保守旧的史观，对于历史的解释仍然因袭传统的观念"。而中国"史料公开……现在清朝史料任人可研究"，且"思想自由"，"毫无拘束固滞之苦"。因此，"设若中国政治上轨道，学校不闹学潮，有良好研究的环境，我相信十年后就可以追上日

---

① 参《关于研究院章程第十四条条文原义及训诫》（1934年1月12日），清华大学档案，1—2－1—14：1。又见《校长办公处通告 第一○○号》，载《国立清华大学校刊》458号，1934年1月12日。

② 关于"朱延丰案"的相关情节，可参梁晨：《朱延艳出国案看蒋廷黻对清华历史学之改造》，《清华大学学报（哲学社会科学版）》，2006年第6期。

本,二十年后,就可以超过他"。① 这绝非妄谈。

当陈之迈1934年从美国返回清华时,他看到这个新的历史系也不由得感叹道:"气派完全不同了。廷黻主持清华历史系的计划是使中国历史每一个时代都有专门学者教授和研究,而外国史方面则特别注重中国两个邻邦——俄国与日本。这是他远大的理想,而竟能在几年中实现了大部分,这是令人十分敬佩的。这个历史系的阵营堪称当时海内第一"。② 当然,这个阵容,与蒋廷黻本人所期待的国内"惟一无二"、国际推崇的近代化历史学系,仍是不无差距的。事实上后来也无条件实现这一梦想。

是时,清华学子中不少人的毕业论文甚或课余习作都达到较高水平,不少人在本科时期已发表较高质量的学术作品。就其学士论文看,政治系王维显的《中东铁路的概况及其由来》(1934)、政治系杨得骅《保甲制度》均是佳作。另外如孙作鹏《七十年来之西藏问题》(1937)、《中国总税务司十年史(1859—1869)》等,均属首选课题,可见出其敏锐的问题意识和开阔的学术视野。历史学系1935级王祥第的《清代军机大臣》,1936年陈寅恪指导的刘钟明《有关云南之唐诗文》(给分87),1937年徐先麟的《中越划界及通商之交涉(1885—1900)》、1937级刘金宝《唐代的商业》,都是其中的优秀之作③。刘秉仁的《中国历代仓库制度》,长达300多页;1937年历史学系毕业生卞慧新的《吕晚村年谱》分装了一寸多厚的两本,也超过10万字④。至于张荫麟指导的两篇本科毕业论文《曾国藩与其幕府人物》(李鼎芳)、《严几道》(王栻),经过修改,都师生联名发表。如果说本科论文还各有高低的话,那么硕士论文就比较整齐了。内中多有力作。不少论文,均已达到出版水平,有望奠定作者在学术界的地位。⑤ 因此,对这些学生而言,毕业论文的完成不仅仅意味着基本上已完成了硕士阶段的训练,而且意味着其已在学界走出了扎实的一步。

---

① 蒋廷黻讲、文翰记:《游日见闻》,《国立清华大学校刊》205期,1930年9月25日。
② 朱梦渊:《蒋廷黻:怀太史公之才抱张骞之志》,《人物》2007年7期。按,此事对陈、朱的师生关系幸无大碍。朱后来考取庚款公费生赴牛津大学留学。1942年,已任东北大学教授的朱将当年在清华时的毕业论文修改后定名《突厥通考》准备付印,寄给陈寅恪,陈见其功力大进,甚悦,乃为之序。
③ 详参葛兆光选编:《学术薪火——三十年代清华大学人文社会科学毕业论文选》,长沙,湖南教育出版社,1998。
④ 葛兆光:葛兆光选编《学术的薪火相传》,《学术薪火——三十年代清华大学人文社会科学毕业论文选》,1~15页,长沙,湖南教育出版社,1988。
⑤ 徐规:《张荫麟师培养学生情况述略——纪念张师诞辰九十周年》,《杭州大学学报》(哲学社会科学版),1995年第3期。

在该系本科生中，发表作品比较也是普遍的现象；而研究生中大部分都能发表较高水平的学术论著；研究生阶段的作品稍后以专著形式出版的，也不乏其人。如梁嘉彬身为21岁的本科生，就在《清华周刊》第35卷第4期发表优秀论文《葡人在华最初殖民地 Lampaeaao 考》；27岁正式出版了专著《广东十三行考》。王栻在本科阶段也已发表多篇作品。姚薇元本科期间主攻中国近代史，完成了《鸦片战争史实考》，1932年由蒋廷黻作序，日后正式出版。硕士时，姚从陈寅恪治中古史；1933年6月，硕士即将毕业的姚薇元在《清华学报》上发表了高质量论文。日后姚在古史与近代史两方面都成就斐然。类似的还有邵循正、丁则良等。邵循正所著硕士学位论文《中法越南关系始末》二十余万字，被选刊于清华大学研究院毕业论文丛刊（此外尚有王信忠《中日甲午战争之外交背景》）。邵循正在校时研究中法关系，故被选派到法国。夏鼐本科期间亦主攻近代史，而且毕业论文被《清华学报》登载。——在留学人才的选拔上，起关键作用的是蒋廷黻；此外，研究生最多的也是蒋廷黻。当时清华盛传，凡由陈寅恪指导的论文，"难得高分"。事实亦然。甚至陈寅恪自己也说："考试得八十分的就是好学生。"① 因此，要成为其"好学生"并不容易。自然，选派留学生时，中选的往往是蒋廷黻的所指导的学生；陈所指导的研究生姚薇元、朱延丰均未获得推荐出洋的资格②。这也难免诱使更多的研究生选择到蒋廷黻门下。

这一时期，最好地践行了蒋廷黻育才理念的是邵循正。他在清华受到了蒋廷黻的悉心指导，并有较好的外文根底；毕业后不久又赴法国，从伯希和研治蒙元史，还研修了多门外语（按，赶巧的是伯希和与朱延丰的导师陈寅恪是旧友，二人的治学门径颇有契合之处）。如此一来，他接受过中国最好的本科教育，又接受了欧美一流的训练；既有旧学根底，亦有现代眼光；既有民族自觉，又有世界视野。几年濡染后，前景自然可观。邵日后事实上也较

---

① 吴小如：《怀念王永兴先生》，见《通向义宁之学——王永兴先生纪念文集》，7页。陈寅恪的严格，不仅体现在对研究生的要求，对本科生也是如此。如1936年国文系毕业生刘钟明的论文《有关云南之唐诗文》，给予87分的高分，陈寅恪特地写评语，赞曰："此论文范围甚至窄，故所搜集之材料可称完备，且考证亦甚审慎。近年清华国文系毕业论文中如此精密者尚不多见"，但由不由得惋惜道："所可惜者，云南与唐代不在文化区域之内，是以遗存之材料殊有限制，因之本论文亦不能得一最完备及有系统之结论。又，本论文标题'有关'二字略嫌不妥，若能改易尤佳。寅恪。民国25年6月16日。"学生们在回忆陈寅恪时每每提及，一般本科生的作业，能得到80分以上的并不太多，85分以上的已极为罕见。
② 翁同文：《对寅恪师及已逝同门学长的哀思》，见丁则勤、尚小明编《丁则良文集》，423页，北京，清华大学出版社，2009。

好地实现了"多文化背景"、"多外语能力"、"多学科修养"的"三多"愿景。

自然,当时除邵循正外,优等生亦所在多有。整体而言,当时清华史学方面人才的选拔标准、培养水平在国内是较高的。国学院时期情况已如前述。历史学系亦然。该系培养的一系列人才也受到了外间较高程度的认可。其中毕业生杨绍震、夏鼐、朱庆永、何炳棣、丁则良等均在全国范围内的惨烈角逐中脱颖而出,考取庚款留学的名额。而在就业方面,其毕业生们的出路亦大都较好,国内几个较好的文科类科研机构(如社会调查研究所和中研院史语所)都很欢迎该系的高材生。1934年,北大文学院院长胡适在毕业生大会上的公开说:现在就业形势不佳,一般大学毕业生就业很难,但"新兴的清华大学""毕业生很少寻不着好位置的"。社会调查研究所的陶孟和说,"今年北大的经济系毕业生远不如清华毕业的,所以我这两年没有用一个北大经济系毕业生";而最近,史语所的傅斯年"在暑假前几个月就要和清华大学抢一个清华史学系将毕业的高材生"。——事实的确如此,这批高材生进入新环境后,大都现显示了较强的后劲和适应能力,很快即可出类拔萃。在抗战时期,吴晗"在清华方升为讲师",云南大学即以教授相聘,于是作为土著学者,吴晗较快地晋升为教授①。在1941年上,雷海宗知何炳棣的才力并能教西洋通史,便何:"你是否愿意去旁的学校做讲师或副教授?"② 而何炳棣当时年仅24岁,在联大本科毕业未久,仅仅是助教。清华史学系之年轻助教,便有资格做他校的讲师乃至副教授,可见其培养水准及界内声誉之一斑。与何炳棣年岁相当的丁则良,在毕业未久之际,雷海宗也致函梅贻琦郑重推荐:"丁君……对中西史皆能了解,在任何其他学校皆可担任西史课程",乃直接聘其回联大任专任讲师③。

蒋廷黻等人的匠心,很快即结出硕果。短短几年后,全国最年轻的一拨少壮派的史学正教授中,相当一部分均出自清华。他们跻身教授的年龄大都约为30岁,如皮名举(29,北大)、张贵永(28,中央大学)、张荫麟(31,清华)、邵循正(27,清华)、王信忠(28,清华)、吴晗(29,云大)、张德昌(30,清华)、孙毓棠(33,清华)等。这在文法科特别是"文史之学"等基础学科领域,殊非易事。他们年轻而才高,处于强劲的上升期,势将在日后几十年中扮演重要角色。

---

① 《罗尔纲致胡适》,见《胡适来往书信选》(中册),146~147。
② 何炳棣:《雷海宗先师专忆》,见《雷海宗与二十世纪中国史学》,42页。
③ 《丁则良先生生平及著译简表》,见丁则勤、尚小明编:《丁则良文集》,475页。

第九节 "理工科抬头":从"文理并重"到"提倡理工"

改大初的清华,与北大一样,都是偏文科的院校。在1926年清华的17个学系中,文法科达10个;北大的17系中,文法科达12个①。这样的布局,与当时社会对人才结构的需求显然有所差距。因此,在日后的发展中,理科往往得到较多的重视。就发展布局来说,梅贻琦时代的清华发展态势,确实回应了当年蔡元培1928年的设想,与北大形成了一定的互补性。北大与清华尽管都是高水平的综合性大学,然学术布局略有差异:北大偏文,清华偏理。但总的来说,都是"文理并重"的文理科大学。——这在当时是一个历史的进步,因为20年代中前期,许多学院纷纷改为大学,甚至中等学校也升格为大学;更严重的是,高校之中法政学的系科畸形发展,其系科数和在读学生数占到学生总数的1/3左右,办学水平很低,而且学生大都无出路。至于社会亟需的理工学科,在多数学校都始终停滞在于草创阶段,规模和质量都不足论②。在这样的背景下,提倡自然科学的研究,有着特别的必要性。但日后的发展中,却出现了另一种态势。

清华文科的学系比较齐备,但规模始终较小;而且随着时间推移,理工科则不断扩张,文科规模大致定型,在校内所占比重也越来越小。师资、招生、经费等方面均如此。至1932年开始、特别是在1934年后,原有的"文理并重"的办学格局,已为"提倡理工限制方法"所取代。

蒋廷黻当时即意识到:"清华在战前比一般美国大学在专门化方面要认真得多。"然而"理工科逐渐抬头,而文法科渐趋没落。甚至我们在文法学院教书的人也都认为这种倾向是对的,因为我们深知中国需要自然科学和工程学。我们绝不想去与自然科学争短长,更不想阻止其发展。"③ 随着日本侵华压力的日渐增长,这种实用化的趋向日渐抬头。尽管作为有眼光的自由主义教育家,梅贻琦等实行了折衷,将"通才教育"与"专长教育"进行杂糅,课程设置方面也有调适。但形势比人强,其基本态势仍无可避免。

---

① 萧超然等编著:《北京大学校史(增订本)》,195~203页,北京,北京大学出版社,1988。
② 严格说来,在整个1920年代,中国工科教育真上水平的只有南方的交通大学、北方的北洋大学和唐山交通大学。综合性大学中,还没有出现高品质的工程教育,直到1932年后清华、中央大学等综合性大学的工学崛起后,这一局面才略有改善。
③ 蒋廷黻:《蒋廷黻回忆录》,130~131页,长沙,岳麓书社,2003。

"九·一八"事变后,中国民族危机空前加重。而日本大学继续急速军工化,培养大批高端的军事人员以准备战争。1932年1月,日军又制造了"一·二八"事变,华东许多院校纷纷关门,不少学子转学北平;但紧接着1933年1月,在北平又爆发了长城抗战;3月,热河失守,"薄海震惊";1935年更爆发了华北事变。而中国方面实力悬殊。直到1933年,中国的化工业还极为落后,"国中制造硫酸者,惟在东北汉阳兵工厂二处。惟二厂所造。仅足供本身之用……若此时再不提倡化学。无论与外国作经济之战或政治之战。均必失败。更不足以言救国也"。① 在此情况下,中国亟需强化国防力量,国民政府急欲集中有限的资源尽速培养理工实用人才,特别是发展航空事业保障领空安全。为此当局于1932年出台了"提倡理工、限制文法"政策。在此语境下,清华的办学思路也有所转型。自此,清华更多的引进的是实用科学、特别是工科人才。从1932年后,文学院方面的教授新聘的较少,史学教授亦甚少;到1932年工学院创立、特别是1934年农科创立后,主要就是增聘理工农三个实用科学的师资了②。在此之后的一段时期内,清华虽未"限制文法",但也难"扩张文法";故其文法学科的发展,重点以由规模的扩张转为内涵的深化;当然,该校基础研究(文理学科)的地位始终比较稳固。最好的那一批学者,还是兼顾人文教育和通才培养的。按照国民政府的原定政策,则以理工科等实用科学为主,文科的地位微不足道。"只有极少数理科毕业生考取庚款留学名额,文科毕业生几乎完全没有出国深造的机会";而1945年抗战胜利后,叶企孙和钱端升则通过费正清为清华争取代赴美留学两个名额。叶企孙"深知综合性大学应该文科和理科并重",对人才体系的结构上,他"从更全面的角度来考虑这个问题,坚决支持选派文科毕业生的主张",王浩与李赋宁因之顺利赴哈佛大学和耶鲁大学深造,日后取得杰出成就。③

1936年,梅贻琦在回顾"清华五年来发展之概况"时,主要提及的是研究院之进展、农业研究所之设立和航空工程之研究。除了研究院部分曾提及文科研究所设中国文学、外国语文、哲学、历史学、及社会学五部外,基本上未再

---

① 《化学系消息》,《国立清华大学校刊》343期,1931年12月9日。
② 当然,这一努力在短期内确实收到了一定成效。1934年,清华创建航空学科后,在短短二三年见已取得实质性突破,并很快建成了亚洲最大的风洞。主管军事工作的陈诚认为,在中国航空事业发展进度上,1936年的成就超过了1932—1935年的总和,而后者又超过了民国前20年的总和。详参邢军纪《最后的大师》(北京十月文艺出版社2010年版)中对叶企孙与中国航空学科的联系。
③ 李赋宁:《怀念叶企孙先生》,载钱伟长主编:《一代师表叶企孙》,148页,上海,上海科学技术出版社,1995。

提及相关领域①。是时,主要的国际交流、留学名额也都已转移到理工科等方面。显然,学校的工作重心,已倾斜到与抗战和工业化密切相关的理工农等"实用科学"方面。文法科已基本上轨道,但也已初步定型了。整个学科布局已定型,文法科的边缘化难以逆转。当然,梅贻琦仍在竭力调适。"我们限于规章,总觉得工科的课程对于文法理科的课程,而难于分配。同学们对于基本的功课,应该重视,就是要求得一般的普通常识。我们不能脱离社会来办工程,所以政治、经济、历史、地理、社会学等,都得知道一点。"② 其宗旨,"就是以服务国家民众为最大最终之目的。这样与个人的思想方面,可以健全一点,而行为方面,亦不致偏于任何一方"。这是与梅贻琦的基本立场,也是潘光旦、冯友兰、叶企孙等人的基本理念。

当时的中国是一个落后的农业国家,工业基础极为薄弱,科技方面也与先进水平有差距,研发能力严重落后,甚至连自己的飞机、坦克都无法制造,从基本面上说,这与正在高速发展的日本相比,实有天壤之别。强邻觊觎,形势逼人。日本蓄谋已久,此时早已做好了充分的备战准备,至1935年前后则转入了战时的办学体制。"战时教育平时办,平时要向战时看"。20世纪30年代后,随着日本帝国主义侵华的日渐迫近,大学作为国家学术文化的重镇,在发展民族学术文化的同时,还面临着如何为即将来临的全面抗战提供学术服务和智力支持的问题,这在理工学科中显得格外突出。1933年夏,国民政府在庐山会议讨论如何培养航空工程人才问题,最初决定由中央大学、清华大学、交通大学和武汉大学四校来办此种学系,最后决定以中大为主体创办"机械特别研究班"。③ 清华也在南昌设立了航空研究所,在汉口、长沙设立了无线电研究所。④ 这种竭力"提倡理工"的政策导向在当时取得了一定成效,但这种非常状态下的政策是否能作为长远的战略方针,尚有争论。但时人切实体察到的一个事实是,在这样的非常政策下,基础研究的地位已有松动的迹象,也面临着衰退之虞。这一局面,在抗战胜利后愈益突出。而这时,各大学普遍的衰退,已在短期内难以逆转。

从1930年代中叶开始,文科教育、包括史学的教学与研究,也面临了一系

---

① 梅贻琦:《五年来清华发展之概况》,《清华周刊》向导专号,1936年6月27日。
② 庄前鼎:《健全的工程师》,《清华机工月刊》第1卷第2期,1936年11月20日。
③ 许小青:《政局与学府——从东南大学到中央大学(1919—1937)》,295页,北京,中国社会科学出版社,2009。
④ 梅贻琦:《抗战期中之清华》(1939年4月),《清华校友通讯》五卷第三期,1939年5月1日。

列的困难。基础学科"基础"地位，已有边缘化的迹象。史学的角色也受到一定的挑战。而文理学科"是一切应用科学的基础"，实用科学"都受他们的影响"；在任何大学里，断不可能"理学院办不好而工学院能单独办得好"（罗家伦语）；因此，基础学科地位的变化，难免诱发整个学科布局的改变。当然，这一问题在当时尚未浮出水平。而一旦浮出水面后，已积重难返。

相对于全国普遍的实用化办学态势来说，清华已经是比较好的。其基础研究的地位尚属巩固，不过也未尝没受到挑战。其中，文学院受到的挑战比理学院要更明显一些。

第十节　清华园非桃花源——学术与社会的互动

作为半殖民地半封建社会的中国，面临着种种内忧外患。置身此间的清华，无论如何不可能超越这一大的历史环境。从国际环境看，苏俄对中国的压力，已更多地让位于日本对华的威逼。日本与中国曾有类似的遭遇，但很快成为近代化国家，并走上了军国主义之路。与当时日渐强盛的东邻相比，中国虽已渐上轨道，但总体上来说，各方面仍明显落后。面对日益崛起的强邻日本，中国有越发严重的现实关切。特别是"九·一八"事变之后，中华民族亡国灭种的意识日渐强烈。国人每每习惯性地将中国与日本相对照，以此来反衬中国学术的不如人意，以及日后的任重道远。以此自勉。

当此之世，史学亦须作用于振奋民族精神。清华历史学人对此更有感受。早在1920年，罗家伦经东京赴美留学时，就为日本的发展态势所震慑，他立即意识到两国在综合国力及民众精神面貌方面的巨大落差，也意识到中国抗日之路的艰难①。1929年，陈寅恪因中国青年研究中国史尚需东渡日本，极为感慨，赠诗北大学子："群趋东邻受国史，神州大夫羞欲死。"这种学术不独立的现实令学人深感耻辱。1931年5月，当清华廿周年校庆之际，陈寅恪还忧虑："今日

---

① 罗家伦认为中国要抵抗日本，不是需要机关枪、飞机、坦克，在学术方面也要抗衡对手。罗家伦有意将中央大学办成与日本东京帝国大学争雄的阵地。这一思想，与当年太炎门生黄侃的激发有关。1934年黄侃问道："要抵抗日本，我们中大底学生能否与日本东京帝国大学底学生在学术上竞争，中大底教授，能否与东京帝国大学相比，整个的中大能否与东京帝大或西京帝大相抗吗？"这番话对罗家伦触动非常之大，"使我惊恐心悸，使我汗流浃背，更令我兴奋、努力"。在当时民族主义日渐高涨的情况下，作为中国"最高学府"的领导者，此种感受不难理解。（罗家伦：《对中大的期望——民国二十三年六月九日在国立中央大学讲》，罗家伦先生文存编辑委员会编：《罗家伦先生文存》第5册，台北，国民党"中央委员会"党史委员会、国史馆1989版，386页。）

中国大学未必有人焉，能授本国通史，或一代专史，而胜任愉快者。"而日本"以三十年来学术锐进之故，其关于吾国历史之著作，非复国人所能追步。"① 同年夏，颇受日本学人看好的陈垣也向胡适抱怨学界之不振，问：现在汉学的中心，是在京都还是在巴黎？（早在十年前，陈垣已在北大研究所国学门会议上说："现在中外学者谈汉学，不是说巴黎如何，就是说西京如何，没有提中国的。我们应当把汉学中心夺回中国，夺回北京！"）在陈垣看来："一个民族的消亡，从民族文化开始。我们要做的是，在此危机关头保住我们的民族文化，把它继承下去。"蒋廷黻在游日后，也意识到日本的强盛；就史学而论，日本史学的成就和设备都远在中国之上；至于设备亚洲第一的东京大学，更已跻身世界一流大学之林。陈寅恪弟子姚薇元也慨叹："我们中国兴办教育已有三十余年的历史，较之日本的教育维新，相距并不很远；但我们试看日本的学术方面在国际上已达到平等的地位，医学农学方面，日本尤其有很大的贡献。而我们的学术界和日本相比便不免相形见绌了，在国际上，更无地位可言。""日本的高等教育，起始便谋本国学术独立为目的。"反观中国的教育，迟迟不上轨道②。直到 1934 年，北大学人还感慨："中日两国本系同文同种，然日本自明治维新以来，励精图治，百业振兴……欧战以来，经济势力的膨胀，为从前所未有……同时对于中国的侵略，也跟着经济的发展，而加倍的努力。"③

1931 年"九·一八"事变之后，中国所面临的已不再是潜在的威胁，而是现实的危亡了。当年西方列强坚船利炮所带来的历史伤痛犹在，而今强邻虎视眈眈的现实更让国人无法心安。在列强的环伺下、尤其是在日本的铁蹄之下，如何救亡图存，这是中国最紧迫的现实、也是最大的政治。日军已兵临北平。清华处于抗日前线，对此尤有紧迫感。因此，当时国内的外国史研究多偏重于欧美方面，清华则大力提倡东洋史研究，其鹄的所在，自然是为着民族的独立。抗敌救亡，追求民族独立，是国人的共同目标，但如何追求，则言莫衷一是。在此，清华人内部也产生了分化。有的在保持现实关切的同时继续坚守学术；有的则投身直接的政治运作。

第一类人坚持教育救国、学术救国，以学术独立求得民族独立。他们将现实的关怀转化成学术研究的抱负。他们认为：大学毕竟是教育学术机关，不是党政机关和军事机构，必须葆有现实关怀，但也须坚守学术本位。越是在危机之

---

① 陈寅恪：《吾国学术之现状及清华之职责》，《国立清华大学二十周年纪念刊》1931 年 5 月。
② 姚薇元：《大学研究院与学术独立》，载《独立评论》136 号，1935 年 1 月 2 日，第 12～14 页。
③ 《北大赴日参观团旅途中游览纪实》，《北平晨报》1934 年 4 月 13 日。

际，越是要沉着冷静，发展学术科技，培养硕学闳才民族栋梁，为民族之崛起奠定坚实的基础。当时的教育家几乎都主张"救国不忘读书，读书不忘救国"，但不少人并不赞成学生在自己求学的黄金年华将过多的精力花费在政治运动上。处在风口浪尖上的北大，久为学潮所苦。校长蔡元培便反复强调："学生在学校里面应以学习为最大目的"；学成后，可以报效祖国；实有政治兴趣者，在人格较成熟后，可以个人资格参加政治团体，但不应牵涉学校。① 梅贻琦追慕蔡元培的兼容并包，对教师们的政治活动不加干涉，但他也不赞成学生们不加分辨地参与政治运动。作为学者的陈寅恪，则一贯认为："学生在校应将全副精力投入学习，不要参加游行罢课之类的学运活动。"② 历史学系主任雷海宗直到抗战末期，还坚持认为："学生的天职就是读书。"③ 傅斯年也是如此。因为只有在学生时代全力学习，才能使自己更好成才，甚至成为国家栋梁，异日可服务社会、报效国家。——当然，第二类人也在在皆是，而且随着形势的恶化而越来越多。

　　清华不像北大、中央大学那样长期处于政治的风口浪尖上，但也绝非世外桃源。尤其是在长城抗战之后日军威逼平津，而且经常在北平城内逡巡。处于抗日活动的最前线的清华，不可能没有别样的家国况味。对时局的反应，在清华人颇为敏感。"九·一八"事变后，历史学系讲师吴其昌为当局的不作为而痛心，乃绝食晋京请愿，惊动了最高层。冯友兰则在东北事变一周年国难纪念会上表示：东北事件可能成为"世界大战之开演"，众人应不忘国难，"时时作血洗恢复的准备。同时还要积极作道德知识的充分准备。如果道德知识上已有相当的修养和准备。则日后自能启起国家重担。不致把国事弄糟。智力足以应付国家环境。而后国家始可有为"。④ 梅贻琦自然是冯友兰的有力支持者，他也不时提醒师生们不忘国难，并数十次地邀请抗日活动的领导者或见证者来清华介绍抗日事迹。这对学生是非常有效的爱国主义教育。

　　在清华，这两种救国方式的差异也同样存在。如叶企孙多次强调东邻的强势以及强邻的威胁，但他反对赤手空拳逞一时之勇，做无谓的牺牲。1926年"三·一八"惨案后，叶企孙说听弟子王淦昌等讲述亲历的血的教训后，异常激动地说："谁叫你们去的！你们明白自己的使命吗？一个国家，一个民族为什么会挨打？弱肉强食是亘古不变的法则，要想我们的国家不遭到外国人的凌辱，

---

① 蔡元培：《我在北京大学的经历》，《东方杂志》31卷1号，1934年1月。
② 陈流求等：《也同欢喜也同愁——忆父亲陈寅恪母亲唐篔》，250页，北京，生活·读书·新知三联书店，2010。
③ 齐家莹撰：《清华人文学科年谱》，286页，北京，清华大学出版社，1999。
④ 《国难纪念会纪事》，载《国立清华大学校刊》434期，1932年9月21日。

就只有靠科学！科学，只有科学才能拯救我们的民族……"说罢泪如雨下。有的年轻学子也作如是观："学术不能独立的国家是危险的，是不可能长久适存的。""一个大学的灵魂是高深学术的研究，同时高深学术的研究也是达到学术独立的惟一的途径"。① 不少理工科学人投身国防科技的和军工事业；而文法科学人则奋力于治学，特别是加紧对日本的研究，如钱稻孙、刘文典等——是时，中国的日本学研究与日本的中国学研究在水平上严重悬殊，清华学人也深感迫切。

另有不少人则投身实际的政治。其基本途径有二：一类是投身群众运动；一类是参与高层动作。年轻人富有激情，往往投身于群众运动，也有不少学生部参加了中国共产党或其外围组织的活动，这一方面反抗对敌不力的国民党政府，另一方面直接对日斗争；有极个别的学生则直接走上抗日战场。此类学生中不少人日后成为青年领袖甚至共和国高级干部，如胡乔木、姚依林、宋平、蒋南翔、荣高棠等②。1931 年"九·一八"事变后，北平学生加强军训，清华学生也在其列。12 月，清华研究等校联合组成 200 余人的南下请愿团，赴宁要求政府抗日。此中清华学生有 200 多人，其中就有日后知名的东方学家季羡林③。1935 年 12 月，为反对"五省自治"运动，清华学生也参加了全市统一的请愿运动。"一二·九"运动后，20 多位清华学生组成了清华自行车队南下宣传，抵达南京，被军警押回北平。此中即有前历史学系学生钱伟长。钱伟长进入历史学系后的次日，就发生了"九·一八"事变，钱伟长立即决定弃文从理，转入了物理学系。在 1930 年代，北平的几次学生请愿活动中，清华学生都非常积极。1936 年 1 月，平津学联组织平津学生南下新宣传团，第三团以清华为主，也包括燕京等校，团长即是黄华、蒋南翔。2 月，南下宣传图经过合组成为民先队，其中民先队清华分队首任分队长吴承明，日后成为著名的经济史家。这一时期学生运动的积极组织者中，还有日后王永兴和徐高阮，徐还因此入狱。但他们日后都成为陈寅恪的助手、著名史学家④。

而教师、特别是已成名的教授，由于有较高的业务水平、较广的社会联系及一定的社会声望，往往直接进入高层政治运作，用自己的专业知识为社会服

---

① 袁翰青：《清华的新生命》，《国立清华大学校刊》第 3 期，1928 年 10 月。
② 纵览史乘，民国期间几次影响最大的学生爱国运动——五四运动、"三·一八"请愿、"一二·九"运动和"一二·一"运动，都有清华人的身影，尤其是在后两次运动中，清华还是领头羊之一。
③ 清华大学校史研究室编：《清华大学九十年》，58～59 页。
④ 蒋南翔：《我在清华大学参加一二九运动的回忆》，见蒋南翔：《蒋南翔文集》（下卷），1172～1189 页，北京，清华大学出版社，1998。亦见李锦绣编：《王永兴先生年谱》，见《王永兴先生纪念文集》编委会编：《通向义宁之学》，422～440 页，北京，中华书局，2010。

务（当然，此时选择参加群众运动的名教授也偶有其人，如张申府）；其中，外交系统和国防系统会聚了相当一批清华人。随着形势发展，全国逐步出现了学者从政的浪潮。其中，法政学科方面是最典型的；外交部门的相当一部分要人都出身于大学教授。

在清华，此类现象也不乏其人。具体到历史学系，情形亦如此。除了王永兴、徐高阮，丁则良亦属学生运动积极分子（外系则有吴承明、王瑶、于光远等）。他们走上街头，发动民众。叶企孙的爱徒俞大缜在抗战时，也毅然奔赴根据地，投身抗日。而何炳棣、杨联陞等则坚持学术本位，立足于学术救国。这种策略，与梅贻琦、叶企孙、冯友兰等是比较相近的；也与陈寅恪、雷海宗是思路相合。① 对类似的游行活动，作为军政大员的张学良的意见是：国难当前，诸位激于义愤"种种爱国举动……学良衷心钦佩"，但我们"心要热，而头要冷"，贴标语、散传单，呼打倒、喊取消，请愿、游行等，"绝不能救国。救国之道。在痛下苦功。实心做事。"② 在后来的新生活运动中，则有人提出："我们要有'昨死今生'的精神，共同协力来做'除旧布新'的工作。"③

清华师生自来关心国事，1930年代初，清华园中从政之风尚少，但议政之风极浓厚。不少教师时有议政，在著名的《独立评论》上清华学人亦异常活跃，连胡适也禁不住说："清华大学是《独立评论》的好朋友。"但随着民族危机的日渐激化，他们中有的人已不甘于坐而论道，于是起而实行，在条件具备时将自己的现实关怀付诸于实际的政治社会实践。而政府部门客观上也需要有专长的人才来提高效率，矫正体制上的某些陋习，同时有意识地作出所谓"野无遗贤"的姿态，因此，有时也欢迎这批知识精英参与到体制内来。

在历史学系，刘崇鋐、孔繁霱朴厚低调；陈寅恪爱品藻人物，但极少形诸文字；其他骨干教师则不时评议时事，在《独立评论》等刊上发表文章，有的日后还投身政治。清华历史学人中，朱希祖、罗家伦、萧一山、蒋廷黻、郭廷以、杨凤歧、杨绍震、王信忠、郭清寰等都在抗战前后都涉足了政界，有所作为④。这一从政比例，在各大学史学系中是比较高的。系主任蒋廷黻乃此中典

---

① 参苏云峰：《抗战前的清华大学》（台北，"中央研究院"近代史研究所2000年版）中的《清华大学的学生运动》一章，见该书185~246页
② 《张副司令告北平各校同学书》，《国立清华大学校刊》345期，1931年12月14日。
③ 《北平新生活运动促进会简章》，《国立清华大学校刊》558期，1934年4月2日。
④ 按，其他校友，则有李惟果、时昭瀛、楼光来、张歆海、叶公超、甘介侯、唐悦良、周治春、胡适、张忠绂、翁文灏、何廉、梁实秋、萧公权、吴景超、浦薛凤等、郭秉文等，在当时亦曾在当局担任较高职务。

型。在当时的清华,蒋廷黻是"治学复议政"的典型。他在教研、治系、编刊之余,还撰写了大量政论,仅 1932 年 6 月至 1934 年 2 月在《独立评论》上发表的文章就超过 20 篇。在 1933 年开始的著名的"民主与独裁"的论争中,对威权式的"独裁"政体表现了一定的认同。这或许促成了其进入蒋介石的视野。1934 年春假期间,蒋介石特召蒋廷黻至庐山密谈,是年夏,蒋廷黻经苏联赴欧考察一年,回国后即于 1935 年 11 月被邀往南京任行政院政务处长;一年后任驻苏大使①。蒋廷黻以治史成名,他并不鼓励学生读历史,因为深虑"历史系的学生没有出路";但又表示学历史以备从政之用,"此一见解倒是深获我心。"② 蒋廷黻在教学、研究的同时,也保持着浓厚的论政兴趣,他撰写了数十篇政论,还一度代掌《独立评论》编务。其言论影响甚大,甚至受到了最高层的关注,外间遂称之为"政治历史学家"。③ 但事有凑巧,蒋廷黻此时的外交史研究,为他日后从事外交实践奠定了较好的基础(类似的还有钱端升、周鲠生、张忠绂、陈之迈等)。他当时就意识到日、苏对中国长远发展的威胁,他从政后,即实行了其"联美抗日拒俄"的思路。后来历史确也印证了蒋的这一忧虑,日本很快终于发动了全面侵华战争;而苏军在打败日本关东军后,驻扎在中国东北,搬运中国机器,奸淫中国妇女;而在此前苏联早已扶持外蒙独立。蒋廷黻本人也见证了这一系列国人不愿看到的局面出现。

原在清华任教的历史教员萧一山,日后经历也与蒋相似。其在抗战期间,结识了李宗仁。李是国民党政权中具有"民主改革"形象的军人,他对"威仪棣棣"的蒋介石不满。李认识萧后,引为知己,后请萧任秘书长。萧在抗战胜利后,还出任了北平行营秘书,为了促进学人与军政人员之后的交流,还建立了"教授双周座谈会"④——理工科学者翁文灏、顾毓琇等则在蒋廷黻入仕前

---

① 按,蒋素为关注日、苏动态,在清华亦极力倡导日、苏联史研究,并在苏俄史方面招募和培养了若干人才。当时这在国内可称先驱者之一。而蒋之任职,即是赴苏,可谓趣事。
② 蒋廷黻:《蒋廷黻回忆录》,136 页。
③ 黄延复:《水木清华:二三十年代的清华校园文化》,252 页。按,这一时期,有论政兴趣的教授不乏其人,此前的罗家伦自不必说;之后的吴景超、潘光旦、姚薇元、顾毓琇等均然。文学院院长冯友兰在 1935 年休假归来,曾讲了游苏的观感,之后被有关部门请至保定行辕,梅贻琦出面保释。从此冯在公共场合几乎绝口不谈国是。但在联大时期,因与重庆方面联系密切,故被学生戏称为"政治哲学家"甚至将其与"政治和尚"太虚法师相提并论。(见《除夕》周刊社编:《联大八年》,除夕周刊 1946 年印行,185 页。)但绝大部分未参与实际的政治活动(冯友兰的亲戚、也是在哲学系的同事张申府因宣传政治组主张并参加实际活动,被有关部门拘捕,也引发了多数教师的不同意见,后被解聘)。
④ 日后李宗仁终于冲破艰险回到大陆,他在自己的《回忆录》中写道:"我和一山是终身的朋友。"

后也选择了亦学亦政的道路,翁还长期是蒋的顶头上司。

在内忧方面,动荡的局势始终是一大障碍。因之导致的军费较多而教育经费紧张,也是一大问题。此外,南京当局的教育文化政策也是一大因素。南京政权取代北洋政府之后,从"帝制"转向"党治",力行党化教育。作为校长,"罗家伦是国民党忠实党员,同时他也是教育界优秀学者"。① 当然,罗家伦本人具有强烈的政治色彩,个性高调,导致其败走清华。此后连续几任校长均挟政治势力与政治目的来改造清华,惟缺乏政治背景的梅贻琦抱着学术追求而来,尊重清华本身的传统,有效地发展了清华。相对处于政治中心的南京而言,北平是自由主义重镇,清华这样深具自由传统的学术机构,更是不适合这样党政背景太强的校长。

当时一般学人都认为,大学是学术机关,其天职是追求真理,而不是追逐权力、迷信权威。因此,大学的领导者,需要有长远的战略眼光,为国家培养有创造力的栋梁之才,为中国的民族复兴的百年基业奠定坚实的心理文化乃至科技和制度等方面的基础;从而以学术独立实现民族独立,跻身于世界先进国家之林。萧公权就说:"教育的功用之一是完成民族心理的发展。"因此,他不赞成大学介入政治活动,也不赞成张申府的行为。这在当时是有一定代表性的。梅贻琦则认为:"余对政治无深研究……对于校局则以为应追随蔡孑民先生兼容并包之态度,以克尽学术自由之使命。昔日之所谓新旧,今日之所谓左右,其在学校均应予以自由探讨之机会,情况正同。此昔日北大之所以为北大,而将来清华之为清华,正应于此注意也。"② 1931 年,梅贻琦赴任后,清华才从政治的旋涡中全身而退(相对地),"不再是个政治皮球,不上了正轨"。③ 如果说清华是在梅贻琦任内步入正轨的话,那么历史系这个学的学术群体,则先其已于蒋廷黻长系后不久就步入正轨、提速了近代化进程。只是在抗战前夕的大环境下,民族危机迫使历史学系在承担本身学术使命的同时,又一次面临现实政治的问题。

---

① 蒋廷黻:《蒋廷黻回忆录》,131 页。
② 见梅贻琦 1945 年 11 月 5 日日记,见黄延复、王小宁整理:《梅贻琦日记(1941—1946)》,184 页,清华大学出版社,2001。
③ 蒋廷黻:《蒋廷黻回忆录》,133 页。

第四章 三校合璧：清华史学的鼎盛
（1937—1946）

　　1937年卢沟桥事变后，北大、清华、南开等校南迁，在抗战中继续办学。清华史学也进入了新的历史时期。这一时期大致可分为三个阶段，第一阶段是从1937年至1939年，此间三校南迁在长沙组成临时大学，之后再迁昆明，合成国立西南联合大学，但直到1939年秋，清华开始恢复研究院，才结束了临时办学的体制，重入相对稳定的环境，整个联大的学术空气也比较浓厚；由于国民党政府日渐腐败，社会矛盾日益激化，大失民心，抗战胜利后，民族矛盾基本解决，而阶级矛盾重趋激化，1945年爆发了"一二·一"运动，自此，学潮迭起，教师参加政治运动的热忱也高涨，因此，联大与别的许多学校一样，正常的教学科研基本停顿下来。这是第三阶段。从此，抗战前几年各高校普遍的环境相对稳定、经费充裕，师生埋头苦干、矢志兴学的态势，已再难复现。

　　日军的全面侵华，对中国学术产生了难以挽回的影响。此前中国知识界多年来惨淡经营的成果毁于一旦，初步形成的传统（涌现了大约20所高水平院校），也受到较大冲击。具体到北大、清华和南开而言，其中有将近1/3的学生因此而一度被迫中断学业，不少人甚至因此未能回到校园。教师们的研究工作，也一度受到影响，直到1939年各校研究院部分恢复之后，其工作才逐步重新回到轨道。因此，在连续若干年之内，教师们的很多工作主要是延续抗战前的工作，其主要成果，很大程度上依赖于抗战前的积累。其中虽有个别领域取得较大进展，但在基本面上，很难实现实质性的突破。甚至在联大复员后，很多学校的主要任务，仍然是、也只能是努力恢复抗战前形成的学术传统和达到的教研水准。

第一节　三校西迁

　　1937年"七七事变"后，平津大量院校西迁。清华大学与北京大学、南开大学迁往长沙合组成长沙临时联合大学。是时三校的史学系及清华社会学系合组成了社会历史学系，教师有刘崇鋐、雷海宗、噶邦福、王信忠、邵循正、潘光旦、陈达、李景汉（以上为清华）、姚从吾、毛子水、钱穆（以上为北大）、皮名举（南开）①。其中，清华方面有8人，北大方面有3人，南开一人。清华处于主导地位，这一方面是由于原社会学系合组在其中（该系为清华所特有的），另一方面，是清华历史学系教授比较完全地南迁了（钱稻孙、孔繁霱留平，杨树达则南下他就），而北大方面的孟森、陶希圣、黎东方、冯承钧等均未随校南下。当然，之所以三校西迁长沙，也与清华的决策有关。之前清华已考虑到战争的可能性，乃在长沙布点设特种研究所。在1936年，梅贻琦回顾长校五年工作时，也不忘对日后的规划。由于毗邻抗日的最前线，诸多擘画，多所不便，便有意识地将部分工作南移，除了在南昌与南昌航空学校合作建设风洞外，还在长沙开展工作。"应付时局之态度……即：'尽力维持，决不南迁'是也"，但学校近来拟办之新事业，即"将在长沙举办特种研究事业"，这是"事业之扩张"，而非所谓"南迁"。②

1937年10月4日，第五次常委会推定各学系教授会主席，17系中，有8人为清华教授（另有1人暂代系主任），其中社会历史学系为刘崇鋐。1938年1月20日，常委会议决了新的人事安排，其中聘原北大文学院院长胡适为临大文学院院长；后因胡适赴美从事国民外交，转由原代理院长冯友兰正式就任，③。临大时期，学风极好，师生们的"学术风气和爱国精神，有了最高表现。"

南京失守后，日军沿长江西进，紧逼武汉，轰炸长沙，教育部决定将临大继续转进昆明，共分三路。2月20日，由284名男生组成的湘黔滇旅行团离开长沙。同行教师有李继侗、曾昭抡、袁复礼、闻一多等11人，军训教官和医生等11人。随行的人员中，文学院学生颇不少，历史学系也不乏其人，如丁则良等。旅行团于4月28日抵云南曲靖，行程1663.8公里，旅途68天。而由海路或乘汽车的同学，也于4月份陆续抵达昆明。④ 无疑地，这是一次具有重大历史意义的"长征"，从古都北平流南下长沙，再由长沙转进昆明；行程万里，历经艰难，在中国现代教育史上写下了可歌可泣的一页。也正因此，有人把这次西迁昆明誉为我国"第四次文化大迁移"。还有人将此与当年的红军长征相提并

---

① 方惠坚、张思敬主编：《清华大学志》（下），677页。
② 梅贻琦：《五年来清华发展之概况》，《清华周刊》向导专号，1936年6月27日。
③ 方惠坚、张思敬主编：《清华大学志》（下），678~679页。
④ 方惠坚、张思敬主编《清华大学志》（下），678页。

论,称为"文军长征"。① 这次迁移,为中国现代的教育和学术保存了元气,为日后中国学术之再起保留了火种。

第二节 师资团队与教研状况

联大在办学水准上基本维持了抗战前的水平,规模上更是大幅扩张;而且融合了三校的风格:北大的自由旁听、批判精神和现实关怀,清华的通才教育、体育传统,南开的实干作风。由于南开大学主要以实用科学见长,人文学方面相对较弱,因此,联大文学院方面主要是受益于原北大和清华的根底,史学方面亦然。

这一时期,北大史学方面的巨头傅斯年、郑天挺均参与到历史学系内,但傅斯年更多地领导史语所和北大文科研究所;郑天挺又须兼理联大教务,或代理北大校务。因此,系内的实际工作,较多地倾斜于清华方面。从临大时期开始,雷海宗、刘崇铉等就轮流掌理历史社会学系,以及此后的历史学系及师院史地系主任职务。其中核心人物仍是清华方面的雷海宗。其办学理念在该系的课程设置、人事安排、系务运作、学生培养等方面都有较多的体现。因此,"中外历史并重、历史与其他社会科学并重、考据与综合并重"这"三个并重"——或"多文化系统、多学科背景、多门外国语"这"三多"②——仍在联大历史学系中得到了赓续。因此,该系的风格与原北大史学系偏重中古史、偏重考据、偏重文史之学的"三个偏重"思路有所不同。从办学效果看,日后无论是在中古史、中国近代史还是世界史方面,该系都涌现了一批人才。从某种意义上说,这一办学气象、学术布局和人才结构,比较接近蒋廷黻、雷海宗的办学思路。就此而言,这与罗家伦奠基、蒋廷黻推动、雷海宗继承的那一种融会贯通的治史思路是不无关联的。雷海宗还是清华研究院史学部主任,故在该系的研究生教育中,也有鲜明的印迹。而雷的办学理念,与此前的蒋廷黻的理念是一脉相传的。

1937 年,长沙临时大学中,有清华教职员 156 人,北京大学 73 人,南开大学 29 人③。其中,史学系的师资阵容为:

---

① 可详参张寄谦编:《中国教育史上的一次创举——西南联合大学湘黔滇旅行团记实》,北京,北京大学出版社,1999。
② 这一思路,亦可概括为"中西融合、古今贯通、文理渗透"的会通思路。
③ 《长沙临时大学教职员名单》,清华大学档案,转引自北京大学、清华大学、南开大学、云南师范大学编:《国立西南联合大学史料》(教职员卷),58~62 页,昆明,云南教育出版社,1998。

清华大学　教授　刘崇鋐　雷海宗　噶邦福　王信忠　邵循正

南开大学　皮名举　北京大学　姚从吾　毛准　钱穆

1938年　历史社会学系的教师有：

教授兼主席　刘崇鋐

教授　姚从吾　毛准　郑天挺　钱穆　陈受颐　傅斯年（名誉职）
噶邦福　雷海宗　王信忠　邵循正　陈达　潘光旦　李景汉　皮名举　（南开）
蔡维藩（南开）

副教授　张德昌　陈乐素　（北大）

助教　苏汝江　鲁光桓

助理　高亚伟

史地学系的教师则为①：

教授兼主席　刘崇鋐

教授　钱穆　张印堂　洪绂　蔡维藩

教员　孙毓棠

助教　丁则良

绘图员　王树森

1940年度历史学系、史地学系教师分别为②：

教授　姚从吾　傅斯年　毛准　郑天挺　王庸　向达　刘崇鋐　雷海宗
噶邦福　王信忠　邵循正　皮名举　蔡维藩　张荫麟（联大）

副教授　吴晗　（清华）

助教　何炳棣　宋泽生　（联大）

助理　何鹏毓　（北大）

研究助理　赵玉良　（清华）　商福家　（清华）　王云亭
（清华）

半时助教　吴乾就　（清华）

史地学系

教授　雷海宗　张印堂　蔡维藩　洪绂（联大）

专任教师　林观德　（联大）　孙毓棠　（联大）

教员　周廷儒　（联大）　陶光　（联大）

---

① 《国立西南联合大学职员录》（1938），见北京大学等编：《国立西南联合大学史料》，（教职员卷），70页、79页。

② 《国立西南联合大学廿九年各院系教职员名录》，《国立西南联合大学史料》，教职员卷，86~87页，97页。

助教　丁则良　（联大）　王文杰　（联大）　王乃樑　（联大）

1944年为：①

历史学系：

教授　雷海宗（兼主任）　姚从吾　郑天挺　噶邦福　刘崇鋐　毛准　向达　蔡维藩　邵循正　吴晗

教员　何炳棣　何鹏毓

助教　邵景洛　李其泰　杨冀骧　助教　戚志芬

师范学院史地学科

教授　孙毓棠

助教　王德明

教员　吴乾就　王乃樑　汪篯　宋泽生

1945年情况为：②

历史学系：

主任　雷海宗

教授　毛准　郑天挺　噶邦福　蔡维藩　姚从吾　邵循正　向达　刘崇鋐　吴晗　傅斯年

副教授　孙毓棠

讲师　白约翰　何炳棣　魏明经　宋泽生　丁则良

助教　邵景洛　杨冀骧　戚志芬　李其泰　赵春谷

史地系

主任　雷海宗　教授　蔡维藩　张印堂　刘崇鋐　钟道铭

副教授　孙毓棠　助教　杨宗干　王立本

半时助教　方龄贵

1946年的师资团队为③：

主任　雷海宗

毛准　郑天挺　噶邦福　蔡维藩　姚从吾　邵循正　向达　刘崇鋐　吴晗

---

① 《国立西南联合大学三十三年度教员名册》（1944年12月），《国立西南联合大学史料》（教职员卷），160~161页，174~176页（师范学院可能不够完善）。

② 参《国立西南联合大学三十四年代教职员名册》，《国立北京大学三十四年度参加西南联大服务教职员名册》，《国立清华大学三十四年代参加联大服务教师名单》（1945），《南开大学三十四年度参加西南联大教职员名册（1945年）》分别见北京大学等编：《国立西南联合大学史料》（教职员卷），182页、187页，308页，311页。

③ 《西南联合大学全校教职员名册》（1946），北京大学等编：《国立西南联合大学史料》（教职员卷），239~241页，283~284页。

傅斯年　钱穆　王信忠　皮名举　李景汉

副教授　孙毓棠

讲师　白约翰

教员　何炳棣　魏明经　宋泽生　王永兴　杨志玖　何鹏毓

助教　邵景洛　李其泰　杨冀骧　戚志芬　王玉哲　游任遠　王丰年　赵玉良　李忻

助理　高亚伟　何偉

史地学系

主任　雷海宗

教授　蔡维藩　刘崇鋐　钟道铭

讲师　不详

由上可以看出，联大时期史学系的教研团队相对稳定，教授中北大、清华两校基本相当；而青年教师中，清华占明显优势。这是在学校经费来源中，清华占据优势的反映，也是清华史学系梯队建设更富成效的反映。在青年教师中，由于战乱，长期无机会出国研修或攻读学位，这对其长远发展不利。只有到抗战后，才有人获此机会，如丁则良、何炳棣等。相对来说，和抗战前一样，清华方面的教授在国际化、年轻化方面仍较明显；其少壮派教授群也较有活力。清华敢于破格取材，弹性管理和晋升。抗战前破格招录了陈寅恪、钱钟书、钱伟长、华罗庚等人，此时又破格聘任华罗庚、陈省身、许宝騄为教授，史学系中的少壮派教授更是不乏其人，他们大都已经成名，有的还开始指导研究生。到1946年前后，联大在复原前夕不断扩容，事实上逐步准备好了解体后各校建制所需要的基本规模。从1937年长沙临大的258人，增加到400人以上。这也就预示着抗战胜利后大学规模的大幅扩张。

抗战时期，是条件异常艰苦的时期，却是清华历史学人学术丰收的时期。其中蒋廷黻在政务变动的短暂间隙，还在几年前的积累的基础上完成了《中国近代史》，影响甚大。该书代表了当时中国近代史研究的国际水平。

在联大史学系，声望最高的是陈寅恪和钱穆等人，但陈、钱二人在联大任教的时间都较短。① 尽管如此，二人都在联大完成了自己最重要的学术工作（当然是在此前黄金十年积累的基础上完成的）。钱穆于1939年完成《国史大纲》，

---

① 钱穆于1939年即去昆东返。陈寅恪1940年夏，被英国邀请任教，赴任途中因故滞留香港，乃任教于港大。联大复员时，傅斯年代理校长之职，负责北大接收、复员事宜。当时旧北大同仁不在昆明者，均得到信函邀请返回北平，而钱穆却未获邀请，终未回北大。

复回苏州侍母一载。1941年,往成都任教齐鲁大学国学研究所及武汉大学。1946年,赴昆明任教五华学院、兼任云南大学。他在这一时期的得意弟子有李埏(云大)、严耕望(武大)等。

陈寅恪此时继续潜心教学科研,他在担任清华文科研究所导师的同时,还兼任北大文科研究所导师、中研院史语所组长等职。陈于1939年被聘为英国皇家学会会员;同时还被聘为牛津大学讲座教授①。翌年,陈寅恪完成了《隋唐制度渊源略论稿》,三年后出版了《唐代政治史述论稿》。这被认为是陈氏的代表作。"隋唐三稿"的相继完成,已牢固地奠定了陈氏在中国中古史研究中的国际地位。

陈寅恪还悉心指导后辈学人。早在抗战前,陈寅恪就开始支持邓广铭的宋史研究,邓以一篇《辛稼轩年谱及稼轩词疏证总辩证》指出了梁启超《辛氏年谱》和《辛词疏证》中的许多严重错误。陈寅恪很赞赏,于是主动为之推荐申请研究经费。邓广铭后来说:"就这一篇文章,影响了我一生,是我一生的转折"。1943年邓广铭《宋史职官志考正》一文发表,陈寅恪为之序,云:"宋史一书,于诸正史中,卷帙最为繁多,数百年来,真能熟读之者,实无几人,更何论探索其根据,比较其异同,藉为改创之资乎?邓恭三先生广铭,夙治宋史,欲著宋史校正一书,先以《宋史职官志考正》一篇,刊布于世,其用力之勤,持论之慎,并世治宋史者,未能或之先也。寅恪前居旧京时,或读先生考辨辛稼轩事迹之文,深服其精博,愿得一见为幸。……他日新宋学之建立,先生当为最有功之一人,可以无疑也。"是时,邓广铭旁听陈寅恪的课程,实际上为其助教,日夕亲其謦。邓广铭日后说:"这对我来说,收获之大确实是胜读十年书的,从陈先生的处事接物方面,我也看到了一位真正的学者的风范。"

此时,陈寅恪曾一度在香港大学、广西大学执教,后被聘往燕京大学执教,与当时同在该校执教的清华学人吴宓、萧公权、李方桂并称"四大名旦"。校方考虑到陈寅恪的健康,派王钟翰做他的助手(王时任历史系讲师),并照顾陈先生全家的生活。此时陈并非以治明清史闻名,但他"不仅对清代掌故非常熟悉,而且对明清史上的一些重大问题有深入的思考。陈先生对清史的研究有一个特点,就是从民族文化体系出发,注重种族、民族问题、士人阶层、社会

---

① 按,是时英国方面欲在华寻一足以代表中国学研究水平的学者前往任教。是时,清华校友、原哈佛高材生张歆海(已从驻波兰公使职上卸任)颇感兴趣,请朱家骅写推荐信,而朱未立即表态;史语所所长傅斯年则认为张歆海不够格,直接推荐了陈寅恪。1943年初,牛津大学高级讲师Hughes在广西大学建议陈寅恪赴英任教以提高英国的汉学水平。见陈流求等:《也同欢喜也同愁》,171页。

集团",这对研究者极有启发。抗战胜利后,王钟翰获得哈佛燕京学社奖学金。陈寅恪正在成都同仁医院住院治疗眼疾,听了王的喜讯,闭着眼说:"你是搞清史的,搞中国史的到美国去能学到些什么呢?当然,哈佛是世界著名大学,语言确实不错,去了多学点语言,或许还有不少用处。"① 从陈氏这种安然的自信,可见当时中国学的中国已"夺回中国"确属无疑。易言之,十余年前陈氏所谓"群驱东邻爱国史,神州大夫欲羞死"的焦虑感,已明显淡化。这又可从反面印证此间国内中国学研究的长足进展。

这一时期,联大历史学系(乃至全国史学界)出现了一系列新特点,其一即通史撰研高潮渐渐起;其二是各专史研究领域纵深拓展,佳作迭出;其三是由于战前多年高质量的人才培养,此时少壮派学人已加速涌现,如当蒋廷黻的众多弟子均已经出道;国文系教师陈梦家(为闻一多的爱徒)在古史方面也取得成绩,成为著名的学界新人。总的来说,这与当时的环境刺激有关,但从学术自身发展的逻辑来说,主要是由于战前"黄金十年"特别是1932—1937年全国学人埋头苦干、潜心积淀的结果。当然,由于环境所限,此一阶段的国际学术交流严重受限,这不可避免地为学术中长期发展埋下隐患。

这一时期,清华(以及联大)历史学人大都处于壮年、中年,在此学术事业的黄金时期,众史家在民族危机的刺激之下,越发精勤工作,成果迭出。由于抗战前多年的积累,以及抗战时期的民族危机感,促使抗战时期出现了中国通史的撰研高潮,柳诒徵、邓之诚、缪凤林、吕思勉、范文澜等均各有述作;联大历史学系中,钱穆《中国通史》及张荫麟的《中国史纲》是其中影响较大的作品。之前钱穆南下之际,将历年讲授中国通史增删积成的五六厚册笔记装入衣箱底层夹缝,与汤用彤、贺麟一起南下,开始了抗战时期流转西南的学术生涯。在长沙临大时,他曾与吴宓、闻一多、沈有鼎四人合住楼上一室,楼下为图书馆和教室。在这样小的一个地方,文史哲各界鸿儒,同住一楼,切磋问学,诚乃前所未有。1938年秋后,钱穆除回昆明上课外,其他时间则卜居宜良山中撰写《国史大纲》。《国史大纲》是钱穆毕生中最重要的代表作之一。这部书的写作还是由同事陈梦家两夕话促成,他决定撰写一本为时代所需的通史著作。钱穆在岩泉下寺,除早晚散步,饱览宜良山水外,尽日在楼上埋首写作。从1938年5月在蒙自开始撰写,到翌年6月全稿杀青;几经延误,至1940年6月该书始获出版②。《国史大纲》的完成,意味着钱穆已在新考据派和唯物史观派

---

① 王钟翰:《去美国哈佛大学学习清史》,《时代周报》2010年4月15日。
② 见陈勇:《国学宗师钱穆》,150~154页,北京,北京大学出版社,2007。关于此书的相关语境,可详参该书第六章《西南联大铸辉煌》。

之外已别树一帜；也正是因民族危机的刺激，使钱穆治学重点由历史研究转向文化研究，更具"温情"地阐扬中华文化中富有华彩的一面。是书甫一问世，即好评如潮，被国民政府教育部指定为全国大学用书，风行全国。此后数十年，该书仍在台湾、香港、南洋等地被定为大学历史教科书，影响了整整几代青年。

当时，张荫麟已成为各方瞩目的学术新星。他在继续直接地受到陈寅恪等前辈的关怀。1940年6月，联大常委会议决，聘请张荫麟为历史学系及师院史地系教授。但一个月后，张荫麟因待遇问题而颇感不快，负气转至遵义浙江大学任教。1942年12月，张荫麟在广西宜山病逝。张是陈寅恪最看重的史学新秀之一。① 其病逝是此时清华历史学系最大损失之一。乃师吴宓最为物伤其类。而同样在1942年，在赣北，国学院毕业生姚名达教授也在对敌斗争中英勇献身，与张荫麟一样，年仅37岁。次年，吴韫珍教授去世；又次年，昔国学院毕业生吴其昌也病逝。

雷海宗的通史撰研也日臻系统。② 中国通史课程在抗战前即已被教育部定位为大学生的必修课，在联大，中国通史课程不仅在史学系学生中、在全校学生的公选课中也占有重要地位。在联大，该课作为重头戏，曾由多位教师讲授。1945年，教务会议（即院系主任会议）就大学各院共同必修科目的修订问题达成意见，其中"三民主义一科目，一致拟请改为选修，不列入必修"；伦理学也不再是必修；国文和外国文照原定，为必修；中国通史也"照原定，惟理学院认为可作社会科学之一种，院中学生必修之两种社会科学中，得以此为两者之一"。此外，"世界通史一科目，一致拟请改回为'西洋通史'。一则因为西洋而外之世界史教材至为零星片段，再则因适当教师无从物色。""文学院主张两门通史中，该院学生得任选一门，法学院亦可同意"。联大还议决：全部大学科目表，经此修订后，拟请教育部办法各大学，"作为规定课程时参考之用，而不作功令之用"。③

在专史领域，对魏晋时期的研究空前活跃。在西南联大，哲学系的冯友兰、汤用彤教授等都取得显著成就，史学系的陈寅恪等也是如此。此外，如中央大学的宗白华、贺昌群等，也各有力作。此外，在宋史研究方面，这一阶段出现了空前的繁荣。宋代是中国文化高度发达的关键期，但宋史研究素以繁难见称。尽管这一研究颇为重要，然严格说来，直到抗战前夕，北平学术界才零星地出现了若干拓荒之作。此时，北京大学的邓广铭与清华大学的张荫麟是其中比较

---

① 按，陈当时比较看重的后辈学人还有钱钟书、周一良、陈梦家等他们皆曾任教于清华。
② 此外，还有一批非学院派的通史名家，如翦伯赞、吕振羽等。
③ 《西南联大三十四年代各院系修订课程意见书（1945年6月）》，清华大学档案，转引自北京大学等编：《国立西南联合大学史料》（教学科研卷），114~115页。

引人瞩目的新人。在联大时期，张荫麟、邓广铭等相继推出了各自的力作，张荫麟的弟子丁则良也已在宋史研究中初露头角。留学多年的姚从吾、邵循正也在蒙元史方面取得显著成果，此外如中央大学韩儒林、燕京大学翁独健等也在此方面取得较大成就，他们成为这中国蒙元史学界的几大台柱。在联大，受姚从吾、邵循正等指导的方龄贵、杨志玖、杨冀骧等成为蒙元史研究事业的主要继承者。郑天挺等（包括时在外地的萧一山、孟森等）在清史方面也取得成就。曾在清华历史学系任教的蒋廷黻、郭廷以也先后在商务印书馆出版了各自的《中国近代史》（分别为1938年和1940年；此前的1934年，陈恭禄亦在商务印书馆出版了《中国近代史》）。同样是在中国近代史研究方面，联大学子孙思白、王栻、熊德基以及日后移居海外的刘广京、任以都等都各有建树，成为知名学者。区域史及边疆史的研究亦有长足进展。抗战前，傅斯年、蒋廷黻、萧一山和张忠绂等也曾开始东北史地的研究。此时，清华国学院毕业生方壮猷、徐中舒又与余逊合作完成了《东北史纲》。与边疆史密切相关的是对邻国史的研究，中国的世界史研究长期主要偏重于欧美历史即西洋史，在这一时期，已有越来越多的学人注重对东洋史（日本史）的研究，并有人开始注意到对苏联史的研究。苏俄对明以降的中国史产生了深远的影响，特别是直接造成了中国疆域版图的屡次变化。"防苏"已成为不少学者的基本判断和立场之一。罗家伦、蒋廷黻、张忠绂等北平学人，凡对苏联有所了解的，莫不对苏联日渐强势的扩张野心深感不安。对东北及新疆局势、特别是边患问题的人，更对此有切身感受。蒋廷黻经1934年的苏俄之行，对苏联更是增加了了解，并写了一系列文章，昭示国人，以防范未来的威胁。认为是时苏联实力急遽膨胀，其扩张的本性，是中国国家利益的潜在危险。① 之后，蒋廷黻出任驻苏大使，对此更有切身感受。在日本研究方面，清华大学处于前列。早在20年代，清华便已有钱稻荪、刘文典、原田淑人等关注此方面的研究；此后王信忠、张德昌等均是这方面的健将；30年代曾在清华旁听课程、抗战后年代回清华任教的周一良，则一度成为这方面的骨干。在苏俄研究史方面，联大的丁则良、查良铮、刘祚昌等均属较受关注者。② 在当时的环境中，从政界要人（包括最高层）到学界人物，都已意识

---

① 后来，蒋廷黻先后写有《车窗中所见的西比利亚》、《观莫斯科》、《赤都的娱乐》、《出苏俄境》、《俄德的异同》、《矛盾的欧洲》、《何谓帝国主义》等。晚年蒋廷黻还撰有《谁是帝国主义——是苏俄不是美国》一文，（见《蒋廷黻选集》第四册，台北文星出版社1965年版，753～756页）蒋介石在抗战前对苏联也有类似的判断。这在晚年蒋介石署名的《苏俄在中国》中有具体表现。或可推断，对中国国际安全环境上的研判这一点上的共识，也是蒋介石关注蒋廷黻的原因之一。

② 关于刘祚昌的情况，可参王玮等编：《刘祚昌史学文集》，北京，人民出版社，2008。另，刘祚昌在美国史方面已成就斐然，清华培养的另一位美国史名家为刘绪贻。

到苏俄对中国的影响。1948年1月，胡适读到周鲠生的一篇政论后，不由立即回应。周鲠生在文中说："我们相信在联合国列强中间尚没有真正像战前德意志、日本那样好战的侵略势力。"胡适不同意，他说："在不少人的心目中，战后苏联可能是一个很可怕的侵略势力。还有些人觉得这个侵略势力可能比德国日本还可怕，因为他们本钱比德日还雄厚，他的野心比德日更大，他的势力比德日极盛时还更强烈。""苏联是世界上第一个疆土最大的国家"，"我向来是对苏俄怀着很大的热望的"，"但是雅尔塔秘密协定的消息，中苏条约的逼订，整个东三省的被拆洗，——这许多事逼人而来。铁幕笼罩住了外蒙古、北朝鲜、旅顺、大连……单看我们中国这二三年之中从苏联手里吃的亏，受的害……我不能不抛弃我这二十多年对'新俄'的梦想，不能不说苏俄已变成一个很可怕的侵略势力。"① 周鲠生在2月6日的覆函中也坦诚："苏联很显然的是今日世界上最可怕的势力，但它却不像德、日那样好战；苏联尽管积极的图向外发展，但它似不准备一味蛮干，它像是能发能收的。只要世界民主阵线坚强，或者不必撕破脸皮，它会知道悬崖勒马。""万一世界大战终不可免，也要避免中国首先做战场。"②

此时，蒋廷黻时期培养的才俊已先后出道。如朱延丰、吴晗等均已成名，甚至成为研究生导师。其中最突出的是邵循正。邵从法国学成归国后不久，即跻身教授之列。这位20余岁的少壮派教授，与姚从吾、韩儒林等人一道，成为当时中国蒙元史研究的中坚力量。邵回国不久，头发花白的牛津大学高级讲师休士（E. R. Hughes）不远万里来到昆明，从学于邵循正。1945年秋，应英国文化委员会之聘，邵循正与陈寅恪、孙毓棠等联袂赴英，任牛津大学访问教授，研究蒙古史；并到比利时布鲁塞尔大学和鲁文大学作短期讲学。

是时，丁则良、杨志玖等年轻新锐均已作出了一系列有水平的工作。陈梦家的古史研究也颇有特色，声名鹊起。年轻的何炳棣以一篇《张荫桓事迹》（1941）也让人预卜了一颗冉冉升起的史学新星。

处于非常时期的联大，学风非常之好。宝台山外各村镇，有不少联大教授寄寓，研究生还可以随时请益。清华文科研究所在司家营，北平研究院历史研究所在落索坡，营建学社等也曾一度在此。而北大文科研究所设昆明北郊龙泉镇，所中借用中央研究院历史语言研究所（简称"史语所"）和清华图书馆图书，益于各导师自藏，公开陈列架上，可任意取读。③ 英国学者李约瑟（Joseph

---

① 《胡适致周鲠生》（1948年1月21日），见《胡适来往书信选》（下册），312~313页。
② 《周鲠生致胡适》，见《胡适来往书信选》（下册），317页。
③ 郑天挺：《郑天挺自传》，冯尔康、郑克晟编《郑天挺学记》，391页，北京，三联书店。

Needham)、休士（E. R. Hughes）到昆明都在该所下榻。此外，史语所在迁往四川李庄之前，也曾一度在昆明。傅斯年即是北大文科研究所所长，又是中研院史语所所长，两单位同在昆明，便于协调，互相促进；而该所迁往李庄后，则像何廉领导南开经济研究所一样，就近便于领导史语所的工作。1932年，联大组织了"十一学会"（"十一"即"士"），近乎一个学术沙龙，不少师生均曾参加，如教授闻一多、曾昭抡、潘光旦，学生和青年教师王瑶、季镇淮、何炳棣、丁则良、王佐良、翁同文等，每两周聚会一次，轮流一人（不论师生）做学术报告。① 这种浓厚的学术空气，对师生相互砥砺是极为有益的，事实上内中不少青年日后均成为全国知名、乃至世界有名的学者。李埏在做毕业论文时，其导师张荫麟就说："在学问的总体上，你们青年现在不可能超过我们，但在某一点上，你们已经完全可以超过我们了。"② 据称，1944年"十一学会"里最精彩的一讲是北大何毓鹏的"明代内阁"。他运用史料之熟练，分析内廷宦官与内阁首辅关系之细致，远胜战前吴晗明史课中表现。联大后期，郑天挺明清史课与何毓鹏合开，最后乃全部由何一人开。

这一时期，史学系教授雷海宗极为活跃。有学生请他题词，他写道："前不见古人，历史可以复活古人；后不见来者，历史可以预示来者。"③ 在北平时期，其史学理念已初见雏形，此时他更与联大教授林同济、贺麟等编辑了《战国策》，撰写一系列文章较系统地阐释了他的文化系统史观。他还在1942年2月4日、25日和3月4日的《大公报·战国副刊》上，发表了著名的《历史的形态与例证》。此前，他已与同事钱穆就此问题进行了一次公开辩论，这是关于历史比较研究的精彩一课。④ 雷海宗把罗马帝国和秦汉帝国都称为大一统时代。前者的胜期延续了二百五六十年，其疆域不只扩展到地中海沿岸，并且在许多地方深入内地，帝国疆域极为辽阔。后者从秦开始，经西汉、王莽到帝国中兴，历时约三百年，秦皇和汉武的武功极盛，奠定了二千年来中国疆域的规模。但好景不长，两大帝国由于各自的原因走向衰颓或灭亡。在讨论罗马帝国灭亡的原因时，雷海宗特别强调内在原因，具体表现是在那里"不婚、婚而不育的现象，相当的普遍"，从而导致人口减少，素质亦不断下降；同时，"怠工和游手好闲成了风气"，"田地荒芜无人经营"，终使"整个的社会呈现一种坐以待毙的征象"。据此，他说，罗马帝国的灭亡是其自身演变的进程所决定的，而不能

---

① 谢泳：《大学旧踪》，51页，南昌，江西教育出版社，1991。
② 李埏：《谈联大的选课制及其影响》，见中国人民政治协商会议云南省委员会文史资料研究委员会编：《云南文史资料选辑 西南联合大学建校五十周年纪念专辑》，第81页，1988。
③ 何兆武：《缅怀雷先生》，见《雷海宗与二十世纪中国史学》，62页。
④ 丁则民：《怀念伯伦师》，见《雷海宗与二十世纪中国史学》126~127页。

归咎于日耳曼人的入侵。钱穆则在雷海宗的分析罗马帝国灭亡原因的基础上，着重就两大帝国的延续问题作了重点阐述。他说罗马帝国在日耳曼人入侵后便灭亡了，而秦汉帝国经过五胡乱华以致中原沦陷后却仍能延续下来。针对内中情由，他做了一个比喻：罗马帝国与秦汉帝国都是世界文化发展的高峰，其光彩夺目的形象宛如两座富丽堂皇的大厅。前者中央悬有一盏光辉灿烂的大型吊灯，照得整个大厅非常堂皇，有如白昼；而秦汉帝国这座大厅，除中间悬有一盏光辉灿烂的大型吊灯外，四周都装有许多隐形的壁灯。所以罗马帝国那座大厅的吊灯被打碎后，全厅灯火熄灭，一片漆黑；而秦汉帝国的大吊灯被打碎后，仍有四壁灯光照明，故不致四处漆黑，其文明乃得延续。①——这一辩论成为联大史学教研中极具魅力的一章。

是时，雷海宗虽名气略逊于陈寅恪、钱穆，但事实上在该系的运作上发挥着不可替代的作用。他与当年的蒋廷黻一样，在教学、研究之外，还积极编刊、论政，参加社会活动。其所编《战国策》在当时产生了较大的影响。他还常为《中央日报》写点星期论文，"以弥补日常费用"。他于1940年在商务印书馆出版了《中国文化与中国的兵》，其中不少篇章大气磅礴，创见迭出，被誉为"才华横溢的大手笔之作"。②因此，有人誉之为："其声如雷，其学如海，史学之宗。"

苏联红军围歼日本关东军后，仍驻扎在中国东北境内，大肆搬运机器、强奸妇女。联大东北社和法学会为此举行了东北问题演讲会，会后数百人游行，要求苏军撤出东北。雷海宗等也出席了演讲会，在会上，这位头脑"超级冷静"、"成一家之言的名史学家"，讲得老泪横流。③

那时中国大学历史系，主要着重国史研究，尤其是中国史的研究，对外国史的研究相对较弱，相对西洋史研究，日本史研究尤其薄弱。清华在这方面乃是先驱。在"九·一八"事变后，钱稻孙、刘文典等就越发关注对日本问题的研究，王信忠等则更注重日本史和中日关系的研究。抗战时期，这一日本学研究的团队仍较在持续进展。联大学人自始至终对日本高度关注。联大教授主办的《今日评论》创刊于1939年1月1日，停刊于太平洋战争前的1941年4月13日，在两年多的时间里，刊登的文章仅标题中直接与日本相关者，就达46篇。联大教授主办的另一时政评论杂志《当代评论》，创刊于1941年7月7日，其至1944年3月1日期间，刊登日本评论25篇。而发刊于1944年12月1日的

---

① 丁则民：《怀念伯伦师》，见《雷海宗与二十世纪中国史学》，127~128页。
② 王敦书：《〈西洋文化史纲要〉导读》，收入雷海宗著、王敦书整理导读：《西洋文化史纲要》，2~3页，上海，上海古籍出版社，2001。
③ 见《除夕周刊》编《联大八年》，除夕周刊社1946年印行，170页；西南联大北京校友会编：《西南联合大学校史》，427页，北京，北京大学出版社，2006。

《民主周刊》，不久便抗战胜利，但它至1946年8月2日终刊时，亦发表同类文章15篇。这批学人中，最为活跃的是钱端升、王信忠和费孝通等人，三人均为清华毕业生。其中，钱端升是清华旧制留美生，24岁即获哈佛大学博士学位，日后亦在清华任教，很快成为国际知名的资深法学家。费孝通则是清华研究院毕业生。王信忠也是清华研究院毕业生，后赴日获早稻田大学硕士学位。他是蒋廷黻指导出来的著名的日本史学者和国际关系学家。他仅在《今日评论》上就先后发表了《日本外交政策的检讨》、《日本参加欧战问题》、《日本内阁的更迭与今后的政局》等文章；在《当代评论》上也发表了《十年来的中日关系》等评论。清华教授刘文典，早年也曾留日，抗战前在清华也奋力于日本研究。平素极少写时政评论的他，此时亦发表了一篇长文《日本败后我们该怎样对他》①，并颇有卓见。可见，联大精英始终活跃在日本问题评论的第一线，而那批清华优秀学人，又处于一线中的最前沿。有意思的是，清华校友、联大化学系教授曾昭抡也对中日关系和太平洋战争颇为关注，并发表了一系列有创见的文章及演讲。作为一位自然科学家，其对国际关系和军事学的研究，令人击节叹服。这些作品，既有时论的性质，亦有学术的内涵，兼具现实意义与学术含量。

总体而言，在物质条件急剧恶化的抗战时期，清华史学团队仍能正常工作，且保持着较高的水平。这在一定程度上受益于其多年的学术积淀、强健的学术传统，特别是较好的软环境。其学术休假制度，更是有助于其维持一个稳定的高水平的教研团队。据1942年统计，连续服务十年以上的教授，北大有19人，南开有10人，清华有44人；历史学系刘崇鋐、雷海宗、噶邦福均在其列（之前离校的陈寅恪也已任教多年），其中刘崇鋐已连续服务17年②；北大史学系严格说只有郑天挺一人。从清华史学系建立后，离开该系的教授，只有陆懋德、罗家伦、蒋廷黻、陈寅恪等少数人。这在当时人才流动极其频繁的时代，这个团队不能不说是非常稳定的。

第三节　课程设置

联大的办学成绩，与其本身的课程设置是密不可分的。当然，这一课程体

---

① 详参闻黎明：《西南联大的日本研究——以战后处置日本问题的认识与主张为中心》，收入伊继东、周本贞主编：《西南联大与现代中国研究》，北京，人民出版社，2008年版。亦参闻黎明：《抗日战争与中国知识分子》，北京，社会科学文献出版社，2009。

② 《国立北京大学连续服务十年以上之教授名单》（1942年6月）、《国立清华大学连续服务十年以上之教授名单》（1942年6月）、《国立清华大学连续服务十年以上之教授名单》（1942年6月），原件藏清华大学档案馆，转引自北京大学等编：《国立西南联合大学史料》（教职员卷），329~333页。

系，也经历了一个变化的过程。

1937 年至 1938 年度，临时大学时期，历史社会学系该系课程为：

学　　程	必修或选修	学期	学分	教　　师
中国通史	Ⅰ，Ⅱ		8	钱穆
中国通史	Ⅰ，Ⅱ		8	雷海宗
西洋近代史	Ⅰ，Ⅱ		8	皮名举
西洋近代史	Ⅰ，Ⅱ		8	刘崇鋐
辽宋金元史			6	姚从吾
欧洲十九世纪史	Ⅱ，Ⅲ		6	皮名举
欧洲十九世纪史	Ⅱ，Ⅲ		6	刘崇鋐
现代日本	2，3，4		4	王信忠
俄国近代史	3，4		6	噶邦福
近代中国外交史	3，4		6	邵循正
近代中日外交史	3，4		4 或 6	王信忠
欧洲经济史			6	张德昌
近代欧洲经济发展史			6	张德昌
史学研究法	Ⅳ		4	姚从吾
战史资料收集试习	3	上	2	雷、姚及本系其他教授
中国近三百年学术史			4	钱穆
社会学通论	必		6	陈序经
民族与优生		上	3	潘光旦
初级社会调查	Ⅲ		6	李景汉
高级社会调查	4		6	李景汉
社会机关参观	必		4	苏汝江
中国上古史			4	雷海宗
科学史			6	毛子水
年代史			2	毛子水
晋南北朝史				陈寅恪
晋南北朝隋唐史研究				陈寅恪
隋唐五代史			6	郑天挺
劳工问题			6	陈达
人口问题			6	陈达
社会心理学			6	樊际昌

注：1. 学期栏内空白者，表示全学年课程，填上下者，表示上下学期课程。

2. 必修或选修栏内，用罗马数字填写者，表示某年级必修课程。用阿拉伯数字填写者，表示某年级选修课程。下同。

3. 此外，还有各系均必修的体育课。

资料来源：《长沙临时大学各院系必修选修学程表》，北京大学等编：《国立西南联合大学史料》（教学科研卷），云南教育出版社，1998，121 页。

以上课程体系尚属系统，但仍不无些许的临时性质。后因迁校，文学院分别在蒙自、叙永等地办学，因此各方面情况略有变动，课程亦有变化。自1940年开始，历史学系与社会学系分开，课程独立，而且历史学系课程也稳定下来，直至复员。如1941—1943学年度，课程为：

学　　　程	必修或选修	学期	学分	教　　师
中国通史	Ⅰ		6	吴晗（暂停）
中国上古史（迄汉末）	Ⅱ，Ⅲ		8	雷海宗、孙毓棠
辽金元史	3，4	上，下	3，3	姚从吾
明清史	2，3	上，下	3，3	郑天挺
中国近世史	Ⅱ		6	邵循正
近代中国外交史	3，4		6	邵循正
近代中日外交史	2，3		6	王信忠
两汉社会	2，3		4	孙毓棠
中西交通史	2，3，4		6	向达
铜器铭文研究（古物与古史）	2，3，4	上	3	陈梦家
中国思史学史	Ⅲ，Ⅳ		4	姚从吾
史学名著	3，4		4	毛准
西洋通史　甲	Ⅰ，Ⅱ		6	皮名举
西洋通史	Ⅰ，Ⅱ		6	蔡维藩
西洋上古史	3，4	上，下	6	噶邦福
西洋中古史	3，4		6	雷海宗
西洋近世史	Ⅲ		6	皮名举
近代欧洲外交史	3，4		6	蔡维藩
欧洲经济史	3，4		6	张德昌
欧洲经济史（高级）	4		6	张德昌
欧洲海外发展史	3，4	上	3	噶邦福
战争史	3，4	下	6	噶邦福
日本通史（停开）	2，3，4		6	王信忠
秦汉史（停开）	2，3		4	张政烺
金石学	3，4			张政烺
中国地学史		下	3	王庸
毕业论文	Ⅳ		2	

资料来源：《国立西南联合大学各院系必修选修学程表》，北京大学等编：《国立西南联合大学史料》教学科研卷，云南教育出版社，1998，208～209页。

以上课表反映的是联大历史学系课程体系的一般状态。从中，不难见出它较好地融合了原先北大、清华史学系各自的风格，在中西、古今、史学与社会科学等方面，都得到较好的融合。相对来说，北大方面在中国上古史、中古史等断代史方面较为突出；而清华则于中国近代史、外交史、日本史等方面居于主导，在世界史方面也比较出色；此外，自钱穆离开联大后，中国通史一课几乎始终由清华的雷海宗、吴晗、孙毓棠等人承担。其中清华方面的骨干教师大都为蒋廷黻时代悉心培养起来的少壮派，他们大都以融会贯通为治学追求。足见蒋当年苦心经营该系的成效业已彰显。

课程设置绝非个别教师或学校的问题，而且牵涉到主管部门、社会、学界等方方面面。如 1939 年、1940 年，教育部两度要求联大与全国各高校统一教材、统一考试。联大一再拒绝道："大学为最高学府，包罗万象，要当同归而殊途，一致而百虑，岂可刻板文章，勒令从同。""教部为最高教育行政机关，大学为最高教育学术机关……教育部为有权者，大学为有能者，权、能分职，事乃以治。今教育部之设施，将使权能不分，责任不明。""当局时有进退；大学百年树人，政策设施宜常不宜变。"1944 年，6 月 26 日，教育部高等教育司司长吴俊升来校视察，并征询对部订课程的意见。① 在此过程中，知识界与教育部门之间自然产生了较为复杂的互动关系，内中既有合作，亦不乏博弈或妥协。

这一时期，资深教授、年轻教师与青年学子之间良性互动。形成了老中青相结合的有活力的学术团队，其高质量的人才培养工作，为史学研究培养了一只有活力的预备役。

第四节　人才选拔与培养

抗战时期，后方生活异常困难。抗战后期更是全国性地物价飞涨，昆明地区收入水平并不高，而物价水平全国领先。普通民众生活极端困难，教授生活尤其难苦，致有"教授教授，越教越瘦"之谓。连乞丐都不屑于向教授乞讨。吴宓身为部聘教授，月薪与国立大学校长相当，单身一人，却也为衣食所苦。普通教授家庭更不言而喻。抗战前一直不愁生计的教授夫人们，也大都放下身价，开始外出摆小摊。学生生活亦极为艰苦，连续多年食不果腹。饶是如此，师生依旧埋头苦干，努力奋进。历史学系即其适例。

1938 年，历史社会学系新生有 22 人，其中有方龄贵、郝诒纯、袁方等；史

---

① 西南联大北京校友会编：《国立西南联合大学校史》，408 页。

地学系 26 人，另有转学生 38 人，内有李埏、程应镠，此外有 1937 年度借读一年后获得正式学籍的学生 10 人。①

1939 年度，历史社会学系 20 人，史地系 7 人，其他类型的 11 史地学或社会历史系 11 人，历史社会学转学生 26 人，内有丁则民；史地学系转学生 12 人，内有胡庆钧、杨宗干、周简文、熊德基等。另有其他类型 4 人。② 1940 年度，新生入学时未分系，只分院；但转学生还是有明确的院系划分，其中进入历史学系者 10 人，内有刘桂五等；③1941 年，第一次录取学生入历史学系 18 人，另有其他类型的学生入历史学系 8 人，史地学系 1 人④ 1942 年度，一年级新生入历史学系者 21 人，其中有何孝达、陈庆华等；另有史地学系 16 人；复学生 6 人，内有傅乐成、刘广京等；此外尚有难以确定院系者若干⑤。1943 年度，一年级新生 19 人，师范学院一年级正式生，入史地学系者 1 人，师范学院初级部一年级正式生入学文史地组 27 人，转学生入历史学系者 1 人。⑥ 1944 年，史学系新生 14 人（另有 5 人未报到），内有程杭生、漆侠等；师范学校史地学 2 人（1 人未到校），师范专修科一年级正式生文史地组 43 人；此外转学生 2 人，试读生 3 人，借读生 1 人；北大复学生 1 人；1945 年，史学系报道 14 人，内有罗荣渠；师范专修科文史地组，一年级新生 33 人，插班生 4 人，试读生 1 人（张寄谦），转学生、借读生各一人；复学生 6 人。⑦ 由于转系频繁，且不少人未能毕业，因此，曾在文学院历史学系及师范学校史地学系就读者，无法得其确数，但可以肯定是要明显多于以上从新生及毕业生的口径所得的统计。

就毕业人数言，北京大学 1938 年 7 人，1939 年 4 人；1940 年 10 人；1941 年 5 人，内有何佶、孙思白等；1942 年 4 人；1945 年 1 人；⑧清华则分别是 1938 年 15 人，内有黄明信、丁则良、汪篯、刘广秋、欧阳琛、何炳棣等；1939 年 9 人，内有翁同文等；1940 年有 4 人，内有王永兴等；1941 年 1 人；1942 年 1 人；

---

① 《廿七年度学生名册》，北京大学等编：《国立西南联合大学史料》（学生卷），81～132 页，昆明，云南教育出版社，1998。
② 《廿八年度新生名册》，《国立西南联合大学史料》（学生卷），132～182 页。
③ 《廿九年度新生名册》，《国立西南联合大学史料》（学生卷），182～218 页。
④ 《卅年度新生名册》，《国立西南联合大学史料》（学生卷），218～249 页。
⑤ 《卅一年度新生名册》，《国立西南联合大学史料》（学生卷），249～291 页。
⑥ 《卅二年度新生名册》，《国立西南联合大学史料》（学生卷），291～324 页。
⑦ 《廿四年度新生名册》，《国立西南联合大学史料》（学生卷），361～394 页。
⑧ 《国立北京大学毕业学生名册（廿六至卅三年度）》，《国立西南联合大学史料》（学生卷），395～408 页。

1943 年 2 人。① 在联大史学系毕业的情况是：1939 年 1 人；1940 年 24 人，内有程应镠、李埏等；1941 年 9 人；1942 年有 17 人，内有方龄贵、丁则民、刘桂五、傅乐淑等；史地学系 4 人，内有杨宗干、熊德基、周简文等；1943 年 25 人，内有何兆武、丁铭楠等；史地学系 6 人；1944 年，史学系 7 人，史地学系 6 人，初级部文史地组 10 人；1945 年，历史学系 19 人，其中有傅乐成、李晓等；史地学系 1 人，初级部文史地组 18 人；1946 年达到最大规模，历史学系 38 人，内有袁方、陈庆华等。②

1937—1945 年度，联大历史学系在校生数，分别为 95、17、158、137、108、106、80、109、129。由于北大、清华、南开三校的外文系都有一定规模，因此，三校合成的新的外文系规模更是可观，人数分别是 99、44、140、135、18、176、151、169、219。③ 其规模，在文学院仅次于外文系；明显地大于哲学系，多数年份也大于国文系。就毕业人数论，1938—1946 年度，清华历史学系毕业生分别为 15、9、4、1、1、2、0、0、1，合计 33 人，北大则为 32 人，南开为 5 人；而三校同期的毕业生总数分别为 716 人、369 人、195 人④。三者占各该校比例分别为：4.5%、8.7%、2.6%，足见北大的史学在全校的学术布局中权重较大，也较强势——这也正是当年胡适、傅斯年等有意识地努力的结果。而在联大时期，史学系本科生共毕业 149 位，多于外文系的 129 位，占整个文学院（404 人）的 36.9%。其毕业率在全院是较高的。⑤

当然，由于办学规模的骤增，图书设备等远逊于战前，经费紧张，有限的教学资源被逐步稀释，不仅学生留学的机会一度中断，而且教师的出国进修也停顿多年，因此，此时的办学条件不及战前。学生培养精度和成材率，也较抗战前几年略有回落。抗战前本科生发表论文的现象甚为普遍，而此时已不多见。

其中，相关数据如下：

---

① 《国立清华大学毕业生名册》（廿六年至卅三年度）》，《国立西南联合大学史料》（学生卷），408~431 页。
② 《西南联大历年本科毕业生》（廿七至卅四年度）》，《国立西南联合大学史料》（学生卷），439~506 页。
③ 《国立西南联合大学历年在校学生人数统计》，《国立西南联合大学史料》（学生卷），63 页。
④ 《本科毕业生统计表》，西南联大北京校友会编：《国立西南联合大学校史》，北京，北京大学出版社，2006，432~436 页。《国立西南联合大学北大、清华、南开三校学生人数统计表》，北京大学等编：《国立西南联合大学史料》（学生卷），5 页。
⑤ 《国立西南联合大学历年本科毕业生人数统计表》，见《国立西南联合大学史料》（学生卷），6 页。

北大				清华				联大			
学年度	专任教师	在校生	师生比	学年度	专任教师	在校生	师生比	年度	专任教师	在校生	师生比
1930	285			1930	164	599	1:3.65	1937	229	1506	1:6.58
1931				1931	179	749	1:4.18	1938	296	1950	1:6.59
1932	183	944	1:5.16	1932	178	909	1:5.11	1939	339	2893	1:8.53
1933	153	1054	1:6.89	1933	188	888	1:4.72	1940	346	2795	1:8.08
1934	191	1001	1:5.24	1934	216	1154	1:5.34	1941	423	2952	1:6.98
1935	195	1024	1:5.25	1935	214	1308	1:6.11	1942	411	2760	1:6.71
1936		1031		1936	212	1338	1:6.31	1943	391	1945	1:4.97
								1944	373	2058	1:5.52
								1945	369	2319	1:6.28
平均			1:5.64		1351	6954	1:5.15		3177	21178	1:6.67

资料来源:"清华之发展",《清华年刊》,清华大学 1937 年印行;"国立西南联合大学历年在校学生人数统计表",北京大学等编《国立西南联合大学史料》学生卷,云南教育出版社 1998 年版,3~4 页;"教职员统计表",《国立西南联合大学史料》教职员卷,370~387 页。"国立西南联合大学三十一年度教员名册",《国立西南联合大学史料》教职员卷,118~129 页。"教职员统计表"中对学生人数的统计,与"国立西南联合大学历年在校学生人数统计"中,略有出入,但极小,可忽略。另可参刘超《抗战前清华之成长与民国大学变革》,载《清华大学学报(哲学社会科学版)》2011 年第 1 期。

具体到史学系,这一比例也大致相同。因此,教师资源的稀释,特别是教授所占比重的相对下降,对历史学系略有影响。此外,由于大批沦陷区的学子无法投考联大,联大的生源也难免受一定影响;学生出国深造的机会更是大大减少。——这诸多因素的综合作用,就长远看来,的确在一定程度上制约了这一团队的后劲。

为尽速走出临时办学的阶段,重回常规教育的正规,联大努力于恢复其研究生教育系统,以重建其高端人才的培养系统,并尽可能择优选派留学,维持拔尖人才脱颖而出的黄金通道。当然,三校既已联合,诸多决策均须做多方面的考虑,相互之间亦需逐步的磨合。联大 5 位院长中,清华一般占 3 席。这有多方面的原因。但"问题在于,业已习惯以'最高学府'自居的北大教授群体对联大体制下的'边缘化处境',显然难以安之若素"。蒙自分校时期,北大师生即有"独立"吁求;1940 年日军侵入越南,昆明告急,政府谕令联大迁移入川,在走留之间的争执中再度响起"分校"之声①。这牵涉到方方面面的现实

---

① 张晓唯:《梅贻琦的昆明岁月》,《书屋》,2005 年第 12 期;亦参张晓唯:《1945 年北大"易长风波"》,《书屋》,2005 年第 9 期。

考量。早在1938年初到蒙自时，三校就为院长人选发生了分歧。不少北大教授认为蒋梦麟、张伯苓均在重庆，而梅贻琦常川驻校，故"所派各学院院长，各学系主任，皆有偏。如文学院常由冯芝生连任，何不轮及北大"，比如汤用彤就堪当上选。北大师生"群议分校，争主独立"。钱穆力排众议："此乃何时，他日胜利还归，岂不各校仍自独立。"事乃平息。① 1939年6月，冯友兰又与蒋梦麟、傅斯年就为北大文学研究所一事发生争执。② 7月，清华评议会议决续办清华研究院各研究所之计划。8月，清华率先正式恢复文科研究所、理科研究所，并增设工科研究所③。也正是由于种种现实考量，各校的本科办学虽已合一，但研究院仍相互独立：1941年10月，清华文科研究所成立于昆明东郊龙泉镇司家营成立，所长冯友兰；④北大文科研究所则在龙泉外宝台山祥云寺，紧邻的中研院史语所，皆由傅斯年掌管；南开研究所更远在重庆，与昆明无涉。

因此，这一时期清华研究院仍赓续了此前自身的特色。其联大研究生教育取得一定进展。在规模保持相对稳定的同时，质量亦有所提高。据联大毕业生徐利治教授的比较，当时理工科的硕士生水平，与国外一般大学博士生程度基本相当；而文法科方面，也相去不远。在文法科方面，欧美名校（如哥伦比亚大学）以一篇博士论文一举成名者时有其人。联大的办学水平自然无法与西方最好的那批大学相提并论，但也自有其独到之处，内中亦偶有特出之士。如国文系硕士生王瑶，以其硕士论文《魏晋文学思潮与文人生活》脱颖而出（1946年），该作品至今仍堪称典范之作。当然，达到同等水平的研究生也不是太多。

联大历年研究生数量如下：

年份	北大（文+理+法）	清华（文+理+法+工）	南开（经济）	联大
复学1939		10（7+3）		
1939	13（10+3）	10（3+3+0+4）	4	
1940	20（15+4+1）	24（6+11+7）	5	
1941		10（4+5+1）	7	
1942	11（6+4+1）	18（7+7+4）	8	
1943	10（6+3+1）	25（10+9+6）	4	4

---

① 钱穆：《八十忆双亲 师友杂忆》，206~207页，北京，生活·读书·新知三联书店，2005年第2版。亦可参何炳棣：《读史阅世六十年》，160页。
② 国文系主任朱自清就此事询问冯友兰，获得的信息是："他之所以反对北大文学研究所，是因为该所堵塞了联大文学研究所的道路。他打算重开清华研究院。"参朱自清1939年6月24日日记，《朱自清全集》，10卷，江苏教育出版社，1997。
③ 清华大学校史研究室编：《清华大学九十年》，105页、106页。
④ 西南联大北京校友会编：《国立西南联合大学校史》，394页。

续表

年份	北大（文+理+法）	清华（文+理+法+工）	南开（经济）	联大
1944	1（0+1+0）	17（9+5+3）	4	
1945	4（2+1+1）	13（4+5+4）	5	
总计/年均（1939-1945）	59/8.43	127/16.7	37/5.3	4

资料来源：《西南联大新入学研究生名录》，《国立西南联合大学史料选编》学生卷，520~531页。

就此看来，从规模来说，清华遥遥领先；在结构上，清华的文理法三科相当匀称。而北大方面则偏重文理学科，特别是文科；这与各自的办学优势、学科布局是吻合的。南开研究所只有商科，比较纯粹，这与一般私立院校主要依靠实用学科来争取生源和经费是相吻合的。其中，清华史学乃接续抗战前的努力，有了新的成果。至此，在多年经营后，清华已培养了一批史学硕士。详后：

届别	姓名	时年	论文题目	语言修养（必修二外）	毕业去向	日后任职及其他
一 1933.6	朱延丰（导师：陈寅恪）	25	突厥考	英、法、德	1935年考入牛津大学，1937年获硕士学位并入巴黎大学，次年赴波恩大学任教	东北大学、中央大学教授
	邵循正（导师：蒋廷黻）	23	中法越南关系始末	英、法、德、蒙、意、俄、古波斯、蒙、突厥、女真、满	巴黎大学留学，师从伯希和	清华大学历史学系主任；北京大学教授，中国科学院研究员
二 1934.6	王信忠（导师：蒋廷黻）	26	甲午战争背景之研究	英、日	东京大学留学，早稻田大学硕士	清华大学教授
三 1935.6	张德昌（导师：蒋廷黻）	27	鸦片战争前中西海舶贸易之研究		伦敦大学留学	主攻经济史
	马奉琛（导师：蒋廷黻）	29	A study in the Eight Banner Military System of the Manchus		华中大学讲师	原为南开大学学士

续表

届别	姓名	时年	论文题目	语言修养(必修二外)	毕业去向	日后任职及其他
四 1936.6	姚薇元（导师：陈寅恪）	31	北朝胡姓考		中央大学任教	武汉大学教授
五	无					
六 1940.7	王栻	29	清代汉族大臣之出身与世家		金陵女大、金陵大学教授	南京大学教授、知名的近代史学者
七 1941.7						
八 1942.7	吴乾就（导师：邵循正）	31	The Mussulman Rebellion in Yunnan Province during Ching Dynasty（1821—1874）			昆明师范学院历史系主任，教授
九 1943.7	无					
十 1944.7	无					
十一 1945.7	欧阳琛（导师：吴晗）	32	火器考		厦门大学历史系讲师、副教授	中正大学副教授，江西师院历史系主任，教授
十二 1946.5	蒋相泽	29	清初内阁考		赴美，1951年获华盛顿大学博士学位	岭南大学副教授、中山大学教授

资料来源："清华研究院历届毕业生论文题目一览（1933年6月—1946年5月）"，《清华大学史料选编》103~108页；"清华大学毕业研究生名录"，《国立西南联合大学史料选编》学生卷，533页；西南联大北京校友会编印《西南联大校友通讯录（1937—1946）》，清华大学1993年印行。

其中，王栻的初试成绩82.62分，论文成绩82分，非常优秀，在前后几年中，得分之高，仅次于李赋宁。① 这为其日后的研究工作奠定了坚实的基础。当然，这一时期该系更突出的是本科生丁则良。丁则良是老清华历史上继张荫麟

---

① 《清华研究院1939、1940年度研究生毕业成绩统计》，清华大学校史研究室编：《清华大学史料选编》，第三卷，101页，清华大学出版社，1994。

之后又一位少年英发的史学才俊，也是抗战前十年间文学院继钱钟书之后又一位天分极高的少年英才。① 早在清华园时期，算学系教授杨武之发现其子杨振宁有过人的数学天赋，为促成孩子的全面发展，他请雷海宗教授推荐学生担任其家庭教师，为孩子补习人文、特别是古典文史修养，雷海宗推荐了爱徒丁则良为其讲授《孟子》，这对杨振宁的启蒙、乃至整个思路"有非常大的影响"②。

丁则良在清华园时期与查良铮、王乃樑并称"三良"，联大时期更是才华逼人。1938年6月，丁则良毕业时，北大名教授姚从吾给傅斯年的信中说："清华史系卒业较多，实以丁君则良为第一。彼同学舆论如此，寿民（刘崇鋐）兄亦数以为言。"丁则良毕业后留校任教，后在云南大学文史系任专任讲师。1945年，雷海宗特地致函梅贻琦推荐丁回联大历史系任教，函称："丁君为战前学生中之优异者，对中西史皆能了解，在任何其他学校皆可担任西史课程"，"此种人才抗战以来已不可得"，将来复员后"亦非短期间能在养成如此根底坚实之学生"。③

联大时期与之相熟的何炳棣对他印象颇深。他认为丁则良是"清华第九级（1933年入学）历史系同学中最杰出的"，他"古文根基扎实"，"记忆力之好、悟性之高、学习语文之快、中文表达能力之强"，令其"衷心钦羡"。何炳棣先生当时是颇有天分又肯用功的才俊，但"相形之下，我觉得自己几乎处处都比他要慢一步半步"。④ 由于抗战时期留学机会骤减，机会越发难得。刚刚恢复的庚款留学考试几乎是公费留学的必由之路，不少才士都有意于此。1942年初冬，因珍珠港事件而延期的清华第六届庚款考试即将举办的消息已遍传西南名大都市，许多有志青年几乎全般精力备考⑤。何与丁亦不例外。在一次考试前，丁则良对李埏说：我考试并不怕何炳棣，就是怕他的英文。后来何炳棣闻听此事，大笑道："他应该知道我何尝不怕他，特别是他中文下笔万言！事实上他学语文的能力比我强得多。"⑥ 在何看来，"丁则良聪明绝顶"。而在王永兴看来，"他博古通今，学贯中西，加之优良的史学、外语训练，天纵英才，是史学界难得的栋梁之才。"⑦ 1946年，丁则良通过庚款考试赴英伦敦大学深造，成为通过庚款

---

① 当然，需要注意的是，此类的才俊在这一时期的北平学界并不乏其人，如人文方面的钱钟书、曹禺、穆旦，数理方面的林家翘、王竹溪、龚祖同、华罗庚、李政道、王浩等，另有北大的丁声树，燕京大学的周一良、吴兴华等。
② 杨振宁：《我的家庭教师丁则良先生》，见丁则勤、尚小明编：《丁则良文集》，420~421页。
③ 《丁则良先生生平及著译简表》，丁则勤、尚小明编：《丁则良文集》，472页、474页。
④ 何炳棣：《读史阅世六十年》，188页。
⑤ 何炳棣：《读史阅世六十年》，161页。
⑥ 何炳棣：《读史阅世六十年》，131页。
⑦ 何炳棣：《读史阅世六十年》，135页；王永兴《序》，丁则勤、尚小明编《丁则良文集》，北京，清华大学出版社，2009。

考试赴英攻读史学的惟一的学生①，他不仅古文、英文极好，而且较快地掌握了俄文。1950年，新中国成立初，丁则良爱国热情高涨，放弃留美机会，回清华历史系任副教授。而何炳棣则通过1943年的庚款留美考试赴美深造，日后成就斐声四海②。

联大人才辈出，日后不少学子都在史学领域取得较大成就。其中原在北大入学的有柳存仁、傅乐成、孙思白、杨志玖、杨冀骧等；以及原在清华入学的丁则良、何炳棣、汪篯、王永兴、黄明信等。也有联大时期入学的罗荣渠、田余庆、程应镠、刘祚昌、漆侠、熊德基、丁则民、陈庆华、何兆武、李希泌等。

上述人物日后大都成为中国史坛各领域的顶梁柱，贡献甚钜。其中陈庆华后来一度担任陈寅恪的助手。在20世纪七十年代邵循正先生逝世后，陈成为北大中国近代史学科的核心，且是其中最重要的一位研究生导师。其与前辈蒋廷黻、邵循正一样，通晓英、法、德等多门外语。但与乃师刘崇鋐一样，习惯于述而不作，留下的论著极为有限，仅有主编的《近代中国简史》等书。此外，曾在联大多个学系就读的何兆武亦学贯古今，精通多门外语，先后翻译过英、法、德、俄等语种的作品，为广大中国学人和读者了解国外学术打开了一扇窗口。他在中国思想史及西方哲学史两方面均有造诣，在历史哲学方面也成就斐然，尤其是其康德研究，亦具有一定的国际知名度。罗荣渠日后成为我国现代化理论研究的主要奠基人。田余庆日后与周一良等人一样，成为中国魏晋南北朝史研究方面的中坚力量。漆侠是联大历史学系培养出来的又一史学名家，日后在邓广铭指导下专攻宋史，也取得了显著成绩。黄明信则在日后成为著名的藏学家和李埏与方龄贵等一样，成为云南史学界的台柱。这一时期，比较突出的还有刘广京、任以都，二人均在二年级时赴美入哈佛大学就读，日后与抗战前入学的何炳棣、杨联陞等一样成为世界级史家。历史学系毕业生李晓（李曦沐）日后则成为国家测绘局局长，在其所从事的领域中为社会作出了贡献。

第五节　放洋与从军——青年报国的他种选择

为了培养世界级拔尖人才，清华从1933年开始连续4年每年选派一届庚款公费生；其中文法科方面名额始终占近30%；如徐义生、戴世光、费青、龚祥

---

① 丁则民：《忆二哥——则良》，见丁则勤、尚小明编：《丁则良文集》，429页。
② 按，此年史学方法一科试题，即出自雷海宗之手。而依当时惯例，参与庚款考试命题者，一般应是"第一流的大学者"，即国内相关领域中最出色的三五人之一。

瑞、王铁崖等；史学方面，先后有杨绍震、夏鼐（第二届）、朱庆永（第四届）等上榜①。抗战爆发后，曾推行有年的清华留美公费生考试，"因战事关系，暂停考送"。②但在最艰难的时候，清华仍努力维持庚款留学考试，选拔优秀青年出国深造。1940年春，经请准政府后，决定于该年恢复。③战时，尽管有部分本科毕业生有望通过庚款考试到欧美留学，但绝大部分无缘于此；况且，"目前海外交通困难，大学生毕业后欲求深造者，将惟国内各大学研究院是赖，如何充实研究院之师资与设备，实为校中要图之一"。④"为研求高深学问，本校虽在经费极拮据下，亦乐于继续进行"。⑤

1940年2月5日的清华评议会上，梅贻琦报告了留美公费生考试科目经教育部及考试委员会一再提出修正之最后结果，共有20个学科，每科1人，其中文法科方面有工商管理和经济史各一名。⑥8月考试，次年2月录取公布，录取17人，其中10人为清华毕业生。在紧接着的4月份，评议会又议决了下届留美公费生考试应考门，共24科，每科1人。⑦由于太平洋战争爆发，海外交通线受阻，乃延期举办。1943年夏，这一考试重启，并于是年8月在昆明、重庆、桂林、成都同时举行。录取名额增加为24人，其中文法科方面有西洋史、社会学、会计学、师范教育。在录取的22人中，有10人为清华或联大毕业，其中，清华历史学系毕业生何炳棣以78.50分的平均成绩高居榜首。⑧

当时的庚款留学考试被公认为是全国难度最高的考试，其试卷以主观题为

---

① 参《第一届留美公费生志愿书、保证书》，清华大学档案：全卷号1，目录号2-1，卷宗号88：3；《第二届留美公费生自愿书和保证书》，清华大学档案，全卷号1，目录号2-1，卷宗号89：9；《第三届留美公费生的志愿保证书》，清华大学档案，全宗号1，目录号2-1，案卷号90：14；《第四届录取留美公费生志愿书和保证书》，清华大学档案，全宗号1，目录号2-1，案卷号91：5。

② 梅贻琦：《抗战期中之清华》（1939年4月），《清华校友通讯》五卷三期，1939年5月1日。

③ 梅贻琦：《抗战期中之清华（一续）》（1940年4月），《清华校友通讯》六卷第五期，1940年9月29日。

④ 梅贻琦：《抗战期中之清华（三续）》（1942年4月），《清华校友通讯》八卷一期，1942年4月。

⑤ 梅贻琦：《抗战期中之清华（四续）》（1944年4月），《清华校友通讯》，1944年4月。

⑥ 清华大学校史研究室：《清华大学九十年》，108页。
《第五届留美公费生考生录取名单》，见清华大学校史研究室编：《清华大学史料选编》，第三卷（上），228页。

⑦ 《第十三次评议会关于第六届留美公费生考试的议决事项》，清华大学档案，转引自《清华大学史料选编》，第三卷上，238页。亦见清华大学校史研究室编：《清华大学九十年》，114~115页。

⑧ 《第六届考取公费留美生一览表（1944年8月）》，清华大学档案，转引自《清华大学史料选编》第三卷上，251~255页。

主，因此往往能有效地检测应试者的基本功底。清华学子在历次考试中均有极优的表现。这其中自有多方面的因素，但在校期间其训练严格、根底扎实、方法得当、后劲强势是其中最基本的因素。该考试被定位为"抢才大典"，意在为中国培养未来的顶尖人才，故其命题由校内外名家承担；考试科目的设置，则是清华（联大）与教育部门相互磋商的结果，其中在科目设置、命题等各环节上，都蕴含着办学者的匠心和意旨。如1941年的考试中增设的西洋史一门，即是蒋廷黻与重庆当局协商、力争的结果①。从"提倡理工"的教育部当局来说，显然希望更多的选送适用人才。但事实上该考试在历年的考选中，始终保持一定的文法科名额。从实际效果看，考取留学的学子日后半数左右都成为世界级学者。其中，史学方面的夏鼐、吴于廑、何炳棣等也在此列。1946年，抗战胜利后仅有的一次公费留学生考试举行，其中联大的朱光亚等被录取，另有历史学系的丁则良等。

抗战后期，联大也有部分学生投笔从戎，英勇从军。1943年12月，联大学生报名参加译员的有400多人。次年11月30，联大支援从军报名者达189人。12月5日，报名截止后，达340名（内有教师5人）。其中不少学子日后也成为各行各业的骨干。②自然，从军者中也不乏历史学系学子的身影。③

第六节　成绩与隐患

1939年后，清华各项工作重入正轨，取得了一系列成绩。1941年4月，在清华建校30周年之际，学校广邀校内外名家，连续举行了数十个讲座。学校恢复了原有的四种刊物，《清华学报》《理科报告》《社会科学季刊》《工程季刊》④，其中前者主要刊登人文学科的成果，史学成果也时有刊载。该刊第十三卷第一期还发表了梅贻琦经典之作《大学一解》，较系统地阐释了他的办学理念和教育哲学；事实上也能够帮助人们理解梅贻琦时代清华教学科研工作的深层背景。

---

① 何炳棣：《读史阅世六十年》132~133页、309页。
② 余斌：《投笔从戎为中华——鲜为人知的西南联大学生从军抗战史》，《中国艺术报》2007年9月5日。
③ "西南联大卅二年度应征毕业生"及"西南联大卅三年度从军毕业生"，《国立西南联合大学史料》学生卷，507~518页。
④ 梅贻琦：《抗战期中之清华（二续）》（1941年4月），《清华校友通讯》七卷一期，1941年4月27日。

1941年11月，雷海宗拟订了《历史学系大理拓碑计划》。① 而在同时梅贻琦手订的研究计划中，则有历史系"地方经济文化史料"一项，研究者为邵循正、张德昌。政治学系邵循恪的"国际法与中日战事"，则是国际法学与中外关系史的交叉性研究。② 1941年，历史学系还参与了抗战史的资料编纂工作。③ 南开大学的边疆人文研究室也做了一系列颇有成效的工作。

　　当然，更具影响力的是几次全国规模的评选工作。教育部为鼓励研究，从1941年起，对全国文化作品进行奖励，每年一届，直迄联大各校普遍复员的1946、1947年。其针对的成果是：著作（一）文学，（二）哲学，（三）社会科学，（四）古代经济研究。发明（一）自然科学，（二）应用科学，（三）工艺制造。美术（一）绘画，（二）雕塑，（三）音乐，（四）工艺美术。其中，联大教师获奖甚多，清华学人群自有上乘表现。1941年度，前清华大学教授杨树达的《春秋大义述》获"古代经籍研究类"二等奖；陆懋德《中国上古史》获"社会科学类"二等奖。1942年度，历史学系毕业生罗香林的《国父家世源流》获"社会科学类"三等奖。1943年度，社会科学类一等奖有二人，均为清华校友：历史学系教授陈寅恪（《唐代政治史述论稿》）及其弟子刘节（《中国古代宗族移殖史论》）；三等奖有郑天挺的《发羌之地与对音等论文三篇》，邓广铭的《宋史职官制考证》。1944年度，文学类缺一等奖，二等奖第一名为国学院毕业生罗根泽的《周秦两汉文学批评史》。社会科学类中，二等奖中有前清华史学教员萧一山的《清史大纲》，三等奖中有国学院毕业生蓝文徵《中国通史》（上卷）。1945年度，文学类中二等奖二人，其一是姚薇元的《鸦片战争史事考》，三等奖有王玉哲《鬼方考》。第六届，（1946、1947年度），文学类二等仅一名，即杨树达《造字时有通借证及古文字研究》。④ 在人文社科类的奖励中，一等奖是经常空缺的，但1943年度居然有两人获一等奖，且均为原清华国学院的学人，实属不易。

　　国民政府教育部还从1941年8月开始推行了部聘教授制度；其条件有三："一、在国立大学或独立学院任教授满十年以上者；二、教学确有成绩，声誉卓著者；三、对于所任学科有专门著作且具有特殊贡献者。"部聘教授的薪俸标准，底薪是教授三级（五二〇元/月），最高则可达六〇〇元/月，与国立大学校

---

① 雷海宗：《历史学系大理拓碑计划》，见《国立西南联合大学史料》（科学研究卷），547～548页。
② 《梅贻琦手订各系研究计划》，见《国立西南联合大学史料》（科学研究卷），567～568页。
③ 《国立西南联合大学致中央执行委员会党史编纂委员会函》，见《国立西南联合大学史料》（科学研究卷），716～717页。
④ 《学术奖励》，见《国立西南联合大学史料》（科学研究卷），755～769页。

长同。部聘教授负有辅导全国各院校对于该学科教学与研究的重任,当由教育部分派在各校由教育部特设讲座,从事讲学及研究;"部聘教授名额暂定三十人。"① 在实际运行中,原则上,每学科推选一名部聘教授;所有部聘教授均月薪六〇〇元,另加发研究补助费400元。西南联大将在各该校已任教满十年以上的教授名单发给教育部,将其作为教育部候选人。② 是年12月,教育部公布了第一批教授名单30名(1942年8月至1947年7月),其中联大有8人:陈寅恪、吴宓、汤用彤、饶毓泰、吴有训、曾昭抡、张景钺、庄前鼎(1947年届满后,陈寅恪、庄前鼎获续聘5年;另增聘刘仙洲、冯友兰③)。1943年,教育部又增选了15名部聘教授。④ 其中,按入选总数排,分别是:中央大学12名,联大9名,浙大5名,武大3名。在联大内部,北大3人:汤用彤(哲学)、饶毓泰(物理)、张景钺(生物);清华5人:吴宓(外文)、陈寅恪(史学)、吴有训(物理)、刘仙洲(机械)、庄前鼎(机械)。可见,在文史、数理方面,联大(清华)优势颇为明显。偏重理工的清华,其人文方面虽然规模确实偏小,但在顶级学人方面,亦未遑让人。而北大的3位当选者中,汤用彤、张景钺均为清华学校毕业生。难怪当时有教授称清华:经梅贻琦的励精图治,清华理工科遥遥领先;纵或在文法科方面,也"足与北大抗衡"⑤。在工科方面,清华更是遥遥领先。在整个大工科系统中,2/4均出自此校。其中,大文科方面,依次是:中央大学7人,西南联大3人,武大3人。——当时的中央大学、中山大学、北平大学等规模都远远大于北大和清华,但水准则未必如此。这或许与校长梅贻琦1931年上任之初所倡言的"学术的造诣,是不能以量来计较的"理念有关,也与名教授叶企孙、蒋廷黻等所践行的"重质不重量"的精英教育有关。易言之,在师资阵容上,学校考虑的不是拥有多少教授,而是罗致或养成尽可能多的"头等教授";对学生而已,不在于招录多少新生、培养多少毕业生,而在于培养出多少具有国际竞争力的尖子生。这正是其精英教育的意涵所在。

上述部聘教授的遴选结果如下:

---

① 《教育部特设部聘教授办法》(1941年8月),清华大学档案,转引自《清华大学史料选编》,第三卷(下),345~346页。亦参王德滋主编《南京大学史》,南京,南京大学出版社,1992,176~177页。
② 《教育部关于部聘教授候选人的复函》,见《国立西南联合大学史料》(教职员卷),234~235页。
③ 清华大学校史研究室编:《清华大学九十年》,154页。
④ 亦参王德滋主编:《南京大学史》,南京,南京大学出版社,1992,176~177页。
⑤ 柳无忌:《张梅两校长印象记》,见钟叔河、主持编:《过去的大学》,149页。

	国学	国文	外文	历史	哲学	教育	艺术	心理	社会	经济	法律
中央大学	胡小石		楼光来	柳诒徵			徐悲鸿	艾伟	孙本文		戴修瓒
西南联大			吴宓	陈寅恪	汤用彤						
武汉大学										刘秉麟 杨端六	周鲠生
四川大学										杨佑之	
西北大学				萧一山							胡元义
西北师院		黎锦熙									
湖南师院		杨树达				孟宪承					

资料来源:"部聘教授",旅游百科,搜比,http://www.soobb.com/Destination_Wiki_53711.html。"民国时期各大学的部聘教授",高考吧-贴吧,http://tieba.baidu.com/f?kz=723789208。

有意思的是,史学方面,柳诒徵、陈寅恪师徒二人均在其列,柳还曾在清华国学院讲学,他们都与"学衡派"有特殊关系;至于萧一山,则是北大毕业生,且在清华任教,受梁启超惠益良多。部聘教授在当时被称为"教授之教授";而当年的清华国学院导师也被称为"教授之教授",事实上,国学院中的骨干人物,如陈寅恪、吴宓都当选为教授。而另外的部聘教授柳诒徵、楼光来、汤用彤,则是当时国学院创立时吴宓极力想聘入国学院的几位学者。杨树达则曾在清华历史系授课多年。此外,如果在进一步看,其中有更多的清华人。据此可见,45位获选者中,大多数都曾在清华就读或执教。孟宪承、汤用彤、艾伟等都是清华庚款生;胡元义原是清华政治学教授。在理工科方面,张景钺等也都是清华校友。清华人在整个上榜的教授中占40%左右。此亦证明,当年清华出身、留学美国名校(特别是东海岸的常春藤名校)的那批优等生,此时已在中国异军突起,成为各方面的头面人物。当然,任何评选都难以十全十美。1948年的中央研究院院士遴选,被指有偏重中研院系统、体现北大色彩的嫌疑(因中央研究院在当时由北大学人群所主导);而本次遴选则偏重于国民党官方钦定的"最高学府"国立中央大学(国民党扶持该校以抗衡自由主义重镇、学潮策源地的北大)。因为事实上,尽管中大的规模上胜于联大,在个别学科上也确实领先,但综合实力上绝不会在联大之上,这是时人共识,不管是在学界还是在公众,不管是在国内还是在国际。

另需说明的是,以上遴选标准,由于标准较高,程序严格,因此,膺选者都是名副其实的。既要"任教授满十年以上",又要"声誉卓著"、"确有贡献",这显然是一项综合性的评价:教学与研究并重,才学与资望兼顾。当选者未必是各学科领域最优秀的一(二)人,但毫无疑义地都是各领域的一线人物。而且,自由主义堡垒的西南联大,显然不如"最高学府"中央大学那样与当局关系密切,并非那么受青睐。但能有如此成绩,已属非常不易。

——这次遴选与几年后的中央研究院院士遴选的结果惊人一致[1]。这也反映出当时清华学人群的贡献和地位,以及日渐强势崛起的态势。从20年代清华的国学院导师、30年代北大的庚款讲座教授、中央研究院评议员,到40年代的部聘教授、院士遴选,再到50年代的大陆方面学部委员遴选及一级教授遴选,及台湾方面的院士增选,清华学人都有比较突出的表现。其中,人文学方面也并不逊色,史学方面亦然。

第七节 转捩点:战时教育的短板

应该说,联大的突出成就绝非凭空而来。其中的许多成果,得益于抗战前黄金十年的积累。那批达到国际水平的学人、特别是少壮派科学家(如陈省身、华罗庚、王淦昌等),大都是在此前十年培养出来的。到抗战后期,培养后劲的缺乏已日渐明显。

钱穆认为:"30年代的中国学术界已酝酿出一种客观的标准,可惜为战争所毁,至今未能恢复。"所谓"客观标准"即学术发展已进入相对成熟和规范的阶段。钱穆曾忆及抗战前北平中国学术界的盛况时说:"诚使时局和平,北平人物荟萃,或可酝酿出一番新风气来,为此下开一新局面。而惜乎抗战军兴,已迫不及待矣。良可慨也。""果使灾祸不起,积之岁月,中国学术界终必有一番新风貌出现。天不佑我中华,虽他日疆土光复,而学术界则神耗气竭,光彩无存。"在钱穆看来,正是抗战使中国学术界"神耗气竭"[2]。的确,日军的全面侵华战争,对中国的文化生态造成了重要影响,它打断了中国学人惨淡经营直到1930年代初才初步形成的良好的文化积累和学术态势。人文方面,已如钱穆所说。而理工科方面等亦是如此。作为中国数学界元老之一、清华大学数学系

---

[1] 从某种意义上说,这是1935年中央研究院评议员的延伸,是1948年院士遴选的预选;而后者又与1950年代大陆及台湾分别进行的院士(学部委员)遴选有一定的内在关联。
[2] 谢泳:《魁阁——中国现代学术集团的雏形》,载《北京大学学报》(哲学社会科学版),1998年第5期。

主任的杨武之对此有切身体会,他在1946年春"回忆八年来经历得失,有感想数端:其一,设备太差,师生均缺乏必须的书籍杂志;其二,生活艰难,师生之起居饮食,时在困难之中;其三,疏散时多,师生接触太少,为人为学,缺乏砥砺。有此三种根本原因,遂致学风不够紧张,平均成绩不能不远逊平昔。此非一二人之力所能推动更改者也"。① 战时的非常环境,确实激发了师生们惊人的活力和精神意志。但学术工作毕竟是一项"慢功夫",需要长时间的积累和酝酿,仅靠精神力量是不够的,难以长期维持。此为非常状态,非长久之计。很多客观原因方面的欠缺,终将制约其学术工作的发展②。无独有偶,历史学系主任雷海宗也直言不讳:像丁则良这样的对中西历史皆有造诣的优异才俊,"抗战以来已不可复得",即便将来复员后,也难以在短期内培养同等的人才,理由即在于"中学退步"等方面。③

胡适从美国归国不久,就于1946年10月在一次大会上放言:"近年来中学教育方面,太……缺乏新的试验和精神。中学课程太繁重,太注重课本,缺乏工具的训练,国算成绩太差",亟需改进中学教育。社会上有人抱怨近年来国内高等教育之零乱,中学课程之低落④。

颠沛流离的生活或简陋的图书设备,对办学质量的影响是不言而喻的。由于基础教育明显滑坡,抗战期间接受基础教育的那批人,已有一部分于稍后陆续地迈入大学校门。年轻人也自叹:"这些年来国内学校英文程度普遍低落",须亟补英文。⑤ 即便是久负盛名的清华大学外国语文系,也很难恢复之前"西洋文学系"的气象,其教研工作,在一定程度上不得不由文学(本体)的研究,回退到对语言的学习方面来。教师们已深困扰于"学生程度参差不齐","学生程度比较战前稍差,此为全国学生普遍现象,任何学系皆然",须经努力才有望恢复"战前旧观"⑥。

清华原有定期的学术休假制度,这曾是其吸引众多有抱负的学人的最重要

---

① 这是任联大数学系主任最长的杨武之之回顾联大数学系的文字,原件藏于南开大学档案馆,转引自张友余《杨武之先生年谱》,见清华大学应用数学系编:《杨武之先生纪念文集》,202~203页,北京,清华大学出版社,1998。
② 详参刘超:《西南联大与晚近中国》,《历史学家茶座》,山东人民出版社,2007年第2-4辑。
③ 见1945年8月雷海宗向梅贻琦的推荐函,原件藏清华大学档案馆,转引自《丁则良先生生平及著译简表》,见丁则勤、尚小明编《丁则良文集》。
④ 张元佶致《申报》,《申报》,1946年10月15日。
⑤ 《朱文长致胡适》(1947年11月),见《胡适来往书信选》(下册),267页。
⑥ 梅贻琦:《复员后之清华续》(1947年3月),《清华校友通讯》复员后第二期,1947年4月25日。

的比较优势之一。然在抗战爆发后，这一制度难以赓续。在1937年第一次校务会议（1937年9月24日于长沙）议决："本学年出国研究教授暂缓出国，在国内研究者，照在校服务教授薪俸成数支薪。"①1938年上，只有极少数教授因为中英庚款委员会借聘而继续请假。到1939年，随着形势相对稳定，一系列恢复工作也相继开展，除了恢复研究院之外，教师待遇也提上日程。其中，众多教师中最关切的并非提高薪酬，而是恢复学术休假制度。第一次评议会（1939年5月27日）上，因不少教师"来函请求恢复国内外休假研究旧制，并扩充同人休假国内研究名额，提高国内研究待遇"等，但会议只同意恢复国内休假的制度。②1940年，第六次评议会上，通过了本校青年教师"在校服务已满五年，有志赴美入研究院继续研究者得按照'留美自费学生奖学金给予办法'申请办理"。1940年5月，教授金希武等四十九人又函请恢复自1937年度暂停之教授休假出国研究规定。信中说，清华在抗战前之所以能"成绩优著"，人才荟集，"与时俱进，无滞塞之弊"，就是因为有此制度。然而，直到1944年9月，第二十四次评议会上才正式允许"教授出国休担任职务"；次年，教授待遇中，"连续服务满五年"改为"连续服务满六年"才能享受休假待遇。

长期缺失国际交流，不利于学术发展保持与世界同步，对维持研究工作的世界水平也是异常不利的。所以到抗战胜利后，很多人都恢复学术休假，或利用其他机会出国进修，或访学。年轻教师则争取机会出国留学（如李赋宁、何炳棣、丁则良、穆旦等）。但对一般的联大学子而言，留学机会已大为减少。之前清华研究院推行的对优秀毕业生择优公派留学的政策，事实上也已中断。这一时期的文法科的硕士毕业生中，几乎无人获此机会。历史学部更是如此。在历史学系本科生中，只有刘广京、任以都等极少数人在毕业之际或毕业之前获得了留学机会。

此外资料的损失也是一大困难。抗战前，清华图书馆藏书达31万余册，不仅是国内首屈一指，且在远东也是第一流的③。"但抗战期间损失太重，恢复旧观实非易易"，近二万册急需图书在北赔被日军炸毁；留在清华园的不少珍贵资

---

① 《历次校务会议及评议会关于教工待遇问题的报告与议决事项》，清华大学档案，转引自清华大学校史研究室编：《清华大学史料选编》第三卷上，281页。
② 《历次校务会议及评议会关于教工待遇问题的报告与议决事项》，见《清华大学史料选编》第三卷上，282~283页。
③ 据统计，1936年上，全国高校藏书量前三位分别是清华310928册，中山大学243320册，北京大学233098册，而全国为1772784册；清华占1/6强。见《中华民国史档案资料汇编》第5辑第1编，教育，324页。是时，东京大学藏书量超过100万册；哈佛大学、柏林大学欧美顶尖大学等则在200万册以上，世界领先。

料,也被日军"发交北大图书馆、近代科学图书馆、新民会、教育总署等敌伪机关分存。"① 众所周知,对研究工作而言,图书设备有着无法取代的基础性地位;而日军一来,清华的图书和设备都损失过半,全国最好的近代物理实验室,也毁于一旦。整个联大资料极为紧缺,与抗战前不可同日而语。生活条件的急剧恶化,也影响了学人们的精神状态和健康状况。联大几年间,病逝或意外故去的名学者亦不乏其人。

第八节　从象牙塔中到十字街头

　　日本帝国主义的侵略,让国人切身体会到了强邻的威压,民族精神遽尔高涨,于是激发出民族热情。其中,这催生出了学术风气,也造成了政治空气。和抗战前一样,有部分学者将此转化为研究动力,也有部分学者开始更多地增加了对现实的热情。论政活动逐步增多。在向来清净安定的清华也是如此。蒋廷黻、张奚若、潘光旦、吴景超、钱端升、陈之迈、王化成、姚薇元等清华学人的论政就相对活跃。当然,真正从事实际政治运动的清华教师并不多,除了张申府等,确实难得一见。绝大多数学者,在葆有现实关怀的同时,仍坚持大学的学术本位,以研究学术、培养人才为立足点。及至抗战爆发,越来越多的学者开始关切现实,其中不少人逐步投身于实际的政治运动。那些原先不问政治、甚至不问世事的学人,也开始与身其中。其中,清华史学的学人中,除陈寅恪、刘崇鋐、孔繁霱等少数人仍坚守书斋外,大部分教师都已参与实际的政治活动,从书斋走向广场,从青灯黄卷下走向十字街头。其具体形式有两种:一种是参加相应的政治组织的工作,二是参与群众性的政治运动。前者属于体制内的渠道,后者则为体制化的方式。如前所述,原清华历史学系教师的罗家伦、蒋廷黻、萧一山、郭廷以等都以不同渠道参与了高层的政治运动(在联大,类似的教师还有周炳琳、杨振声、吴俊升、顾毓琇、张伯苓、蒋梦麟、朱经农、朱家骅等)。另一部分教师则参与基层的(群众性的)政治运动,如联大的曾昭抡、费孝通、费青、张奚若、潘大逵等。"何妨一下楼主人"闻一多也开始"下楼",走出书斋,参与政治。

　　在其中,最突出的有雷海宗与吴晗,他们都参与了民盟。雷海宗在抗战前

---

① 《复员中之清华续》,《清华校友通讯》复员后第二期,1947年4月25日。按,直到1952年院系调整前夕,清华图书馆藏书几经增加,仅仍勉强超过40万册,而此时学校师生规模已数倍于抗战前。

是一个不问政治的书斋型学者，但抗战爆发后思想发生急遽转变，开始投身实际的政治活动（当然，他仍坚持不赞成青年学生贸然参与政治活动）。① 吴晗因"政治来过问我了"于是"写考据文章就很少了"，② 这从他的《朱元璋》的书写历程就可窥知一二。当然，其参加政治的方式与雷海宗颇有不同。吴晗是民盟盟员，而雷海宗不同。

联大后期，学风有较大转变。尽管抗战前学者议政现象时有所见，名学者从政现象也不乏其人，但大都是"学而优则仕"，直接跻身高层，走上层路线（如翁文灏、蒋廷黻、钱端升、顾毓琇、萧公权、浦薛凤等），极少参与基层的群众运动。但到抗战后期，国民党政权日渐腐败，乱象迭出，渐失民心。许多自由派知识分子也日渐向左转，与原有体制决裂。特别是蒋介石《中国之命运》于1943年行世后，不少对蒋介石原抱有幻想的学者幡然悔悟，开始对现实日渐不满，思想日趋激进。越来越多的人投身于群众性政治运动。与此起彼伏的学潮一样，教授参与群众运动亦成为常态。在文法科的不少院系，有近1/3左右的学人参与其中。

不过，也应该注意的是，大学本身毕竟是教育学术机关，其本职工作是研究学术和培养人才。而现实中复杂的实际政治工作，需要由比较成熟的公民去承担和领导。过于强烈而直接的现实关怀、政治关怀，对大学而言，并不总是利于正常的教学秩序的维持和学术工作的开展。一旦学潮成为惯性，课外事务冲击甚至取代了基本的教学和科研，这对学校的正常秩序难免不产生影响。在抗战时期，在规模、经费、地理条件等方面处于领先地位无疑首推国立中央大学，其声望也不可谓不高。但本身的学术成就尚不能与联大比肩。中央大学教授郭廷以也承认："中大教员都是规规矩矩的教书，言论研究精神则略有欠缺，这是因为课多而且接近政府的缘故，许多教员都混资格'做官'去了，所以赶不上清华，清华安定，条件好。"周炳琳的意见亦是："中大是不错，但好像是缺少甚么，研究风气不盛。"③ 据当事人的观察和研究，当时几个著名的大学群中，论客观条件，重庆沙坪坝（中央大学等）居首，其次是成都华西坝的燕京金陵等教会大学群，再次才是昆明的西南联大等校。但论学术风气，则正相反。④

---

① 王敦书：《〈西洋文化史纲要〉导读》，见《西洋文化史纲要》，12页，上海，上海古籍出版社。
② 苏双碧、王宏志：《吴晗学术活动编年简谱》，见夏鼐编著：《吴晗的学术生涯》，165～167页，杭州，浙江人民出版社。
③ 郭廷以口述、张朋园等整理：《郭廷以自传》，145页，北京，中国大百科全书出版社，2009。
④ 章开沅《大学啊，大学!》，收入许小青《政局与学府：从东南大学到中央大学（1919—1937）》，5页，北京，中国社会科学出版社，2009。

第九节　复员：重返故园

　　1945 年 8 月，日军宣布投降。举国欢腾。这是中华民族在近一百多年的反侵略战争中，首次获得彻底的胜利。联大举行了盛大的庆祝活动。抗战胜利后，联大开始准备复员。1945 年，联大常委、北大校长蒋梦麟任行政院秘书长，呈请辞北大校长职。9 月 4 日，国民政府任命胡适为北大校长。胡未到任前，由傅斯年代理。

　　1946 年 5 月 1 日，联大依据志愿分至三校学习，愿入北京大学者 644 名，愿入清华大学者 932 名，愿入南开大学者 65 名。本届先修班经考试后准予免试升学者 129 名。5 月 19 日，冯友兰因事请假出国，文学院院长职务由雷海宗暂行代理（这是雷第二次代理联大文学院院长职务）。

　　1946 年夏，联大复员。是时，各校教授大都回原校；学生则自主选学校，结果多数文法科学生选择北大，多数理工科学生选择清华，极少数学生选择南开。——抗战前清华的文法科学生数量与北大相去不远，而此时则颇为悬殊，这恐怕与抗战前夕学校学科布局方面"理工科抬头"不无关系。

　　由于各类资料的出入，故选择入相关院系学生的准确人数无法确知，大致情况为：

		北京大学	清华大学	南开大学
本科生	文	283	120	
	理	81	146	
	法	257	221	
	工		439	
	其他	医学 4　农学 3	院系不详 12	
	合计	628	938	64
研究生		19	45	6

　　资料来源：《西南联大分发至三校学生名录》，见西南联大北京校友会编：《国立西南联合大学史》，498~506 页。

　　其中，历史学系方面，选择北大者 70 人，内有罗荣渠、田余庆、李玲（李凌）等。选择清华者有 25 人，内有张寄谦、丁铭楠、余绳武、孔令仁等①，日后均成绩卓著。但在清华，整个文学院学生只占全校学生的 12.8%，文法两院

---

　　① 西南联大分发至三校学生名录，西南联大北京校友会编：《国立西南联合大学史》，498~506 页。

合计也只占全校学生的 1/3 强，可见其"偏重理工"的态势已比较定型，蒋廷黻所担心的文科的边缘化的局面已成定局。当然，这主要还只是体现在量上。在培养水准上，该系仍然保持一定水准，尤其是成才率仍全国领先。

复原前夕，联大学子酝酿《联大八年》一书以资纪念。里面对老师多有品藻。如说刘崇鋐"待人和蔼可亲，教西洋近代史，他的参考书目中有《联共党史》，这也许在旁人会引为奇怪的。……前次知识青年从军，刘先生送了自己的孩子去入营。可是后来在欢迎从军同学返昆席上，刘先生致词，当他说到这批青年人所受到政府的待遇时，眼泪不禁夺眶而去。"① 吴晗则是"对明史有深刻之研究。……不像其他教授摆架子。为人诚恳热情，尤愿与同学接触恳谈。近年来鉴于国内反动腐败势力猖獗，屡次大声疾呼，要求改革，积极献身民主运动。……吴先生说以前研究中国历史的人都只注重帝王，皇室，大臣的事情，等于是写帝王家谱，对于人民大众的活动一概不写。而事实上他们是历史的真正创造者。吴先生曾写过一本书叫《历史的镜子》，内容是描写明末农民暴动的事迹的。"② 至于郑天挺"教书像说故事一样。联大最忙的教授之一，一身兼三职（校内）。是我们警卫队队长，虽然忙碌，却能开晚车做学术研究工作"。③ 噶邦福"是从前帝俄时代的皇室贵族，现在也开始爱他的祖国了。有时候，同学常向别的教授探问政治意见，这位老先生颇不以为然，他说：'不要以为我是外国人，我一样懂中国的事情。'"④ 傅斯年则为"近代学生运动史上及现在政治舞台有名的人物。……身材的肥胖，在到学校里的人物中，除了孔祥熙就要算傅先生了。三十四年十一月联大末次校庆，傅先生来昆……婉言告诫同学要多花时间在学术上，不要大谈政治。"⑤

联大复员时，原联大教授理应各回原位。但事实不然。不少教师分道扬镳，未再回到本校。如北大史学系教授钱穆即因与傅斯年等人的矛盾未接到聘书，因此未能重返北大；清华政治学系抗战前所有教授均未回校。历史学系也存在类似问题。

1946 年 7 月 15 日，在师生分批北还之际，闻一多遇难。7 月 24 日，留昆师生举行闻一多先生追悼会。梅贻琦主祭，由与闻一多同年赴美留学的雷海宗宣读罗庸起草的祭文并报告生平。至 7 月 31 日，联大正式结束。

---

① 《除夕副刊》主编《联大八年》，除夕副刊社 1946 年印行（下引该书版本同此），170 页。
② 《除夕副刊》主编《联大八年》，183 页。
③ 《除夕副刊》主编《联大八年》，187～188 页。
④ 《除夕副刊》主编《联大八年》，190 页。
⑤ 《除夕副刊》主编《联大八年》，200～201 页。

第五章　从复员到撤并：老清华史学的历史归宿（1946—1952）

这一时期，清华史学与整个清华一样，大致经历了两个阶段：恢复阶段（1946—1948）与改造阶段（1948—1952）。前者主要是复建清华园的各类硬件设施、场馆和图书设备，恢复学术传统和办学水准；这一工作到1948年渐上轨道。是年底，社会鼎革，史学系进入改造阶段以适应新时代的发展要求；及至院系调整，该系撤并至北大。1948年12月，长期担任清华校长的梅贻琦，与北大校长胡适等人南下。北平进入新时代，和其他高校一样，清华的办学理念、课程设置、学科布局、招生规模等也有所变革，人事方面也因之有新的调整。此后，史学系的办学中，思想教育与专业训练并重，比较强调学生参与社会生产实践；这与日后"又红又专"的理念是一脉相传的。

第一节　"学术集团"之重建

日据时期，清华园被日军当成兵马场和伤兵医院。及至日本投降，清华园已一片狼藉，"所最幸者，全校树木，竟未被敌人砍伐"。① 1946年夏，清华校务会议派员接收清华园。10月，全校开学。全校复员后，经一年半修整，清华园勉强恢复旧观，而其中的重要图书设备、实验室，则远远未能恢复到抗战前水准。清华复员后，开始大幅扩张。1946年，在原农科研究所的基础上成立了农学院，文学院增设了人类学系，法学院恢复了法律学系；工学院添设了建筑工程学系。全校变为5学院、26学系（抗战前夕为4学院16学系）。② 本年度新聘教授20人，历史学系无一人。同年增设农学院，文法科的比例进一步

---

① 梅贻琦：《复员后之清华》，载《清华校友通讯》复员后第一期，1947年3月15日。
② 清华大学校史研究室编：《清华大学九十年》，145页。

下降。1947年，因冯友兰在美讲学，文学院院长再次由历史学系主任雷海宗代理。

1947年1月，历史学系教师有①：

教授：雷海宗（兼主任）　刘崇鋐　孔繁霱（病假）　噶邦福　邵循正　吴晗　王信忠（上学期请假）　孙毓棠（本学年请假）

专任讲师：丁则良

讲师：邝平章

兼任教员：郭秀莹

助教：王丰年

半时助教：穆广文　沈自敏

由于孔繁霱请病假，王信忠、孙毓棠等均在国外，师资力量事实上有所削弱。除了雷海宗、刘崇鋐、噶邦福三位老辈外，系中均由1930年代蒋廷黻时期培养起来的少壮派教授发挥骨干作用。

由于抗战时期基础教育的滑坡，导致其负面影响在之后逐步浮出水面，战后，"学生程度比较战前稍差，此为全国学生普遍现象，任何学系皆然"。② 1947年3月，在"历史学系"部分，作为一校之长的梅贻琦，谈及课程时说："在抗战期中……集三校教师学者于一体，蔚为大观，所开课程亦精辟充实，教师咸系当代权威，学子受益，诚非浅鲜……至所开课程项目，大体如战前。复原之后所辟课程，规模如旧，但微有增减耳。"论及师资，则称："王信忠先生抗战前即任本校教授，随校南迁，三十二年的休假赴美，卅三、四，二年请假，卅五年学校准假一年，赴日考察，今夏返校。孙毓棠先生抗战期间应本校历史系聘为教授，胜利前，英国文化委员会聘往牛津大学研究，今夏返校。丁则良先生于三十四年前应本校聘为专任教师，现亦随校复员任教。孔繁霱先生战前本系多年教授，因病未能随校南迁，三十五年本校复员，即聘孔先生返校，孔先生亦已应聘，惟因三十五年秋，旧病复发，本学年学校准予病假一年，下年度当可返校。"

复员之际，由于种种原因，原先任教多年的骨干教师都未能北来。如国文系、物理系、数学系等，均有半数左右的骨干教授已去世或他就；政治学系在抗

---

① 《国立清华大学教职员名录》，见清华大学校史研究室编：《清华大学史料选编》，第四卷，419页，清华大学出版社，1994。

② 梅贻琦：《复员后之清华（续）》，载《清华校友通讯》复员后第二期，1947年4月25日。

战前的教授更是全数他就。① 历史学系亦面临同样困难。更大的挑战在于局势的动荡。由于物价飞涨，人民生活远不及抗战前，国民党亦失去民心。是时，风潮迭起，学生罢课、教师罢教，各种请愿现象此起彼伏。1947年，还爆发了全国性的"反饥饿、反内战、反迫害"的运动；国民党政府的高压手段更是激起民愤。1948年8月19日，国民党军警开始包围清华园；师生们连续几日都无法出入。曾年安定多年的清华园，此时已难再宁静。由于局势的动荡，在是年招考中，不少南方考生对慕名已久的北平名校也不敢前来。不少名校招生并不理想，不得不进行二次招生。

是时，历史学系教学科研工作仍在努力进行，以恢复抗战前的办学水准和传统。由于力量分散，社会性事务较多，正常的教学秩序受到干扰，科研工作也遇到困难，其成果较前两个阶段为少。1946年后，规模和别的学校一样实现了翻番。但由于种种原因，生源质量亦大不如前②，培养力度也有所不及，故其整体办学水平较战前已有所回落。本科高年级学生进入科研、发表高水平作品的现象，已较少见。是时的一系列活动，丰富了学生的生产实践和社会

---

① 作为当时全国最受瞩目的理学重镇，清华物理系也无法例外。尽管"从名单上看，复员后的清华物理系教师队伍非常强大"，然而，"实际上，萨本栋当时已去中央研究院任总干事，吴有训已担任中央大学校长，赵忠尧也去了中央大学物理系任系主任，此后两人又相继出国。两位优秀的青年物理学家林家翘和彭桓武当时并没有到校……清华物理系在实验物理，特别在当时物理系最活跃的实验核物理领域，师资力量遭到削弱，已成不争的事实"。因此，"1946—1952年，整个物理系的科学研究的成果比较少。头两年，整个系基本上处于恢复阶段，主要任务还是先把教学恢复到战前的水平……"到1948年，政局不稳定又影响研究。"解放后，国家的经济非常困难，国民经济直到1952年才超过抗战前最好的1936年，……学校连维持教学都勉为其难，完全没有力量支持科学研究。此外，当时的国家教育体制已倾向采取苏联模式，大学教师基本只教书不做科研。"（朱邦芬编：《清华物理八十年》，96～97页，106页，北京，清华大学出版社，2006。）
② 生源质量之明显滑坡，在抗战爆发伊始就已开始。及至抗战末期，素从不大问世事的教学系教授金岳霖也在美国公开表示：抗战以来中国教育，包括高等教育的规模已大幅扩张（惟私立大学方面不甚理想），但其质量则不甚理想。"战前教育确有一个比较优良的水准。与那时的水准相比，现在降了很多，相信下降的趋势还会更大，结果质量上会有明显的恶化。"以前"北平的师大附中、天津的南开中学以及扬州中学都是很好的中学，"但现在其中很多中学已处境堪虞。高等教育"以战前的水准为出发点，战争阻碍教育的进程达两倍于战争时间之久。"参《当代中国的教育——在美国芝加哥大学"中国问题座谈会"上的讲演》，金岳霖著，刘培育编：《道、自然与人——金岳霖英文论著全译》，北京，生活·读书·新知三联书店，2005，388～389页。果不其然，金不幸而言中。抗战胜利后，校长梅贻琦就不得不直面这一现实。其中，久负盛名的清华外文系，事实上已成为"外语系"，因为中学毕业生外语水平大面积地明显滑坡，即使尖子生考入清华后，仍难以直接用外国语进行"文学"创作或研究，而必须加强"语言"的学习。按理说，这是抗战前若干年间尖子生应在中学阶段完成的训练。

实践的经验；不过由于挤占了一定的基本教学时间，对基本训练容易产生一定影响。

这一时期条件仍较艰苦，但师生们仍能艰苦奋斗。陈寅恪即是一例。1946年10月26日，陈寅恪到清华，丁则良来为他安排课程和助手。① 是时，陈身体欠安，业已目盲，心境萧森，雷海宗劝他暂先休养再上课。他不肯："我拿国家薪水，怎能不干活！"② 陈寅恪由于健康不佳，目力已基本丧失，在教研方面颇感困难。为此，他曾请一些青年教师协助，如丁则良、汪篯等。1946年下，燕大研究生石泉已不再任陈寅恪助手，改由清华的陈庆华接任。③ 在1946—1947年中，他常请周一良读英日文资料，并把他当年的弟子、时任北大青年教师王永兴请来读中文材料，协助工作，讫于1948年10月④。陈寅恪非常重视外语，认为这代表一种世界眼光和治学工具；他也非常重视弟子的数学能力，认为这代表一个人的逻辑思维能力。汪篯因数学优异而颇受陈寅恪器重⑤。1947—1948年，陈寅恪在历史研究所讲授魏晋南北朝史。弟子们对乃师"学问博大精深"感触很深，而感觉最深的则是其"能将文、史、哲、古今、中外结合起来研究，互相发明，因而能不断提出新问题，新见解，新发现。"⑥ 后来，弟子万绳楠将其整理为《陈寅恪魏晋南北朝史讲演录》。

随着环境的变化，历史学系在课程设置、办学政策、人事安排、人才培养等方面也随之改变。到1949年6月，清华共有教师436人，其中史学系有教授6人，教员2人，助教3人，合计11人，在文学院，少于外语系（31人）、中文系（20人），仅多于人类学系（4人）、哲学系（8人）。⑦ 因此，在9月改聘张寄谦、陈庆华为助教，并添聘袁震为历史学系教员。1950年4月，全校专任

---

① 见朱自清是日的日记，《朱自清全集》，第10卷，429页，南京，江苏教育出版社，1997。
② 王永兴：《种花留与后来人——陈寅恪先生在清华二三事》，《学术集林》，1996年9期。
③ 卞僧慧编撰：《陈寅恪先生年谱长编（初稿）》，241页，中华书局，2010。
④ 参吴小如：《怀念王永兴先生》，见《王永兴先生纪念文集》编委会编：《通向义宁之学——王永兴先生纪念文集》，6~7页。王永兴：《怀念雷海宗先生》，《雷海宗与二十世纪中国史学》，51~52页。《王永兴先生年谱》，《王永兴先生纪念文集》编委会编：《通向义宁之学——王永兴先生纪念文集》，457~466页。
⑤ 清华为陈寅恪配了三个助手来协助他的教学和研究。这三个助手都是他当年的弟子。其中汪篯是他最喜欢的一个。陈美延回忆道："我父亲喜欢的人是有一个标准的，一定要数学好，思维逻辑要清楚。汪篯先生的数学特别的好，所以他们就可以无话不谈。"陈寅恪对助手说："人家研究理科，是分秒不差的，我的文史研究，是年、月、日不差的。"见默秋：《踽踽独行的国学大师》，载《情感读本·文明篇》，2010年第7期。
⑥ 万绳楠《前言》，《陈寅恪魏晋南北朝史讲演录》，合肥，黄山书社，1994。
⑦ 《清华大学各院系教职员统计表》，见清华大学校史研究室编：《清华大学史料选编》第五卷（下），703~704页。

教师380人，其中历史学系专任教授7人（兼任2人），专任教员、专任助教各3人。①

这一时期，清华教师团队发生了一系列显著变化，外籍教师大幅减少；青年教师（多为本科学历，极少有海归派）明显增加，而原先长期在第一线的资深教授开始逐步淡出第一线；教师中，非海归派学人的比重也在显著上升；海归派学人被边缘化；再者，教师的职称晋升相对较慢，讲师、教员、助教的年龄较以前各时期均更大；三十岁左右的少壮派教授，在文法学科方面已极为罕见。总之，作为一支学术团队，其活力和创造力正在严重地衰退。此间，教师们、特别是青年教师和学生，对政治活动和社会事务较热心，参与较多，全校的政治热情较高。教师队伍中女性显著增加，原先夫妻不同校的惯例，也开始改变，如梁思成与林徽因同在校内任教，钱钟书与杨绛都在外文系任教，而吴晗与袁震也在史学系任教；② 至于留美博士王明贞，则在此间成为清华的第一位女教授。

1949年10月，历史学系的专任教员为③：

教授：雷海宗　噶邦福　孔繁霱　邵循正　吴晗　孙毓棠　周一良

教员：郭秀莹　王永兴

助教：王丰年　张寄谦　陈庆华

此外，在1950年下半年，又新聘了一批教师，其中历史学系有教授何基、副教授丁则良。④ 至院系大调整前夕的1950年2月，清华文学院已由金岳霖任院长；历史学系则为⑤：

教授：周一良（兼主任）　雷海宗　邵循正　孔繁霱　孙毓棠

副教授：丁则良

讲师：王永兴

讲师：陈庆华　助教：张寄谦

兼任教授：侯仁之

助理：冯世五

---

① 《国立清华大学1950年4月份教师人数统计表》，《国立清华大学教职员名录》，1950年4月25日制。
② 《第二十四次校务委员会会议记录》（1949年9月23日），清华大学档案，目录号 校办1，案卷号 490004。
③ 《国立清华大学教职员评定支薪数额清册》，清华大学档案，人事全宗号2，目录号 校办5，案卷号 4907。
④ 《清华大学1950年新聘教师名单》，清华大学档案，人事全宗号2，目录号 校办5，案卷号 5007。
⑤ 《清华大学教职工名册》，清华大学校史研究室编：《清华大学史料选编》，第五卷，718~719页。

第二节　质与量及结构的失衡

从 1932 年开始，清华在学术布局上，理工科比重不断加大。但那批主张通才教育的办学者始终坚持科学与人文并重。梅贻琦较多地融合了哈佛大学与麻省理工的经验来推进清华的体制转型。和梅贻琦几乎同期任大学领导者的康普顿（1930—1948 年为麻省理工校长）也意识到单纯的工科只能培养一般的技师和工匠，专业化分工过细的教育体制，不利于学生创造力的培养，也难以培养有较高综合素质的拔尖的领袖人才。因此，他将该校改造成了理、工、文兼容的新兴大学，这才牢牢地奠定该校作为顶尖大学的地位①。梅贻琦也深谙此道，他始终坚持通才教育，以人文精神来防范科学主义的弊端。但在复员后，因形势所致，理工学科日趋强势，而文法科则困难重重。

特别是从 1948 年开始，清华的办学规模大幅扩张，和其他许多学校一样，基本翻了一番。1946—1947 学年度，上下两学期的教员数分别达到 363 人、492 人，这与之前整个联大的办学规模相当②。其中，历史学系的教师团队之前的师生比一般约为 1∶5，此时已逐步降到 1∶8 左右，甚而接近 1∶10③。在 1949 年的教授团队中，由于不少资深教授的淡出一线，教授、特别是资深教授的比例明显降低；之前正教授与青年教师基本各半，此时"年长的有经验的师资和年轻的师资比例大概是 1∶2"④。除了师生比例、教师内部结构，在院系结构上也是如此。学校在 1949 年对未来的发展规划中说，目前在校生是 3000 人，教师是 390 人。其中，文法两学院仅 630 人，相当于理学院规模（660 人）；而工学院独占 55% 强，超过 1937 年全校学生的总和。清华的理工化转型已基本定型；而且这一态势继续强化。按学校计划，将于 1950—1953 年分别招生 1070 人、1700 人、1550 人、1900 人，在校生分别达到 3000 人、4000 人、5000 人、6000 人，其中文学院新生在新生总数中的比例逐年递减：11%、9%、9%、8%。计划称："理工学院几乎占全部的 80%，这是本校在初期发展的特色"⑤。相对以前文法理工高度交融的办学格局来说，这一新的布局多少有些新的变化。工学院已由主导地

---

① 邢军纪：《最后的大师》，406~407 页，北京，北京十月文艺出版社，2010。
② 《国立清华大学教师人数表》（1947 年 2 月 21 日），《清华大学史料选编》，第四卷，412~413 页。
③ 《国立清华大学教职员名录》（1947 年 1 月 28 日），清华大学校史研究室编：《清华大学史料选编》，第四卷，419 页。
④ 《清华大学 1950—1953 年的发展规划》，见清华大学校史研究室编：《清华大学史料选编》，第五卷（上），135 页。
⑤ 《清华大学 1950—1952 年的发展规划》（1949 年），清华大学档案，目录号 校办 1，案卷号 59012。

位发展为宰制地位，而且日渐明显，而文科、特别是文学院已日渐边缘化。蒋廷黻在抗战前所忧虑的"理工科抬头"态势至此已成定局。校中许多受过良好的通才教育的优秀学者，不可能意识不到其中某些值得注意的倾向。在一次专门的教育改革讨论会上，钱伟长表示：在教育中，"通"和"专"并不完全对立；现在大学教育仍需要保持一定的通才教育，"今天的工程师是需要有多方面的知识的。假使国家生产依靠一批对国家情况不了解的人去执行生产任务，这是非常危险的"。金岳霖表示："大学不是专门训练狭隘的实用人才的。""我主张大学中的理、工、法、医、农学院不要分开，这正是大学之所以为大学。"张维也表示"工学院学生也应学社会科学"，"近代工业与社会上种种关系也需要工程师在文法学科方面有广泛的知识"，"不应当使工学院孤立起来。""工学院的学生在今天已然有一种本位主义的偏向"，所见的天地极其有限。① 在此问题上，工学院老牌教授刘仙洲的立场也很明确：大学应该适应社会需要，"培养产业部门急需的生产干部"，在通才与专才的培养上，仍应并重；工学院可以实行"双轨制"，一方面需要大多数是训练专门的技术人才，另一方面也需要少数人"研究高深学问"②。工学院的少壮派教授陈新民表示：大学本身的"领域是宽广的……它是整体的，不可分割的。"无需强调专才与通才的优劣。陈还顺带提到了已日渐淡化的学习多门外国语的风气，指出：要进行高端研究，只懂我们自己的文字是不够的，"我们应该懂得全世界各国的文字，越多越好，发现其中的优点和劣点。"③ 吴晗则认为：以前的若干做法可以继承；但现实中不合理的做法，则要改革。

此外，课程设置在形式上已日趋完备；特别是研究生课程已极为完备，远远超过此前任一时期。1936—1937 年，该系已开出本科生课程 35 门，研究生 15 门（其中 12 门与本科高年级相同）；④1947 年，已开出本科生课程 47 门，研究

---

① 《高等教育问题座谈会摘要》，《光明日报》1950 年 6 月 1 日。按，此时清华所面临的是文法科极度萎缩的问题，而在 1952 年面临的则是文法被撤销、甚至理科也被取消的命运。对"理工分校"等问题，清华中人多不赞同，钱伟长即其代表。但在五年后，钱的相关意见被认为是"反对学习苏联"。后来由于钱伟长牵头，数千名清华师生对院系大调整提出异议，这一事件在当时影响甚大。同时，"六月六日六教授"事件也被定性为敌我矛盾。在高层的强大压力下，清华校内形成了持久的大规模批判钱伟长的运动。钱由此受到极大的冲击，其命运也逐步改变。详情可参《结缘清华育英才——张礼口述》，郑小惠等编著：《清华记忆——清华大学老校友口述历史》，244 页，北京，清华大学出版社，2011。
② 《清华机械学系刘仙洲谈培养产业急需人才》，《光明日报》1950 年 6 月 6 日。
③ 陈新民：《也谈谈"大学教育"》，《光明日报》1950 年 6 月 7 日。
④ 《清华大学一览》，1937 年，转引自《文学院历史学系学程一览》，《清华大学史料选编》，第二册（上），338～342 页；《文科研究所 历史学部学程一览》，《清华大学史料选编》，第二卷（下），594～595 页。

生课程 43 门①。而本科高年级课程与研究所课程的衔接上也明显加强,这与办学多年的经验积累有关。这时的研究生课程已不再是在一定程度上顺延本科高年级的课程,而形成了自己比较独立的系统。内中涵盖了"中国史"、"西洋断代史及国别史"、"亚洲史"、"专门史"、"方法论及史学史"。这完全改变了抗战前研究生教学中局限于中国史的局面;也打破了此前本科教学中世界史过于偏重西洋史而亚洲史相对薄弱的局限。这在结构和数量上都有显著的推进。显然,这一改善与联大时期研究生教育的持续发展有关,当然也部分地反映了办学者的学术雄心。但由于连续多年的损耗,师资力量未能得到相应的加强,事实上其质量很难并进;形式与内涵之间并不协调,办学效果也和预期不无差距。这多少反映出在当时的条件下发展研究生教育的艰难。

早在 1930 年,清华研究院的已规模初具,翌年,校务会议即向教育部门申请博士学位授予权。因为只有和世界多数一流名校那样,培养自己的高水平博士团队,才可能持续地、独立自主地培养中国的高端人才,才可能真正地实现学术独立和民族独立。——尽管此提议未获核准,但学校提高研究生办学水平的努力始终未停止。然因条件所限,这一工作至此仍未获实质性突破。直到 1950 年,周培源还在强调这一点:要"调整现有的大学研究院,并重点的加以充实"。② 在历史学系为高年级所开设的课程中,已有一系列非常专门的内容,如中国史学名著选读、西洋史学名著选读、日本史,是之前即有的课程;新增的"民国史"、"中国现代史"、"蒙古史"尚可应付;此外的"法国史""德国史""朝鲜史"、"南洋史"等,则似已有师资不济。在国家已实现主权独立的条件下,与亚洲国家、特别是邻国的交往,乃是势在必行的;对亚洲史的教研工作的全面开展,显得极为必要和迫切。相关课程的开设,也是势所必然的。但在当时要真正开出系统的、上水平的课程体系,还是有种种困难。

在研究生课程中,中外历史的课程比例已发生明显倾斜:中国史课程为 10 门,而外国史则多达 24 门。③ 抗战前和战时,该校的研究所培养是完全限定于中国史(中古史、晚清史)。在世界史的研究生培养方面,本就师资相对薄弱,又无办学经验。此时要实现大的进展,这不可避免地遇到困难。此外,过多课程的开设,势必占用教师们有限的工作时间。这与抗战前压缩课时鼓励研究的导向是有所出入的。事实上,这一时期教师们的出国研究现象已明显减少;学术

---

① 见国立清华大学编:《清华大学一览》,1947 年 6 月。《文学院历史学系必修学程一览》,见《清华大学史料选编》,第四卷,304~310 页。
② 《高等教育问题座谈会记录(摘要)》(1950 年 6 月 1 日),《光明日报》1950 年 6 月 1 日。
③ 《文学院历史学系必修学程一览》,见《清华大学史料选编》,第四卷,304~309 页。

成果的数量也略逊从前；原创性的学术工作已后劲不足，日渐稀少。因此，复员后学校的扩张，主要体现在系科设置、特别是在招生规模上，但师资方面（特别是人文学科）的充实，尚未跟进。至此，制度的调适和师资的充实已越显必要。但在当时条件下，并不容易实现。总的来说，一般学生在中学阶段的基础训练和大学阶段的专业训练，与战前相比，都已有所弱化。

由于此时生源质量明显下降，师资紧缺，研究生教育方面不仅规模未有扩大，而且质量也未获实质性提升；其在校内的比重进一步回落。——其他各科均如此，因此当时的重点主要是追求较快地速度培养大批量的实用型人才，而非少数高端的研究型人才。加之各种运动较多①，不仅科研方面难以兼顾，甚至连正常的教学进度也往往难以维持。这与陆懋德时代的史学系有某种相似处；与抗战前几年的态势形成反差，在1932—1937年间，史学系的发展主要体现为规模相对稳定的前提下的内涵拓展；而此时主要是规模上、形式上的扩张。

为适应当时亟待开展的工业化的发展需要，需要大批的应用型人才。这时的办学重心，已不是、也不可能是倾向于选拔极少数有学术天分（研究能力）的高端研究型人才，而是训练有实际业务能力的实干型人才。从某种意义上也可以说，这时的历史学系所实行的教育模式，或已不再是天才教育，但仍属精英教育。

第三节 优化学术布局的努力与挫折

复员后，清华再次修订本校规程，于1947年5月颁布了《清华大学规程》。其中，文学院除原有的国文、外文、中哲学、历史学系外，增设了人类学系。并于1948年报教育部拟增设艺术系②。此时，《清华学报》编委会中，七人中有三人为历史学系教授，邵循正（主任）、陈寅恪、雷海宗，此外为冯友兰（哲学系）、浦江清（国文系）、潘光旦（社会学系）、吴达元（外文系）。雷海宗继续兼任系主任，并曾一度代文学院院长（这也是当年蒋廷黻的角色）③。雷海宗此时仍曾一度活跃。有生调侃道："雷先生终日都是忙的，如果你胆子很大，不怕

---

① 这一时期，先后有过组织南下工作团、华北大学学习、土改、响应抗美援朝、思想改造运动、军事干校等运动。
② 《关于增设艺术系呈教育部文》，见清华大学校史研究室编：《清华大学史料选编》，第四卷，184~185页。
③ 《国立清华大学各主管人员题名》，见清华大学校史研究室编：《清华大学史料选编》，第四卷，172~173页。

黑的话，今晚两点半，不妨到新林院附近看看，雷先生书房里的灯，一定还没有关呢！"其"研究偏于思想、文化方面，吸引中国及殷周秦汉部分。他喜欢哲学，对人类几个文化的历史，有他自己的哲学看法。"——这表明雷海宗中外贯通、史哲兼通的治学门径与境界在学生中颇有影响。而这，也正是当年蒋廷黻一心倡言的"三多"的治学追求。

历史学科包罗甚广，自然也需要有多个系科组织的支撑。清华也在尝试做新的努力。在 1947 年 4 月，评议会通过了成立三个研究室的计划，其中第一个是中国近百年史研究室，"过去百年，在中国历史上，为亘古未有之变局。大变之中，史料亦与日俱增，故至今尚无近百年史之标准作品问世"。内中有一系列涵盖多个学科的计划，其中有刘崇鋐的"政治变化（历次变化与革命运动）"、邵循正的"外交与外交制度"、叶企孙"近代科学在中国教育制度与中国人民生活中之地位"、雷海宗的"基本观念与各种主义"。① 1947 年 4 月，普林斯顿大学二百周年校庆，举办了一次东方学术会议。其中清华教授冯友兰、梁思成、陈梦家等均参加，邓以蛰因故未克与会。清华学人深为美国知名学府的博物馆所震惊。夏，梁思成回国后，与邓以蛰共同提倡，于 11 月间成立了中国美术史研究委员会，由有关的国文、哲学、人类学、历史系、外文系等教授十人构成。陈梦家认为"以我们现有的收藏而论，比上不足，比下有余，而较之欧美中等博物馆所藏中国古物已经没有什么逊色了"。② 访美归来的陈梦家，在艺术史方面也萌生了新的兴趣。1947 年 12 月归国不久的陈梦家与邓以蛰、梁思成联名向梅贻琦建议，"近二十年来，中国艺术之地位日渐增高，欧美各大博物馆多有远东部之设立，以搜集展览中国古物为主；各大学则有专任教授，讲述中国艺术。乃返观国内大学，尚无一专系担任此项重要工作。……我校对此实有创立风气之责。……提请学校设立艺术史系及研究室。……在校内使一般之同学同受中国艺术之熏陶"。③ 1948 年 4 月 13 日，美术史研究委员会主席冯友兰致函校长，建议成立博物馆。④ 至此，清华成建制的艺术史研究正式形成了。这也是清华史学的一个重要分支。⑤

---

① 《关于三个研究室的计划》，清华大学档案，转引自《清华大学史料选编》，第四卷，268~270 页。
② 陈梦家：《清华大学文物陈列室成立经过》，《清华大学史料选编》，第四卷，279~280 页。
③ 陈梦家、邓以蛰、梁思成：《设立艺术史研究室计划书》，清华大学档案，转引自《清华大学史料选编》，第四卷，272~274 页。
④ 《冯友兰关于成立博物馆给校长的信》，《清华大学史料选编》，第四卷，276 页。
⑤ 按，2001 年中央工艺美术学院并入清华，原中央工艺美术学院具有重要影响的艺术史学科也成为清华史学的一个重要组成部分。清华的艺术史学科正式恢复。

艺术对美育的熏陶有特殊功效。艺术学科对一所完备的综合性大学是不可或缺的，但对清华这样国家旗舰大学更当如此。1948 年 9 月，梅贻琦致函教育部清华拟设立艺术系，"非为注重技术之训练，实欲增进青年对于吾国古有文化之了解与青年性格之陶冶"，系中课业拟分三组：艺术史组，考古组，音乐组。应当说在这三方面，清华都不无根基，即便是在音乐组，清华在创校早期便有军乐队，一直延续未中辍。傅增湘、浦西园、黄节、宋春舫、张彭春等名师的多年经营，使清华在艺术方面多有积淀。当时的师资，亦不无基础，如精于中国建筑的梁思成、精通书画的邓以蛰、熟稔钟鼎彝器的陈梦家，此外林徽因、王逊等也各有专长。因此，"加设艺术系……其效则可训练此项专门人才，且使本校他院系学生，在美育方面可得相当之陶冶，当属事半功倍。"① 但教育部在 10 月份批准了清华增设建筑工程学系，11 月却表示对增设艺术系一事"未便照准"。② 在风雨飘摇中的南京政府，早已自顾不暇，当然不可能再照准此案。一个月之后，校长梅贻琦、史学系教授陈寅恪等也离开清华园。

此时，经过三余年的惨淡经营，清华人已在国内外的各行各业取得显著成绩，在台湾，在解放区，甚至国外。从 1948 年开始，在清华延续二十多年而后中断，抗战胜利后刚刚恢复的学术休假制度，事实上也已中断。国际学术交流，一度停顿，有限的交流，也主要是与苏联、东欧国家的交流，而与当时代表当时最先进学术水平的西欧、北美的国家，基本上没有交流。也正是因此，与西欧北美的交流基本中断，与英语国家的交流基本中止，故英文教学的地位大为回落，学生的英文水平已大不如前。特别是随后将第一外语由英文改为俄文，更是对以后的文化发展产生了深远的影响。二十余年后，当我们的学术文化交流重点转向西欧和北美之后，兼通专业与英文的学者，往往一时不易得。

第四节　1948 年：两个时代的分水岭

1948 年是北平人文生态发展史上一个比较重要的年份。上半年，酝酿有时的院士遴选有序开展并终于揭晓。这客观上是对民国学术发展、包括清华的一个较有公信力的小结。下半年，北平的社会格局也发生根本变革，清华迎来了新时代。

---

① 《关于增设艺术系呈教育部文》，清华大学档案，见《清华大学史料选编》，第四卷，186~187 页。
② 《教育部关于建设艺术系事的代电》，清华大学档案，1948 年 11 月 15 日。自此，清华已开始正式努力创建艺术系科，后来清华大学美术学院设立了美术史研究室。

1947年初，中央研究院开始正式酝酿首届院士遴选。1947年4月，胡适致中央研究院总干事萨本栋（原清华物理系教授），提出了他的候选人，数理、生物、人文三组各5人，其中人文组依次为陈垣、傅斯年、陶孟和、王世杰、李济。① 5月，他又致函萨本栋、傅斯年，提出了14位人文组候选人，其中，中国文学方面中有杨树达、傅增湘，均为原清华教授；史学方面是张元济、陈垣、陈寅恪、傅斯年；语言学方面，赵元任居首；考古学及艺术史方面是董作宾、郭沫若、李济、梁思成。②

6月，傅斯年致函胡适："天下大乱，还要选举院士，只有竭力办得他公正、像样，不太集中。""人文与社会科学平等数目，殊不公，因前者在中国比后者发达也。……我看人文方面非二十人不可"，史学方面，是："（1）陈；（2）陈；（3）傅；（4）顾颉刚；（5）蒋廷黻，近代史当无第二人；（6）余嘉锡或柳诒徵。"在考古及美术史方面，则提出了："（1）李济；（2）董作宾；（3）郭沫若；（4）梁思成。"其中，最著名的"史学二陈"均在前列；陈寅恪、李济为原清华国学院教师；顾颉刚系清华讲师，蒋廷黻系原清华教授，梁思成为时任清华教授。③ 傅斯年还表示"北大要提出一个名单"，可先由各学院自推，最后胡适审定。④ 同样的，傅斯年、胡适等均推荐了陈寅恪、顾颉刚，但没有推荐与陈一样精于中国通史的钱穆。1947年7月，清华大学评议会议决，本校请教授会分组互推，计推候选人数理组23人，生物组5人，人文组15人，共43人。⑤ 1948年3月，傅斯年看到院士候选人名单后，致函朱家骅、翁文灏、胡适、萨本栋、李济，"仍不无意见，然大体上细心公正"；其中"每组名额之

---

① 《致萨本栋》，见耿云志、欧阳哲生编《胡适书信集》（中册），1098～1099页，北京，北京大学出版社，1996。
② 《致萨本栋、傅斯年》，见耿云志、欧阳哲生编《胡适书信集》（中册），1100～1102页。
③ 值得注意的是，蒋廷黻专门从事近代史教研的时间不足10年，此时也早已淡出学界，但当年的旧作仍让跻身于颇具能见度的一线学者之列。因此，尽管蒋在1935年便不得不不无"遗憾"地结束了大学教授生涯，但清华几年的积累，终使其希望不致完全落空：他在清华时，就已"想写一本近百年中国史。我希望它能在中国学术界奠定我的永久地位。"（蒋廷黻：《蒋廷黻回忆录》，151页）。——或许，在一定程度上说，也正是有这部作品，晚年蒋廷黻面对李济的调侃（"廷黻，照你看是创造历史给你精神上的快乐多，还是写历史给你精神上的快乐多？"）时，可以释然地答道："现在到底是知道司马迁的人多，还是知道张骞的人多？"
④ 傅斯年《致胡适》（1948年6月20日），耿云志编《胡适遗稿及秘藏书信》，第37册，黄山书社，1994，524～528页。亦见傅斯年《致胡适》，欧阳哲生编：《傅斯年全集》，第七卷，长沙，湖南教育出版社，2005，349～350页。这也表明，傅斯年与蒋廷黻不仅学术理念颇相契合，且私人关系亦不差。而在1930年代前半期，二人一个在北大史学系、一个在清华历史学系主事，相互之间既有竞争也有合作。
⑤ 清华大学校史研究室编：《清华大学九十年》，148～149页。

细分，似应以此一学在中国发展之阶段而论"，故地质人数应较多，"文史等科人数亦应较多，以此学在中国有长久之传统也。"① 在此次遴选中，由于原中央研究院总干事傅斯年远在美国就医，因此，诸多事务委托其助手、清华毕业生夏鼐来办理（有意思的是，7 年后，夏本人也当选为中国科学院学部委员）②。几经酝酿，到 1948 年 3 月，遴选结果揭晓，清华大学的华罗庚、叶企孙、陈桢、戴芳澜、汤佩松、金岳霖、冯友兰、陈寅恪、梁思成、陈达等 10 人当选为院士。

1948 年底，国民党政权兵败如山倒。南京方面发起了"抢救学人计划"，由宋子文、蒋经国、傅斯年等主其事，傅斯年等拟定了重点"抢救"的名单③，不少头面人物均在其列。

然而，多数人都没有理会这一"抢救"，在当选院士 81 人中，只有 9 人赴台（11.9%），12 人去美国、香港（15%）；留在内地迎解放的 60 人。全院 14 个单位，成建制迁台的只有管理机构中央研究院总办事处和历史语言研究所，其余全部留在内地。李济 1948 年去台湾，后任"中研院"历史语言研究所所长。④

11 月 24 日，国民党教育部派督学黄鲁樾来平，与各国立大学校长交换迁校意见。北大、清华教授会表示决不迁校。叶企孙表示：清华乃学术机构，本就独立于政局变迁之外；国民党走与不走，与清华无涉⑤，12 月 14 日，梅贻琦于下午主持第九十四次校务会议后离校进城。21 日，乘南京政府派来的飞机赴宁。1948 年 12 月 13 日，陈寅恪进城；到南京后，接到岭南大学陈序经校长及王力教授（原国学院毕业生）的热诚邀请，乃赴广州任教⑥，迄于 1969 年辞世。陈寅恪早已被公认为有数的学术大师之一，在广州曾极受崇敬；日后，他被任命

---

① 原件藏南京中国第二历史档案馆，转引自欧阳哲生编：《傅斯年全集》，第七卷，347～348 页。
② 罗丰：《夏鼐与中央研究院第一届院士选举》，《考古与文物》2004 年 4 期。亦参《傅斯年与中研院第一届院士选举》，"豆瓣读书"，http：//book.douban.com/review/2089397/。
③ 傅斯年：《致程树德等（电）》，北京大学档案馆，全宗号（七），目录号 第一号，案卷号 1231。
④ 《某网友：我所了解的台湾中央研究院院士选举》，爱思想，http：//www.aisixiang.com/data/20707.html。"其他校友中的中央研究院院士"，http：//www.smth.edu.cn/bbsgcon.php? board = TsinghuaCent&num = 1014。
⑤ 邢军纪：《最后的大师》，398～399 页，北京，北京十月文艺出版社，2010。
⑥ 王永兴，《种花留与后来人——陈寅恪先生在清华二三事》，王元化主编：《学术集林》第 9 期，251～261 页，上海，上海远东出版社，1996。关于陈寅恪其他方面的情状，亦参《恸哭古人，留赠来者——三面陈寅恪》，《新京报》2010 年 5 月 27 日。又，曾在联大任教的钱穆、姚从吾、毛子水等亦未留在内地。

为中央文史馆副馆长,未到任①。是时,也有人为雷海宗准备了机票,但雷海宗毅然决定留在清华园,迎接解放;新中国成立后,还积极参加了土改、思想改造运动、三反五反等②。在这个问题上,绝大部分清华学人的立场是比较明确的。如原清华外文系毕业生季羡林的感受便是:"我同当时留下没有出国或到台湾去的中年知识分子一样,对共产党并不了解……但是对国民党我们是了解的。"③ 因此,解放军进城时,群众极为兴奋。哲学系教授张岱年则认为:"新中国的成立,彻底解决了100多年的民族危机,毛主席宣布'中国人民站起来了!'我感到很大的鼓舞"。④

12月15日,解放军进驻海淀,清华园解放。12月18日,解放军第13兵团政治部主任刘道生在清华大学西门张贴布告,称:"清华大学为中国北方高级学府之一,凡我军机关一切人员,均应本我党我军既定爱护与重视文化教育之方针,严加保护,不准滋扰,尚望学校当局及全体同学,照常进行教育,安心求学,维持学校秩序。"⑤

1949年1月10日,北平市军事管制委员会文化接管委员会主任钱俊瑞来校宣布接管清华大学。他在全校教职员工学生大会上宣布了接管方针:第一,今后清华大学应实行新民主主义文化教育;第二,现在的机构与制度,除立即取消国民党反动训导制度,停止国民党三青团的反革命活动外,其他一律暂时照旧;第三,学校经费由军管会供给,教职员一般均原职原薪。次日,校务会议议决:撤销训导处。据1949年1月工资清册,当时在校领工资的有教职工1029人,其中教师323人(教授108人,副教授12人,讲师23人,教员50人,助教124人,其他6人)。稍后,不少学生参加南下工作团。3月3日,清华开始上课,除承接上学期的大部分课程外,还有新添的课程,如历史哲学、毛泽东思想等,⑥ 清华的史学教研方面增添了新的内容。

3月18日,北平市军管会代表吴晗到校办公。5月4日,北平市军管会文管会通知:军管会决定清华大学成立校务委员会,任命叶企孙(兼)、陈岱孙、张奚若、吴晗、钱伟长、周培源、费孝通、讲师、助教代表一人、学生代表一人等9

---

① 可参蔡仲德:《陈寅恪论》,载《南阳师范学院学报》,2003年第1期。
② 王敦书:《〈西洋文化史纲要〉导读》,雷海宗著、王敦书整理导读:《西洋文化史》,3页。
③ 季羡林:《我的心是一面镜子》,见季羡林、钟敬文等著:《我与二十世纪中国》,238页,郑州,河南人民出版社,1994。
④ 张岱年:《志在阐扬真理》,见季羡林、钟敬文等著:《我与二十世纪中国》,193页。
⑤ 方惠坚、张思敬主编:《清华大学志》(下),699页。
⑥ 冯友兰:《解放期中之清华》,《清华校友通讯》解放后第一期,1949年4月24日。

人为常委,委员21人。9月23日,华北高教会批准冯友兰辞去文学院院长及校务委员职务,26日任命吴晗为文学院院长。①

第五节　老清华与新时代——清华史学之嬗变

从1948年底开始,系里的骨干力量有所变化。由于种种原因,老一辈的史学名家大都以各种方式淡出清华或离开该系教研第一线。陈寅恪、刘崇鋐均已南下,孔繁霱年迈体弱,雷海宗由于种种原因也减少了活动,王信忠未归。这时少壮派学人则走上前台成为顶梁柱,如邵循正、吴晗、孙毓棠、周一良等。1950年放弃留美机会而离英归国的丁则良,也成为这一时期的系内中坚之一。

其中吴晗在西南联大时期,就与闻一多、曾昭抡、罗隆基、费孝通、张奚若等教授一样,走出书斋,参与民主运动并加入了民盟。这一时期,吴晗更形活跃。1949年8月23日,校务会议议决:通过吴晗以常委资格,经常代表本校与华北高教会联络。9月2日,校务会议议决:准雷海宗辞历史学系主任,由吴晗接任;准冯友兰辞哲学系主任,由金岳霖继任。9月23日,华北高教会批准了冯友兰辞文学院院长和校务委员职务;26日,华北高教会任命吴晗为新任院长(后由金岳霖代理)。在此前的9月21日,吴晗与钱伟长同时当选为全国政协第一届委员。10月17日,吴晗讲政治理论学习的第一次大课——辩证唯物论与历史唯物论引论,3000余人听讲,其中教职工与家属七百余人。1950年1月6日,教育部批准吴晗由于当选北京市人民政府副市长,辞去文学院院长职务。3月17日,教育部令,改组清华大学校务委员会,指定21人为校务委员,另指定叶企孙为主任委员,周培源、吴晗为副主任委员。7月24日,校务会议议决,准历史学系主任吴晗辞职,由邵循正接任。至此,吴晗的工作关系事实上已转移到市政府方面。是年,已连续多年极少增聘教授的历史学系,也增聘了兼职教授朱庆永和陈家康,另与营建系合聘侯仁之。1951年8月13日,校务会议议决,准历史学系主任邵循正辞职,聘周一良任该系主任,在周一良请假期间,由丁则良(召集人)、孙毓棠、陈庆华组成工作组代理系务。9月24日,校务会议决成立16个教研组,其中中国通史教研组主任为丁则良,雷海宗当年的得意弟子。是年,该系还新聘了由美归国的何基任教授,教世界现代史②。

1946—1951年间,全校新聘专任教授92人,其中历史学系仅有周一良(与

---

①　方惠坚、张思敬主编:《清华大学志》(下),702页。
②　清华大学校史研究室编:《清华大学九十年》,177页。

外语系合聘)、何基二人,其余绝大部分属均为理工科院系①。1951 年 8 月,教育部下达清华暑期各科招生名额为 940 人(这相当于抗战前夕的 3 倍,但教师增加到原来的 2 倍弱),其中工科 560 人,理科 200 人,财经科(经济系)30 名,政法科(社会系、政治系)70 名,文科 80 名。11 月 3—9 日,教育部在北京召开的全国工学院院长会议上拟定的工学院调整方案规定:清华大学改为多科性高等工程学校②。1952 年,开始普遍的"洗澡"运动。是年,本科毕业生 1029 人(另有专科生 48 人);其中文法科 62 人;研究生毕业 14 人,其中历史学 3 人③。这就是老清华最后一届文科毕业生,其中史学类有 5 人。

虽然环境有所变化,但该系学术传统仍能延续。在办学思路上,该系仍坚持研究型大学"两条腿走路"的基本理念,在教学任务极端繁重的同时,教师们依然不放松研究工作,"大家都是一面讲课,一面撰写论文";因此,为数不多的教师,"把系里的工作搞得生龙活虎,有声有色"。该系当之无愧地成其为"两个中心"(教学的中心兼科研的中心)④。

在课程设置上,大一新生必修中国通史和大一国文,文史兼修。中国通史作为一项重要的科目,此时仍在继续⑤。雷海宗停止教中国通史,改教"世界史"。这又回到了他留学时期的主攻方向。此外,雷海宗、王永兴及丁则良等也担任全校的通选课。⑥ 1949 年开始,课程也发生一系列变化。中国近代史在各校普遍开设,之后增设了中国革命史的教学和研究。这一般也成为历史学系承担的工作之一。

此一时期,社会活动、群众运动等事务性工作极多,历史学系的教师也积极参加。1950 年 3 月参加京郊土改的教授有 13 人,其中清华教授有 7 人,该系雷海宗、周一良均在其列。在工作过程中,参加者们"责任感较重,态度严肃,遇事谨慎,服从领导,怕犯过失",其中雷海宗工作较主动,也善于发言。雷海宗教授还"早起晚睡,自己扫地生火炉"。通过土改,这些学人增加对农村和农民的了解,"都得到了很大收获",雷海宗即说:"20 天的体验,可抵 20 个月。"并表示体验到了农民的智慧,表示老年人也不应自暴自弃,应该努力学习。⑦ 这

---

① 方惠坚、张思敬主编:《清华大学志》(下),706 页。
② 方惠坚、张思敬主编:《清华大学志》(下),707 页。
③ 《清华大学 1952 年暑期毕业学生名单》,清华大学档案,全宗号 2,毕业生名册,案卷号 001。
④ 胡如雷:《回顾在清华大学历史学系学习生活片段》,见《王永兴先生纪念文集》编委会编:《通向义宁之学》,48 页。
⑤ 《人少而活跃的——历史学系》,《清华年刊》1948 年。
⑥ 李锦绣编:《王永兴先生年谱》,《通向义宁之学》,467 页。
⑦ 《清华等三校教授参加土改的反映》,清华大学档案,全宗号 2,目录号 党 1,案卷号 5125。

些长期生活在学院中、不少还曾留学多年的知识分子，以前受过多种思想的影响，而今需要进一步了适应新的环境。这也需要有一个过程。在新时代，历史学系的许多教师都积极改造思想，参加各项运动，以适应形势发展需要，与时俱进。与此同时，他们也继续教学和科研，力求为新中国文教事业贡献自己的力量，为现代化建设培养人才①。其中，系内资深教授、原系主任雷海宗是较突出的一位。在1951年5月的参加土改的报名人员中，历史学系有周一良、陈庆华与张寄谦。②

周一良出身于燕京大学，但也与清华颇有渊源。早在燕京求学时，史学系研究生俞大纲就经常称道其表兄陈寅恪研究魏晋隋唐史精深独特。1935年秋，周一良特到清华三院听陈寅恪讲授魏晋南北朝史，结果"听完第一次，就倾服得五体投地"。大家听完课不约而同地赞叹道："真过瘾，就像听了一出杨小楼的拿手好戏！"嗣后读了陈寅恪的文章，周一良便发生异常感慨："别位先生的学问，如果我努力以赴，似乎还不是达不到；而陈先生见解之敏锐，功力之深厚，知识之广博，通晓语言之众多，我是无法跂及的。"③ 1936年暑假后，有人向陈寅恪推荐周一良到史语所历史组工作（陈为组长）获通过。为了有机会向这位自己心仪的前辈学习，周一良放弃了留校读研究生的机会而选择去史语所。赴宁前，周到清华谒见了陈寅恪。自然，陈对这位后生也是颇为欣赏的。

1947年暑假前，北大清华均以教授名义相邀，周一良决定受清华的邀请。原因一是陈先生在清华，可随时请益；同时，自1946年回北平后，周一良即成为陈寅恪耳读外文（主要是日文）杂志的义务助手，到清华更有利于完成这个任务。由于陈体弱目盲，其工作的开展亟需助手的协助。第二，清华供给胜因院小洋楼一座。④ 周一良未进入国文系，亦未进入历史学系，而是进入日语系，但同时在国文系开设"佛典翻译文学"。在此期间，由于课程较轻，社会事务亦少，周一良主要精力仍集中于研究方面，写了一系列魏晋南北朝和佛典翻译方面的论文，与胡适、向达、王重民等同行多有商榷。在1948年9月，周一良与陈梦家同时受聘为燕京大学兼职教授。北平解放前夕，周一良还与北京大学的季羡林、金克木、马坚、王森，清华大学的邵循正，燕京大学的翁独健等组织了"中国东方学术会"，举行过几次报告。周还曾计划出版刊物，与外国学术团

---

① 卞僧慧：《缅怀伯伦师——在雷海宗先生百年诞辰纪念会上的发言》，见南开大学历史学院编：《雷海宗与二十世纪中国史学》，40页。
② 《清华大学参加土改报名人员名单》，清华大学档案，全宗号2，目录号 党1，案卷号5125。
③ 周一良：《天地一书生》，33页，北京，北京大学出版社，2010（以下版本同此）。
④ 周一良：《天地一书生》，56页。

体交换，未果。①

1948 年，陈寅恪、刘崇鋐、王信忠等均离开清华。由于陈寅恪南下，全系力量受到明显削弱。特别是中古史方面，该系已缺乏全国第一流的学者。这时，外文系教授周一良调了历史学系（1949 年秋），在一定程度上改变了这一局面。周一良讲授"魏晋南北朝史"，并与丁则良合开中国通史。1951 年，周一良代替张邵循正任历史学系主任，并于 1952 年院系大调整前夕加入民盟。② 之前由王信忠等人承担的日本史的教研，此时也转而成为周一良的主要任务之一。几乎在邵循正回国的同时，周一良也于 1946 年回国。回国后，他发现"当时的北平几乎没有人教日本史"，因此，他在演讲任教时，还兼授了他校课程，"燕京、清华、北大三校的日本史课，经由我一人承乏包办"。③ 周日后以日本史见称于日本学者，这与其早年的魏晋史研究一样，为周一良赢得了世界声誉。

尽管在师资力量不及联大时期，但课程设置方面，较之前显得更为完备。这也并不奇怪。联大时期一定程度上兼容了北大宽松散漫弹性的风格，因此课程相对教自由，自由度较大；而复员后，则恢复了抗战前清华以"严格"著称的传统，更由于理工科的比重日重，科学的严谨更使全校校风日趋踏实。便是文法科方面的课程，亦复如此。从办学传统说，清华厉行通才教育，对文法科学生的自然科学修养也有一定的要求。这一切都使其课程设置形成自己的风格和体系。这与国内同一层次的其他大学相比，也是比较完备的。1947 年 6 月，历史学系的课程仍与往年相当，其中毕业班的学时亦不少，④ 而一般的学校是较少的。该系在选修课中增设了"中国现代史"和"西洋现代史"，并有蒙古史、中亚史、朝鲜史、日本史、印度史、印度史、南洋史等，这针就对亚洲主要的国家和地区都开设了专门的专题课程。

1951 年 1 月上中旬，历史学系进行年底工作总结，各教员提出各人下年的教学和研究计划。

在此总结中，吴晗、邵循正分别做了主要报告。吴晗表示："过去历史的教授，无论外国史或本国史，均不能够符合今日中国人民的需要。""过去在学校所讲授的外国史或世界史，是根据美国任或欧洲人的著作来讲的……和中国人民的关系，中国人民的立场全不相干，甚至相反。""讲近代史的也应用了这种

---

① 周一良：《天地一书生》，57 页。
② 周一良：《天地一书生》，59 页。
③ 周一良：见《第一版自序》，见《周一良自选集》，1 页，北京，首都师范大学出版社，2008。
④ 《文学院历史学系必修学程一览》、《选修学程一览》、《研究所学程及学科》，《清华大学一览》1947 年 6 月，转引自清华大学校史研究室编《清华大学史料选编》，第四卷，304~310 页。

方法，受了这种影响。例如讲近代外交史主要是根据莫尔斯的中国国际关系史和麦克奈尔的中国历史文选，以英国人美国人的立场来讲帝国主义国家对中国的侵略！又如讲通史的，多半是大汉族主义者的中国史……这样的历史，是大大不符合今天中国人民的需要的。"——在之前若干年，清华讲授外国史的教授，主要是刘崇鋐与孔繁霱；讲授近代外交史的，主要是吴的恩师蒋廷黻，其所参考的理论框架，很大一部分来自于莫尔斯（通译马士）的论著。而讲中国通史的，主要是雷海宗。吴晗还表示："过去大学里所开课程，往往不合实际需要"，因在要"纠正过去不明确的错误的教学态度，以中国人民立场来编写研究中国人民大众的历史……要运用马列主义的观点和方法。"吴晗明确表示：历史系的重点应"放在研究近代史方面。……研究历史，应自最近下手，把极迫切的近百年史弄清楚，再致力其他。"① 中国近代史研究，一直是清华史学的强项之一，此番要"弄清楚"近百年史，实乃得天独厚。在这种环境下，近代史研究被提到了压倒性的高度。自然，在当时的条件下，主要是围绕政治史革命史等主线来开展的。在这样的学科体系中，"革命史叙事"已彻底压倒了"现代化叙事"的研究范式；如此一来，雷海宗、孔繁霱等资深教授，势必淡出一线。他们的学生一辈走上前台。邵循正的报告未对本系既往传统多予评价，而主要是平实地介绍之前的工作成绩与今后的工作计划。其中，邵提到抗美援朝总结时，表示"本系同人一个多月来的工作，除提供材料写成专文外，主要的收获，可以说是基本上肃清了自己对美帝不正确的思想，和外国资本主义教育的流毒。"——该系此时及此前的骨干教师，几乎都是清一色的留学欧美的学者或其友徒。因此，这一思想上的转变，显然要牵涉几乎所有的骨干教师。邵循正还表示，该系还保持了"教学外能有余力从事研究写作"，即教研兼顾，这是该系的传统。邵循正还对下学期的工作进行了介绍，其中邵循正、雷海宗、孔繁霱、孙毓棠、何基、丁则良、王永兴、袁震、陈庆华、张寄谦等均有各自的工作任务。邵循正还表示，下学期将与中国通史与中国近代史合并一起开展工作。中国通史是清华新生必修课程之一，而中国近代史是文法学院的必修课，讲中国近代史与中国通史合为一组，事实上意味着中国近代史已成为全校的通选课。

---

① 《清华大学历史学系工作总结》（1951年1月15日），清华大学校史研究室编：《清华大学史料选编》第五卷上，316~319页。按，吴晗本人并没能实现写近代史的目标；而当年其指导老师蒋廷黻在清华时，也一直怀着"写一部中国近百年史"的夙愿。在当时浓厚的学术空气下，矢志于"创作"高水平的史学论著者，确实非常普遍。这也就可以部分地解释当时历史学系何以突飞猛进、迅速地步入近代化正轨。当然，世易时移，可惜这一黄金时期"为时很短"（任之恭语）。

这是对其在课程体系中地位的明显提升。直到抗战时期,一般来说,中国近代史研究很少被认为是一门独立的学科。但此时的学科设置,事实上已强化了其独立学科点的地位。这是一门新兴学科,在清华也是主要由年轻的教师来讲授和研究的:邵循正、孙毓棠、王永兴、陈庆华、张寄谦。除邵、孙二位外,余者均为抗战时及战后毕业的学士,均无留学经历。至此,清一色的"海归派"教授团队已不复有。在这一课程设置中,新增了"马列史学名著选读(联共党史)"和中国民主主义革命史的内容。报告还称:"本系同人一致认为一年来吴晗先生经常抽空给本系领导方面,提供许多宝贵的建议和批评,并关切协助本系工作的展开……应该特别提出表示谢意的。"① 在这一时期,中国通史的教学方面,发挥主导作用的主要是周一良和丁则良。邵循正、孙毓棠等则在民族史等方面继续开展了一系列工作。

从1949年开始,由于办学理念的变革、师资的变动,课程设置方面有较大变化。这一时期,清华的招生规模显著增长,历史学系亦然②。1946年联大复员时,约有25人选择入清华史学系。在此后多年中,又招收了一批优秀学子:

年度	新　　生	转　学　生	研　究　生
1946	7	20	1(万绳楠)
1947	3	1(齐世荣)	2
1948	10 内有万邦儒等	5	1(余绳武)
1949	15 钱逊 齐文颖	不详(内有 胡如雷)	不详(总计30人)
1950	17 梁从诫 周承恩 胡大镛	3(夏应元 刘桂生)	2
1951	12 洪肇龙 李广海 傅培根 苏天钧 王敦书	2(赵芝荃 田祖铭)	
合计	64		

资料来源:"国立清华大学一年级学生名录",清华大学校史研究室编《清华大学史料选编》(第四卷),458~474页,1994。"国立清华大学转学生名录",《清华大学史料选编》(第四卷),474~484页。"新入学研究生名录",《清华大学史料选编》(第四卷),484~487页。"国立清华大学1949年度录取新生名单",《清华大学史料选编》(第五卷下),815~828页。"国立清华大学1949年度录取转学生研究生名单",《清华大学史料选编》(第五卷下),829~830;"清华大学1950年底录取新生名单",《清华大学史料选编》第五卷下,830-840;"清华大学1950年度录取备生名单",《清华大学史料选编》第五卷下,841~844页,"清华大学1951年度录取新生名单",同上书,847~859;"清华大学1951年录取转学生名单",同上书,859~860;"1951年录取研究生名单",同上书,860~861页。

---

① 《清华大学历史学系工作总结》,见清华大学校史研究室编:《清华大学史料选编》,第五卷,(上),319~323页。
② 这一时期情况,可参张寄谦等:《怀念历史系的老师们》,载《中华读书报》1997年7月8日。

这一时期的特点是，由于文科方面的一年级新生因统招数量较少，故转学生占其中较大比例；校内转系的情况极少，特别是后1949年后全校已很少有转系现象；文科生比重日益下降，1951年度录取的本专科生有831人，其中文法科本科生（含转学生）仅154人；其中惟一的例外，可能是外文系不断扩张，到1951年已分英文组、法文组和俄文组招生，此间亦培养了不少人才（如宗璞、资中筠、陈乐民、胡壮麟、刘若愚、施咸荣、江枫等）。工程学科（以及经济学）等不断扩张，而基础研究（特别是"文史之学"）日渐压缩。但这就是就其规模而言，其在质量上，仍保持了较高的精度，而且其成才率往往高于实科。这一时期，转学转系制度仍在实行，但规模较从前已有所缩小；特别是转系方面的规章已趋于刚性化，缩小了柔性化的弹性空间。但这一段时间的毕业生中，也出现了不少才俊。

年份	全校	本科生	研究生	本科毕业生举隅
1947		13	0	卞慧新　邓哲夫　孔令仁
1948		14	0	余绳武　程杭生　萧庆年　贾维诚
1949	256	7	0	张寄谦　齐世荣　宋眉　陈今簴
1950	406	0	1（穆广文）	
1951	451	6		1（丁铭楠）
1952		5	3（余绳武 贾维诚 胡文彦）	张注洪　万邦儒　胡如雷　林光昇　张雪玲
合计		45	2	

资料来源："国立清华大学毕业生名录"，《清华大学史料选编》（第四卷），487~493；"国立清华大学1949年毕业生名册"，《清华大学史料选编》（第五卷下），875~885页；"清华大学1950年毕业学生名册"，《清华大学史料选编》（第五卷下），886~901页；"清华大学1951年毕业生名册"，《清华大学史料选编》（第五卷下），905~921页；"清华大学1952年暑假毕业学生名册"，《清华大学史料选编》（第五卷下），922~960页。

在这一阶段，历史学系的招生数量与抗战前相当，明显小于西南联大时期，但毕业生数量也较少，这一方面与该系的淘汰制度有关；另一方面也是因为不少学生尚未毕业即走出校门，投身实际的社会生产实践。由于时代使然，这一时期的学子们大都走过了比较曲折的道路，但其中一部分学子也在逆境中坚持努力，在各行各业中作出了成绩，其中在学术界中成就较突出的有齐世荣、胡如雷、刘桂生、丁铭楠、余绳武、张寄谦、张注洪、王敦书、卞慧新、钱逊、齐文颖、胡仲实等。此外，因老清华始终贯彻通才教育，不少非史学系（包括理工科院系）出身的学子也往往有较好的史学才具，或受到了较好的史学训练、人文熏陶，日后也往往在史学及相关领域取得显著成就，如龚育之、张岂之、李学勤、傅璇琮、戈革、朱伯崑、吴小如等。另一方面，这一时期由于环境变化，各类群众性运动较多，难免使课堂教学的时间方面有所缩减，这对学生强化基础知识也不太有利。时在历史学系的学生就发现：1951—1953 学年度，"土地改革、三反五反、知识分子思想改造等几大运动相继而来，没有一位教师能把自己开的课讲完，雷（海宗）先生也不能例外。"① 许多高校对外语、特别是英语的重视不够，这对人才培养和日后的学术发展势必有所制约。②

　　需要注意的是，严格说来，在 20 世界前半叶清华史学发展中作出贡献的远不止以上所论及的名家。科技史是史学与自然科学的交叉学科，但往往也成为为史学的重要分支之一，其中有较多的人文内涵。在老清华历史上，陈寅恪、张荫麟、浦江清、夏鼐等都在这方面取得了相应的成就。理工科院系的学人如叶企孙、周培源、王竹溪、高士其、竺可桢、陈国符、杨振宁等各有建树，其中刘仙洲、梁思成、张子高更以其突出的成就被誉为清华大学科技史研究"三杰"③。限于篇幅，兹不赘言。

---

① 刘桂生：《认识"世界史"中的西方话语霸权，坚持文化思想上的民族主体性》，见南开大学历史学院编：《雷海宗与二十世纪中国史学》，69 页注①，中华书局，2006。
② 据时人回忆，1948 年后，各中学"对英语很不重视，不少中学或者改教俄语，或者干脆停教了"。参钱耕森：《大学生时代的李学勤》，《人物》2011 年第 7 期。甚至清华这样以重视外语的名校，"也只规定英文成绩太差的学生（入学后）要补习一年英文"，以故全校学生英文水准的大幅降低"也就是不可避免的了"。见李相崇：《关于我校学生的外语水平问题》，《新清华》教师增刊第 6 期，第 31 版，1957 年 3 月 26 日。即便是 20 世纪五六十年代，全国思潮时有"左"倾反复的环境下，一直激赏新清华的蒋南翔对新老清华在外语水平上的落差也直言不讳，他反复强调："抗日战争前夕，国内一些名牌中学和一些教会学校的学生能阅读外文书籍，使用外文教科书，听懂外语讲解。解放后，一度从大学才开始学习外语，大学生花费了大量的学时还很难学好外语，水平是大大降低了，中学教学拖了大学教学的后腿，很不利于对人才的培养。"清华学生的外语水平虽仍属全国高校中的佼佼者，但显然已远逊于从前。参万邦儒：《南翔同志关心中学教育》，清华大学《蒋南翔纪念文集》编辑小组：《蒋南翔纪念文集》，287 页，清华大学出版社，1990。
③ 刘兵：《清华大学的科学技术史学科建设（代序）》，见杨舰、戴吾三主编：《清华大学与中国近现代科技》，1～2 页，北京，清华大学出版社，2006。

第六章 余绪：老清华史学之归宿

经历过1948年这一江山易手的分水岭之后，北京的政治格局发生根本性变化。翌年，中国的政治版图和文化生态也发生了巨大改变。——政局之鼎革，造成了学术地图之变迁。在此风云激荡的历史进程中，清华历史学人的生存状态出现巨大的分化，其学术工作亦因之发生极大变化。这批学人被时代之风云散播到了各地，并大体上形成了两大群体：其中绝大部分留在大陆（尤其是北京），小部分则散落在台湾和美国等地。在此后的几十年间，二者分别沿着不同的进路逐步演进，其样态各不相同，其机理亦多有差别，但二者时有交叠或互动，隐然呈现着深层次的微妙的对峙或对话。

第一节 清华历史学人在大陆

建国后，随着军政局面的逐步稳定，知识界的纵深改造也被逐步提上了日程。其中，对一系列老牌大学的"破旧立新"，乃是其重中之重。

1952年6—9月，在"学习苏联先进经验"的口号下，为适应国家大规模经济建设的需要，并"根本上清除"旧大学风气①，中国知识界经历了一场前所未有的院系大调整运动，北京大学、南京大学等多科性综合型大学改组成文理科大学；清华大学、浙江大学等综合性大学则被定位为高等工业学院；按行业归口建立众多单科性高校；私立大学、教会学校也改为公立或撤销。同时，过去大学内部的"校→院→系→组"结构改变为"校→系→教研室（组）"，彻底改变了老清华以系为本位，各系自成"独立王国"的状况，牢固地确立了"教研组办学"的新的权力架构。应当说，前者是借鉴欧美大学经验并经过本土化

---

① 《院系调整胜利完成 任务明确具体》，《光明日报》1952年11月2日。

改造的办学模式,而后者则类似于苏联模式,① 其分科更为专门。此次调整之中,北大主要依照莫斯科大学进行改造,清华则被参照于列宁格勒工学院进行重构。6月,清华大学设立土木、机械、电机、营建、化工5类组科研究组;9月12日,清华筹委会讨论确定:清华大学设8个系、22个专业、15个专修科。19日,教育部批复清华、燕京、北大三校工科院系调整人事方案。清华大学原有的文、法、理学院各系全部调整到北京大学等学校。北京大学工学院、燕京大学工学院等单位的教师调入清华。② 至此,清华的内部建制权力架构已非常类似于苏联的多科性工学院,尽管其办学理念和精神气质融合了原解放区院校、苏联高校并开始逐步探索本国社会主义新型大学的发展道路。

在新清华中成立了一系列教研组,其中有建筑史教研组及新民主主义论教研组③。经过调整,从整体建制上说,老清华历史学系已不复存在,但相关的史学研究并未完全中断,具体主要为三个分支学科:科技史、建筑史及中国近代史(主要是中国革命史)。科技史成为清华的传统优势学科;中国近代史方面的团队,在当时主要承担的是教学和宣传工作,而非原创性的研究工作,但这也为新清华数十年后的近代史研究准备了一定条件。总的来说,清华大学已由一所综合性研究型大学,调整成一所多科性工业大学。这种布局维持了20多年。

1952年底院系大调整中,清华大学历史学系与该校其他许多文科院系一样,成建制地并入新北京大学;转入该校的教师有孔繁霱、周一良、邵循正、王永兴、陈庆华、汪篯、张寄谦、张注洪等④。雷海宗则与北京大学的郑天挺教授一起被调整到南开大学。至此,历史学系内抗战前走上大学讲坛的资深教授,已

---

① 众所周知,直到1930年代,德、法大学的影响仍非常强势。苏联的大学模式也曾一度受德国大学模式的深刻影响。在1920年代苏联大学的改造,主要即依据德国大学的经验,但之后也结合其自身国情进行了一定程度的调整。而1950年代中国大学的苏联模式,主要是前二三十年苏联大学的模式,而与同期的苏联大学倒不无差异。还需要注意的是,这时在中国政学各界有影响力的留苏派人物,主要是20世纪二三十年代的学生,而那时的苏联大学,还正在德国大学的影响下逐步摸索自己的道路。
② 此间详情,可参清华大学校史编辑委员会编:《清华大学校史(草稿)》(1911—1961),北京,清华大学1961年印行。院系调整的推行实有多方面的考量,但学时在具体执行中,也确曾有过某些不当之处。如时任教育部党组书记、副部长钱俊瑞在强调要"全面学苏"时,乃在大会上公开说:我们必须把苏联的全部搬过来,哪怕是教条主义也无所谓;我们先教条,有不合适的地方以后再改也不迟(大意)。其所造成的影响,亦可想而知。
③ 清华大学校史研究室编:《清华大学九十年》,178~181页。
④ 另,燕京大学方面有邓之诚、翦伯赞、齐思和、张芝联、陈永龄等。见北京大学史学系《究天人之际 通古今之变》,《中华读书报》2008年4月23日。按,院系调整之后,曾受清华史学大佬陈寅恪之教泽的季羡林、邓广铭等仍留在北大任教。

全数淡出北京各高校的一线工作①。在新的北大历史系真正在岗的资深教授中（即抗战出道的老辈学者），原北大、清华学人中只剩向达一人，其余几乎都是其学生辈（主要是成长于三十四年代的新人）。该系由著名马克思主义史家翦伯赞领衔。

　　高水平的研究工作，往往离不开高水平的团队内部的激励。一个富有独特传统和深厚学术积淀的团队一旦解散，再要重新组建新的团队，往往需较长时间。这样的调整，对历史学系来说，也就意味着需要让此前几十年不断积累所形成的传统告一段落。尽管如此，这批清华学人适应了时代要求，还是在新的环境下、新的岗位上取得了成绩。如雷海宗虽然离开清华，到了天津，但他开设了一系列新课，培养了不少人才。其中一门是"外国史学史"，这是以前各大学历史系均未开过的课程；在同期的北大，据闻也是由几位教授合开，而雷海宗以他兼通文史哲、外文、佛学等修养，独力讲授了这一课程。②院系调整后，教育部制定了各学科新的教学计划（这一新课郑天挺曾参与其事）。他们按照莫斯科大学历史系的教学计划，规定历史专业必须设置十七门课，其中世界现代史是必修的基础课之一。此课在过去是没有过的，在当时也有个别大学在探索，但不成体系，甚至北京历史学科最好的几所名校在当时也无法立即执行。然而在天津的雷海宗则不然。雷虽长期研治世界通史，但重点是在上中古史，而非现代史。但他立即接下这一新课讲得非常成功。他利用英、法、俄等语言，博采众长，异常出彩。③在南开的几年中，雷海宗担任了世界史方面的多个讲座④。——这样，雷的治学范围又来了一个新的轮回：其早年在美国主攻世界史（特别是法国史）、回国后从中央大学时期开始即逐步侧重于中国史研究，1949年后逐步侧重于世界史研究，到天津后，则基本回归到世界史研究领域。尽管已离开学术中心，雷海宗仍以其丰厚的积累和非凡的天分继续在新的领域中作出了开创性的工作。他在1956年发表的《上古史中晚期亚欧大草原的游牧世界

---

① 郑天挺早在1920年代即已是北大元老蒋梦麟的秘书，后亦为胡适麾下的几员大将之一（另有傅斯年、杨振声、顾颉刚等）。1952年院系调整时，郑"奉调来南开大学……这一决定在我思想上颇有波动。……我多年从事清史的研究和教学，北大及北京其他各单位的清史资料浩如烟海，绝非其他地方所及"。郑显然不太适应。不过，经过郑重考虑后，他还是"愉快地只身来津任教"。（《郑天挺自传》，冯尔康、郑克晟编：《郑天挺学记》，400~401页，北京，三联书店，1991。）

② 张景苏：《我的回忆》，见南开大学历史学院编：《雷海宗与二十世纪中国史学》，中华书局，34页。

③ 张象：《忆雷海宗先生与世界现代史学科》，见南开大学历史学院编：《雷海宗与二十世纪中国史学》，84~85页。

④ 薛进文：《声音如雷 学问似海 史学之宗——纪念史学大师雷海宗先生》，见《雷海宗与二十世纪中国史学》，1页。

与土著世界》一文,在学术有拓荒之功①。在1954年,雷海宗完成《世界史上一些论断和概念的商榷》一文,从商路问题入手,对西欧各国"不止一次地歪曲历史,污蔑伊斯兰国家"进行了剖析和揭露。此文当时并无影响,但却有隔代知音。近40年后,美国著名史家杜赞奇(Prasentjit Duara)在其《从民族国家拯救历史》中此进行高度评价:"雷海宗对欧洲历史的范畴作了一番极有意义的结构,发现欧洲史学提出的有关分期和领土的论断与发表这些论断者现在的位置完全没有关系。""如果说雷海宗的意图是揭露欧洲史学中的霸权手段,那最终只不过是告诉其同胞:中国历史只要写得好,而且分期得当,中华民族是世界上惟一真正延续不断的历史性的民族。"② 这与他三四十年代平视挑战世界权威(如汤因比等人)的才气和勇气是一以贯之的(参前文所述雷海宗于1946年在上海与弟子季平子的学术对话)。

雷海宗对学生非常关心,不仅在生活上关心,而且在学业上也时有提携。即便是学生毕业后,他也关心学生的每一步成长。离开北京后,他仍心系清华。史学系1949级毕业生齐世荣先生日后以世界史研究著称,但他始终师恩难忘。1951年,齐世荣在《光明日报》发表了一篇文章。在一次返校节时,雷海宗见到他,乃说:你在《光明日报》上发表的那篇文章,写得不错,看得出是用了一番功夫的。才二十出头的齐世荣既惭愧,又感动,他根本没有想到雷先生对自己这篇习作还会给以注意。几十年后他还感慨:"现在我已进入老年了","我常常想,如果雷先生今天健在,世界史学科在这位元老大师的指导下,定能取得更大的成绩。雷先生离开我们快四十年了。他的博大精深、贯通中西的学问,是我永远赶不上的。但他勤奋治学的精神,对学生热心培养的态度,则是我要时刻学习的。"③ 可以说这一小事反映的是老清华历史学人直接师生之间的亲密关系,这其中既有世俗意义上的关怀,也有学术上精神上的传承。也正因此,清华史学中所蕴含的学统和道统,才能超越时空的藩篱,恒常如新,流传至今。④

---

① 薛进文:《声音如雷 学问似海 史学之宗——纪念史学大师雷海宗先生》,见南开大学历史学院编:《雷海宗与二十世纪中国史学》,3页。
② [美]杜赞奇:《从民族国家拯救历史——民族主义话语与中国现代史研究》,王宪明译,27~28页,北京,社会科学文献出版社,2003。
③ 齐世荣:《一代名师——雷海宗先生》,《历史教学》2001年第1期。另参雷海宗编著:《中国通史选读》,北京,北京大学出版社,2006;张晓唯:《历史学家的浪漫——话说雷海宗》,《书屋》2007年6月。余永和:《雷海宗研究综述》,《经济与社会发展》2005年7期。
④ 曹中屏:《让雷海宗先生的重要史学遗产发扬光大》,见南开大学历史学院编:《雷海宗与二十世纪中国史学》,19页。

1957 年在反右派运动中，雷海宗与向达、荣孟源、陈梦家等被错划成历史学界几个最大的右派后，即病倒了。1961 年他摘帽后，系里纷纷来人请他教课。1962 年春，雷海宗患尿毒症，全身浮肿，步履维艰，但他还是毅然乘上三轮车到教室，先后讲授"外国史学名著选读"和"外国史学史"，直迄 11 月底难以行动为止。12 月底，雷先生溘然长眠①。

中国近代史研究曾是老清华史学的优势学科之一，这方面人才济济。邵循正到北大后任中国近代史教研室主任，兼中国科学院第三历史研究所研究员。邵继续在蒙元史研究中耕耘，并培养出不少人才；日后同时也回归到早年主攻的中国近代史研究领域，并完成了若干高水平成果。1956 年邵循正与翁独健、韩儒林作为中国蒙古史专家代表赴莫斯科，拟定由蒙、中、苏三国历史学家合作编写《蒙古通史》的研究计划，促进了国际学术文化交流。从 1950—1970 年代，邵始终是北京大学史学系近代史研究之祭酒。周一良在北京大学也取得新的成绩。他为了适应教学的需要，毅然从主攻多年的魏晋南北朝史研究转入亚洲史研究并很快颇有建树；其日本史研究也折服了不少日本同行。王永兴与汪篯则在中古史研究方面作出了成绩，学界遂有"南方蒋天枢，北方王永兴"之谓（二人均系陈寅恪嫡传弟子）②。

1955 年，中国科学院学部委员遴选中，哲学社会科学方面的当选者有 61 人，其中 1952 年院系大调整以前在清华就读或任教（含清华庚款津贴生）者，有于光远、王力、王亚南、吴晗、吕叔湘、陆志韦、季羡林、胡乔木、金岳霖、夏鼐、陈翰笙、马寅初、陈寅恪、汤用彤、冯友兰、杨树达、郑振铎等 17 人（不含曾考上清华的何其芳）；北大亦有 17 人（与清华部分略有交叠）。二者在全国各校遥遥领先。③ 其中，陈寅恪是毛主席亲自批示"要选上"的一人；胡乔木的当选与其代表作《中国共产党的三十年》有关，一般认为此书当时是中共党史研究领域的力作之一。以上当选者中，王力、陈寅恪、夏鼐、吴晗、杨树达均属老清华历史系人的统系，他们都曾在国学院、或历史学系任教或求学。老北大史学方面有向达、范文澜当选；燕京大学有翦伯赞当选；其他个别院校

---

① 张景莆：《我的回忆》，见《雷海宗与二十世纪中国史学》，33～34 页。
② 钱文忠：《缅怀王永兴先生》，见《通向义宁之学》，155 页。另，陈寅恪弟子中尚有武汉大学的姚薇元、石泉，中山大学的王力、刘节等，在当时的史学界均颇有影响。
③ "48 年人文院士与 55 年学部委员"，http://blog.sina.com.cn/s/blog_4b6668a101000a2n.html。又参谢泳《1955 年的学部委员：毛主席批示"要选上"陈寅恪》，《中国新闻周刊》2006 年 2 月；谢泳《1949 年后知识精英与国家的关系——从院士到学部委员》，《开放时代》2005 年 6 期。

的历史学系校有 1 人当选（在同一时期，我国台湾地区也进行了院士遴选，详后）。

在紧随其后的教授评级（1956）中，全国产生了为数不多的一级教授，其中就有陈寅恪①；吴宓本应评一级教授，但自请降为二级教授，有意思的是此时的吴宓所授课程已非当年主修的外文，而是西洋史。②。

在院校大调整中，1952 年秋，丁则良与余瑞璜、徐利治等清华教师响应高等教育部号召，到东北参加兴建东北人民大学（后吉林大学）文理科的工作。丁则良怀抱再造一个"像清华大学历史系那样高水平的历史系"的雄心，倾力以赴，在教学、研究和行政方面均极为用心。他在该校表现出色，并于 1953 年当选为东北人民大学民盟分部副主委，1956 年任历史系主任，兼校图书馆馆长，同年进京开始与北大周一良教授等合作研究亚洲史。其出色工作受到校长匡亚明称赞。但在 1957 年中，丁则良英年早逝，年仅四十一岁。③ 稍后去世的原清华历史学学人还有汪籛等。刘盼遂和陈梦家于 1966 年去世。陈寅恪与吴晗也同于 1969 年逝世。

更年轻的学子们则在日后取得了成就。在北京大学中国近代史学科，继邵循正之后的骨干为陈庆华等；从 90 年代初期开始，则由刘桂生教授接任。作为老清华史学的嫡系传人，刘教授在院系大调整后，仍留在清华大学任教，日后取得一系列成绩④。1990 年代，由于邵循正、陈庆华等教授先后物故，北大史学系近代史学科方面力量相对薄弱，这时刘桂生教授被聘往该系充实近代史学科的力量，并从此在较长时期内承担该系在本领域的博士生培养工作，成为较少见的北大、清华两校合聘教授。以上诸人均为清华（联大）历史学系毕业。因此，正式肇建于罗家伦时代的清华大学中国近代史研究的学术流脉，至今流淌未息。此外，原就读于老清华哲学系的李学勤教授，日后亦以古文字学和中

---

① "五十年代一级二级教授的名单"，天涯社区，http://www.tianya.cn/publicforum/content/books/1/111077.shtml。
"中山大学"，军政在线网，http://www.ourzg.com/bbs/htm_data/htm_data/101/0804/20155.html。
"50 年代北师大一级教授"，师大 bbs，http://www.oiegg.com/viewthread.php?tid=766523。
② 详参何明主编：《中国科学院第一批学部委员（哲学社会科学部）》，北京，中国大百科全书出版社。
③ 《丁则良先生生平及著译简表》，见丁则勤、尚小明编：《丁则良文集》，477~480 页。
④ 按，刘桂生教授于 1949 年在广州岭南大学文史系从学于陈寅恪先生，1950 年转入北京清华大学历史学系，又受业于雷海宗、邵循正、周一良等教授。日后在 1980 年代新清华的历史学科复建的过程中，成为其中骨干力量之一。

古史研究见称,成为知名的学者。

20世纪80年代以后,清华大学逐渐恢复综合性研究型大学的办学布局,恢复了包括历史学科在内的人文学科。1985年成立思想文化研究所,清华史学在建制开始复建和复兴。1993年,清华历史系恢复建制。2003年,系所合并,成立新的历史系,清华史学再度取得长足进展。在此过程中,不少骨干教授即是当年老清华历史学科培养出来的人才。就此意义说,新清华又正式接续上老清华史学的传统。

第二节 清华历史学人在海外

1948年后,绝大部分清华历史学系教师、学生及系友,均留在祖国大陆服务。另外亦少部分学人移席海外,并取得显著成就。据大致估算,系友300多人,据不完全统计,1925—1952年间清华大学历史学系(含联大历史学系,但不含师院史地学系)先后有过50位以上的教师;先后在该系毕业的有本科生322人①,外加曾就读的亦在400人以上,此外还有研究生10余人,国学院方面从事史学工作的师生约有30人②。在这400余人中,约有三四十位定居海外,③其中老师一辈中,主要有赵元任、李济、罗家伦、蒋廷黻、刘崇铉、郭廷以、杨时逢。学生方面则更多。这批学人中有半数左右分布在我国台湾地区。

日据时期,原台北帝国大学医工学科颇好,但文法科方面极差,因为无学术自由。光复后,台湾教育学术界一片狼藉。当地人士抱怨:"台湾大学更不行","程度赶落的大可怜。"台湾方面确乎有不少人对时任北大校长、清华校友胡适寄予厚望,"远离故都多千里的孤岛台湾青年,以恳切的心愿遥望先生解决光复未几的台湾青年的苦闷。""我们欢迎先生来台主持台湾大学"。"建设无私

---

① 从1929年到1937年共毕业本科生九届78人,研究所四届共6人。西南联大时期,历史学系每年招收二三十人,1939年最多,招收新生31人,全系学生158人。1938年至1946年共毕业209人,在文学院中仅次于外文系。
② 其中,1929—1937年间历史学系本科毕业生96人,联大时期有33人、联大史学系毕业生149人(含从军者),此外还有1947—1952年毕业生45人;另外,还有根据以下资料统合而得:《国立西南联合大学 北大、清华、南开三校毕业生人数统计表》、《国立西南联合大学历年本科毕学生人数统计表》、《国立西南联合大学史料》学生卷,5页、6页。亦可参苏云峰:《抗战前的清华大学》,249页,台北"中央研究院"近代史研究所,2000。
③ 周福《从20世纪30年代清华历史系看史学专业人才的培养》,国学数典论坛,http://bbs.gxsd.com.cn/viewthread.php?tid=416410。

的爱国政策与台湾，救济台湾省会及早脱离军阀殖民政策。"① 胡适当然不可能去台大，但原联大史学教授傅斯年不久就接长该校，他发下"把台大办成台湾的北大"的宏愿，大力革新，一扫殖民地的遗风，办出了高水平的大学，为日后台湾地区的学术繁荣奠定了坚实的基础。而毛子水则为反"台独"作出了重要贡献。这批学人在研究学术、造就人才、引领文化和服务社会等方面，都做出了难以磨灭的贡献。此外，老清华校长梅贻琦还在台湾新建了新竹清华大学，日后该校也发展了历史学科。罗家伦成为台湾地区国民党史的权威和重要阐释者。

作为原国学院的台柱之一，李济是中国第一个具有科学考古学思想的人，也是第一个享有世界声誉的考古学家。迁台后，他一度代理"中央研究院"院长职。在很长一段时期内，台湾考古学、人类学界的新人均出自其门下。原哈佛大学教授张光直称其为"中国考古学之父"，认为"迄今为止，在中国考古学这块广袤的土地上，在达到最高学术水平这一点上，还没有一个人能超越他"。

蒋廷黻作为近代史研究的权威，赴台后当选为院士。蒋廷黻在学问和事功方面均有建树，既曾研究历史、又试图创造历史。刘崇鋐与孔繁霱一样，吝惜笔墨，每每述而不作，以教学见长。抵台后，刘与沈刚伯（原中央大学教授）成为台湾大学的、自然也是台湾地区的世界史教研界两大元老。刘在台大任教多年，后兼历史系主任及历史研究所所长（1956.8—1963.7），期间亦曾兼任台大教务长；后应邀到东海大学创建史学系（原清华历史学系助教杨绍震后来也任东海大学历史系主任著名学者作家许达然即为其此间的弟子）。刘崇鋐与沈刚伯等许多同代的世界史学者一样，学术造诣颇深，但自认资料有限，难以达到国际领先水准，因此，极少发表专业论著。刘崇鋐于 1990 年逝世后，其藏书依其遗嘱捐回北京清华大学②。原清华史学教员萧一山赴台后继续研究工作，完成了一系列论著，其中有《清史》8 册。有人在论及清史时，将萧一山与孟森并称；在太平天国史方面，将萧一山与简又文、郭廷以并称。原清华历史学系青年教师郭廷以，此时则成为台湾地区的中国近代史研究的主要奠基人和领导者，并众望所归地成为中研院近代史研究所创所所长。该所尽管在肇建之初便遭到李济等"史语所"大佬的激烈反对和极力阻挠，但在朱家骅的支持下，郭仍不负众望，把它办成了"具有国际能见度"的学术机构，③ 形成了蜚声遐迩的

---

① 《陈呈岚致胡适》（1947 年 8 月），见《胡适来往书信选》（下册），226~229 页。
② 关于刘崇鋐在台情况，及大陆学人移席台大的情况，可参许倬云口述、李怀宇撰写：《许倬云谈话录》，广西师范大学出版社，2010 年版。按，在东海大学文科创建过程中，清华学人发挥了较大的作用；在历史学科方面尤为显著。
③ 中央研究院八十年院史编纂委员会编：《追求卓越：中央研究院八十年》（卷一），72~75 页，"中央研究院"近代史研究所，2008。

"南港学派"。20世纪五六十年代台湾地区出道的中国近代史学者,很少人不曾受到郭廷以的惠泽。在清华时,郭廷以常听罗、蒋二师"纵论中国近代史……拟合撰一书";抵台后,郭秉承罗、蒋的厚望,继续致力于中国近代史的研究,力图建立"科学的中国近代史"①。论著有《中国近代史》、《近代中国史事日志》及《近代中国的变局》等;此外,他还在中国开创了口述史学。晚年郭廷以搏命于写作,终于在临终前完成《近代中国史纲》。此书是早年在清华时期与罗家伦、蒋廷黻的影响相关。作为台湾史学界的重镇,台大史学系与"中研院"等相关机构,也是由北大、清华和中央大学三者合璧而为其主力的。老清华历史学系毕业生张贵永、徐高阮、翁同文等均为其骨干,且颇有成就。本系早年毕业生梁嘉彬曾任教于台湾,后转往美国大学任教。蓝文徵则是极少数移席台湾的国学院毕业生之一;其在东海大学任教多年,于隋唐史方面多所建树。历史学系毕业生罗香林、张德昌亦任教于香港大学。曾在联大短期就读的刘绍唐,赴台后成为有成就的中国近代史家,其更大的贡献在于以一己之力创办了斐声遐迩的《传记文学》,成为"野史馆长"。

学子一辈中,在美国取得突出成就的有杨联陞、何炳棣、刘广京、任以都等人均在壮年名闻世界。杨、何二人皆抗战前入学的清华人。刘、任都是联大史学系肄业生,日后均为费正清编写《剑桥中华民国史》的重要作者。任还是宾夕法尼亚大学首位女性正教授,独力创设了该校东亚系。②

蒋廷黻在1929年被罗家伦从南开强聘至清华,二人联手打造一流的近代化历史学系。但罗在翌年的风潮中即不得不败走清华,剩蒋廷黻惨淡经营。蒋在实践中摸索出了"一套适合中国学生的课程"。对自己的"略尽绵薄",他倍感欣慰,因为"这是对中国教育的一大贡献"。在1930年,蒋廷黻访日之后,就对中国大学赶超日本大学满怀信心,他坚信中国大学继续保持自由的空气和强劲态势,在不远的将来,即有望赶超日本大学。而在抗战前夕,他"坚信:在十或二十年之内清华的历史学系,一定是一个名副其实的、全国惟一无二的历史系。"③ 显然,由于战争的爆发,蒋廷黻的夙愿未能完全实现。这未免不成为蒋心中的某种心结。但他晚年也不无安慰。1962年,已身为院士的蒋廷黻对李卓敏(后任香港中文大学首任校长)谈起清华人物时,说:"我们清华学生里真

---

① 郭廷以:《小记》,见《近代中国史纲》,上海,格致出版社、上海人民出版社,2009。
② 参任以都口述、张朋园等记录整理:《任以都先生访问纪录》,台北,"中央研究院"近代史研究所,1993;亦参刘超:《陈衡哲是谁?》,《书屋》,2008年2期。
③ 蒋廷黻:《蒋廷黻回忆录》,125页,台北,传记文学出版社,1984。

能成为世界级史学家的恐怕只有何炳棣。"① 果不其然，几年后，何即当选为台湾"中央研究院"院士——由于1948年迁台院士极少，台湾方面亟望尽速增补院士，充实学术力量。1958年，台湾"中央研究院"进行第二次遴选，胡适等不少人异常推重杨联陞，但考虑到要照顾学界"老辈"，只好转而力挺姚从吾。1958年的院士遴选中，人文及社会科学组当选者为：姚从吾、劳榦、蒋廷黻、蒋硕杰。劳榦当年是陈寅恪下属，蒋廷黻则是清华史学系掌门人。在次年的第三次遴选中，杨联陞膺选，年仅45岁②（而其校友夏鼐则于1955年当选为首届中国科学院学部委员，时年亦四十有五）。他是迄今为止"中央研究院"人文方面最年轻的院士之一；1966年，年仅49岁的何炳棣继其学长杨联陞之后，也当选为院士；二人在四五十年代都在美国与胡适多所往返。此后，何炳棣又当选为美国艺文及科学院院士。

杨联陞与梁方仲、汤象龙、吴承明、巫宝三一样，出身于清华经济学系；但其主要的研究领域为中国史。1940年代，杨与周一良、任华、吴于廑等并称为"哈佛四杰"。四人均才华横溢。早在北大复员前夕，傅斯年就已注意到这几位新锐学者。他致函在美的胡适说："周一良甚好"，望其"接洽一下，但他恐非教授不可（也值得）"。赵元任还推荐了杨联陞，浙江大学已向其示意，而傅斯年则希望由北大或史语所聘杨③。

何炳棣20世纪五六十年代完成的 *Studies on the Population of China*，1368—1953（1959）及 *The Ladder of Success in Imperial China：Aspects of Social Mobility*，1368—1911（1962）两书，已为国际学术界奉为经典著作。六七十年代以后，何的兴趣转移到中国古代史，特别是研究中国文化的起源问题，两部力作《黄土与中国农业的起源》（1969）及 *The Cradle of the East：an inquiry into the*

---

① 何炳棣：《读史阅世六十年》，308~309页。与何炳棣同在美国的清华校友林家翘，则曾对何炳棣说："要紧的是不管哪一行，千万别做第二等的题目。"可见，这种追求卓越的强烈意识，在当时受过高质量的精英教育的清华学子中，的确有着难以估量的影响。

② 1957年6月19日，胡适在给赵元任的信中说："中研院也催我办院士提名，济之信上问的是'史学'的老辈'廷黻（姚）从吾'应否提出及如何提出的问题，我今天下午要写长信给他。我也想到联陞，但如果顾到史学'老辈'，联陞怕将等候一年了。"见胡颂平编：《胡适之先生年谱长编初稿》第五册，2586页，台湾，台湾联经出版社，1984。同年九月，胡适又给赵写信，力挺杨联陞。一九五九年杨联陞和凌纯声、刘大中一起当选为中研院人文组的院士。杨联陞在给胡适的信中说过："您对我实在太好了"。对此，可参《杨联陞为什么这样生气》，载《书屋》，2000年第10期。

③ 见竺可桢1944年9月11日记，收入《竺可桢全集》，第9卷，180页，上海，上海科学技术出版社，2006，观《傅斯年致胡适》（1945年10月17日），见《胡适来往书信选》（下册），55页。

indigenous origins of techniques and ideas of neolithic and eadrly historic China 5000 – 1000 B. C. (1975) 均详论中国文化的特征，为中国文明的起源提出全新的看法。其在经济史、社会史、人口史和思想史等诸多领域均取得国际瞩目的成就。何之后于 1975—1976 年，当选为亚洲学会会长，成为该会首任亚裔会长，也是 20 世纪惟一的华裔会长。

值得一提的还有费正清。这位当年历史学系青年的助教，他在清华的时间并不长，但受到了蒋廷黻的热情指导；而日后费氏又指导了联大历史学系出身的刘广京。费正清日后长期在华活动，与中国文化人建立了广泛的良好联系。日后他成为美国首屈一指的中国学研究者，并在哈佛大学开创了费正清学派，对美国的中国学研究影响深远。

当然，如果"放宽历史的视界"的话，"老清华史学"中，显然会有更多人物出现。其中就有陈衡哲。陈衡哲时期是清华学校时期的专科女生，享受庚款公费赴美留学。日后成为知名的史家、作家和政论家。她被公认为民国女性中最优秀的史家，所著《西洋史》至今为人重视。陈氏一家多位清华人：其夫君任鸿隽是清华津贴生，其女任以都则是联大学生。

从 1920 年代开始，平津各大名校间的关系就异常密切。作为一所后起的大学，清华的发展自然离不开相关各校的互动。其中，南开中学和南开大学都始终是清华拔尖人才的重要输送基地。"20 年代，南开中学生的共同愿望就是考入清华"。① 清华本校的子弟们也如此。当然，由于种种原因，不少清华子弟未能来得及考取清华（或联大），但他们事实上领受了老清华学术传统的熏陶，也传承清华学术气质的内涵。在某种程度上，他们也是清华人的一分子。这些人之中，日后于史学方面作出成绩的不乏其人，如罗家伦之女罗久芳教授，日后虽定居美国，但也成为知名的中国近代史学者。注册部主任王芳荃之子、在清华园生活十余年后才南下的王元化，日后也成为思想史研究的名家，在沪上学界中有非同一般的地位。王先生自认一生的思想底色都是来自清华园，故一生眷恋和追怀老清华的学术风范和学术自由传统，以致有浓厚的"清华园情结"。他说"我对大学的观念就是在清华形成的"②。数学家熊庆来之子熊秉明，在清华园生活多年，日后毕业于联大，复成为著名的艺术史家，在某种意义上，似亦与老清华历史学人不无渊源。

---

① 易社强著：《战争与革命中的西南联大》，饶佳荣译，136 页，台北，传记文学出版社，2010。
② 王元化：《重返清华园日记》，载《文汇读书周报》1997 年 11 月 6 日；徐庆全：《王元化："五四的儿子"走了》，《中国新闻周刊》，2008 年第 17 期。

结　语

作为一所偏重理工的综合性大学，老清华历史学系的规模并不大，招生规模始终偏小，但其意义不容低估。这其中的骨干教师虽只有区区十余位，绝对数并不多，但分量却不轻。他们在相当一段时期内的一线史家中占据显著的地位。作为一个紧密联系的团队，他们对20世纪的中国史学发展有着重要的贡献。对新史学包括中古史、中国近代史、世界史均有重要贡献。如果说老清华物理系为中国培养了近半数顶尖物理学家、老清华航空学科为中国培养相当一部分航空学科领军人才、老清华外文系（含清华学校时期）为中国培养了相当一部分外文界头面人物的话，那么老清华史学在同时中国界也有一席之地。特别是在中国近代史研究方面，它为日后这个学科在中国的发展和传承奠定了重要基石①。

"老清华"史学的发展，是清华大学演进的一个缩影，也是人文学术在近代中国发展缩影，是中华民族矢志追求学术独立和民族独立的写照。它不仅与学术的内在变迁相关，而且与不同历史时期的社会政治环境息息相关。作为传统学术的基干之一，其在清华的起点并不低。但从传统"文史之学"到近代学术的范式转型，直到1920年代末才真正起步；1932—1937年，由于局势相对稳定，经费充裕，国内涌现了一批高水平的原创性学术成果和高水平的历史学人、历史学系。日军的入侵，严重冲击了中国学术近代化的进程，对中国学术传统造成极大的影响。抗战时期，广大学人为实现学术救国、科技救国或教育救国，发奋图强，在人才培养、学术研究、社会服务和文化创新等方面都取得了一系列成绩。抗战后，学人们继续努力；但因环境的变迁，很难完全恢复元气。1952年的院系大调整，基本拆解原有的大学布局和学术传统。在这四十余年间，清华史学与整个清华乃至中国教育学术界息息相关，经历了早期的生根萌芽，进而在蒋廷黻时期渐次开花，百花齐放，进入新阶段；在雷海宗时代结果，清

---

① 按，在中国近代史方面，老清华史学，先后汇聚的名师有朱希祖、罗家伦、蒋廷黻、郭廷以、费正清等，培养的学生有邵循正、夏鼐、姚薇元、丁则良、王栻、刘广京、任以都、陈庆华、熊德基、程应镠、张寄谦、刘绍唐、刘桂生、余绳武、丁铭楠、夏应元等。相关问题，可参何炳棣：《清华史学对我影响深远》，载《清华大学学报》（哲学社会科学版），2005年第5期。

华史学硕果累累。后来,由于历史条件的变化,一度呈现花果飘零之势。白云苍狗,岁月不居;人世几回伤往事,山形依旧枕寒流。尽管清华史学学科在此后岁月中曾一度中断,历尽沧桑,但清华史学的精神并未终结。它所承载的学术传统,始终超越时空地赓续薪传。经过曲折的演进,清华史学终于在新时期逐步复兴,再现了新的活力。昔王静安曰"一代有一代之文学",实则一代亦有一代之史学,清华史学亦必随着民族复兴之实现而重放异彩。

清华大学的哲学传统

引 论

1911年4月29日清华学堂正式开学,这是清华的历史开端。学堂初期建立的章程中,哲学是清华学堂创建初期10大门类之一。1921年清华学堂改制,所设置的12个系中,也包括哲学系。主要教授西洋哲学概论、教育哲学、伦理学、西洋哲学史、比较哲学思想、比较宗教、美育等课程。1926年9月金岳霖被聘为清华学校大学部哲学教授,负责筹办清华学校大学部哲学系,至1936年初具规模。哲学系任教的名家教授有冯友兰、金岳霖、邓以蛰、张申府、张荫麟、沈有鼎等等。哲学系虽然是个小系,学生很少,但大师云集,硕果累累,是清华大学可以引以自豪的系所之一。

哲学系在系主任金岳霖的带领下,注重逻辑,注重自然科学与哲学的交汇。哲学系办系的风格素有"东方剑桥学派"之称。新实在论和逻辑实证主义这两个学派在清华形成了一个分支,着重于哲学问题的研究,注重问题的据理考证,在国内哲学界有很大的影响。哲学与其他学科的性质与作用迥异,其他学科的性质与作用都是具体的,显而易见的。哲学乃是探讨宇宙与人生的根本问题。因此,不易为外人和初学者所了解。所以张遂五曾这样评价道:"清华哲学系有一种倾向,就是要通过自然科学的途径达到哲学。"

"融会古今,贯通中西"是清华哲学系的又一个显著的特点,也充分彰显了"清华精神",构成了"清华学派"的中坚力量。哲学系的金岳霖、冯友兰等大师都留学于世界名校,师从杜威、伍德布奇、蒙太格、谢非、怀特海等名师,学有所成。他们力图把西方优秀的传统哲学和西方先进的现代哲学引进中国,与中国传统哲学相融合,构造新的哲学体系,为发展中国现代哲学做出了突出的贡献。

哲学系自1926年正式建系至1952年的"院系大调整"并入北京大学哲学系,这段历史主要经历了三个发展阶段:早期的创立时期,清华哲学系规模和学风的形成时期(1926—1937年);发展和繁荣时期(1937—1946年),清华大学哲学系进入鼎盛时期,师生队伍壮大、硕果累累;转折与中止时期,即哲学系在解放后的复建和发展时期(1946—1952年),直到1952年的院系调整,清华大学哲学系进入了短暂的中止时期。

第一章 哲学系的创建期
（1926—1929）

总 绪

清华哲学系成立于1926年，是清华在从"培训学校"转型为现代大学，设立大学部时期建立的，但哲学课程从清华成立之始便已开设。

1909年7月10日（宣统元年5月23日），外交部与学部（教育部）会奏设立"游美学务处"，其下设"游美肄业馆"。游美学务处主管选派留美学生事务，游美肄业馆为"选取各生未赴美国之嫌，暂留学习"而设。选派去美国的学生最少须在馆接受半年至一年的品学考察和语文训练。游美肄业馆以北京郊外的"清华园"为馆址，于1909年9月28日（宣统元年8月15日）开办，成为清华的前身。据研究，"1909年，当清华学堂还在筹建过程中时，就有一名学生由这所学校派往美国学习哲学"。[1]由于第一位受正规哲学教育的学生的资料缺失，我们已无法了解当时哲学教育的具体情形，但可以作为参考的是，1910年年仅18岁的胡适考取"庚子赔款"留学生后，先入美国康乃尔农学院，随后转文学院学哲学。胡适1915年入哥伦比亚研究院，师从杜威。1917年毕业并获得哲学博士学位，博士毕业论文为《先秦名学史》。当时的北京大学已设有哲学系，胡适毕业后即去北京大学哲学系讲"中国哲学史大纲"。

1911年4月9日（宣统三年3月11日）由游美学务处所拟的《清华学堂章程》经外务部修改后与学部会奏，4月28日奉朱批"依议钦此"。4月29日清华学堂正式开学，这成为清华的历史开端。从此，每年4月最后一个星期日便被定为学校校庆日。《清华学堂章程》使清华成为真正的培训学校，也是往后发展的依据。在这个学堂章程中，课程分为哲学教育、本国文学、世界文学、美

---

[1] 胡伟希：《转识成智——清华学派与20世纪中国哲学》，282页，上海，华东师范大学出版社，2005。

术音乐、史学政治、数学天文、物理化学、动植物生理、水文地质、体育手工十类。各学科分通修（识）及专修（业）两种。因资料缺失，关于此时哲学教育的具体情形我们依然不得而知。

1911年秋天，学堂进行第二学期学习，10月爆发辛亥革命，学生被迫回家，作为全部教员的美国教师都回国避难，清华学堂被迫关闭。1912年元旦南京国民政府成立，1912年5月1日，清华学堂重新开学。11月，清华学堂奉命改名"清华学校"，原英文名"Tsing Hua Imperial College"也删除"帝国"二字，改为"Tsing Hua College"。随着国体的变更，清华的人事大为改变，并且从此时开始，清华酝酿改制培训学校为大学。清华从培训学校改制成为大学这一举措虽与五四时期改制大学风潮密不可分，但实际上意义深远。从清华的自身发展来看，如果清华不改制成大学就始终只是一所培训学校，没有自身学术研究的独立性；从现实角度看，美国退还庚款到1940年结束，派遣留美学生的开支很大，唯有把学校改制成一所大学才能继续发展。

1921年清华学制由四四制改为三三二制，即中等科三年，高等科三年，初级大学二年。1922年曹云祥担任代理校长时又改为四三一制，停招中等科学生，1924年起停招高等科，到1925年中等科结束，开办大学部和研究院国学门，大学部分设文、理、法三个学院12个系，包括哲学系，并设研究院（国学门），聘请名师，招考大学部和研究院第一届新生。同时继续保留旧制，直到1929年全部毕业生留美为止。大学专门科筹备处拟就课程中西洋哲学组课程草案如下：

专门科第一年：共修科目 一、西洋哲学概论或社会学原理；二、实验心理学；三、教育哲学；四、伦理学；五、论理学（即现代"逻辑学"）

专门科第二年：一、西洋哲学史；二、比较哲学思想；三、比较宗教；四、美育

1926年4月15日，学校为适应设立大学部订立了《清华学校组织大纲》，共分为八章，第一章学制总规则规定：本学程以学系为单位。大学部本科修业期至少四年，学生毕业后给学士学位。第三章关于评议会规定：本校设评议会，以校长，教务长及教授会互选评议员七人组成。校长为当然主席……第四章关于教授会规定：本校设教授会，以全体教授及行政部各主任组织之……以上三章大约是整个大纲中最重要的三章。尤其是后两章不难看出，"两会"成员基本上由校长、教务长及教授组成，教授占大多数，职权涉及学校事务方方面面。这是清华著名的"教授治校"的原型。

1926年4月28日，清华学校评议会举行第二次会议，决议大学部设立国文学系、东方语言系、西洋文学系、数学系、哲学系、教育心理系、农业学系、音乐学系、体育军事学系等11个。国文系、外国语文系、历史学系、哲学系

及社会学系五系为清华最早成立的学科系。这次会议还议决设立专修课程的11个系,其中有国文学系、西洋文学系和历史学系等。暂不设立专修课程的有6系,其中有东方语言学系、社会学系、哲学系。9月,在赵元任先生的引荐下,金岳霖被聘为清华大学部哲学教授,负责创办清华学校大学部哲学系,至此哲学系正式登上历史的舞台。

作为研究院的国学门也从事与哲学相关的研究。国学研究院成立于1925年,全称"清华学校研究院",简称"研究院",英文名称为"The Research Institute of Tsing Hua College"。清华当时没有能力设立数理及社会学等学科研究所,仅能办国学,故1929年以前,所有文件中提及的研究院就单指国学研究院。国学部与大学部是两个并列的机构,教育目标,学生,学制,教学和研究方法都非常不一样,但因为有不少老师都在哲学系开设课程,本文也将对这些老师的活动作相关的介绍。

独立而充足的经费来源、教授治校的管理手段、严苛的学风及远离市中心且优美的校园环境,使得清华具备了成为优秀大学的条件。哲学系师生在清华大学成型的二三十年代里,不仅是不可或缺的角色,而且自身发展也彰显了独特的魅力。[①]

1926年9月到1929年6月这三年是金岳霖担任哲学系系主任时期。在清华的历史上则跨越了清华学校与国立清华大学两个阶段。这三年的哲学系还处于建设初期,教师结构不够完备,学生人数极少,课程设置不稳定,学术成果也不显著,但哲学系的独特学风和精神面貌却已见雏形,与那个充满"我自风流"气魄的年代相得益彰。

1929年到1932年三年时间是国立清华大学校政最为动荡的时期,校长更换频繁,哲学系主任冯友兰先生不仅要负责哲学系系务,还一度代理校务会议,处理校务,但哲学系在动荡中从容而稳健地发展。学生人数缓慢增长,开设课程也渐渐丰富。

自梅贻琦校长1932年掌管清华开始,清华便进入了其高速发展时期。校长更替风波从此不再上演,尽管1932年到1937年这五年已经处于抗日前夕各种矛盾高度集中时期,但却是哲学系定型并进入高速发展时期。哲学系在此时建立了研究部,从教育机构转变成教研一体的学科系,由此开启了"清华学派"。而

---

① 绪论部分主要参考了苏云峰:《从清华学堂到清华大学1911—1929:近代中国高等教育研究》,1~78页,北京,生活·读书·新知三联书店,2001;清华大学校史编写组:《清华大学校史稿》,1~167页,北京,中华书局,1981;齐家莹编:《清华人文学科年谱》,1~64页,北京,清华大学出版社,1999。

就史料上看，哲学系的具体面貌有了直接资料可查询。此时哲学系学生人数达到了建系以来的顶峰，教师团队形成了以金岳霖、冯友兰、邓以蛰、张申府四先生为主的稳健结构，开课丰富，研究成果显著。1937年"七七事变"日本全面侵华，清华大学举校南迁，进入了西南联大历史。哲学系亦告别了这短暂花季的黄金岁月，走向充满磨难却又硕果累累的成熟期。

第一节　清华学校时期的哲学系

1926年9月，年仅31岁刚留学归来的金岳霖被赵元任推荐教逻辑学课，成为哲学系唯一的老师兼系主任。当时哲学系的样子是现在盛传较广的说法，即一师一生之"一系"。师是金岳霖，生是沈有鼎。但根据沈有鼎先生回忆①，当时实际上有两个学生，另外一名学生叫陶燠民。沈有鼎先生的回忆是可靠的，根据清华大学档案馆第1-2-1：82号档案②：国立清华大学历年分省毕业学生名册（十八年），1929年哲学系的毕业生有22岁的沈有鼎和21岁的陶燠民两人。哲学系人少不仅是因为建系之初的不得已，更多与金先生创办哲学系的理念——"要培养少数哲学家"——有关。

金岳霖，字龙荪，浙江诸暨人，生于湖南长沙。他于1914年从清华学校毕业后到美国，先在宾夕法尼亚大学学商学，1917年获得学士学位。由于对商学没有多大兴趣，便转入哥伦比亚大学政治学系，此间他对政治学产生了兴趣。一年后硕士毕业，论文是 The Financial Powers of Governors （州长的财政权）。1918年，他开始系统学习政治学理论，其博士论文为 The political theory of Thomas Hill Green （汤姆斯·希尔·格林的政治学思想）这两篇论文均收录在《金岳霖学术论文集》中。此时，同在哥伦比亚大学的金岳霖、张奚若、徐志摩三人经常参加由比尔德、詹姆斯·洛宾逊两位教授在市中心设立的社会研究所论坛。研究所先后请了三位英国学者来讲学，分别是拉斯基、瓦拉斯、巴克。这段时间的听讲座经历为三人后来去英国留学打下基础。

金岳霖认为，经济学、政治学和社会学这三门是西方学者花了相当多的时间和精力去研究的学科。经济学这门学问最像自然科学，也确实发现了一些规律，随时运用也能得出一些结论。政治学离科学甚远，可是它收集了大量的关于政府的材料，因此也大量地集中了这方面的知识。社会学最差，金先生之所

---

① 沈有鼎：《沈有鼎集》，377页，北京，中国社会科学出版社，2006。
② 凡本篇涉及的学生名单，均出自清华大学档案馆馆藏档案，档案号直接引出，不再另起注。

以得出社会学最差的结论,则是凭借一次听完吉登斯演讲后留下的坏印象。

金岳霖在 1920 年获得政治学博士学位之后,先在华盛顿乔治城大学讲授中文近一年。次年六月,因母亲逝世,遂回国奔丧。丧事料理完毕之后,于年底赴英国留学,在伦敦大学经济学院听课。① 在伦敦,金岳霖先后投奔上文中提及的瓦拉斯和巴克教授。金先生开始读休谟的著作,从此进入了哲学。但金岳霖此时距离日后成就尚可的专业逻辑学,还有很长的一段距离。1926 年清华国学院四大导师之一的赵元任先生觉得自己一个人无法应对那么多逻辑课,于是推荐金岳霖,至此金先生方踏上逻辑学之路。1931 年金岳霖去美国休假,才在哈佛接受正规的逻辑学学术训练,师以谢非教授。②

沈有鼎是位极具天才资质和性格的学生。他早在中学时代就对逻辑学和《周易》产生浓厚兴趣,1925 年进入清华后,他经常和同学们讨论逻辑问题。一次高谈阔论之际,金岳霖路过窗外,为其天赋所吸引,站在外面听了很久。然而沈有鼎并不是个守规矩的好学生。据冯友兰自传回忆③:罗家伦校长时期大力推行"四化",其最无成效的"军事化"中就是强化清华体育传统,要求学生必须做早操,不得迟到缺操。为此,张岱年入学两周就转去北师大了,直到 1933 年才回清华哲学系任教。沈有鼎依然睡懒觉,多次缺操,被记过八次,如果再记一次就要被开除,但此时早操制度被取消,得以幸免。

沈有鼎与陶燠民于 1929 年毕业,成为哲学系第一届毕业生。陶燠民英年早逝。沈有鼎毕业后考取公费留美,他于 1929 年至 1931 年师从哈佛大学谢非和怀德海,1931 年获硕士学位。同年至 1934 年留学德国,先后在海德堡和弗莱堡大学的杰浦斯和海德格尔指导下从事研究。1934 年沈有鼎回清华哲学系任教。

哲学系创立第二年,一师二生的局面得以改善。1927 年学程大纲④ 显示,除了教授金岳霖外,还增加了讲师汪鸾翔、陆懋德、梁启超、赵元任;助教梁启雄。汪鸾翔、陆懋德二位先生合开中国哲学史;梁启超在哲学系开设的是儒家哲学;赵元任和金岳霖同开论理学。同时,金岳霖还在政治系开设哲学课和西方政

---

① 金岳霖先生求学简介参考王中江:《理性与浪漫——金岳霖的生活及其哲学》,1~9 页,郑州,河南人民出版社,1993。
② 金岳霖先生的简介,主要参考金岳霖学术基金会学术委员会编:《金岳霖的回忆与回忆金岳霖》(增补本),成都,四川教育出版社,2000。
③ 冯友兰:《三松堂自序》,317 页,北京,人民出版社,2008。
④ 凡本篇涉及的"学程大纲"内容均出自清华大学校史研究室:清华大学史料选编(第一卷、第二卷上),清华大学出版社,1994。齐家莹:《清华人文学科年谱》,北京,清华大学出版社,1999。学程大纲内容直接引出,不再另起加注。

治史两课。

汪鸾翔是清华老校歌的作者，1923年前后，清华重征校歌，最后采用了汪鸾翔先生用文言文写成的歌词，并由张慧珍女士谱曲。三段歌词，气势宏伟，含义深刻。

西山苍苍，东海茫茫，吾校庄严，巍然中央，东西文化，荟萃一堂，大同爰跻，祖国以光。莘莘学子来远方，莘莘学子来远方，春风化雨乐未央，行健不息须自强。自强，自强，行健不息须自强！自强，自强，行健不息须自强！……

为了让同学们更好地理解歌词的深刻内涵，汪鸾翔于1925年秋在《清华周刊》上发表了《清华中文校歌之真义》，将校歌逐段作了解剖。同年，贺麟（当时尚在学校作学生）亦在《清华周刊》发表了《清华中文校歌之真义书后》[①]。此后在清华各个历史阶段都会有一批新的校歌出现，但都无法得到大家的广泛认同，老校歌则历经八十多个寒暑，仍然保持着摄人心魄的魅力。

陆懋德别号咏沂，字用仪，山东历城人，是著名的史学家。他研著颇丰，如1923年京华印书局出版的《周秦哲学史》等。

梁启超，字卓如，别号任公，又号饮冰室主人、饮冰子、哀时客、中国之新民、自由斋主人等。梁先生一生成果丰硕，单就其学术上看，他是著名国学大师，国学院四大导师之一。他学术研究范围广，涉及哲学、文学、史学、经学、法学、伦理学、宗教学等领域，以史学研究成绩最著。他一生著述宏富，有多种作品集行世，以1936年9月11日出版的《饮冰室合集》比较完备。《合集》计148卷，1000余万字。他在哲学系讲授"儒家哲学"。1927年9月，"儒家哲学"与"历史研究法补编"两课的讲义辑为《儒家哲学》一书。此书由周传儒记录，包含五个问题：儒家哲学是什么；为什么要研究儒家哲学；怎样研究儒家哲学；儒家哲学的成立、变迁、流别概说；儒家哲学之重要问题[②]。这本书虽还不是现代意义上的哲学史，而更像是思想史，但梁任公对历代思想家的点评非常精要，学术谱系的传承与发展阐释清晰，不失为一本入门好书。

赵元任，字宣仲，又字宜重，江苏武进（今常州）人，生于天津。1910年为游美学务处第二批留学生，入美国康奈尔大学，主修数学，选修物理、音乐。1914年获得理学士学位；1915年入哈佛大学主修哲学并继续选修音乐，；1918年获哈佛大学哲学博士学位；1919年任康奈尔大学物理讲师；1920年回国任清华

---

① http：//www.tsinghua.edu.cn/docsn/thu90/chn/spirit/laoxiaoge.htm。
② 梁启超：《儒家哲学》，上海，上海人民出版社，2009。

学校心理学及物理教授；1921 年再入哈佛大学研习语音学，继而任哈佛大学哲学系讲师、中文系教授；1925 年 6 月应聘到清华国学院，是四大导师之一，指导范围为"现代方言学"、"中国音韵学"、"普通语言学"等①。赵先生是中国现代语言和现代音乐学先驱。先生长金岳霖三岁，和金岳霖同开论理学。赵元任的课针对留美预备部高三级，大一，金岳霖的论理学针对大学部一年级。论理学即现在所说的逻辑学。

1926 年 9 月到 1927 年 12 月这一年半中，哲学系教师的学术活动以金岳霖为主。1926 年 6 月金先生已经在《晨报副刊》上发表了回国后的第一篇论文《唯物哲学与科学》。在这篇论文里，金先生通过中西哲学对比，科学与哲学对比，阐述了自己对哲学的一般看法。

"传统哲学之所以难以取得进展和充分的积累，就在于它缺乏有效的逻辑分析方法。如在传统哲学中，知识价值，理智与情感混为一谈，不能自外于对象，达到'超脱'，以求得不受个人情感制约的客观性概念。又如，传统哲学对一事一物的具体知识不感兴趣，而致力于追求'整体性'和'无所不包'的真理体系，然而，宇宙间的事物，在理智上不容易贯通的地方很多，他们一定要贯通，结果就不免造出了许多太极，上帝，宇宙魂，无量世一系的'力'等概念，来做一个贯通万物的媒人……哲学有一种情形不是普通所谓科学常有的。科学不常引用日常生活所用的字，即使用之，意义也不同。而哲学常引用，却不给予日常生活中所有意义，而又引用日常生活语言以表示意思，其结果是我们很容易把日常生活中的情感和意义渗入非常的意义，差不多最近，哲学才开始技术化。"②

在 1927 年，关于哲学他在 *Prolegomena* 写下了一段诗意且充满智性的话"坦白地说，哲学对我们来说是一种游戏……我们不考虑成功或失败，因为我们并不把结果看成是成功的一半。正是在这里，游戏是生活中最严肃的活动之一。其他活动常常有其他的打算。政治是人们追求权力的领域，财政和工业是人们追求财富的领域。爱国主义有时是经济的问题，慈善事业是某些人成名的唯一途径。科学和艺术，文学和哲学可能有混杂的背后的动机。但是一个人在肮脏

---

① 赵元任先生的简介参考《中国大百科全书·语言文字卷》，514 页，"赵元任"；CNKI 中国工具书网络出版总库词条"赵元任"。
② 金岳霖著，刘培育编：《哲意的沉思（金岳霖）》，118～124 页，天津，百花文艺出版社，2000。

的小阁楼上做游戏，这十足地表达了一颗被抛入生活之流的心灵。"①

1927 年金先生发表了 5 篇学术论文，分别是 4 月 Prolegomena（《绪论》）载于《哲学评论》第 1 卷第 1 期，连载 6 月出版第 2 期；8 月 23 日《自由意志与因果关系的关系》载于《晨报副刊》59 期；8 月《论自相矛盾》载于《哲学评论》第 1 卷第 3 期；10 月 23 日《说变》载于《晨报副刊》61 期；11 月《同等与经验》载于《哲学评论》第 1 卷第 5 期。这几篇论文中金先生已经开始持有新实在论的观点了。

陆懋德在 1927 年 12 月发表了《由甲骨文考见商代之文化》，载于《清华学报》第 4 卷第 2 期。②

第二节　国立清华大学之始的哲学系

1928 年 1 月，曹云祥校长正式辞职离校。严鹤龄再度被任命为代理校长，1 月 14 日到职，4 月请辞。外交部派温应星将军继任校长，仅二月，因北伐成功，北京政府消亡，温应星亦离职。国民政府以广东广西为基地，先后击败以吴佩孚、孙传芳、张宗昌为主力的北洋军阀，之后有原属北洋军的冯玉祥、阎锡山等人的加入，6 月将张作霖赶出北京退出山海关外，北洋政府覆灭。由北洋政府控制的清华学校转而落入南京国民政府手中，梅贻琦暂代校务。在清华管辖问题上出现了大学部与外交部的争夺，实质上巨额的清华基金成为争夺焦点。经过两个多月的明争暗斗，最后大学部和外交部达成了共同管辖清华的协议，决定：一、将清华学校改为"国立清华大学"，按照美国文理科大学办理，并逐步添设研究院；二、由大学部同外交部合派董事九人，组成新的董事会，共同管辖清华；三、清华学校暨留美学务基金保管委员会由大学院院长（后为教育部长，蒋介石）、外交部长和美公使三人组成。而这次基金斗争的结果是校方申请到四十万，作为扩建校舍添置设备之用，扩建了图书馆，新建了生物馆、气象馆。8 月 17 日，南京国民政府在取得美国公使的同意后任命罗家伦为清华大学校长。罗家伦本是北京大学毕业生，和冯友兰是同学，后两人都赴美留学。罗家伦到北京后组织班子，将冯友兰和杨振声从燕京大学挖了过来。杨振声成为教务长，冯友兰担任哲学系教授兼秘书长。9 月，罗家伦身着戎装发表了著名的

---

① 金岳霖：《序》，见《金岳霖学术论文选》，470 页，北京，中国社会科学出版社，1997。
② 凡本篇涉及的有关教师发表论文，均出自齐家莹：《清华人文学科年谱》，北京，清华大学出版社，1999。以后直接引用，不再另加注释。

"学术独立与新清华"之就职演讲。金岳霖成为国立清华大学评议会四位教授评议员之一,其他三位是叶企孙、吴之春、陈岱孙。国立清华大学评议会和清华学校评议会实质一脉相承,依然体现了"教授治校"之理念。11月14日,国立清华大学第一次评议会,冯友兰当选为该会书记。年底,金岳霖和徐志摩等一行人去江苏浙江两省考察,为泰戈尔的农村建设计划选择实验区。

1928年下学期,冯友兰、邓以蛰开始担任清华大学哲学系教授。哲学系还聘请了瞿世英、黄子通。而梁启超则于6月17日辞去了一切与清华相关的职务。

冯友兰,字芝生,河南南阳唐河人。1915年入北京大学文科中国哲学门,1919年赴美留学,1924年以《人生理想之比较研究》(又名《天人损益论》)顺利通过美国哥伦比亚大学博士毕业答辩,获哲学博士学位。是年秋回国后,沿博士论文方向写成《一种人生观》。1924年又写成《人生哲学》,作为高中教材之用,在这本书中,冯友兰确立了其新实在主义的哲学观,并开始把新实在主义同程朱理学结合起来。冯友兰跟着罗家伦校长空降清华之后就成为清华大学不可或缺的一员,见证了清华大学和清华大学哲学系的成长,他还是中国哲学史学科的奠基人。

邓以蛰字叔存,是清代著名书法家邓石如的五世孙,教育家邓艺孙的第三子,邓稼先之父。新中国成立后参与了国徽设计。1928年,36岁的邓以蛰来清华执教,从此一人独掌美学专业24年,直到1952年院系合并。1928年出版论文集《艺术家的难关》。认为艺术不是对自然的简单模仿,而是超出于自然的绝对境界,理想境界的表现;强调艺术不能仅限于使人感官愉快,而是要鼓励鞭策人类的感情;艺术的特殊力量在于使人暂时与自然脱离而达到一种绝对的境界,得到刹那间的心境的圆满。所谓艺术,是性灵的,是人生所感得的一种绝对的境界,艺术通过自然来表现心灵的精神内容,所以艺术家进行创作必须冲破"自然"的"难关",才能"达到一种绝对的境界"。而这种"难关"也就是现实的利害关系,艺术家只有超越这种现实的利害关系才能创造出真正的艺术。艺术是用"同情"不断地"净化"人生,要表现高尚的人生理想。但邓先生并不主张脱离现实的"为艺术的艺术",因为他从美学的、历史的角度来分析艺术与人生的关系,认为艺术是离不开人生的。如他在《诗与历史》中指出:诗的内容是人生,历史是人生的写照,诗与历史不能分离。他也倡导艺术对社会人生的作用,倡导民众的艺术。[①]

[①] 邓以蛰先生的简介参考《中国大百科全书·美术卷》,170页,词条"邓以蛰";CNKI中国工具书网络出版总库词条"邓以蛰"。

瞿世英和黄子通二位先生同即将加入哲学系的林宰平都是北京尚志学社成员。尚志学社是当时以梁启超为首的宪法研究会的一个附属组织①，由林先生主持。瞿、黄二位先生及30年代末加入清华哲学系的张东荪三人于1927年创办了中国第一本哲学专业刊物——《哲学评论》，这本杂志背后有尚志学社的支持。《哲学评论》创刊后，林宰平鼓励金岳霖投稿，我们可以在金先生1927年发表的文章中看到这本杂志。

瞿世英即瞿菊农，1901年出生，江苏武进人，瞿秋白的远房叔叔。早年与郑振铎、瞿秋白、赵世炎等创办《新社会》旬刊、《人道》月刊。五四运动中为北京学生联合会代表。1921年1月4日，与郑振铎、茅盾、叶圣陶等发起成立"文学研究会"，这是我国现代最早成立的新文学团体。1920年9月—1921年7月，罗素来华访问讲演，他与赵元任、张廷谦同为翻译。1922年毕业于燕京大学研究科。1924年4月，泰戈尔率团访华，瞿菊农与徐志摩等曾陪同。1926年瞿世英获美国哈佛大学哲学博士学位，受教于美国新黑格尔主义者霍金等教授，是在哈佛大学获得博士学位的第一位中国学生②。

黄子通，名理中，嘉兴人。出身书香门第，16岁考上秀才。后得亲戚资助，毕业于上海交通大学，又考取官费，先后赴英国伦敦大学学经济，加拿大托朗托（即多伦多大学）大学学哲学，获哲学硕士学位。留学期间，生活朴素，好学不倦，有的外国人以为他是日本学生，他严肃地回答："我是中国人。"学成后立即回国，从事大学教育工作和中国哲学史、西洋哲学史的研究，他来清华时41岁。新中国成立后参与了《毛泽东选集》的英译工作。

黄子通译著有《西洋哲学史》，著述主要有《亚里士多德论本体》、《康德论本体》、《儒道两家哲学系统》、《论薛福成》、《关于西周的社会性质问题》、《中国上古史分期的重要性》、《怀德海的时空论》、《古文家的文学批评》、《对于杜威哲学的批判》、《批判胡适〈中国哲学史大纲〉》、《宗法制度与等级制度是不是封建制度的特征》、《对于〈东西文化及其哲学〉的批判》、《关于哲学史的几个问题》、《〈庄子·内篇〉所表现的哲学思想》、《严复》、《英文文法例证》等③。

1928年可能因为时局动荡、学术环境不稳定，老师的学术成果并不多，论文方面哲学系仅有陆懋德《中国人发明火药火炮考》载于《清华学报》第5卷第1期。但此时却有一位学生大放光彩，那就是张荫麟。

---

① 王中江：《理性与浪漫——金岳霖的生活及其哲学》，307页，郑州，河南人民出版社，1993。
② 瞿世英先生简介参考 CNKI 中国工具书网络出版总库词条"瞿世英"。
③ 黄子通先生简介参考 CNKI 中国工具书网络出版总库词条"黄子通"。

张荫麟并非哲学系的学生，而是就读于中等科。因为他经常与哲学系师生进行讨论，并发表一些与哲学相关论文，在美曾攻读哲学学位，后又回哲学系担任教师，所以在此做简略介绍。张荫麟，字素痴，广东东莞人。1905年11月出生于官宦之家。他幼年丧母，15岁那年夏天父亲去世，学费断绝，还要负担兄妹求学费用。1921年他考入清华学堂。为了凑学费，他大量向《东方杂志》、《清华学报》、《大公报·文学副刊》投稿获取稿费。他大量写稿却一直坚持少写肤浅文章，贺麟回忆当年出国张荫麟相送时所说"没有真学问的人，到处受人轻视"。实际上，张荫麟写的文章非常好。如他在《学衡》杂志第21期上发表处女作《老子生后孔子百余年之说质疑》，针对梁启超对老子事迹考证提出异议，清华师生大为震动，并获得梁启超的激赏："有作学者的资格"。1924年6月，又发表论文《明清之际西学输入中国考略》，分析明清两代传入的西方学术的差异及其对中国文化的影响。此外，他对顾颉刚的"古史辨"的批判也十分有名，影响最大。他精确指出顾氏致误之因，半因误用默证法，半由凿空附会。对此，"古史辨"学派竟然无以回应。

张荫麟在清华求学八年，以史、学、才三才识出众知名，与钱钟书、吴晗、夏鼐并称为"文学院四才子"。1929年，他以优异成绩毕业于清华大学。是年获公费到美国斯坦福大学攻读西洋哲学史，到美国后，他并没有接受当时美国流行的杜威学说，反对杜威的心理逻辑，甚至认为"杜威老糊涂矣"，因此，他也不喜欢胡适的理论。他的伦理观来自英国哲学家摩尔，在美的硕士论文就是关于这位实在论者的伦理学的。在美国，他更多地阅读的是有关数理逻辑、直觉主义、现代人类学等方面的著作，并深受康德哲学影响。他曾说："今日哲学应走之路，仍是为康德之旧路。康德先验判断与经验判断之区别，究有所见。"后来他改学社会学，在此期间立志治史。1933年3月，他给史学家张其昀写信，自述治学旨趣说："国史为弟志业，年来治哲学，治社会学，无非为此种工作之预备。从哲学冀得超放之博观与方法之自觉，从社会学冀明人事之理法。"张荫麟在美读书期间也不忘国事，对于日本侵华，他说："当此国家栋折榱崩之日，正学人鞠躬尽瘁之时。""国事目前诚无使人乐观之余地，然吾人试放远眼光从世界史趋势看来，日寇之凶焰决非可久。然中国否不极则泰不来。且放硬心肠，伫候大河以北及江海沿岸之横遭蹂躏可耳。历史上腐化之时代而能为少数人道德的兴奋所转移者，殆无其例，必有假于外力之摧毁，摧毁之甚而不至于亡则必复兴。弟于国事对目前悲观，对将来则并不悲观。"① 张荫麟在美留学四年，

---

① 张荫麟先生的简介参考了 张润成、李欣荣编：《天才的史学家——追忆张荫麟》，北京，清华大学出版社，2009；CNKI 中国工具书网络出版总库词条"张荫麟"。

并未从国内学术活动中消失，依然发表了多篇论文。他提前获得哲学博士学位，回国后成为国立清华大学历史系和哲学系合聘教师。

以下列举张荫麟1928年发表的与哲学相关的论文，这几篇仅占他发表论文的少数。1928年1月 翻译《斯宾格勒之文化论》载于《学衡》61 连载到11月66期；3月5日《评冯友兰君〈孔子在中国历史中的地位〉》载于《大公报·文学副刊》；6日《评顾颉刚〈春秋时代的孔子与汉代的孔子〉》《评顾颉刚〈秦汉统一之由来和战国人对世界之想象〉》载于《中山大学语言历史研究所周刊》第二集第十九期；6月4日《王静安先生与晚清思想学界》；7月9日《评冯友兰〈儒家对于婚丧祭礼之理论〉》。

第二章 哲学系的发展期
（1929—1932）

1929年到1932年这三年是国立清华大学校政最为动荡的时期，哲学系系主任由冯友兰担任。冯先生不仅要负责哲学系系务，还要处理校务，但哲学系在动荡中却获得从容而稳健的发展。

第一节 国学院解散后的哲学系

1929年1月19日，梁启超因医疗事故不幸逝世，接着国学院与留美预备处同时停办，陈寅恪先生成为中文、历史、哲学三系合聘之教授，翟世英先生不再任教。下半年，金岳霖辞去哲学系主任一职，请冯友兰担任哲学系主任。在接下来的八年时间里，哲学系系主任一直由冯友兰担任。

陈寅恪先生是江西义宁（今修水县）人，是中国现代最负盛名的历史学家、古典文学研究家、语言学家。陈先生1890年7月3日生于湖南长沙，是著名诗人陈三立之子，湖南巡抚陈宝箴之孙。1919年陈寅恪远赴哈佛留学，结识俞大维、吴宓、汤用彤、梅光迪等人。此时新文化运动正如火如荼，陈吴等人虽不能回国投身其中，却出于对中国文化命运的关注表述了自己的看法。他们均不赞成胡适、陈独秀等彻底否定传统、主张全面西化的过激主张，认为应重视传统与现代之间的继承性，昌明国粹，融化新知，在现有的基础上完善改进。两年后，吴宓公费留学时间未满，应好友梅光迪之邀，匆匆结束学业，回国办起《学衡》，正式向新文化运动公开挑战。陈寅恪虽大致赞成学衡派的观点，却并未介入双方的学术论战。1926年，陈寅恪先生回国应聘清华国学研究院，致力于国学研究。国学院在王国维先生自尽，梁启超辞职之后，一度由时年38岁的陈先生主持，但半年后国学院研究院在与大学部的利益纷争失败后提前关闭，陈先生随后便加入了大学部中文、历史、哲学三系的教学与研究。在哲学系，陈先生开设了佛典校读、中国中世纪哲学两门课。不过此时的陈寅恪先生自己的研究重心已经从具体的佛经研究转向魏晋南北朝史和隋唐史（佛教传入及兴盛时代）的研究，这一转变颇有深意。

近代不论对内对外，不学习他人文化已难应付时局，在学习他人的进程中如何能够不失其故，这是近代有识之士极为关注且热切思考的问题。陈寅恪先生没有参与任何文化论战，而是默默地研究中古以降汉民族与其他异族交往的历史，以及外国文化（如佛教）传入中国后所产生的后果，希望从其中获得历史的教训。陈寅恪曾借用"中体西用"这个口号来表明他的"中国文化本位"的立场，他认为要建设现代中国文化，必须一方面吸收输入外来之学说，另一方面不忘本国民族之地位。这方面成功的例子就是中古时佛教传入中国后，本土文化如何对其加工改造而终使佛教得以进入中国文化系统。这种外来文化的输入作用好比输血，使趋向衰落的中国文化立时增长元气。然而，对于严复引进西方进化论，陈先生表示非常不满。严复以断章取义、任意发挥之方式介绍进化论，被他视为引进外来文化不忠实的例子。在陈寅恪看来，半个世纪来中国社会的空前混乱与灾难，实与对进化论的引进和盲目信仰有关。陈寅恪指出，救国经世，尤必以精神之学问为要基。今人谓中国不重虚理专谋以功利机械之事输入，而不图精神之救药，势必至人欲横流，道义沦丧。不满的深层原因还在于中国文化本来就偏重实用，这种功利主义倾向与进化论之观点相结合，只能导致一系列激进思想的产生，加之当时启蒙救亡的现实要求，就更易助长此种思想倾向的泛滥。

陈寅恪所认知的"中国文化"及期望的方向，或是一种"融冶胡汉为一体"的理想型"国粹"。在陈寅恪眼中，道教和宋代的新儒家最能代表这种"国粹"，其最初都是"本土之产物"，后来逐渐接受模袭外来输入之学说技术，变易演进，遂成为一庞大复杂之混合体。这种"相反而适相成之态度，乃道教之真精神，新儒家之旧途径"，实为"两全之法"。他早在1919年就指出，周秦诸子不够高明，且史料不全、甄别困难，而唐之文治武功，交通西域，佛教流布，实为世界文明史上大可研究者。后来他更明言，唐代历史可分为前后期，不论在社会经济还是文化学术方面，都具有承先启后的意味，即前期结束南北朝相承之旧局面，后期开启赵宋以降之新局面。而宋代最为著称的便是能够融合中西古今的"新儒学、新古文之文化运动"。另一方面，陈寅恪也强调，吾中国文化之定义，具于《白虎通》三纲六纪之说，其意义为抽象理想最高之境。而此理想抽象之物所依托以表现者，实为有形之社会制度。这与章太炎之重视上古"人事变迁，法制流传"仍颇相近。他还具体指出：秦汉以来，历代法典为儒家学说具体之实现。故二千年来华夏民族所受儒家学说之影响最深最巨者，实在制度法律公私生活之方面。他虽不赞同疑古学派麇集于上古的史学取向，却亦知承载文化的"法制流传"必须上溯先秦。①

陈先生的观点深刻而富有洞见,只是在当时充满论战的躁动年代这样的观点并没有多少影响力。

1929年哲学系的学生注册显示有4人,能查到名字的只有黄国镇和方淳模。黄国镇从以后的哲学系学生名单中消失,可能转系,而方淳模则一直坚持读完研究生。方家住在朝鲜京畿道,是哲学系第一位外国留学生。他回国后一直从事哲学研究,晚年还曾向哲学系捐赠书籍。

新的学年里,开设的课程大为丰富趋于完善。第一、二年依然实行争议颇大的通识教育和学分制(课程名称后面的阿拉伯数字是学分)

第一年级:有国文6、论理或各系公共必修学科甲组(物理化学生物择一)8、乙组(政治,经济,社会学,历史,现代文化则一)6、哲学概论4(黄子通)、第一年德文或法文;

第二年级:中国哲学史6(冯友兰),西洋哲学史6(邓以蛰),普通心理学6,论理或各系公共必修学科甲组择一8 第二年德文或法文8 他系课程任选4;

第三年、第四年:伦理学4(冯友兰,金岳霖)、美学4(邓以蛰)、知识论4、形上学4、印度哲学概念4、哲学专题或专家研读24、认识论4(金)、佛典校读2(陈寅恪)、中国中世纪哲学2(陈)、休谟4(金)哲学问题4(本学年不开班 金)、洛克4(本学年不开班 金)、康德4(本学年不开班 黄子通)

1929年,哲学系的学术成果不多但分量较大:冯友兰完成《中国哲学史》上册初稿。同时冯友兰开始在《古史辨》上发表一系列文章,这些文章也可以看作冯友兰对古史辨提出的问题的一些回应。1929年8月《〈中庸〉的年代问题》载于《古史辨》第四册;11月8日《老子哲学》载于《清华周刊》32卷第4期。

此时,全国哲学性活动有所加强,如1929年10月1日金岳霖在燕京大学哲学年会上宣读《知觉现象》;冯友兰宣读《孟子哲学》。

1930年《中国哲学史》上册被列入《清华大学丛书》出版,主要审查人是陈寅恪、金岳霖。两位先生都提交了审查报告,收录在《中国哲学史》附录中。陈寅恪先生的审查报告也成为了学术史上的一篇经典。1931年张荫麟也发表了评论②。

---

① 陈寅恪先生的文化观参考刘克敌:《略论陈寅恪对新文化运动的态度与意见》,载《文艺理论研究》,1997年第6期,75~83页。
② 三位先生的报告内容均选自齐家莹:《清华人文学科年谱》,节录了与哲学有关的部分。

1930年6月11日，陈先生作《冯友兰〈中国哲学史〉审查报告》。"……今日之谈中国古代哲学者，大抵即谈其今日自身之哲学者也；所著之中国哲学史者，即今日自身之哲学史者也。其言论愈又条理系统，则去古人学说之真相愈远；此弊至今日之谈墨学而极矣。今日之墨学者，任何古书古字，绝无依据，亦可随其一时偶然兴会，而为之改移，几若善博能呼卢成卢，喝雉成雉之此；此近日中国号称整理国故之普通状况，诚可为长叹息者也。今欲求一中国古代哲学史，能矫附会之恶习，而具了解之同情者，则冯君此作庶几近之……"

他还提出了研究中国哲学史的特殊的方法："凡著中国古代哲学史者，其对于古人之学说，应具有了解之同情，方可以下笔。盖古人著书立说，皆有所为而发；故其所处之化境，所受之背景，非完全明了，则其学说不易评论。而古代哲学家去今数千年，其时代之真相，极难推知。吾人近日可依据之材料，仅为当时所遗存最小之一部分；欲藉此残余断片，以窥测其全部结构，必须备艺术家欣赏古代绘画雕塑之眼光及精神，然后古人立说之用意与对象，始可以真了解。"

1930年6月26日，金先生作《冯友兰〈中国哲学史〉一书审查报告》。"……我们可以根据一种哲学的主张来写中国哲学史，我们也可以不根据一种主张而仅以普通哲学形式来写中国哲学史。胡适之先生的《中国哲学史大纲》就是根据于一种哲学主张写出来的。我们看那本书的时候不免有一种奇怪的印象，有的实践简直觉得那本书的作者是一个研究中国思想的美国人；胡先生于不知不觉间流露出来的成见。在工商实业那样发达的美国，竞争是生活常态，多数人民不免以动作为生命，以变迁为进步，以一件事情之完了为成功，而思想与汽车一样也就是后来居上。胡先生既有此成见，所以注重效果，既注重效果，则经他眼光看来，乐天安命的人难免变成一种达观的废物。对于他所最得意的思想，让他们保存古色，他总觉得不行，一定要把他们安插到近代学说里面，他才觉得舒服。同时西洋哲学与名学又非胡先生之所长，所以在他兼论中西学说的时候，就不免牵强附会。哲学要成见，哲学史不需要成见。哲学既离不开成见，若再以一种哲学主张去写哲学史，等于以一种成见去形容其他的成见，所写出来的书无论从别的观点看起来价值如何，总不会是一本好的哲学史。

冯先生的态度也是以中国哲学史为在中国的哲学史，但他没有以一种哲学的成见来写中国哲学史。……据个人所知道，冯先生的思想倾向于实在主义，但他没有以实在主义的观点去批评中国固有的哲学。因其如此，他对古人的思想未必赞成，而竟能如陈先生所云，神游冥想与立说之处与古人处于同一境界。同情一学说与赞成那一种学说，根本是两件事。……他说哲学史说出一个道理来的道理，这也可以说是他主张之一，但这种意见是一种普遍哲学的形式问题而不是一种哲学主张的问题。冯先生既以哲学为说出的道理的道理，则他所注重的不仅是道而且是理，不仅是实质而且是形式，不仅是问题而且是方法。"

1931年5月25日张荫麟《评冯友兰〈中国哲学史〉上卷》发表于《大公报·文学副刊》176、177期。认为：哲学史负有两种任务，一是哲学的，一是历史的。这两种工作同等重要。这部书的特长是在对于诸子，及大部分之经传，确曾下过一番搜绎贯穿的苦功，而不为成见所囿。他的重述比以前同类的著作精密得多，大体上是不容易摇撼的。唯关于历史方面，未能同样让人满意。此书有两个普通的缺点：第一，是直用原料的地方太多，第二，书中既没有分时期的提纲挈领，而最可异者书中涉及诸人除孔子外，没有一个著明生卒年代或约略年代，故此书年历轮廓是模糊的，试拿此书与胡适《中国哲学史大纲》和梁启超《先秦政治思想史》或任意一种西洋哲学史一比，就知道作者的历史意识之弱了。文章还就有关细节与冯友兰进行了讨论。并说，此外冯先生书有许多好处，未及详细指出，也是作者觉得抱歉的。

6月8日冯友兰在《大公报·文学副刊》178期上发表了《中国哲学史中几个问题——答适之先生和素痴先生》：有历史学家的哲学史，有哲学家的哲学史。历史家的哲学史注重"谁是谁"。哲学家的哲学史注重"什么是什么"。我是哲学家不是尚是问题，不过我确不是历史学家，所以我在我书的序文上先有声明。素痴先生说我的书长在哲学方面，唯关于历史方面，则未能同样令人满意。这句话前半段是素痴先生过奖，后半段所说实在是事实。文章并就张荫麟提出的"直接原料的地方太多""没有分时期的提纲挈领""关于农奴制""关于孔子的中心见解""孔子以前，尚无私人著述之事""老子的年代问题""学说之解释"等问题与之进行了讨论。

冯友兰的《中国哲学史》是继胡适先生的《中国哲学史大纲》之后的第二本《中国哲学史》的著作。如开篇所说，胡适那本书成书于五四新文化运动时期，是中国哲学史研究方面一部具有划时代意义的著作，蔡元培先生从四个方面给予了高度评价"证明的方法，扼要的手段，平等的眼光，系统地研究"。胡适之先生的书开"疑古"之风，大刀阔斧地砍去了三皇五帝的传说，直接从老子孔子讲起，但依然偏重历史，而非真正意义上的哲学史。

关于"中国哲学史"中的"哲学"是什么，研究哲学的方法，哲学与传统之"义理之学"的关系，以及中国传统哲学中的弱点等问题，书中的绪论都给出了一定的解释。冯先生认为，直接定义哲学太困难，而不如对哲学的内容进行说明。他认为哲学包括三大部分内容：宇宙论，人生论，知识论。其中宇宙论又包括本体论和宇宙论,人生论包括狭义伦理学和政治经济学等,知识论则包括认识论和狭义论理学。这个框架在当时应该也是当时人的共识。而研究哲学的方法,冯先生比较注重论证,而认为传统的直觉,顿悟,神秘主义虽然有很高的价值,但不能作为研究哲学的方法。

书的内容据先生自己介绍,大概有如下几个特点。首先,从宏观的历史分期而言,可分两个时代即子学时代和经学时代。子学时代是春秋战国百家争鸣时期,不承认有所谓的"一尊",在中国历史中,此时也是思想自由,言论自由,学术最高涨时期。经学时代,儒家独尊,儒家典籍变成了"经",这就为全国老百姓的思想立了限制,树了标准,建了框框,人们即使有见解也只能由注疏的形式发表出来,实际上,他们已经习惯于依傍古人才能思想。即使像王船山,戴东原这样富有变革精神的思想家,也不能离开五经四书发表观点,推倒"经"的观念,想都没有想过。所以"经学时代"就是思想僵化,停滞的代名词。

其次,就老子与孔子谁前谁后的问题。在当时这是一个争议很大的问题,胡适认为老子在先,梁启超反对。二位都是就历史考据立论。而冯先生以孔子为整书第一个出现的人物,则是从春秋战国时代的社会形势来看,孔子是当时第一个私人讲学,第一个私人立说,第一个创立学派的人,所以应该是中国哲学史中第一人。但就时间上的论证,则更多的是论证技术层面的东西。就这一点看,冯先生笑称自己是"释古"派,既不是胡适之先生式的"疑古",也非顾颉刚先生式的"辨古",更非"信古"。

再次,冯先生认为他对名家实际可分为两派,一派主张"合同异"一派主张"离坚白";二程兄弟的思想实际上并不一样。这两个提法应该是具有开创意义的并且难以被撼动①。

《中国哲学史》上册写完到张荫麟先生发表评论的这一年半时间内,其实在中国大陆,国立清华大学以及哲学系内都经历了一番不大不小的波折。

第二节 校政动荡时期的哲学系

1930年,中原大战爆发,失势的国民党左派领导人汪精卫联合反共右倾西山会议派和亲国民党军人阎锡山、冯玉祥、李宗仁、张发奎,发起夺权,挑战蒋介石中央政府及国民党中央会议的内战。这次内战也波及到了北京教育界,

---

① 关于冯友兰《中国哲学史》一书的内容简述,参考了冯友兰:《中国哲学史》,上海,华东师范大学出版社,2000;《三松堂自序》,北京,人民出版社,2008。

因为当时的北京卫戍司令商震是阎锡山系统的人,在中原大战之前,阎锡山表面服从南京国民政府,但是冯、阎与南京决裂后,南京的人应该撤回南京,所以罗家伦势必下台。果然,在学生活动的激烈抵制下,罗家伦5月23日辞职。罗家伦辞职后,阎锡山派来了新校长乔万选,尽管这位校长是清华毕业生,可是威望不高,立刻遭到了教师与学生的拒绝,未就职。自此,阎锡山也再未派新的校长过来。此时清华校务由校务会议代理,1930年5月24日—1930年7月10日的代理主席是叶企孙,1930年7月11日—1931年4月15日由冯友兰主持。在这八个月中,冯先生除了学术研究之外,每半个月就要主持召开一次评议会并担任文学院院长,教授治校的艰辛可想而知。

冯玉祥、阎锡山战败后,南京势力又重新掌控清华,任命了前复旦大学教务长吴南轩为新校长。1931年4月16日吴南轩到校后的一系列强势作风引起了师生的强烈不满,在校长与教授会的僵持中,学生会通过议案:驱逐吴南轩。5月2日清华大学教授临时会议,通过决议两项:一、新改国立清华大学规程,于学校前途,诸多危险,同人等应呈请教育部,斟酌清华特殊情形,重新筹划。至吴南轩校长到校以来,惟务大权独揽,不图发展学术,加以蔑视教授人格,视教授如雇员,同人等忍无可忍,为学校前途计,应请教育部另简贤能,来长清华,以副国府尊重教育之议案。二、本会应推选七人委员会,根据上项决议案,负责起草并缮发呈文案。48教授签字声明,若决议无法产生作用,下学期与清华脱离关系。金岳霖、冯友兰、陈寅恪等教授都签了名。5月29日,吴南轩只能灰溜溜地离开。南京国民政府没有多追究,这一段时间,清华校务由校务会维持,直到7月3日南京教育部任命翁文灏代理校务。翁是原气象系系主任,所以他此次代理校务基本上没有遭到强烈反对,直到9月15日新学年的开始。三日后,爆发了震惊中外的"九·一八事件"。之后,校务又由校务会代理,叶企孙主持直到12月2日。接着,南京国民政府任命梅贻琦为校长。

清华的历史上著名的七个月无校长的风波终于得以终结。梅校长在办大学的理念和管理上都很出色,因而为清华创造了稳定的办学环境,确定了其著名学府的地位,并且带领西南联大成功渡过抗日战争的危机。他的办学理念"所谓大学者,非谓有大楼而谓也,有大师而谓也"的阐述广为推崇。1962年5月梅校长在台湾病逝,新竹清华校园建有"梅园"以志纪念①。

---

① 关于校政动荡内容简介,参考了《三松堂自序》、《从清华学堂到清华大学 1928—1937:近代中国高等教育研究》、《清华人文年谱》、《清华大学校史稿》、《清华大学史料选编》1928—1937校长一览表。

第二章 哲学系的发展期 311

30 年代初的战争和校长更替风波似乎对哲学系的冲击并不是特别大，哲学系一直保持向前发展的良好态势。如 1931 年 6 月 1 日 清华周刊刊登的《清华大学各系概况》，有冯友兰的《哲学系概况》：哲学依其内容分，则有研究价值之分布，如伦理学，美学等；有研究真实之部分，如本体论，宇宙论等，有研究知识论之部分，如知识论，论理学等。此外，于哲学，又可以作历史研究，如中国哲学史，西洋哲学史，印度哲学史等，还可以作专家个案研究，如康德哲学，休谟哲学，洛克哲学等。本系所定四年课程之次序，在先使学生对于哲学之各个部分，皆有普通之知识，然后使学生依其兴趣，作专题专家研究。在谈起该系之发展时介绍，1928—1929 学年有学生 2 人；1929—1930 学年有学生 4 人，这六个人之前都已经介绍了。而在 1930—1931 学年，哲学系有学生 11 人。

根据馆藏 1-45-11 号档案：1930 年哲学系的学生人数大幅增长，从大一到大三共有 11 名学生就读，他们分别是：一年级的韩增霖；二年级：乔冠华、饶可将、王宪钧、张宗溥；三年级的陈仲秀、李喆、徐子佩、曹觉民、方淳模。此时转系现象依然十分普遍，如曹觉民就是从生物系转入，乔冠华从国文系转入，王宪钧从南开大学转进。

1931 年新增大一学生任华。而自从民国十八年（1929）22 岁的沈有鼎和 21 岁的陶燠民毕业后到 1932 年这三年里，哲学系并没有新的学生拿到毕业证。直到 1933 年才有乔冠华、王宪钧、方淳模三人毕业。方淳模大约是延期一年毕业的，拿到毕业证的时候已经开始读研究生了。而那时候延期毕业似乎很常见。1932—1937 年这五年里共有 14 名毕业生，能顺利正常毕业的人仅 6 人。这种现象产生的原因因资料限制已经无从得知，但这样的现象可能带给人一种印象，哲学系毕业并不容易。其实不仅毕业困难，进入清华学习的关卡也从未放松。如 1930 年 4 月 7 日《校刊》上刊登了《研究院学生入学考试科目》其中中国文学系 8 项科目，外国语文系 11 项科目，哲学系 8 项科目，历史系 10 项，由此可见，清华激烈的学业竞争传统一直都延续。

哲学系因学生增多，除原有教师外，1930 年增聘林宰平、许地山、黄子通、张崧年（申府）为讲师。次年张申府被聘为哲学教授后，讲授逻辑与西洋哲学史。他与冯友兰、金岳霖、邓以蛰三位教授齐聚哲学系，并称"四大金刚"。从此，清华大学哲学系就开始进入其稳健发展的高峰期了。1930 年学程大纲显示，新增课程康德哲学，洛克哲学，中国美术史，中国哲学问题，佛教哲学等。

林宰平，名志钧，号北云，唯刚，是著名的哲学家，佛学家，书法家，国学大师。他曾在国学研究院担任老师，授"人生哲学"、"中国政治思想史"等课程。王静安先生纪念碑便由林先生书丹。林先生长金岳霖 13 岁，是金先生的师长，也被金先生称为"我见到的唯一的儒者"。

林宰平先生学养深湛，多才多艺，他不仅精通他所学的法律学，也精于国学、哲学、佛学、诗词、书画。但他并非囿于书斋里的学者，对社会、对诸多文化领域都有广泛关切。在思想和政治立场上，他接近于梁启超、蔡锷。他与清末民初的诸多文化名流相处友善，经常诗酒相酬，也与新儒家创始人熊十力、梁漱溟交谊深厚。熊十力曾回忆他们三人之间的友谊说："余与宰平及梁漱溟同寓旧京，无有暌违三日不相晤者。每晤，宰平辄诘难横生，余亦纵横酬对，时或啸声出户外。漱溟则默然寡言，间解纷难，片言扼要。余尝衡论古今述作得失之判，确乎其严，宰平戏谓曰：老熊眼在天上。余亦戏曰：我有法限，一切如量。"熊十力的《新唯识论》文言文本上半部多是与林宰平讨论的记录。

1925年，他在《晨报副刊》上看到了一篇休芸芸的散文《遥夜一五》，文中叙述自己乘公共汽车，同有钱的人对比，倾诉他的窘迫处境和人生的痛苦、孤独。这是刚流浪到北京不久的沈从文写的。当时在北大兼课的林宰平看了文章，很是赞赏。此后，经林宰平和梁启超的推荐，沈从文到香山慈幼院图书馆做办事员，算是有了一份固定的工作。林宰平还常在经济上给予沈从文帮助，致使沈从文对他感激终生，他们的友谊也持续了终生。

林先生主持的和平门内化石桥之尚志学会成立于宣统二年（1910），以谋学术及社会事业之改进为主旨，历办法政、职业、普通各类学校、医院及文化事业，编译出版了40多种各类科学书籍。梁启超病逝后，他还应梁氏家族之请，于1932年主持编《饮冰室合集》，由上海中华书局出版。合集分为文集与专集，各自编年，共40册，搜罗梁启超著作极为完备。

林宰平有《帖考》、《林宰平书画集》和诗集《北云集》等行世[1]。

许地山是著名的文学家，他于1922年往美国入纽约哥伦比亚大学研究院哲学系，研究宗教史和宗教比较学，获文学硕士学位。后转入英国牛津大学曼斯菲尔学院研究宗教学、印度哲学、梵文、人类学、民俗学等。许先生在哲学系任教时间不长，1935年便转聘于香港大学中文系[2]。

张崧年，字申府，是张岱年的兄长。他的个人经历非常丰富，是民国时代引领历史潮流的人物。申府先生1893年出生，1913年考上北京大学预科，他原先的兴趣在数学，但1914年考上北大时，预科尚未毕业，按规定无文凭的学生只能考北大文科，于是他先考入文科哲学系，然后通过冯友兰先生的关系转到理科数学系。1917年，张申府以助教名义留北大工作，教预科数学和逻辑，认识了时任北大图书馆主任的李大钊及北大文科学长陈独秀。在李大钊事务繁忙

---

[1] 林宰平先生的简介参考 CNKI 中国工具书网络出版总库词条"林宰平"。
[2] 许地山先生的简介参考 CNKI 中国工具书网络出版总库词条"许地山"。

时，张申府几次担任北大图书馆代主馆。1918年张申府当图书馆代理主馆时，认识了由伦理系教授杨昌济老先生介绍来担任登录室工友的毛泽东。张申府在北大担任《新青年》编委，还是少年中国学会和新潮社的团员。1920年8月，陈独秀开始筹建中国共产党。10月陈独秀、李大钊、张申府三位建立了中国共产党第一个基层组织——北京共产主义小组，并发展张国焘为党员。1920年冬，申府先生到法国深造，并在里昂中法大学教逻辑。1921年初发展了刘清扬（中国共产党第一位女党员，也是张的夫人）入党，又介绍周恩来入党，并与后来到达的党员赵世炎、陈公培在巴黎成立了共产党小组。

1922年，张申府由于支持留法学生抗议中国学院院长吴稚晖拒收勤工俭学的中国留学生入学而毅然辞去教授之职，因巴黎的生活日益艰难，便与刘清扬、周恩来一同乘车转往德国柏林。当时朱德和孙炳文正在德国，张申府成为这两人的入党介绍人。在德国期间，张申府曾与希尔伯特讨论数学问题，并且第一个指出爱因斯坦相对论在思想界的重要作用。同年旅欧中国少年共产党成立。由于张申府当时的老大哥身份带来的隔离，1923年少年共产党宣布开除张申府。

1924年回国后，张申府参加了黄埔军校的筹建工作，并担任了蒋介石的德文翻译。1924年5月，孙中山任命张申府为黄埔军校政治部副主任，并负责黄埔第一期学生的口试、笔试监考和阅卷工作。此时他将周恩来推上了黄埔军校政治部主任的位子，从此周恩来走上政治舞台。1924年6月下旬，张申府因与蒋介石难于共事，辞去政治部副主任职务。

1925年1月，中国共产党第四次全国代表大会在上海召开，张申府列席了会议，会上因讨论党的纲领时反对与国民党结盟而与蔡和森、张太雷等人发生争执，而后负气提出退党。退党之后，张申府以教学和翻译著述为生，先后在暨南大学、大陆大学、大夏大学、中国大学、北京大学、清华大学等校任教，所教的都是罗素哲学或逻辑。在当时的哲学界，杜威哲学的主要介绍者是留美的胡适，柏格森生命哲学主要介绍者是留德的张君劢，黑格尔哲学的主要介绍者是留美留德的贺麟，罗素新实在论哲学的主要介绍者是留法的张申府。

到清华后不久，张申府的《所思》由上海神州国光社出版，后由大江书铺再版。张先生于1933—1934年陆续在《大公报·世界思潮》上刊出《续所思》，三联书店于1986年12月将二者编为一书，仍称为《所思》。张岱年在《重印〈所思〉序》中说："在《所思》和《续所思》中，作者谈论了对于许多哲学问题的看法，主要有四个方面：一是阐述了罗素哲学的要义，特别是罗素的中立一元论观点；二是谈论了二十年代自然科学的新学说对于哲学的影响；三是肯定了孔子的仁的学说，认为仁的要旨是通，仁是中国古代哲学的精华；四是阐述了唯物主义辩证法的要点。"张岱年认为在30年代的历史条件下，这样广泛论述当时世界的新思潮，是有重大意义的，反映了当时哲学的进步趋向①。

1930 年，金岳霖写了两篇论文：6 月 Internal and External Relations（《内在和外在关系》）发表在《清华学报》六卷一期；8 月《A，E，I，O 的直接推论》发表在《哲学评论》第三卷第三期。

1931 年，金先生出国休假，正式踏入哈佛大学向谢非教授学习逻辑学，此时怀特海也在哈佛。1931 年金先生去美国学习的时间无法精确，但可以确定的是那年夏天他在国内，因为这个夏天金先生的人生进入了重要的阶段。徐志摩将他引进了"北京总布胡同三号"林徽因女士的"太太的客厅"中。金岳霖长徐志摩两岁，一同在美留学后又转赴欧洲，是非常要好的朋友，并且两人相互见证各自生命的重要历程。如 1922 年在柏林金先生与吴经熊一起为徐志摩与张幼仪离婚时作见证人，1926 年 10 月 3 日又为徐志摩与陆小曼结婚伴婚。"太太的客厅"的女主人是年不满三十岁的林徽因，她不幸患上当时属于不治之症的肺结核，为了养病，她辞去东北大学教务回到北京定居。病魔没有磨去林徽因女士的才华和对生命的热情，因她家时常会聚集一些文艺界名流开沙龙，被戏称为"太太的客厅"。1931 年 11 月 19 日，徐志摩由南京搭乘中国航空公司邮政班机飞回北京听林徽因关于中国建筑艺术的讲演，飞机失事，终年 35 岁。次日晨，金岳霖、梁思成等都到达济南参加徐志摩遗体告别仪式。

金先生从美国休假回国已经是 1932 年夏天，林徽因已入香山疗养两次，在这期间，她终得清闲，沉醉于自己心爱的文学中，并开始发表诗歌，而且还为北京大学设计地质馆和宿舍楼。金先生深深地爱上了林徽因，但他最终选择了搬入"北京总布胡同二号"，成为林徽因与梁思成的终生邻居。他会去梁家吃午饭和晚饭，并将他组织多年的不谈哲学、多谈艺术，有冰激凌、还有按金先生要求调制出的咖啡的"星期六聚会"搬到"太太的客厅"旁，继续举办聚会。经常参加聚会的有林徽因、梁思成夫妇，张奚若杨景仁夫妇，周培源、王蒂夫妇，陶孟、沈性仁夫妇，还有陈岱孙、邓以蛰及费正清、费慰梅夫妇。林徽因家的太太的客厅和金先生家的星期六聚会交相辉映。

金先生与林徽因、梁思成是终生邻居，去昆明后亦如此。在无法当邻居的时候，金先生就会在假期搬去梁家住，成为梁家特殊的家庭成员。闲暇时，金先生便教梁再冰、梁从诫唱儿歌："鸡冠花，满院子开，大娘喝酒二娘筛……"两个孩子则调皮地改成了"金爸爸，满院子开……"金先生喜欢小朋友，被很多小朋友叫成"金爸"。战后回到北京，他们都住在清华园新林院，依然是邻

---

① 张申府先生的简介参考 CNKI 中国工具书网络出版总库词条"张申府"。

居。新中国成立后，金岳霖调入城内中国科学院哲学研究所，搬入了东城科学院的干面胡同高知楼，这才依依不舍地同梁林夫妇分开，但每天下午都会去看望身体极其虚弱的林徽因，风雨无阻。梁思成先生逝世后，梁从诫搬去与金岳霖同住。金先生去世后，与林徽因同葬一个墓园，如生前一样仍是紧邻①。

　　林徽因、梁思成和金岳霖三人这段高洁而又温情隽永的传奇感动了世人。几十年来，人们谈论起此事依旧肃然起敬。

　　此时，有一位留学在外的学生也发表了与哲学相关论文，他就是陈铨。陈铨、张荫麟、贺麟三人是吴宓先生开设的翻译课的学生。陈铨在校期间就开始了文学创作，发表了《革命的一幕》、《天问》。1930年9月21日发表《老子道德经译成西籍考》于《大公报·文学副刊》；11月23日发表《黑格尔哲学对于现代人的意义》于《大公报·文学副刊》。

　　陈铨一生多产，命运也颇让人唏嘘，如今他被后人记住的只剩下这样四句台词："世界是一个舞台，人生是一本戏剧，谁也免不了要粉墨登场，谁也不能在后台休息。"

---

① 金岳霖先生与林徽因女士的传奇故事参考了刘培育主编：《金岳霖的回忆与回忆金岳霖》，成都，四川教育出版社，2000；陈先勇：《莲灯微光里的梦：林徽因的一生》，北京，人民文学出版社，2008。

第三章　哲学系的黄金岁月
（1932—1937）

第一节　哲学系发展概况

从梅贻琦校长1932年掌管清华开始，清华便进入了高速发展时期。校长更替风波从此不再上演，尽管1932年到1937年这五年已经处于抗日前夕各种矛盾高度集中时期，如废帝溥仪在日本人簇拥下建立伪满帝国；国共内战，国民党对共产党实施五次大围剿，红军长征，又转而开始新的国共合作。但这五年却是哲学系定型并趋于高速发展时期，形成了自己独特的风格。1937年"七七事变"日本全面侵华，清华大学举校南迁，进入了西南联大时期。而哲学系亦告别了这短暂花季的黄金岁月，走向充满磨难却又硕果累累的成熟期。

哲学系在此时建立了研究部，从教育机构转变成教研一体的组织，由此开启了"清华学派"的哲学进程。而就史料上看，哲学系的具体面貌有了直接资料可查询。

第一、哲学系成立了研究部。早在1930年3月10日清华大学第七次评议会，冯友兰担任书记，审议通过了《清华大学研究院规程》：除物理系、外国语文学系之外，下学期政治、经济、化学、中国文学、历史五系设研究所。这一年文科研究所中国文学部、外国语文部、哲学部、历史部成立。各部分别就原有课程，增设研究课程若干门，由各系教授任导师，指导学生做专门研究。1931年3月26日，冯友兰主持召开清华大学第11次评议会。请教育部准许清华有授予硕士、博士学位权。1934年五月，清华大学第77次评议会修正通过《国立清华大学研究学院章程》：第一条"国立清华大学遵照教育部颁布大学研究院暂行组织规程，暨本大学规程第二章 第四条，设立研究院"；第二条"研究院按照本大学所有各学院暂设文理法三科研究所。文科研究所设中国文学、外国文学、哲学、历史学暨社会学五部"。还规定，社会学部、地学部及心理学部从民国23年起暂停招生。本次会议还通过了《研究院考试细则》共九条。从此，哲学系研究部正式成立。

第二、"清华学派"的初步形成。关于"清华学派"这一说法，向来都有争议①。人们一般意义上所说的"清华学派"是什么？有什么特点？"清华学派"是否堪为一个真正的学术流派？

关于"清华学派"这一提法最早可以见到的是1934年6月1日《清华周刊》第四十一卷向导号发表的各系主任介绍各系状况。因冯友兰例行出国休假，张申府代理哲学系系主任，他介绍道："清华重视逻辑，恐怕已经是全国都知的事实了，重视逻辑不但因为逻辑本来应当重视，也实在因本系教师恰巧大多数是努力于逻辑者。因此关系，逻辑的学程，当然也设得特别多。……此外，本系教师中哲学见解上也多少有一个共通点，则是大多数均倾向于实在论。所以总而言之，不妨说，本系的趋向于希望就在期成一个东方的剑桥派。""清华学派"日后也被提起。如1975年沈有鼎致王浩电中谈到："毛礼斯说清华哲学系有一个逻辑实在论学派，我想这个学派应该包括金岳霖和冯友兰两位先生。"②

关于"清华学派"的定性，张岱年分析，"清华学派"大约可分为两支。一支是文史方面的，以陈寅恪、冯友兰、朱自清为代表；一支是哲学方面的，以金岳霖、冯友兰、张申府、张荫麟、张岱年、沈有鼎等为代表。文史方面，前文已经对陈寅恪先生所持观点作过简要介绍。而哲学方面的"清华学派"指20世纪20年代末至40年代以清华大学哲学系为中坚，提倡新实在论著称的哲学派别，注重哲学的问题及逻辑论证，尤其重视逻辑学。其中金岳霖的论道体系、张东荪的"多元认识论"哲学体系、冯友兰的新理学系统，等等，都试图以西方哲学特有的本体论哲学来论述中西哲学的核心问题，构造中国哲学非本体论特征的形而上学体系，表明了中国现代学术从关注社会的层面深入到了探求学理的层面，标志着现代哲学体系的建立。何兆武先生认为"清华学派"并不是一个严格的学术流派，而是持有相似观点的学者恰好聚集在同一学校，因而研究有了一定的"集团效应"，尽管还有很多学者也会持有相似的观点，但因为这个集团效应而以此命名，实质上却也很难给予一个较为精确的定位。胡伟希认为广义的"清华学派"是以清华文科为代表的一种学术与文化思潮，涵盖清华大学

---

① 有关"清华学派"，参考了多方的资料与意见，最后选定张岱年、何怀宏、胡伟希三家意见。张先生意见参考张岱年：《回忆清华哲学系——"清华学派"简述》，载《学术月刊》，1994年第8期；《回忆在清华的岁月》，载《清华大学学报》，2001年第2期。何先生意见参考何怀宏：《也谈"清华学派"》，载《读书》，1997年8月。胡先生意见参考胡伟希：《转识成智——清华学派与20世纪中国哲学》，上海，华东师范大学，2005。
② 刘培育主编：《金岳霖思想研究》，427页，北京，中国社会科学出版社，2004。

人文与社会科学研究领域，且提出的思想和文化理念远远超出了纯粹学术研究，对中国现代思想文化的影响很大。他们大体都提倡文化改良的观点，主张融合古今中西学问的基础上创造中国的现代文化，反对当时社会上流行的全盘西化思路下的自由主义，马克思主义指导下的社会主义，或者新儒家坚持的民族主义。狭义的"清华学派"则是指坚持逻辑分析的教学特色及哲学上持实在论立场的清华大学哲学系，以40年代金、冯二位先生建立各自的哲学体系为成熟标志。不过，哲学系各位先生所持有的新实在论相互间也有一些差别。

一般所说的"清华学派"成熟于西南联大时期，30年代的"清华学派"还没有具体的哲学体系产生，除了注重逻辑学这一特色有别于他校哲学系风格之外，其他一切也都是在平静中展开，如冯友兰在1935年院系介绍中所说的那样，哲学系与社会系成立较晚，规模较逊，人数也少，并没有突出强调其学术影响力和特色。

第三、哲学系实貌有确切史料可询。根据《清华大学史料选编》，其中全文收录了张申府于1934年介绍的哲学系概况，本篇依然全文收录。

"要知道一个学系的情况，拿有形可说的说，要不外乎两方面：一方面是人的，一方面是物的。人的方面就是教师和学生，而物的方面就是设备，狭义的设备，其中又包括建筑、书志、实验仪器等，对于哲学系的情形，也可以照此分述。

哲学系这一年教师方面原有教授四人：冯友兰（系主任），张申府（代系主任），金龙荪，邓叔存；专任讲师一人：沈有鼎；讲师三人：林宰平、贺自昭、潘怀素。

冯、邓二人均休假，赴欧洲观察研究，而沈先生又始终未回国就职，潘先生更中途因病辞职。结果，本系曾只余教授讲师各二人。尚幸年假时，张素痴先生回国，增加专任教师一名，乃得添设两门新课。但本系本年教师虽不无薄弱之感，下年度出国者均未归，教授既有四人，增加量为专任讲师，如此，本系在全国大学哲学系中又未尝不可称为最强一系。

在于学生方面，休学者不算，本年共有14人。一年级不分系，计二年级四人，三年级二人，四年级四人，研究所三人，本系学生虽尚不多，但却各有所长。例如，王宪钧、任华均性好逻辑，既能解析梳理；曹觉民，孙道升等于想入非非，别有会心；周辅成，李长植（之）均下笔万言，出奇地能文。此外，朱显庄，王启人，赵正楹，王敦等皆朴实好学可以深造。

其次讲设备、建筑方面，本系无可称。本校虽已有科学馆，生物馆，化学馆，工程馆等，哲学馆则还缺如。因此，所谓哲学之家者，至今仍在旧图书馆楼下106~109号四间房子。理想上，一个哲学馆是可以有的。而且理想上，这个哲学馆必有一间房子，陈列一些难得书册，更悬挂许多历代中外哲学家图像，以使观者发生奋发向往种种高等情感。这虽是将来的话，但实现的可能不是没有。

　　本系本年图书费虽减少二百七十，不复足六千之数，但英德法文新刊书册，大部分均能购致。研究哲学至少也与研究别的学问一样，需要读经典的，以西洋哲学而言，许多自古及近的大哲全集，现在图书馆中均已备置……更可纪的是最新购进一全套 MIND（全世界最好的哲学杂志）……德国最有名的《科学的哲学季刊》不久也可寄到一整部（40卷）。此外英法德文主要的哲学杂志全套，也均拟从下年度起陆续购齐。至现在按期订阅的哲学杂志，已订有33种，计英文的15种（内两周刊1种，两月刊1种，半月刊1种，年刊1种，余均季刊）；法文7种（略），德文7种，日文4种。只意大利语、俄文的尚未订。但作平常研究，也已不患无材料。

　　哲学尚谈不到实验，故实验仪器的设备在本系无可说。

　　至于课程也可附在设施之次，但无宁是次要之事。因为有了什么样的老师当然有什么样的课程，而且也必有了什么样的老师设了什么样的课程乃得充实。大体而言，本系课程，可分三组：一，初等的，逻辑与哲学概论，均是预备性质。二，中等的，有西洋哲学史，中国哲学史，印度哲学，论理学，美学等。三，高等的，则为各专家研究，专题研究。本年度实际开班课程有14种。

　　上面关于本系人物和设备大体均说到了。此外还有无形的方面，也还可说的，便是本系的希望与趋向。清华重视逻辑，恐怕已经是全国都知的事实了。重视逻辑不但因为逻辑本来应当受到重视，也实在因本系教师恰巧大多数是努力于逻辑者。因此关系逻辑的学程，当然也设得比较多。除了普通逻辑为第一年必修科目外，如数理逻辑，记号逻辑，逻辑史，以及将来要设的概然逻辑等，恐怕都是国内各大学不大有的课程。就是金龙荪先生的知识论，哲学问题两课程，性质也均是逻辑的。一个学校要办得有成绩，必须办得有特色。本系之注重逻辑，注重解析，实在是全无疑虑的。此外，本系教师中哲学见解上也多少有一个共通点，则大多数均倾向于实在论。所以总而言之，不妨说，本系的趋向与希望就在期成一个东方剑桥学派。因此使本系学生都有相当的科学基础，也必是本系不息注意的事。同时，本系也不但只注意西洋哲学的研究而已，对于本国的东西也当让永在同样相当的重视。还有，哲学在现在至少可有两个意义，一则以为解析（逻辑解析），一则以为通观。一位解析，可成一种谨严的专门学问，一位通观，也是现代社会所需要，本系也当同不忽之。

在现在弄哲学，一方须得到逻辑的利器，一方须有相当的科学基础。否则须如前所说，研读大家经典。此外，如拉斯基教授所说，还需要勤于讨论。因此本系除常课的讨论外，更设有一讨论会，每两周举行一次。本年度并改变办法，由同学主持其事。每次集会，出席者均非常踊跃。讨论时人均发言，实在增加了不少切磋启发，集思广益之效。

从下年度起，本系更图出一专门的哲学年刊，以作讨论的表白。"

总之，1932年到1937年这五年间，哲学系的师资结构趋于稳定，形成了以金、冯、张、邓四大教授为主并引进新的教师资源，教师研究成果丰富，学生人数达到了历史最高峰，课程设置趋于稳定，课余开始了讨论会之传统，而在书斋之外师生亦参与进了深刻地社会变革之中。鉴于此规模效应，下文将从师资、学生、教学、师生学术成果及社会活动五个方面展现哲学系1932—1937年这五年的发展面貌。

第二节 哲学系具体面貌

一、师资介绍及薪酬一览

1932年5月，哲学系新聘老师兼任讲师贺麟（兼任）、张颐、李翊灼、张东荪。聘任沈有鼎为专任讲师（本年未回国就职）；1933年9月初，哲学系聘请张岱年为哲学系助教，讲授"哲学概论"一课；1934年，哲学系与历史系合聘张荫麟为专任讲师；1936年，新聘洪谦为讲师，下学期到校；聘请北大毕业生王森为助教。张荫麟升任教授。

新进六位老师[①]各有特点。贺麟1919年考入清华学校，从小热爱宋明理学，早年受梁启超影响，1926年去美国留学，1930年去德国留学，专攻德国古典哲学，回国后主要在北京大学任教，并在清华大学兼课，是现代新儒家早期代表之一，三四十年代创立的"新心学"，与冯友兰的"新理学"抗衡。

张颐是首位获得牛津大学博士学位的中国人，还获得了哲学双博士学位。1923年春，张颐写成《黑氏伦理探究》（英文版）很受欧美哲学界的重视，为

---

① 张颐先生介绍参考《中国大百科全书·哲学卷》，1142页，词条"张颐"；张东荪介绍参考 左玉河：《张东荪学术评传》，北京，北京图书馆出版社，1999。其他几位先生简介均参考 CNKI 中国工具书网络出版总库相关词条。

此书作序的史密斯教授曾说:"特别重要的是张颐教授讨论了黑格尔关于家庭及家庭与国家的观点。在这里他以他的批评超过了黑格尔,消除了一般西方思想和制度所根据的偏见……"因此他被誉为"东方黑格尔"。张颐在国外留学十年,回国后主要在北京大学哲学系担任系主任。

李翊灼致力于佛学研究,早年与欧阳竟无、桂伯华并称江西三杰。著有《西藏佛教略史》、《印度佛教史》、《劝发菩提心论》、《心经密义述》等。据《敦煌学大辞典》载:清宣统三年(1911),敦煌写经入藏京师图书馆后,李翊灼应约编写提要,完成二千余卷,从中拣选出160余种后世没有传本的佛教文献,依《涅槃经》、六波罗蜜多经定例分类编排,编成此目,后附《疑伪外道目录》。此目初载于1912年邓实编辑、上海国粹学报社铅印的《古学汇刊》第一集,后收入日本《大正藏》卷五十五目录部、《敦煌遗书总目索引》散录、《敦煌丛刊初集》第五册。

张东荪是五四新文化运动中的风云人物,发起了社会主义论战,参加了科学与人生观论战,挑起了30年代著名的唯物辩证法论证,组织了国家社会党,同时又致力于中国现代哲学体系建构。他早年将大量西学介绍到中国。如1917年翻译了柏格森的《创作论》、《物质与记忆》;1921年《论精神分析》、《柏格森哲学与罗素的批评——一个批评研究》;1922年《新实在论的论理主义》;1923年《新实在论的研究》、《导批的实在论》、《相对论的哲学和新论理主义》、《唯用论在现代哲学上的真正地位》。他活跃在学术与政治界之间,他的性格如他在1952年写的报告书所称"孔孟之道、中庸主义在我身上有深厚的根基,养成一种气质,总是以为清高最好,自命不凡,爱好名誉,有时自以为倔强就是有气节"。张东荪一家新中国成立后的命运极其悲惨甚至是恐怖,长期淹没于历史之中,直到近年才被学界重新发现。

洪谦因其是维也纳学派的成员而为世人熟知,但洪先生的学术活跃期要到40年代,此处不多述。

王森是现代著名藏学家、宗教学家、因明学家、古文字学家。他的学术生涯此时才开始,此处不多述。

沈有鼎和张荫麟先生之前都已经有过介绍,稍后主要就其学术成果展开了解。

至此,1937年前哲学系教师介绍已完结,特附上1931—1936年各位教师的薪酬表①。就全校来看,哲学系教师薪酬较高,整体水平仅次于外文系,与中文

---

① 选自清华大学档案馆馆藏1-2:1-112号档案。

系持平。

		民国	20 年	21 年	22 年	23 年	24 年
教授		冯友兰	360	380	380	380	400
		金岳霖	360	360	380	380	400
		邓以蛰	340	360	360	360	380
		张崧年	320	320	340	340	360
专任讲师		沈有鼎			280	280	280
讲师		林志钧	60	60	60	60	60
		贺麟		100	60		
		李翊灼		40			
		张东荪					
		张颐		60			
研究教员		艾士宏		100	100		
助教		李濂		90	100	110	120
讲师		潘怀素			60	60	60
助教		张岱年			80	80	80
专任讲师		张荫麟				280	280（历）
助教		王维成					100

二、学生名单及部分介绍

根据清华大学档案馆馆藏第 1-2-1：64 号、1-4：5-12 号、1-4：5-13 号、1-4：5-14 号、1-2-1：82 号档案：1932 年—1933 年年度，哲学系大一至大四四个年级总共有学生 16 人，研究生一人。他们分别是一年级：赵正楷、陈松龄、郭海峰、张可为、韩云波；二年级：任华、王启人；大三：曹觉民、韩增霖、朱显庄；大四：乔冠华、周辅成、谭任叔、王宪钧、吴恩裕。研究生：方淳模。1932 年拿到毕业证的学生是乔冠华、王宪钧、方淳模。

1933—1934 年度，哲学系似乎又恢复了争议较大的通识教育，到第二年才分系。哲学系共有学生 11 人，他们是二年级的曾宪英、王敦；三年级：李长植、王启人、任华；四年级：曹觉民、韩增霖、朱显庄、吴恩裕（休学复学）。研一：周辅成；研二：方淳模。1933 年毕业生为：曹觉民、韩增霖、周辅成。

1934—1935 年度，哲学系共 13 人。分别是二年级的张可为、徐高阮、梁德舆；三年级：张遂五、赵正楷、刘扬华、佟贵廷、王敦（下学期休学）；四年级：任华、李长植、王启人。研二：周辅成、王宪钧。1934 年拿到毕业证的是：孙道升、朱显庄。

1935—1936年度，哲学系共有16人，分别是二年级：郎维田、刘清漪、刘毓珩、魏蓁一（女，试）；三年级：梁德舆、王逊、张可为；四年级：赵正楷、刘扬华、佟贵廷、李长植、王启人、吴恩裕。研一：李相显、任华；研三：周辅成。1935年拿到毕业证的是：刘扬华、张遂五、任华。王宪钧被录取成为第3届留美公费生，攻读概然逻辑门。乔冠华等为派德国交换研究生。

1936—1937年度，哲学系的学生人数创造了一个高峰，包括研究生在内共有21人，而且本年开始复收大一学生，又有一位女生，但此年校方花名册的格式还照前几年模式，所以这两位的名字将在1937年下半年的名册中见到。而在其他栏中，有21岁的古苞，32岁的日本留学生山室三良，这两位学生的具体情况已经无法得知了。本年王敦同学继续休学。所以，本年实际人数超过21人。现在标准注册表上的21位姓名如下，他们是二年级：章煜然、郑侨、赵甡、周德清、冯宝麟（冯契）、吴继周、余孝通、郑庭祥；三年级：谭允义、郎维田、刘清漪、魏蓁一、杨学成；四年级：张可为、赵正楷、梁德舆、王逊。研一：张遂五、刘扬华；研二：任华、杨相显。1936年拿到毕业证书的学生有：王启人。

1937年下半年，因抗日战争全面爆发，清华举校南迁，迈入西南联大的历史时期，而这学期注册学生还有12人，他们是一年级：朱南铣；二年级：张兆杰、林蒲美；三年级：章煜然、赵甡、吴继周、冯宝麟、余孝通；四年级：郎维田、刘清漪、魏蓁一、王逊。1937年拿到毕业证书的学生有：梁德舆、佟贵廷。

这五年，清华大学哲学系共培养过约50位不同的学生，拿到哲学系毕业证的仅有14人。其余30多人或者中途转系，或是没能拿到毕业证书，或是另有变故。实际上，从1926—1937年这11年里，拿到毕业证的总共才16人。另外，似乎哲学系研究部也仅有周辅成一人念完三年。但这些毕业生日后大都成就显著。

第一届毕业生沈有鼎不必多说。方淳模、王宪钧、周辅成、任华、孙道升等都成为了很有成就的哲学学者。

乔冠华成为新中国外交部长，在清华时，乔冠华一开始选择的并非哲学系，而是国文系。后来，当他了解到哲学系的必修课程较之于国文系更少的时候，才于第二年果断地从国文系转到了哲学系。

而未曾拿到毕业证的同学如与季羡林、吴组缃、林庚并称"清华四剑客"，和陈铨、钱钟书、张荫麟并称"清华四才子"的李长之，他因著写《司马迁的人格和风格》蜚声海外。1931年秋，他考入清华大学生物系，后转哲学系。"九一八"事变后，他参加清华大学南下请愿团去南京要求蒋介石抗日。1933年至1936年，任《文学季刊》编委、《清华周刊》文艺栏主编、天津《益世报》文学副主编等。其间刊行第一部诗集《夜宴》，发表了文学评论专著《鲁迅批判》等文章。

吴恩裕成为了著名的政治学家、法学家和红学家。他 1928 年在沈阳东北工业大学哲学系读书时，便与同学合办东北第一个白话文艺刊物《夜航》，开始发表短篇小说、新诗。1930 年转入清华大学哲学系，1933 年毕业。毕业后任北平《晨报》的文学、哲学副刊《思辨》主编和《文哲月刊》主编。1936 年公费留学英国，入伦敦政治经济学院研究政治思想史，师从国际社会党理论鼻祖、"人权理论"提出者、曾任英国工党主席的 H. J. 拉斯基教授。在拉斯基教授指导下撰写的博士论文《马克思的哲学、伦理和政治思想》被拉斯基教授誉为"我迄今见到的最短的、最好的论文之一"。50 年代后他专心于红学研究，并提出了震惊红学界的观点①。

三、教学活动

因为教师结构趋于稳定，学生人数在稳定中增长，且教育经验的积累，哲学系这五年的基本特点是课程设置趋于稳定，并日趋丰富细致，除了正常的上课之外，人文学院各系也定期开展比较正式的课下讨论，而且全国的哲学交流活动也有所增强。

（一）1932—1937 年学程大纲

清华对教授授课义务要求颇严，规定至少每周授课 8 小时，最多 12 小时，或每年授满 16 学分，最多 24 学分，否则不能去外校兼课，且兼课每周至多 4 小时。教授请假每学期不得超过授课钟点总数 1/5。但哲学系似乎还是很清闲，如前文乔冠华所说，哲学系的课程较国文系更少，平均每天讲不到一小时就完了，剩下的时间我可以自由阅读。但课表上看，哲学系的课程在 1932 年之前虽然不太多，但在 1932 年以后却增加不少，只是在实行学分制的学年里，系里只要求学生拿到 16~24 个学分即可毕业，可能因此相对轻松。

1932—1933 学年课表与前一个学年相同

1934—1935 学年课表

根据《清华大学史料选编》选录的课表：本系课程，可分为初级，中级，高级三种。逻辑，哲学概论，中国哲学史，西洋哲学史，印度哲学概论，为初级课程，其目的在于使学生选通思考之方法，先知哲学内容之大概，及历史上已有诸大哲学系统之内容。论理学，美学，知识论，形上学为中级课程，其目

---

① 学生的简介参考 CNKI 中国工具书网络出版总库相关词条。

的在于使学生就哲学中之各个部分，作较深的研究。哲学专题或专家研究，为高级课程，其目的在于使学生就某种哲学问题或某哲学系统做详细的研究。初级和中级课程，供本科学生选习；高级课程，本科三四年级学生及研究所学生，均可以选习；哲学系与各种科学皆有密切联系。除本系必修课外，本系鼓励学生就其兴趣及所研究哲学问题之所近，选修其他系课程。学生对于其他系课程，如作有系统之选系，本系并可以认其所选课程之系为辅系，于学生毕业时，请学校证明。

本系认为，哲学乃写出或说出之道理。一家哲学之结论及其所以支持此结论之论证，同属重要。因鉴于中国原有之哲学，多重结论而忽视论证，故于讲授一家哲学时，对于其中论证部分，特别注意。使得学生不能独知一哲学家之结论，并能了解其论证，运用其方法。又鉴于逻辑在哲学中之重要及中国哲学原有哲学中之不发达，故亦拟多设关于此方面课程，以资补救。

第一年（不分系）：国文6、英文6、逻辑6（张崧年，金岳霖，沈有鼎）；公共必修课甲组物理，化学，生物学（择一）8；公共必修课乙组社会学，政治学，经济，历史（择一）6

第二年：哲学概论4（邓以蛰）、中国哲学史6（冯友兰）、西洋哲学史6（张崧年）、普通心理学6；第一年德文或法文8；他系课任选4至5

第三四年：伦理学4（张荫麟）、美学4（邓以蛰）、知识论4（金岳霖）、形上学4（张崧年）、哲学专题或专家研究、中国哲学史研究4（冯友兰）、哲学问题4（金岳霖）、英美近代哲学家选读4（张荫麟）、数理逻辑4（张崧年）、逻辑史4（张崧年）、逻辑研究4（沈有鼎）、洛克4（金岳霖）、休谟4（金）、康德4（沈有鼎）、罗素4（张崧年）、中国美术史5（邓以蛰）、中国美学史大纲4（邓）、西洋美术史6（邓）、西洋美学史大纲6（邓）

1936年根据《清华大学史料选编》选录的课表：本学年课表与以前基本相同。另有文科研究所哲学部设课程

逻辑：上期演绎法，下期归纳逻辑。

中国哲学史研究4（冯）：自周秦迄近代中国哲学家之哲学系统，分析批评之，与西洋对比。

中国哲学问题（张季同）：哲学问题及其发展（1）形上学（2）本体论：唯物，唯心（3）宇宙论：机械观，神论，进化论（4）知识论：理智派，经验派（5）价值论：伦理问题，美学。

西洋哲学史（贺麟）：希腊至19世纪末西洋哲学思想之发展变迁及关联的社会背景。

伦理学（邓以蛰）：西洋主要伦理学系统，批判考验，对比我国。

知识论：知识论中重要问题，哲学史重要哲学家对诸问题的解答；形而上学元学上根本问题；当特别注意于现代关于心物，事情，因果，空时，关系与结构的学说。

周易研究4（沈）：古代哲学之大统一，宋明理学之总源泉。

老庄2（冯）：老子，庄子精读之；

朱子2（冯）：朱子之主要著作精读之。

哲学问题4（金）：提出哲学问题，从方方面面讨论之。以认识论和批评哲学为主，偏重实用主义。

英美近代哲学家选读4（张荫麟）：与学生选定，倾向Bradley Bousanquet、G. E. Moor、Alexander、Pierce、Dewey。

印度哲学概论4（王森）

数理逻辑4（沈）：每周写作业一次概要研究，使学生能读Principia Mathematica，包括：史的发展、命题算法、命题函数、摹状——不全记号——逻辑构作、类、关系、系统、次序、结构、推断与蕴含、逻辑诡论、与类型论、数学之逻辑化、公理化、数理逻辑对于哲学及科学的应用。必须先学过普通逻辑，数学不需要很高。

逻辑研究4（沈）：返本探源，纠正数理逻辑学家之失，以期建立真科学。

逻辑体系4（沈）：融会贯通各家学说，自成一家之言。

洛克4（金）、休谟4（金）、康德4（沈）、布莱得雷4（金）、胡塞尔论著选读3（沈）、怀特海德3（沈）

中国美术史6（邓）：（1）三代 金（钟鼎彝器）（2）秦汉石（刻石，碑，雕刻），绘画（漆绘）（3）魏晋（4）南北朝，隋唐：墓道雕刻，云冈，龙门佛像雕刻（5）唐宋元明清：书，画。

中国美学史4（邓）：于中国文学，艺术理论作一历史系统的研究。

西洋美术史6（邓）：（1）原始艺术（2）埃及艺术（3）希腊艺术：史前艺术，建筑与雕刻（4）罗马艺术（5）中世纪艺术（6）文艺复兴时代（7）近代

西洋美学史4（邓）：（1）希腊时代关于美之理念：柏拉图，亚里士多德，新柏拉图派（2）中世纪对于美之观念（3）近代美学：康德以前的美学；德国艺术批评，德国美学，最近美学倾向。

另有文科研究所哲学部设课程，这些课程在本科课程里做过介绍，实际针对对象是研究生，本科生也可以修习，课程开设与修课人数相联系。

中国哲学史研究4（冯）、周易研究4（沈）、老庄2（冯）、朱子2（冯）、

哲学问题 4（金）、数理逻辑 4（沈）、逻辑研究 4（沈）、逻辑体系 4（沈）、洛克 4（金）、休谟 4（金）、康德 4（沈）、布莱得雷 4（金）、胡塞尔论著选读 3（沈）、怀特海德 3（沈）、中国美术史 6（邓）、中国美学史 4（邓）、西洋美术史 6（邓）、西洋美学史 4（邓）

（二）课程设置目标与特点

以上所有课程设置包括 1932 年以前的课程设置均属必修课程，并有其他系的任选课。哲学系对学生提出的"选课要求"指出：如果学生兴趣在伦理学等者，可选习社会科学等系之课程。如学生兴趣在形上学者，可选习自然科学等系之课程。如学生兴趣在论理学、知识论者，可选习算学、心理学系之课程。

课程特点如下：

第一，在课程内容的讲述上，强调哲学结论之论证，认为"一家哲学之结论及其所支持此结论之论证，同属重要。因鉴于中国原有之哲学，多重结论而忽视论证，故于讲授一家哲学时，对其中论证之部分，特别注重。使学生不独能知一家哲学之结论，并能了解其论证，运用其方法"。

第二，鉴于逻辑在哲学中之重要及在中国原有哲学中之不发达，因此该系对逻辑课非常重视，先后开出的逻辑课程也特别多，有形式逻辑，数理逻辑，逻辑体系，逻辑研究，逻辑史等。特别是金岳霖所开的课程，除形式逻辑外，如知识论，哲学问题，性质也都是属于逻辑方面的。

第三，由于其强调概念的分析，强调问题的研究，因此很重视认识论，形上学，哲学问题等课程，而对伦理学，道德哲学，政治思想史等，则很不重视。

第四，由于其着重平面的逻辑结构的剖析，而不着重纵向的历史研究，因此课程中属于哲学史的课程特别少，仅有几门基本的哲学史课程。这一特点与北大哲学系完全不同。

（三）教师授课特色

二三十年代清华哲学系老师的上课风格已经很难找到更多的记录了。现仅根据乔冠华、王宪钧、周辅成的回忆[①]（收录在《金岳霖的回忆与回忆金岳霖》一书中）得知金岳霖上课时候课堂气氛相当肃穆，但富有启发性。

乔冠华回忆道：金先生教课是这样一个方法，他一章章念。上课以后就问大家都有书（英文）没有，请打开第一章第一页，叫大家看。然后就在上面问，你们看了这页，有什么问题没有？当时课堂 50 几个人，没有几个能够回答，鸦

---

① 金岳霖学术基金会学术委员会编：《金岳霖的回忆与回忆金岳霖》（增补本），112~113、119、114~115、121 页，成都，四川教育出版社，2000。

雀无声，相当长的时间。金先生说：大家是不是认为这一页讲的话都对呢？大家也不讲话。金先生就说，这本书第一章开头的地方，用词这么多，大体的意思是说那是很明显的，人类的知识是从感性而来的。很明显的，你们说是明显的吗？你们想一想是不是？人类的知识是不是从感性来的呢？比如说，$2+2=4$ 这是从感性来的吗？他没有往下讲，他说我希望同学们注意，以后在看书的时候，特别是当作者说很明显的什么等等时，要动脑筋想一想，是不是很明显，问题往往错在这里。

周辅成回忆道：金先生在课堂上太严肃，除了他忽然向学生提问，要求做答外，很难互相讨论。

王宪钧回忆道：当时的逻辑课是全学年课程，每周三小时。金师每周一般地讲课两小时，讨论一小时。讨论时用点名册依次要求学生解答或发表意见。课程内容分三大部分内容，第一部分为传统逻辑，和对传统逻辑的评论和批评，第二部分为罗素的《数学原理》的命题演算和谓词演算（似乎还有摹状词部分）；第三部分为归纳法……金师对于《数学原理》以后的逻辑发展，除了多值逻辑外，很少关切。1934年，张荫麟先生由美返国，讲了一个学期的布尔代数，得到一些收获。1934—1935年，沈有鼎先生自德国返校，开过数理逻辑问题课一年，似乎无甚新内容，现在记不清楚了。

冯友兰在学校开的讲座每次都能得到学生们的热烈欢迎，并且会有学生记录下来刊登上《清华周刊》上去，但至于他在哲学课上是什么风格则很难揣度了。

张申府上课爱讲时事，这与他的性格很一致。

大体而言，30年代的哲学系的氛围是单纯读书型的。如周辅成先生说"30年代前后的清华大学哲学系，教师人数并不多，学生人数少得惊人，平时除了上课和偶尔开会外，师生们各自埋头努力。这个精神中心，金先生起了主导作用。金先生以他的认真刻苦的治学态度，不仅在著作上做出了卓越成绩，而且在课堂上也十分严肃，并有高度教学效果，课下，对同事同学十分平易近人。"

四、课余讨论会

除了上课，从1933年开始，人文学院各系还增加了系会时的报告会。根据《清华人文学科年谱》1933年2月13日哲学系公布出来的报告日期及题目如下：

2月21日冯友兰 关于"理"之讨论

3月7日方淳模 题目待定

3月21日乔冠华 黑格尔自然辩证法研究

4月4日饶可将 先天观念或观念与习性

4月14日王宪钧 the meaning of negation nature of infinite number 4. 18

5月2日吴恩裕 题目待定

5月16日周辅成 道家在中国哲学中之地位或庄子书研究

5月30日王光祥 休谟道德学说

  这样的讨论会到1936年还存在，只不过之后三年的报告题目已经无从查找。最后一次有记录的报告会是1936年4月14日冯友兰主持，金岳霖主讲"真实小说之真实性"，这本是一篇英语写成的小论文。金先生有很高的文学素养，能够很诗性地讲述毫无诗性的逻辑学。在《五十自述》中，牟宗三回忆说，在抗日战争前一年，有一次在金岳霖家里开逻辑讨论会，主题是罗素的"还原公理"，主讲人为清华毕业的张遂五。张讲来讲去，闹不明白。后来，沈有鼎先生突然出来冒一句，说这个公理就等于"全称命题的等于无穷数的个体命题之乘积"。他也没有详说，大家自然都不懂。金岳霖当时也说："你这句话，开始我好像很明白，一会又不明白了。"沈有鼎照例皱皱眉、摇摇头，表示在疑惑中。既然无人能懂，讨论只好无结果而散。

  而周辅成先生回忆讨论会大概的样子：那时全系学生不过八或九个，专任教授不过三四人。但每次开会，学生并不比教授来得整齐，而教授几乎每次都全到。我记得几次讨论会，都是从小问题分析，逐渐到大问题，最根本的问题。

  有一位教授，推崇了孔德的思想进化论三阶段论……于是大家立刻就从科学、分析的意义开始讨论。当场在座的师生，大半都可以说是实在论者，都相信科学，分析至上，即都相信理性主义。理智是最后的裁判官。但恰恰遇到我这位对柏格森的思想有兴趣的学生，自愿作反面人物，作孔德早已驳倒的形而上学的拥护者。……我觉得他们没有把生命哲学，新黑尔格哲学，新康德哲学驳倒而已。我当时的看法是：分析是知识最大的武器，它可以分析任何物质、现象；可以分析一切可以化为数量或有数量的东西，但它不能对任何活得生命以及支持现象的东西做彻底了解，整体的了解。这是康德定论……那时我坚信伯拉德雷对思想的分析，认为理智或分析，既在现象中定是非，判正反，那就会在任何场合均有对立面，也均免不了矛盾；要避免矛盾，透入本体，除非思想或理智自杀，另找出路……

  冯友兰每次都是热烈的发言者。他不讳言自己是新实在论者，但发言总提到柏拉图，他似乎要把柏拉图变成新实在论者：他认为本体论上的"本"是有的，类似"理念"，从理论上可以推论出来。这即是说，"本"也是理智上的概念，虽然不是实际存在，不是现象，但却是理论上的存在，即潜存在理性或理智中。我记得冯先生举例说"这个潜存的本或理,就如在未有飞机前,飞机工程师手中的飞机图样。图样是理式,飞机是现象"。这个思想,后来冯先生在抗日战争时期写新理学,似乎成为全书中心论点。

金先生在这种会上总是边听边深思,直到差不多最后才发言。他说的每句话、每个字几乎都是三思之后才讲出来的。他明确反对以科学问题代替哲学问题,很不赞成孔德和斯宾塞等旧实证主义把哲学看成是多种具体科学之综合。他对冯先生的新实在论,也不完全赞同,他认为冯先生"潜存"(subsistence)有漏洞。即在逻辑上推论的"潜在",仍同于实际的存在,或本体上的存在;即等于对推理的东西给予时间性、空间性。不知推理上的理,说到最后,仍只是一个"理",一"关系"。飞机是来自工程师图样,但图样仍是一现象;同样是现象,那就只能由一现象演变成另一现象,不能视此为彼之"本"。这样,形而上的"本"不能成立,新实在论的"本"或"潜在"也不能成立。因为它是自相矛盾的。这时,金先生虽然口中常言逻辑,但心中似乎想到的是经过莱布尼茨和罗素等人批判过的"主谓逻辑",他们把一切知识变成命题形式后,于是所谓主词谓语的关系,也成为仅是关系形式,所谓"主",也仍是"关系",即"关系"中的关系者也仍然是关系。从这种命题意义,这种理智或理性出发,要想建立任何形式的形而上学,甚至新实在论的"潜在",当然是绝对不可能的。金先生在这个时期写了不少知识论的文章,似乎都是从这个意义出发的。周先生的回忆或许能够反映出金冯二位先生坚持的实在论的区别。"①

五、学术成果及全国性哲学会议

(一)学术论文及专著

30 年代全国一般大专教师的研究风气并不旺盛,研究成绩不显著,实科较文科好,私立学校比公立学校佳。而清华因其充沛的经费及历任校长都比较重视教育与学术,因此在全国水平上看水准比较高。文学院的学术成果居四院首位,其中中文系成绩最好,历史系次之,哲学系排第三。哲学系以冯友兰、翟世英及张东荪最佳,金岳霖次之,张申府因为关心政治,无心专著。全系教师15 人,发表率为53%,其中冯友兰专著 5 本,论文 30 篇,书评 1 篇;金岳霖专著 2 本,论文 15 篇;翟世英先生专著 7 本,编译 3 篇;邓以蛰先生专著 2 本,论文 1 篇;张申府编译 1 篇;沈有鼎编译 1 篇,书评 1 篇;张东荪论文 13 篇,编译

---

① 《金岳霖的回忆与回忆金岳霖》(增补本),141~143 页。

3篇；贺麟专著1本，论文1篇，编译1篇。以上资料来源于桥川时雄《中国文化界人物总鉴》（1940）及《清华周刊》，转引自苏云峰先生的《从清华学堂到清华大学（1928—1937）》。而根据《清华人文学科年谱》的史料，则与前面的数据有出入。现以《年谱》史料为例，列举各位老师1932—1937年间发表的论文和专著。实际就专著而言，这五年有三本专著出版，一本就是冯友兰的《中国哲学史（下）》，另一本是金岳霖的《逻辑》，还有一部是邓以蛰先生的《西班牙游记》，不过邓先生的书不是一本纯粹的学术专著。张岱年的《中国哲学大纲》虽已写成，但因抗战爆发未能出版。

金岳霖的学术论文及专著：

学术论文：1932年1月《思想律与自相矛盾》载于《清华学报》第7卷第1期。

1933年10月5日《彼此不相容的逻辑系统与概念实用主义》载于《大公报·世界思潮副刊》；11月《范围的逻辑》载于《哲学评论》第5卷第2期。

1934年3月《关于真假的一个意见》载于《哲学评论》第6卷第1期；4月《不相融的逻辑系统》及本年的 Note on Alternation Systems of Logic（《简论不相融的逻辑系统》）发表在 the monist（《一元论者》）第44卷。

1936年9月《道，式，能》、《手续论》（此文为1935年4月中国哲学会第一届年会论文）载《哲学评论》第7卷第1期。这篇论文已经涉及金先生个人哲学体系中的关键概念。不过，此时他的《论道》还没有真正问世。12月金先生又写了《可能底实现》和《形与质》。

专著：1935年金岳霖《逻辑》一书由清华大学出版部印行。商务印书馆于次年印行，1937年出第二版。三联书店1961年作为逻辑丛书的一种发行，1982年重印。莫绍揆在《金岳霖教授对数理逻辑的贡献》说"《逻辑》是我国第一本比较详细地，有系统地讨论逻辑，包括数理逻辑的书，它对我国数理逻辑起到了极大的作用。我国初期的数理逻辑学家几乎都直接受到其影响。"还认为，此书对罗素理论做了比较详细地介绍（就篇幅而言），这是很可贵的，给初学者以比较详细地理解罗素理论的机会[1]。周礼全在《金岳霖同志的哲学体系——在金岳霖学术思想讨论会开幕式讲话》中说：金岳霖同志是我国最早介绍西方现代逻辑并长期讲授逻辑，在我国发展逻辑这门科学方面起了不可比拟的作用。我国有不少逻辑学家，便出自他门下。

---

[1] 刘培育主编：《金岳霖学术思想研究》，259~261页，北京，中国社会科学出版社，2004。

《逻辑》① 一书分为四个部分,第一部分讲授传统逻辑的推理理论,大约相当于现在普通逻辑教材中介绍的词项逻辑和命题逻辑推理,而金先生采用了大量的文恩图来解释词项逻辑中主项与谓项的关系;第二部分对传统逻辑存在的问题提出批评;第三部分介绍了怀特海和罗素合著《数学原理》的逻辑系统,如命题演算,谓词演算等;第四部分阐述了逻辑和逻辑系统,涉及逻辑系统的完全性,一致性和独立性。金先生在序言里很自谦,认为本书唯有第一、二两部问题不大,而作为教材,老师们对第二部分还可以换成更为简单的批评。这本书的内容也确实由易入难,第一、二部分内容难度相当于适合普及,而第三、四部分内容符号化程度加大,没有受过专业训练的人无法看懂。但金先生晚年回忆对这本书评价不够高,他说《逻辑》介绍一个逻辑系统那一部分有许多错误,我学生殷海光曾作过系统更正,也不知道他的改正正确与否,竟不了了之。理由是,我错误地认为,我既没数学才能,形式逻辑就搞不下去。实际上,自《逻辑》后,金先生的兴趣便移出了逻辑学本身。根据王宪钧先生回忆:金师后来对于逻辑不感兴趣,原因是多方面的。一则他那时的兴趣转向了哲学本身,再则 20 年代末以后,数理逻辑的研究有了飞跃发展,从推理形式的研究转入了公理系统的研究。由于集合论中逻辑悖论的发现,出现了数学基础危机,引起了有关实无穷和数学存在是什么的争论。希尔伯特提出了他的有穷观点,计划用以证明数学的公理的协调性。希尔伯特计划的数学和逻辑的内容和证明涉及一些数学的知识性及论证的技能,因之没有较深和足够的数学训练是很难理解并进行研究的,这情况发生在哥德尔两个定理得到证明发表以后。在 1931 年,英美哲学界也反应极慢。金先生在数篇文章内都谈到自己数学差,未注意到这方面的发展也很自然。

金先生对于逻辑的理解又是怎样的呢?在《逻辑》一书中,他并没有给出明确的界定。但他在 1927 年曾把逻辑描述为"一个命题的必然序列"。"逻辑是一个命题或判断序列,或可任意命名的从一个得出另外一个的序列,但是它不是任意一个序列或居于许多可选序列的序列,它是一个序列并且只是这个序列,它是一个必然序列。"

"必然这个概念比真这个概念更根本,因而不能用真定义必然。"这个必然序列不是一个演绎推理的定义,而是一个重言式证明。这个必然概念也不同于今天学者讲的从前提真必然得出结论真的那个必然性,似乎后者的真要比金先生的必然性更为根本。金先生的必然与重言式的合取范式联系在一起,重言式

---

① 有关《逻辑》一书的介绍,参考金岳霖:《逻辑》,北京,中国人民大学出版社,2005。

只属于命题逻辑。而谓词逻辑没有合取范式，怎样理解谓词逻辑的必然性呢？金先生没有给出答案。

而金先生还关注了一个很重要的问题，即有没有不同的逻辑？他一再强调"虽然有不同的逻辑系统，理论上却没有不同的逻辑"。金先生承认的唯一逻辑就是一阶逻辑，他坚信逻辑一元论，在承认同一律牢不可破的基础上，坚决捍卫排中律及矛盾律。为此他有一系列论文阐述他的观点。不过，金先生对于悖论的关注似乎还没有区分语义上的悖论和逻辑悖论（集合论悖论），因此，他在《逻辑》一书中没有正面介绍罗素的类型论。对于归纳问题，金先生认为，归纳原则是永真的，但与重言式的那种真不同。重言式是先天的，先天的总是先验的。归纳原则是永真的，但不是先天的，仅仅为先验的。所谓先验的是"经验的必要条件"。"就是说如果它是假的，世界虽有，然而是任何知识者所不能经验的。"①

冯友兰的学术论文及专著：

学术论文：1932 年 4 月《中国历史上儒家的位置》载于《中国社会学政治学评论》；5 月 8 日《韩愈李翱在中国哲学史中之地位》；9 月 3 日《新对话（一）》载于《大公报·文学副刊》；10 月 8 日《新对话（二）》载于《大公报·世界思潮副刊》；12 月 8 日《新对话（三）》载于《大公报·世界思潮副刊》；12 月《宋明道学中理学心学二派之不同》载于《清华学报》第 8 卷第 1 期。

1933 年《大学为荀学说》、《老子年代问题》、《〈中庸〉的年代问题》发表在《古史辨》第四册；《朴社 1933 年出版》；3 月《杨朱哲学》载于《清华周刊》第 39 卷第 1 期。

1934 年 11 月 15 日冯友兰《读〈评论近人考据老子年代的方法〉答胡适之先生》载于《大公报·世界思潮》；11 月 26 日《新三统五德论》载于《北平晨报》连载 27、29 期。

1935 年 3 月 2 日，冯友兰应清华大学青年会主办大学问题讨论会，应邀讲演"人生术"发表在《北平晨报》；4 月 2 日《说思辨》发表在《北平晨报》第一期，文章认为思与辨最能代表哲学之实质；4 月 14 日《历史演化中之形式与实际》载于《大公报》；5 月 12 日《墨家之起源》载于《世界日报》，连载 15 日，乃北平师范大学讲演稿；5 月 14 日《中国今年研究史学之新趋势》载于

---

① 刘培育主编，胡军、王中江、诸葛殷同等著：《金岳霖思想研究》，226~241 页，北京，中国社会科学出版社，2004。

《世界日报》，乃北平师范大学讲演稿。"信古"、"疑古"、"释古"为近年来历史者之三大派别。"释古"为最近之讨论之热点。不过就学术史而言，冯先生提出的"信古"、"疑古"、"释古"虽然有一定的影响，但并不是一个很规范的提法，不能确切地表明冯先生文化观上的立场，也不能直接解构"古史辨"学派提出的问题核心；5月21日，冯友兰在辅仁大学演讲"近年史学对中国古史之看法"，发表在《骨鲠》第62期；9月，冯友兰为许维遹的《吕氏春秋集释》作序；其《秦汉历史哲学》即《新三统五德论》发表在《哲学评论》第6卷第2～3期；10月25日《历史演变之形式与实际——朱熹与陈同甫在哲学年会中之对话》即《新对话（四）》载于《北平晨报》；《文哲月刊》第1卷第2期；本月《原儒墨补》发表在《清华学报》第10卷第4期；11月《哲学与人生之关系》发表在《东方杂志》第33卷第1期，文章认为，哲学中论理学（逻辑学）、知识论（认识论）等，于人生无直接重大影响，形上学、政治哲学和社会哲学则同人生有直接大的影响；年末《道——大明，淮南子文选》载于《中国社会政治科学评论》。

1936年4月冯先生在女子师范大学讲演"先秦诸子之起源"，还写了《原名法阴阳道德》发表在《清华学报》第11卷第2期；8月《中国现代民族运动之总动向》发表在《社会学界》第9期；12月4日马乘风《〈中国经济史〉序》发表在《北平晨报》；本月还有《庄子内外篇分别之标准》发表在《燕京学报》第20期。

1937年1月为《古史辨》第六册作序（罗根泽）。《古史辨》是中国近来疑古文献的大成，并就信古、疑古与释古阐明了自己的观点："我曾说过，中国现在之史学有三种趋势，即信古……就信古一派，与其说是趋势，不如说是一种抱残守缺的人的残余势力，大概不久要消灭，对于中国将来的史学也是没有什么影响的。疑古一派的人，所作的功夫即是审查史料，释古一派的人所作的功夫，即是将史料融会贯通。就整个史学说，一个理事的完成，必须经过审查史料及融会贯通两个阶段，而且必须到融会贯通阶段，历史才会完成。但就一个历史家的工作说，他尽可以只做两阶段中的任一阶段，或任何阶段中的任何部分，任何一种的学问，对于一个人，都是太大了。"由此观点看，无论疑古、释古，都是中国史学所需要做的，这其间并无孰轻孰重；1月还有《中国政治哲学与中国历史中之实际政治》（《古史辨》第7册）；5月15日冯友兰与孙道升合写《怎样研究中国哲学史》发表在《出版周刊》232期，连载234期。

专著：1934年5月《一种人生观》由商务印书馆再版。此书于1924年10月由该馆作为"百科小丛书"之第72种出版。引言曰："民国十二年，中国思想界中的一件大事，自然要算所谓'人生观之论战了'，作者写此书的目的是为了具体地说出一个人生观。"6月写完《中国哲学史》下卷,并作自序一篇。9月《中国哲学史》(上、下)由商务印书馆列为"大学丛书"之一出版。第一篇"子学时代"于1930年8月出版;第二篇"经学时代"写于1933年6月。这本书是冯友兰讲授"中国哲学史"的讲义的基础上逐年修改写成的。对于《中国哲学史》下册,7月《清华学报》第10卷第3期发表张荫麟的书评《冯友兰,中国哲学史下卷》(附著者答)。冯友兰"以为中国哲学史天然地可分为两个时代:子学时代和经学时代;以为子学时代相当于西洋哲学中的上古时期,经学时代相当于其中的中古期;中国实际只有上古与中古哲学,而尚无近古哲学也。但这非谓中国近古时代无哲学也;只是说,在近古时代中国哲学上没有重大变化,没有新的东西出现,其精神面貌可与西洋近古哲学比论的;直至最近中国无论在何方面都在中古时代,中国在许多地方不如西洋,盖即中国历史缺一近古时代。哲学方面,特其一端倪而已。近所谓东西文化之不同,在许多点上,实际中古文化与近古文化之差异。这些见解虽平易而实深彻,虽若人人皆可知而实创说"。"在搜集材料的方法上,冯先生从表面依傍成说的注疏中,榨出注疏者的信件,这种精细的功夫,是以前讲中国哲学史的人没有做过的。"文章就凤幽暗"讲太极图","拿《通书》的话去互释""关于朱、陆的异同"及理气说之阐发三个问题与之展开了讨论。冯友兰在《答张荫麟先生〈评中国哲学史〉下卷》中就其提出的三个问题略述了自己的意见。

1935年4月27日张岱年《冯著〈中国哲学史〉的内容和读法》载于《出版周刊》126、127号。文章认为冯友兰的史有这么几个优点:①很能适应唯物史观,且不是机械的应用,而是活的应用。②最注重各哲学家之思想系统。③最能客观且最能深观。较文学,最注重思想发展之源流。④极注重历史上各时代之特别。取材精严有卓识。

1936年11月《中国哲学史补》由商务印书馆出版。"近年对于中国哲学史,时有新见。其中比较重要而且比较成系统者,为先秦子学诸家起源之说。"作者将近年所写《原儒墨》、《原儒墨补》、《原名法阴阳道德》三文"合而观之,成为一部先秦子学诸家起源考,可补拙著《中国哲学史》之不足,并正其错误……"

张申府的学术论文及专著:

学术论文: 1932年5月14日《新哲学书》载于《清华周刊》第37卷第11期;12月写了书评 Jorgenwen, A Treatise of Formal Logic。

1933年3月9日《事、理与事实——关于理的讨论的谈片》载于《大公报·世界思潮副刊》:"芝生和素痴先生关于理的讨论是很有意义的,不但他们的文笔之趣而已。我相信要使中国的哲学研究有点切实的进步,大有赖于这样的讨论。""要使这场辩论有结果,应该先把几个重要名词的意义弄清楚"。因此,文章中详细地论述了关于"理"、"事实"、"命题"等概念;11月16日《客观与唯物》载于《大公报·世界思潮副刊》。

1934年11月12日《尊孔救得中国了吗?》发表在《清华周刊》第42卷3、4期合刊;12月17日《现代哲学的主流》发表在《清华周刊》第42卷第8期。"现代世界哲学的主要潮流有二,一为解析,详说逻辑解析;二为唯物,详说辩证唯物。解析的目的在于把思想言辞弄清楚,借以检出客观的实在。唯物在承认有客观的实在而由科学的方法,革命的实践,本着活的态度,以渐渐表现之。""二者不但相通,也相补。""这在当时确实是一个比较精湛的见解,一个大胆地设想,可称为一家之言。"① "解析与唯物这是两方方兴的趋势。两势会归,必然于人类的思想改造,世界状态的变更,均大有所成就,夫岂止于解决那些哲学的问题而已?"

1935年5月22日《方法与工具》发表在《清华周刊》第43卷第2期。本文针对"在哲学里,所用的专门名字,所表示的东西特别广泛,不容易捉摸,字义因此含混不清,造成这种文字之争而作"。"在哲学中许多常用而意味却广泛不定的名词里,一个便是所谓方法。""总括种种思想,我以为可说方法就是循着一些东西而达到一种目的者。""在这个解说上,所说用循的东西,就是所谓工具了。""方法与工具是不可以同一视之的。"本年还有《续所思二零一——二零七》载于《清华暑期周刊》第10卷;《读书:怎样读?读什么?》载于北平《读书季刊》第1卷第1号。

1936年1月《关于琪桐译,笛卡尔方法论》载于《清华学报》第11卷第1期;6月3日《非科学思想》载于《清华周刊》第44卷第8期。文章说:"现在的急务:一是切实地倡行科学的方法,发挥科学的客观脾气;一是急切地从根本铲清除尽非科学的,先科学的,万物有灵的主观思想。"编者说,此文针对当时中国普遍存在"捉风捕影,以假作真的非科学态度,正在社会中普遍流行着,使中国社会乌烟瘴气,漆黑一团,生出无限罪恶"的状态而写。

沈有鼎的学术论文及专著:

学术论文: 1935年 *On Expressions* 发表在《哲学评论》第六卷第一期。

1936年1月《王光祈,东西乐制之研究》发表在《清华学报》第11卷第1

---

① 张岱年:《学识渊博风范长存——悼念张申府同志》,载《所忆》,北京,中国文史出版,1993。

期；9月《周易卦序分析》发表在《哲学评论》第7卷第1期。这篇论文两百余字，估计现在也没几个人能明白是什么意思。因字数较少，全文呈现：《周易》义例首干而主长男，首干体也，主长男用也，故能以阳驭阴，以刚制柔。其序卦也，用建构原则（Principle of Architectonic）而不用连续原则（Principle of Continuity）是以意味深长。后世儒者多不能晓，盖其卦有主从之别，有同德合德之分，主卦十有六，立其骨构，从卦四十有八，皆以八相随。其排列则上篇象天而圆，下篇法地而方。有三序：回互之序，用于上篇；交错之序，用于上下篇；顺布之序，用于下篇；井然森然杂而不乱，学者所宜用心焉；12月《论自然数》发表在《哲学评论》第7卷第2期。这篇论文依然非常短小晦涩。

张荫麟的学术论文及专著：

学术论文（与哲学相关的论文）：1933年1月《传统历史哲学之总结算》发表在《国风》半月刊第2卷第1号。"文中对各种历史观，逐一进行评价。此文是他当时历史观的代表作"①；3月《老子的年代问题》发表在《古史辨》第四册（朴社1933年出版）；11月6日《玩〈易〉》发表在《大公报·世界思潮副刊》。

1934年1月25日《可能性是什么？——一个被忽略了的哲学问题》发表在《大公报》；5月31日《道德哲学与道德标准》发表在《大公报》。

1937年2月5日《孔子》载于《大众知识》第1卷第8期连载3.5、20之9.10期。

另外，1934年暑假，张荫麟先生受教育部之聘，编写高中历史教科书之先秦至唐代部分，可惜因为战争原因，书仅写到东汉，即我们现在所见到的《中国史纲》。这薄薄一小册是张先生短暂一生留下的唯一的学术著作。因为是高中生入门教材，所以是以讲故事的方式写的，但这不妨碍张先生史学天才光辉的展现。尽管这本书距今已经有70年了，但依然是一本可读性极强的入门书籍。

张岱年的学术论文及专著：

学术论文：1933年4月《中国知论大要》载于《清华学报》第9卷第2期。

专著：1937年2月3日张岱年为自己的《中国哲学大纲》作序。这本书以问题为纲叙述中国哲学的发展历程，比较注重对中国古代哲学的概念范畴的分析及对古代哲学理论体系的诠释。

张岱年写完这本书才26岁，70多年过去后的今天，这本书仍然是学习中国哲学的一本不可多得的好书。据说，当年日本人见到这本书后，就认为中国人不会亡国。但这本书的出版颇费周折，1937年因抗日战争爆发未能开印。1943

---

① 张云台编：《张荫麟文集》，10~11页，北京，教育科学出版社，1993。

年北平中国大学印为讲义，1958 年由商务印书馆正式出版。1982 年中国社会科学出版社修订版，1990 年清华大学出版社《张岱年文集》出版时收入其中。

其他：

1932 年 10 月 1 日钱钟书《一种哲学的纲要》载于《新月月刊》第 4 卷第 3 期；10 月 15 日钱钟书《大卫·休谟》载于《大公报·文学副刊》；11 月 7 日钱钟书《休谟哲学》载于《大公报·文学副刊》；本年，梁启超、胡适的《梁任公胡适之先生审定研究国学书目》由上海大中书局出版，后亚洲书局再版。

1934 年 1 月，贺麟《道德进化问题》载于《清华学报》第 9 卷第 1 期。

（二）全国性哲学会议

各位教师除了写论文出专著，此时全国范围内的哲学交流也有所发展，如：

1935 年 4 月 13 日召开哲学会第一届年会，会上，冯友兰出席并致开会词，提出两点意见：一、过去对于西方哲学的介绍太偏于英美方面，而理性主义才是西方哲学在柏拉图以来的正宗。今后应多介绍理性主义。二、现在有人说中国需要新哲学，完全新的哲学恐怕不可能。中国只做一乱，乃是因为思想与事实没有统一起来。此次这学年会开会以后，希望能向这方面发展。金岳霖宣读了论文《手续论》，张荫麟亦宣读了论文。

1936 年 4 月 4 日在北京大学召开哲学会第二次年会，中国哲学会成立，宗旨是"本合作精神以促进哲学研究，推广哲学知识"《哲学评论》改由中国哲学会编辑，冯友兰是主编，金岳霖、贺麟、汤用彤任理事。冯友兰提交论文《朱子所说理与事物之关系》，载于 4 月 9 日《大公报》，后刊于 12 月出版的《哲学评论》第 7 卷第 2 期。金岳霖提交论文《形与质》，后载《哲学评论》第 7 卷第 2 期；张岱年提交论文《生活理想之四原则》。

1937 年 1 月 24 日南京召开了哲学会第三次年会，冯友兰在会上宣读论文《哲学与逻辑》，沈有鼎宣读论文《中国哲学今后的开展》，金岳霖宣读论文《现实底个体化》。三篇论文均发表在《哲学评论》第 7 卷第 3 期；1 月 27 中国哲学会第 3 届年会选举第 2 届理事会，编委会。冯当选为常务理事，并连任编委会主任，金当选常务理事会，贺麟当选为理事。

六、走出书斋的哲学系师生

二三十年代的中国社会相当混乱，但清华却仿佛"世外桃源"。校园墙外与墙内是两种完全不同的景象，这样巨大的差距不可能不给师生敏感的心灵带来影响。在《清华周刊》上，经常可以看到学生们的一些不满言论，如 1934 年署名为海鸶的《阿丽思姑娘清华园漫游记》就以讥讽的口吻生动地描绘了这种强烈的对比。哲学系的师生更不会置身事外,哲学从来都不是建造空中的楼阁,它或者是超时代地引导思想深处的变革,或是以一种隐蔽地方式与现实相回应,抑或,它本身就是时代的先行者。

(一) 被拘捕的冯芝生先生

1933年暑假,冯友兰出国休年假,哲学系工作由张申府代理,文学院院长也由蒋廷黻代理。当时清华规定,教授任职五年,可以申请出国休假一年,清华发给相当于一个留学生的费用,包括车旅费。此时,冯先生还收到了"英国各大学中国委员会"的邀请。这个委员会定期邀请一些中国学者去欧洲各大学演讲,宣传中国文化。所以,冯先生旅欧第一站就是英国。他在英国各个大学做了一系列演讲,内容都取自《中国哲学史》。这段时间,冯先生对英国社会文化感触颇深,他说英国大约算是"旧瓶装新酒",这是好的,最坏的则要属于"新瓶子装旧酒"了。1934年离开英国后,冯先生到巴黎住了一个月,接着去了瑞士,再去德国。接着冯先生干了件大事,因很想知道苏联是个什么样子的,到底是有人说的天堂乐园还是有些人说的人间地狱呢?于是他就从德国出发,途经波兰,到了苏联,并按苏联旅游局规定的行程转了几个大城市。而冯先生的结论是,苏联既不是人间地狱,也不是天国乐园,只不过是一个在变化中的人类社会。这种社会可能会通向天国乐园,但眼前还不是。而且苏联也不像西方人所说的无信仰自由,教堂满地都是,人们能够去做礼拜。苏联的报纸和其他西方资本主义国家不同,苏联的报纸专门报道工农业生产情况和劳动模范等先进人物,而西方的则都是报道政治和政治上出头的人物。这给冯先生很大的好感,他说,当时我想,这大概就是苏联的新社会和旧社会不同的地方吧。我得出一个结论:封建社会"贵贵",资本主义社会"尊富",社会主义国家"尚贤"。贤是指有学问、有技术的人。而这不是社会主义,但却是很合理的。

离开苏联后,冯先生去了布拉格,参加了国际哲学会议第八次会议,会上,冯先生宣读了在国内就写好了的《哲学在当代中国》(*Philosophy in Contemporary China*),"谈到中国哲学界关于中西文化讨论发展的情况,把近代以来思想发展概括为三个时期:第一时期是从旧文化的观点解释与批判新文化的时期,代表人物有康有为,谭嗣同;第二时期是用新的西方文化的观点理解和批判中国的旧文化时期,代表人物是陈独秀,胡适;第三时期是新旧文化互相理解,批判时期,主要是找出新旧文化,中西文化共同处,使之统一。"①

---

① 王亚夫、章恒忠主编:《中国学术界大事记》,86~87页,上海,上海社会科学院出版社,1988。

回国后，大家对冯先生苏联见闻很感兴趣，冯先生做了两次演讲，一次是所见的苏联情况，一次是作为中国哲学史问题的演讲，题目是《秦汉历史哲学》，演讲中发挥当时他了解的历史唯物论。听众听完后议论纷纷，说"冯先生变了"。而这引发了一次大的事端。1934 年 11 月 28 日，冯先生被警察局铐走，秘密送到保定"行营"审讯一番，因家人竭力疏通终被释放出来。这件事震惊全国。鲁迅先生在致友人的信中写道"安分守己如冯友兰，且要被逮，可以推知其他了"。

冯先生自己说，我在这个时候，好像走到了一个十字路。我可以趁机与南京政府闹翻，加入中国共产党，或者继续我过去的样子，更加谨小慎微，以避免特务的注意。当时清华的学生准备开会，清华的教授也准备开会。如果走前一条路就会得到全社会的支援，可以大干一场。可是我没有那样的勇气，还是走了后一条路。冯先生变了但没有变过来。事后，梅校长邀冯友兰一起去南京，让南京的人看看冯先生这个共产党是什么样子。但冯先生去了几天就回来了，日本大举侵略中国的趋势已经非常明显，于是他决定抓紧去全国一些地方再多看几眼①。

（二）被驱逐的张申府先生

冯先生"安分守己"，而张申府则从来都是引领潮流的人物。1935 年冬，张申府与夫人刘清扬、姚克广（姚依林，清华学生）、孙荪荃（女校校长）等共同发动和领导了北平的"一二·九"学潮。不过张申府到底是如何发动这次规模巨大、程度激烈的救亡运动的，详情很难查证，现能查找的资料如下②：

在"一二·九"运动之前，北平市公安局怀疑清华学生社团组织的"现代座谈会"有共产党参加，于 1935 年 2 月 11 日去学校逮捕学生数人审讯。13 日，张申府上逻辑课时候点名，有学生未到，同学问情况，张先生的答语可能导致了学生对校长秘书长的误解。学生不等校方查明真相就遍贴宣言标语。这件事情最终被校方及教授会平息，校园平静了半年。到下半年，日本想在华北建立"倒蒋亲日防共"的政权，被平津卫戍司令宋哲元拒绝，后又利用殷汝耕于 11 月 24 日宣布"自本日起，脱离中央"，冀东自治。同日，北大校长蒋梦麟，清华校长梅贻琦，北平大学校长徐诵治，燕京大学校长陆志韦等数人集会，发表

---

① 冯友兰：《三松堂自序》，78~91 页，北京，人民出版社，2007。
② 一二·九运动资料参考清华大学校史编写组：《清华大学校史稿》，255~269 页，北京，中华书局，1981；齐家莹：《清华人文学科年谱》，188 页，北京，清华大学出版社，1999；苏云峰：《从清华学堂到清华大学（1928—1937）——近代中国高等教育研究》，174~197 页，北京，生活·读书·新知三联书店，2001；CNKI 中国工具书网络出版总库词条"一二·九运动"。

宣言，坚决反对一切脱离中央和组织特殊政治机构的阴谋举动，并要求政府用全国力量，维持国家领土及行政完整。除校长外，还有傅斯年、胡适、张奚若、蒋廷黻等教授签名。当时任中共清华党支部书记的蒋南翔要求清华学生会起来响应，12月3日召开全体学生大会，700余人参加，杨联升任主席，做了三项决议：一、以本校全体同学名义通电全国，绝对否认假借民意之自治运动；反对任何脱离中央或类似之华北自治组织。二、联合北平市各大中学，向地方当局做一大规模之请愿运动。三、请愿案由清华救国会全权办理。会后全国发出通电。清华教授会5日召开全体大会，商讨应付办法。南京国民政府采取行动，通缉殷汝耕，设立"冀察政务委全会"，以宋哲元为委员长。

12月9日清晨7点，清华学生约600余人（约为全校人数一半），由蒋南翔带领；燕京学生400余人，由黄华带领，共乘汽车30余辆，向城内进发。当局闻讯，关闭西直门和其他各门，将学生阻挡在城外。城内，军警把守各大学校门，不准学生外出，即使这样，也有六七百人冲出校门，集合于新华门，要求允许清华、燕京学生进城，被阻。学生转赴西直门，想与城外同学会合，在护国寺又被警察拦住。学生继续结对东行，途中各校学生陆续参加增至千人。下午5时到达霞公府，被公安局消防队用水龙头冲散。城外清华、燕京学生也于4点15分被劝阻回校。而这一天的行动，得到了教授会成员的支持，如金岳霖就在"停止内战，一致对外，打倒日本帝国主义"的宣传语上签名支持。

请愿不成，学生们又开始酝酿罢课，在接下来的近半个月中，又发动了两次请愿，校方与北平学联僵持不下，蒋介石安抚行动失败，于是学校决定提前放寒假，1936年2月1日开学。2月开学补上期耽误的考试一再被延期。接着便发生了学生救国会要挟教授会，护校会指控救国会，最终梅校长严惩救国会。校园平静几日，到2月29日，北平宪警奉行政院令"取缔非法组织"突击检查清华，北大，东北大学，中国学院等，清华首当其冲。29日凌晨4点，北平宪兵司令部与公安局，联合派遣宪兵，警察200余人，携带40余人黑名单，破校门而入，从第一院到第六院宿舍，按名单对照学生证相片检查，将蒋南翔、姚依林、方左英等逮捕，不过马上被学生包围抢回，学生愤而将宪警逐出学校，并捣毁宪警用车8辆。午后，校外宪警增多，30多人进入校园，学生鸣钟集合五六百人，将宪警驱逐出校园并关闭校门。宪警将校园层层包围，形势严重。此时校长已经进城，学生改向工学院院长顾毓琇和文学院院长冯友兰请示。结果决定接受检查，请教授向警方交涉，只准50名宪警进入。此时，蒋南翔躲进锅炉房，工友掩护。姚依林躲在冯友兰家，女生某躲在朱自清家，还有学生躲在闻一多、华罗庚等老师家里。宪警一一搜查，从晚上7点到第二天凌晨5点，带走了22人。

由于各方营救，北平治安局加紧审讯学生，中间传讯了张申府夫妇。后来北平学联和北大学生会又发动了抬棺材游行，警察再一次大逮捕，其中有17位清华学生。4月13日11人获释，4月29日只有5人及张申府夫妇还在狱中。警察怀疑张申府夫妇是共产党，要送南京审判，但张申府早已退党，所以获得释放。至此，"一二·九"被逮捕的师生在五月之前全部获释。

清华救国会响应第三国际世界学生联合会，援助中国反日运动，决定4月22日到29日为反战运动周，全体罢课。日本此时也给宋哲元施压，有传言将二十九军南调。学生立刻请愿二十九军，获得了满意答复。6月13日又举行了抗议日本增兵大游行。6月18日清华举行期末考试，又遭阻拦，最终学校开除了几名学生。

7月2日，学校召开清华大学第109次评议会，会议决定，自本年8月1日起，解除哲学系张崧年聘约。张申府后来回忆："有人提出我在课堂上讲时事太多，学校借此把我解聘了。""当时学生们为声援因参加'一二·九'运动被处分的学生，成立了被处分同学后援会，他们要求校长收回解聘我的成命，但我还是被迫离开讲坛，离开了可爱的清华园。……在同事中，对我默默表示同情的也不无其人，如闻一多、陈寅恪等。"①

7月25日出版的《清华暑期期刊》第11卷第1期发表了《同情学运的张教授被解聘》，"本校哲学系张申府，同情学生爱国运动，致尝铁窗风味。张教授执教本校5年于兹矣！循往到下年度休假出国研究。校方催索研究计划时，张先生适在狱中，无法草就，特商诸学校当局，能否因特殊情形，暂缓缴纳该项计划，终于未获照准。开释后，张先生喘息未定，方拟乘休假之便，凑些私款携夫人并往海外研究，不图于7月初，忽得评议会函，大意谓某种关系，请勿庸尸位素餐。张教授知识广博精神，为国内哲学界有数之人物，今竟弃若敝屣。故同学们闻此消息，莫不扼腕。"②

张申府离开讲堂后，又开始投身政治活动，成为民盟创始人之一。1948年，张先生在《观察》上写了一篇《呼吁和平》的文章，正是因为这篇"不合时宜"的呼吁和平文章，为他此后的政治生命带来了毁灭性的打击。11月15日，香港的民盟总部第四次扩大会议以"张申府之言行已走上反人民反民主的道路"为由，开除了曾是创始人的张申府的盟籍。12月16日，《人民日报》发表文章，"痛斥叛徒张申府的卖身投靠！"十天后，已进入东北解放区的张申府的夫人刘

---

①② 齐家莹：《清华人文学科年谱》，188页，北京，清华大学出版社，1999。

清扬在《人民日报》刊登出离婚启事，标题为"张申府背叛民主为虎作伥，刘清扬严予指责"。并宣布与张申府离婚，一刀两断。

新中国成立后，张申府的日子更加不好过，被全面封杀，他的工作也没有着落，最终在周恩来总理的帮助下去北京图书馆做研究员。1957 年他毫无悬念地成为右派、在"文革"中受到冲击，直到 1979 年才获彻底平反。所幸的是张申府坚韧地活到了 80 年代，渐渐地看到历史被还原。1986 年张申府辞世，享年 93 岁。

（三）走出去的魏蓁一同学

魏蓁一①是清华哲学系史上第一位女生。她 1917 年农历 10 月 26 日出生于北京，为家中长女。祖籍湖北建始。"君宜"是她 1936 年在《清华周刊》45 卷第 1 期上发表《哀鲁迅》时用的笔名，抗战后流亡到武汉参加湖北省委主办的黄安训练班时，将自己的姓名改为韦君宜。

1934 年 9 月，魏蓁一被清华大学、北京大学、燕京大学三所高校同时录取，面临着人生的第一次选择。她原是对文学很感兴趣的，但选择了清华大学哲学系，因为她想"探讨一些更深刻的东西"，于是她成了清华十级新生中的第一位女生。

清华女生居住在静斋。宿舍后面环围着一带小丘，生长着密密的树丛，不远处一片湖水便是有名的"环池"，再远眺就是西山。宿舍前门面向一条南北走向的人行道，横过人行道是一条小溪环绕着的错落的树林，连着宽阔的草坪。草坪的北部便是校园中心的大礼堂、图书馆和工字厅了。在这里，魏蓁一开始了她大一的学习生活，除了泡图书馆、阅览室，有时也坐在二楼的宿舍里看书、写作。如"鸟声在东边鸣了西边又鸣，树影成行，已倒沉在水底。礼堂里的琴波颤了起来，谐和了水波的颤。满地都静。天有黄叶还恋着这一池残水，横直综错，满地都亲吻遍……""夕晖一点透林明，坐听虫声共鸟鸣；敛黛西山初浴罢，云清雾薄晚妆成。""严冬十二月，晨起见严霜。北风寒裂骨，道上生白光。行人从远来，抱子倚严墙。三日已无食，一月更无裳。瑟缩败屋下，翘首盼春阳。何意急风雪，中夜袭我床。团雪弥前牗，朔风裂后窗。门枢向我欹，仰视屋无梁。抱子出门去，徘徊以彷徨。旁徨欲何时，哀哉路且长……"

1934 年，因中国共产党提出，经宋庆龄等签名的《抗日救国十大纲领》公布，这年冬天清华校园革命组织"现代座谈会"公开招收会员，魏蓁一参加了该小组，被编在哲学组，学习《辩证唯物论教程》等书籍。

---

① 魏蓁一简介参考《中国大百科全书·新闻出版卷》，368 页，词条"韦君宜"；CNKI 中国工具书网络出版总库词条"韦君宜"。

1935年春，中文系九级学生蒋南翔经学生会选举担任了第43卷《清华周刊》总编辑，魏蓁一被聘为该刊的"特约撰稿人"。在5月15日出版的《清华周刊》第43卷第1期"清华论坛"刊出了魏蓁一题为《理论能拉住事实么》的长篇哲学论文，署名陶清。这是迄今所见到的韦君宜所发表的唯一的一篇哲学论文。论文本着"理论与实践是一个对立的统一，实践在其中处着主导地位"的理论命题，阐述了"我们不能用理论拉住实践"，而应在实践中把握到"理论"，从而"创造一个不能说是继续现状的新形势"，"现状必将由本质的转化而被一个更高级的新形态所替代了"。1935年暑假前夕，清华发生了静斋逮捕革命学生的事件，"现代座谈会"亦遭解散。此时刚好学校放暑假，魏蓁一决定跟同学一起去日本"找光明的路"。在日本东京，她被中国"左"翼文化人的活动所吸引，要求父亲同意她留在日本，但遭到家里的反对。正在这时，中文系九级女生韦毓梅写信，告诉她，下学期要在女同学里组织一个小组。开学后，魏蓁一参加了静斋小组，这是一个秘密的社联组织，同时受清华大学"民族武装自卫会"的领导。参加的成员一共只有六人。他们在蒋南翔的领导下秘密开会，读《中国大革命史》等革命书籍，进行"时事分析"、"工作检讨"、"自我批评"等项讨论。他们成立同学会、开展时事问题讨论会、出版静斋壁报、成立流动图书馆，还率先组织了一个海燕歌咏团，唱《国际歌》、《毕业歌》等革命歌曲。魏蓁一是他们中间的"笔杆子"。这个小组在"一二·九"学生运动中发挥了不小的作用。11月18日"北平学联"成立，继之蒋南翔起草的《清华大学救国联合会告民众书》在《怒吼吧》上发表，喊出了"华北之大，已经放不得一张平静的书桌了"的响亮口号。在清华大学的全体学生大会上，几经争论，终于通过了《通电全国，反对一切伪组织、伪自治，联合北平各大中学进行游行请愿》的决议。12月9日，北平各大中学在"北平学联"的组织领导下，爆发了大规模的请愿游行。一周后，12月16日又举行了一次全市学生的抗日大示威。魏蓁一积极地投入了这场运动，她和静斋小组的人，不顾天寒地冻、走在游行队伍的前列，散发传单给沿途的老百姓。传单对口词《老百姓》由她执笔。

为了巩固运动的成果和深入广大群众，1936年初"北平学联"组织了平津学生的"南下扩大宣传团"。清华、燕京等城外各校编为第三团，1月4日从西郊蓝靛厂徒步出发，沿路深入农家，宣传讲演，开展歌咏活动，动员当地青年参加革命组织。当同学们步行第12天到达河北高碑店时，遭到了军警包围，被押上火车送回了北平西直门站。全团步行了20余里才回各校。回校后的第二天便在燕京大学礼堂组织了自己的永久性团体"中国青年救国先锋团"，称为"民族解放先锋队"。这次下乡宣传对魏蓁一的触动极深。南下宣传回校不久,她经蒋南翔介绍加入了共青团,不久转为共产党员。有段时间她几乎成了职业的革命者,参加市妇救会等工作后,她很少回校上课,以至于冯友兰的"中国哲学史"由于缺课超过了三分之一被判为不及格,需要补考。

魏蓁一考上清华后,父母对她期望很高,希望她走毕业出国留学深造的路,但是国难当头,她走的却是另一条路。家庭并没有改变她,她却影响了这个家庭。父亲虽有留学日本的经历,但多次拒绝出任伪职,后索性躲到上海租界,以经商为生。魏蓁一的弟弟妹妹,或是参加了革命,或是解放后回国。

魏蓁一从清华哲学系肄业那年是1937年,后来她去了延安,一直从事着文化工作,担任编辑、写小说,成为我国著名作家。新中国成立后也一直在文学界耕耘。

1986年4月,韦君宜不幸因患脑溢血导致右半身偏瘫,后又摔伤右臂骨折;1991年骨盆又不慎震裂。但是身体上一连串的打击并没有挫败她的意志。她在病榻上不但写出了长篇回忆录《思痛录》,还写出反映青年知识分子在中国抗战时期心路历程的长篇小说《露沙的路》。这两部作品在社会上引起巨大反响。2002年1月26日韦君宜在协和医院病逝,享年85岁。

小结

清华哲学系成立于1926年,是清华在从作为培训学校转型为现代大学,设立大学部时期建立的,但哲学课程从清华成立之始就已开设。二三十年代是人们心中清华哲学系发展的黄金岁月。这短暂的11年,哲学系从诞生发展到高峰,不仅如金岳霖先生预想的那样,培养了少而精的优秀人才,也形成了朴实与自由并存的独特风貌,并为三四十年代的"清华学派"的繁荣奠定坚实的基础。

1937年7月7日,发生了震惊中外的卢沟桥事变,日本全面入侵中国。北平失守,清华大学开始南迁。9月初,奉教育部令,清华大学、北京大学、南开大学在长沙合并为长沙临时大学。原来三校校长为常务委员,主持校务,北大文学院院长胡适为文学院院长,北大哲学系系主任汤用彤为哲学系系主任。清华大学从1934年就开始在岳麓山脚下修建校舍,可惜建成的部分很有限,便把文学院设在了离长沙市百里远的南岳市的衡山脚下。恐怕那时候谁也不曾想到,我国乃至世界教育史上最可歌可泣的教学大迁徙就此拉开了序幕。

第四章　南迁途中的哲学系
（1937—1939）

1937年至1945年，是八年抗日战争时期。伴随着国土的一步步沦陷，勃兴于首都及周边地区的著名学府，为局势所迫，不得不暂别故里，如飘萍一般辗转异地，其中当然也包括清华大学和她的哲学系。关于大学撤离北平的决定，并非仅仅出于保存学府之考虑。1937年7月30日，天津沦陷之日，南开大学校长张伯苓说："敌人此次轰炸南开，被毁者为南开之物质，而南开之精神，将因此挫折而愈益奋励。"① 因此，中国教育史上这次著名的"南渡"之更为重要的意义是能为中华民族保留一份崛起之精神。

经过长沙短暂的停留后，漂泊的终点站设在了昆明。1938年，清华大学、北京大学、南开大学三校合并组成西南联合大学，学人漂泊告一段落，中国三所著名现代大学的历史也进入到了西南联大时期。西南联大无疑创造了中国现代教育的奇迹，这与混乱不堪的世态构成鲜明对比。西南联大八年办学历程，走出了一大批闻名遐迩的大学者，他们著书立说，在各自领域中声名斐然。另一方面，他们在专业中硕果颇丰的同时，又培养出大批造诣极高、学问扎实的后学，他们成为日后新中国学术发展的中流砥柱。

就哲学系而言，冯友兰等原清华教授，都迎来了学术生涯的高潮，他们与原南开冯文潜，原北大汤用彤等教授一道组成新的哲学系，三校治学风格相互砥砺，可谓人才济济，盛极一时。联大院系有所调整，哲学系与心理学系合并，称为哲学心理学系。办学之初，教育学系也曾一度纳入哲学心理学系整体，但之后不久便独立而出。其中，哲学组教授先后共计11人，分别是：冯友兰（原清华）、金岳霖（原清华）、沈有鼎（原清华）、汤用彤（原北大）、贺麟（原北大）、郑昕（原北大）、容肇祖（原北大）、王维诚（原北大）、冯文潜（原南开）、王宪钧（清华毕业）、陈康（中央大学毕业）。而研究助教任继愈等，也

---

① 见《中央日报》1937年7月1日此评文章《南开精神》。

是日后的哲学大家。另外，哲学组还专门延聘了外语系教员、维也纳学派成员洪谦教授，开设语言哲学相关课程。洪谦教授也是在原清华任教。用"名家荟萃"这四个字最能准确地形容联大时期的哲学系（组），正是由于教授群体空前强大的阵容，才使得这一时期的哲学研究活泼而自由，各家之间的相互切磋，让中国现代哲学史迎来了最为辉煌的时刻。历史也证明了，在联大哲学教授们的关注、思索、辩难与立言之下，哲学在中国的发展才拥有了新的精神资源，后学则从中源源不断地获得关键性的学理启示。

任何思想盛世的形成，都有其错综复杂的内外因，能在时局动荡之中，反摘得如此卓越之成就，这不得不令人深思。而其中，与政治自觉保持距离，秉承学术独立之精神，应为最重要的原因。冯友兰在1945年作《国立西南联合大学纪念碑碑文》中有言："稽之往史，我民族若不能立足于中原，偏安江表，称曰南渡。南渡之人，未有能北返者。晋人南渡其一例也，宋人南渡其二例也，明人南渡其三例也。风景不殊，晋人之深悲；还我河山，宋人之虚愿。吾人为第四次之南渡，乃能于不十年间收恢复之功，庾信不哀江南，杜甫喜收蓟北。"冯友兰以联大南迁直比发生于晋、宋、明三朝的三次著名南渡，是即将学术的脉络传承与民族的荣辱兴亡紧密联系起来，在这些思想先驱心里，学术本身就直接担当这份责任，"为往圣继绝学"与"为万世开太平"高度合一。这种教授群体意识的选择，使得他们能摆脱战局的干扰，沉浸学问。以学问精进作救亡之法，就必须正视知识的神圣性，也就必须要求学术的独立精神。贺麟1941年于《学术与政治》一文中说："假使一种学术只是政治的工具，那么这一种学术就不是真正的学术。"[①] 从抗战之初起，国民党从来未停止过利用各种方式试图干预或者操纵大学的运作，他们甚至要求大学的各级管理者必须加入国民党，期望以此渗透至学者内部。所以教授们的选择，在另一方面而言，也是对学术工具化、政治化的坚决抗拒。

联大哲学教授们的成功，是在坚守学术独立之精神的前提下取得的，而贯彻此种精神，恰恰描绘出了联大教授的群像，成为联大治学与办学理念中最具特色的亮点。这一段历史告诉我们，只有当学者能够获得自由的思想空间，才可能带来学术的真正繁荣，以及民族文化的异彩纷呈。倘若其中插入过多的功利目的与强横的约束，那么学术也将会骤然丧失其教化启智的使命。这一点即使在当今时代，仍然拥有着不容忽视的借鉴意义。

---

① 收入贺麟：《文化与人生》，201页，上海，商务印书馆，1947。

第一节　长沙初建

1937年7月7日，日军突然发动了卢沟桥事变，抗日战争全面爆发。作为紧急应对措施，7月9日，蒋介石邀请全国各界知名人士，在庐山举行国是问题座谈会，清华、北大、南开的校长梅贻琦、蒋梦麟和张伯苓，以及三校的不少教授也在邀请之列。未曾料及的是，日军推进速度之快，致使整个平津地区战事极为吃紧，22天之后，北平即宣告沦陷。7月30日，天津再告沦陷。当时三校的主要领导均仍在庐山或者南京开会，而南北交通由于战火阻断，又使他们无法在短时间内归校，形势非常严峻。如何保证京津高校撤离，成为迫在眉睫的事宜。在征得校方意见之后，8月15日，教育部在南京举行会议，讨论在长沙设立临时大学组织筹备委员会。28日，高等教育司分函清华、北大、南开三校，指定梅贻琦、蒋梦麟、张伯苓为长沙临时大学筹备委员会常务委员，三位校长次日便告动身，并通过各种联络方式通知三校在各地的师生，要求立即南下长沙。

9月10日，教育部第16696号令正式宣布以清华大学、北京大学、南开大学及中央研究院设立国立长沙临时大学。13日，长沙临大筹委会召开第一次会议，商议校舍和经费问题。此后，作为最高行政组织的临大常务委员会也开始紧锣密鼓地开展各项旨在恢复教学的工作。在16日的第一次常委会上，冯友兰等9人为图书设计委员会委员，负责策划各系所需要的图书。而18日举行的第二次常委会设立课程委员会，冯友兰又在被推定的13位委员名单之中，负责所在学系的课程设计。同时，会议还决定，改定开学日期为10月25日，11月1日开始正式上课。

从接到南下通知到确定开学日期，总共仅有不到两个月时间。这段时间中，随着平津地区的大面积失守，日军也开始向江淮流域推进，南下的交通逐渐被破坏。尚在北京等沦陷区的师生，若要及时赶到长沙，往往须徒步行走，穿越封锁带，其艰辛之程度可想而知。南开大学已在天津沦陷之日，被炮火完全摧毁，教学设施毁坏殆尽，而清华大学与北京大学分别于8月5日和9月3日被占领，在校师生尽管已拼命挽回，抢运出一部分图书与设备，但终因人少力疏，加之运输困难，遗失、滞留的设施数量很大，令人心痛。轻装报到尚且已千难万险，何况身藏厚重的书籍与器材，又少车马通途。不过，各地教师与学生仍然千方百计地转归长沙，求学为国之心令人动容。

9月25日，临时大学筹备委员会借用校舍基本就绪。学校本部租用长沙韭菜园圣经学校，男生则住四十九标营房，女生住涵德女校。由于图书与设备根本来不及到位，又只得暂时借用湖南大学的部分资源，如此尚且无法满足全校的正常教学。一些系只能远赴江西和四川，借读于当地大学内。另一方面，资金缺口更加严重。临时大学组建的资金主要是8月30日教育部向中英庚款董事会函商借用的五十万元，由于湖南当地的教育资源并不丰富，致使实际开支远超预算。同时，国内战事极其被动，国民政府采取紧缩政策，原核定的清华、北大应领经费按七成拨发，南开大学的经常补助和建设事业专项补助拨款也按七成拨付。这就意味着，临大教职人员薪金只能拿到原来的七成。在如此拮据的情况下，常委会仍决定由学校经费中节省五千元，以救济因战乱而生活无着的沦陷区困难学生。

虽然面临着诸多困境，长沙临时大学还是在9月底左右，已经具备了重新开课办学的硬件条件。10月2日，临时大学第四次常委会，通过了学系设置，文学院设四系，其中哲学、心理学和教育学三个学科并设一系，合称哲学心理教育学系。随后又在4日举行的第五次常委会上，任命冯友兰为系主任。哲学系迎来南渡之后的第一个发展时期。

原清华、北大与南开的师生正陆续抵达长沙，另外临时大学在两湖地区也招收了一批新生，随着人员聚集，各种问题开始暴露，首当其冲的就是教育资源的极度匮乏。一方面，开学在即，但图书、仪器却严重不足，当时又限于微薄的经费，无法大规模购置。出于应急，学校与国立北平图书馆合作，暂各出资四万元，订购图书杂志报纸，并借来湖南国货陈列馆图书室的图书，以补不足，而仪器则向当地学校、医院到处商借，以尽量保证正常教学的最低要求，甚至决定在涵德女校以及周边空地上，自行搭建简陋的实验室。另一方面，学校教职人员和学生人数是原本京津三校的总和，而作为教学本部的韭菜园圣经学校原是美国教会所办，虽然环境清雅，适合办学，但全校仅有一座三层正楼和三座宿舍。正楼已供理学院等三个学院使用，空间都为教室、实验室等必要设施占用，无法再行腾挪。宿舍除了给单身教职人员住宿之用外，也充当着教师办公室。而学生全部借住在军营或者附近女校之内，十分拥挤，终究安置有限，不敷分配。10月15日，临时大学常委会第11次会议决定，文学院改设于南岳圣经学校，称为长沙临时大学南岳分校。哲学系也随同文学院一同迁往新地。

南岳分校坐落于衡山山腰，距南岳不到20公里路程，附近风景如画，集中了水帘洞、白龙潭、祝融峰等胜景，此处也是清初大哲学家王船山归隐之地，宛如隔世般清幽，丝毫未染战火和硝烟，是人文学科研究的绝佳环境。分校的校务由文学院院务委员会主持，吴俊升任主席，朱自清任书记，冯友兰等三人任委员会委员。10月25日，长沙临时大学如期开学，次日举行了开学典礼，11月1日开始正式上课，并将当日定为校庆纪念日。哲学系所在的文学院情况较为特殊，由于新址搬迁在开学之日未完成，只能向后推延。而且因为交通中断，学院各系教师尚有多人需绕路而行，不能按时到校开课。比如汤用彤和贺麟两位教授是同行，10月抵达天津后，被迫乘轮渡由天津港先至香港，在香港逗留做简单准备之后又北上广州，再从广州出发沿陆路到达长沙，几乎走了大半个中国。所以开学时，文学院仅到19位教授，其中哲学组只有冯友兰、金岳霖、沈有鼎三位原清华的教授按时开课。

11月16日，文学院公告开学，19日起正式上课。哲学心理教育学系四个年级总共有在校学生为64人。一年级新生有秦维敏、朱南诜、易琪、李悦、刘效韫、陆智周6人。二年级有张兆杰、林蒲美等15人。三年级有冯宝麟、徐孝通等21人。四年级有任继愈、王逊、石峻、周德清、郎维田等22人。其中原清华学生共15人，新生朱南诜为原清华招生。这64人中，出现了不少日后的大家与名人。

任继愈（1916—2009），字又之，山东平原人。1934年考入北京大学哲学系，1937年长沙临大时为哲学心理教育系四年级在读生。1939年考取西南联大北京大学文科研究所第一批研究生，师从汤用彤和贺麟，主攻中国哲学史和佛教史。1941年获硕士学位，并留校任教。1945年三校恢复之后，先后在北京大学讲授中国哲学史、宋明理学、中国哲学问题、朱子哲学、华严宗研究、佛教著作选读、隋唐佛教和逻辑学等课程，历任讲师、副教授、教授。1956年起兼任中国科学院哲学研究所研究员。1964年负责筹建中国科学院世界宗教研究所，并担任所长。世界宗教研究所也是中国第一个宗教研究机构。1978年恢复大学正常教学之后，开始于北京大学招收宗教学硕士生和博士生。1987年至2005年，担任国家图书馆馆长。1999年当选为国际欧亚科学院院士。任继愈是中国当代最著名的哲学家之一，国学大师。他一生简朴，嗜好不多，却酷爱藏书。

他著有《老子今译》、《墨子》、《中国哲学史论》、《中国哲学发展史》、《佛教史》、《汉唐佛教思想论集》、《佛教与东方文化》、《天人之际》等二十余部专著、合著、译著。另外在2002年出版了自选集《竹影集》。涉及领域包括道家哲学、佛教哲学等诸多方面，影响深远。任继愈主持编纂多部思想史丛书，包括《中国哲学史》四卷本、《中国哲学发展史》七卷本、《中国佛教史》八卷本、《中国道教史》、《中国科学技术典籍通汇》、《中国文化史知识丛书》、《禅宗与中国文化》、《宗教大辞典》、《佛教大辞典》、《中华大藏经》等近三十部。这些丛书部分至今仍被国内许多高校哲学专业视为课本使用，部分是至今最为实用与全面的工具书，部分资料汇编丛书，则发挥这传承传统文化的不可代替的作用，造福后学。另外，任继愈尚在学术期刊、主要报纸上，发表论文五十余篇，内容涵括了道家、儒家、佛教，年代从先秦至于现代，无不显示着他广阔的研究视野。

王逊（1915—1968），山东莱阳人，现当代著名的美术史家，中国现代高等美术史教育的开创者与奠基人。1933年考入清华大学土木系，不久因受闻一多与林庚的影响而转投中国文学系，一年之后又转入哲学系，师从邓以蛰学习美学。1937年为长沙临大哲学心理教育学系四年级在读生。1939年考入西南联大清华大学研究院，攻读中国哲学研究生。毕业后历任云南大学文史系讲师、西南联大哲学系讲师、敦煌艺术研究所设计委员。三校恢复之后，先后为南开大学、清华大学、中央美术学院教授。1957年，组织筹建中央美院美术史系，并担任第一届系主任，这是中国现代美术史教育的发端，同时也标志着现代形态的美术学研究在中国的生成与发展。1963年，永乐宫壁画摹本赴日本展出之前，王逊担任三清殿所绘三百天神的识辨工作，他的相关成就为中国绘画、壁画史研究作出了重大贡献。

王逊的后半生非常不幸，皆未躲过五七年反右与六六年"文革"。在身心遭受严重摧残的情况下，他仍然坚持严谨的学术研究，笔耕不辍，终因积劳成疾，1968年于北京逝世。王逊是清华大学教授邓以蛰的高徒，师徒二人均与梁思成夫妇交好，并同时参加了由梁思成组织的国徽设计工作，因此王逊也是国徽的设计者之一。值得一提的是，王逊是标准的跨领域专家，其在哲学、历史、美术、工艺设计等诸多领域中均有很高的造诣，林徽因曾高度赞赏他是一位出色的哲学家、美术史家，又是历代工艺美术鉴赏家，正足见其博采众长的学术功底。

王逊的作品存世不多，他所撰写的讲义《中国美术史》，是相关学科中最重要的学术专著之一。另外，他1963年发表的论文《永乐宫三清殿壁画题材试探》，也是具有奠基意义的作品。2006年，由后学出版的《王逊学术文集》问世。此书是首次对王逊的作品进行成规模的整理。

石峻（1916—1999），湖南零陵人，曾以石凤岗、石易元等名，是著名的中国哲学史专家、佛学家、教育家，人称"石公"。石峻在中学时代，特别强于理科，尤其是物理与数学两课成绩极其优异。后有缘接触冯友兰的《中国哲学史》

上卷，颇为倾心，故立志转向哲学。1934年考入北京大学哲学系，师从汤用彤。1937年为长沙临时大学哲学心理教育学系四年级在读生。一年之后留西南联大任教，作为汤用彤的助手。1948年，受聘武汉大学哲学系，任副教授，兼任武汉大学图书馆主任。1952年，赴北京大学任教，与冯友兰、张岱年等首开中国近代哲学史课程。1955年，赴人民大学筹建哲学系，并任哲学史教研室主任。1963年晋升为教授、人大校务委员。1981年，成为中国首批哲学史专业博士生导师之一。曾担任中国哲学史学会副会长及顾问、中国现代哲学史研究会会长、中国宗教学会常务理事、中国伦理学会理事、国家古籍整理出版规划小组成员。

石峻执教60年间，先后开过哲学概论、伦理学、老庄哲学、孔孟哲学、逻辑学、史料学、中国近现代哲学、印度哲学、中国佛学、中国哲学史原著选读等十余门课程，并为哲学研究的发展培养了许多人才。石峻的著述也颇为丰富，他主持编纂有《中国近代思想史讲授提纲》、《中国哲学史参考资料》、《汉英对照中国哲学名著选读》，并参与《中国哲学史》、《中国佛教思想资料》的编写工作。其中《汉英对照中国哲学名著选读》一书，成规模地将中国哲学名著进行英译，为打开中国哲学的国际化研究风气做出了重要贡献。石峻也是著名的佛学家，他的学术论文总计数十篇，包括《论玄奘留学印度与有关中国佛教史上的一些问题》、《肇论思想研究》、《宋代正统儒家反佛理论的评析》、《有关中国哲学史研究方法的几个问题》等。

哲学心理教育学系的课程设置，是由冯友兰最终敲定的，三个专业分别设立三个教学组，总共开设了31门课程，其中哲学组课程有15门，占去一半。具体来说分别是：

哲学概论，郑昕主讲，学院共同必修课，4学分；

逻辑（上学期），金岳霖主讲，学院共同必修课，6学分；

逻辑（下学期），任华主讲，学院共同必修课，6学分；

中国哲学史，冯友兰主讲，专业必修课，6学分；

西洋哲学史，贺麟主讲，专业必修课，6学分；

知识论，上学期开设，金岳霖主讲，专业必修课，6学分；

形上学，沈有鼎主讲，专业必修课，4学分；

伦理学，贺麟主讲，专业必修课，4学分；

朱子哲学，冯友兰主讲，专业选修课，4学分；

数理逻辑，沈有鼎主讲，专业选修课，4学分；

康德哲学，郑昕主讲，专业选修课，4学分；

王阳明哲学，容肇祖主讲，专业选修课，6学分；

汉晋自然主义，容肇祖主讲，专业选修课，4学分；

印度佛学概论，上学期开设，汤用彤主讲，专业选修课，4学分；

汉唐佛学，下学期开设，汤用彤主讲，专业选修课，4学分。

从课程的学科分布来看，临大时期哲学组的必修课程中，西方哲学的课程量要高于中国哲学，相应的，中国哲学方向的选修课则大大超过西方哲学。而二级学科中已经覆盖了西方哲学、中国哲学、伦理学、逻辑学。宗教学以专题选修课的形式，主要集中于佛教研究，尚未构成完备的宗教学大课。从教师梯队来看，哲学系教师普遍在40岁上下，也正是最容易结出思想硕果的年龄，事实上，如冯友兰、金岳霖等日后在西南联大时发表的作品，其初笔均在临大时期。而年轻教师也有如任华这样刚毕业的后起之秀。

任华（1911—1998），贵州安顺人，著名西方哲学史专家，民国政治家任可澄的四子。1931年考入清华大学哲学系，1935年毕业后入清华研究院，师从金岳霖。1937年获哲学硕士学位，留校任教员。1941年由西南联大公派赴美国哈佛大学留学，师从美国现代著名哲学家刘易斯。1946年凭博士论文《现象主义的三种类型》，获博士学位。同年回国，任清华大学哲学系副教授、教授，讲授西方哲学史。1952年全国院系调整，任北京大学哲学系教授。1958年起，任北大哲学系西方哲学史教研室主任。60年代初，受教育部委托，参加全国高校统编教材工作，任《西方哲学史》一书主编。曾任北京市哲学学会会长等职。

任华是新中国成立前后西方哲学史教学的主要奠基人之一。他熟悉中国古典文献，通晓希腊、拉丁、英、德、法、俄等多国语言。主要研究领域有古希腊罗马哲学、十八世纪法国哲学、现代西方实用主义哲学和现象学。任华凭借扎实的希腊语基础和深厚的哲学素养，承担了《西方哲学史》中古希腊、罗马部分的研究和书稿撰写工作，并且参加了《西方哲学原著选读》相关部分的翻译工作，取得了很好的成绩。任华是国内实用主义哲学研究的权威，他的观点，即肯定实用主义哲学揭示了唯物主义在"经验"观点上的缺陷，肯定实用主义"为保卫人的价值而限制知识"口号的积极意义，对国内相关研究产生了深刻的影响。

任华的主要作品包括《欧洲哲学史简编》（与汪子嵩、张世英合著）、译著《古希腊》等，并参与《西方古典哲学原著选辑》、《西方自然哲学原著选辑》、《西方哲学原著选读》等书的翻译工作。

哲学系在经历了撤离北平、南渡长沙、转驻南岳等一系列奔波后，终于获得了久违的平静，教授与教员们也陆续抵达，得以重新开展新学期的教学，加之南岳分校地处仙山,鸟语花香,人文学者可以倚此空灵之境,洞观天人,极有助于卓越思想之萌发与酝酿,一切仿佛又回到了清华时期的有序。然而事实是,所有教师与学生不得不面对恶劣的教学条件。首先是住宿条件。男生宿舍每室住五人,有床无桌,根本无法写字,只能去教室自修。宿舍一遇雨天,常常有漏水,为了防雨,学生们只能在被褥上铺张油布,再在枕头边撑把雨伞,才能勉强入睡。教授们虽然住在山上的洋房里,但这些房间只是原供外国人夏天避暑之用,冬天从未有人来住过。哲学系搬至南岳之时已近初冬,山风正猛之时,山雨尤其多,那些陈年的木制窗户被风吹雨打之后,就不知去向,晚上回到房间,如进风洞一般,非常寒冷。

其次是饮食。教授们的薪金被打了折扣,但大体仍能勉强应付,而家境贫寒的学生也能及时得到学校的资助,问题在于南岳分校地处山区,物资运送困难,因此饭菜无法与长沙本部相比。关于这些情况,教授之间的看法倒存在有趣的差别。冯友兰对此是甘之如饴,他在《回念朱佩弦先生和闻一多先生》一文中说道:"那时候生活还便宜,教授饭团的饭,还是很好。"① 不过闻一多似乎并不这么认为,他在 1937 年的一封家信里说:"一天喝不到一次真正的开茶。至于饭菜,真是出生以来没有尝过的。饭里满是沙,肉是臭的,蔬菜大半是奇奇怪怪的树根草叶一类的东西。一桌八个人共吃四个荷包蛋,而且不是每天都有的。"② 两位学者所说应该都没有错,冯友兰只是拿如今的处境与辗转动荡之时相比,自然天上地下;而闻一多则是如实说了当下情形而已。不过有一点大家都达成了共识,那就是为吃一顿饭,必须从宿舍出发走三百多级台阶,相当辛苦。

最让教授们痛苦的,恐怕莫过于研究条件的匮乏了。开学之初,分校既无图书,也缺教材,连上课书写的小黑板都不能满足供应。教授们随身携带的参考书又非常有限,常常须到南岳图书馆去查找资料,来回要走二十里路。讲课只能使用原来的讲稿,做些修订补充。一些课程的教材需要原著,若并未带在身边,又无从借阅,教授们只好硬凭记忆默写出来再分发给学生。学生们更是尴尬,每到夜晚,昏暗的菜油灯光线根本无法照明学习,而且即便有光可使,也无书可看,大家只好在寝室内议论时政。

不过,这样简陋的条件,却使教授与学生之间的交谈变得习以为常。教授常常也因资料不全而搁笔闲游,而学生宿舍是他们屡屡光顾的地方。进到宿舍之后,教授也非常愉快地参加学生们的讨论、漫谈。这样的接触一多,师生关

---

① 载《文学杂志》第 3 卷第 5 期,1948。
② 载《闻一多书信选集》,261 页,北京,人民文学出版社,1986。

系变得融洽,在不知不觉地交谈中,就将研究方法、专业知识等倾囊相授,颇有明代书院之风。冯友兰感慨道:"我们在南岳的时间,虽不过三个多月,但是我觉得在这个短时期,中国的大学教育,有了最高的表现。那个文学院的学术空气,我敢说比三校的任何时期都浓厚。教授学生,打成一片。有个北大同学说,在南岳一个月所学的比在北平一个学期还多。我现在还想,那一段的生活,是又严肃,又活泼……同人们于几个钟头的工作以后,到吃饭的时候,聚在饭厅,谈笑风生。"① 教授之间的融洽可以促成各自思想之交流,也能够潜移默化地形成教授群体之意识。而教授与学生之间距离拉近,不拘泥于课堂规定的身份限制,不但能将知识更直接、更有效地向后学慷慨传递,更为重要的是,宿舍里的传道,双方是平等的交流,学生得以从中真切地体会到教授身上所具有的独立精神与自由意志,而这份独立与自由,可以更自觉地落实于学生的人格成型之上。事实上,教授与学生的交流是双向的,除了教授行至学生中,学生也在这种氛围下敢于走进教授的空间。冯友兰、金岳霖等教授的房门常常被学生叩开,面对学生的辩难,他们都悉心引导,决不自高。所以,长沙临大哲学系,为西南联大哲学系铺垫了一种好的治学风气。这种风气将独立之学术与自由之思想由教授群体熏染至学生求学,从而共同形成了真正意义上的大学学风。也正是在这个意义上,长沙临大时期在整个西南联大史中,具有非常重要的开拓意义。

说到个人,四个月中,最为忙碌的恐怕就是冯友兰了。从接到南渡通知起,冯友兰几乎参与了所有学校、学院与学科的重建工作。在长沙时,他是临大常委会的"资深"常委,先后负责图书的搜集、扩充、订购,以及课程表的制定,随后他又被任命为哲学系的系主任。11月3日离开长沙住进南岳之后,他又是文学院院务委员会的三人委员小组成员,还要分神于文学院的一系列日常行政工作。这段时间对冯友兰来说是天天大小会议不断,联络、接洽、公干事务,从未得闲。但冯友兰没有因此疏落手上的学术研究,11月上旬,他便开始撰写《新理学》——这部在他学术生涯中非常重要的作品。同月,他的《中国哲学史》上册的英文版在北平出版了,由美国著名汉学家德克·卜德(Derk Bodde, 1909—2003)翻译,书名为 *A History of Chinese Philosophy*;*The Period of the Philosophers*。也是此时,伴随着长沙上空屡屡出现的日军轰炸,汤用彤的《汉魏两晋南北朝佛教史》已接近定稿。

1937年12月13日,南京沦陷,不久,武汉也告急,原本属于后方的长沙,

---

① 载《文学杂志》第三卷第5期,1948。

似乎在一夜之间，被推上了战争的前线，学校是否要再次搬迁，成为了临大师生们热议的话题。事实上，长沙已然并不安全。11月24日，长沙便遭到了日军轰炸机的首次袭击，尸横遍野，一幕幕惨景都被刚抵达本部的汤用彤与贺麟教授收在眼底。1938年1月19日，国民政府最高当局批准长沙临时大学迁往昆明。次日，南岳分校所有课程结束，文学院师生全部动身返回长沙集合，准备西行。当天召开的临大第四十三次常委会做出决议，限教职人员以及学生须在3月15日之前在昆明校址报到，并且聘请胡适为文学院院长。此后半月，学校又陆续规定了迁行路线，分发赴滇许可证，并且要求参加步行入滇的学生必须沿途做调查、采集等工作，以了解各地风土民情，使此次迁移本身具备教育意义。此时，哲学系的临大时期也宣告结束。

第二节 转进西南

从长沙向昆明"转进"的方式有两种。按照冯友兰的回忆，一种是编成旅行团，步行至目的地，大部分的学生选择了这种方式；而教授们，如果自愿步行，则也加入学生的队伍一同行动。其他的人则以交通工具自行选择路线到达昆明。自行选择的路线主要是两条，一是坐火车到广州，再经香港、越南转到昆明；二是坐汽车经过广西到越南，再变道至昆明。金岳霖选择了第一条路。而冯友兰和汤用彤一道选择了第二条路，于1938年2月16日先行出发。路途并不顺利，需要不断变换舟车。冯友兰甚至在抵达中越边境的镇南关时，左臂被撞成骨折，到河内住院一月有余。

1938年2月20日，由17名教师率领的湘黔滇旅行团浩浩荡荡地出发，其中包括了11位教授、3位军训官、3位随行军医，以及284名学生，任继愈也在学生之列。为确保安全，学生一律按照军事化管理，着军装，裹绑腿，组成两个大队和三个中队，中队之下又设若干小队，中队与小队由学生领导管理。旅行团至4月28日到达昆明，历时68天，实际步行时间40天，全程共计1300公里。他们栉风沐雨，翻山越岭，经受了体力的考验与意志的磨练，也收获了课堂之内所没有的知识与感悟。一路上，他们瞻仰古迹、游览名胜，观赏壮丽的山川，访问幽隐的民寨，了解各地的风土人情，更加直观地感受到了百姓的生活实态。他们采集了不少标本，收集到上千首民歌民谣。在辽阔的天地里进行一番畅达的游学，堪称中国教育史上的一次创举。它的意义在于，让学生们觅得一次良机，可以走出书斋，运用装满知识的心灵，去体贴自然，发现生活。在这样的过程中，学生们萌发了新的体悟，勾起新的灵感，产生新的疑问，确定新的理想，反思自我、确认自我、超越自我，从而形成知识与现实的碰撞，其结果，往往是进一步牢固了学生内心的精神自主与思想驰骋。正如出发之前闻一多所说："虽然是中国人，而对于中国社会及人民生活，知道的很少，真是醉生梦死呀！现在应该认识认识祖国了。"①

当旅行团抵达昆明新校址时，早在1938年4月2日，国民政府教育部便宣布改国立长沙临时大学为国立西南联合大学，弃用"临时"二字，以表示持久抗战的决心。冯友兰在4月上旬才与留守陪同他的朱自清一起到昆明，也未赶上这一更名之事，所幸手伤已无大碍。稍后抵达的还有文、法学院的30名教授以及120余名学生，但他们都没有进昆明，而是径直去了蒙自。联大新初成立，遇到的问题与当年"临大"几乎一样，就是宿舍不够使用，配套设施也跟不上建设，所以校方3月15日开会决定在蒙自开辟分校，安置文学院与法学院，这里也就变成了哲学系新的所在地。

蒙自是云南南部小城，靠近红河，可与越南通航。光绪十三年时按照《中法续议商务条约》辟为商埠，因而设有海关、法国领事馆，以及法国医院、银行等设施。希腊人歌胪士又在此处开设了洋行和旅馆。只不过到清末，法国人另辟蹊径，饶过蒙自修建了滇越铁路，从此这里商业一落千丈。之后海关移居昆明，银行、医院、旅馆等相继停业，逐渐被废弃。这反倒为蒙自分校的建设提供了很大的方便。分校所租校舍主要是三部分。原蒙自海关作为教室，法国银行和领事馆作为图书馆和教职员宿舍，此三者居于一个大院内。歌胪士洋行有两进，沿街一进上层住教职员，下层与后进作为男生宿舍。而女生则住于城内一座三层楼，名为听风楼。因为蒙自在师生来时，是座半荒废的城，所以当地治安很差，女生晚间自习后，都必须由校警和县政府保安队护送回寝室。总的来说，蒙自分校的状况依然是人多屋少，特别是到四月底时，随着师生相继赶到，愈发拥挤。教授由每室住两人，改为四人，而且各个房间之间，都有门互通，于是喧扰纷乱在所难免，读书治学也受到很大影响。所幸的是，蒙自分校附近有一片洼地，周遭垂遍杨柳，大雨倾泻之后积水成湖，名曰南湖。清风拂掠，波光潋滟，甚是佳景。教授们常在晚饭之后散步湖畔，切磋学问，吟咏诗词。联大著名的学生社团"南湖诗社"应景而兴，并邀请闻一多与朱自清担任诗社导师。该社团的发起人便是哲学系三年级学生刘兆吉。社团成员中包括学生时代的查良铮（穆旦，杰出的诗人、翻译家）、周定一（著名语言学家）、刘绶松（著名文学史家）、赵瑞蕻（著名翻译家）等名家。

---

① 刘兆吉：《由几件小事认识闻一多先生》，载《大公报》1951年7月16日。

4月19日，西南联大常委会首次在昆明召开第58次会议，决定批准冯友兰辞去哲学心理教育学系主任职务，在胡适到任之前，代理文学院院长之职，改请汤用彤为系主任。同时任命冯友兰兼任蒙自分校校务委员会委员，并代胡适就任建筑设计委员会委员，参与计划校舍建筑事宜。此时的胡适，已接任国民政府驻美大使一职，无法归校。

5月4日，经历了又一次迁徙的哲学系终于在蒙自开学了，两日之后便正式上课。哲学系师生经过将近一年东奔西走，教师的研究受到无休止的干扰，学生也难静心于学业，因此新学期的开始，显得格外珍贵。由于学系只在长沙停留了一个学期，所以西南联大的第一个学期，其实就是长沙"临大"学年的下学期。课程与长沙"临大"时相比，没有大的区别，变化是任华原计划为逻辑学下学期课程的主讲人，现在改由金岳霖主讲。

哲学系非常重视对大一新学生的培养，哲学系的学生数量本就稀少，同时系里又汇聚了一大批中西兼通的大师级教授，客观上也具备了实行大一新生导师制的条件。所谓大一新生导师制，即是要求一个教授专向指导与管理若干名新生的学业。这样，新生若在学业上出现疑问与困惑，就可以找到询问的教师。这种制度使得新生从入学之日起，便已经走上了专业化培养的道路，通过接受导师的引导，与导师之间进行思想的交流，学生就很容易发现自己的兴趣点，从而得以迅速进入角色，非常有助于开展更深入的专业研究。联大哲学系所培养的专业人才都极为优秀，日后往往都是各自领域中的佼佼者，实与实行大一新生导师制之间存在着很大关联。

同时，收获高教学质量与高教育成果之原因，还在于西南联大推行"教授治校"的原则。西南联大的日常工作分为行政与教学两块。相比之下，真正管理学校的是教授，而不是行政长官。西南联大在所有学系都设有教授会，哲学系也有哲学系的教授会。按照1938年5月公布的《西南联大教授会组织大纲》，教授会由全体教授、副教授组成。教授会的职责在于确定教学与研究事项改定方案，审议学生导育方案，授予学位，以及建议常委会与校务会。教授会本质来说是两种身份的合一：首先它是教学工作的决定者、管理者与落实者，其次它又是行政部门的咨询机构。这使得教授的权力非常之大，他们完全有自由制订有利于本学科发展的教学方式与管理方法，甚至在与政府政策冲突时，教授会也拥有很强的决策权。专家治系、专家治校是科学的教育发展模式，切实的学术精进，本就以自由与独立的学术环境为条件，而不容许太多的行政干预。这一条也是创造联大教育奇迹的最重要保障。

新的学期对于冯友兰来说，可能比以往更加繁忙。一方面，他必须一如既往地奔波于总部与蒙自之间，规划研究学校的新建，另一方面，从系主任升至文学院院长，使得他平时的政务更加繁忙。7月7日，卢沟桥事变一周年之际，冯友兰出席了在海关空地举行的抗战纪念集会，并发表了以抗战之形势为内容的演说，这恐怕还是第一次。在演说中，冯友兰似乎有感于国难与颠沛交织，学者安心为学甚难，感慨学术界效率有所减退，并鼓励大家做更大的努力。

不过，新的身份也给冯友兰一种机遇，即他可以运用自己独到的人文学大局观，来对其他人文学科的开展发表意见。在7月22日召开的文学院院长系主任联系会上，他提出有人批评大一国文课无新的教学方法。所谓大一国文课，相当于现在的大学语文课。当时国文课为全校公共必修课程，无论文理，必须修读。但国文课本的选文存在着明显的倾向性。汪曾祺在《晚翠园曲会》与《西南联大的中文系》两文①中曾经提到，选文在先秦部分重《论语》，而《论语》又选"冉有公西华侍坐"一章；魏晋除陶渊明外一律不选，却大篇幅选了《世说新语》的内容；唐人舍韩愈而用柳宗元，宋文却突出地全录了李清照的《金石录后序》；鲁迅作品出人意料地选了《示众》，而林徽因的《窗子以外》也入选。大抵上看，这一部国文课本的文学趣向是不重理而重情，渲染了一种率性自然、挥洒自如、毫不拘谨的文风，也有意识地在拒斥以文说理，却更侧目于某种意识流式的写作方式，文章风格上过分统一。次日，冯友兰与朱自清细谈此事时提到，这种选文，是排除桐城派与章太炎。因为桐城派散文讲究义理、考据、辞章，行文之要在于突现义理；而太炎文风古奥，讲究言有出典，是以慎严展其博大，国文之选，明显有悖二者，这并不利于学生了解中国文学的多彩。冯友兰的评断是非常深刻的，他建议，首先讲解《庄子·天下篇》一类的古文，由于生字太多，教授必须设法引起学生兴趣；其次，桐城派与章太炎等派的文章不可偏废，若非如此，学生自然不觉有新意，此是最大败笔；最后，必须强调朗诵的必要性。

8月初，冯友兰的《新理学》修改完毕，由蒙自一石印馆印，并分赠亲友。此书1939年5月由商务印书馆在长沙正式出版。该书阐明了"新理学"的体系总纲，它把现代西方的新实在论与程朱理学糅合起来。《新理学》是冯友兰影响最大的著作之一。他解释道："新理学的自然观的主要内容，是共相和殊相的关系问题。共相就是一般，殊相就是特殊或个别。"② 共相和殊相是柏拉图哲学中的核心概念，前者表征着真理世界，而后者表征着现象世界，两者共同构成了

---

① 两文均收入《汪曾祺谈诗友》，济南，山东画报出版社，2007。
② 见《冯友兰学术自传》，214页，北京，人民出版社，2007。

西方哲学特有的本质与现象两分的世界图景。冯友兰运用这一世界图景，以共相解释形而上之"理"，以殊相解释形而下之"器"，再使用"真际"与"实际"称呼"理"世界与"器"世界，并在此图景下展开两者关系的重新阐释。除了《新理学》，整个40年代，冯友兰又陆续写出了《新事论》、《新世训》、《新原人》、《新原道》和《新知言》五部作品，它们之间一脉相承。他自己说："这六部，实际上只是一部书，分为六个章节。这一部书的主要内容，是对于中华民族的传统精神生活的反思。"① 所以，《新理学》是阐述了一系列哲学原理，然后在此基础上建构起一种哲学体系，而后的作品则都是此体系的实际运用。

《新理学》自出版至于今日，评论无数。赞赏者有之。朱光潜在《冯友兰先生的〈新理学〉》一文中说："近20年来，关于中国哲学方面，我还没有读到过一部书比冯友兰先生的《新理学》更好。它的好并不仅在作者企图创立一种新哲学系统，而在他有忠实底努力和缜密底思考。"② 褒中含贬者有之。孙曾雄在《〈新理学〉书评》中认为《新理学》所建构的哲学体系是"程朱理学在新理学烛照下之重光，就其为程朱理学之重光一方面看，冯先生是替我们写了一部空前的好书；但就其为代表一个哲学系统一方面看，则似乎冯先生是太爱惜了他的系统，以致未能完全忠于他的方法。"③ 批评者亦有之。胡绳在《反理性主义的逆流》中说："此书之哲学系统在真际与实际是否有范围大小之分别、真际与实际如何发生关系、我们如何知真际与实际三方面有破绽，其艺术论也存在一定问题。"④ 需要指出的是，任何哲学体系的建构，几乎都不可避免地会产生局部的问题，而冯友兰此书，争论之大，从无间断，则反体现出其不可动摇之价值。

8月23日，哲学系本学期所有课程结束，清华大学随校流转的第十级学生，在历经长沙和昆明之旅后也将毕业。哲学系在本月毕业学生共有六人，分别是：王逊、周德清、林传鼎、韩裕文、任继愈和石峻。其中王逊、周德清、林传鼎三人为清华大学招生，余三人为北京大学招生。林传鼎毕业后，于1944年获辅仁大学硕士学位，1949年获比利时卢汶大学博士学位，回国又历任辅仁大学心理学系系主任、教授，北京师范大学心理学系教授，是中国著名的心理学家。王逊一年之后考入清华研究所攻读中国哲学硕士，任继愈也在一年后考入北京大学文科研究所。石峻则留校任助理教员，担任汤用彤的助手。韩裕文毕业后去往昆明复性书院，为熊十力入室弟子，1947年留学美国，后为北京大学教授，

---

① 《冯友兰学术自传》，212页，北京，人民出版社，2007年。
② 载《文史杂志》，第一卷第2期，1941年1月。
③ 原载《星期评论》第38期，收入冯友兰《南渡集》，319页，上海，三联书店，2007。
④ 载《读书日报》，第二卷第10期，1941。

也是著名的哲学学者。

第三节 站稳脚跟

联大的第一个暑假是非常不愉快的。学期结束之后,哲学系又被迫搬迁,原因是蒙自分校已被航空学校征用。哲学系搬回昆明,联大在城西三分寺附近购置了土地,正施工建设新校址,但不能解燃眉之急。不幸的是9月28日,本部的教职员宿舍遭到日军突然轰炸,造成两死多伤,闻一多也在伤者之列。同时在场的还有金岳霖,他当时正全神贯注于写作,警报响起都未有反应,直到一声巨响将他惊醒,顿时木然不知所措,万幸没有受伤。昆明变得不再安全。学校又在10月6日动议将文学院暂迁至晋宁盘龙寺,哲学系又跟着开始搬迁。不久,情况再次发生变化。由于轰炸在昆明地区造成很大恐慌,许多当地中等学校疏散到了外县,空出不少校舍。最后学校决定借昆华工业学校校舍作为文学院的基地,哲学系又一次迁回,几番折腾,不胜其累。

另一件不愉快的事发生在9月中旬,教育部颁布了《大学共同必修课科目表》,并把教育目标定立为"大学教育应为研究高深学术、培养能治学治事治人创业之通才与专才之教育"。① 而且为了适应现实需要,政府在战前已然推行"提倡理工、限制文法"的方针,如今更变本加厉,进一步提倡所谓"实用科学",贬低文法乃至基础理科。教育部通才与专才并举,行政院又将政策偏置于专才,这种急功近利、只追求短期教育成果的做法,是行政干预大学的典型手段,也决然与联大"通识教育"的精神相违背。所谓通识教育,其核心是加强基础课的教育,将学生培养成基础知识扎实、知识面开阔、综合与应变能力强的人才,这种教育注重的是完善学生健全的人格。冯友兰终其一身都坚持这种教育,他曾直言,选择通才教育还是专才教育,决定着共同必修课是注重人文等基础学科,还是工学技术科目,也决定着到底是把人培养成"人",还是培养成"机器"。因此他所管辖的文学院对此抗议尤其激烈,朱自清、潘光旦等教授纷纷撰文抨击,甚至清华大学校长梅贻琦也在《大学一解》② 一文中认为,"通专并重"不易实行,大学"重心所寄应在通而不在专"。

就在一片积郁之中,哲学系迎来了新的学年。11月15日,文学院始业。新的学期,哲学系有比较大的调整。先是,在8月4日的联大第83次常委会上,

---

① 齐家莹编:《清华人文学科年谱》,215页。
② 载《清华学报》,第十三卷第1期,1941年4月。

学校做出新的学科调整，将原统合于哲学系的教育学部分抽离，与云南大学教育学系合并，新的教育学系划入新设立的师范学院中。因此哲学心理教育学系也更名为哲学心理学系。之后的10月18日，冯友兰被正式任命为文学院院长，哲学组也在联大第91次常委会上确定了本学年的教授聘任名单，分别是：冯友兰、汤用彤、金岳霖、沈有鼎、张荫麟、冯文潜、贺麟、郑昕、容肇祖、王维诚、陈康、熊十力。其中张荫麟为与历史系合聘教授，陈康尚在国外，熊十力当时已在马一浮主持的昆明复性书院任教，一直未到联大开课。另外，联大在11月26日第94届常委会上，聘王宪钧为哲学系专任讲师。

王宪钧（1910—1993），山东福山县人，著名逻辑学家。1933年毕业于清华大学哲学系，1935年毕业于清华大学研究所。1936年赴欧洲，在奥地利维也纳大学、德国敏士特大学从事研究工作。1938年回国，在西南联大哲学系任讲师、教授，后任清华大学哲学系教授、代理系主任。1952年院系调整后，任北京大学哲学系教授、逻辑教研室主任、逻辑专业博士生导师。曾历任中国逻辑学协会第一届副理事长、北京市逻辑学会第一届理事长、中国数理逻辑学会第一任理事长。

王宪钧是20世纪最伟大的逻辑学家、哲学家库尔特·哥德尔（Kurt Godel）的学生，也是著名逻辑学家王浩的老师。王浩则是哥德尔的挚友与哥德尔思想最权威的阐释者。王宪钧一生著作极少，颇似他的老师，其为数不多的作品有《数理逻辑引论》（专著）、《数理逻辑和形式逻辑》（论文）、《论蕴涵》（论文）等，都对中国数理逻辑的研究与发展贡献很大。

张荫麟（1905—1942），字素痴，广东东莞人，史学大师。1923年考入清华留美预备学堂，18岁时便在《学衡》杂志上发表处女作《老子生后孔子百余年之说质疑》，针对梁启超的老子生平考提出异议，清华师生大为震动，由此深得梁启超激赏，1929年以优异成绩毕业。七年清华生涯中，在《学衡》、《清华学报》、《文史杂志》等刊物上前后共发表论文四十余篇，与钱钟书、吴晗、夏鼐并称为"文学院四才子"。同年，远赴美国斯坦福大学攻读西洋哲学史和社会学。留学四年，未待期满，已获博士学位，提前回国。1933年回清华大学任教，为哲学、历史两系教授。1937年抗战开始后，南下浙江大学作短期讲学。1938年赴西南联大任教，在哲学与历史两系均开设课程。1940年初，转入浙江大学担任教授。1941年参与发起《时代与思想》月刊，并创立"时代与思想社"。1942年因肾炎病逝于遵义，年仅37岁。

张荫麟被梁启超、贺麟、吴晗等大家公认为史学天才。他致力于将哲学与历史学融会贯通，这构成了他非常独到的历史哲学观。同时，他对中国古代史，尤其是先秦历史与先秦哲学，研究极为深入，熊十力也曾毫不吝啬地赞赏他是"史学家也，亦哲学家也。其宏博之思，蕴诸中而尚未及阐发者，吾固无从深悉。然其为学，规模宏远，不守一家言，则时贤之所凤推而共誉也"。以熊十力之性格，尚且如此评骘一位比自己年轻二十岁的当代学者，可谓绝无仅有。

张荫麟一生著述甚多，散见于报纸杂志者，凡数十万字。后人加以整理，以文集形式出版，今常见有三种：《张荫麟文集》，台北中华丛书委员会1956年出版；《张荫麟先生文集》，台北九思出版社1977年出版；《张荫麟文集》，北京教育科学出版社1993年出版。

王维诚（1904—1964），福建长汀县人。北京大学哲学系毕业。之后受聘于英国牛津大学任教，回国后任北京大学哲学系讲师、副教授。抗战期间任西南联大哲学系教授。复员后任南开大学教授，后转任北京大学教授、中国科学院哲学研究所研究员、辽宁大学哲学系教授。着重研究中国哲学，著有《老子化胡说考证》等，翻译有黑格尔《哲学史讲演录》中东方哲学部分。

需要补充说明的是，西南联大虽然是由三校联合办学，但是三校在保证投入足够人力、物力参与联大教学之外，仍保留各自独立的行政和人事系统。因此，担任课程的教师有两重身份，一重是联大的教师，接受联大的聘书和委任；另一重是三校的教师，同时接受三校的聘书和委任。而上报给联大常委会的教授名单，并不区分这两重身份，所以有很多教师可能只是三校聘任，或者只是联大聘任。比如，王宪钧便是联大单方面聘任。

1938—1939学年，是联大统一招生的第一年，当年哲学心理学系共计新生13人，分别是：周基堃、周庸规、房季娴、何燕晖、胡荣奎、刘忠渊、刘尔昌、刘守愚、刘友淦、唐登岷、王传纶、汪积曾、杨嘉禾。

王传纶（1922—　），江苏吴县人，著名经济学家。1938年考入西南联大哲学心理学系。之后转攻经济学，1942年毕业于法商学院经济系。毕业后到贵阳清华中学教书。1946年考入清华大学经济系攻读研究生。1948年研究生毕业后赴英国格拉斯哥大学经济研究系学习，此间还担任留英学生总会主席。1951年回国，受聘于清华大学经济系，教授经济学和财政学，后转入中央财政金融学院任教。1953年院系调整后，转入中国人民大学任教至今。曾历任中国财政学会、中国金融学会、中国国际金融学会常务理事、外国经济学说研究会理事、国际税收研究会顾问等职。王传纶是中国财政学界的泰斗，新中国财政学的奠基人，其重要著作有《当代西方财政经济理论》、《西方财政金融思想发展》等。

新学期随着教授队伍的壮大，西南联大哲学系的阵容毫无疑问地成为了当时中国大学哲学学科之最，哲学组的课程也随之发生了较大的变化。学年共开设20门课程，包括：

逻辑（甲），金岳霖主讲，一年级学院共同必修课，6学分；

逻辑（乙），王宪钧主讲，一年级学院共同必修课，6学分；

逻辑（丙），王宪钧主讲，一年级学院共同必修课，6学分；

哲学概论，郑昕主讲，二年级学院共同必修课，4学分；

中国哲学史，冯友兰主讲，二年级专业必修课，6学分；

西洋哲学史，冯文潜主讲，二年级专业必修课，6学分；

印度哲学史，汤用彤主讲，三四年级专业必修课，4学分；

哲学问题，金岳霖主讲，三四年级专业选修课，6学分；

柏拉图哲学，冯文潜主讲，三四年级专业选修课，4学分；

康德的伦理学，郑昕主讲，上学期开设，三四年级专业选修课，3学分；

康德的美学，郑昕主讲，下学期开设，三四年级专业选修课，3学分；

维特根斯坦哲学，沈有鼎主讲，下学期开设，三四年级专业选修课，3学分；

逻辑原理，沈有鼎主讲，三四年级专业选修课，4学分；

周易哲学，沈有鼎主讲，上学期开设，三四年级专业选修课，3学分；

先秦儒家，容肇祖主讲，上学期开设，三四年级专业选修课，3学分；

先秦法家，容肇祖主讲，下学期开设，三四年级专业选修课，3学分；

宋代思想史，容肇祖主讲，三四年级专业选修课，4学分；

魏晋玄学，汤用彤主讲，上学期开设，三四年级专业选修课，3学分；

斯宾诺莎哲学，汤用彤主讲，下学期开设，三四年级专业选修课，3学分；

历史哲学，张荫麟主讲，三四年级专业选修课，4学分。

从学科分布来看，联大哲学系依然保持着逻辑学的领先优势，而较长沙"临大"时期，课程明显作了优化，体现在两方面：首先，西洋哲学的专题课大大增加，除了传统的康德哲学外，古希腊哲学、近代哲学以及现代语言学派也加入了讲授范围，使得整个西方哲学史的铺展面更加宽阔；其次，中国哲学的专题性也得到了进一步的强化，同一历史时期的哲学流派有了更加清晰的梳理，并分门授课，这自然让专业知识更具深度。所以，从总体观，西洋哲学与中国哲学之间的平衡得到了很好的调整，优势愈发突出，视阈愈发宽阔，内容愈发深化。

哲学系在西南联大的第一个学年，尚属平稳，尽管其间屡有日军飞机的骚扰，但在昆明城所引发的恐慌只是一时的。记得九月末，当联大遭遇轰炸时，昆明市民曾惊惧地传言，只要在城四角各扔一个炸弹，整个昆明就完了。但一年过去，炸弹虽然频频光临，昆明的损失却没有想象中的大。师生们与当地群众一样，经常依警报而动，往来于防空洞与校园之间，俗称"跑警报"，渐渐地也就适应了这种生活。战争的残酷并没有消磨师生们对知识的追求，在混乱中寻求一片宁静的学术天空，成了当时联大师生的默契之选。教授们依然坚持着学术救国的理想，笔耕不辍，成果不断；而学生求知的愿望也让人钦佩，图书馆永远人满为患，一本书常常十几人排队等着借，借到的同学又爱不释手，不愿早还，结果由借变抢，以至于当时学校处分的学生中，绝大多数都是因为破坏图书馆秩序。这种场景，充满辛酸，也让人鼓舞。联大的艰难生活，无法阻挡师生们的精神追求。

逐渐稳定的教学环境，让教授们终于可以全神贯注地研究学术，所以从西南联大成立至于第一学年结束，哲学系的成果显著增加。

1938年初，汤用彤《汉魏两晋南北朝佛教史》四易其稿后，于长沙付梓。这是汤用彤最为重要的著作之一。书中主要解决了两个问题，首先是它以乾嘉考证之法，推翻了诸多汉明帝以前佛教入华的说法，将时间基本确定于汉明帝永平年间；其次，它使用比较宗教学研究的方法，阐释了佛教在特定历史时段里的发展，并联系其与道教、儒家的关系。按照他的观点，确定佛教入华时间并不是首要解决的问题，而治佛教史更应注重历史的变迁兴衰，结合当时的政治、经济、思想、文化背景，在考证比较中探索佛法输入、植根、孕育以至生成的机遇和条件，找出其发生发展的脉络。

1939年暑假前，《论道》一书已接近出版。金岳霖在炮火之下岿然不动，是以全情投入，继续着他前此一年开始动笔的宏著《知识论》。而沈有鼎则沉浸于使用数理逻辑进行《周易》研究，并义务帮助哲学系其他教授卜卦，且似乎颇有成效，汤用彤曾因沈有鼎一卦，而逃过了一通炮火。

冯友兰依然是最忙碌的人。1938年10月6日，联大常委会第89次会议决定聘请冯友兰等五人为校歌校训编制委员会委员，冯兼任主席。11月26日联大第94次会上，确定"刚毅坚卓"为校训。次年7月11日第112次会议，由于汤用彤在外休养，任命冯友兰代理系主任一职。同时通过了由冯友兰作词，张清常作曲的校歌。词曰：

万里长征，辞却了五朝宫阙。暂驻足，衡山湘水，又成离别。绝徼移栽桢干质，九州遍洒黎元血。尽笳吹，弦诵在山城，情弥切。

千秋耻，终当雪；中兴业，须人杰。便一成三户，壮怀难折。多难殷忧新国运，动心忍性希前哲。待驱除仇寇，复神京，还燕碣。

他以岳飞《满江红》为词牌，以宋南渡隐喻联大西迁，意境深远。这两阕词，气势恢弘，整篇充满遥看山河破碎之悲壮，且抒发了一位学人对中华复兴的坚定信念，寄托着他内心深处的爱国之情。许多年后，当杨振宁等回忆当年在校园里高声歌唱的情景时，依然难以掩饰那充溢着的澎湃豪致。

是时，冯友兰的学术研究也进入了一个新的阶段。《新理学》已顺利出版，在接下来的日子里，他接受云南时报社半月刊《新动向》的约稿，从1938年9月到1939年5月，连续在该刊物上共发表12篇论文，从第一卷第7期连载至第二卷第8期，依次为：《别共殊》（9月15日，《新动向》1—7）、《明层次》（9月30日，1—8）、《辨城乡》（10月15日，1—9）、《说国家》（11月15日，1—10）、《原忠孝》（12月1日，1—11）、《谈儿女》（12月31日，1—12）、《阐教化》（1339年1月15日，2—1）、《评艺文》（2月1日，2—2）、《判性情》（3月15日，2—5）、《释继开》（4月1日，2—6）、《论抗战》（4月25，2—7）、《赞中华》（5月10日，2—8）。这12篇论文连同1939年6月写成的《新事论》自序，便构成了日后出版的《新事论》一书的所有内容。冯友兰说："《新事论》是《新理学》实际应用的一个例证。"盖因"《新理学》着重讲共相和殊相的关系……从表面上看起来，这些讨论，似乎是脱离实际，在实际上没什么用处。其实并不是没有用处，而是有很大的用处。《新事论》就试图以《新理学》中关于这个问题的讨论为基础，以解决当时的这个实际问题"①。冯友兰要解决的实际问题，也就是如何学习西方文化的问题。他试图运用"新理学"的方法，去寻找西方先进文化的"共相"，并将"共相"作为标准，确定学习的范围。他认为，"共相"是必须学习的，也是唯一可能学习的对象，"殊相"一方面没必要学习，另一方面也不可能学成。"共相"若得以引进中国文化之中，中国文化之"共相"也会随之改变，"共相"的改变又可以带动"殊相"的变化，由此而为中国政治、社会、文化之改革找到通路。冯友兰自述他是"不知不觉"中便写出了这系列论文，这恰恰体现了他试图将形上建构铺排向形下世界的愿望。事在理中，以学术救亡莫过于此。

这一时期教授们的主要论文如下。

贺麟：《新道德的动向》，载《新动向》第一卷第1期；

张荫麟：《宋儒太极说之转变》，载《新动向》第一卷第2期。

贺麟：《抗战建国与学术建国》，载《云南日报》。

贺麟：《与张荫麟先生辩太极说之转变》，载《新动向》第一卷第4期。

---

① 见《冯友兰学术自传》，221页。

贺麟：《知行合一新论》，作为"北京大学四十周年文集之一"出版单行本。

冯友兰：《论导师制》，载《今日评论》第一卷第1期。

冯友兰：《论"唯"》，载《云南日报》，后收入《南渡集》。

冯友兰：《论主客》，后收入《南渡集》。

冯友兰：《中国毕竟还是中国》，载《今日评论》第一卷第14期。

张荫麟：《陆学发微》，载《云南大学学报》第1期。

张荫麟：《北宋土地分配与社会骚动》，载《中国社会经济史集刊》第六卷第1期。

冯友兰、张可为：《原杂家》，载《云南大学学报》第一期。

1938—1939学年于7月24日正式结束。本学年哲学系共有毕业生8人，分别是：李善甫、鲍光祖、蓝铁年、章煜然、徐孝通、林宗基、王洪藩、王宪钿。其中，章煜然、徐孝通、林宗基、王洪藩、王宪钿为清华第十一级毕业生。

徐孝通毕业后即考入清华大学文科研究所哲学部，日后任上海师范大学哲学系教授，与冯契同事，两人还合编了《外国哲学大辞典》，填补了国内研究领域的空白。林宗基在院系调整后于北京大学哲学系心理学组任教。

章煜然也是西南联大时期清华大学文科研究所哲学部的第一批研究生。1941年获得哲学硕士学位后，与四位联大同乡在昆明创办了私立天祥中学，并任校长。学校以学风严谨名震云南，如王瑶、王浩等大家也都曾在此任过教员。解放后学校收归国有。著有《新世界的哲学》，开明书局1947年刊行，署名章新一。

第五章 西南联大前期的哲学系
（1939—1942）

第一节 成果初现

1939年夏，联大三分寺新校址的建设终于竣工，哲学系也随学院一道迁至。联大第二个学年开学日为1939年10月2日，新的环境似乎也预示着新的气象。果然，哲学系马上便迎来了一件喜事：三校各自的研究院重新开放。三校原自有研究机构招收研究生，但到临大时期，由于时局动乱，一直未能恢复，致使一批尚未毕业的研究生被迫中断学业。但三校却一直保留着研究机构和师资配置，以期有朝一日复原。1939年6月27日，联大召开第111次常委会，决议由三校就现有教师设备并依分工合作原则酌行恢复研究所、部。这就意味着恢复研究生招生已经被提上议事日程。7月12日，清华大学第二次评议会通过拟订本校研究院各所计划，允许研究所哲学部旧生复学，并可兼招新生，冯友兰任部主任。8月15日联大第116次常委会上，宣布教育部同意三校分招研究生。自此，中断达两年的研究所哲学部，重新开始运转。8月23日，清华大学正式恢复文科研究所，设中国文学、外国文学、历史、哲学四部，并确定研究生招生考试科目细则。哲学部共考五门：国文、英文（写作与翻译）、逻辑、中国哲学史和西洋哲学史，其中前三门为文学院统考科目。第一批考入哲学部的是章煜然、王逊、徐孝通三人，另外张遂五作为旧生也得到复学。张遂五也是著名的哲学学者，清华大学哲学系毕业，原是金岳霖的弟子，专攻逻辑学，后任四川大学哲学系教授，教授德国古典哲学，是康德哲学研究专家，译有康德名著《自然科学的形而上学基础》。

文学研究所哲学部的复活，标志着哲学系的研究与教学工作正常化，哲学系也得以重新完整，直到此时，哲学系才真正可以说是回到了战前状况，它也说明在经过从长沙临大到西南联大两年多的开拓期后，哲学系已然扎实地走进了稳定发展的阶段。同期，任继愈考入北京大学文科研究所哲学部。

新学期，哲学系一共招收新生 12 人，较上学年少一人，分别是：王启文、林秀清、郑敏、顾越先、侯绍邦、常绍美、虞佩曹、张世富、王先河、姚恩田、陶家鼎、张遵让。

郑敏（1920— ），福建闽侯人，著名诗人。1943 年毕业于西南联大哲学系。1952 年于美国布朗大学研究院获英国文学硕士学位。回国后曾在社会科学院文学研究所工作。1960 年在北京师范大学讲授英美文学至今。郑敏是"九叶诗派"的重要代表者，其诗风颇受奥地利诗人里尔克，以及著名现代诗人、翻译家冯至的影响。她的诗拥有哲学与诗意相融的韵味，常常从日用之间引出对宇宙和生命的思考。代表作品有诗集《1942—1947》、《心像》、《寻觅集》，诗学专著《诗与哲学是近邻》。

教师没有什么大的变化。王宪钧在 7 月 18 日的联大第 118 次常委会上被聘任为哲学系副教授，随后于次年 5 月 27 日召开的清华大学聘任委员会第 8 次会议上，又被清华大学聘为副教授。张荫麟依然是哲学系和历史系合聘教授。学年哲学系共开设 20 门课程，与上年持平，但内容有所变化，列如下：

逻辑（甲），金岳霖主讲，一年级学院共同必修课，6 学分；

逻辑（乙），张荫麟主讲，一年级学院共同必修课，6 学分；

逻辑（丙），王宪钧主讲，一年级学院共同必修课，6 学分；

哲学概论（甲），郑昕主讲，二年级学院共同必修课，4 学分；

哲学概论（乙），贺麟主讲，二年级学院共同必修课，4 学分；

科学概论，毛准主讲，二年级学院共同必修课，4 学分；

伦理学，贺麟主讲，二年级专业必修课，4 学分；

中国哲学史，冯友兰主讲，二年级专业必修课，6 学分；

西洋哲学史，冯文潜主讲，二年级专业必修课，6 学分；

知识论，金岳霖主讲，三年级专业必修课，6 学分；

形上学，沈有鼎主讲，三年级专业必修课，4 学分；

德国哲学名著选读，沈有鼎主讲，三四年级专业选修课，4 学分；

佛典选读，汤用彤主讲，三四年级专业选修课，4 学分；

明代哲学，容肇祖主讲，三四年级专业选修课，6 学分；

中古儒学之发展，容肇祖主讲，三四年级专业选修课，4 学分；

符号逻辑（一），王宪钧主讲，上学期开设，三四年级专业选修课，3 学分；

符号逻辑（二），王宪钧主讲，下学期开设，三四年级专业选修课，3

学分；

康德哲学，郑昕主讲，三四年级专业选修课，6 学分；

中国哲学史研究（研究班），三四年级专业选修课，学分不定；

中国哲学与佛学（研究班），三四年级专业选修课，学分不定。

其中新开的领域是"科学概论"，主讲人毛准教授请自历史系。

毛准（1893—1991），字子水，原名毛延祚，浙江江山人，著名史学家。1922 年毕业于北京大学史学门。后赴德国柏林大学留学，回国后在北京大学任教，并担任北大图书馆馆长。抗日战争时期一直在西南联大历史系任教授。复员后回北京大学。1948 年年底赴台湾，任教于台湾大学。毛准教授学识渊博，主要开设史籍名著选读与年代学、科学史等相关课程。他授课之认真非常出名，哪怕仅有几人选课，仍然一丝不苟地讲课、辅导和答疑。晚年在台湾专注于四书研究。主要作品有《毛子水文存》、《〈噎有烦言〉解》、《〈论语〉今注今译》、《〈荀子〉训解补正》、《孔孟处世的道理》（讲稿）、《〈汤世〉新义》（讲稿）、《中国科学思想》、《傅孟真先生传略》、《胡适传》、《忆念姚从吾先生》、《记陈寅恪先生》等。

这张课程表是清华哲学系传统学风之集大成。清华学风实由金岳霖所创，他回国任教之后，带来了现代数理逻辑，以及基于逻辑学的英美新实在论。从此之后，清华大学哲学系乃以逻辑学为本，力求哲学概念与语句的明晰性，并以现代理性阐述西方哲学史和重构中国哲学史，且极大地影响了后学的哲学研究。冯友兰、沈有鼎、王宪钧、王浩等哲学大家，无不受到此种学风的熏习，各自成就了卓越的学术造诣。课表中，逻辑、知识论、形上学、中国哲学史、符号逻辑等课程，均是以新实在论的方式构筑起讲学的思路，注重概念之梳理以及概念之间的逻辑演绎，清晰明辨，一字一句都反复推敲。同时，由于清华的这种学风因缘于新实在论，而新实在论乃是面对 19 世纪末 20 世纪初科学体系巨大发展的一种哲学提炼，故而清华学风自始至终都非常关注西方新科学成果。张遂五曾经回忆在清华求学的岁月，感叹清华哲学系通过自然科学的途径达到哲学的为学倾向。在战前，清华哲学系经常邀请物理系的周培源教授介绍最新的科学成果，也邀请过现代控制论之父维纳教授来系讲座。因此，"科学概论"的开设，是哲学系按照清华学风所制订的培养方案，希望通过这门课的设立，来打开人文学科学生的眼界，在更宽广的视阈中看待文理之间的关系，从而深化对哲学的认知。

就开设课程的专业性而言，新学年又有了很大提高。首先，原本三年级和四年级的课程全部为选修性质，如今则增加两门必修课程，这说明专业训练的延续性和强度增加。其次，专业训练的起始点不再设置于三年级。二年级学院共同必修课"哲学概论"被分成两科，乙科针对一般文学院学生进行浅显的教育，而甲科则要求哲学系学生选择，并欢迎对哲学有兴趣的学生加入。所以从共同必修课开始，哲学系专业的系统训练就已经展开。第三，基础能力要求更高。比如，沈有鼎开设的"德国哲学名著选读"课，规定必须研习过两年以上德文的学生才可以选修，这样形式的课程，其设立的出发点就是针对已然具备相当素养的学生的。第四，专业训练得以有效深入。逻辑学课程开课的时间安排非常得当，从一年级基础逻辑学起，再进入到三年级用逻辑分析哲学结构，同时又安排了专精度极强的"符号逻辑"课，以方便对此科目深有兴趣的学生选择。同样，"中国哲学史"开设于二年级，则到三四年级再开"中国哲学史研究"，内容开始侧向于专业领域的细致处，如此，也可以发展出一批准备再继续研读的学生，为之后的研究所招生培养好的生源。此外，"伦理学"首次以独立课程出现。所以，1939—1940学年的课程安排，就已经标示出哲学系教学工作进入了稳定发展的阶段。这种发展显然是按照清华学风铺展开的，并结合北大哲学系传统的哲学史研究方式，两者融会贯通、取长补短，共同创造着联大哲学系的辉煌。

  1939年，搬至重庆的国民政府教育部成立了一个学术评议会，邀请学术界的专家参加，宣称可以讨论国家教育、学术方面的重要事项，冯友兰是其中成员。9月之后，学术评议会召集成员，开展了一次抗战以来最佳学术著作的评选。结果冯友兰的《新理学》摘得一等奖，获一万元奖金。而金岳霖的《论道》则拿到二等奖。事实上，公选的结果是《新理学》与《论道》同列一等奖，但由于一等奖只有一个名额，金岳霖才只能委屈拿走五千元奖金。

  关于这次评选，倒也有则趣闻。评奖前一日，冯友兰在招待会上看到一个"面团团如富家翁的人"正高声讲话："现在教育界有些不同的意见，议论纷纷，很不好。"于是他就问坐在身边的傅斯年这人是谁，得知此君就是行政院院长孔祥熙。傅斯年说："骂到你们头上了，你得发言批评他。"于是冯友兰起座，从容地讲："方才孔院长说有不同的意见，不同的意见是有的，但要看是一些什么意见。中国的哲学史上，有程朱与陆王的两派之争，当时有人说，程朱、陆王之同异，是不可和之同异，亦不可无之同异。有些同异，就是不可无的。"[①] 结果散会时，孔祥熙还跑来和冯友兰拉手。这种评议，就只举行过一次，以后

---

① 见《冯友兰学术自传》，95页。

就再也没有出现，也许正是由于政客被哲学家震慑了。

傅斯年当时虽出任参议会的参议员，但他也是西南联大的教授。他说"你们头上"，其实是指文学院。孔祥熙所针对的，可能就是社会学系潘光旦教授在9月10日发表的两篇直接批评他与陈立夫所撰文章的时论。孔文名为《孔子遗教与民族前途》，陈文名为《教师节致各校导师书》。① 两文基本论调是要求教授们与政府同一声音，教育要配合政策。文学院的教授有很强的群体意识，在学术丰伟的同时，当然也具备着强烈的干世情怀，所以才会有冯友兰那样的不卑不亢。教授们是教育事业最直接的实施者，本可当仁不让地议论任何教育理念与政策。教授们也时时评断政局，慷慨激昂，但他们的出言往往联系着自身所学，是各自学术路径向现实世界的一种延伸，并未脱离这一语境而纵论无度。哲学系的教授也是时局的热心人，不避讳阐述观点。1940年4月1日，文学院的教授在重庆创办了时评刊物《战国策》，围绕这一刊物形成了抗战时期非常著名的"战国策"派，贺麟教授是该刊的主要撰稿人，也是战国策派的主要成员。

战国策派的宗旨是战时文化的重建。他们力图以一种超越的目光去看"二战"时期的世界形势，而淡化战争的道德色彩。战争即是民族竞争和国力竞争。战国策派的观点并不是宣扬非正义战争的合法性，而是希望能从德意志的崛起中，探寻其背后的文化根源。他们认为，需要客观看待德国文化，第三帝国应被打倒，但普鲁士政治家将德意志裂土化分为合，由弱成强，本身就有许多可以借鉴的地方。而德国哲学中蕴涵的文化之力，可以改善当时中国孱弱的国民性，使中国走上自强之路。战国策派本质上是抗战时期对新文化运动的一次反思。他们的观点与新文化运动一样，也是一种文化决定论，但区别在于，新文化运动要求个人的重生，而源于德国哲学研究的战国策派，则强调需优先形成一种牢固的集体意识和民族意识。这样的态度并非空泛，而是一种学者式的开阔胸怀与笃定坚守，充满了理想主义的热情，又不愿向现实政治妥协。哲学系的教授是充满理性的，他们视学术为生命，以学术强国即是以生命救亡。他们始终坚持着独立与自由的精神，维系着知识的神圣性。事实上，对"五四"的反思不是个别现象，冯友兰也曾坦言，如《新事论》等作品，其写作背后的动机，就是对"五四"以来全盘西化思潮的反思。

与学者相比，本学年的学生也表现地异常活跃。南湖诗社因为离开蒙自而解散，但新的学生社团又迅速地创立和发展着。1940年2月，青年剧社成立；3月，联大最著名学生社团"冬青社"成立；5月，戏剧研究社、联大歌咏团成

---

① 孔文载《甘肃教育》，1939年第15期。陈文载《教育通讯周刊》，1939年第二卷第33期。

立。这些社团大多是文学院同学发起，因此哲学系的学生参与的很多。学生社团活动非常丰富，文艺、诗歌、朗诵、时论、壁报、版画，等等，应有尽有。学生们团聚一起，切磋学问、交流观点，既丰富了课余生活，又能使得各种思想在彼此之间传播融合，这也是联大自由精神的重要体现。而且这些学生团体自主程度非常之高，甚至在一定程度上也能影响大学的行政事务。比如，1940年曾发生校工要求加薪而罢工的事件，当时的校工却对与学生相关的服务工作坚持如故，结果最后是由学生社团上呈意见才使此事得以平息。学校对于社团的态度是非常宽容的，也经常参加社团活动。张伯苓校长便时常光顾青年剧社观看学生排演的话剧，甚至在社团之间出现摩擦而起争执时，也不多干预，让学生自行解决。这种教育精神，以及对学生的信任，是非常值得赞赏的。

此学年也是哲学系学术成果收获很大的时期。除了冯、金二者的获奖之外，尚有多部著作问世。

1940年2月，张荫麟为《中国史纲》上册写完自序，这标志着他短暂一生中唯一的著作宣告完成。《中国史纲》原是教育部计划出版的高中教材，而张荫麟收笔之处，则是《中国史纲》计划中的第一部：《东汉前中国史纲》。该书从1935年筹划写作，为此他曾向清华大学告请过长假。到1940年作自序时，已历五载。自序中，他阐述了其通史方法论和历史哲学的纲领。他认为，最能提要的通史，最能按照史事的重要程度安排详略的通史，就是选材最得当的通史。次年，浙江大学史地教研室最初以石印本形式在遵义出版，在出版自序中他又写道：""作者写此书是所悬鹄的如下：（1）融会前人结果和作者玩索所得。以说故事的方式出之，不参入考证，不引用或采用前人叙述的成文，即原始文件的载录亦力求节省；（2）选择少数的节目为主题，给每一所选的节目以相当透彻的叙述，这些节目以外的大事，只概略地涉及以为背景；（3）社会的变迁，思想的贡献，和若干重大人物的性格，兼顾并详。"①《中国史纲》最卓越的地方在于将历史研究与哲学论述、严谨的考证与通俗优美的述说完美结合，阅读时简明流畅，却字句都承载着巨大的工夫付出。从这一意义上而言，至于今日，尚未有一部史学著作可与之媲美。《中国史纲》一出，赞誉四起，经久不落。贺麟在《我所认识的荫麟》一文中说："在学术钻研方面，他博学不厌，勤勉奋发，从未稍懈，他立志作第一等人，终能在史学界取得第一流地位。他的《中国史纲》，虽仅部分完成，是他人格学问思想文章的最高表现和具体结晶。书中

---

① 张荫麟：《中国史纲》，9页，上海，上海古籍出版社，2006。

有真挚感人的热情，有促进社会福利的理想，有简洁优美的文字，有渊博专精的学问，有透彻通达的思想与识见。"①

冯友兰《新事论》于1940年5月由商务印书馆出版，他谦虚地说此书是"不着实际"。而在完成《新事论》之后，冯友兰于该学期又在桂林《中学生》半月刊上，从第10期到第19期，连续撰文十篇，分别是《尊理性》（1939年10月20日）、《行忠恕》（11月5日）、《为无为》（11月20日）、《道中庸》（12月5日）、《守冲谦》（12月20日）、《调情理》（1940年1月5日）、《致中和》（1月20日）、《励勤俭》（2月5日）、《存诚敬》（2月20日）、《应帝王》（3月5日）。10篇加上之后所作《绪论》一篇汇成《新世训》，于1940年7月由上海开明书店出版。冯友兰在该书自序中讲："事变以来，已写三书。书虽三分，义则一贯。所谓'天人之际'、'内圣外王之道'也。合名之曰《贞元三书》。"《新理学》、《新事论》与《新世训》三者一体，即已初成"贞元六书"之雏形。关于《新世训》，冯友兰自己评价不高，认为此书原本是写一些"家训"，后来因为社会关注度较高，故而成为了关乎社会的"世训"。《新世训》较《新事论》更贴近个人的生活现实，冯友兰自述它是一种"术"，是教导人在功利社会中获得成功的方式，哲学意味并不浓重。

是时，哲学系教授所发表的其他重要论文列如下：

张荫麟：《陆象山的生平》，载南京《中国青年》第一卷第2期。

金岳霖：*On Political Thought*，载 *T'ien Hsia Monthly*。

张荫麟：《论历史科学》，载昆明《益世报》第24、25、26期。

汤用彤：《读〈人物志〉》，载昆明《益世报》读书双周刊第119~121期。

张荫麟：《南宋之军队》、《五代时波斯人之华北》，载《益世报》。

冯友兰：《理想与现实》、《历史与传统》，后收入《南渡集》。

本学年于1940年6月22日结束，7月，哲学系共5人毕业，是联大时期毕业人数最少的一个学年。五人分别是：王世安、李家治、张兆杰、郎维田、田汝康。另外，文科研究院哲学部的复学生张遂五也顺利获得学位毕业，留校任教。李家治、张兆杰、郎维田三人是清华第十二级生。王世安毕业之后曾历任贵州黄平县高中教员、湖南永兴省立三中教员、湖南桂东中学教员。抗战胜利后任武昌中华大学讲师。1947年任武汉市一中教员，次年任湖南茶陵二中教员。1952年任湖南宁乡一中教员，1971年退休。1983年，接受同窗好友任继愈邀

---

① 载《思想与时代》第20期，1943年3月。

请，赴北京任《中华大藏经》编辑局编辑，应时受商务印书馆之约，开始翻译佛学著作。1991年逝世。

田汝康（1916—2006），著名社会学家、人类学家。1935—1937年就读于北京师范大学。抗战后转入西南联合大学哲学系求学。1940年毕业，1945年赴英国伦敦大学政治经济学院深造，1948年获哲学博士学位。1950年回国后出任浙江大学人类学系教授。1952年转入复旦大学历史系，任教授、博士生导师。"文革"结束后，从1979年到1992年，先后担任英国剑桥克莱尔学院客座研究员，澳大利亚国立大学太平洋研究院访问学者，日本京都大学东南亚研究所职位，荷兰莱顿大学汉学院访问教授，美国哈佛大学、康奈尔大学、加州大学伯克利分校及普林斯顿大学访问教授。曾任中国社会学学会副会长、中国华侨历史学会副会长、中国东南亚研究会顾问等职。田教授一生致力于海外华人的社会经济结构、中世纪中国航运史、中国西南地区宗教之研究。主要著作有：*The Chinese of Sarawak：a study of social structure*、《中国帆船贸易和对外关系史论集》、《十七—十九世纪中叶中国帆船在东南亚洲》等。

第二节　百花齐放

1940年七月，日军攻占越南南安，法国控制的越南政府默许日军从西线进攻中国，云南成为前线。英国迫于战局封锁滇缅公路，切断了这条西南物资运输大动脉，昆明局势一朝之内急剧恶化，日军轰炸变得非常频繁。7月中旬，教育部令西南联大做好后撤准备，学校也在17日的149次常委会上决定先行将新生撤到昆明东南50公里处的澄江暂避，此地是中山大学校址，当时中山大学已搬回广州。其他师生仍驻昆明，上课时间改为上午10点结束，下午3点之后开始，以躲避日军袭击。10月13日，清华大学昆明办事处遭炸毁，人员伤亡惨重，当时学校已开学一周，突如其来的变故使得学校决定，将文法学院火速迁至澄江，并于11月13日决定原计划安置于澄江的大一新生全部转入四川叙永，成立叙永分校，新生直接赴分校报到。

叙永是川、黔、滇三省交界处的一个偏僻小县，条件极差，哲学系的新生们只能将当地的关帝庙当作教室使用，住宿也都在庙宇之中。更为糟糕的是，本身此地交通不便，加之战时，到处封锁，许多学生无法赶到，因此本学期哲学系的实际招生人数为联大时期历年最少，只有四人，分别是：徐树仁、何国基、曹和仁、周大奎。另外，陈镇南当年考入清华文科研究所哲学部。

1940学年的开课时间，昆明本部为10月7日，叙永分校则一直要推迟到1941年1月6日。教职员方面也有所变动。7月，张荫麟因各种原因离开哲学系，奔赴遵义的浙江大学任教。几乎与之同时，容肇祖因为妻子患病而陪同南下广州，随后也进入岭南大学国文系任教。为了补充人员，当时身为汤用彤教授助理的石峻开始在哲学系授课，另外陈康也顺利完成在国外的工作返回，立即投入到系里的教学任务之中。

陈康（1902—1992），原名陈忠寰，字弃疾，江苏扬州人，著名哲学家。1926年进入东南大学哲学系。1929年毕业后，赴英国伦敦大学学习哲学。一年之后，又转入德国柏林大学学习，师从耶格（Werner Jaeger）、哈特曼（Nicolai Hartman）、斯登泽尔（Julius Stenzel）等，学习哲学、古希腊文、拉丁文，1940年获得哲学博士学位。回国后执教于西南联大哲学系，同时兼任中央大学哲学系教授。复原后专任北京大学哲学系教授。后历任中央大学、同济大学、台湾大学教授。1958年赴美国，前后任爱莫利大学、蒙大拿州立大学、长岛大学、得克萨斯大学、南佛罗里达大学等校教授。陈康研究希腊哲学，主张不带成见地认识西方思想。所著有：《智慧，亚里士多德寻求的学问》、《获取"相"的知识》、《陈康论希腊哲学》等。

本学年开设的课程列如下：
逻辑（甲），金岳霖主讲，一年级学院共同必修课，6学分；
逻辑（乙），王宪钧主讲，一年级学院共同必修课，6学分；
哲学概论（甲），贺麟主讲，二年级学院共同必修课，4学分；
哲学概论（乙），郑昕主讲，二年级学院共同必修课，4学分；
哲学概论（丙），石峻主讲，二年级学院共同必修课，4学分；
科学概论，毛准主讲，二年级学院共同必修课，4学分；
中国哲学史，冯友兰主讲，二三年级专业必修课，6学分；
西洋哲学史，冯文潜主讲，二三年级专业必修课，6学分；
人生哲学，冯友兰主讲，二三年级专业必修课，4学分；
印度哲学史，汤用彤主讲，三四年级专业必修课，4学分；
逻辑问题，沈有鼎主讲，三四年级专业必修课，6学分；
儒家哲学，王维诚主讲，下学期开设，三四年级专业必修课，2学分；
哲学问题，金岳霖主讲，三四年级专业选修课，6学分；
逻辑语法，王宪钧主讲，三四年级专业选修课，6学分；
魏晋玄学，汤用彤主讲，三四年级专业选修课，4学分；

康德伦理学，郑昕主讲，上学期开设，三四年级专业选修课，3 学分；

康德美学，郑昕主讲，下学期开设，三四年级专业选修课，3 学分；

西洋现代哲学，贺麟主讲，三四年级专业选修课，6 学分；

胡塞尔原著习读，沈有鼎主讲，三四年级专业选修课，6 学分；

亚里士多德哲学导论，陈康主讲，上学期开设，2 学分；

亚里士多德哲学，陈康主讲，下学期开设，3 学分。

共计 21 门课程。其中，哲学系学生必须在"哲学概论"与"科学概论"两课中选修一门。选修"科学概论"者，又必须在一年级的数学或者自然科学这两门共同必修课程中拿到 70 分以上。而"西洋现代哲学"课程选修者，必须是"哲学概论"或者"西洋哲学史"两课成绩拔尖者。这张课程表与上学年的课程表所涉及课程与专业领域，基本上成为之后几年哲学系课程开设的蓝本，常常轮替出现。授课的教授以后也没有大的人事变动，可以说到这一学年，哲学系的课程培养方案已经基本定型。方案是北大与清华两种哲学研究方法的融合，但仍然以清华的研究方法为基础。特别是"逻辑问题"以及"哲学问题"等课程，集中体现了清华研究方法中注重问题意识的传统。从各年级所设置课程来看，如"中国哲学史"、"西洋哲学史"之类哲学通史性质的课程，其讲授跨度从一学年变至两学年，这说明讲授深度再一次提高。四年级也开始安排必修课，使得大学四年，必修科目从始至终贯穿着，整个大学期间，专业培养得以很好地连接、过渡。

1940 学年，哲学系本部在 1941 年 7 月 1 日放暑假。叙永分校的一年级新生，由于开课太晚，当学年的寒假开始时已是 1941 年 4 月 10 日。寒假一共才放了 5 天，之后立即转入下学期学习，紧赶慢赶，到 7 月 21 日放暑假，基本上赶上了本部的教学进度。8 月 1 日，校方决定撤销分校，分校学生全部加入昆明本部。暑假中，日军飞机依然对昆明进行轰炸，甚至本部学生宿舍也成为目标，但学生的接洽工作仍然非常有序，所以 1941 学年按时在 9 月 30 日开始注册，只比以往略晚四五天。

1940 学年哲学系一共毕业生为 7 人，分别是容汝煐、杨向森、冯宝麟、刘钊、戴寅、朱南诜、舒子宽。其中冯宝麟、刘钊、戴寅、朱南诜四人为清华第十三级生，也是战前进入清华哲学系学习的最后一批毕业生。容汝煐复原后在北京大学哲学系任教。杨向森毕业后考上北京大学文科研究院历史学专业研究生。冯宝麟和朱南诜则旋即考入清华大学文科研究所哲学部。

冯契（1915—1995），原名冯宝麟，浙江诸暨人，著名哲学史家。1935 年考入清华大学哲学系。抗战爆发后先赴延安，辗转山西、河北等地参加革命。1939 年回西南联大复学。1941 年考入清华文科研究所哲学部。1944 年获得学位后离校，先后任教于云南大学、同济大学、复旦大学等。1952 年受聘任华东师范大学教授，直到去世。冯契一生涉猎极多，在数学、文学、哲学等领域均有非常造诣。其哲学思考涉及中国哲学史、认识论、价值论、伦理学、美学、逻辑学等各个方面。冯契的哲学方法是西南联大哲学系学风的典型代表，这种结合了清华与北大两种传统的学风，注重运用逻辑与历史相统一的方式，来梳理哲学史演进的历史脉络与概念环节。因此冯契的风格可以用将哲学史与哲学贯通一体来阐述。冯契代表作有哲学史著作《中国古代哲学的逻辑发展》、《中国近代哲学的革命历程》、《怎样认识世界》；主编有《辩证唯物主义和历史唯物主义》、《哲学大词典》、《中国近代哲学史》。另出版了 10 卷本的个人哲学著作《冯契文集》。

接下来的 1941—1942 学年，于 10 月 6 日始业。上半学期至 1942 年 2 月 16 日。2 月 24 日开始下半学期的注册，3 月 2 日开学。自从 1940—1941 学年分校撤销之后，联大又得以作为一个整体运作，而日军在一通激烈进攻之后，似乎也逐渐放慢了侵略的步伐，双方进入相持阶段。局势的变化让身处刀口的联大，幸运地得到了恢复稳定的时间，不用再四处奔波。而联大加上临大时期，也已经向社会输送了五批毕业生，这些学生秉承着联大的精神在各种岗位上都表现突出，社会对联大学生的需求量猛增，扩招变得顺理成章。哲学系的毕业生不但在社会生活中表现优异，而且适应社会的能力也非常之强。他们中的部分坚持着哲学道路，部分则从事起文学创作、社会改良等其他领域的工作，当然投身革命的学生也不在少数。所以这一学年，报考哲学系的人数显著增加，最后共录取新生 16 人，为历史最高。他们是：李藻圃、袁正銮、杨璀熙、杨中慎、朱前照、周礼全、高崇学、陈明逊、高彤生、徐绍祥、杨天堂、汪子嵩、鲁铸寰、周爱杏、龙璞刚、曹贞固。另外，上学年毕业的冯契、朱南诜入清华文科研究所哲学部。

汪子嵩（1921—   ），浙江杭州人，著名哲学史家。1945 年西南联大哲学系毕业，旋即考入北京大学文科研究所，师从陈康教授学习希腊哲学。曾任哲学编译会研究编译员，先后任北京大学文科研究所助教，哲学系讲师、副系主任。1964 年调至《人民日报》理论部，曾任副主任，中国社会科学院哲学研究所兼职研究员，期间担任学术委员会副主任。著有《亚里士多德关于本体的学说》、《希腊哲学史》（多卷本）等。

周礼全（1921—2008），湖南湘西人，著名逻辑学家。1946年从联大哲学系毕业后，考入清华大学文科研究所哲学系攻读硕士学位，师从金岳霖。1949年获学位后留哲学系任助教、讲师。院系调整后赴北京大学哲学系任讲师。1955年调入中国科学院哲学研究所。1979年后，历任中国社会科学院学术委员会委员、哲学所逻辑学室主任、中国逻辑学学会会长。长期从事传统逻辑、数理逻辑、西方逻辑史的研究。著有《论概念发展的两个主要阶段》、《模态逻辑引论》，合著有《形式逻辑》等。

1941—1942学年课程如下：

逻辑（甲），王宪钧主讲，一年级学院共同必修课，6学分；
逻辑（乙），张遂五主讲，一年级学院共同必修课，6学分；
逻辑（丙），张遂五主讲，一年级学院共同必修课，6学分；
哲学概论（甲），贺麟主讲，二年级学院共同必修课，4学分；
哲学概论（乙），郑昕主讲，二年级学院共同必修课，4学分；
哲学概论（丙），石峻主讲，二年级学院共同必修课，4学分；
科学概论，毛准主讲，二年级学院共同必修课，4学分；
中国哲学史，冯友兰主讲，二三年级专业必修课，6学分；
西洋哲学史，冯文潜主讲，二三年级专业必修课，6学分；
伦理学，石峻主讲，二三年级专业必修课，4学分；
知识论，陈康主讲，三四年级专业必修课，4学分；
形上学，沈有鼎主讲，三四年级专业必修课，6学分；
美学，冯文潜主讲，三四年级专业必修课，4学分；
儒家哲学，王维诚主讲，三四年级专业必修课，4学分；
符号逻辑（一），王宪钧主讲，上学期开设，三四年级专业选修课，3学分；
符号逻辑（二），王宪钧主讲，下学期开设，三四年级专业选修课，3学分；
数理哲学，洪谦主讲，三四年级专业选修课，4学分；
维特根斯坦，沈有鼎主讲，上学期开设，三四年级专业选修课，3学分；
晚周辩学，沈有鼎主讲，下学期开设，三四年级专业选修课，3学分；
欧洲大陆理性主义，汤用彤主讲，三四年级专业选修课，4学分；
康德哲学，郑昕主讲，三四年级专业选修课，6学分；
黑格尔哲学，贺麟主讲，三四年级专业选修课，4学分；

希腊哲学名著研究，陈康主讲，三四年级专业选修课，4学分；

中国哲学史研究，冯友兰主讲，三四年级专业选修课，4学分；

中国哲学与佛学研究，汤用彤主讲，三四年级专业选修课，学分不定。

课程共计达 25 门之多。课表的主体同于 1939—1940 年课表。"美学"首次独立出现。专题中涉及哲学史相关阶段，则新增加贺麟主讲的黑格尔哲学内容和洪谦主讲的分析哲学，领域宽度进一步加大。贺麟从 1940 年开始，便热心于以德国哲学改造中国文化，其后几乎所有的论文与课程，都是围绕这一中心原则。而洪谦为哲学系请自外语系的教授，所设"数理哲学"课程之副标题为"数理哲学从佛来格到罗素"，因此是关于整个分析哲学学派史的课程。另外，金岳霖这一学年赴四川李庄休假，全力撰写《知识论》，所以不开设课程。

洪谦（1909—1992），安徽歙县人，著名哲学家。1925 年经梁启超推荐赴德。1934 年，在维也纳学派创始人石里克教授指导下，完成博士论文《现代物理学的因果关系》，获得哲学博士学位，并被接纳为维也纳学派成员。1937 年回国，于清华大学任教，并在北京大学兼课。1941 年任西南联大外国语文学系教授，除讲授德语外，在哲学系开设数理逻辑与维也纳学派哲学两门课程。1945—1947 年，在牛津大学新学院研究。回国后，历任中山大学、武汉大学、燕京大学哲学系教授。1952 年调至北京大学哲学系任教授。1965—1986 年，任北京大学外国哲学研究所所长。洪谦教授对我国现代西方哲学的研究，有着无法取代的贡献。1984 年，维也纳大学在他获得该校博士学位 50 周年之际，授予他荣誉博士学位。著作有《维也纳学派哲学》、《石里克和现代哲学》等；主编有《古希腊罗马哲学》、《16—18 世纪西欧各国哲学》、《18 世纪法国哲学》、《18—19 世纪初的德国哲学》、《西方古典名著选集》等。

1940—1942 两学年之真正重要性，在于期间异常突出的学术成果，而后几年哲学系的学术研究，很大程度上是基于这两学年所厘定的方向。这两学年成果影响面之大，学术界反响之热烈，可谓进入联大时期后的一个高峰。更为显著的意义在于，这两学年之收获，极大地发扬了清华学风，并为西南联大哲学系之成熟，以及清华学风之最后定型，做出了关键性的贡献。

1940 年 8 月 29 日，中国哲学会第四届年会在云南大学召开，冯友兰主持会议并致开幕词，金岳霖、汤用彤、贺麟等出任理事。这是抗战时期召开的唯一一次年会，也是中国哲学会历史上最后一次年会。会上，沈有鼎宣读论文《真理底分野》，冯友兰宣读论文《论人生中底境界》，金岳霖宣读论文《势至原则》。沈、金两文,后分别载于《哲学评论》第七卷第4期和第八卷第1期。8月31日,年会通过议案,设立西洋哲学名著编译委员会和中国哲学研究委员会,分别由贺麟和冯友兰出任主任委员。贺麟在年会之后会见了蒋介石,并说动他提供编译委员会所需的经费。从1941年开始,编译会正式进入工作状态,第一部翻译著作就是黑格尔的《小逻辑》。蒋介石在确保西洋哲学编译会经费的同时,也划拨了部分经费给中国哲学研究会,无奈一方面钱太少,另一方面通货膨胀已相当严重,根本就入不敷出。冯友兰出一妙招,将此笔款项用来购买哲学论文的稿子,通过这种方法,就可以接济那些被通货膨胀折磨得体无完肤的哲学研究者,而收上来的稿件再由中国哲学会设法发表。熊十力的好几部书,包括《新原道》、《新知言》等,都是这样发表的。

早在1940年5月1日,学术审议委员会第一次大会通过了"补助学术研究及奖励著作发明"议案,教育部旋即根据此一议案,规定奖励之范围,其中"著作"中包括了哲学类。教育部该学术奖面向全社会,从当年评奖起前三年内出版的著作都被纳入。自1941年开始授奖,至于1946年结束,一共颁发了六届。在1941年的第一届中,冯友兰的《新理学》获得哲学类一等奖,金岳霖的《论道》获得哲学类二等奖。此一结果与1939年获奖一致。

就在颁奖之前,1940年,金岳霖《论道》一书终于由商务印书馆出版。金岳霖从20年代到40年代在清华大学哲学系授课的二十余年间,深入系统地研究了西方哲学的重要派别,同时也大量研读了中国的传统哲学思想,在此基础上逐渐构建起自己的哲学体系,先后写出了《逻辑》、《论道》和《知识论》三部著作。这三部著作实际上构成了一个完整的体系。1935年出版的《逻辑》,主要是阐发一种方法论,是对研究哲学所采用方法的内部论证;1949年左右完成的《知识论》,是阐述一种认识论,是对人之认知本身做出解答;而《论道》则阐述着一种本体论,是关于世界为何的终极求解。所以,此三书中,《论道》乃是核心,它建立了关于终极本体的形上结构;《知识论》研究言说形上本体而获得知识是如何得以可能的;《逻辑》则是贯穿于两者之间的语言规则。但是,金岳霖所建立的本体论体系又非常具备中国文化色彩,并非全盘照搬西方哲学。他自己在日后的《知识论》中写道:"研究元学……,我虽然可以忘记我是人,而我不能忘记'天地与我并生,万物与我为一',我不仅在研究对象上求理智的了解,而且在研究底结果上求情感的满足。"① 这便是要摆脱西方哲学本体论中两分世界的机械论宇宙图景。他又说:"中国思想中最崇高的概念似乎是道。所

---

① 金岳霖:《论道》,18页,北京,中国人民大学出版社,2010。

谓行道、修道、得道,都是以道为最终目标。思想与感情两方面的最基本的原动力似乎也是道。"① 可见,他所欲之本体论乃是限定于中国文化的言说范畴内,是运用西方哲学方法论对中国传统形上本体的现代阐释。《论道》一书含义艰深,阅读不易。周礼全在《金岳霖学术论文选》一书序中对其作了简化,认为《论道》这部书的最重要概念是道、式、能,道大体就是中国道家的道,式和能大体就是朱子的理和气,也就是亚里士多德的形式和质料。冯友兰对《论道》的评价非常中肯,他认为此书将"现代化与民族化融合为一,《论道》的体系确是'中国哲学',而不是'哲学在中国'"②。《论道》的影响是非常大的,他研究中国哲学的方式,与冯友兰的《新理学》有很大的共通处,都是运用西方哲学的理性方法来重新审视中国思想。而他讨论的本体问题,较冯友兰的"理",范畴更高。所以《论道》与《新理学》可以融合地看作一体,它们共同阐发着一种独具特色的研究方式,这种特色之后被提炼,命名为"清华学派",而两者是其中最重要的代表性成果。

1940年5月1日,贺麟在《战国策》第3期上发表了《五伦观念的新检讨》,开始了自己对儒家传统思想的连续反思。1941年8月1日,他在《思想与时代》第1期上发表《儒家思想的新开展》,讨论传统思想的现代化问题。10月,发表《论知难行易》一文,载《新认识》第三卷第5期,其思想已明显转向陆王。1942年6月,贺麟的第一部论文集《近代唯心论简释》由重庆独立出版社出版。所收录的15篇论文构成一种全新的观念,一般称之为"新心学"。"新心学"是相对于冯友兰的"新理学"所提。贺麟曾经批评过"新理学",认为其过重理气说,而缺乏心性论。从中国哲学史而言,程朱理学的传统中,确实存在着由本体之理向形下之心开展实践的某种理论困难,这也是陆王心学勃兴的最重要原因。而冯友兰以柏拉图式的两分世界法重新诠释形上与形下世界,使得这一困难变得更加突出。贺麟则依心学理路,将心本身形上化为宇宙本体,从而圆融在新理学中呈现出的形上与形下两个世界,使得本体与工夫能在终极意义上合同为一,这确实有助于哲学在实践中的切实展开。"新心学"一出,争论骤起,胡绳、谢幼伟等学者立即撰文批评,从这一系列批评中也可以彰显"新心学"的理论特色。首先,贺麟虽以"心"为本体,但他所言之"心"与阳明之心差别巨大,更近似于逻辑意义上的心,而中国传统的体悟之法,也被作为一种经验过程,脱去了其本体开显的神秘主义气息。其次,"新心学"的提

---

① 金岳霖:《论道》,18页,北京,中国人民大学出版社,2010。
② 冯友兰:《中国现代哲学史》,198页,广州,广东人民出版社,1999。

出，并非为了构建一种哲学体系，而是为贺麟的文化决定论提供依据。以文化改革促进中国社会变革，是战国策派的一贯主张。文化更多地体现为一种精神的树立，而"心"较之"理"，可以表征出更浓烈的精神属性。贺麟认为，文化即是心在生活世界之落实的表现，文化之内涵即包括真、善、美三方面，作为对应，儒家文化之新发展，也必须从哲学化、宗教化和艺术化三方面行进。而促成这三方面切实进步的方式，就是引进西方文化的资源加以改造。贺麟的"新心学"，是以新黑格尔主义的理路来阐释中国哲学，这区别于冯友兰、金岳霖的新实在论取向。但它同样试图以逻辑为基础构建一种新观念，因此新理学与新心学又共同丰富了"新儒家"的理论资源，拓展了儒家文化现代化的道路。当然，贺麟的"新心学"并没有最终形成具备自身特色的哲学体系，这一点与他经营"新心学"的意图相关，所以冯友兰一方面十分肯定"新心学"对心学现代化的重要贡献，另一方面在《中国现代哲学史》中又未将之作为一种思想流派。

这一时期是冯友兰的高产期，发表了非常多的论文，列如下：

《论知行》，载《云南日报·星期论文》；

《新理学答问之一》，载《文史杂志》半月刊第 8 期，后收入《南渡集》；

《中国社会的转变》，载《云南日报·星期论文》；

《孟子浩然之气章解》，载《清华学报》第十三卷第 1 期；

《读〈秦妇吟〉校笺》，载《国文月刊》第一卷第 8 期；

《论部聘教授》，载《当代评论》第一卷第 5 期；

《略谈哲学的用处》，载《当代评论》第一卷第 15 期；

《论人生的意义》，载遵义《思想与时代》第 6 期；

《抗战与中国社会思想》，载昆明《中央日报》；

《论心的重要》，载《思想与时代》第 7 期；

《新理学问答之二》，载《星期评论》第 42 期，后收入《南渡集》；

《论人生中底境界》，载《思想与时代》第 8 期；

《利与义》，载重庆《大公报》；

《论自然境界》，载《思想与时代》第 9 期；

《论功利境界》，载《思想与时代》第 10 期；

《人生的意义及人生中的境界》，载《读书通讯》第 42 期；

《新理学问答之三》，后收入《南渡集》；

《论道德境界》，载《思想与时代》第 11 期；

《乐观与戒慎》，载昆明《中央日报》；

《论天地境界》，载《思想与时代》第 12 期。

这些论文存在着清晰的思想主线，都是围绕着在《思想与时代》上连续刊登的七篇论文展开，而讨论的主体实际就是人生论。冯友兰《论心的重要》一文是对贺麟先生"新心学"的一种回应。显然，在"新心学"的挑战下，他逐渐将目光转向形下世界，聚焦于个人现实生活世界的分析。这包括义利之辩、道德涵养、人生境界等方面，是强调了"新理学"开展过程中体现出的"哲学的用处"，以及哲学与个人生活的休戚相关。另一方面，这一时期的冯友兰似乎不满于《新世训》所陈列的功利社会成功法门，而仍然坚持在功利境界之上，再寻求高尚的道德情怀，以构筑起圆满的人生，这又表现出哲学与现实社会之间应有的距离感。所以这一时期的一系列论文，事实上已经预示了他后面工作的方向性选择，也标志着他的哲学体系将进入到成熟的阶段。

这一时期其他教授的重要论文有：

金岳霖：《论不同的逻辑》，载《清华学报》第十三卷第 1 期；

金岳霖：The Principles of Induction and Apriori（《归纳原则与先验性》），载 The Journal of Philosophy（《哲学杂志》）第三七卷第 7 期。

金岳霖：《势至原则》，载《哲学评论》第八卷第 1 期。

汤用彤：《读刘邵〈人物志〉》，载《图书季刊》第二卷第 1 期。

汤用彤：《魏晋玄学流别略论》，载《国立北京大学四十周年纪念论文集》。

汤用彤：《向郭义之庄周与孔子》，载《国立北京大学四十周年纪念论文集》。

汤用彤：《王弼大衍义略释》，载《清华学报》第十三卷第 2 期。

沈有鼎：《真理底分野》，载《哲学评论》第七卷第 2 期。

贺麟：《英雄崇拜与人格教育》，载《战国策》第 17 期。

贺麟：《时空与超时空》，载《哲学评论》第七卷第 4 期；

贺麟：《爱智的意义》，载《思想与时代》第 1 期；

贺麟：《自然与人生——回到自然去》，载《思想与时代》第 5 期；

贺麟：《宣传与教育》，载《思想与时代》第 7 期。

这一时期教授们的其他重要事件还有：

1940 年 11 月 10 日，汤用彤在联大教授会上被推选为校务会议候补代表。12 月 18 日，联大第 156 次常委会推选冯友兰为"大学一览编辑委员会"主席。1941 年 4 月，《清华学报》复刊，冯友兰为编辑部成员。8 月 31 日，冯友兰被聘请担任清华大学文科研究所所长兼哲学部主任。11月5日，联大第196次常委会聘请冯友兰担任联大聘任委员会主席，任期一年，汤用彤为委员会委员。1942年6月，《人文科学学报》创刊，贺麟为其成员。

　　1942年7月1日，1941—1942学期结束，哲学系也将送走三校合并之后的第一批统招生。他们共有九人，分别是：何燕晖、李耀先、刘尔昌、王映秋、杨嘉禾、胡荣奎、毛韵笙、倪佩兰、殷福生。

第六章　西南联大后期的哲学系
（1944—1946）

第一节　迈向成熟

1942年，哲学系的思想理论成果灿烂而显要，这主要表现在《论道》一书的出版以及"新心学"的兴起。金岳霖本体论的建构与冯友兰"新理学"的形上建构，标志着哲学系的研究工作开始迈向成熟。而贺麟以"新心学"之说改造传统文化的尝试，也被冯友兰所重视，他将进一步在形下的生活世界中展开理论建构，以使得他的体系更加完满。

但是，哲学家们创见日趋成熟的过程，并非伴随着生活的稳定与安逸。事实的残酷性在于，1942年之后，哲学家们所要面对的生活世界已经分崩离析，在困窘的经济状况与阴郁的政治环境中，也许唯一能够让他们片刻平静的只有那一方清寂的书斋。

云南省是在1940年末开始出现通货膨胀的苗头，到1942年时，通胀已经发展到了极度疯狂的地步。货币不断贬值，政府却丝毫没有改善的良方，工资仍然按照战前水平发放，每月收入的实际购买力，仅仅相当于战前的10块钱；物价几乎比战前涨了300倍。教授们愤怒了，他们中的54人联名上书中央政府，要求增加教职员工资待遇，但最终只是石沉大海，根本无人问津。为了养家糊口，他们只好自寻生计，有的被迫远赴川、贵，做起药材生意，有的给当地有钱人写墓碑，有的卖文卖字，有的则直接在街上摆起小摊。上到校长，下到普通教员，均是如此营生。梅贻琦校长的夫人，做起了卖糕点的小买卖；闻一多身怀刻印之绝技，以此赚些补贴家用，当听说冯友兰打算出去卖字，还帮着刻了两个大图章以备使用。实在不济，就像国文系的吴晗教授一样，把自己的藏书卖给图书馆。吴晗曾自嘲穿得破破烂烂，除了他的学生，谁都以为他是个难民。

日军的轰炸也从来没间断过。金岳霖1942年9月27日休假结束，回校后向校长呈报假期专心撰写《知识论》已达30万字，完成了计划篇幅的七成。结果在回校之后的一次"跑警报"途中，不幸将手稿全部遗失，代价太惨重了。教授们为了争取到一个正常的治学环境，只好居住在远离城中的郊外，当地农民习惯人畜同居，环境之恶劣可想而知，还必须每天步行十几里路前去上课。直到后来，清华研究院建成了教工宿舍之后，哲学家们才得以换到相对好一些的环境中。

学生的生活同样遭受着折磨，学校的津贴一般学生根本不够用，只好去昆明市内做些杂役，比如，给人代班、卖报纸、做公交车售票员、放午炮之类。一件衣服，往往是学长穿罢再给学弟，甚至衣物都不分男女。更痛苦的是，1941年皖南事变之后，政府开始以强权干预学生的校园生活，在抓捕联大"红色"学生的行径遭到云南地方人士的阻止之后，他们又煽动学校中带有当局政治色彩的三民主义青年团（简称"三青团"）干预联大学生自治会的工作，并事实上操控了这一学生自发组织。当时联大最有影响力的学生社团——群社，宣布停止活动，受其号召，许多学生社团也应声停止，仅仅有戏剧社及体育社等仍然坚持开展活动。一些怀有热诚的学生创刊针砭时弊，又被以各种名目开除，校园气氛变得非常压抑。学生们也开始产生情绪波动，事件之后，脱离联大的同学很多，哲学系也有多人不告而别，甚至冯契也对这样的状况感到沮丧，打算离开学校，后因得汤用彤等教授苦劝，才最终留下。

经济与政治环境如此恶劣，自由的学术空间便成为了唯一一片净土。教授与学生只有埋头书卷，才能暂时忘记身心的痛苦。教授们为了克服居住地与学校相距较远和经常受到警报干扰教学等困难，常常一口气就连续上三四个小时的课，不顾休息。有时由于警报一直不解除，干脆晚上去学生寝室补课。回到家中，往往趁天亮时先经营些买卖，晚上挑灯夜战，通宵达旦地进行学术研究，因此身体状况极差。朱自清的朋友一次造访，只见正处旺年的教授头顶已生出一层纷乱的白发。就是在这样的坚守之中，哲学家们依然沉浸在思想的圣殿中。

1942—1943学年在9月21日开学。本学年哲学系共新加入学生8人，分别是：马启勋、张法文、李锡麒、梁学程、邵明镛、邓识生、魏鍌、曾广泽。而研究所哲学部新考入研究生为是年本科毕业的殷福生，以及一位来自美国威斯康辛大学的留学生A. J. Peeke。而北大研究所哲学部毕业的任继愈也开始授课。

殷海光（1919—1969），原名殷福生，湖北黄冈团风县人，著名逻辑学家、哲学家。1942年联大哲学系毕业后，即考入清华研究院哲学部，师从金岳霖。

1944 年投身抗战，赴印度学习军用汽车驾驶技术。1945 年转业到重庆独立出版社任编辑。1946 年，先后在国民党中央宣传部、《中央日报》任职。1949 年 3 月，随《中央日报》抵达台湾，任该报主笔，同时兼任《民族报》主笔。同年 5 月，因以犀利文字批评蒋介石而遭开除，赴台湾大学哲学系任教。1949 年 11 月，与胡适、雷震等人创办影响巨大的综合性半月刊《自由中国》，任编委兼主笔。1954 年赴哈佛大学做访问学者，回国后继续深入政治，撰写大量政论时评。之后《自由中国》被查禁，他本人也被政府软禁，直到逝世。

殷海光是中国现代哲学史上极具传奇色彩的人物。一方面，他拥有着极高的哲学天赋，是金岳霖最得意的门生之一；另一方面，他又不似其他哲学家那样与政治保持距离，而是义无反顾地投身风波之中。16 岁尚在念高中一年级时，他便开始在名震一时的《东方》杂志上发表论文。17 岁时，便在正中书局出版了 40 万字的译著《逻辑基本》。这引起了在清华哲学系任教的金岳霖的注意，并与他开始通信，鼓励他学习逻辑学。殷海光访问北京以及随后南下联大求学之时，金岳霖一直给予他很大的关照。但殷海光性格直率、桀骜、执拗，具备着强烈的参与现实变革的理想。当 1946 年加入新闻工作者行列之后，他开始接触到一些不为人知的现实，从而对当局产生了怀疑。赴台湾之后，他率先发起了对蒋介石的猛烈批判。遭遇开除之后，他毅然退出国民党，开始奔走传播自由主义思想。哈佛访问讲学归来后，他又继续时评，用充满理性的尖锐果敢的笔调，与政府的禁言政策展开斗争。1960 年之后，台湾当局策动了对殷海光的围剿，撤销他赖以阐发观点的媒体平台，取消他的薪金，台大因不堪政治重压，也不再续聘他，甚至禁止他再赴哈佛大学，也不允许他接见国外大学的专家，直到将他困死于病床。殷海光用他的一生，书写了一个学人的风骨，和一个虔诚的自由主义者的信念。

殷海光著述甚多，主要有《中国文化的展望》、《政治与社会》、《逻辑学讲话》、《思想与方法》、《生命的意义》、《自由的伦理基础》等。翻译有海耶克《到奴役之路》、德贝吾《西方之未来》等。另有《殷海光全集》18 册行世。

本学年的课程安排如下：

逻辑（甲），金岳霖主讲，一年级学院共同必修课，6 学分；

逻辑（乙），王宪钧主讲，一年级学院共同必修课，6 学分；

逻辑（丙），王宪钧主讲，一年级学院共同必修课，6 学分；

哲学概论（甲），贺麟主讲，二年级学院共同必修课，4 学分；

哲学概论（乙），郑昕主讲，二年级学院共同必修课，4 学分；

哲学概论（丙），石峻主讲，二年级学院共同必修课，4学分；

科学概论，毛准主讲，二年级学院共同必修课，4学分；

中国哲学史，冯友兰、任继愈主讲，二三四年级专业必修课，6学分；

西洋哲学史，冯文潜主讲，二三四年级专业必修课，6学分；

印度哲学史，汤用彤主讲，二三四年级专业必修课，4学分；

伦理学，石峻主讲，二三四年级专业必修课，4学分；

知识论，金岳霖主讲，二三四年级专业必修课，6学分；

艺术论，冯文潜主讲，二三四年级专业选修课，4学分；

老庄哲学，王维诚主讲，二三四年级专业必修课，4学分；

魏晋玄学，汤用彤主讲，二三四年级专业选修课，4学分；

康德伦理学，郑昕主讲，上学期，二三四年级专业选修课，3学分；

康德美学，郑昕主讲，下学期，二三四年级专业选修课，3学分；

符号逻辑（三），王宪钧主讲，上学期，二三四年级专业选修课，3学分；

真与意义，王宪钧主讲，下学期，二三四年级专业选修课，3学分；

康德哲学研究，郑昕主讲，二三四年级专业选修课，4学分；

西洋现代哲学研究，贺麟主讲，二三四年级专业选修课，2学分。

  课程总共21门。另外，教育部在5月接到蒋介石"手令"，要求联大在新学年开设"伦理学"课程，作为全校公共必修课。冯友兰担任主讲。这门伦理学课与哲学系的专业课"伦理学"是不一样的。按照教育部的提法，开全校必修课"伦理学"，为的是"注意阐述先哲嘉言懿行，暨伦理道德方面多种基本概念，用以砥砺学生德行，转移社会风气"。① 显然，这并不是为了培育学生的人文精神，或者强化学生的哲学思辨而设，有其说教顺服的政治意图包含于中。但冯友兰以《新世训》、《新原人》作为讲课的主要内容，依然故我，不予理会。此课程每年都开设，起初大都三四百人前来聆听，之后由于听课学生越来越少，于1945年取消。

  当时，这并不是因为冯友兰的课上得不受欢迎，哲学家们在课堂上总是充满魅力。金岳霖常常披着一件风衣走进教室，拉一张学生用的椅子靠在讲台旁，落座之后便款款而谈。他总是低着头，细心的学生会发现他甚至闭上了眼睛，正沉浸在哲学思辨的海洋里。有时想到通顺处，或者讲到得意时，他会突然站起，快速地在黑板上写几个字，或者向学生提问。金岳霖的课，专业知识的深度很高，但他非常善于细致地层层深入分析，像剥洋葱般，最后把问题的实质

---

① 齐家莹：《清华人文学科年谱》，268页。

呈现给你。他的讲授，没有太多的说教，力图通过给学生展示严密的逻辑，让学生自己领悟，因此，他的课拥有很大的启发性。事实上，讲课不但对于学生来说是一种精神的享受，金岳霖就把自己的课程作为哲学思辨的全过程，从中获得着精神的沉醉。

冯友兰和金岳霖的风格不同，他的课是在可容纳百人的大教室里开设，每次总是爆满，慕名而来的学生非常多。冯友兰很严格，上课之前要先点一次名，绝不破例，但课又并不拘谨严肃。他有些口吃，常常一句话在黑板上已经写完，嘴里却还没读完，有时学生忍不住会发出善意的笑声，但哲学家也并不介意。由于中国哲学课涉及到很多先贤的名言，因此他的课板书量很大，所讲的内容反而不多。但他总是挑最重要的问题讲，逻辑非常清楚，学生很容易明白。在讲一些具体的哲学问题时，他还经常抖出些中国哲学史上的小故事，引起听者的兴趣，打破课堂沉闷，又让学生容易理解与记忆，常常博得学生的微笑与喝彩。

沈有鼎的讲课风格可谓十分怪异。他口才不好，要求学生做笔记，能记多少记多少。由于他的课程本身就是极为抽象与艰深的高等逻辑，课堂上基本没有多少学生能听懂，总是云里雾里的感觉。但如果学生认真做了笔记，回去自己细细琢磨，马上就会发现讲课内容逻辑论证清晰严密。如果课堂上出现了能够理解他的同学提问，他会非常高兴，而且当下就和同学讨论、辩论，旁若无人。

课堂上的风采，其实就是教师各自性格的体现。哲学家们的头脑虽然围绕着不食人间烟火的抽象概念旋转，但在生活中，他们又是个性标彰的一群学者，丝毫不显乏味。

金岳霖的性格和他的学术风格是完全相融的，他从国外带回了新实在论的逻辑学，也在他自己身上根植了最高的理性原则。他与梁思成、林徽因夫妇是挚交，两家长期做着邻居。但早在两人结婚之前，他便通过好友徐志摩认识了林徽因，并一直在内心深藏着对她的爱慕。这份情感，林徽因也早已洞察，并逐渐被金岳霖的才情所折服。一日，她终对梁思成道出内心的矛盾，梁思成十分痛苦，彻底难眠后决定还她自由，林徽因又告诉金岳霖，哲学家说：看来思成是爱你的，我不能伤害一个正在爱你的人，我应该退出。哲学家从来没有对这份感情淡然，但他以最高的理性来处理两人的相处，两家依然保持着君子之交，甚至梁、林吵架，都是叫他去仲裁。金岳霖终身未婚，林徽因去世后，他也时常一个人去为她扫墓。晚年，曾有后学整理林徽因诗集，并找到哲学家，希望他能说一些话。他说："我所有的话，都应该同她自己说，我没有机会同她自己说的话，我不愿说，也没有这样的话。"①

沈有鼎对学术已经到了痴狂的程度，以至于他的生活要求已经被限制到了最低的水平。他不怎么换衣服，衣服穿上身就像长在了身上，穿到破烂不堪就直接扔掉。这位哲学家的眼神永远那么迷蒙，任何地方任何时间，他都在考虑哲学问题。路上遇见他，完全可以不用打招呼，打了也是白打。于是，这副模样的哲学家，走在大街上、走进商店里，就很容易被误会，甚至有警察把他当小偷抓起来过。而关于他到底去过警局几次、为什么去这类问题，也谣言四起，版本众多。在哲学家的眼中，世俗的世界是不存在的，仿佛一切都是为了学术而存在。他明明是位教授，却有借书不还的"毛病"；他明明是位教授，只要对什么课有兴趣，也会和学生一起挤教室听课，甚至当堂直接站起来，纠正讲台的主人的错误，弄得人家下不了台；他明明是位教授，却在自己的课堂里大声地和学生争辩，非要把问题弄清楚，今天不行，明天继续，完全忘记了自己是老师；他明明是位教授，喜欢在小吃店里讨论问题，如果你的话让他觉得有意思，他就会请你吃花生，拉着你不停地讲，要是你的话让他没有兴趣，他就用身体护着那碟花生，嘴里念叨着："不给你吃。"沈有鼎的一生都沉醉于形上的思考，太纯粹，太天真。这个世界上，也许只有饥饿，能让他暂时回到人间社会。

冯友兰是颇为儒雅的人，对他最一致的评价就是"安分守己"。他担任的行政职务非常多，需要诸多协调、妥协，有这样的印象并不奇怪。但这不意味着他是没有脾气的人，事实上只要触犯到学术自由，连一向温文尔雅的他，也绝不容忍，锋芒毕露，1939年暗讽孔祥熙就是很好的证明。所以，更加准确来说，他是那种标准的严于律己、宽以待人的性格。这使得他人缘好，许多玩笑对别人开不合适，对他讲则无妨。性格刚烈的闻一多与冯友兰很投缘，常拿他说笑，曾写下一首诙谐的诗，颇为生动地描绘了哲学家们的群像：

惟有哲学最诡恢：金公眼罩郑公杯。

吟诗马二评红袖，占卜冗三用纸枚。②

金岳霖有眼疾，不能见光，所以整天戴着一副墨镜，显得很神秘。郑昕好喝酒，每每吃饭都怀揣一个酒杯。"马二"是"冯"字拆解，说的是冯友兰总是说起吴宓一首随口诗里有个意象用的不对，还特别较真。"冗三"是"沈"字拆解，是说沈有鼎痴迷于拿逻辑研究占卜，成天躲在家里，用纸枚代替蓍草，

---

① 参见陈宇：《暮年金岳霖重谈林徽因》，载《传记文学》，1999年2月号。
② 见《冯友兰学术自传》，87页。

不停比划。因此在闻一多看来,这些哲学家们,实在是太诡异了。

在学术上,本学年的一件重要事情是,冯友兰的《新原人》在1943年5月,由商务印书馆在重庆出版。《新原人》是对冯友兰过去一年中相关人生论问题阐发的总结,主要分析了一种人生境界的提升,要解决的问题是人如何为自己的人生确立意义。他认为,人在生活中所遇见的各种事物的意义,构成了人的精神世界,这一精神世界就是"境界"。境界可分为四种:自然境界、功利境界、道德境界和天地境界。自然境界是人类尚未真正从原始状态过渡到社会化生存时所持有的精神世界,淳朴而天真,但并不具有自觉性。"自觉"即是就眼前的意义和眼前可见之后果而言,人知道自己之所做。这是进入到社会化生存之后才产生的精神世界。但自觉存在着为私为公的区别,前者只考虑个人利益,解决人与自我的关系,即是功利境界;后者则将整个社会加以考虑,解决人与社会的关系,即为道德境界。天地境界是最高层级的精神境界,它所考虑的是建立人与宇宙的和谐关系。认识宇宙,即需要对自然有更加深化的认识,不能仍停留在自然境界之上。而提供这种认识的,就是哲学。按照《新理学》的看法,宇宙有形上与形下之分,认识的深化,即是从殊相走入共相,从"实际"走向"真际"。把握形上之共相,不能倚靠感觉,而必须赖于"思"。所有的"思"便最终构成了天地境界。《新原人》是《新理学》在形下世界中的真正开展,它提供了一道沟通形下与形上的桥梁。人生之意义,究竟是要在宇宙之中为自己寻找"安身立命之地",而最高的"安身立命之地"就是通过境界的不断提升而达到"天地境界"。这也便是哲学的目的与作用。冯友兰与金岳霖虽然在哲学体系的建构方面,拥有同样的旨趣,但其关于哲学本身为何,则颇有殊异。金岳霖曾坦言,哲学即是语言的游戏。但冯友兰的人生论说明,在他心中的哲学,依然是"为天地立心,为生民立命,为往圣继绝学,为万世开太平"。

这一学年表面上似乎没有什么波澜,其间的艰难可能只有哲学家们自己明白,而1942年10月张荫麟教授的病故,又平添了许多凄凉。1943年6月23日,暑假开始,哲学系的王启文、郑敏、彭瑞祥、曾本淮、马启伟、张精一、马德华六人也将各自赶赴新的前程。

彭瑞祥毕业后考入清华研究院,抗战胜利后在香港华侨日报社工作,1951年回国后一直在中科院心理研究所工作。

马启伟随后出国,并于1948年毕业于美国春田学院研究院,获体育和教育硕士学位。同年回国。曾任清华大学讲师、北平师范大学副教授。中华人民共和国成立以后,历任中国女子排球队教练,北京体育学院副教授、教授、球类教研室主任、副院长、院长,国际排球联合会、亚洲排球联合会规则委员会主席、中国排协会副主席、中国心理学会理事、中国体育科学学会第一、二届副理事长。

1943年6月，金岳霖应美国国务院之邀赴美开始讲学。这次旅美之行中，他道出了许多心中的积郁。他曾要求美国国务院给蒋介石施加政治压力，以敦促他有所收敛；他也在芝加哥大学的座谈会上直言，不应为了工业化而只注重工程学与经济，一定要同时发展纯粹的自然科学、社会科学与人文科学。这些话是他在国内当下的环境中无法开口的，我们也可以看到金岳霖沉醉哲学之外的另一面。他还为美国军人讲述中国文化，撰写了介绍性质的英文文稿。讲学持续了一年。

7月22日，联大第286次常委会通过决议，批准汤用彤辞去哲学心理学系主任职务，请冯文潜为新的系主任。同时聘请王逊为联大哲学系专任讲师。8月12日，教育部正式聘任汤用彤等8人为本年度部聘教授，汤用彤也是第一批正式部聘教授。同日，联大第270次会议上，冯友兰接任辞职的郑天挺教授，再次出任联大聘任委员会主席一职。9月1日，清华大学1942年度第2次教授会上，冯友兰又在5人竞选中胜出，出任清华文学院院长。

1943年9月13日，1943—1944学期正式开课。是年共招收新生七人，分别是：韩济民、王如霖、刘洪燨、王太庆、于文烈、吕尚文、唐季雍。研究部哲学所招收王浩为研究生。

王太庆（1922—2000），安徽铜陵人，著名西方哲学史家、翻译家。1943年入西南联大哲学系，1947年毕业于北京大学哲学系。1947年8月至1949年7月，任中国哲学会西洋哲学名著编译委员会研究编译员。1949年8月至1952年9月任北京大学文科研究所哲学编译室助教。1952年9月至1965年3月任北大哲学系助教、讲师。1965年3月至1978年3月任银川宁夏医学院讲师。1979年1月回北大任教，为哲学系教授。

王太庆是受冯友兰的影响而走上哲学之路的，但他关于哲学的看法与冯又并不相同，更接近于陈康等人的北京大学传统，注重哲学史的还原性阐述。王太庆最大的贡献在于为中国翻译了丰富的西方哲学名著，包括笛卡尔《谈谈方法》、黑格尔《哲学史讲演录》、《柏拉图对话集》、费尔巴哈《宗教的本质》、《狄德罗哲学选集》、阿维纳森《论灵魂》等。这为国内学者接触与学习西方哲学提供了最基本和最重要的条件。

王浩（1921—1995），山东济南人，享有国际盛誉的逻辑学家。1939年毕业于国立西北师范学院附中，进入西南联大数学系学习。1943年考入清华研究所哲学部。1945年以论文《论经验知识的基础》获得硕士学位。1946年赴哈佛大学学习，接受当代美国著名哲学家、逻辑学家奎因的指导，改进了奎因创立的形式公理系统，并以部分成果为博士论文。1948年凭借论文《经典分析的经验实体论》，获哈佛大学理学博士。从1947年起，担任奎因的高等逻辑与语言哲学等课程的助教。1948—1951年任初级研究员，1951—1956年，任助理哲学教授。1950—1951年期间，王浩赴瑞士苏黎世联邦工学院数学研究所，从事博士后研究。1954年以洛克菲勒基金会研究员的身份去英国。1954—1955年在英国牛津大学主持第二届约翰·洛克哲学讲座。1956年获牛津大学巴利奥尔学院硕士。1956—1961年任牛津大学数学哲学高级讲师。1961—1967年回到哈佛任数理逻辑与应用数学教授。1967年以后在洛克菲勒大学任数学教授，并主持该校的逻辑研究室。1972年以后，王浩数次回国。1985年兼任北京大学教授；1986年兼任清华大学教授。

王浩是大哲学家哥德尔思想的最权威阐释者，同时他又开展了对现代语言学派代表人物罗素、维特根斯坦、卡尔纳普等人的批判，对现代哲学史、元哲学的发展作出了重要贡献。另外，王浩是美国艺术与科学学院院士，英国科学院外籍院士和符号逻辑学协会会员。1983年在美国丹佛召开的由人工智能国际联合会会议和美国数学会共同主办的自动定理证明特别年会上，王浩被授予首届里程碑奖，以表彰他在数学定理机械证明研究领域中做出的开创性贡献。

王浩曾发表100多篇论文，主要著作有：《数理逻辑概论》、《从数学到哲学》、《数理逻辑通俗讲话》、《超越哲学分析》等。

本学年的课程安排如下：

逻辑（甲），王宪钧主讲，一年级学院共同选修课，6学分；
逻辑（乙），王逊主讲，一年级学院共同必修课，6学分；
逻辑（丙），王逊主讲，一年级学院共同必修课，6学分；
哲学概论（甲），贺麟主讲，二年级学院共同必修课，4学分；
哲学概论（乙），郑昕主讲，二年级学院共同必修课，4学分；
哲学概论（丙），齐良骥主讲，二年级学院共同必修课，4学分；
科学概论，毛准主讲，二年级学院共同必修课，4学分；
中国哲学史，冯友兰主讲，二年级专业必修课，6学分；
西洋哲学史，冯文潜主讲，二年级专业必修课，6学分；
伦理学，石峻主讲，三四年级专业必修课，4学分；
形上学，沈有鼎主讲，三四年级专业必修课，6学分；

美学，冯文潜主讲，二三四年级专业必修课，4学分；

逻辑问题，沈有鼎主讲，上学期，二三四年级专业选修课，3学分；

符号逻辑（一），王宪钧主讲，上学期，二三四年级专业选修课，3学分；

符号逻辑（二），王宪钧主讲，下学期，二三四年级专业选修课，3学分；

孔孟荀哲学，王维诚主讲，三四年级专业选修课，4学分；

老庄哲学，王维诚主讲，三四年级专业选修课，4学分；

易传与易学，沈有鼎主讲，下学期，三四年级专业选修课，3学分；

程朱陆王哲学，任继愈主讲，三四年级专业选修课，4学分；

康德哲学，郑昕主讲，三四年级专业选修课，6学分；

黑格尔哲学，贺麟主讲，三四年级专业选修课，4学分；

亚里士多德哲学，陈康主讲，上学期，三四年级专业选修课，4学分；

中国哲学研究，冯友兰主讲，三四年级专业选修课，4学分；

语言与哲学，洪谦主讲，三四年级专业选修课，4学分。

总课程共24门。比较明显的是，中西哲学史的具体年代或者具体流派之哲学专题讨论课程，比以往更加丰富，也更加全面。而冯友兰开设的全校共同必修课"伦理学"也照常开设，为2学分。

1943年之后的联大开始越来越躁动，通货膨胀早已超过了人们忍耐的极限，哲学家们的生活几乎陷入了绝境。冯友兰与同仁被迫一起发起《诗文书镌联合润例》，实际上就是成立了一个卖诗书文刻的组织，所得大家平分。其中还有清华校长梅贻琦和北大校长蒋梦麟。教授们真的愤怒了，惨淡的收入让他们度日如年，政治的专横又让他们无从倾诉，许多一直以来埋头于学术的教授，在这样惨烈的现实面前再也无法保持沉默。曾经痴迷于考据的吴晗教授，连续在报刊上撰文抨击时政，这样的事情若发生在过去，根本不敢想象。就是一直以来以温和、理性著称的金岳霖、朱自清，也开始频频参加教授组织的抗议、请愿等活动。联大持续了近三年的沉寂逐渐被打破。

教授们的情绪总是在第一时间传递给学生。1944年5月8日，联大国文学会组织召开文艺晚会。这次晚会是由教授与学生共同策划主持，云南大学、中法大学等周边高校也派了师生参加，实际共到会人员达3000多人。晚会围绕着五四运动与新文化运动的相关演讲展开。教授们慷慨陈词，以史讽今，表达着他们的不满与痛苦。这次纪念五四的会议似乎成为了一个开端，在抗战后方掀起了轩然大波。之后，已经归寂很长时间的学生社团，纷纷恢复活动。新的学生社团也如雨后春笋一般出现。壁报协会回来了，那些充满辛辣、讽刺与青春热情的壁画又出现在了校园；各大戏剧社不再是孤军奋战，也不再只上演名著，他们开始创作锋芒毕露的时剧，发出民主的呼声；诗社的活动吸引了越来越多的同学，他们又开始相聚一堂，高声朗诵，整个校园突然之间又恢复了生气。

这种气氛的变化，是与整个战局的变化契合的。同盟军力量的扩充以及美国在太平洋战场上优势的确立，使得东南亚战场的力量对比发生了转变，国民政府似乎看到了一丝希望，对议论时局的管制也下意识地有所放松。随着越来越多同盟国军队进入中国战场，急需大量的翻译人员。教育部下令在1943—1944春学期，征调大三、大四学生为美军翻译员。因此哲学系本学年6月28日放假开始前，毕业人数为联大时期之最。毕业生也分为两类，第一类是正常学业完成者，包括刘伯英、张世富、陈世则、顾寿观、孙际良、敖淑秀、刘民婉、房季娴八人。第二类是应征译员毕业者，包括：吴光华、侯绍邦、陶家鼎、熊秉明、罗达仁、曹和仁、徐衍、李应智、徐祖煜九人。

顾寿观毕业后，在中国哲学会西洋哲学编译委员会任研究编译员。1948年为中法交换生赴巴黎。新中国成立后回国，在中国科学院办公厅做翻译工作。1959年调商务印书馆哲学编辑室从事编辑工作。译有谢林的《先验唯心论系统》中的《导论》及第一篇、拉梅特里的《人是机器》，并根据希腊文译注柏拉图的《理想国》；合译有费希特的《人的天职》等。

罗达仁应征译员后，随中国远征军征战一年半。抗战胜利后投身教育事业，在四川蜀光中学任教。"文革"后拒绝了北大哲学研究所的多次函请，留自贡市教育学院任英语教授。翻译有文德尔班《西方哲学史》。

熊秉明（1922—2002），生于江苏南京，著名哲学家、艺术家。1944年西南联大哲学系毕业。1947年考入法国巴黎大学哲学系，攻读博士学位。1949年转入法国巴黎国立美术学校学习雕塑。1960年在瑞士苏黎世大学教授汉语和中国哲学。1962年，入法国东方语文文化学院任教，后担任中文系教授和系主任。1962年后，在法国巴黎第三国立大学任教。熊秉明以高深的修养与艺术造诣，在法国享有很高的荣誉与认同。1983年获得法国教育部颁发的"棕榈骑士奖章"。2001年，受聘为南京大学名誉教授。代表著作有：《张旭与草书》、《中国书法理论体系》、《关于罗丹枣日记译抄》、《诗三篇》、《展览会观念或者观念的展览会》、《回归的雕塑》、《看蒙娜丽莎看》等。

1942—1944年两个学年中，哲学系的学术成果丰富。其中汤用彤《汉魏两晋南北朝佛教史》一书，获得第三届教育部学术奖哲学类二等奖；贺麟旨在对"新心学"发微的《知难行易说与知行合一说》一书于1943年12月由重庆青年书店出版。不过总体上来看，影响趋于平静。一个显著的特点是，接近抗战后期时，出现大量的时评论文和关于社会精神重塑的论文，而纯粹学术的作品有所减少。这种势态已隐隐地说明，哲学系将走进在西南联大最后也是最终成熟的时期。此期主要论文：

冯友兰：

《新旧道德问题》，载《读书通讯》第 46 期；

《论学养》，载《思想与时代》第 13 期；

《论才命》，载《思想与时代》第 14 期；

《论生死》，载《思想与时代》第 15 期；

《论命运》，载昆明《中央日报·星期评论》；

《道德功利问题——当前几个思想之一》，载《文化先锋》第二卷第 4 期；

《跋〈蔡孑民先生传略〉》，载《大公报》；

《儒家哲学之精神》，载《中央周刊》第五卷第 41 期；

《读书问答·关于新理学》，载《读书通讯》第 63 期；

《新理学在哲学中之地位及其方法》，载《哲学评论》第八卷第 1 期；

《一元与多元问题》，载《文化先锋》第二卷第 6 期；

《先秦儒家哲学述评》，载《中央周刊》第五卷第 43 期；

《宋明儒家哲学述评》，载《中央周刊》第五卷第 45 期；

《中国哲学中所说的精神动员》，后收入《南渡集》；

《新理学讨论——答谷春帆》，载《哲学评论》第八卷第六期；

《论感情》，后收入《南渡集》；

《论天真活泼》，载《中央日报》；

《论七十二》，后收入《南渡集》；

《儒家论兵》，后收入《南渡集》；

《中国固有的哲学》，载《读书通讯》第 95 期。

金岳霖：

《归纳总则与将来》，载《哲学评论》第八卷第 2 期；

《自然》，载《哲学评论》第八卷第 4 期；

《中国哲学》（英文），后发表于《中国社会科学》英文版创刊号；

《思想》，载《哲学评论》第九卷第 1、2 期；

沈有鼎：

《语言·思想与意义》，载《哲学评论》第八卷第 3 期；

《意义的分类》，载《哲学评论》第八卷第 6 期。

汤用彤：

《文化思想之冲突与调和》，载《学术季刊》第一卷第 2 期；

《王弼圣人有情义》，载《学术季刊》第一卷第 3 期；

《王弼之〈周易〉、〈论语〉新义》，载《图书季刊》第四卷第 1、2 期合刊；

《向郭义之庄周与孔子》，载《哲学评论》第八卷第 4 期；

《隋唐佛教之特点》，载《图书月刊》第三卷第 3、4 期。

贺麟：

《答谢幼伟兄三点批评》，载《思想与时代》第 24 期；

《费希特哲学简述》，载《哲学评论》第八卷第 4 期；

《基督教与政治》，载《思想与时代》第 29 期；

《谢林哲学简述》，载《哲学评论》第八卷第 6 期；

《宋儒的新评价》，载《思想与时代》第 34 期；

《论时空》，载《思想与时代》第 35 期。

第二节　最后时光

1944 年 8 月 9 日，联大第 307 次常委会议决议冯文潜辞去哲学系主任职务，请汤用彤继任。9 月 18 日，新学年开始上课。本学年一共招入新生 16 人，与 1941 年招生人数一致，同为联大时期最高。他们分别是：黄致中、王连发、金安涛、萧辉楷、高乃欣、管珑、郭长燊、凌俊伟、汤桂仙、唐天成、史德梭、孙清标、汪沛、史书华、张国华、薛锡康。王玖兴考入研究院哲学部。

王玖兴（1916—2003），江苏省赣榆县海头镇人，著名西方哲学史家、翻译家。1944 年考入西南联大清华研究院哲学部。1948 年通过公费留学考试，赴瑞士夫赖堡大学留学，进修哲学和心理学。1955 年获得博士学位，并留校任讲师。1957 年回国，在中国科学院工作，任哲学所副研究员，从事西方哲学史，特别是德国古典哲学研究。1976 年任哲学研究所研究院兼研究室副主任。1977 年任中国社科院研究生院哲学系副系主任，当选中华全国西方哲学史学位理事。并先后出席在南斯拉夫、美国、德国召开的国际康德哲学协会国际大会和国际黑格尔联合会国际大会。当选为"国际辩证哲学协会"理事会理事，荣任第七届国际康德哲学大会名誉主席。

王玖兴的学术专长是德国古典哲学，其治学特点是翻译与研究相结合。早在60年代，王玖兴就与贺麟合作翻译了黑格尔的《精神现象学》，获得了1982年哲学所科研成果一等奖。1986年，王玖兴翻译了费希特的《全部知识学的基础》。他还撰写了《黑格尔论同一、差别、矛盾》、《德国古典哲学在中国》、《费希特哲学与法国大革命》等相关论文。1965年，王玖兴翻译出版了卢卡奇的《青年黑格尔》一书的节选本；80年代后，又译出了卢卡奇《理性毁灭》、雅斯贝斯《生存哲学》。退休以后，仍以极大的热情和严谨的态度从事康德《纯粹理性批判》的翻译校对工作。

新学期，金岳霖国外访问归来，重新投入教学工作。本学年课程为：
逻辑（甲），金岳霖主讲，一年级学院共同选修课，6学分；
逻辑（乙），王宪钧主讲，一年级学院共同必修课，6学分；
逻辑（丙），王逊主讲，一年级学院共同必修课，6学分；
逻辑（丁），王逊主讲，一年级学院共同必修课，6学分；
哲学概论（甲），贺麟主讲，二年级学院共同必修课，4学分；
哲学概论（乙），郑昕主讲，二年级学院共同必修课，4学分；
哲学概论（丙），齐良骥主讲，二年级学院共同必修课，4学分；
科学概论，毛准主讲，二年级学院共同必修课，4学分；
中国哲学史，冯友兰主讲，二三年级专业必修课，6学分；
西洋哲学史，冯文潜主讲，二三年级专业必修课，6学分；
印度哲学史，汤用彤主讲，三四年级专业必修课，4学分；
伦理学，石峻主讲，二三年级专业必修课，4学分；
形上学，沈有鼎主讲，三四年级专业必修课，6学分；
知识论，金岳霖主讲，三四年级专业必修课，6学分；
艺术论，冯文潜主讲，三四年级专业选修课，4学分；
符号逻辑（一），王宪钧主讲，上学期，二三四年级专业选修课，3学分；
符号逻辑（二），王宪钧主讲，下学期，二三四年级专业选修课，3学分；
语言逻辑研究，洪谦主讲，三四年级专业选修课，2学分；
大陆理性主义，汤用彤主讲，三四年级专业选修课，4学分；

黑格尔哲学，贺麟主讲，三四年级专业选修课，4学分；

哲学德文习读，沈有鼎主讲，三四年级专业选修课，6学分；

哲学方法研究，冯友兰主讲，上学期，三四年级专业选修课，2学分；

孔孟荀哲学，王维诚主讲，三四年级专业选修课，4学分；

老庄哲学，王维诚主讲，三四年级专业选修课，4学分；

程朱陆王哲学，任继愈主讲，三四年级专业选修课，4学分。

共25门。其中逻辑课四班学员人数均分，不再按照"满即换班"的原则开设。陈康教授本学年赴中央大学开课，故未列入本学年课程表。冯友兰所开设之全校必修课"伦理学"暂停授课。另外1944年年底，冯友兰因母亲过世，回家治丧，故下半学期的课程停止，因学分不够而影响毕业的学生，他特准以读书报告形式，经哲学系评定合格，仍给予学分。在冯友兰回家为母亲治丧期间，汤用彤暂代文学院院长一职，而哲学系主任则由金岳霖代理。

本学年，哲学家们发表的主要论文有：

冯友兰：

《墨家论兵》，载昆明《民国日报》；

《关于真善美》，后收入《南渡集》；

《经济制度与社会制度》，后收入《南渡集》。

贺麟：

《功利主义的新评价》，载《思想与时代》第37期；

《杨墨的新评价》，载《建国导报》第一卷第14期；

《陆王哲学的新发展》，载《建国导报》第一卷第17期。

1945年上半年，汤用彤《印度哲学史略》一书由重庆独立出版社出版。对印度哲学史的研究是汤用彤一生主要致力的研究领域之一，这缘起于他从20年代初开始的中国佛教史研究，为了更深入与全面地进行相关研究，他同时也开始关注印度思想。他在联大一直开设有"印度哲学史"必修课程，《印度哲学史略》一书即是在讲稿基础上扩充而来。该书讨论印度哲学史起自上古，结束于商羯罗。全书共12章，主要论述印度古代哲学和中世纪哲学，但其中对印度佛教的论述只稍有涉及。书中讨论了两个问题，第一，印度哲学的起源与发展。在这部分内容中，他注重以考据法探究哲学问题出现的文化源流。他认为，首先，印度人对吠陀神崇拜的式微导致了讨论宇宙本体论这一哲学问题的兴起。其次，进入阶级社会后，作为贵族阶层的婆罗门逐渐在社会生活中丧失宗教精神，而仅仅重视宗教形式，这引起了苦行绝世之反动。接着，宇宙论的出现与苦行主义的蔓延，使得宗教之基础发生动摇，厌世论开始流行。厌世已成风尚，则寻求解脱之法便成为当务之急。这使得长期以来被作为宗教控制手段的灵魂学说逐渐得到重视与提炼。在哲学中，以灵魂学说研究为基础的神我论、人生论开始出现。最后，厌世主义与灵魂学说又深受印度文化中早已有之的轮回学说的影响，并实际上在哲学精致的思想建构中，又反向地使轮回学说更加完满与系统化，并最终在这种双向影响之下，产生了真我、无我之辩。

第二，阐述了印度哲学的形态与特征。汤用彤以文化源流考为标准，对印度文化做了分期。从印度有史之初到婆罗门的产生为第一时期；婆罗门到尼犍子六师学说为代表的小乘佛教的兴起为第二时期；小乘佛教到商羯罗为第三时期，这一时期也是印度哲学的黄金时代。其中，他又按时间顺序介绍和分析了每一时期重要哲学流派，并最终将印度哲学的特点概括为三：业报轮回、解脱之道、人我问题。

《印度哲学史略》是汤用彤关于印度哲学最重要的学术著作。之后他将主要精力放置在了魏晋玄学的研究之上。他使用的方法是北京大学的哲学史研究方法。这种方法注重将哲学思想置于历史环境中加以论述，并注重哲学问题产生的文化与历史根源。与清华学风相比，北大传统的优点在于思想与历史并行，可以更加直观地将哲学问题还原到历史现状与历史真实之中去。而北大传统的不足在于，对哲学概念与问题的抽取与提炼并不非常清楚，也不注重哲学形上层面的建构，所以总体而言，不如清华传统那般明晰、简洁。汤用彤此书是北大传统在联大哲学系最为成熟与集中的体现，而同时他也非常重视哲学问题的提切，体现出北大与清华两种研究方式相互融合的某种尝试。

同期，贺麟完成《当代中国哲学》一书，随后由胜利出版公司印行。此书是在他《五十年来的中国哲学》一文基础上写成。他以哲学史的方法总结了到抗日战争时期，中国近现代哲学中的主要思想与流派，并对每一思想与流派都给出了评价。同时他还介绍了该时期传入中国的西方思想，以及中西思想融合之概况。贺麟著此书是有明显目的的。他将这一时期最重要的思想特征归纳为陆王心学的新发展，以及心学与理学的融洽，并特别讨论了哲学与政治的关系，认为当代的哲学思想不能脱离政治现实而存在。他还以独立章节的形式，集中梳理了近现代哲学史上关于知行问题的讨论，赞成孙中山提出的"知难行易"说，并且试图以"知行合一"统合"知难行易"，前者表征哲学原理，而后者表征哲学实践。贺麟提出"新心学"，本来意图便是要将"知"落实于"行"，认为知行之间不应有疏离。在学理上打通知行之后，他的实际关注点在于使用哲学改造民族的文化精神，最终仍要在现实生活中体现出哲学的功用。所以该书的出版，正表现了他自觉将"新心学"的学风贯彻入思想史的梳理当中，为"新心学"的发展寻找历史的依据。同样，这也表现出贺麟所倡导的"新心学"理论铺设的成熟。

1945年4月，冯友兰《新原道》一书由商务印书馆在重庆出版。《新原道》是作为《新理学》之"羽翼"而写，其中心意见是为"新理学"在中国哲学史中确立地位。冯友兰认为，新理学直接上承宋明理学，是理学在现代的新发展。宋明理学的问题在于，儒家没有接受过名家的洗礼，因此在阐述形上概念的时候，难免带有很强烈的形下气息，常常以形下观念比附形上概念，所以整个体系虽然精致，却体现着一种"拖泥带水"。而新理学一方面继承着宋明理学的学理与精神，另一方面，它所承载的历史任务就是将宋明理学彻底抽象化，从而克服经验化的个体生命之局限。这就必须确立新的哲学概念，建构新的哲学体系，以将儒家哲学推上更高阶段。

冯友兰认为，新理学四个概念的设立，完成了这一历史任务。第一个概念是"理"。"理"是宇宙间一切事物形成的根据和普遍规则，即任何事物存在都有它存在的依据和规则，一物有一物的道理，没有道理就没有事物。第二个概念是"气"。"气"是宇宙间一切事物存在所需要的抽象意义上的材料，即任何事物如没有材料则其依据和规则便没有运用的对象，没有客观的材料，道理便没有载体，道理也就不能展现。第三个概念是"道体"。"道体"是宇宙间一切事物的运动或生命状态，材料与道理之结合必然表现为运动或生命状态，否则它们之间也不能相互依存和证明。第四个概念是"大全"。"大全"是一个逻辑的"宇宙"，即一切材料必然依照一切道理而处于永恒的运动状态和过程，这是对宇宙万物的总概括，可以称为"一"或"存在"。正是由于这四个概念的抽象化与连接，在形成新的哲学体系的同时，也完成了儒家宇宙论与人生论新的统一。这表现于，宇宙论弥补了心学的传统，而人生论则弥补了理学传统。《新原道》中的"道"，并非指代哲学体系中作为宇宙最终依据的"道体"，而是指代建构哲学体系的四个核心概念，以及依附于这些概念而重构起来的整个哲学体系。所以他在自序中说："此书所谓道，非《新理学》中所谓道。此书所谓道，乃讲《新理学》中所谓道者。《新理学》所谓道，即是哲学。此书讲《新理学》所谓道，所以此书非哲学底书，而是讲哲学底书。"

1945年6月27日，1944学年结束。本学年共有毕业生11人，包括：杨增铉、曹贞固、杨中慎、邓艾民、汪子嵩、蔡孔德、龚献文、周大奎、周基堃、习玉益、王锡爵。其中王锡爵为从军毕业生。

邓艾民之后仍然从事哲学研究工作，长期在北京大学哲学系任教，是著名的中国哲学史家，对宋明理学与阳明心学的研究贡献重大。著有《朱熹王守仁哲学研究》、《传习录注疏》等。汪子嵩毕业后旋即考入北京大学文科研究所哲学部，攻读硕士学位。周基堃复员后进入南开大学外语系任教，是著名的翻译家，"南开翻译学派"的重要代表。

1945年8月，日本投降，抗日战争结束。整个联大为了这一天整整等待了8年，激动之情难以言表，教授和学生都自发走上街头，欢庆胜利。但哲学家们是清醒的，冯友兰获悉这一消息是在15日晚，正和清华校长梅贻琦外出公干。他自述当时得知之后，只是惊喜，却没有狂欢之情，因为已经预感到内战即将爆发。现实正如他所料想，国民政府随后一系列的云南地方政府换班动作，使得所有人都明白了它正为内战做着准备。

联大原计划在12月底三校迁回故乡，然而因为战时交通工具的匮乏，被迫将时间推迟，决定在昆明结束1945学年教学之后再迁校。学生们的激愤之心已难遏抑，而当国民政府逐渐暴露战争目的之后，他们再也无法平静地学习。这是压抑已久的怒火，学生社团活动从1944年开始复苏，年底时候，学生自治会的民主活动已经出现高潮，且与云大、中法大学等校学生自治会形成合流，公开地讨论时事，批评国民政府的高压政策。学生组织的活动规模一次次加大，越来越多的教授也参加进来，西南联大在末期实际上已经成为名副其实的民主堡垒。1944年12月13日，联大学生自治会举行时事座谈会，以《一年来国内局势检讨》为总体，参加者2000多人。1945年3月28日，自治会举办"国是与团结问题座谈会"，到会者5000多人，同时每周五晚还在食堂举行和平问题演讲会，邀请民主教授演讲。5月2日，联大、云大、中法大学、英语专科学院由四校自治会联合发起新诗朗诵晚会，又有2000多人参加。5月3日，由联大历史系发起的"五四以来青年运动总检讨会"上，闻声而来者多达3300余人。5月4日，四校自治会在云大举行规模空前的五四运动纪念大会，高唱民主与科学，万人参加游行。学生的意愿是反内战的，抗战胜利的消息客观而言确实冲击着原本平静的学习氛围。加之马上回京津的愿望落空，西南联大的最后一个学年，学生们在激奋、焦灼、愤怒的复杂心情之中展开了行动。而学生们迫切的和平民主之愿，迎来的却是无情的子弹。

1945年9月17日，新学年在振奋人心的胜利与要求和平的呼吁中开课。本学年哲学系的新生人数是12人，包括：冯健美、刘孚坤、祖晖、杨祖陶、何守智、谭特身、唐稚松、陈霖生、李家愉、李万骅、吴正白、李美全。而清华研究院哲学部没有招入新生。

唐稚松（1925—2008），湖南长沙人，中国科学院院士，著名软件专家。1950 年毕业于清华大学哲学系，旋即攻读硕士学位，专业方向为数理逻辑。1952 年毕业后任中国人民大学数学教研室讲师。1956 年任中国科学院数学研究所逻辑室助理研究员。1962 年之后，先后任中科院计算技术研究所助理研究员、副研究员、研究员。1985 年任中科院软件研究所研究员。1991 年当选为中科院院士。1979 年，唐稚松应邀访问美国斯坦福大学。此后又应邀先后到欧美和日本等国的 30 多所大学、科研机构讲学和访问。在此期间，他为 XYZ 建立了时序逻辑基础。1983 年 IFIP 巴黎大会上，他提出了世界上第一个可执行时序逻辑语言 XYZ/E。这一成果被国际著名计算机专家称为软件工程领域中发展可执行时序逻辑的先驱。由于在基于时序逻辑的软件工程环境理论和系统方面的研究成就，他荣获 1989 年国家自然科学奖一等奖和 1996 年何梁何利科学技术进步奖。唐稚松的研究工作得到了包括图灵奖获得者 A. Pnueli 教授在内的众多国外著名学者的高度评价。

唐稚松在国内外发表学术论文逾百篇，并著有诗词作品集《桃蹊诗存》。专著有《时序逻辑程序设计与软件工程》等。

最后学年的课程表如下：
逻辑（甲），金岳霖主讲，全年级学院共同选修课，6 学分；
逻辑（乙），王逊主讲，一年级学院共同必修课，6 学分；
逻辑（丙），王逊主讲，一年级学院共同必修课，6 学分；
哲学概论（甲），贺麟主讲，二年级学院共同必修课，4 学分；
哲学概论（乙），石峻主讲，二年级学院共同必修课，4 学分；
哲学概论（丙），齐良骥主讲，二年级学院共同必修课，4 学分；
中国哲学史，冯友兰主讲，二三年级专业必修课，6 学分；
西洋哲学史，冯文潜主讲，二三年级专业必修课，6 学分；
伦理学，石峻主讲，三年级专业必修课，4 学分；
美学，冯文潜主讲，二三年级专业必修课，4 学分；
孔孟荀哲学，王维诚主讲，三四年级专业选修课，4 学分；
老庄哲学，王维诚主讲，三四年级专业选修课，4 学分；
魏晋玄学，汤用彤主讲，三四年级专业选修课，6 学分；
隋唐佛学，任继愈主讲，三四年级专业选修课，4 学分；
印度佛学通论，汤用彤主讲，三四年级专业选修课，4 学分；
希腊哲学史，陈康主讲，上学期，三四年级专业选修课，5 学分；

黑格尔哲学选读，贺麟主讲，三四年级专业选修课，4学分；

哲学方法研究，冯友兰主讲，三四年级专业选修课，4学分；

柏拉图巴曼尼得斯篇，陈康主讲，下学期，三四年级专业选修课，2学分；

柏拉图教育哲学，陈康主讲，下学期，三四年级专业选修课，2学分。

总课程共20门。因为即将北归，各系忙于事务，所以不再邀请他系教授开课。另外，沈有鼎在1945年8月获准赴英国讲学，故本学年不安排课程。

学生们的心情显然随着时间的流逝，愈发远离平静，学校承诺的北还之期迫在眉睫，他们自觉的活动越来越频繁。1945年9月3日，新诗社举办以"胜利"与"民主"为主题的诗歌朗诵会，诗歌在靠近着政治。次日，联大、云大和中法大学三校学生自治会联合文协昆明分会、中苏文协昆明分会、民主周刊社、自由论坛社、大路周刊社、人民周报社等团体，在联大东会堂联合举办"从胜利到和平"的盛大晚会，并形成宣言。10月15日，自治会举办"战后之中国"系列讲座，展望战后国内的和平发展之路。11月25日，联大、云大、中法大学、英专四校自治会联合发起反内战时事晚会，参加者超过6000人。晚会遭到了国民政府特务的破坏，大家群情激愤，开始酝酿以罢课形式要求和平民主、反对独裁。11月28日，昆明市中等以上学校罢课委员会发表《昆明市大中学生为反对内战抗议武装干涉集会告全国同胞书》。次日，联大1945年度第2次教授会议召开，决定冯友兰为召集人，闻一多、朱自清起草《国立西南联合大学全体教授为11月25日地方军政当局侵害集会自由事件抗议书》，抗议政府武装干涉集会自由。12月1日，军政当局以百众荷枪实弹攻击学生宿舍，造成四死多残的悲剧，这就是震动中国的"一二·一"惨案。

"一二·一"惨案的发生，对于学校而言，实际上标志着一种分裂。从发生到最终善后，"一二·一"事件一共持续了四个多月。12月20日，学生在教授的苦劝之下终于以惩办管理者为条件，原则性同意复课。但是，面对惨案后的不同选择，已经使得学生之间产生了无法愈合的裂痕。复课之后，课程的满座率只有平时的两三成，学生在1946年的隆冬，就已经告别了在联大八年纯净的求知生活。这种裂痕更加体现于教授群体之中。冯友兰在《三松堂自序》中回忆到："就我个人而说，我在这次运动中当了两派（罢课师生与反罢课当局——作者注）调和人的角色，我自以为是挽救了联大，使其免于被解散之灾，为中国学术界保留一块自由园地，为民主堡垒留个余地。可是进步方面的人，认为我带头破坏运动……'一二·一'运动结束以后，联大在表面上平静无事，其实它所受的内伤是很严重的，最严重的就是教授会从内部分裂了……它再不能在重大问题上有一致的态度和行动了。从五四运动以来多年养成的教授会的权威丧失殆尽了。原来三校所共有的教授治校的原则,至此已成为空洞的形式,没有生命力了。"①

　　最后学年的上半学期,由于学潮,一直推迟到1946年1月11日方才结束。三天休息之后,下半学期便匆匆开课,到5月4日结束,匆匆度过了纷乱的一学年。4月24日,教育部电函批准冯友兰出国讲学。他也坦言这是为了躲避学潮的后遗症,想必当时他的心情是非常失落的,因为他看到了一种独立与自由的学术精神从1937年开始光大,纵贯整个联大时期,却最终也未能在动荡的局势下幸免。此时,他的《新知言》已然完成,该书年底由商务印书馆在上海最终出版。《新知言》所阐述的是一种哲学研究的方法论。在《新原道》中,他提出理、气、道体、大全四个概念,为其新的哲学体系确立历史地位。但此四个概念均表征绝对抽象的存在。抽象即"空",绝对即"灵",宇宙为"一",因此,纯粹形上本体乃是"一片空灵"。它作为一切具体事物存在的最终依据,对其本身的理解却需要特别的方式。在过往的哲学传统中,包括西方哲学,对于抽象概念的认知,往往是"正的方法",即给出定义。这种方式的问题在于他的出发点是为了获得"积极的知识",然而"一片空灵"本身是超越语言的,无法用语言进行完全限定,所以,哲学的定义往往在科学与技术的发展过程中,连连遭到批判。于是这种"正的方法"只会给哲学带来两个后果。第一是武断论,第二是被科学逐渐取代。冯友兰作《新知言》的一个重要初衷就是要将新理学与新实在论进行区分。他认为,新实在论通过"正的方法"所阐释的哲学,并不是他所认为的哲学。他认为,哲学不是为科学提供精确可行的具体方法,而是为人生确立精神。因此哲学不应该与科学去竞争。所以,他根据佛教的思想,提出一种"负的方法",即不说不可言说的东西是什么,而只说它不是什么。这样,新理学就彰显出与新实在论的区别了。对不可说的保持沉默是维特根斯坦的原则,他实际上是用语言的范畴拒斥了传统形而上学。而冯友兰的新理学所要张扬的,就是传统的形上思辨。通过"负的方法",既遵循了新实在论的某些规定,同时又使得被之拒绝的形上系统能够重新合法。

　　至此,冯友兰在整个抗战时期陆续完成了《新理学》、《新事论》、《新世训》、《新原人》、《新原道》、《新知言》六部著作。它们又被合称为"贞元六书"。它们代表着冯友兰哲学体系的六个重要方面,其中《新理学》、《新原人》、《新原道》、《新知言》四书为此体系的主干,分别阐述了本体论、人生论、概念系统和方法论。以"贞元"命名,取义"元亨利贞"。贞下起元即是

---

① 《冯友兰学术自传》,305页。

冬尽春来之意，所以，冯友兰是将自己的哲学体系作为信念之树立，而寄托着对于中华民族的炽热情感。"贞元六书"的问世，标志着冯友兰完成了自己完整体系的创建，同时它也标志着西南联大时期"清华学派"学风的完全标立，意味着这一学派在研究中的成熟。

哲学系在联大时期的最后一批毕业生是：王荃、陈明逊、张世英、梁学程、魏铿、周礼全、高崇学。

张世英（1921— ），湖北武汉人，著名哲学家。1941年秋考入昆明西南联合大学经济系，后转入哲学系，1946年毕业。先后任南开大学、武汉大学、北京大学讲师，北京大学外国哲学研究所教授，兼任湖北大学德国哲学研究所所长，南京大学、河北大学、河南大学兼职教授。其中1959—1966年负责《光明日报》哲学副刊。现任北京大学外国哲学研究所教授，中华全国外国哲学史学会理事，《黑格尔全集》编委。张世英对国内黑格尔哲学研究、中西哲学比较等方面都有突出的贡献。其主要著作有：《论黑格尔的哲学》、《论黑格尔的逻辑学》、《黑格尔〈精神现象学〉评述》、《黑格尔〈小逻辑〉译注》、《论黑格尔的精神哲学》、《欧洲哲学史稿》（合编）、《天人之际——中西哲学的困惑与选择》、《进入澄明之境》、《哲学导论》等。他还创办并主编了《德国哲学》和《中西哲学与文化》两种哲学辑刊。

1946年5月4日上午9时，联大在新校舍图书馆前举行结业典礼，学生也从即日起分批离开昆明北上。典礼后，在学校东北角举行联大纪念碑揭幕仪式。碑额为闻一多用篆书题写"国立西南联合大学纪念碑"，碑文由冯友兰撰写，罗庸书丹。背后刻有800多名从军学生的名单。仪式上，冯友兰宣读了碑文，清华大学哲学系跟随着西南联大风雨漂泊八年，此刻终告结束。在返乡路上，迎接哲学系的，将是新的灿烂曙光。

小结

联大九年，哲学系每年在校人数平均为50人左右，总共为社会培养了77名毕业生，其中9人应聘翻译员，1人参军。清华大学文科研究所哲学部共招收研究生11人，其中包括留学生1人。这些学生大多成为了各自领域中的带头人。

在高校任教的有：王逊（中央美院教授）、徐孝通（华东师范大学教授）、石峻（中国人民大学教授）、林宗基（清华大学教授）、容汝熤（北京大学）、殷海光（台湾大学教授）、李耀先（四川师范学院教授）、罗达仁（内江师范学院教授)、郑敏(北京师范大学教授)、马启伟(北京体育学院院长、教授)、房季娴(北京大学)、曹贞固(北京大学)、汪子嵩(北京大学)、邓艾民(北京大学)、张世英(北京大学)、王太庆(北京大学)、郭长燊(北京师范大学)、杨祖陶(武汉大学)、范祖珠(广西民族学院)等。

在中国科学院、社科院等国内单位工作的有：唐稚松(中科院院士)、冯契(上海社科院副院长)、任继愈(国家图书馆馆长)、周礼全(中国社科院哲学所研究员)、王玖兴(中国社科院哲学研究所研究员)等。

在海外任教的有：熊秉明(法国巴黎大学教授)、陈明逊(加拿大福丹大学教授)、王浩(美国哈佛大学教授)。

最后，谨以冯友兰《西南联大纪念碑》铭文作结。铭曰：

痛南渡，辞宫阙。驻衡湘，又离别。更长征，经峣嵲。望中原，遍洒血。抵绝徼，继讲说。诗书器，犹有舌。尽笳吹，情弥切。千秋耻，终已雪。见倭寇，如烟灭。起朔北，迄南越，视金瓯，已无缺。大一统，无倾折，中兴业，继往烈。维三校，兄弟列，为一体，如胶结。同艰难，共欢悦，联合竟，使命彻。神京复，还燕碣，以此石，象坚节，纪嘉庆，告来哲。

第七章 重返北平的清华大学哲学系
（1946—1948）

第一节 恢复后的哲学系概况

1946年5月西南联合大学结束。8、9月间，清华大学回到北平原校址，10月10日正式开学。复校后，清华大学哲学系也在努力的恢复之中。1947年经清华第8次教授会议决议，冯友兰连任文学院院长，并兼任哲学系系主任。

1948年4月27日，冯友兰《清华的回顾与前瞻》，载《清华旬刊》37周年校庆特刊。文章认为："清华大学之成立，是中国人民要求学术独立的反映。在对日全面战争开始以前，清华的进步真是一日千里，对于融合中西新旧一方面，也特别成功。这就成了清华的学术传统"，"不管政治及其他方面的变化如何，我们要继续着这个学术传统，向前迈进"。次日，冯友兰在科学社礼堂讲演，题为"美国的教育及哲学思想现状"。其中说："中国儒家道家是哲学而非宗教。中国哲学的特点是促使'人的警戒'，有其宗教的好处，而无迷信的坏处。"此演讲文于4月底刊于上海《前线日报》，后载于5月10日《读书通讯》第156期。另有《中国哲学的精神》一文，载《改造评论》第2卷第1期。① 6月26日，冯友兰的《论大学教育》，载《展望》第2卷第9期。作者曾在清华大学自治会举办的教育系统演讲，此文为演讲稿。他说："大学不仅只是一个比高中高一年级的学校，它有二重作用：一方面它是教育机关，一方面它又是研究机关；教育的任务是传授人类已有的知识，研究的任务则在求新知识——当然研究也需要先传授已有的知识。所以一个大学可以说是一个知识的宝库。它对人类社会所负的任务用一句老话说就是'继往开来'。""它所训练出来的人也有特殊机能。"文章还指出："如何成为一个'人'？所谓'人'，就是对于世界社会有

---

① 齐家莹：《清华人文学科年谱》，352页。

他自己的认识、看法，对以往及现在所有有价值的东西——文学、美术、音乐等都能鉴赏，具备这些条件者就是一个'人'。所以大学教育除了给人以知识外，还养成一个清楚的脑子、热烈的心，这样他对社会才可以了解、判断，对以往现在所有的有价值的东西才可以欣赏。"又说："一个真正的大学都有它自己的特点、特性。比如我们说清华精神，这就是自行继续的专家的团体的特性。"文章还说："由于一个大学所特有的特性，由那个大学毕业的学生，在他的脸上就印上了一个商标、一个徽章，一看就知道他是那个学校的毕业生，这样的学生才是一个真正的大学生。"如果"所有的大学硬要用一个模型造出来，这就是不了解大学是一个继续的专家的团体，有其传统习惯，日久而形成一种精神特点。"①

一、教务

（一）师资状况、课程安排

从院系设置来看，清华大学文学院增加了语言人类学系，但只有一个学生。哲学系的本科课程与战前变化不大，新增了符号逻辑、现代哲学、印度哲学史。其中印度哲学史一学程在联大时期哲学心理学系已设置，另设有西洋现代哲学。此外哲学系还开设了选修课，供文学院其他院系学生选择。哲学系教师认为，哲学与各种科学皆有密切关系，人类的自然科学来源于哲学，故积极鼓励学生选修他系课程。一年来，哲学系恢复战前清华重哲学问题研究的传统，并开始注意哲学史的讲授。增加了原有中西哲学史的分量。战时停开的"美学"课程，复员后因邓以蛰回校任教，又复开出。并又聘请周叔迦来校兼课，讲授中国佛学史。同时，哲学系又恢复了战前的"哲学讨论会"，系内也有许多的图书设置，如西洋哲学名著，关于中国美术史的影印书，符号逻辑论文专著以及西洋哲学杂志，都够同学们四年研读的了。

梅贻琦校长在1947年4月25日《复员后之清华》（续），载《清华校友通讯》复员后第二期，摘录描述哲学系的部分如下：复员来平后，冯友兰先生应美国宾夕法尼亚大学之聘，前往讲学一年，今年暑假中返国。沈有鼎先生应英国牛津大学之聘在英国未归。现在校教授金岳霖、邓以蛰、王宪均、任华、张岱年，助教王玖兴，复增聘佛学耆宿周叔迦先生讲授印度哲学史，北大教授胡世华先生讲授逻辑。

1947年《清华大学一览》出版，载有《清华大学学程一览》，记载了：

---

① 清华大学校史编辑委员会：《清华大学校史资料选编》，第四卷，220~223页。

教授： 金岳霖
　　　 冯友兰
　　　 邓以蛰
　　　 沈有鼎
　　　 王宪钧
副教授：任华
　　　 张岱年
讲师： 周叔迦
　　　 胡世华
助教：
　　　 王玖兴

当时本科生的课程安排如下：

文学院哲学系必修学程一览

第一年级

学程号数 先修学程		学程名称	每周时数					学分
			学期	演讲	讨论	实验次数	每次实验时数	
中	101-102	国文	3					6
外	101-102	英文壹	5					6
史	101-102	中国通史	3					6
哲	101-102	逻辑	3					6
数	103-104	微积分	4					
物	101-102	普通物理学	3			1	3	
化	103-104	普通化学	择一 3			1	3	8
生	101-102	普通生物学	3			1	3	
心	101-102	普通心理学	3			1	3	
哲	103-104	哲学概论	2					4
		三民主义						
		体育	2					

第二年级

学程号数 先修学程		学程名称	每周时数					学分
			学期	演讲	讨论	实验次数	每次实验时数	
哲	105-106	中国哲学史	3	1				8

哲 107-108	西洋哲学史	3	1			8
史 103-104	西洋通史	3				6
政 101-102	政治学概论	3				
经 101-102	经济学概论	3	1			6
社 101-102	社会学概论	3	1			
心 103-104	普通心理学	3				6
	选修					0-6 或 0-12
	伦理学 体育	2				

第三、四年级

学程号数 先修学程	学程名称	每周时数					学分
		学期	演讲	讨论	实验次数	每次实验时数	
哲 109-110	印度哲学史		3				6
哲 111-112	形上学		2				4
哲 113-114	知识论		2				4
哲 115-116	美学		2				4
哲 117-118	伦理学		2				4
哲 121-122	孔孟荀哲学		3				6
哲 123	老庄哲学		3				3
哲 141-160	上或下 西洋哲学专家		3				6
哲 181-182	符号逻辑		2				4
哲 191-192	现代哲学		2				4
哲 197-198	毕业论文						
	第二外国语 壹、贰		3				12
	选修						0-21
	体育		2				

研究所学程表

研究所学程视研究生研究范围酌定。

研究生阶段进入专题专家研究等高级课程，而且当时素有"东方的剑桥派"① 之称的哲学系对外语的要求也非常严格，不仅要求学生的英语要过硬，还

---

① 清华大学校史研究室编:《清华漫话》（二），113 页，北京，清华大学出版社，2009。

要修第二外语。

（二）建立博物馆和添置图书、设备

1948年4月13日，冯友兰致校长关于成立博物馆的信，信中将4月11日美术史研究委员会所通过议决案呈报校长，分别为：（一）本校所购古物已有相当数目，应即成立博物馆；（二）请指定图书馆背后日本人所加建之楼梯间作为博物馆馆址；（三）本会于本年学校纪念日展览本校所购古物，即以四月二十九日作为本校博物馆正式成立之期；（四）请填派事务员或助理一人负责保管古物及博物馆事宜。4月29日，本校中国美术史研究委员会主办之文物陈列室，经积极筹备，于图书馆书库北间举行公开展览，文物内容分为五项：（一）人类史迹展览 由本校人类学系主办（二）古物展览 由本校中文系、历史系主办（三）书画展览 中国美术史研究委员会主办 内容为本校教授邓以蛰、金岳霖等所藏古书画精选。（四）地质地理展览（五）建筑展览。

文物馆的建设一直都在进行当中，直到新中国成立后。1950年1月1日的《人民清华》第5版提到了文物馆的消息：1950年5月，成立了清华大学文物馆委员会。文物馆分为考古组、民俗艺术组、档案整理组及综合研究室。文物馆于1951年开放。1951年1月1日第5期《人民清华》出版，载有文物馆消息：该馆自去年5月成立以来，即担任起校委会指示的两项任务：（一）负责本校各种文物的征集、整理、研究与保管工作；（二）协助有关文物的形象教学的推行。该馆已组成考古组、民族组、民俗艺术组、档案整理组与综合研究室5部分。文物馆陈列室地点设在生物馆4楼，有史前的石器与彩陶，殷代的甲骨、陶器、玉器，殷商春秋战国的铜器，以及少数民族文物与民间工艺品等，即将正式开放。

根据《最近两年内以基金美金利息补充各院系图书设备计划》[①]：

说明：

1. 本校在战前所有之图书设备约共值美金二百万元，经抗战之损失，图书约占60%，设备占90%，此项损失亟需补充。又因学生人数增加，二年之内将增至战前人数之三四倍（四千余人），且复校之后，院系增加七八系，故恢复原有设备之外，须更作相当之添置。

2. 抗战损失应由敌人赔偿者其实现为期尚远。联总之补助闻只限于农工医，且配发数量似亦有限，故须另筹补充办法，且须于短期内即予实施。

---

① 清华大学校史编辑委员会：《清华大学校史资料选编》，第四卷，531页。

办法：

1. 补充款额暂定为美金一百万元，由本校基金美金部分之利息（本年余款及抗战期间积存数）拨充。

2. 此款之拨用定为第一年（三十六年度）60%，第二年（三十七年度）40%。

3. 此款之用途支配大致如下：

（1）图书馆共用参考书及期刊报纸　　　　　　4%
（2）文法两学院图书　　　　　　　　　　　　16%
（3）文法两学院仪器　　　　　　　　　　　　2%
（4）理工农三学院图书　　　　　　　　　　　20%
（5）理工农三学院仪器　　　　　　　　　　　44%
（6）特别研究设备　　　　　　　　　　　　　10%
（7）装运保险等费　　　　　　　　　　　　　4%
　　　　　　　　　　　　　　　　　　　　　―――
　　　　　　　　　　　　　　　　　　　　　100%

文法两学院占用 18% 的费用来购买图书和仪器，根据《国立清华大学 1947 年度图书设备特款支配表》①　文学院各系图书费分配如下：

	系别	分配金额	合计
文学院	中国文学系	7900 美元	
	外国语文系	10000 美元	
	哲学系	6300 美元	45000 元
	历史学系	11800 美元	
	人类学系	4000 美元	
	仪器费	5000 美元	

备注：人类学系于未完全成立前图书费暂由四系配额内匀支如上述，仪器费暂不规定分配标准，视需要情形经院支用。

根据《国立清华大学 1947 年度研究所设备补助费预算分配表》：

国立清华大学研究所设备补助费 216000000 美元，其中哲学研究所设备费 7000000 美元，上半年分配 3500000 美元，下半年分配 3500000 美元。

根据 1947 年 2 月 20 日《梅贻琦手拟最近两年内需要建筑计划》：总共建筑费 18476000000 美元，其中文法学院教室研究室占 3230000000 美元。

―――――――

① 清华大学校史编辑委员会：《清华大学校史资料选编》，第四卷，533 页。

清华复原以后，虽然依仗着庚款的利息修缮房屋，添置设备，并盖了教授住宅胜因院，但是在国民党统治区整个经济破产和教育破产的形式下，劫后清华已经陷入了困境，一切百废待兴，完全没有可能一下子恢复到战前的所谓"黄金时代"的水平了。

二、学生

（一）招生

1947 年 5 月，根据教育部历次指令修正，经第七次评议会议通过，公布了《国立清华大学章程》。《章程》第一章总纲指出："国立清华大学根据中华民国教育宗旨，以求中华民族在学术上之独立发展，而完成建设新中国之使命为宗旨。"第二章规定文学院包括中国文学系、外国语文学系、哲学系、历史学系、人类学五系。

根据清华大学 1947 年 6 月的《清华大学招考一年级学生简章》，哲学系属于文法学院。投考资格必须符合以下资格：

（一）曾在公立或已立案之私立高级中学毕业，得有毕业证书或升学证明书者。

（二）曾在公立师范学校或前高中师范科毕业，得有毕业证书或升学证明书，并于毕业后服务满四年者。

（三）曾在公立或已立案高级职业学校毕业，得有毕业证书者，但限于报考与原毕业学校性质相同之科系。

（四）曾在前公立或已立案之私立大学预科毕业得有毕业证书者。

（五）曾受前未立案私立高级中学毕业生学预试及格证明书者。

（六）具有高级中学毕业同等学历者惟应受下列各项之限制：

甲、同等学历学生录取人数不得超过录取总额百分之五。

乙、报考同等学历学生应以因战事关系失学一年以上，并于失学前曾修满高中二年级课程，缴验原毕业学校成绩单经审查合格者为限。

注意：曾在职业学校、师范学校肄业生不得以同等学历报考。

考试科目为：1. 国文 2. 英文 3. 数学（解析几何、高等代数、三角）4. 公民史地 5. 中外史地 6. 理化。

根据以上要求，录取的本科生为：

本科生新生：

1946 年本科一年级录取名单：

刘肇烈　梁诚瑞　刘诗峰　员达

1947 年本科一年级录取名单：

饶瑞铮　李易　陈平

根据《国立清华大学 1947 年度招收二、三年级转学生简章》规定，哲学系属于文学院。报名资格：

凡在国立或已立案之私立大学肄业满一、二年以上者。注意：凡欲转入上列各学系二、三年级者，其在原校所修之学程如与部定各学系一、二年级必修学程不相符合须补修者，其补修学程如超过二门则不得报名。

考试科目：二年级：（一）国文（二）英语（三）中国通史（四）哲学概论、微积分、大学物理学、大学化学、大学生物学、大学地质学、政治学概论、经济学概论、社会学概论（九种择一）

三年级：（一）国文（二）英文（三）逻辑（四）中国哲学史（五）西洋哲学史

根据这些要求录取的转学生为：

本科生转学生：（括号里的数字表示年级数）

1946 年转学生名单：

董耀华（4）　王维贤（3）　朱显琨（3）　陈永盛（3）　盖淑筠（3）　蔡文熙（3）　韩余新（3）　傅秉良（2）　杨膺齐（2）　齐愈斋（2）

1947 年转学名单：

瞿立恒（3）　周景良　岳兴祥（2）

1948 年转学生名单：

朱伯崑（2）　王金海（2）　王诚壹（2）　王汝田（2）

根据《国立清华大学 1947 年度招考研究生简章》规定，考试资格：本大学本年度在北平、上海、武汉各地招考第一年研究生，男女兼收。考试科目：（哲学研究所）（一）国文（二）英文（作文及翻译）（三）逻辑（四）中国哲学史（五）西洋哲学史

根据以上要求，录取的研究生名单为：

研究生：

1946 年研究生录取名单：

周礼全

1947 年研究生录取名单：

王华东

1948 年研究生录取名单：

张俊　何惠兰

（二）毕业

1948 年 7 月毕业本科生名单：

张俊　金安涛　高乃欣　董耀华

1948 年 7 月毕业研究生名单：

陈镇南 毕业论文题目：图念论在纯粹理性批判中的地位与意义

三、新建学科与研究室的筹划

（一）中国近百年史研究室的设立

1947 年 4 月 17 日清华大学召开第 6 次评议会，为促进本校文法系同人研究工作，暂设中国近百年史研究室、社区比较研究室与文化比较研究室的《关于三个研究室的计划》。哲学系参与在中国近百年史研究室、文化比较研究室。

中国近百年史研究室的目标：过去百年，在中国历史上，为亘古未有之变局。大变之中，史料亦与日俱增，故至今尚无近百年史之标准作品问世。为适应目前需要，以及标准著作之准备，本研究室计划编著若干专门半通俗性之作品。哲学系的负责人是冯友兰先生，主要负责近代中国哲学，传统哲学，西洋哲学之输入。

文化比较研究室的目标：本研究室之对象、范围较广。凡文法各系之所研讨，自人文科学以至文化人类学，均可包括在内。此项研究，对于中西文化之异同，当有发现；对于中西文化之沟通，当有贡献。其中先秦及希腊哲学之比较研究：先秦及希腊之哲学家，对于人生之观点，颇多相似之处，尤以对于人本思想之注重为然。两次大战之后，文化向何处去一问题，常出现于思想家之脑海中。此项研究，当可有助于上述问题之解决。

（二）艺术史研究室的设立

1947 年 12 月，文学系陈梦家教授、哲学系邓以蛰教授、建筑系梁思成教授共同致校长信《设立艺术史研究室计划书》。提请学校设立艺术史系及研究室，就校内原有之人才，汇聚一处，合作研究。在校内使一般学生同受中国艺术之熏陶，之所以保存与敬重固有之文物，对外则负宣扬与提倡中国文化之一部分之责任。并提出了具体计划：

1. 系与课程

文学院应设立艺术史系，教授艺术史考古学及艺术品之鉴别与欣赏。注重历史的及理论的研究。本系以研究中国艺术为主，但为明了中国艺术在全世界艺术中之地位起见，必须与西洋艺术及初民艺术作比较研究，故亦兼授与此两方面有关之课程。

在未成立系以前，将分散于各系之功课重新有组织的配合，使有志斯学者得选习此类课程之全套。并应在研究院中增设艺术史部，招收本校及其它专门艺术学校毕业之学生，并使其有出国深造的机会。

2. 研究室

在系未成立以前，先成立研究室，作为同人工作之中心，同时为小班讲堂实习阅览之处。博物馆筹备期间，陈列工作亦暂附于此室。其设备如下：

甲、图书、照片等。

乙、照相室（暗室）、绘画室。

丙、幻灯及幻灯片之制造。

丁、模型之制造。

其工作范围如下：

甲、古物之调查与发觉

乙、发表研究结果，公布材料

丙、公开讲演及展览会

丁、管理博物馆

3.

艺术研究之必须有博物馆，自不待言。大学博物馆之目的正在搜集示范之器物，用作教学时之标本。故在搜集与陈列时注重各个时期、各个领域、各种器物、各种形式之示例。

4. 国内外交换

国内外通讯研究、交换材料、交换展览、国外专家教授之聘请、国外专习中国艺术学生之收容，皆为应当提倡之事。

同人等深望此事早日实现，先就已有之人才中，成立研究室。深信一旦开始工作以后，必能引起国外之重大注视，将来寻求各方之资助或非甚为困难之事也。

以下是陈梦家教授在1948年4月25日记述的《清华大学文物陈列室成立经过》：①

民国三十六年四月，美国普林斯顿大学为纪念该校二百周年，曾举行一国际的东方学术会议。该会分社会经济与艺术考古两组。后者特别提出中国的铜器、绘画与建筑为讨论的中心。清华大学美术史教授邓以蛰先生，因时间仓卒

---

① 清华大学校史编辑委员会：《清华大学校史资料选编》，第四卷，278页。

不克赴会。当时笔者与同校的冯芝生先生、梁思成先生因皆旅居该邦,得以与会。我们当时深感中国艺术在国际上有超过的地位,而沟通中西文化,介绍中国的精粹于西方,中国艺术实为最好的媒介。近数十年来,我国古物流传海外,为数至巨。欧美大学常设立中国美术课程,而美国若干博物院颇多以中国古物为其主要的陈列。然反顾国内大学,曾无一校有中国美术的专系。且介绍中国美术,必须对中国文化整个背景有深切的了解,此在西方学者实为大不可能之事。因此我们深感有自负此责任之需要,在大学中设立专系,并创办大学博物馆。当时想到以中国美术作一历史的研究,偏重各种不同的美术品的时代上的发展以及地域上的特征。为作此等研究,必须采备实物,或实地发掘、调查、征集各种遗物,然后才可能做科学的考察。当时也想到,为明了中国美术在世界美术的地位起见,为研究中国美术与其临近的区域的互相影响起见,为使学生对于研究中国美术而具备某种特殊技术起见,我们也得介绍西洋美术,并注意与中国为临诸国的美术。我们也想到,初民艺术以及现在的民间艺术,亦可以使同学们学习对于本国至高艺术的欣赏与了解。此等影响在当时不易察觉,然一旦受到熏陶,后来一定发生极大的力量。

  以上是在普校大会中谈话的大概。去夏梁先生回校,与邓先生共同提倡,十一月间就成立了中国美术史研究委员会,由有关的中国文学系、哲学系、人类学系、历史系、地质系、外国语文学系等教授十人组成。第一步工作为利用校中购书特款,移作购买古物。中国文学系最先拨款,以后各系及图书馆亦多出款。因款项有限,而我们的目的在求精品而但求示范的佳品,所以在三四个月当中,搜集已小有可观。其中以商周铜器较多,其他玉器、陶器、骨器(包括一大宗私藏甲骨)、石器、漆木器以及汉以后的磁木瓦器,等等,亦分门采集。今年二月间冯先生返校主持此会,遂决议于本年四月二十九日清华三十七周纪念日,将文物陈列室正式成立,公开展览,使校内外人士得随时观摩。笔者于以往四年中,曾历在英美加瑞法荷参观凡有中国古物的博物院,其中博物院之附属于大学或独立自成研究机关者为数不多。最著者为华盛顿的佛锐亚美术馆,哈佛大学的伏克博物馆,加拿大的昂陀利亚博物馆,以及瑞典京城的远东博物馆。在美国境内,宾省大学、士丹佛大学、耶鲁大学等皆设有大学美术馆,而所藏中国古物数量均不大。以我们现有的收藏而论,比上不足,比下有余,而较之欧美中等博物馆院所藏中国古物已经没有什么逊色了。若以我们已经用了的钱,在纽约市上还不够买一件平常的铜器。此次的成立,不过就大学博物馆的美术史的研究,作一尝试,而希望从此发轫,渐图开拓。凡此尚有待于艺术系的设立,研究室的开辟,拓片图书的充实,以及照相设备等。

笔者愿借此陈列室的成立，唤起社会人士对于古物的保存与研究。中国虽有古物保管法禁止古物出国，而实际上未曾实行，一般人皆以为牟利的商人应负其责，平心而论，此种责任并不公允。商人有字号，以贩卖古物为职业，公开于世，而古物皆打包打箱而出国，则准许古物出境者应负其责。此等人当是古物出境的元恶。其次，各种国籍各种身份的人，亦经常偷运，而现在已多有改海运为空运。更次，少数寄居海外有势力的中国寓公亦皆兼营此业，如去年出国的一批共一百数十箱已由沪到了纽约市场。推求古物之所以外运，因在国内无出路，公家不收，而私人藏家不发达。政府的博物院因限于经费无力大量收购，本是无可奈何之事。但若有能力的私人，能事收藏，亦是保存古物之一道。然此等人有时不免视古物为货物，他们的收藏乃投资的一种，故或待善价而沽，或因破产而分散，或为后代子孙所典卖。或则少存即去，或则印书以后复行散出，曾无一人肯以收藏捐送公家收藏的。试举二例：笔者在美国搜集八百五十件铜器中，有不少来自下列的收藏：张廷济、陈承裘、陈介祺、程洪溥、邹安、周鸿荪、方濬、费念慈、潘祖荫、冯云朋、何缓斋、徐乃昌、徐士恺、许延瑄、奕志、李宗昉、李宗岱、刘鹗、刘喜海、刘体智、溥伦、溥伟、沈秉承、盛昱、丁艮山、丁麟年、丁树桢、端方、董佑诚、曹载奎、王懿荣、吴式芬、吴大澂、吴云、叶志诜、于省吾、余寿平等三十余人。差不多清代著名收藏家的东西俱已出国，其中有近人的收藏。民国二十四年商承祚编十二家吉金图录，此十二家亦有多少星散，此以后善斋、颂斋、双剑、誃痴庵、岩窟（以上各家皆有图录行世）诸家所藏，以皆先后见诸厂肆。凡此对古物于玩好及视为私人财产以外，似乎不注意古物为国家的遗产，故古物一旦流入私藏，仍不能保存古物于永久。笔者深愿有识之士，应为收藏古物转赠公家为国民的责任，庶几乎在能力所及的范围内尽量保存国粹。大学的博物馆，以研究并供众观摩为宗旨，而其经济能力实不能出重资购买，尤其希望收藏家慨然的赠与。

以古物为货物之弊，尚不止于流散。作伪与不当的修补皆因此而起，使古物本身的价值大受损害。我人今日从市上收集古物，须费许多时间做辨别真伪的工作，而许多好之品每每因修理与洗刷而失色。比如古代铜祭器中于埋葬时亦偶留饭菜于鼎簋之中，常与铜锈生牢，出土后常遭剔去。成组出土的祭器，常因分售而失群。古物的价值，本不在其"皮毛"之好、形式之"脱俗"与否，尺寸的大小，"文字"之有无，而收藏家以玩好为主，故某种皮毛即提高价值，而不合此等标准的物品遂遭弃置，不知此中实有大有研究价值而遭疏忽的物品。又古物的出土地，往往为一种不必要的时尚所蒙蔽。如濬县出土了铜器，于是一切周初铜器皆说"濬县出的"。大家趋尚清河与巨鹿的磁器，于是一切宋磁都是那儿出的。琉璃厂至今有不少的沈周、文澂（徵）明，都说是真的，此等习尚，只是不合理的高抬古物价格，鼓励作伪，而对古物之研究为甚大的障碍。我们希望古物有合理的处置，先得提倡新的收藏风气。有了新的收藏家，进而提倡私藏归公，如此庶几乎略略改善古物的厄运，使国家遗留的瑰宝永远为后代人所珍惜。

第二节　战乱时期的学术成果

1946年10月建成已逾十载的新林院8号，住着梁思成、林徽因一家。新林院8号小院周围，砌了低矮的砖垛略作围护，周围花木扶疏，阳光自林荫透过。正房与后院之间是教授们闲暇聚会的场所，梁家保留了"午后茶聚"的习惯。每天下午四点开始，金岳霖、陈岱孙、张奚若夫妇等师生相继到来，哲学、美学城市规划、建筑设计、马恩著作等广泛的话题都在讨论之列，实质上就是到新林院8号院时都发现，这里是一种活动——学术的和生活的中心。到这里的主要是各年龄层的、清华一些不同系的教授、教员和学生们。也就是在这一期间，哲学系出现了大师云集、作品丰富的局面。在1948年出版的《清华年刊》，载有学生写的《院系漫谈》①，其中对哲学系的课程、教授以及学习生活作出了生动的描述："哲学系是清华许多系中很足以自豪的一系，教授阵容之强可说是国内任何一个大学都是难与之相比拟的。冯友兰先生担任系主任，最近才从美国回来。冯先生的博学是毋庸多介绍的。凡是看过他的《中国哲学史》和《贞元之际诸书》的人都可知道，他是现代中国正统派哲学的权威学者。金岳霖先生是国内形式逻辑的执牛耳者，他的《逻辑》一书是各大学逻辑班最常用的课本。关于维也纳学派有王宪钧先生开的'符号逻辑'和'逻辑实验论'。王先生讲话很有条理，抄他的笔记最舒服不过。邓以蛰先生是清代书法大家邓完白的裔孙，家学渊源，'美学'是他最叫座的功课。此外，如张岱年先生的'中国哲学史'，任华先生的'柏拉图'，也都是哲学系的王牌。"这段描写可以说是清华哲学系小小的缩影，下面是清华大学哲学系在1945年到1949年期间具体的作家作品。

---

① 清华大学校史编辑委员会：《清华大学校史资料选编》，第四卷，190～191页。

冯友兰

1946年12月，冯友兰的《新知言》作为中国哲学丛书甲集之4，由商务印书馆在上海出版。作者在自序中说："前发表一文《论新理学在哲学中底地位及其方法》，后加扩充修正，成为二书，一为《新原道》，一即此书。《新原道》述中国哲学之主流，以见新理学在中国哲学中之地位。此书论新理学之方法，由其方法，亦可见新理学在现代世界哲学中之地位。承百代之流，而会乎当今之变，新理学继开之际，于兹显矣。""新理学之纯哲学底系统，将以《新理学》、《新原人》、《新原道》及此书，为其骨干。"至此再加上《新事论》、《新世训》，冯友兰的"贞元六书"全部出齐。冯友兰称这六部书代表着他哲学体系的六个重要方面，并总名之为"贞元之际所著书"。所谓贞元之际，是冯友兰借用中国古代典籍《周易》中"贞下起元"之语，喻抗战时期是中华民族复兴的契机。《周易》乾卦卦辞"元亨利贞"，后代的人把这四个字解释为一种周期发展的循环："元"代表发生，"亨"代表成长，"利"代表成熟，"贞"代表消亡。事物从"元"发展到"贞"，接下去又从"元"重新开始，正如从春至冬，再从春开始一样。贞下起元，就是冬去春来，表示最大的困难正在渡过，新的发展即将到来，所以贞元六书的提法充分显示出冯友兰以哲学创作的方式参加民族复兴大业的努力，表明爱国主义的民族立场是其哲学工作的根本动力。① 冯先生自己回忆说道："当时我想，日本帝国主义侵略了中国大部分领土，把当时的中国政府和文化机关都赶到西南角上。历史上有过晋、宋、明三朝的南渡。南渡的人都没有能活着回来的。可是这次抗日战争，中国一定要胜利，中华民族一定要复兴，这次'南渡'的人一定要活着回来。这就叫'贞下起元'。这个时期就叫'贞元之际'。"② 冯先生的这个哲学体系，除了体现在其中国哲学史著作中的那些优点，还有两点值得特别提及：一是它体系本身的独创性；一是它建构方式的逻辑性。

张岱年在《评〈新知言〉》一文中逐章评论了《新知言》的十章内容，认为第六章是"全书的中心，然而可以商榷之点也较多"，第七章《论分析命题》是"全书最精彩的一章，其中对于维也纳派的辩论，分析入微，明澈犀利，可谓精辟无伦。由此章看，可以看见冯先生在逻辑分析法之应用上，实已达到火候纯青的境界"。并说："对于冯先生所揭示的形式主义的理论，我虽然不能完

---

① 陈来编：《冯友兰选集》，1页，长春，吉林人民出版社，2005。
② 同上。

全赞同,然而对于冯先生的系统的严整、分析的缜密、文章的明莹、治学态度之笃实,我惟有赞叹钦服。就系统的宏大、条理之明晰、方面之众多、影响之广远来说,冯先生的学说实在是现代中国哲学的一个高峰。"冯友兰运用中国传统哲学的材料和西方实在论的方法,创立了自己独具面貌的哲学体系,即新理学。冯友兰创立"新理学",目的仍然在对当时文化问题的回答。在他看来,以往的文化论争,之所以莫衷一是,关键是没把握好文化的共相与殊相的关系。文化是人类的创造物,有个体与类两种性格,而文化的类型又是有层次之分的。按照类型的观点,冯友兰认为,西方文化的"主要性质"是工业化。但是他指出这一点,目的是为了他的文化取舍。在他看来,人生有境界的不同,有自然境界、功利境界、道德境界、天地境界四个层次。西方的工业化,只表明其人生境界尚在功利的层面,而中国文化已处在道德和天地两层境界。孰劣孰优,泾渭分明。这就是冯友兰精心构筑新理学的真正用意。

1946年9月1日,冯友兰应邀去了美国宾夕法尼亚大学做客座教授。那时的清华正在复校的过程中,冯友兰仍任清华大学哲学系的系主任,但由王宪钧代理。在宾夕法尼亚大学一年的时间里,冯先生用英文写了一部讲稿,于1947年离开纽约时,把它交给纽约的麦克米伦(Macmillan)公司出版,书名 A short History of Chinese Philosophy(《中国哲学简史》),后来有法文、意大利文、南斯拉夫文译本,但直到1984年才出中文译本。

冯友兰的《中国哲学简史》本是为西方读者了解中国哲学而用英文写就的,且出版后几十年来,"一直是世界各大学学习中国哲学的通用教材"。据说在西方大学中,凡开设中国哲学课程的,冯友兰的《中国哲学简史》是第一本必读之书。这样一本书具有世界性的影响已自不待言,而尤为可贵者,其对于今日中国的读者亦不失为一本教益丰厚的文化经典。李慎之先生说:"中国人了解、学习、研究中国哲学,冯友兰先生是可超而不可越的人物。"其依据之一就是冯先生的《中国哲学简史》。之所以如此,我想有如下原因:1. 书小容量大。与冯先生四百万言的著作相比,二十三万言的《中国哲学简史》,不可不谓"小",然而它又是"冯先生的哲学与哲学思想熔铸的结晶"。冯先生在该书的自序里也说,此书是"小景之中,形神自足,非全史在胸,曷克臻此"。故可谓,"择焉虽精而语焉尤详也"。2. 视野开阔。以一本篇幅有限的哲学史专著,打通古今中外的相关知识,虽是蜻蜓点水,仍不失哲人洞见。特别是作者对现实问题的关怀,颇具"读书不忘救国,救国不忘读书"的爱国风范。3. 文体畅晓。许多读者都有同感:读冯先生的书,你或许不同意他的某些观点,但你绝不会不明白他的观点。西人言,文体畅晓,其智乃见(Brevity is the soul of wit)。综此三者,冯友兰先生的《中国哲学简史》恐是学习中国哲学,特别是中国哲学史的最好选择之一。①

在此期间,冯友兰还发表了各种学术论文如 Chinese Philosophy and a Future World Philosophy (《中国哲学与未来世界哲学》),刊于美国纽约 Philosophical Review 57,(《哲学杂志》);The Philosophy at the Basis of Traditional Chinese Society (《在中国传统社会基础的哲学》),收入 Ideological Differences and World Order (《意识形态差异与世界秩序》)一书,由美国耶鲁大学出版社出版。1947年,《泛论古代经学》,载《亚洲杂志》第9卷第3-4期;1948年6月,《新理学的趋势》,载《改造评论》第2卷第4期。1948年10月,在为"朱自清先生纪念特别辑"的《文学杂志》第3卷第5期中,发表《回念朱佩弦先生与闻一多先生》。

金岳霖

金岳霖在哲学系长期的教学生涯中,积累了丰富的教学经验,深受师生的爱戴。在《金岳霖的回忆与回忆金岳霖》中,他的学生是这样回忆他的:他是一位十分出色的教授。他讲课清晰明白,深入浅出。那些枯燥的理论一经他的口,竟变得生动有趣、引人入胜,同学们很愿意听他的课。他常常运用日常生活中的例子或成语典故解释难点、要点,使抽象的理论变得形象化、具体化,变得令人易于接受。有一次,他给学生讲"排中律",他没有开口就讲定义、概念,而是闭上眼睛随便用手一指,对同学们说:"这里或者是桌子,或者不是桌子。你们说我说的对不对?""对!"同学们齐声回答,课堂气氛一下子变得活跃起来。"为什么对呢?"同学们答不出来了。金岳霖这才告诉大家:"无论我指的是什么东西,'这里或者是桌子,或者不是桌子'这句话都能成立。如果此物是桌子,它不能同时不是桌子;如果此物不是桌子,它不能同时又是桌子,这叫做'排中律'。"金岳霖喜欢动脑筋,常常在别人看起来"没问题"处看出问题,从小问题中看出大道理。二郎庙的碑文中有一句:"庙前有一树,人皆谓'树在庙前',我独谓'庙在树后'。"人读后往往一笑了之,认为"树在庙前"与"庙在树后"不过是同意反复而已。金岳霖却不这样看。他分析说,"树在庙前"是说树对于庙的关系;而"庙在树后"是说庙对于树的关系。在这两句话中,所强调的"关系者"不一样,不完全是同义反复。他认为,这段碑文可以说是解释新实在论"外在关系"说的一个好例证。在《世说新语》上有这样一

---

① 单纯:《冯友兰〈中国哲学简史〉重读》,http://www.guoxue.com/master/fengyoulan/fy105.htm。

个故事:有一个人小时候很聪明,长大以后却没有做出什么成绩。某君发感慨说:"小时了了,大未必佳。"孔融嘲讽此君说:"看你现在'不佳',想比你小时一定'了了'。"金岳霖认为两个人的说法都不能成立。因为这两句话没有必然的逻辑关系:从"小时了了"不能得出"大必为佳"的结论,同样,从"大未必佳"也得不出"小时了了"的结论。由这两件小事可以看出,金岳霖的确具有很强的逻辑思维能力和理论分析能力。金岳霖待人诚恳和善,深受广大师生的爱戴①。

1947年12月,金岳霖先生完成《知识论》,交商务印书馆,因已近解放前夕,未能出版。金先生在自己的回忆中写道:我认为花时间最长,灾难最多的就是这本《知识论》。这本书本来我在昆明的时候就已经写成。那时候日帝飞机经常来轰炸,我只好把稿子带着跑警报,到了北边山上,我就坐在稿子上。那一次轰炸的时间长,天也快黑了,我站起来就走,稿子就摆在山上了。等我记起回去,已经不见了。只好再写。一本六七十万字的书不是可以记住的,所谓再写只可能是从头到尾写新的。② 金岳霖的《知识论》是一部大书,最典范的反映了20世纪中国的哲学试验。在这本书里,金岳霖着重讨论了所与、收容、认识、思想、规律、接受、自然、时空、性质、关系、因果、度量、事实、语言、命题、证明、真假诸问题,条理细密,是20世纪中国哲学思考的总结。所谓知识论,就是以知识为对象而作理论的陈述的学问,金岳霖这样说。那么知识究竟是甚么呢?这是金岳霖要在全书展开的问题。有一点分别,金岳霖交代得很明白:《知识论》不负责指导人们求知——那是另一个问题。知识论是要对知识是怎么回事本身做一个陈述,而不是讲授致知法。简言之,就是人类知识到底是怎么一回事,一定要说清楚。③ 围绕这条主旨,金岳霖系统地论述了知识的来源、意念在知识的来源、意念在知识形成过程中的作用等问题,构成客观主义的知识论学说体系。《知识论》一书洋洋70万言,迄今为止仍是中国人写的部头最大的哲学专著。这本书以理论分析见长,用冯友兰先生的话说,"《知识论》可以算作一部技术性很高的哲学专业著作。"④ 金岳霖本人对这部书也非常重视。他把书稿交给商务印书馆,不久全国就解放了,未能如期出版。直到1983年,商务印书馆为纪念金岳霖从事哲学和逻辑学教学和研究56周年,才正式出版。

---

① 宋志明:《阐幽探微 上下求索》,见刘培育主编:《金岳霖的回忆与回忆金岳霖》,463~464页,成都,四川教育出版社,2000。
② 金岳霖:《我只写了三本书》,见刘培育主编:《金岳霖的回忆与回忆金岳霖》,59页。
③ http://www.zhongguosixiang.com/thread-19 172-1-1. html。
④ 冯友兰:《怀念金岳霖先生》,《哲学研究》,1986(1)。

张岱年

张岱年先生的《中国哲学大纲》写成后，经冯友兰先生和张荫麟先生审阅而推荐给商务印书馆，但因抗战爆发而未及印行；1943年，北平私立中国大学将此书印成讲义；1948年，商务印书馆要将此书付印，但因战事紧张而第二次受阻；1957年，商务印书馆出版此书，而张先生此时被打成"右派"，作者不得不改署"宇同"；1974年，日本出版这部书的日译本；直到1982年，署名"张岱年"的《中国哲学大纲》才由中国社会科学出版社出版。这部《中国哲学大纲》是张岱年先生在1935年到1937年写成的在中国哲学史研究领域的代表性著作。此书50多万字，是选出中国哲人所讨论的主要哲学问题而叙述其源流发展，可以看作是一本"中国哲学问题史"。此书最重要的方法有四点，即"审其基本倾向"、"析其辞命意谓"、"查其条理系统"、"辨其发展源流"，其内容则包括宇宙论、人生论和致知论三大部分。它是张先生将唯物辩证法与逻辑解析法相结合而研究中国哲学史的重要成果。此书与张先生提出的"新哲学之纲领"，是中国现代哲学史上史与论同出、古与今并见的杰作，是把对中国传统哲学的"照着讲"与"接着讲"相互结合起来的典范。这部哲学史书的出版过程，几乎是张先生一生坎坷而自强不息的缩影。① 曹聚仁先生60年代读到此书时，对"宇同"的生平和其他著作"毫无所知"，但他同意一位英国学者的看法，"宇同先生的中国哲学研究，其成就不在冯友兰之下"。② 直到1948年夏，张岱年完成《天人简论》，它与此前所成的四论合称为"天人五论"。他在《自序》中说："民国三十一年春，余始撰哲学新论，将欲穷究天人之故，畅发体用之蕴，以寄往哲，以开新风。至三十三年夏，关于方法，仅成《哲学思维论》六章；关于宇宙，仅成《事理论》八章；关于认识，仅成《知实论》四章；关于人生，仅成《品德论》四章。"于1945年夏，"另撰《天人简论》一篇，简叙'新论'之要指（未完成）。"至1948年夏，"恐久而遗忘，于是将个人对于各方面哲学问题的见解作一概括的简述，草成此篇。当时以为哲学是天人之学，故名之曰《天人简论》。此篇可以说是我四十岁前思想的概略"。此无论对30年代提出的"新哲学之纲领"进行了充实论证，是张先生哲学思想的一个主要结集。遗憾的是，由于国难当头，生活窘迫，"新哲学"的完整著作形态《天人新论》没有最终完成，而已成的五论也没有及时出版，迟至1988年才在齐鲁书社

---

① 李存山编：《张岱年选集》，5页，长春，吉林人民出版社，2005。
② 曹聚仁：《中国学术思想史》，201页，北京，生活·读书·新知三联书店，1986。

出版的《真与善的探索》中面世。

张岱年先生在此期间发表的论文有：1947年4月5日，张岱年教授对郭沫若所著的《十月批判书》做评价的《评〈十月批判书〉》，载《大公报·图书周刊》；《中国哲学中之方法论》，载《哲学评论》第10卷第4期；6月，《中国哲学中的名与辨》，载《哲学评论》第10卷第5期；10月25日，《评〈新知言〉》，载《大公报·图书周刊》。

邓以蛰

邓以蛰自欧洲回国后，在清华大学任教，同时潜心从事中国书画及其美学理论的研究，并取得重大成果，写成《画理探微》、《六法通诠》、《病余录》（未写完）、《书法欣赏》。解放后，先后在清华大学哲学系、北京大学哲学系任教。写了《中国艺术的发展》（《文物参考资料》第二卷第4期），并校点古代画论、校阅《唐宋绘画史》（滕固著）等。邓以蛰美学思想的形成，受到了黑格尔、克罗齐、温克尔曼等人的很大影响，始终坚持艺术—审美超功利性原则。邓以蛰的画论集中表现在《画理探微》和《六法通诠》两篇文章里，在这两篇文章中，他创造了"体—形—意"和"生动—神—气韵"的结构模式来描述中国绘画的历时发展过程。同时，他认为这个发展过程的最高止境是"气韵"，亦即"意境美"。邓以蛰的美学思想尤其是其书画论对中国近代美学做出了重要的贡献，成为与朱光潜、宗白华齐名的重要美学家。他继承并沿用了我国传统艺术理论中"意境"这个重要范畴来探讨书画作品的创作和欣赏，丰富了"意境"说的内容。邓以蛰学贯中西，其美学思想中融会了西方美学思想的超功利原则，在我国现代美学史上有着重要的地位。宗白华在《邓以蛰美学全集》的《序言》中，对邓以蛰在中国现代美学史上的地位做了这样的评价："邓先生对中国艺术传统有深入研究，青年时代又曾到美国研习，还游历过欧洲不少国家。他写的文章，把西洋的科学精神和中国艺术传统结合起来，分析问题很细致。因为他精于中国书画的鉴赏，所以他那些论到中国书法、绘画的文章，深得中国艺术的真谛，曾使我受到不少教益。"①

王宪钧

王宪钧1929年毕业于清华大学哲学系，同年考取公费留美，1921年至1931年在美国哈佛大学谢弗和怀德海指导下从事研究，1931年获硕士学位，同年至

---

① 邓以蛰：《邓以蛰美学全集》，7页，合肥，安徽教育出版社，1998。

1934年留学德国，先后在海德堡和弗赖堡大学杰浦斯和海德格尔指导下从事研究。1934年回国，任教于清华大学，次年任教授，并担负指导研究生工作。1937年至1945年任西南联大教授。1945年至1948年赴英国牛津大学做访问研究。回国后先后任清华大学和北京大学教授。在清华期间，经常担任代理系主任的工作，主持系里的日常工作。王宪钧先生开设课程是"符号逻辑"和"逻辑实验论"。《数理逻辑引论》一书是王宪钧积数十年之教学经验撰写而成的，于1982年才由北京大学出版社出版。

沈有鼎

沈有鼎先生于1945年至1948年赴英国牛津大学做访问研究。回国后仍任清华大学哲学系教授，直至1952年院系调整。沈有鼎是我国早期少数几位数理逻辑学家之一。他对经典命题逻辑、直觉主义命题逻辑、相干命题逻辑、模态命题逻辑等都有深入的研究。他在数理逻辑领域里的主要贡献是建立了两个新的逻辑演算系统，构成了两个悖论。沈有鼎对《周易》也有深刻的见解。1936年他在《哲学评论》上发表《周易卦序分析》一文，连标点在内不足200字，指出周易卦序用建构原则而不用平等原则"是以意味深长，后世儒者多不能晓"。他又指出，主卦从卦其排列则上篇象天而圆，下篇法地而方。有三序：回互之序，交错之序，顺布之序，"井然森然，杂而不乱，学者所宜用心焉"。胡世华先生评论说，这是关于周易卦序的真正科学研究。1948年10月发表《〈周易〉释词》于《清华学报》第15卷第1期。文章考究了"贞"字、"用"字、"悔"字的解释，《泛论古代经学》，载《亚洲杂志》第9卷第3~4期。

任华

任华，1931年考入清华大学哲学系，1935年毕业后入清华研究院，师从著名哲学家金岳霖。1937年以论文《信念之分析》获哲学硕士学位。1941年由西南联大公派赴美哈佛大学留学，1946年在美国现代著名哲学家刘易斯的指导下完成博士论文《现象主义的三种类型》，获博士学位。同年回国，任清华大学哲学系副教授、教授，讲授西方哲学史。直至1952年全国院系调整，任北京大学哲学系教授。任华是新中国成立前后西方哲学史教学的主要奠基人之一。他熟悉中国古典文献，通晓希腊、拉丁、英、德、法、俄等多国语言。主要研究领域：古希腊罗马哲学；18世纪法国哲学；现代西方实用主义哲学和现象学。任华凭借扎实的希腊语基础和深厚的哲学素养，承担了西方哲学史中古希腊罗马部分的研究和书稿撰写工作，并且参加了《西方哲学原著选读》相关部分的翻译工作，取得了很好的成绩。在实用主义哲学研究方面，任华有两个重要观点：肯定实用主义哲学揭示了唯物主义在"经验"观点上的缺陷；肯定实用主义"为保卫人的价值而限制知识"口号的积极意义。

周叔迦

周叔迦（1899—1970），著名的佛教专家和学者。原名明旸，字志和，笔名云音、演济等。周叔迦1918年肄业于上海同济大学，后转向佛学。1930年后，历任北京大学、清华大学、中国大学、辅仁大学等校教授，讲授中国佛教史、佛教文选、因明学、唯识学、成实论等课程。1940年主持《佛学月刊》，同年在北京创办中国佛教学院，任院长。当时周先生无论是在图书馆工作，还是在大学授课，均以"布施"为宗旨。既不接受专任聘书，也不要讲课费，纯粹义务劳动。这样，既对学生进行了"法施"，又对学校作了"财施"，"布施"的两面都有了。清华大学聘周先生为讲师，也并非专任教授，这是周先生提出的特殊要求，一贯如此的，并非学校作梗。抗战胜利以后以至解放前这一阶段，周先生积极要求进步，参加中国民主同盟，并在自己领导的佛教学院内陈列进步书刊，如《论联合政府》、《大众哲学》、《晋察冀日报》、《解放》、《文萃》等，开放供群众阅览。一时观者云集。周先生还经常在各种书刊上发表抨击反动政府的言论，爱国反蒋，伸张正义，极受各大学师生注意与欢迎。

解放后，周先生出任中国佛教协会副会长兼秘书长，组织创立中国佛学院并任副院长兼教务长。特别是实际主持了《房山石经》的拓印。周先生研究佛学有自己的显著特色：一是以广泛地精研读透原典为主；另一是结合在大学和寺院中的教学实践，着意使初入门者既能清楚地理解佛典的内涵，又能了解寺院的实际。因此，周先生在近代佛学大师中，堪称独一无二的"佛教科普大家"。

胡世华

胡世华，1935年毕业于北京大学，以后在该校研究数学。1936—1940年他先后在奥地利维也纳大学、德国西威廉敏思特大学，以及在法国和瑞士学习和研究数理逻辑和数学基础，其中主要的是在西威廉敏思特大学的学习和研究中完成了博士学位论文《伪布尔代数及拓扑基础》。1941年回国后，自同年8月至1943年2月，胡世华任广东中山大学数学天文系副教授；1943年2月至1946年4月任重庆中央大学（现南京大学）哲学系数理逻辑、数学基础教授；1946年4

月起在北京大学哲学系教授数理逻辑、数学基础,并兼任清华大学哲学系讲师;1950年起调任中国科学院数学研究所研究员、数理逻辑研究室主任,直至1963年。

在50年代胡世华就倡导数理逻辑和计算机的结合。今天数理逻辑和计算机的密切联系是大家都承认的事,但是在当时胡世华是经过很大努力,并克服种种困难来说明这点的。中华人民共和国成立后由于苏联批判数理逻辑,中国哲学界也跟着批判过数理逻辑。1956年春节毛泽东主席在宴请科学家时向金岳霖先生讲,数理逻辑重要,应该搞;还建议他写书介绍数理逻辑并表示书出来后他愿意看。毛主席的话给了中国的数理逻辑工作者极大的鼓舞。但是由于毛主席的话未正式发表,所以仍然时常有人批判数理逻辑,甚至到"文化大革命"时在上海、北京的杂志上都有批判数理逻辑的文章。因此肯定数理逻辑,说明它和电子计算机有密切关系,在当时是比较难为大家所接受的。胡世华多次在报纸杂志上宣传数理逻辑和电子计算机的关系,其代表性的文章是他于1957年在《哲学研究》上发表的《数理逻辑的基本特征与科学意义》。在这篇文章里胡先生回顾了通用电子计算机的历史,指出正是冯·诺伊曼受了图灵定义的通用图灵机的启示而设计了第一架通用电子计算机,也讲了图灵本人领导了计算机的设计。由此胡世华阐述了数理逻辑中能行性的研究和电子计算机发展的密切关系。

《再现算术新系统及其逻辑量词》发表在《学园》,1945年5月;《一个四值命题演算与四色问题》发表在《中国科学》1950,1(3):273-294。胡世华还撰写了有关数理逻辑的专著和许多阐明数理逻辑和数学基础的特征和意义的论文,例如《数理逻辑基础》(与陆钟万合著)、《数理逻辑的基本特征和科学意义》、《略论数理逻辑的发生、发展和现状》、《数理逻辑》和《数学基础》。

洪谦

1944年底,洪谦编写了《维也纳学派哲学》一书,1945年,该书由上海商务印书馆出版。(1989年,该书由北京商务印书馆修订再版,同时加上了"维也纳学派与现象学学派"、"论《新理学》的哲学方法"、"康德的先天论和现代科学"三篇文章。)洪谦早年留学于耶拿大学,师从于石里克。1930年开始,洪谦应石里克之邀参加石里克小组即所谓"维也纳学圈"或"维也纳学派"的周四讨论会。回国后,洪谦受聘为清华大学哲学系讲师。

1945年到1947年之间,在英国牛津大学新学院任研究员。期间写成 *Moritz Schlick and Phenomeern Empiricism* 一文,1949年该文发表于美国 *Philosophy and*

Phenomenological Research 杂志上。1947年，他又回到中国，在此期间他在《哲学评论》上发表"论《新理学》的哲学方法"（1946年10月）；在《科学概论新编》（正中书局1948年版）上发表了"维也纳学派与现象学学派"；在《学原》上发表了"康德的先天论和现代科学"（1947年第一卷第六期），并在此基础上编写了《维也纳学派哲学》一书。

贺麟

1947年，贺麟的《当代中国哲学》由重庆胜利出版公司印行。贺麟1919年考入清华学堂，受到梁启超的一定影响。1926年赴美国留学，先在奥柏林大学获学士学位，后又入哈佛大学获硕士学位。1930年转赴德国柏林大学专攻德国古典哲学。回国后长期任教于北京大学哲学系，并在清华大学兼课。他在《当代中国哲学》中说道："近年来对于西洋的数理逻辑国内学者有相当深的研究，且有新的贡献者颇不乏人，如俞大维、金岳霖、万卓恒、沈有乾、沈有鼎、汪奠基、张荫麟、王宪钧、胡世华诸先生为代表。"又说"金先生著《逻辑》一册，为国内唯一具有新水准之逻辑教本"。在本书的最后，作者贺麟这样写道："中国哲学是进步了，中国哲学是新生了。这七年的抗战并没有阻碍中国哲人的思索，反而使他们的思索更为敏锐了。"

贺麟对西方哲学有很深的造诣，对黑格尔、斯宾诺莎、怀特海等西方近现代哲学家都有深入的研究。就中国哲学和儒家思想而言，他早年主张"心"是"最根本最重要"的，认为"不可离心而言物"，在30年代曾创立了与冯友兰"新理学"相对的"新心学"体系，成为现代新儒家的倡导者之一。认为以孔子、孟子、《诗》教、《礼》教、宋明理学为代表的儒学，是中国文化的优良传统，提出应该从哲学化、宗教化、艺术化三条途径出发，吸收西方思想文化的长处，来改造、补充和发挥儒家学说，以谋求"儒家思想的新开展"。认为"中国文化自宋儒起，可以说是划一新时代，加一新烙印，走一新方向"，宋儒的思想虽有偏弊，但其"哲学富有爱民族，爱民族文化的思想"，宋儒的"格物穷理"，"似虚玄空疏，而实有大用"。1949年以后，在马克思主义的影响下，贺麟放弃了自己的唯心论哲学，思考逐步转向辩证唯物论和历史唯物论，并且集中精力研究西方哲学和翻译西方哲学名著，如黑格尔的《小逻辑》、《精神现象学》、《哲学史讲演录》，斯宾诺莎的《伦理学》等译本，都出自其手。贺麟的著作主要有：《近代唯心主义简释》、《文化与人生》、《当代中国哲学》、《现代西方哲学讲演集》等。

第三节 学生运动

一、轰轰烈烈的爱国运动

（一）革命朝气的复活

哲学系的同学读书兴趣是很浓的，但这并不是说他们是书呆子。复员后自治会才到了第四届，有三届的代表会主席中都有哲学系的同学。这一时期的哲学系师生的革命朝气又复活了。从1945年12月1日的"一二·一"运动，到1946年10月至1947年6月，这一时期大举进攻解放区，学生运动以1946年12月的"抗议美军暴行"为起点，再到1947年6月的"反饥饿"运动，这些都是哲学系师生共同参与的爱国运动。

"一二·一"运动是解放战争时期一次大规模的反内战、争民主的学生爱国民主运动。抗日战争结束后，全国人民希望实现和平民主，但国民党政府却一意孤行，坚持一党专政，并在美国支持下奉行内战政策。1945年12月1日，大批国民党特务和军人分途围攻西南联大和云南大学等校，毒打学生和教师，并向学生集中的地方投掷手榴弹，炸死南菁中学青年教师于再，西南联大学生潘琰、李鲁连和昆华工校学生张华昌4人，重伤29人，轻伤30多人，制造了震惊全国的"一二·一"惨案。"一二·一"运动是学生爱国运动的一次高潮，这次运动为以后的学运打下了坚实的基础。下面是学生自治会爱国运动的部分抗议书：

1946年12月29日，《国立清华大学学生自治会为抗议美军暴行致教授会文》：敬呈者：学生等为抗议美军强奸沈同学实践，经全体代表大会决定于本月卅日（星期一）罢课一天，希教授会为我们作正义的声援，罢教一天以示抗议。谨呈 教授会 十二月二十九日①

1947年3月22日，《国立清华大学学生自治会致市政府抗议书》；1947年6月15日，《国立清华大学学生自治会为声援武大抗议当局暴行给梅校长信》；1947年10月11日，《国立清华大学学生自治会为声援北大抗议当局非法捕人致函梅校长》；1947年11月4日，《国立清华大学学生自治会为浙大于子三惨案致梅校长信》等一系列抗议书，都表明了清华学子爱国运动的热情。②

---

① 清华大学校史编辑委员会：《清华大学校史资料选编》，第四卷，575页。
② 同上。

参加爱国运动的不仅仅是当时的爱国学生，还包括资深教授们。当时，金岳霖在清华大学享有很高的威望，被视为清华的台柱子之一。他担任过文学院院长，与理学院院长叶企孙、法学院院长陈岱孙齐名。叶、陈的名字里都有个"荪"或"孙"字，金岳霖字龙荪，字中有个"荪"字。这三个都是清华的台柱子，号称"清华三荪"。也许是精研政治的缘故吧，金岳霖看透了旧中国政治的腐败与黑暗。他视名利官职如粪土，宁肯当一个清贫的教授，绝不愿意混迹于官场。等哲学系办起来之后，他索性辞掉一切职务，抱定"为学术而学术"的宗旨，一心一意地搞他所热爱的学问。国民党政府几次拉拢他，他始终不肯下水。1947年2月金岳霖与朱自清、俞平伯、徐炳昶、向达教授签名发表"保障人权宣言"，抗议北平警察"午夜闯入民宅，肆行搜捕"。①

1948年6月，《张奚若等百十师长严正声明》：为反对美国政府的扶日政策，为抗议上海美国总领事卡宝德和美国驻华大使司徒雷登对中国人民的诬蔑和侮辱，为表示中国人民的尊严和气节，我们断然拒绝美国具有收买灵魂性质的一切施舍物资，无论是购买的或给予的。下列同人同意拒绝购买美援平价面粉，一致退还配购证，特此声明。

张奚若　金岳霖　邓以蛰　吴晗　朱自清　陈梦家　沈元　李广田　等等

（二）抗暴运动

抗暴运动是中国人民自大战以后对美帝认识改变的指路标。抗暴运动是中国学运自"一二·一"以后从低潮到高潮的转折点。

大战之后的美军暴行：闯祸伤人事件，毒打枪杀事件，劫夺骚扰事件，调戏奸淫事件。这些血迹，四撒在第二次世界大战后被誉为"四强"或"五强"之一的中国土地上。1946年12月24日，两个美国兵在东单练兵场强奸了一位北大女同学。正如清华为罢课告全国同学书上所说："这是对中国学生界最大的侮辱，这是对同学安全最大的威胁，这也是对一个独立国家最大的讽刺。"为了抗议暴行，抗议政府引狼入室的罪孽，要求美军滚出中国。要替更多的中国人申怨，清华决定游行！当晚和燕京代表紧急交换意见，直至翌日晨四时才取得协议并商得合作办法。清华大队和燕京同学步行由西直门入城，游行大队汇合在北大，五千余人钢铁般的行列走上街头，传单、标语像浪花似的溅在市民的心灵上，沉寂已久的北平城被摇撼了！抗暴运动在中国历史上激起一排壮丽灿烂的浪花，它指出学生运动一个鲜明的方向：环境愈险恶，斗争必须更坚决。只有站在民主运动的最尖端，把握着每一个时机，坚决斗争，才能为新中国的分娩

---

① 刘培育编：《金岳霖的回忆与回忆金岳霖》，496页，成都，四川教育出版社，2000。

而早日催生！（摘自《学运、清华——在历史的道路中》的文章）

1947年4月11日，教务处教复字第56号通告说："查部订三民主义及伦理学两学程为必修学程，本校暂定为自修学程，第一年级学生自修三民主义，第二年级学生自修伦理学。"另列出近十种参考书，并规定："凡第一、二年级的学生，须分别参阅上列二学程指定参考书缮作报告一份。"1948年4月，金岳霖与清华、北大、燕京等校教授俞平伯、李广田、吴晗、容肇祖等89人提出质询文，驳斥国民党北平市党部主任吴铸文所谓每次学潮皆为"奸匪宣传"和"三教授"被"奸匪利用"之言。6月，金岳霖与吴晗、徐炳昶、俞平伯、朱光潜、沈从文等103人签名发表《抗议轰炸开封宣言》。11月，金岳霖与俞平伯、朱光潜、郑天挺等46人联名发表《我们对于政府压迫民盟的声明》。

1948年7月12日，《国立清华大学全体学生为抗议军警暴徒闯入校园肆意破坏给梅校长信》；1948年7月13日，《国立清华大学教授会为抗议暴徒闯入校园打人行凶致朱部长电》。

（三）反饥饿、反内战、反迫害

由于内战所带来的饥饿，我们只好让青菜杂粮来填塞肚皮，把裤袋收紧，把生活水准降低。园里的壁报开始发出了呼吁。那些触目惊心的字句，那些可怕的统计曲线，配合着迫人而来的生活威胁，每个人心里都有点惶惶然了。经过几天的酝酿，已经是到了群情鼎沸山雨欲来的时候。再加上南京中大罢课消息的传来，更是等于在清华园里投下一颗炸弹。1947年5月20日，七千多人的队伍开始游行。清华打先锋，北大殿后，中间是燕京、辅仁、北洋、师院、铁院、中法、朝阳、艺专和汇文、市立女二中、女三中等校。"内战不止，人民饿死"和"反对饥饿，反对内战"的口号也跟着从东单逼向西单。清华大队的先头部队和退伍军人大队高呼着"抗战军人专打日本"，"抗战军人不打内战"的响亮口号。主席团全体同学提出了定"六二"为全国反内战日，号召全国于是日以行动表示反对内战。但由于政府的暴力政策，这一个要求过高的号召，当时并没有实现。（摘自《学运、清华——在历史的道路中》的文章）

"六二"前后，"统治者不仅没有接受广大人民的要求，反而走向了残酷镇压的道路"。单就对学生的迫害来讲，便有"五三一"中山大学惨案，"六一"武大血案等。北大、清华等各大学校又开始了反迫害的运动，抗议政府逮捕学生并冠以"红帽子"。以下是全体学生的部分抗议书：

1948年10月24日，《国立清华大学全体学生为求得最低生活致蒋总统信》，请求以下三项：（一）全面公费待遇（二）公费面粉发给实物（三）副食费实物发给或按物价波动合理调整。

1948年10月25日,《国立清华大学讲师、教员助教联合会停教宣言》:要求政府合理改善生活待遇,停教五日来争取生存权利!

1948年10月28日,《国立清华大学全体学生为谋求最低生活忍痛"总请假"给梅校长信》:要求校长迅速有效地把三千师生的活命要求向有关当局转达。师生同心合力共谋最低生活,这是我们的希望。最后,我们师生这次行动能带来清华人生活问题的最后的永久的解决。

二、丰富多彩的学生活动

1948年出版的《国立清华大学1948年年刊》,介绍了清华大学学生社团的情况。其中有爱好美术的同学组织的"阳光社";从联大移植过来的文艺团体"爱诗社"和"文艺社";战后清华第一个学生团体"大家唱歌咏队";以及"新生歌咏队"、"清华合唱团"、"清华管弦乐队"、"清华军乐队"。1948年新成立的"大将清华国剧社"演出了《贺后骂殿》、《审头》、《红鬃烈马》等剧,"清华园为之震惊,校内师生职工家属,校外海淀城府乡民扶老携幼至大礼堂,路之为塞,盛况空前"。

以下各篇部分摘自《国立清华大学1948级年刊》:

《阳光社》:"一二·一"的时候,阳光同学大部分都动员了,罢委会宣传部的漫画股,全部都是阳光的同学,在一个多月内他们经常地、一幅接着一幅地画出了每个人心头切齿的愤恨,也画出了深沉的爱。联大结束后,大家复原到了北平,因为在清华的同学不多,组织也涣散了,活动限于停顿。这新环境里的美术园地成了一片荒芜。直到抗暴运动,它才露出幼苗,在新的战斗的环境下茁壮的生长。

《大家唱》:大家唱歌咏队是战后清华的第一个学生团体。三十五年秋,当清华园内衰败的草木与破砖烂瓦还未收拾干净,这歌咏队嘹亮的歌声第一声冲破了清华园九年来的寂寞与荒凉。"大家唱"成了一个南北学生联合的象征,它们的成员主要是北平合唱团的临大同学和昆明联大的高声唱歌咏队队员。他们唱的歌曲在内容上多半是现实所给予人们地痛苦的呼喊,以及人们对于痛苦现实的讽刺与反抗。

《大将清华国剧社》:对国剧有素养的人组成一组(甲级),互相学习,并请技艺较高社友导排大戏;其余"略知一二"的社友以及兴趣浓厚而尚未入门者另组一组(乙组),由甲组同学"开班"指导。该社是和大学一样,采取选课制,如第一阶段所开之课共有:《贺后骂殿》、《武家坡》、《遇后龙袍》、《鸿鸾喜》。

结　语

　　清华大学哲学系作为建校初期首建的系所之一，虽然规模一直不大，但它形成和发展的过程与整个清华大学的发展息息相关，也是清华大学建立和发展的一个闪光的缩影。哲学系的治学风格也与整个清华大学的校风、校训保持着高度的统一。"自强不息，厚德载物"的精神始终铭记在哲学系每一位师生的心中，"行胜于言"的作风，始终体现在每一位师生的科研和学习当中。不管是在战前的创建初期，战争年代的繁荣鼎盛时期，还是在新中国成立后的转折时期，也不管是由于国家内外的政治、经济等各种原因，清华大学哲学系师生对哲学追求的精神始终没有改变过，对"爱智慧"的信仰始终没有改变过。丰硕的成果出自多年的勤奋，清华大学哲学系不仅大师云集，硕果累累，而且还培养出了很多现代著名的学者，如王宪均、周辅成、任华、任继愈、沈有鼎，以及著名外交家乔冠华等等。

　　冯友兰先生在谈到为什么学哲学时说：学哲学可以养成清楚的思想；学哲学可以养成怀疑的精神；学哲学可以养成容忍的态度；学哲学可以养成广大的眼界。① 尽管清华哲学系在此后由于历史原因曾一度中断，但清华哲学的精神并未终结。她所承载的学术传统，她所具有的崇理、考究、创造、求真的学风，曾使她成为现代中国高等教育史上两个最早也最富业绩的哲学系之一，并以其鲜明的"问题意识"和严谨理性的逻辑分析风格而自成风格，甚至荣膺"东方剑桥学派"的荣耀。② 即使是合并到北京大学哲学系后，也起到了中流砥柱的作用，为中国哲学界的发展做出了自己独特的贡献。

---

① 冯友兰，《哲学与人生之关系》，载《国立清华大学校刊》，1930 年 3 月 31 日，第 57 期。参见黄延复：《水木清华：二三十年代清华校园文化》，351 页，桂林，广西师范大学出版社，2000。
② 万俊人："'中国现代性'中的哲学知识"，载《欧洲评论》，第 11 卷，2003 年第 2 期。（A Characterization of Philosophical Knowledge in 'Chinese Modernity', In: *European Review*, Vol. 11, No. 2, pp. 171-181 (2003), Academia Europe, Printed in the United Kingdom）